納まりの基本ルール100

最新版

山崎健一＝著

X-Knowledge

BASIC RULES OF ARCHITECTURAL DETAIL 100

P
PREFACE

ディテールを学ぶヒント――まえがきに代えて

縁あって、建築設計に携わっている若い人たち向けに、10年ほど設計に関する講義をする機会を得ました。テーマは自由でしたので、そこでは「ディテールを中心にして建築を考える」というアプローチで臨むことにしました。

「ディテール」を選択したのには訳があって、「近頃の若い人はディテールを描けなくなった」という話をたびたび設計事務所の中堅の人たちから聞かされていたからです。そして、それでは、どんな考え方や見方を背景にディテールが成り立っているのか、いくつか例を挙げて説明すれば、若い人たちが自分で描くときのヒントになるのではないか、と考えたのです。

ところが、2〜3年経って、受講者に聞いたところ、もっと初歩的な、いろはの「い」のようなことから語ってほしいといわれ、少々びっくりしました。学生ならいざ知らず、実際に設計や現場監理に携わっている人たちですから、入口のところはパスしても大丈夫と思っていたのです。

言われて気が付いたのですが、わが身を振り返ってみても、学校ではもちろんのこと、設計の実務に就いても、ディテールをどこかできちんと教わったという記憶がありません。ものを覚えるには先輩のやったことを真似る（コピーする）か、盗む（言葉は悪いけれど、職人の仕事は教わるのではなく盗むのが常道であった）のが基本であったからです。時代が変わり、今の人に同じことを強要するわけにもいかないので、講義の半分を、ディテールをどうやって覚えるか、という内容にあてることにして、自分の経験を振り返りながら、資料を用意しました。

あらためて周りを見てみると、相変わらず学校では系統立ててディテールを教えてはくれないし、事務所ではすでにファイルされたデータをコピーすれば作業が済むようなシステムができていて、ディテールが描けるようになりたい人たちの勉強する環境が整っていません。そこで、せっかく講義に資料を用意したのだからディテールを覚えたい人たちの一助になりたいと、編集されたのが本書誕生のきっかけです。

本書はディテールが描けるようになるために覚えておきたいことを7つの章で語る基礎編と、多少描けるようになった人の参考になる応用編とで、全体が8章で構成されています。本書はディテールを語るために、必要に応じて図面を採り上げていますが、いわゆるディテール集ではないので、図面のスケールを揃えたり、数字を書き込んだり、正確な縮尺で描いたり、正確なプロポーションで描いたり、ということにはこだわっていません（もちろん、必要最小限の情報は入っています）。ディテールとはこういうものかと分かったら、自分の考えで数字を決めて、使う材料を選び直して、あらためて正確に描いてみて確認をしてみてください。それがディテールを覚える早道になると思います。

各章の終わりには、僕がお世話になり、かつ影響を受けた諸先輩がディテールについて語ってくれた言葉を再録しました。ディテールとはどんなものなのか、どんな考えで取り組めばよいのかを理解するよい手がかりになると思います。機会があれば出典の原本にあたってみることをお勧めします。

僕は長いこと、建築家の宮脇檀さんのそばにいて、ディテールについて教えられたことがたくさんあります。そのなかで一番身に染みているのは「ディテール馬鹿になるな」という言葉です。これは、多少なりとも自分一人でディテールが描けるようになったときに、意気込んで描いた矩計図のチェックを受けたときに諭された言葉です。この意味は、「建築全体のバランスを見失うな」「森を見ない猟師になるな」ということで、これも、ディテールとはどんなものかを理解する1つのヒントです。僕は、今でもこれを座右の銘にしています。

ところで本書は、ディテールの初心者向けにまとめたのですが、中級者にも手応えがある内容に仕上がっています。本書をきっかけにディテールを楽しく描ける人が増えてくれたら幸いです。

山崎 健一

※本書は、ご好評いただいたエクスナレッジムック『納まりの基本ルール100 新装版』(2014年4月刊)を再編集したものです。

本書の構成と凡例

構成

本書は第1章～第7章までの納まりに関する基本的な内容と、第8章の納まりの応用編で構成されている。各章の内容は以下のとおり。また、各章の最後には「先輩はディテールに何を語ったか」と題して、8人の建築家それぞれのディテールに関する考えを、筆者の解説とともに採り上げている。

1 ディテールとは

「ディテール」とは、「納まり」とはそれぞれ何を表しているのか、その基本的なところを解説する

2 さまざまな出会いのかたち

部位と部位が出会うところに各種ディテールが存在する。ここでは、ディテールの基本的な納まりを採り上げて解説する

3 扱う材料を知る

材料と納まりは切っても切れない関係にある。材料の特性や基本情報を採り上げる

4 環境を知る

外的な環境を知ることも納まりの基本である。音、熱、空気、水、湿度、振動、荷重、光、風など主な外的環境と納まりの関係を解説する

5 納まりの意味を知る

納まりを決定する要素として何が重要か、その基本を解説する。ディテールはただ納まればよいものではなく、うまく納めるための基本的な考え方がある。それをやさしく解説する

6 施工現場を知る

うまく納めるためには施工現場を知る必要がある。ここでは現場を知るポイントを解説する

7 どうやって覚えるか

ディテールを身に付けるための方法をやさしく解説する

8 ディテール実践編

実際にディテールをまとめる際に役立つ応用編

凡例

納まりに関する項目は、見開き構成で以下のような内容となっている

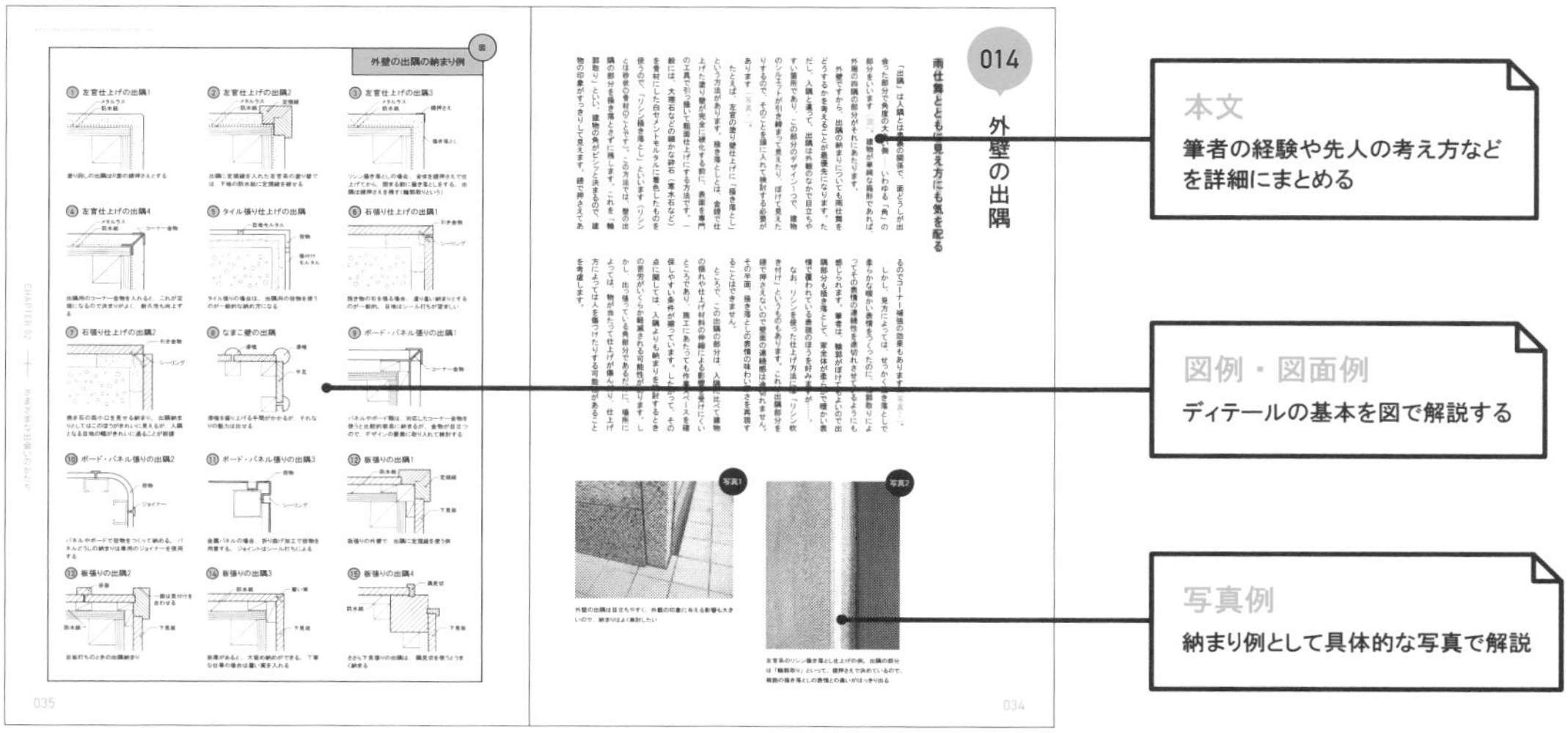
外壁の出隅の納まり例
014
外壁の出隅
本文
筆者の経験や先人の考え方などを詳細にまとめる
図例・図面例
ディテールの基本を図で解説する
写真例
納まり例として具体的な写真で解説

C
CONTENTS

目次

デザイン　新村洋平＋何啓明／トトト　組版　TKクリエイト

CHAPTER 01

ディテールとは

001 建築のディテールは「精密」のことではない

シンプルにまとめればメリット多し

「detail《ディテール》」という言葉には、「細部」「詳細」といった意味があります。建築でもディテールを表す図面を「詳細図」といいますが、この語感から、込み入った精密図のことをついつい想像してしまい、「高精度で複雑な図面を描くのは難しいな、どうすればよいのだろう」と、手が止まりがちになってしまう人も多いことでしょう。特に設計の経験が浅い人ほど、そうした傾向が強いのではないでしょうか?

　ところで、詳細図とはどれくらいの縮尺で描かれた図面をいうのでしょうか?「矩計図」という断面詳細図は、1／20～1／50程度の縮尺で描きます［図］。この縮尺でもかなり詳しく描き込むことができますが、一般に「詳細図」と呼ばれる図面はもっとスケールを上げた、1／5～1／10程度の縮尺で描きます。これくらいの縮尺になると、どんな材料をどのように加工し、どう納めるかを明確に表現できます。

　こうした詳細図で重要なのは、施工者や積算をする人に材料の使い方と納め方を的確に伝えることです。部位によっては、はっきり指示をしなければならないことがあり、結果として図面の描き込みが複雑になることもあるでしょうが、複雑に描き込むこ

図

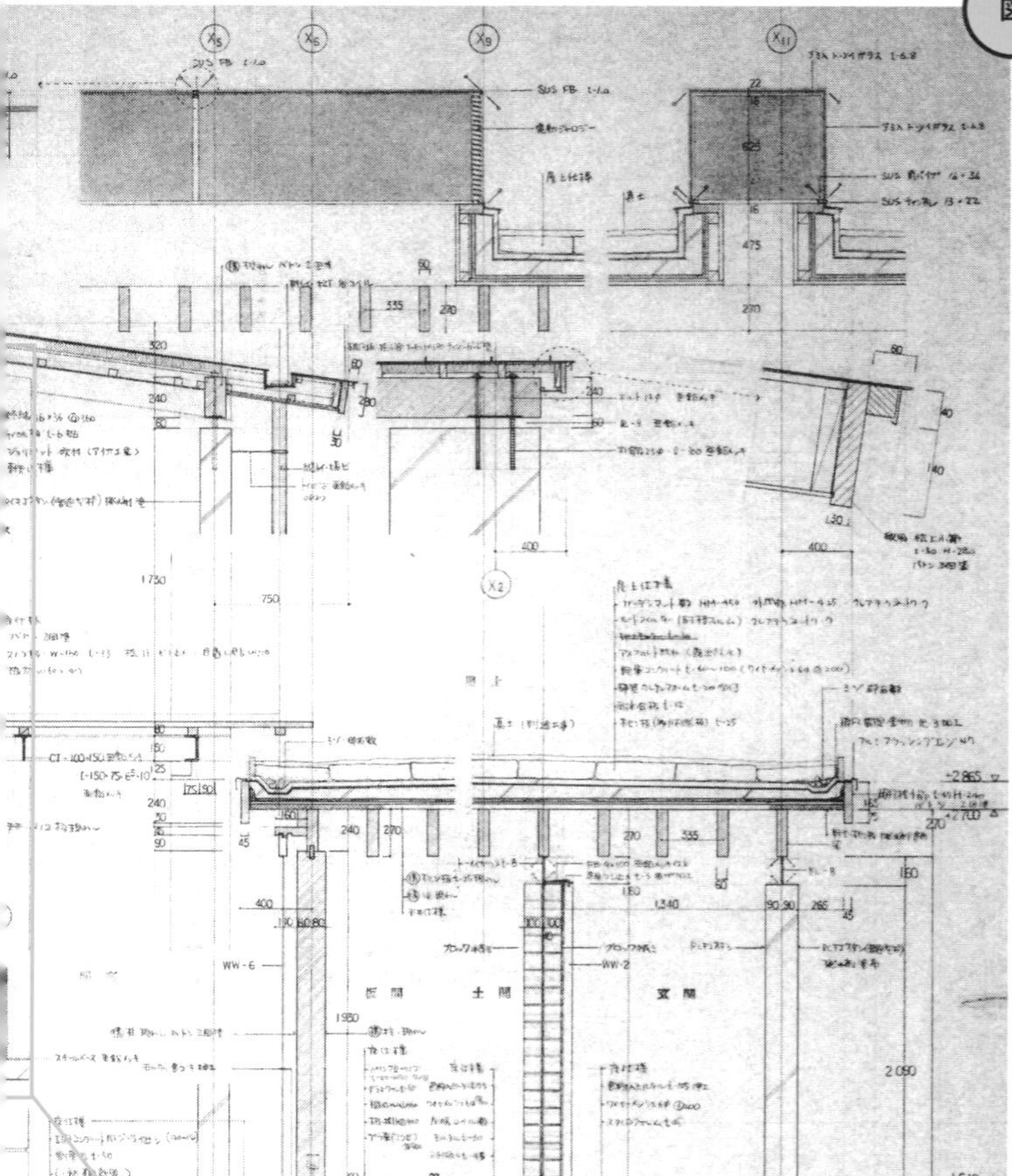

開口部など複雑になる箇所は、必要に応じてスケールアップした部分詳細図を別途作成する

矩計図の例（竹原義二「箱作の家」）

矩計図は高さ関係の情報と各部分の仕様の情報を伝えるのが主な役目であるが、どのような建物にしたいのかなど、設計の考え方を伝える役目もある。そのためには各ディテールを十分に煮詰めておく必要がある

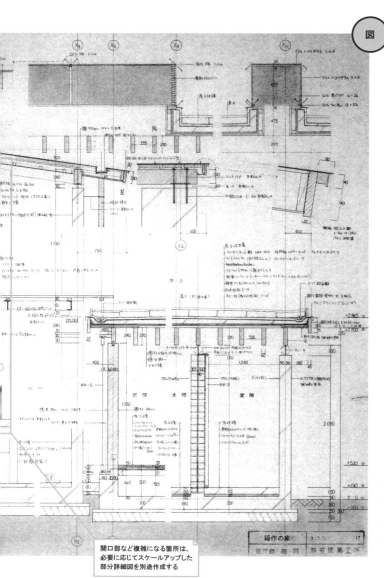

とが最初からの目的であってはなりません。逆に、複雑になりそうなところを、できるだけシンプルにまとめるべく努力することが大切なのです。

ディテールがシンプルであると、多くのメリットがあります。たとえば、ディテールの意図をきちんと理解してもらえる可能性が高くなるので、施工がしっかり行われ、必要とする性能や機能が確保されやすくなります。また、材料の使い方や施工の手間が効率的になり、リーズナブルなコストに収まる可能性があることや、メンテナンスがしやすくなる、などといったメリットも挙げられます。

実は、少し図面が描けるようになってくると、詳細図にどんな情報を盛り込んでやろうかとか、どんなふうに表現してやろうかなどと考えを巡らせるのが楽しくなってきます。そして、それに気を奪われて図面をどんどん描き込んでしまい、結果として、ほかの建築図面と比べて詳細図だけが異様に密度の高い図面になってしまうことがあります。「ディテール馬鹿になるなよ」と先輩に諭されるのはこのようなときです。何事もバランスを欠いてはいけません。

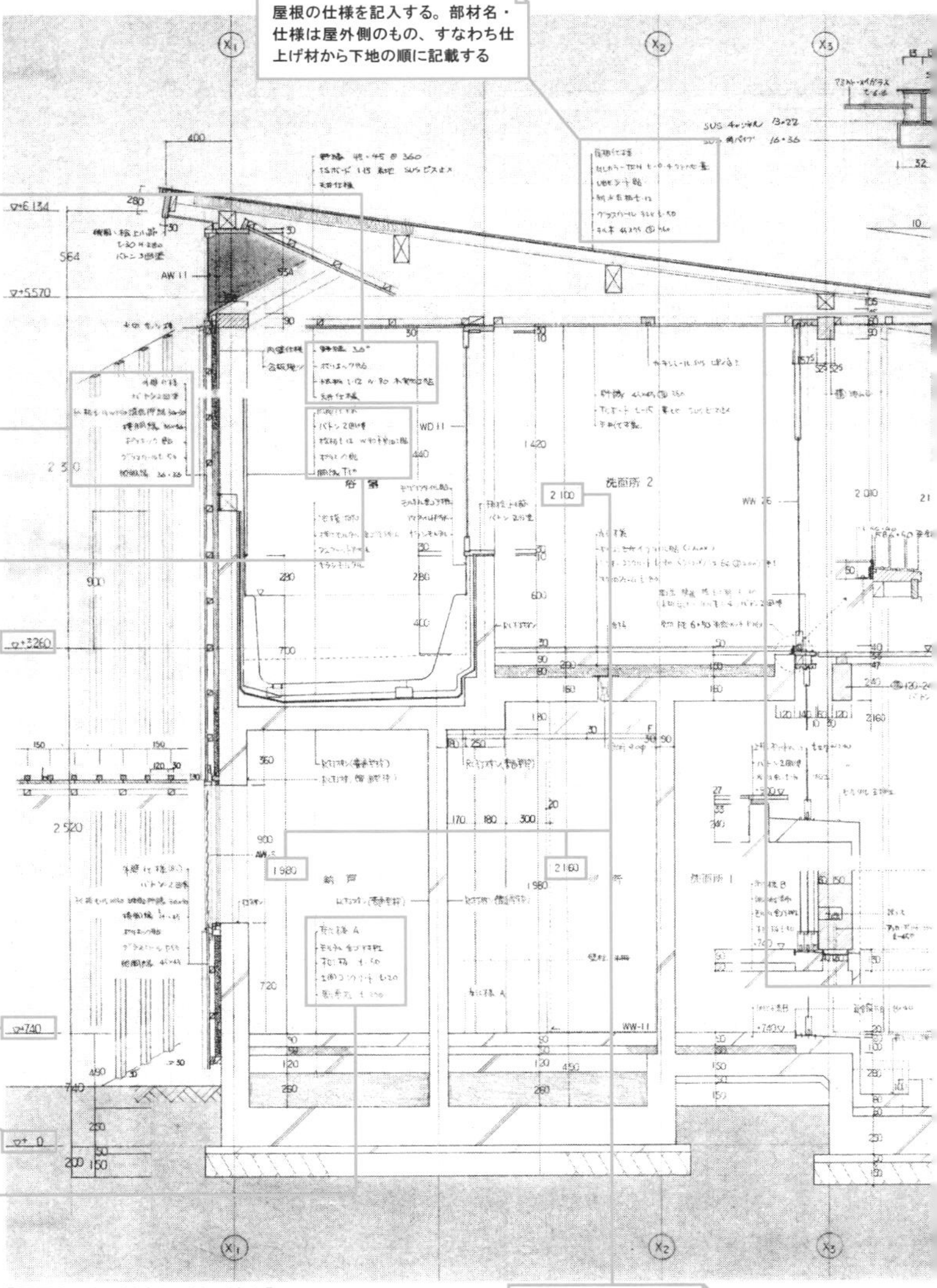
天井の仕様を記入する。部材名・仕様は屋外側のもの、すなわち下地から室内側の仕上げの順に記載する
外壁の仕様を記入する。部材名・仕様は屋外側のもの、すなわち仕上げ材から下地の順に記載する
内壁の仕様を記入する。部材名・仕様は仕上げ材から下地の順に記載する
基準レベルからの1階床高さ、2階床高さ、および棟の高さを表示
高さの基準となるGLを明確に表示
床の仕様を記入する。部材名・仕様は仕上げ材から下地の順に記載する
各部屋の天井高さを表示

[原図S＝1：20を1：60に縮小]

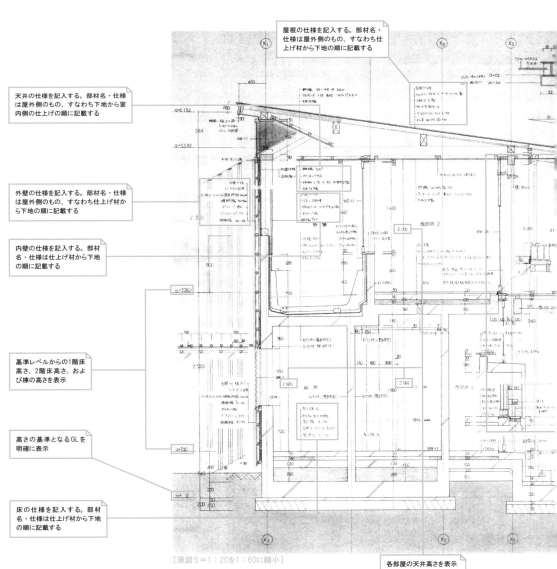

002

ディテールとは「人」である

ディテールには設計者の個性が表れる

建築のディテールには、「定石」とか「定番」といわれる決まりきった類のものがいろいろあります［図1］。しかし、それ以上に——それこそ設計者の数だけ、ディテールにはたくさんの〝かたち〟があります。

毛綱毅曠《もづなきこう》さんは著書『都市の遺伝子』のなかで、宮脇檀《みやわきまゆみ》さんのことを「ディテーリスト」と呼んでいましたが、その宮脇さんが東孝光《あずまたかみつ》さんの設計された建物には「ディテールがない」と発言したことがありました。この発言に対し、東さんは「私には私のディテールがある」と答えているのですが、これは確かにそのとおりであるといえます。

このとき、おそらく宮脇さんは「建築のディテールとは、もっと推敲を尽くしたものであるべきではないか」といいたかったのでしょうが、それは宮脇さん自身が「こういうものだ」と考える建築のディテール——すなわち「宮脇流のディテール」です。そして、宮脇さんと同じように、東さんには東さんの考える「東流のディテール」があって当然なのです。

つまり、ディテールには建築全体、あるいはそのディテールに対して「このようにしたい」「このようにあるべきだ」と設計者が抱いている考えや流儀——少し難しくいえば、設計者の建築やディテールに対する思想・哲学が反映されるので、そこには必然的に設計者の「人」が表れます。したがって、結果として設計者の数だけ、ディテールの〝かたち〟が出てくることになるのです。

このように、ディテールには設計者の個性が表れます。同じような場所を同じように納めてあるように見えても、設計者が変われば「何か感じが違う」ものなので、その違いを見つけるのが建築を見る楽しみにもなります。たとえば、宮脇さんは住む人に「気持ちよい」と感じてもらえる家づくりを考えるので、納まりを検討するときも標準的な納まりにもう1つ手を加えて快適にしようとします。一方、東さんは、都市のなかにおける住宅のあり方をどう表現するかということに関心があるので、納まりは標準的なレベルでよしとします。そうした考え方の違いが、図2の例に見るように、トップライトのガラスを2重にするか、1枚で済ますかという扱い方などに表れてきます。

図1

床—壁・壁—天井の定番ディテール例

① 天井：石膏ボード　壁：モルタル　床：カーペット

② 天井：石膏ボード　壁：石膏ボード　床：フローリング

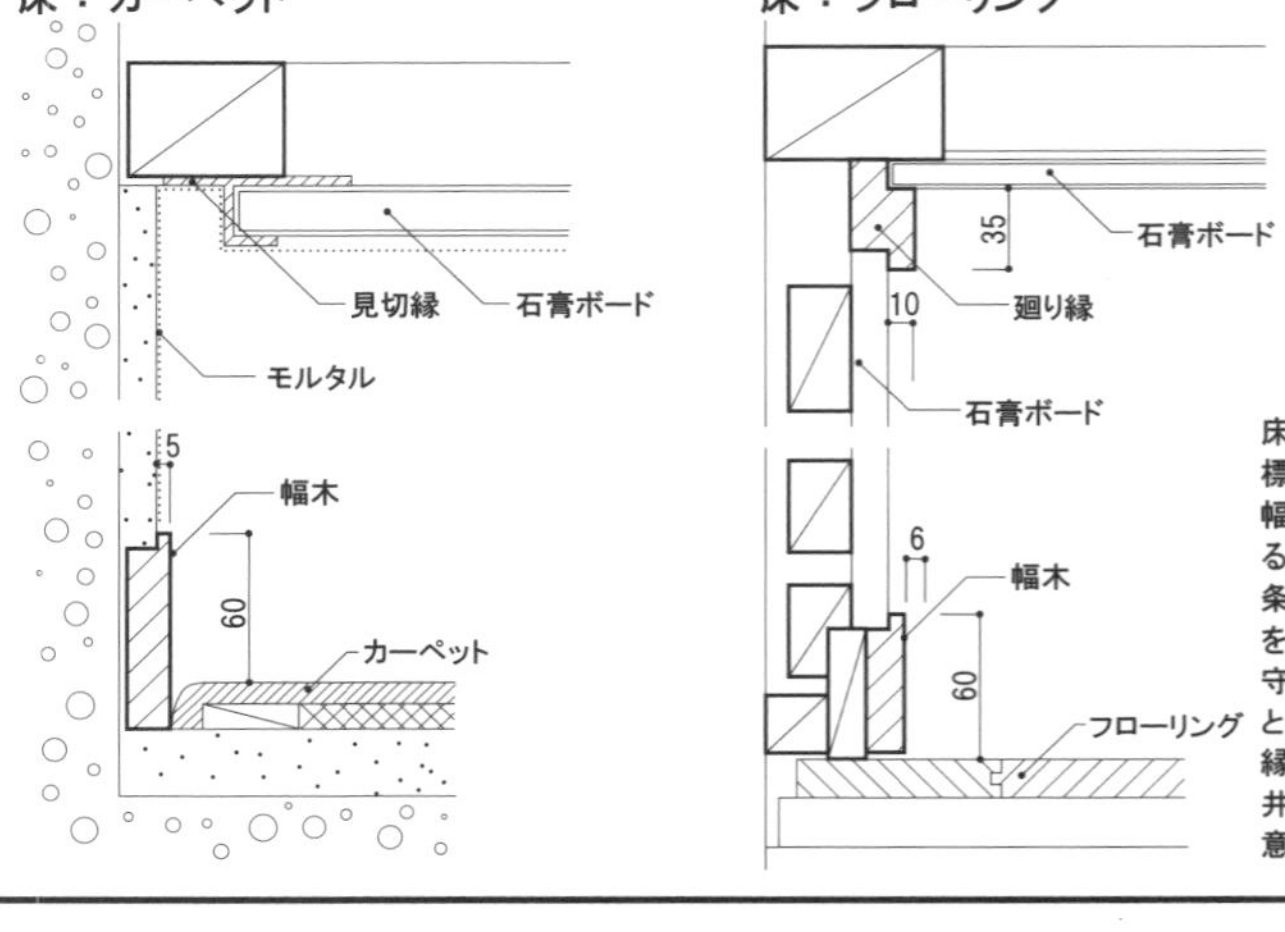

床と壁の出会いをまとめる標準的な納まりは、壁側に幅木を設けるという方法である。これは、床ほどに使用条件が過酷でない壁仕上げを、最も床に近い部分では守ろうという意味もある。壁と天井の出会い部分に廻り縁が入るのは、壁もしくは天井仕上げ材を見切るという意味がある

図2

設計者によるディテールの違い

① 宮脇檀のディテール例（「松川ボックス#2」矩計図）[S=1：60]

宮脇さんの詳細図は一般に密度が濃い。それは、隅々までよく検討されていることの表れであり、1枚の図面にできるだけ多くの情報を盛り込んでやろうというサービス精神の表れでもある

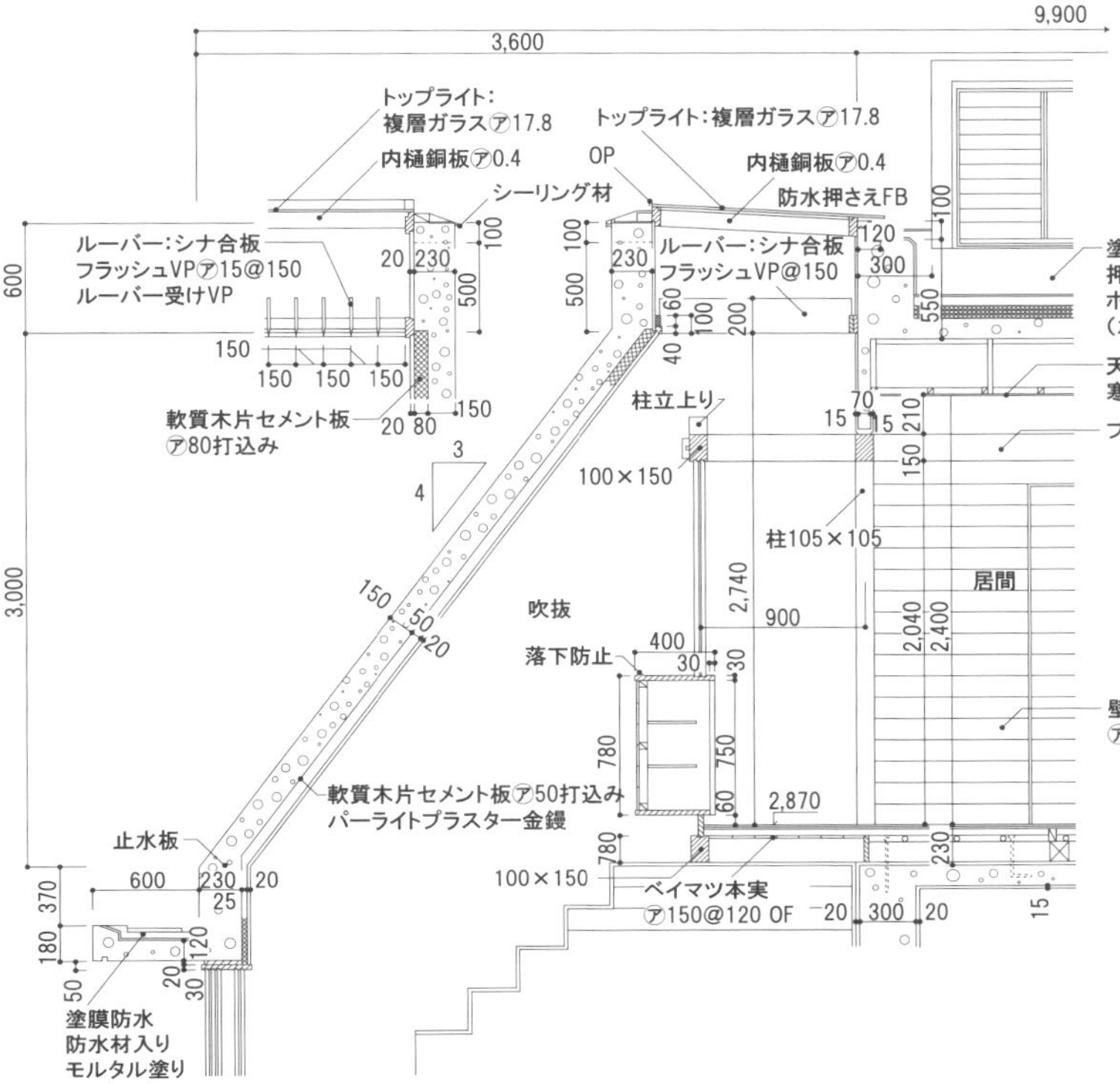

② 東孝光のディテール例（「粟辻邸」詳細図）[S=1：80]

A詳細[S=1：15]

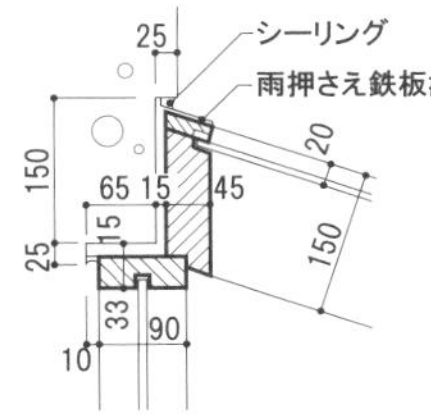

B詳細[S=1：15]

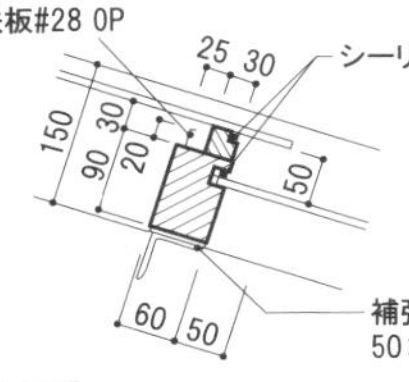

C詳細[S=1：15]

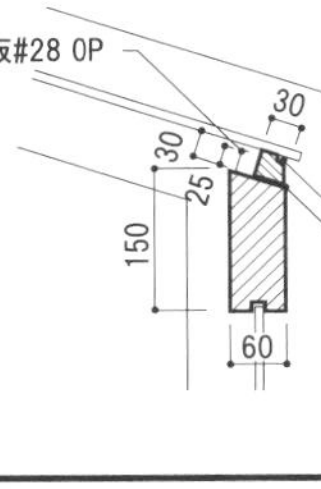

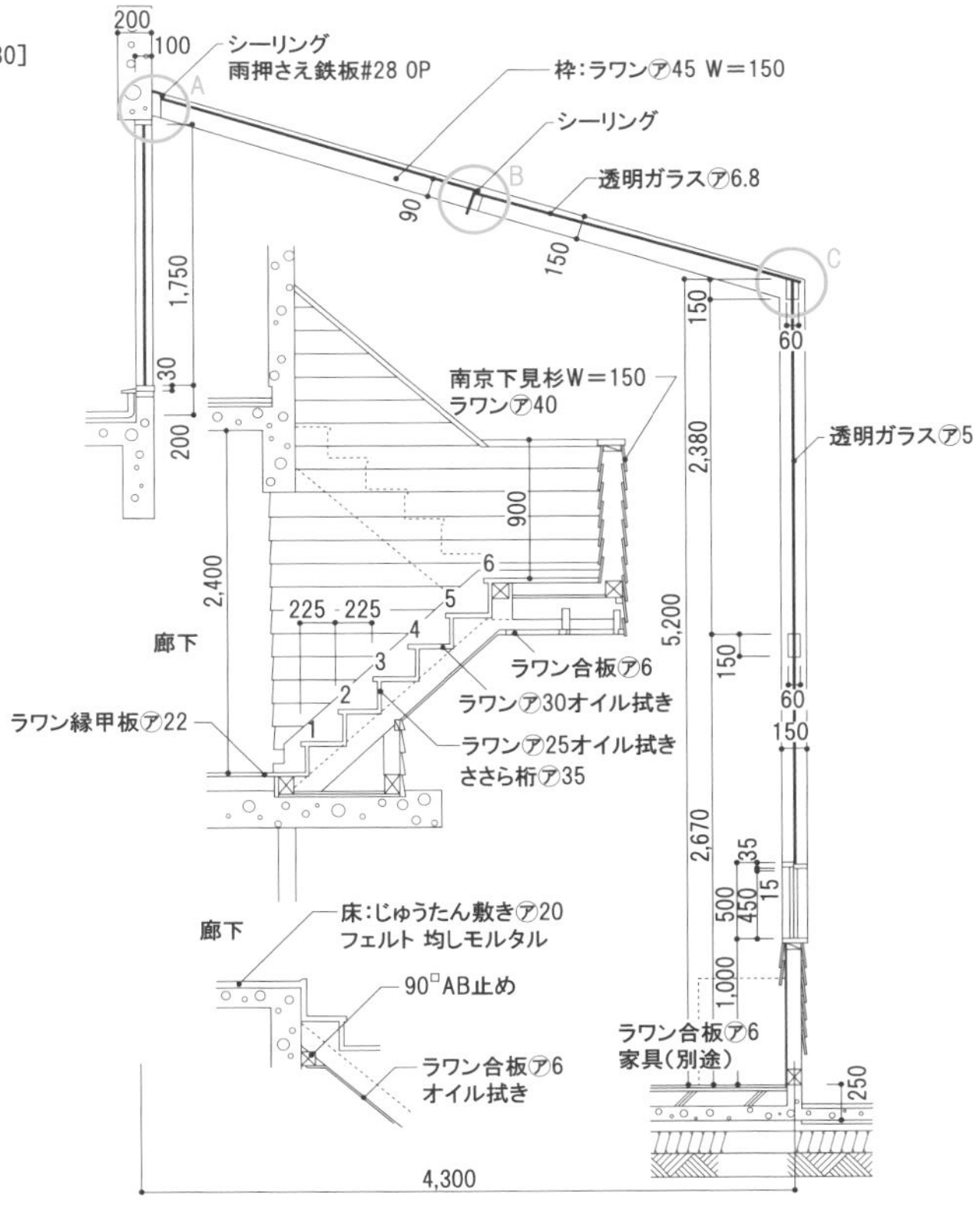

［図2②：別冊新建築『日本現代建築家シリーズ④東孝光』（新建築社）より］

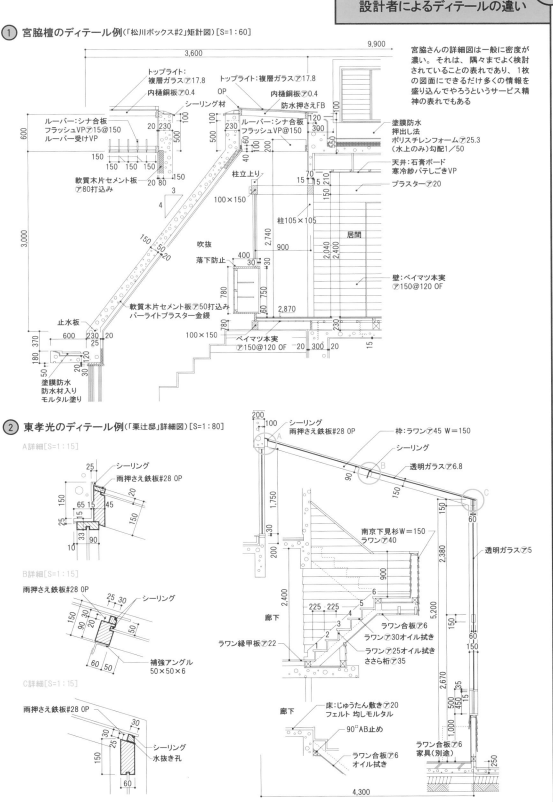

003

ディテールとは「出会いの場」である

材料・部材の出会わせ方を検討することがディテールを考えることになる

実際に建築の設計に携わったり、施工の現場に立ち会うとすぐに分かることなのですが、1つの建物が出来上がるまでに、実にたくさんの人たちとの出会いを経験します。建築主はもちろんのこと、その敷地周辺の住民をはじめ、確認申請などでは行政庁や民間の検査機関の人たちと、施工現場では多くの職種の職人たちと出会います。

また、人との出会いだけでなく、建物そのものにおいても、いかにたくさんの建築材料や部品、部材、あるいは設備機器類がいろいろな箇所でさまざまに〝出会い〟、組み合わされて使われているかが分かります［写真1・2］。

実は建築の設計とは、これらの材料などを、どこに、どれくらいの量を、どのように組み合わせて使おうか、と考えて決定する作業をいいます。そして、これらをどのように組み合わせたときに、必要とされる機能や性能を満足できるか、あるいはその空間の見え方や感じ方、さらには使い勝手がどうなるだろうか、などと検討することがディテールを考えることになるのです。

いいかえれば、たくさんの材料や部材などが〝出会う〟ところにディテールがある、ということになります。「たくさんの材料」というと、種類の異なる材料どうしの出会いを想像されるかもしれませんが、たとえばコンクリート打ち放し仕上げのように、同じ材料どうしが出会う場所にも、もちろんディテールは存在しています。

ところで、一般的にいえるのは、その場所で出会う材料や部材の種類が増えるほど、検討しなければならない要素が増えるため、ディテールを考えるのが難しくなるということです。たとえば、扱う材料が異なれば当然材質ごとに特徴が違いますから、それらをよく理解して適正な対応を検討しなければなりません。したがって、材料の種類が増えるほど、納まりを検討する作業が煩雑になってきます［図］。そして、得てしてディテールを考えるのが難しかったケースでは、材料相互のバランスが悪いとか、メンテナンスしづらいなど、出来上がったものがうまくないことが往々にしてあります。したがって、要素はできるだけ増やさないように心がけることが大切になります。〝simple is best〟とは、まさにディテールの基本概念そのものなのです。

写真1

建物の外壁では、窓枠と外壁をはじめ、外壁と外壁（出隅、入隅）、外壁とパラペットの笠木など多くの出会いがある

写真2

階段廻りにも、床と壁、踏み面と蹴上、踏み面とささら桁、手摺の腰壁と手摺の笠木など、いろいろなかたちの出会いがある

図

材料の種類によるディテールのかたちの違い [S＝1：40]

① コンクリート打ち放しの例

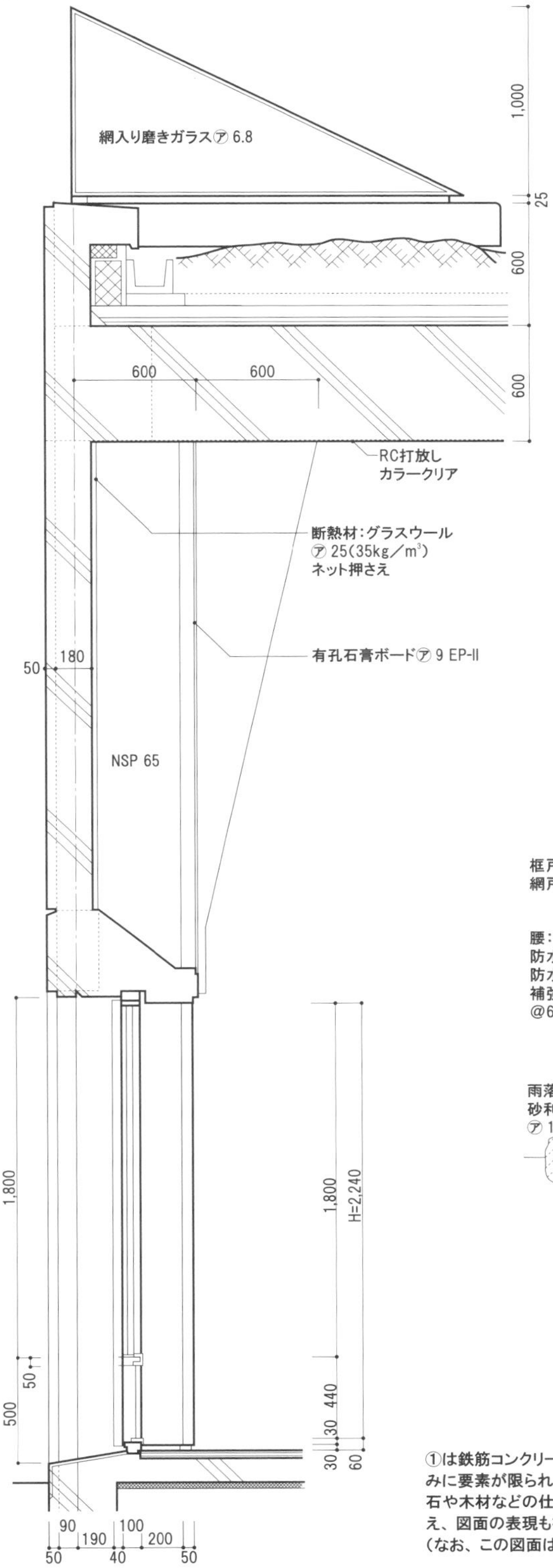

② 石材・木材などの仕上げ材を使った例

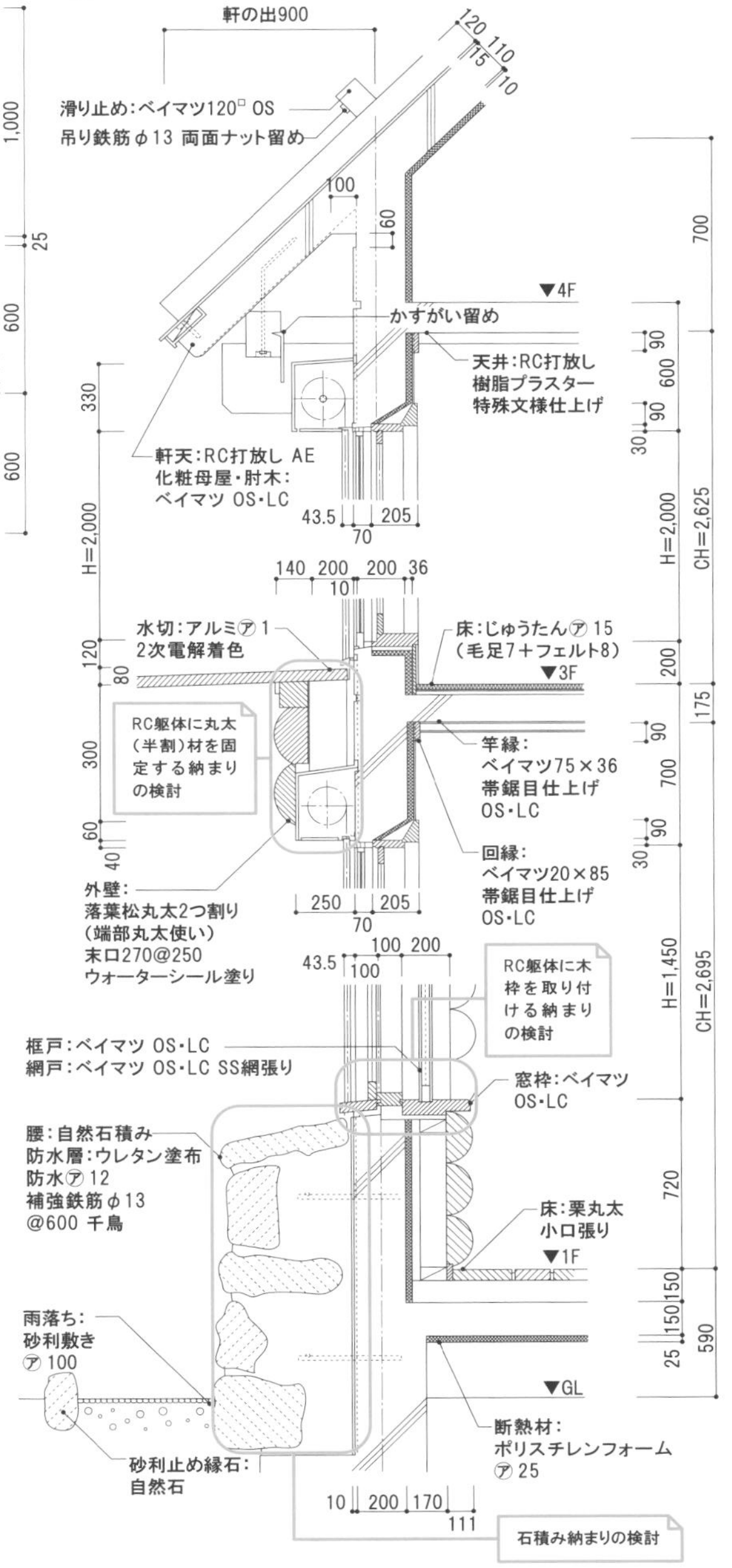

①は鉄筋コンクリート造の建物で、外壁をコンクリート打ち放しにした例。仕上げはコンクリートのみに要素が限られるので、図面の表現もシンプルになる。②は鉄筋コンクリートの構造体に自然石や木材などの仕上げ材料を使った例。コンクリート以外の材料が加わったことで検討要素が増え、図面の表現も複雑になってくる
（なお、この図面は設計当初のもので、現在の仕様とは異なる部分がある）

［図：『竹中工務店のディテール 実例詳細・標準詳細図集』（彰国社）より］

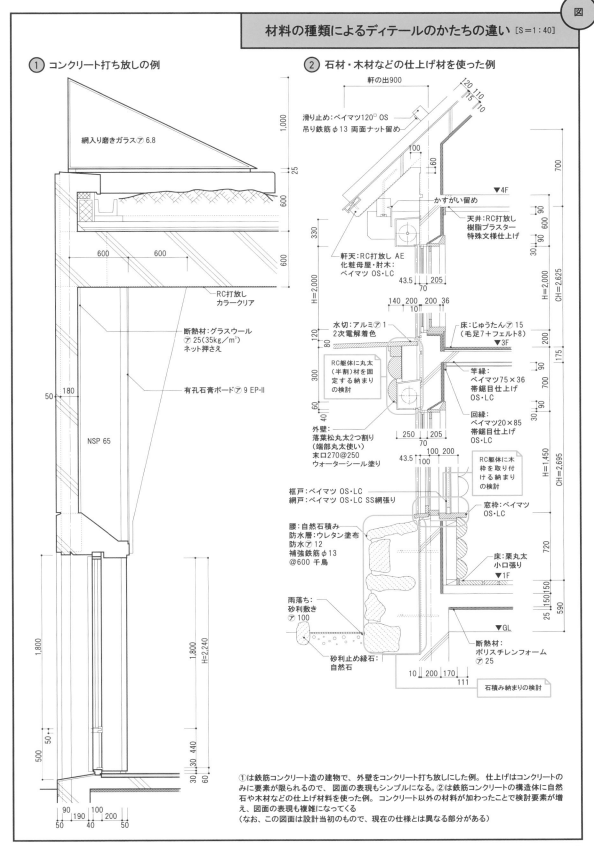

004

ディテールとは「納まり」である

「よい納まり」＝「凝ったディテール」ではない

12・13頁で「ディテールとは『出会いの場』である」と述べました。どのような出会いのかたちがあるかについては次章で詳しく説明するとして、ここでは典型的な出会いの場の例といえる、「床」と「壁」の関係について少し考えてみたいと思います。

床は水平面を、壁は垂直面を構成する要素で、ともに建築では大切な基本要素となる部位です。

床には、人をはじめ、家具類や生活用品など、いろいろなものを支える役目があり、用途によって求められる耐久性や質感もさまざまです。一方、壁には空間を区切る役目がありますが、外周壁や室内の間仕切壁など、部位によって求められる機能や性能がまったく異なります。したがって、こうした面と面とが出会うところを、それぞれが求められる役割をきちんと果たせるようにするために、どのような合わせ方にしてやればよいのかをよく検討しなければなりません。これを、一般には「納まりを考える」といいます。

「おさまる」という言葉に漢字を当てはめると、本書で用いている「納まる」のほか、「収まる」「治まる」「修まる」など、いろいろとあります。ディテールということで考えてみると、どれをあてはめても意味が合うように思えますが、それだけディテールの奥が深いということなのでしょうか。

一般に、出会い方がよく練られた納まりについては「納まりがよい」といわれ、考え方が十分でなく、練り込みが足りない納まりは「納まりが悪い」といわれます［写真1・2、図］。ただし、ここで誤解をしてはいけないのは、「よい納まり」とは必ずしも凝った、精緻なディテールを意味しているとは限らない、ということです。むしろ、凝りすぎてバランスを崩しているディテールは、何がしかの破綻につながる可能性が高くなり、「悪い納まり」といわれる場合もあるので注意が必要です。

凝りすぎた場合というのは、限られた部分にのみエネルギーが注ぎ込まれて、ほかの部分の検討がおろそかになっていることがしばしばあります。しかも、当事者は凝った部分の出来栄えにだけ満足しているので、そのことに気付かないケースが出てくるのです。

写真1

よく練られた納まりの例。大理石張りの壁面どうしが出会う出隅部分では、通常20～25mm厚くらいの大理石板を張るので、出隅のどちらか一方の側に石板の小口面が現れる。そこで見えがかりを揃えようと思うと、何らかの工夫が必要になる。写真の例では、出隅に見切りの役物を使ったように見える納め方をしている

写真2

よく練られたコンクリート打ち放し面の納まりの例。コンクリートの打ち放し面には型枠のパネル跡やPコンの跡が現れる。そこで、パネルやPコンの割り付けでは、開口部や設備（照明器具、換気口など）の位置やサイズも合わせて検討し、あらかじめ定めてあった位置に納まっているかのように見せる

図

よく練られた納まりの例

① 石張りの出隅納まり

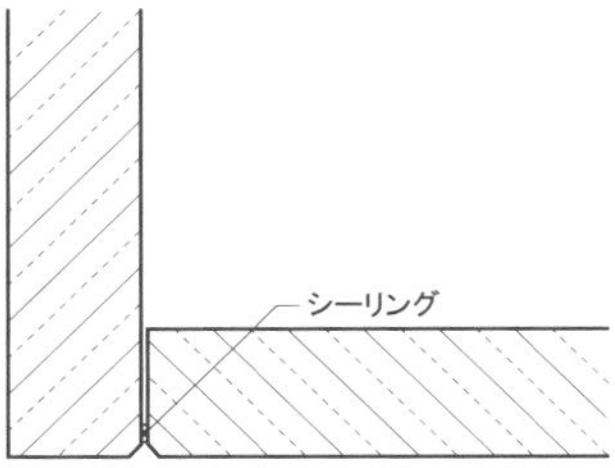

何も考えないと片方の側に石板の小口が出る。角は保護のために面を取るので、ますます小口が目につく

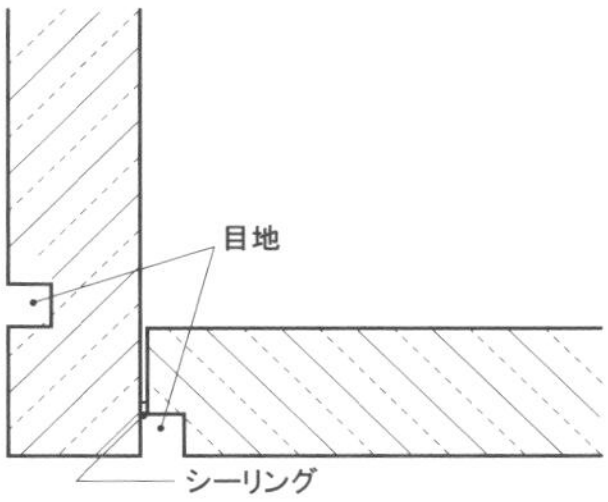

目地を入れるかたちの納まりにすると、一見したところ、どちらが石板の小口か判別がつかず、出隅に役物を入れたように見える

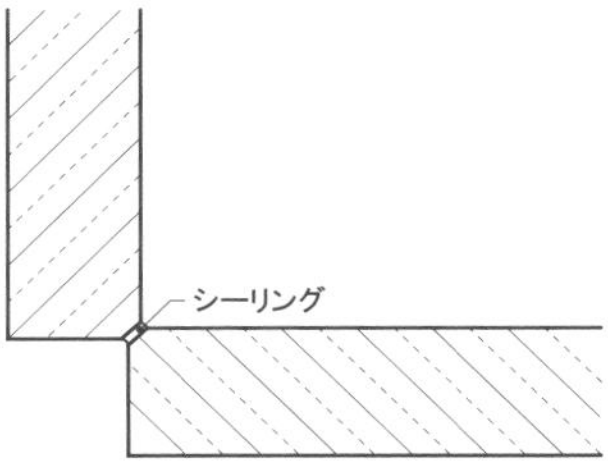

どうせなら、どちらの側も石板の小口を見せる納まりにする方法もある

② サッシ廻りのシーリング納まり

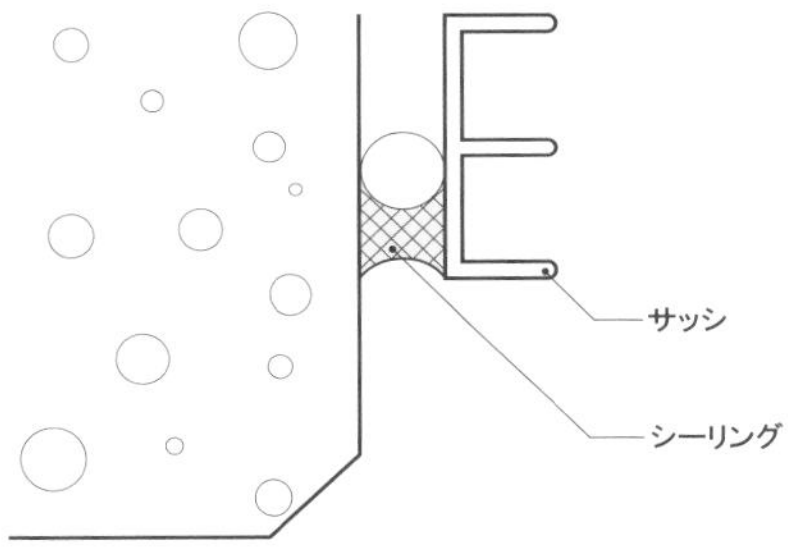

何も考えないと、正面からのシーリング打ちになる。シーリングの幅が一定に決まって、シーリングもきれいに打てればよいが、うまくいかないと見苦しい見え方になる

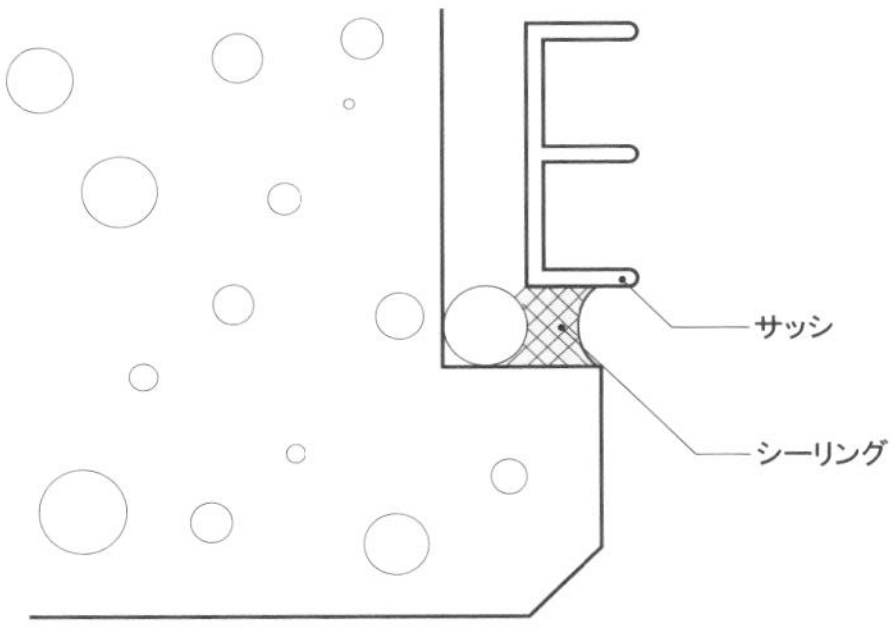

少し考えて、側面でシーリングが処理できるようにすると、万一きれいにできなくても、正面からの見えがかりには関係ないことになる

③ ムクフローリングの納まり

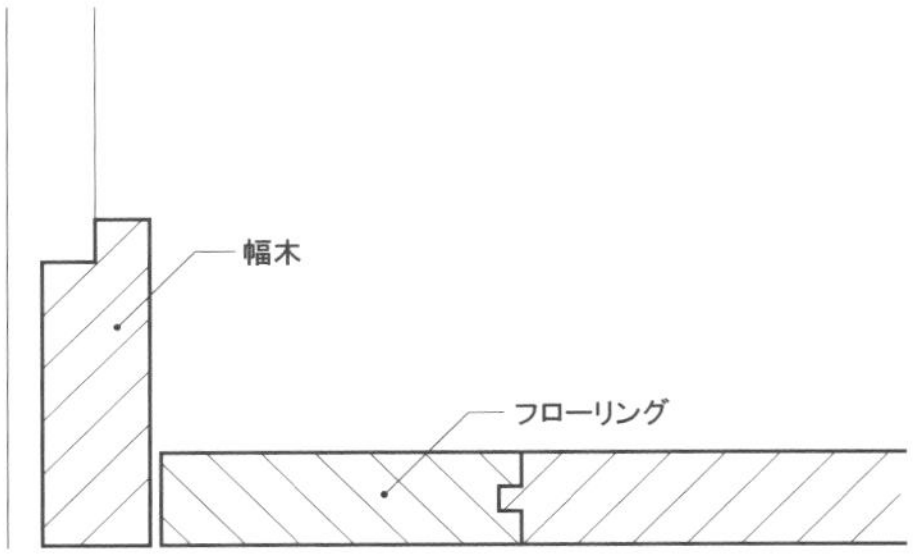

フローリングを幅木に突き付ける納まりにすると、フローリングが収縮したときには隙間ができるし、伸びたときは逃げ場がないのでフローリングがむくれ上がる

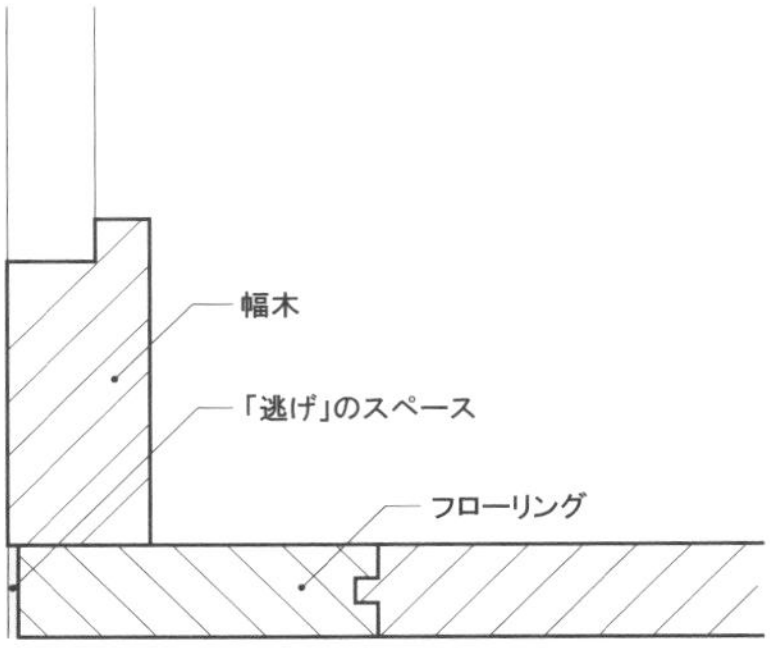

幅木の下にフローリングが入る納まりにすると、フローリングに伸縮の動きがあっても「逃げ」のスペースがあるので問題が起きない

005

構造の納まり

意匠設計者も構造の納まり検討には積極的に参加すべし

検討を必要とする建築の納まりには、大きく分けて2つの系統があります。1つは構造系——つまり建物の躯体の納まりで、もう1つが仕上げ系——すなわち、壁・床・天井などの仕上げ材の納まりになります。

一般に、躯体は仕上げ材によって覆われてしまうので、構造の納まりは普段、目に触れることはありません。しかし、構造の納め方によって、建物の耐震性や耐久性がよくも悪くも変わるうえ、施工性、ひいてはコストなどにも影響が及ぶのでおろそかにはできません。

現在の建築設計の進め方では、構造の納まりを検討するのは主に構造設計の担当者であったり、木造の場合であれば、プレカットの加工図を描く担当者であることが多いようです。しかし、意匠を担当する設計者——いわゆる意匠屋さんも、このなかにぜひ一枚加わるべきであると考えます。

これまでも、躯体露しの計画では意匠屋さんも検討に加わるケースがよくありました。これは、躯体露しは「見える納まり」になるので、仕上げ系の納まりと同等と考えているからでしょう。しかし、仕上げ材で覆う場合でも、仕上げ材の納まりを考えるためには、躯体がどのように納まっているかを知っておく必要があります［図1］。また、躯体のメンテナンスを考慮するには、仕上げ材がどのような納まり方であったらよいかを検討しなければなりません。したがって、躯体の納まりが見えないからといってなおざりにせず、意匠屋さんも躯体の納まりの検討に参加してほしいのです。

とりわけ、建物の長寿命化を図ることが強く求められている昨今、その鍵となる土台、外周に面する部分の躯体、小屋裏の部分については、仕上げ材の納まり検討の面からも、積極的に協力していくことが大切になります。木造の例でいえば、外壁の通気工法の納まりなどは、躯体の長寿命化に協力している好例といえるでしょう。通気工法は、木造住宅の高気密・高断熱化の流れに沿って登場した工法です。通気層は外気に開放されていて、構造体の木材は気乾状態に保たれるため、内部結露によって発生した水分を構造体が吸収し、蒸れて腐ってしまうというトラブルを解消できます［図2］。

写真1

構造の種類によって建物の表情が変わる。鉄筋コンクリート造（とりわけ壁構造）の建物の表情は「面」で構成されるボックス状の表情になる。開口部の位置や大きさは構造に影響するので、構造設計担当と綿密な打ち合わせが必要になる

写真2

木材（この写真の例では積層材）をそのまま見せる使い方をした建物は「線」で構成される表情になる。仕口や継手の納まりは構造設計担当が検討するが、見えがかり部分の納め方については意匠設計者も積極的に参加して検討したい

図1

躯体を考慮した納まり例① 打ち継ぎ目地部分のタイル張り

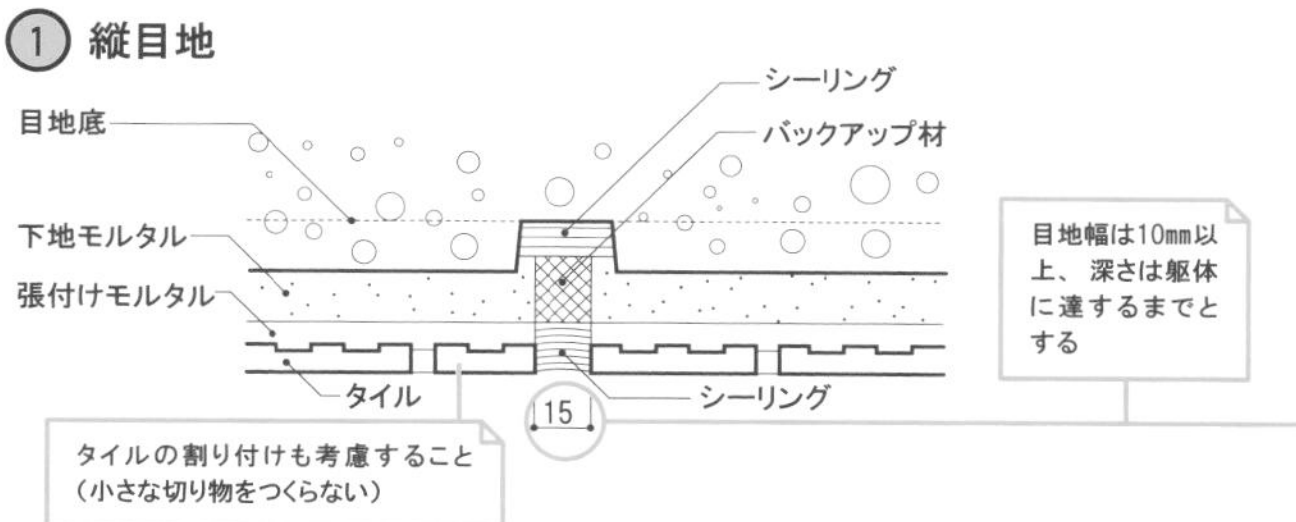

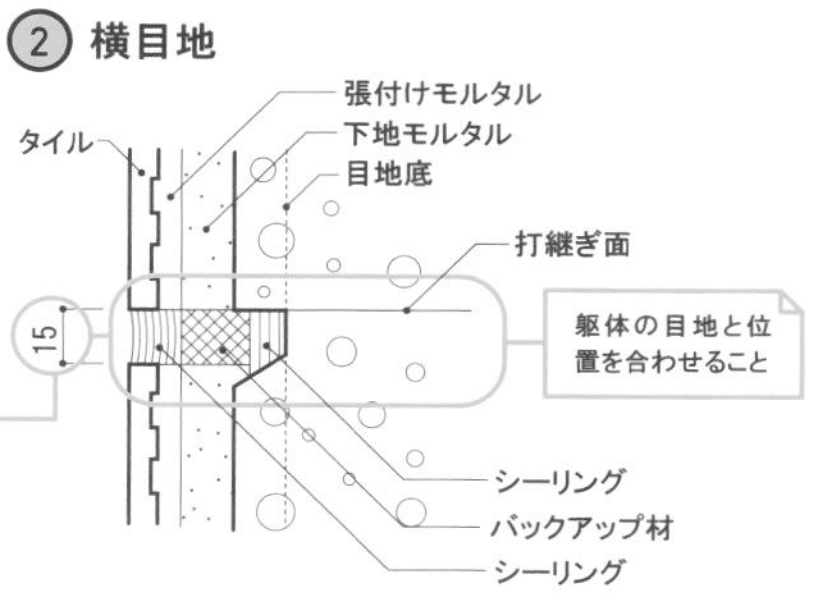

コンクリートの躯体には、ひび割れ誘発目地(縦目地)や打ち継ぎ目地(横目地)が入る。タイル張り仕上げとする場合、タイル目地のほかにこれらの目地が入るので、割り付けには注意する。また、シーリング材は変成シリコーン系かポリサルファイド系とする

図2

躯体を考慮した納まり例② 外壁の通気工法 [S=1:15]

木造の建物は、高気密・高断熱化の納め方が普及した結果、構造材を防湿フィルムなどですっぽり包むことになり、今度は構造材のムレに対処することを考えなくてはならなくなった。その答えの1つが、外壁仕上げ裏側に設ける「通気層」である。通常は外壁下端に吸気、上端に排気のスリットを設けるが、現在は通気層に小動物が入り込まない細工を施した既製の通気部材があるので、それを利用するとよい

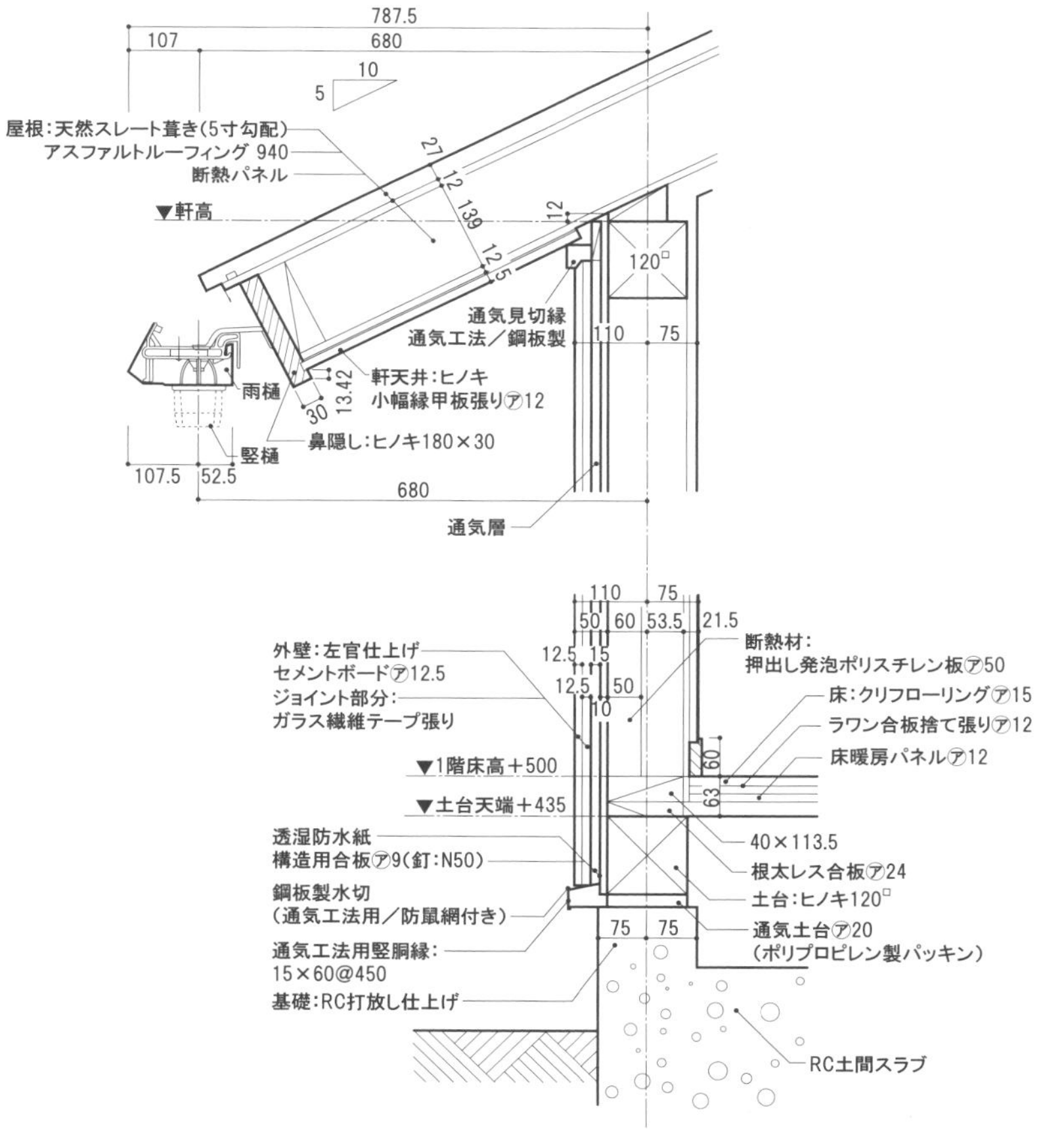

006

仕上げの納まり

見えがかりの納まりはその場所によって検討の内容が変わる

仕上げ系の納まりの一番の特徴は、「見える納まり」であるということです［図1］。

見える納まりにも2つの系統があります。1つは目線に近いところの納まりで、もう1つが目線から遠いところの納まりです［図2］。

目線に近いところは、とにかく目に付きやすいのでアラ探しの対象になりやすく、納め方もきちんとしていないと、いろいろな指摘を受けたり、クレームの原因になったりもします。

また、目線に近いということは、身体が触れやすい位置にあるということです。したがって、身体が触れても破損しない強度や、けがをしないような安全性、さらには手触りのよさも要求されるので、その納まりにはかなり気を遣わなければなりません。

このように、要求のレベルが高いところをどのように納めたらうまくいくかをあれこれ思案するのが、ディテールを考える醍醐味といえます。その結果、さりげなく納まっていて、使い心地がよく、見た目もきれいであれば気持ちがよいのですが、「こんなふうに納めたよ、見て、見て」といわんばかりに、自己主張だけが強く表れたディテールになってしまっては、目障りなだけで興ざめしてしまうので気を

写真1

花崗岩張りの外壁仕上げで、出隅部分の幅木廻りの納まり例。出隅は外壁のなかでも目立つ部分だが、とりわけ、見下ろしのアングルになり、目線が届きやすい幅木廻りはよく目立つ。それを意識して、石板の小口幅の見せ方を壁部分と幅木部分とで切り替え、その段差が出るところでさらに細かな細工を施しており、見る者を楽しませてくれている

写真2

レンガ積み建物の腰壁から犬走り廻りの納まり例。この写真のように、レンガの長手と小口を交互に積む方法を「フランス積み（フランドル積み）」という。犬走りは中央が窪んだ形状で、排水溝を兼ねているが、足を取られるほどの凹形ではなく、路面とも段差がない納まりなので、足下の障害にはなっていない

写真3

写真②の建物の目線レベルの外壁納まり。腰壁と異なり、「長手積み」という方法でレンガが積まれているのだが、フランス積みに比べて壁の厚さを薄くできるというメリットがある。また、コーニスの出隅で、見上げになるところの納まりが扇垂木の形になっている。これは持ち出しになる出隅の納まりとしては合理的で、見た目にもきれいな納まりになる

付けたいところです。

　一方、目線から遠いところの納まりは、出来不出来などの多少のことは見逃されやすく、手触りに対する配慮もほとんどしなくて済みます。しかし、手の届きにくいところ——すなわちメンテナンスしにくい位置にあることが多いので、メンテナンス性を確保するためにはどのようにすればよいか、あるいはなるべくメンテナンスをしなくても済むようにするにはどうしたらよいか、などを検討しておく必要があります。

　また、目線から遠いということは、そこが「見上げ」や「見下ろし」のアングルで見られる可能性があるということです。そうしたアングルから見た場合にどのように目に映るかについても、きちんとチェックしておく必要があります。

　このように、見えがかりの納まりは、その場所によって検討の内容が変わってくるので注意してください［写真1〜3］。

図1

見えるところと見えないところの納まり例

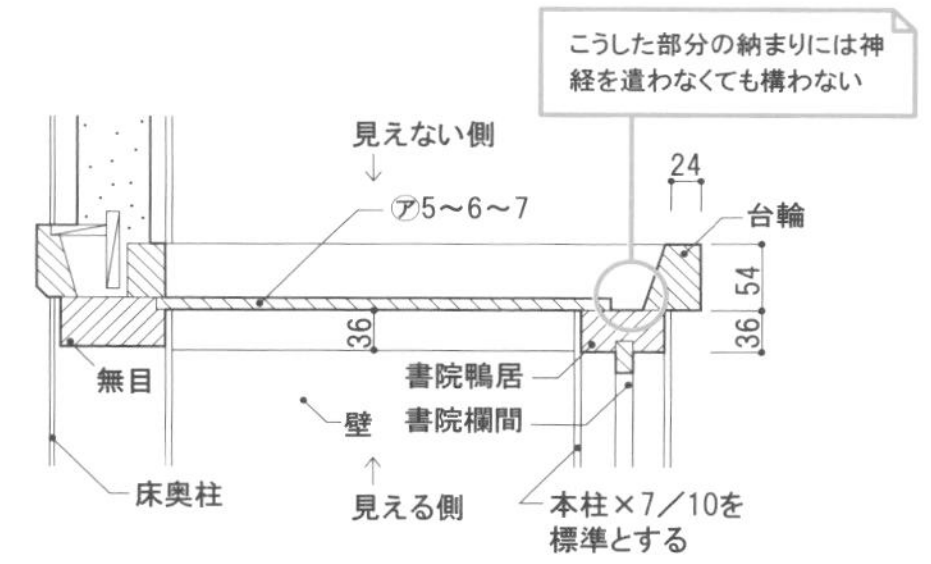

和室の書院の天井納まり。床の間の脇に設けられる書院のうち、「付書院」は縁側のほうに突き出るかたちになるので、天井を張る。床の間側からは「見える」天井になるので、天井板とそれを受ける書院鴨居との納まりには神経を遣う。一方、縁側に突き出た書院の天井裏は、わざわざ見ようとしてもなかなか見えるところではないので、書院に載った天井板の端の納まりには神経を遣わなくても構わない

図2

目線に近いところと遠いところの納まり例

① 壁タイルの目地幅（一般の場合）

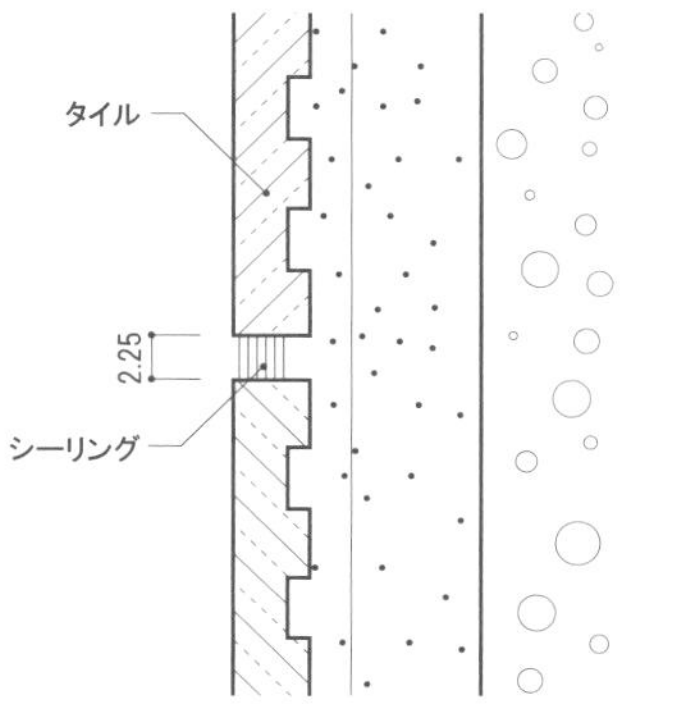

室内の壁に張るタイルは、かなり目線に近いところにあるのが普通で、一般の内装壁タイルの目地幅は、タイルのサイズに関係なくほぼ2mmくらいの細い幅に設定されている（内装タイルは一般に薄物で、かなり精度よくできているので細い目地幅が可能になる）

② 床タイルの目地幅

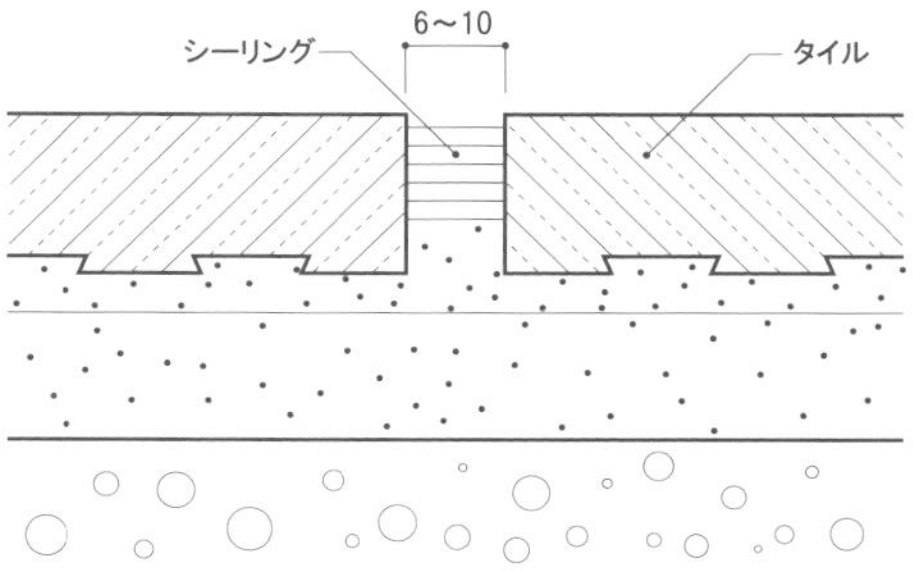

床タイルは、一般に壁タイルより厚くできていて、その分、精度を出しにくいということもあるのだが、床タイルの目地幅は一般的に6〜10mmと、壁タイルに比べると広い。それがちょうどよく見えるのは、通常の歩行時で考えてみると、その位置が、目線からほどよい遠さにあることも理由の1つといえるのではないだろうか

007

寸法を決めるとディテールは完成する

寸法の決定は建物の性能やコストなどに直結する大切な作業

建築の設計の進め方は人それぞれで、いろいろな流儀があるでしょう。しかしながら、どのような流儀であっても、①建物の建つ敷地やその周辺の条件を読み取る、②建物を使う人たちの状況や希望などの条件を読み取る、③法律や慣習などのルールを読み取る、という3つの作業から始めるのは、だれにも共通するところであると思います［図1］。

上記のような条件を検討していくうちに構想がまとまり、設計が進んでくると、ディテールのスケッチも数が増え、あれこれ細かいところの検討が進みます［図2］。

この段階で検討しなければならない項目はたくさんあります。たとえば、どんな材料と材料を、どのようなかたちや仕上げで出会わせたら、その箇所の納まりとしてふさわしく、うまくいくかということが挙げられます。また、検討した納まりについて、実際に施工できるかどうか、日常のメンテナンスは容易に行えるか、経年変化で取り替えが必要になったときはそれが可能か、などといったことも検討しておきます。

そして、このような検討作業の途中でも行っていることですが、どれくらいの厚みの材料を使い、見えるところの見付け寸法をどうするかを最終的に決めたら、ディテールは完成となります［図3］。

建築の設計作業とは、材料を選択し、寸法を決定することに尽きる、といっても過言ではありません。寸法の決定は、建物の性能やグレード、コスト、使い勝手など、建物全体の評価に直結する、とても大切な作業になるのです。

納まりに関する寸法も、ディテールの性能やコストに直接影響するだけでなく、空間のプロポーションのバランスにも影響を与えます。たとえば、開口部を木製枠で納める場合、枠の見付け寸法（枠を正面から見たときに見える幅）を大きくとると、枠の強度は高くなる半面、材料の体積が増えるのでコストアップにつながるうえ、見かけも鈍重になるといったことを考慮しなければなりません。したがって、寸法の決定には十分な注意が必要なのです。

図1

ディテールが決まるまで

① 設計条件の調査

- 建築主の現況、ライフスタイル、要望など
- 敷地の状況：敷地の形状・規模・高低差や方位、そのほか、騒音・眺望・気象条件などの周辺環境
- 敷地にかかる規制：権利関係、建築基準法（条例、規則、要項、協定など）、地域の慣習、申し合わせなど

② 基本計画

- 建築可能なヴォリュームのチェック
- 配置・平面・断面・立面などの基本方針
- 建築主から与えられた条件・要望などの整理（不明な点は再確認）
- 敷地状況調査結果の整理（内容の不足分は再調査）
- 構造・設備担当と基本方針の確認（必要に応じて）
- スタディ模型の製作・検討（必要に応じて、敷地模型や周辺模型の製作）
- 敷地状況や規制との照合作業
- ディテールの構想を練り始める

③ 実施設計

- 建築主への基本計画の提示・説明（承認後、実施設計に着手）
- 使用素材の調査・確認
- 設備や構造方式の確認と意匠設計との取り合いをチェック
- スタディ模型や透視図などによる空間イメージの確認
- 使用素材、設備機器などの確定と納まりの検討
- 設計条件（建築主の要望、敷地状況、各種規制）との適合性を再確認
- 意匠設計図、構造設計図、設備設計図との整合をチェック
- 各種申請手続きの準備

④ ディテールの決定

図2

寸法の検討①

設計の初期段階ではフリーハンドによるスケッチで検討することが多い。ただし、プロポーションを把握することが重要なので、フリーハンドといっても、スケールを確認しながら進める

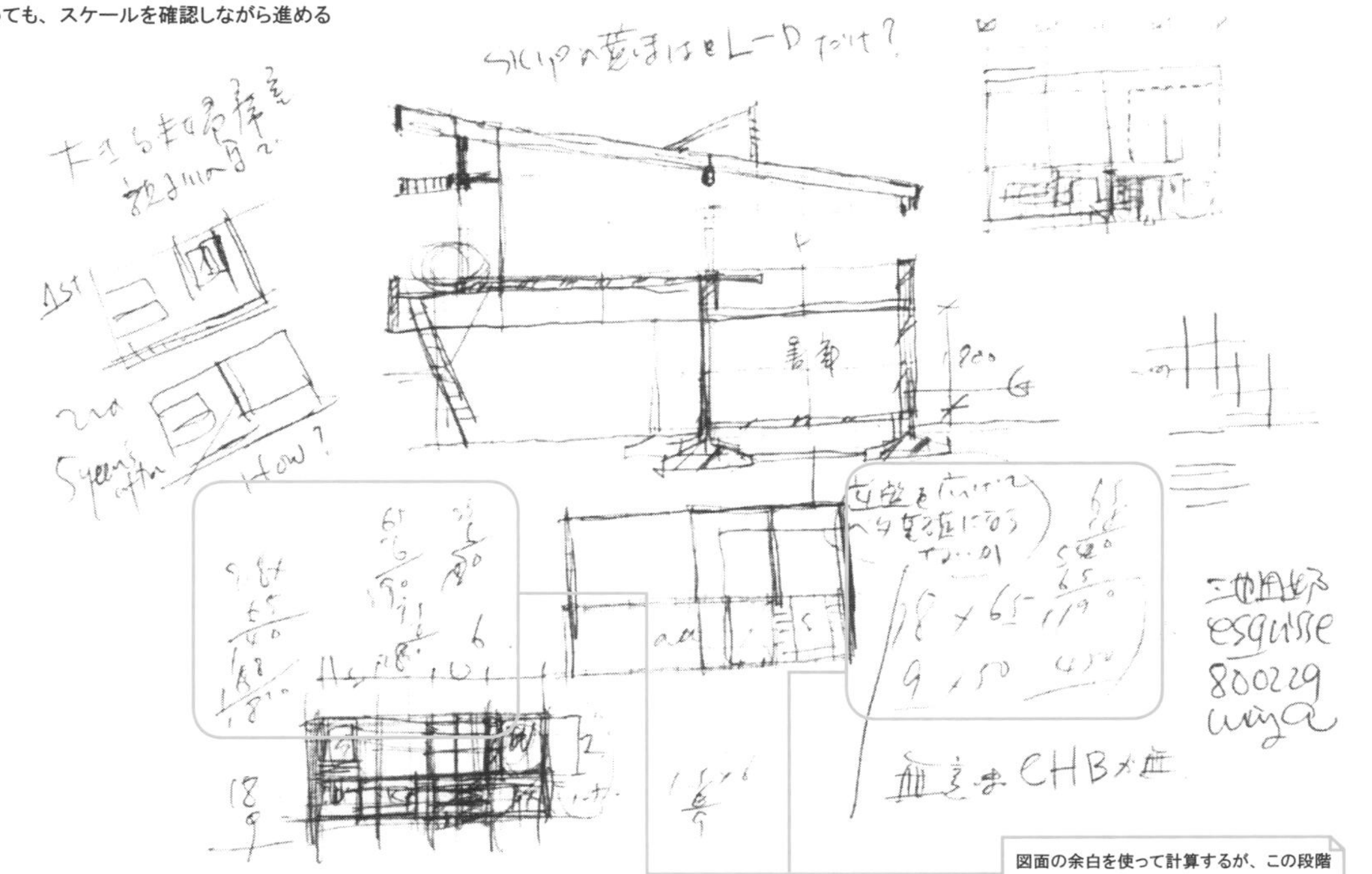

図面の余白を使って計算するが、この段階で確認するのは主に面積のチェックになる

図3

寸法の検討②

設計の最終段階になる頃は、ディテールの納まりを寸法を記入しながら検討するが、製図板の上で縮尺もきちんと整える

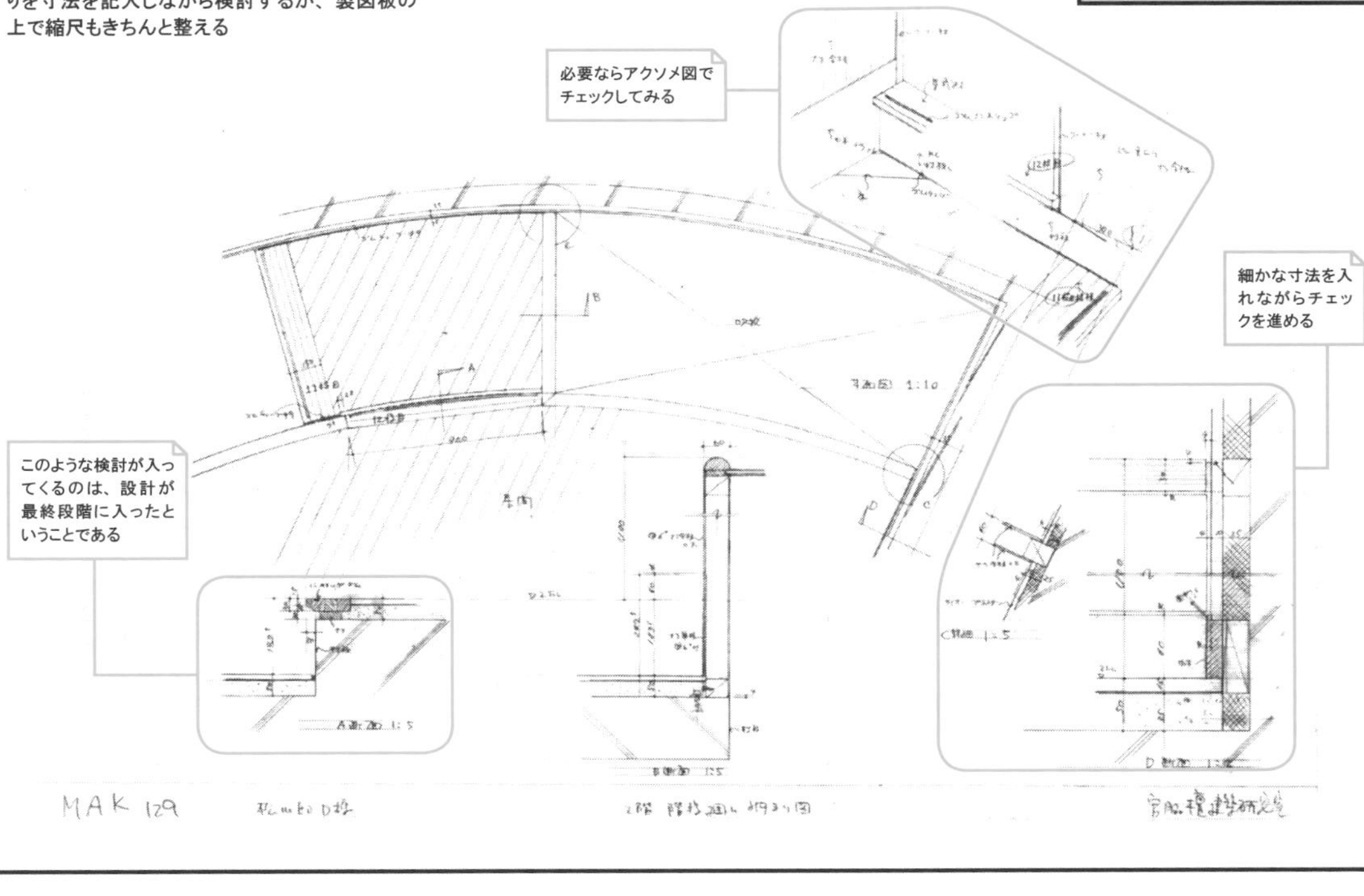

必要ならアクソメ図でチェックしてみる

細かな寸法を入れながらチェックを進める

このような検討が入ってくるのは、設計が最終段階に入ったということである

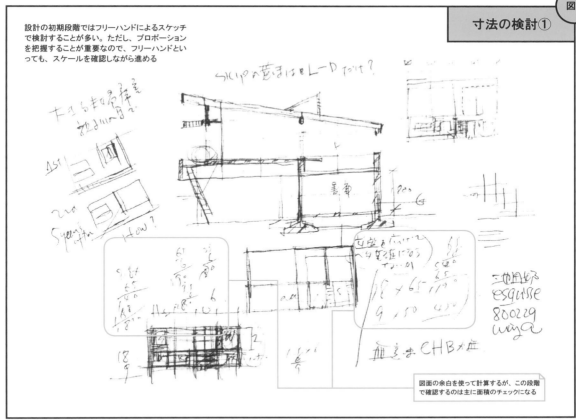

008 ディテールは建物によって異なる

1つの建物のなかではディテールの種類を絞り込む

建物の「出会い」のかたちというものは、建物の用途が違っても、「床と壁」「窓」「出隅」「入隅」といった基本的なかたちは変わりません［表］。しかし、それぞれの出会いのかたちは同じであっても、そのディテールまでが同じ、というわけではありません。

たとえば「窓」の場合、「サッシがあって、窓枠が取り付く」という基本的な構成が同じでも、住宅と事務所とでは窓が取り付く壁の構成が違ったりします。また、使い勝手や機能、性能、意匠性など、窓に求められる要求も異なります。求められるものが異なれば、検討する内容・程度が違ってくるので、結果として当然、ディテールが異なることになります［図］。

ただ、ここで気を付けたいのは、その場その場に求められる要求の内容をあまりにも厳密に、神経質に扱うと、大変なことになりかねないということです。極端な例を挙げれば、1カ所ごとにディテールが違ってくることになり、1つの建物に存在するディテールの種類が膨大な数となるおそれがあります。こうなると、現実には対応ができなくなってしまいます。種類がやたらと多いということは、現場で間違いが起こりやすいということも意味します。

現場を混乱させず、職人によい仕事をやってもらおうとするのなら、1つの建物で使うディテールの種類は整理して絞り込み、できる限り少なくするように心がけたいものです。

建物によって、部位は同じでも、ディテールが異なることは当然なのですが、1つの建物のなかではディテールの種類が増えないよう、よく検討してみてください。

たとえば、開口部の枠納まりについて、出入口であれば「内―内」「内―外」の2タイプを基本型として、壁仕上げの違いによる仕上がり厚さの変化に対しては、サイズの違う額縁を付けることで対応させる方法（見込みの寸法違いをいくつか用意）があります。既製品の建具枠の納まりにはこの方法を採用している例をよく見かけます。このとき、取り付ける建具のタイプが増えると、枠の基本型が増えてしまう可能性があります。せっかくディテールの種類を減らそうとしているわけですから、この点も注意しましょう。

表 さまざまな出会いのかたち

出会いのかたち	求められる要素
地面と基礎	・地盤の状態を確認し、構造的に安定させる ・基礎の構造的耐力を高める
基礎と土台	・基礎と土台を緊結する ・土台の防蟻・防腐対策を検討する
床と床	・仕上げ材の切り替え部分での段違い・沈下・亀裂などへの防止対策を検討する
床と壁	・壁仕上げ材の保護策を検討する ・床仕上げ材の伸縮によるふくれや隙間対応策などを検討する
壁と壁	・仕上げ材の切り替え部分での段違い・亀裂・隙間などへの防止対策を検討する
壁と天井	・施工手順を考慮した廻り縁納まりを検討する ・廻り縁がないときは亀裂・隙間対策を検討する
天井と天井	・仕上げ材の切り替え部分での段違い・亀裂・隙間などへの防止対策を検討する
出入口と床	・四方枠納まりか三方枠納まりかを検討する ・床仕上げ材の切り替え箇所を検討する
出入口と壁	・額縁の有無を検討する ・枠の見付け、チリ寸法を検討する ・枠の固定方法を検討する
窓と壁	・額縁の有無を検討する ・枠の見付け、チリ寸法を検討する ・枠の固定方法を検討する
出隅	・仕上げ材に合わせた納まりを検討する ・強度をチェックする ・コーナーの保護方法を検討する
入隅	・隙間や亀裂の防止策を検討する ・施工の可否をチェックする
階段	・踏み面と蹴込のバランスを検討する ・踏み面（特に段鼻部分）の材質を検討する
屋根	・棟の納まりを検討する ・けらばと軒先の関係をチェックする ・谷納まりを検討する

図

用途によるディテールの違い

① 木造住宅の窓廻り例[S＝1:8]

特注の木造建具が採用されることがあるのが住宅の特徴。この場合、窓枠は大工工事になる

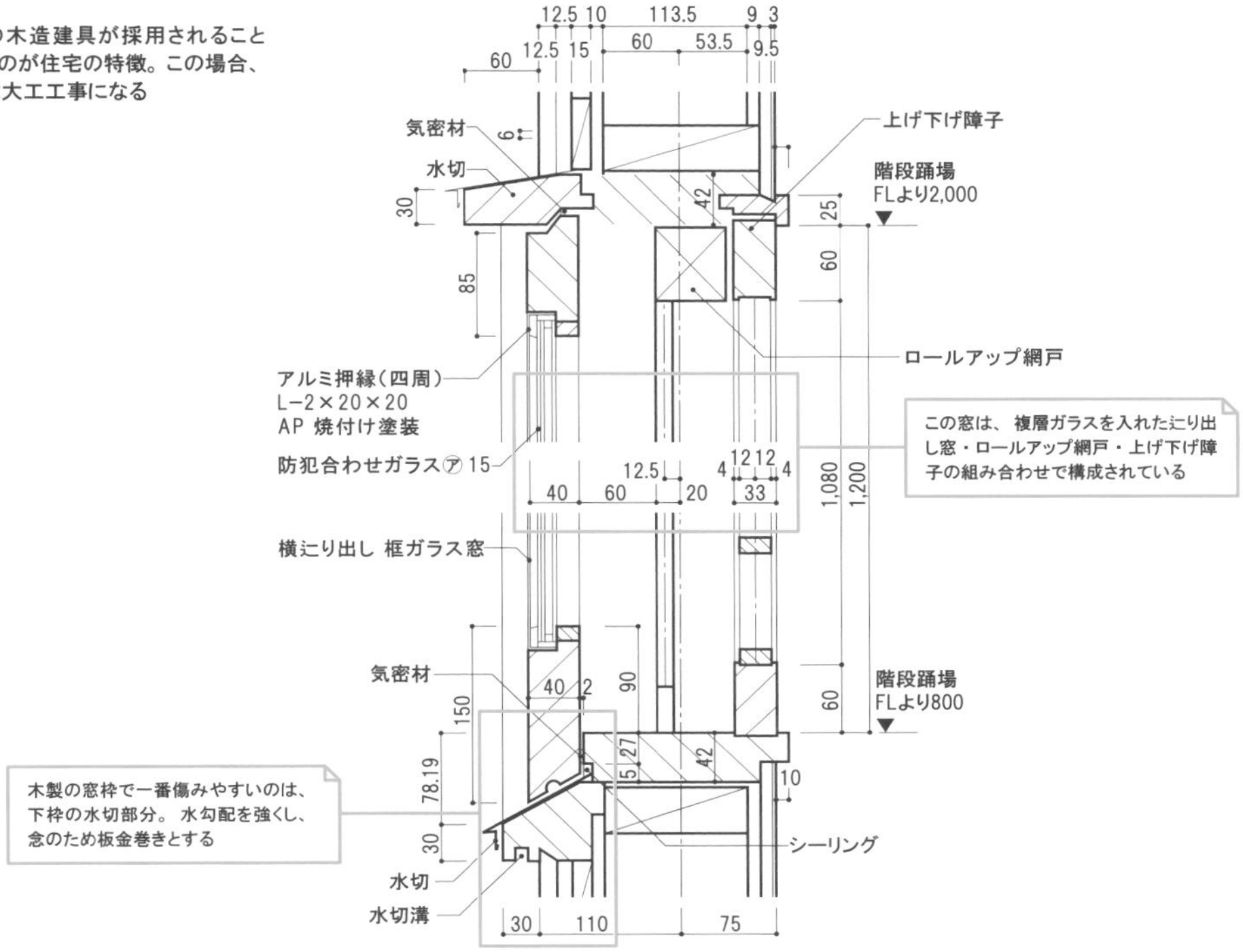

② 鉄骨造の事務所ビルの窓廻り例[S＝1:80]

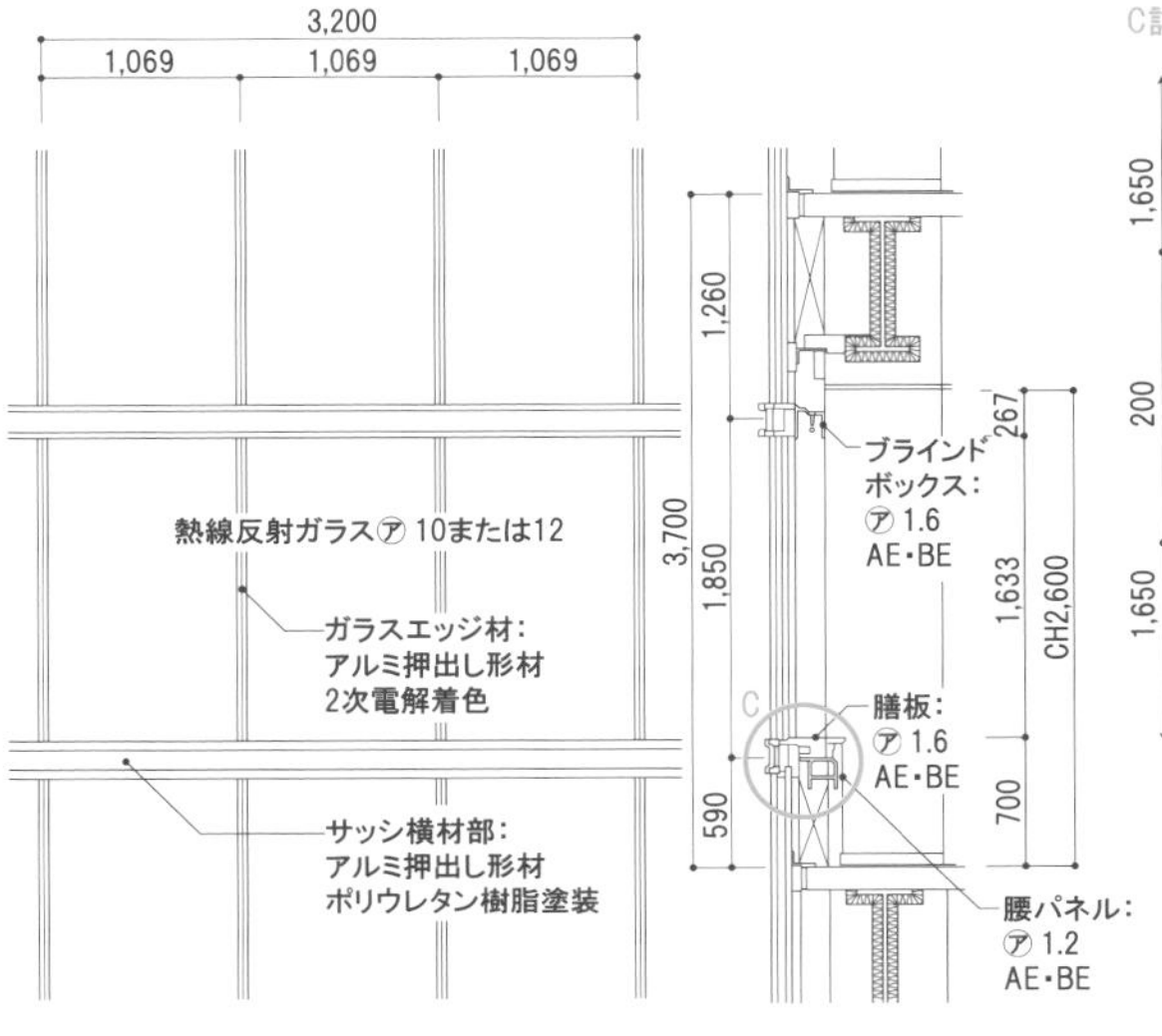

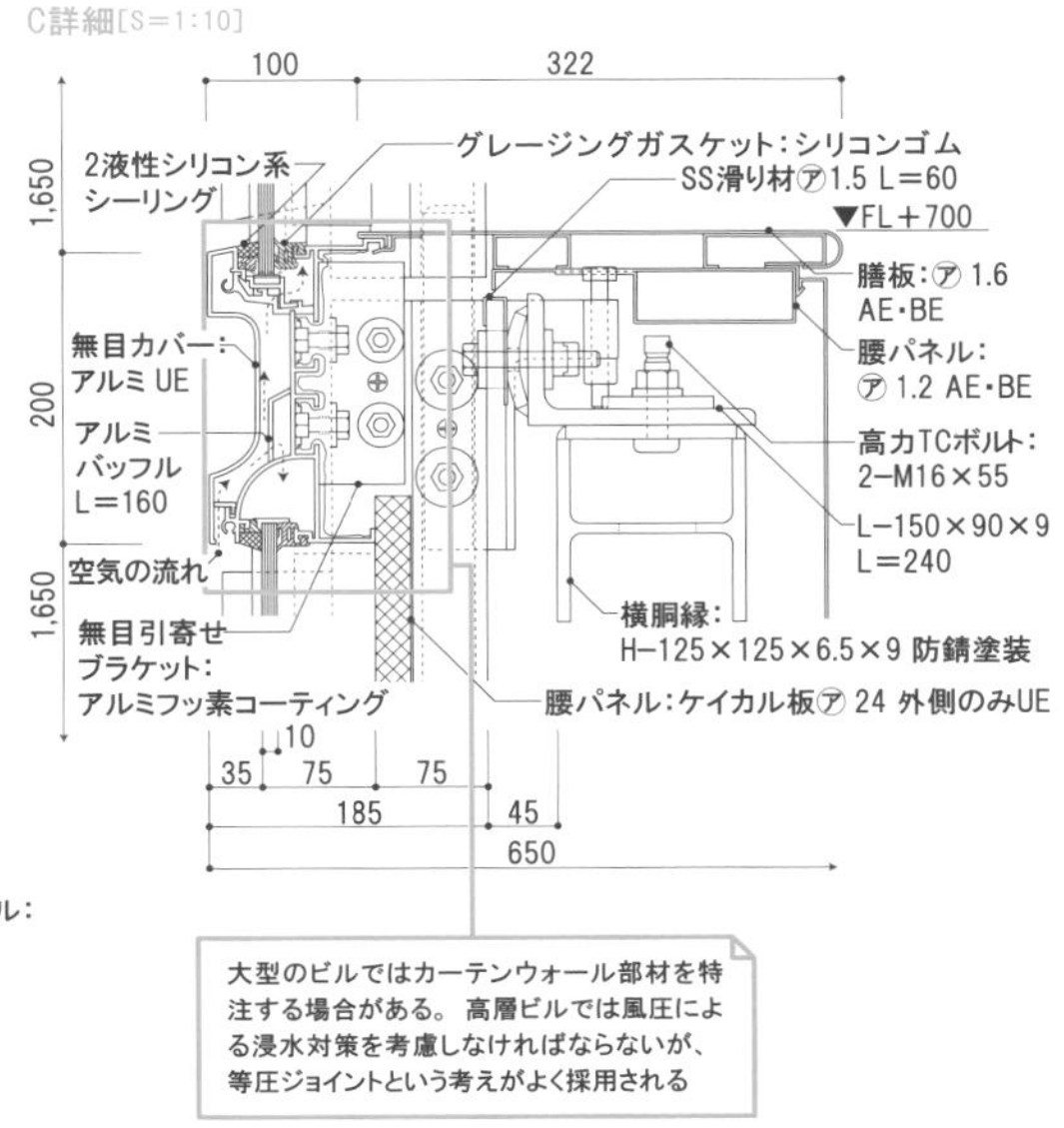

事務所ビルの窓廻りはカーテンウォールで構成されることが多く、躯体心からガラス面までの距離が大きくなる。そのため、幅広の窓枠で納めるなどの対応を検討する
(なお、この図面は設計当初のもので、現在の仕様とは異なる部分がある)

[図②:『竹中工務店のディテール 実例詳細・標準詳細図集』(彰国社)より]

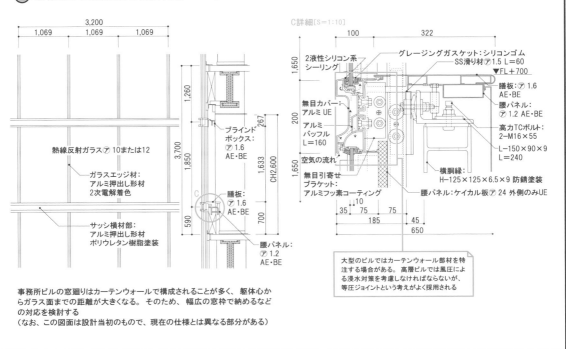

009

先輩はディテールに何を語ったか 1

吉村順三

Junzo Yoshimura 1908-1997

生き生きした空間を作るためには、真剣に計算し、計画された詳細図が必要です。建物の比例、納まりを考えると同時に、決められた建築費に合わせて、構造の堅固さ、設備と造形の融合、使い勝手、色彩と質感を決める材料の選択、工事の難易等を解決して全体を調和させる寸法を決定するものが詳細図です。

吉村順三のディテール｜彰国社｜1979

吉村順三さんは、自分の設計思想や設計方法を「文章」で表現するということをあまりしてくれません。上の文は『吉村順三のディテール 住宅を矩計で考える』のまえがきから引用したもので、数少ない文章による表現の例になります。

このなかで、吉村さんは「ディテールとはこういうものだ」という考え方を述べています。建築のプロポーションや納まりから、コスト、構造、設備、使い勝手、材料の選択、施工の難易度に至るまで、考えを巡らさなければならない範囲の広さや、奥の深さ（全体を調和させること）について、吉村流のツボをしっかりと心に留めておきたいものです。

気候・風土の条件を考えると、日本ではとくに、ディテールを大切にしなければならない。ディテールのよい住宅は気持のよいものであるが、ディテールの形のみの追求に終止して、機能の追求がおろそかになり、建築のよさがころされてしまうことはよくあることである。ミースのディテールにおいても、シカゴのアパートをやっていたころと、のちに忙しくなってからの作品とを比較するとき、プランニングは同じミースのシステムでやっているのだが、ディテールに初期におけるような機能に対する追求の努力がみられなくなっている。このことは、彼の作品がもっていた、きびしい美しさを失って行くひとつの大きな原因ともなっていると考えられる。近ごろは、ジャーナリズムによって、いろいろの人のディテールがたくさん提供されている。知ったものを知らないものとすることはむずかしいことだが、人のディテールに安易によりかかり、そのために機能の追求があいまいになってよいものではないだろう。

新建築｜1966・01

よいプロポーションでおさまっている家、単純明快におさまっているシンプルな家などはたいへん気持ちのよいものであるが、〝よい住宅〟というのは、形そのものよりむしろ、その家自体に〝たまり〟というか、重心のある居住空間のある家のことだと思う。

新建築｜1966・01

吉村さんの建築に関する言葉のなかには、「気持ちよい」というフレーズがたびたび登場します。建築はいろいろな条件が複合されて成り立っているので、「気持ちよい」状態とは、プロポーションがよいだけでなく、使い勝手のよい寸法であるとか、指一本で建具が動くなど、いくつもあります。

また、吉村さんは『吉村順三のディテール』で、家にどうしても必要なものを突き詰めていった結果、最後に残るのは水と火と緑であったという話をしています。そして、人の生活には少し実用を離れた楽しみとして火があってよいのではないか、と解説しているのですが、これは、気持ちよい条件の大切な要素のことを示唆しているのではないか、と筆者は思うのです。

ところで、ここで一言。吉村さんは「他人のディテールに安易によりかかるな」と諭していますが、これはある程度経験を積んだ人への言葉です。これからディテールを勉強していこうとしている人は、いわゆる「引出し」のなかが空っぽなのですから、とにかく参考になる例や手がかりを集めなくてはなりません。人がものをつくり出すという行為をするときに、ストックがゼロでは何かが生まれようがありません。ですから、初心者は「これは」というディテールを見つけたら、それを手本にまずは真似てみてください。その結果を検証することにより、段々と自分のディテールがかたちになってくると思います。

建築家の責任というか仕事といえば、いろいろなプロセスはあるけれど、最後には寸法を決定するというところにあるわけでしょう。その寸法をね、本当にリアルにきめるというのは、原寸です。

吉村順三のディテール｜彰国社｜1979

吉村さんは、ディテールの詰めを行うときに原寸がいかに大事であるかということを、学生時代にアントニン・レーモンドのところで習ったと話しています。「レーモンドは全部原寸を自分で一つひとつサインしてチェックしていましたからね」とのことですが、物の納まり方をよく知っていないと、原寸でディテールを描くことはできません。原寸ではごまかしがきかないからです。とはいえ、初心者にいきなり完璧を求めても無理な話なので、まずは見よう見まねで原寸で描くことから始めてみましょう。ここで基本的に注意することは、以下の3点。

1. 不確かなことをそのままにしておかない
2. 手や道具が入るスペースの余裕があり、施工できるかを検討する
3. メンテナンスができるように考えているかを確認する

これら3点をぜひ心がけてみてください。

CHAPTER 02

さまざまな出会いのかたち

010 基礎と地面

建物にかかる荷重・応力が地盤に伝わるようきちんと地面に定着させることが大事

建物（建築物）は「土地に定着する」ものであると建築基準法にありますが、建物のなかで土地（地面）と直接出会う部分が「基礎」になります。基礎は、建物にかかる荷重や応力などを地盤に伝達し、建物の不同沈下を防ぐという重要な役割を担っていますが、その役割を十分に果たせるようにするためには、基礎をしっかりと地面に定着させること―すなわち、地面の支持層の上に基礎をきちんと載せることがポイントになります。

一般的な住宅の場合、地盤のしっかりしているところでは、逆T字形の断面が連続する「布基礎」という基礎が採用されます［図①］。また最近では、基礎の底版と地盤との接触面積が広く、より構造的に安定した「ベタ基礎」という基礎が多く採用されるようになってきています［図②］。ベタ基礎は、建物の建坪分の面積がそのまま基礎の底版になっていて、この面積で建物の荷重や応力を地盤に伝えるので、単位面積当たりの負担する力が小さくなることや、もしも地盤に不同沈下が生じても基礎が影響を受けにくいという特徴があります。そのため、液状化現象が起きやすい土地に適しているといわれています。

いずれの基礎も、基礎をつくるときには地面を掘って土質が安定した場所に据えるのが原則です。このとき、基礎を設置する支持面が荒れていると、建物が即時沈下するおそれがあります。基礎の底面を通して、建物にかかる荷重・応力が地盤にきちんと伝わるよう、地盤を固める「地業」という工事が重要になります［写真1］。

ところで、基礎と地面との出会いを、視覚的にどう見せたら最も好ましい関係になるかということについて、少し考えてみてもよいのではないかと思います。というのも、この出会い部分の表現――すなわち、基礎と地面とをどのようになじませるかで、建物が大地に根を下ろしたように、安定してどっしりと構えたように見えたり、逆に、借り物をちょっと置いただけのような、落ち着かない、不安定な感じに見えたりするからです［写真2］。このことは、建物の立面図を描くときにも経験することができます。たとえば、地面の線を太く強く描くと、その上の建物は地面とは縁が切れているように見え、机に箱をポンと置いただけのような感じになります。実際の建築でも地面と縁が切れたように見える納め方をすると、建物が根付いているように見えず、不安定な感じになるので注意しましょう。

図 基礎の仕様

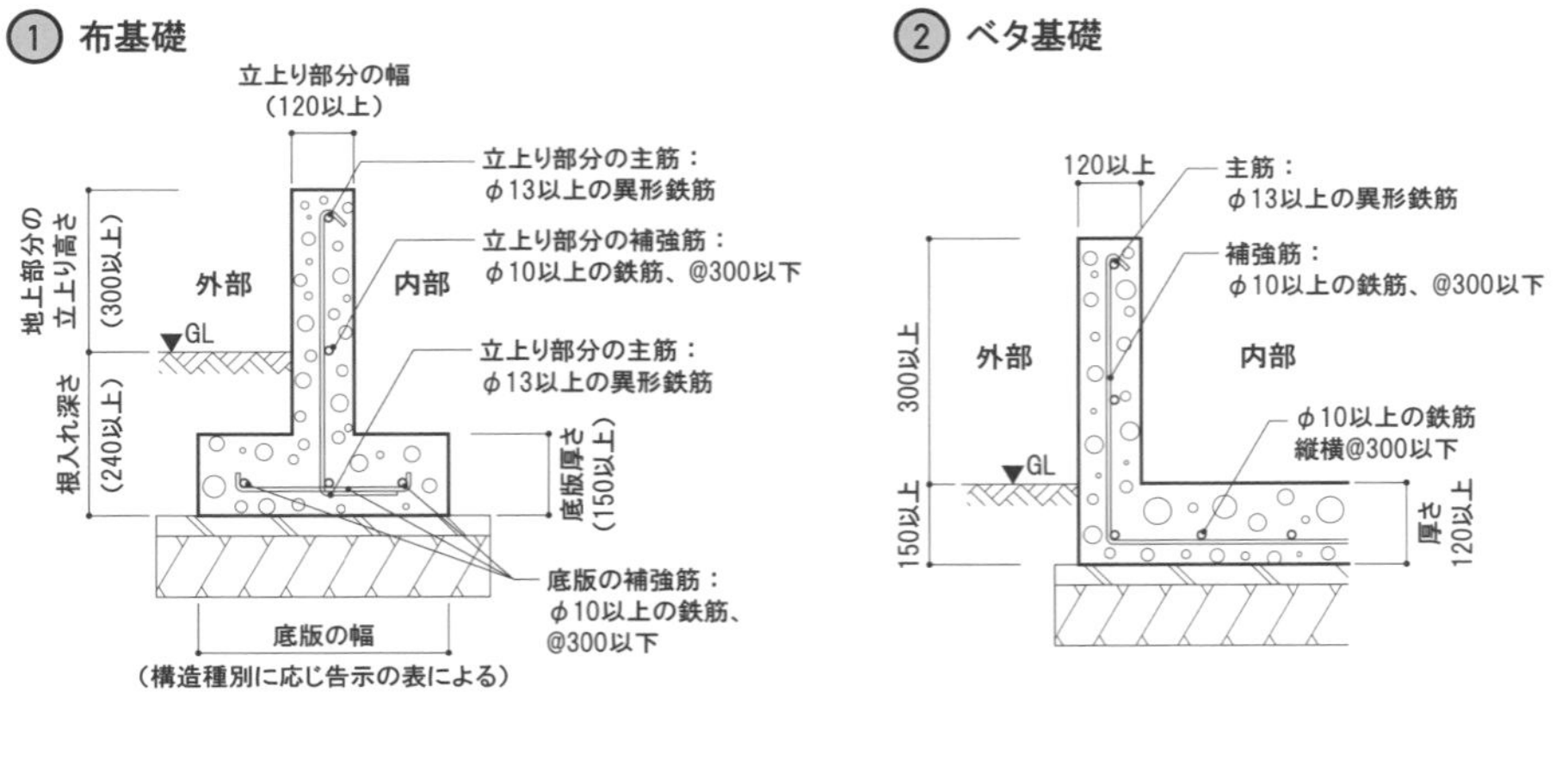

写真1

地業の例（写真は割栗地業）。まず、❶割栗石を小端立てという方法で敷き詰め、❷ランマーで突き固める。❸次に砕石を撒いて割栗石の隙間を埋め、❹再びランマーで突き固める。❺設計の深さに仕上がっていることを確認して完了

写真2

基礎と地面の出会いのかたちの例。写真左は、基礎を傾斜させて地面とのなじみをよくした例。写真右は、土地の土でつくった日干しレンガの家で、建物と地面とが一体になっている

011

基礎と躯体

基礎と躯体をしっかりと結び付けることが現代の一般的な耐震の考え方

基礎と躯体の出会いとは、木造の建物でいえば基礎と土台、鉄骨造でいえば基礎と柱脚になります。鉄筋コンクリート造の場合は、基礎と躯体とは一体化しているのが一般的で、木造や鉄骨造のように異種のものが出会うかたちにはなりませんが、施工上、「打ち継ぎ」が設けられる可能性が高い部分なので、それを考慮した納まりを考えなければなりません［図1］。

基礎と躯体をしっかりと結び付けて、地震の揺れや風圧による建物の転倒を防ごうというのが現代の一般的な耐震の考え方です。そして、そのためにはアンカーボルトの扱いが重要になります［図2］。木造住宅では「M12」という規格のアンカーボルトが使用されるケースが多いのですが、地震力や風圧力が作用したときに建物の浮き上がりや横ずれを防止するため、基礎コンクリートに250㎜以上埋め込む必要があります。また、耐力壁の両端の柱の近くや、土台の端部、あるいは土台の継手部分の上木側（重ねたときに上になる側）に設置し、その設置間隔は2700㎜以内とします。

なお、基礎と躯体とがしっかり結び付けられて構造的につながっているということは、地震のときの揺れが建物に直接伝わることになります。そのため、建物にはそれなりの耐震補強が必要になります。

一方、木造の伝統的構法には、「石場建て」のように、基礎と躯体とを結び付けることなく、基礎の上に躯体を載せるだけという考え方のものがあります［図3］。この場合は、地震時に基礎と躯体との間に滑りが生じることで、基礎の揺れ（すなわち地面の揺れ）が直接躯体に伝わらないので、躯体の被害の程度を軽減できる可能性があります。

ところで、木造においては多くの場合、土台の位置は地面に近く、湿気の影響を受けやすいうえ、シロアリの被害に遭う可能性が高い場所になります。したがって、基礎と土台の納まりを検討する際には、このことを十分に考慮する必要があります。また、シロアリ対策は防蟻剤の使用が原則になりますが、土台は全面に塗布する必要があるため、基礎に接する側は土台の据え付け前に塗っておかなければなりません。柱や下地の合板は地面から1～1.2mの範囲に塗布しますが、これらも合板を張る前に済ませておきます［図4］。さらにシロアリ対策では、土台廻りの風通しをよくして、いつでも点検できる納まりにしておくことも大切です。

図1 コンクリートの打ち継ぎと目地の処理

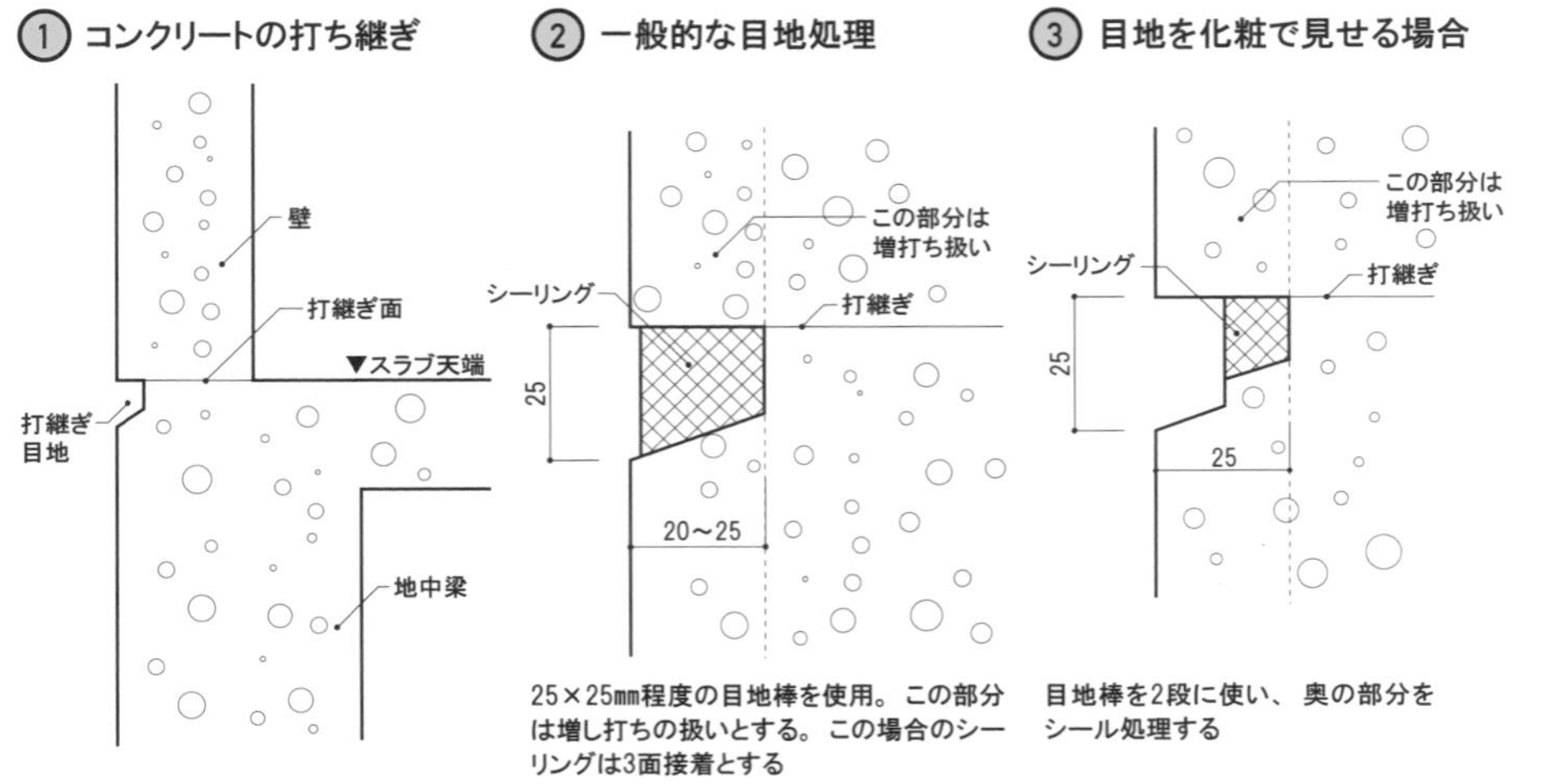

25×25㎜程度の目地棒を使用。この部分は増し打ちの扱いとする。この場合のシーリングは3面接着とする

目地棒を2段に使い、奥の部分をシール処理する

図2 木造における基礎と躯体の出会い

① 一般的な布基礎の納まり

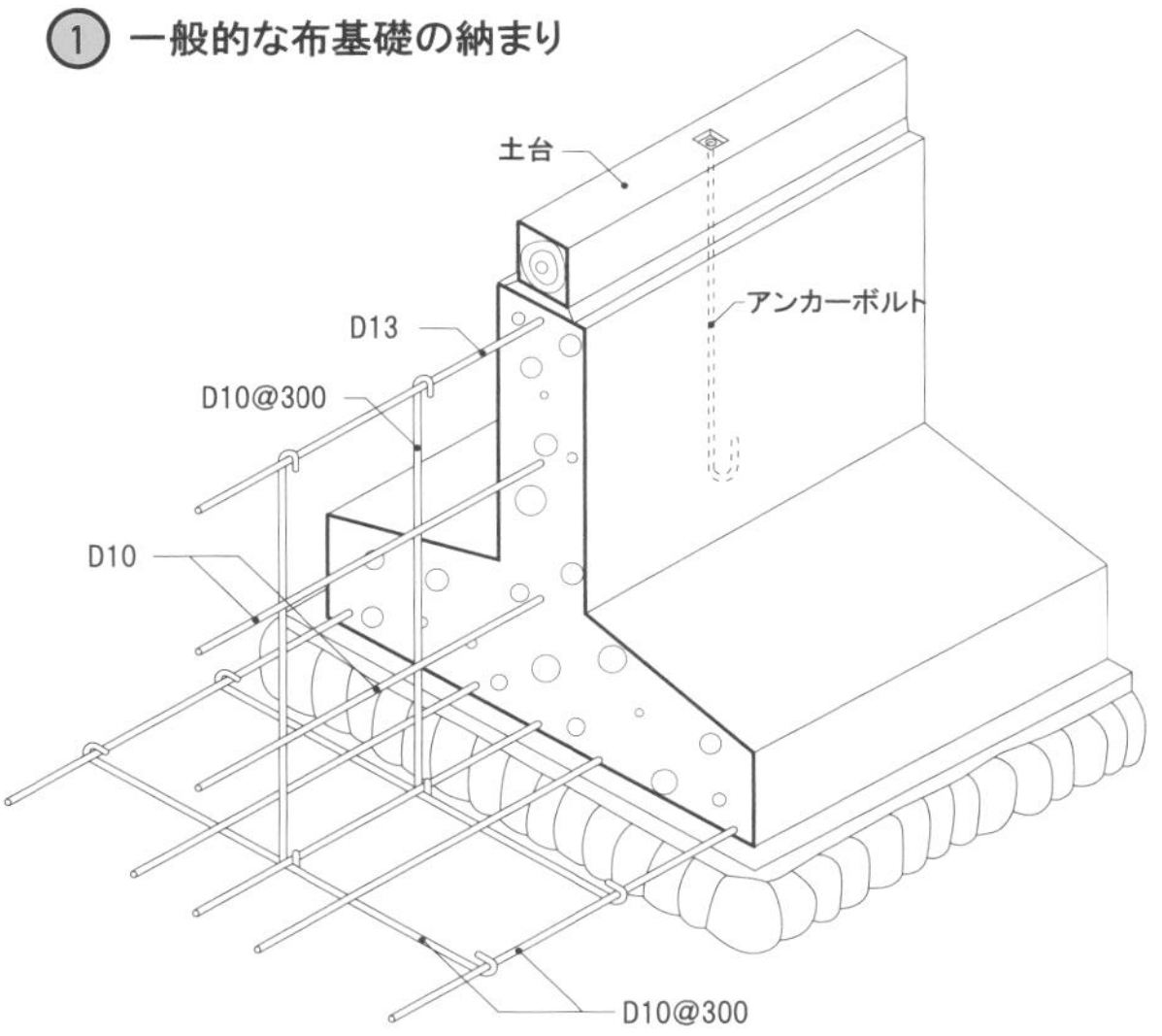
土台
アンカーボルト
D13
D10@300
D10
D10@300

基礎配筋と干渉するアンカーボルトを精度よく納めるためには、コンクリートの打設前に鉄筋に結束したり、アンカーボルトの位置出し材に固定するなどの処置をしておくことが望ましい

② 基礎の高さが違う部分の納まり

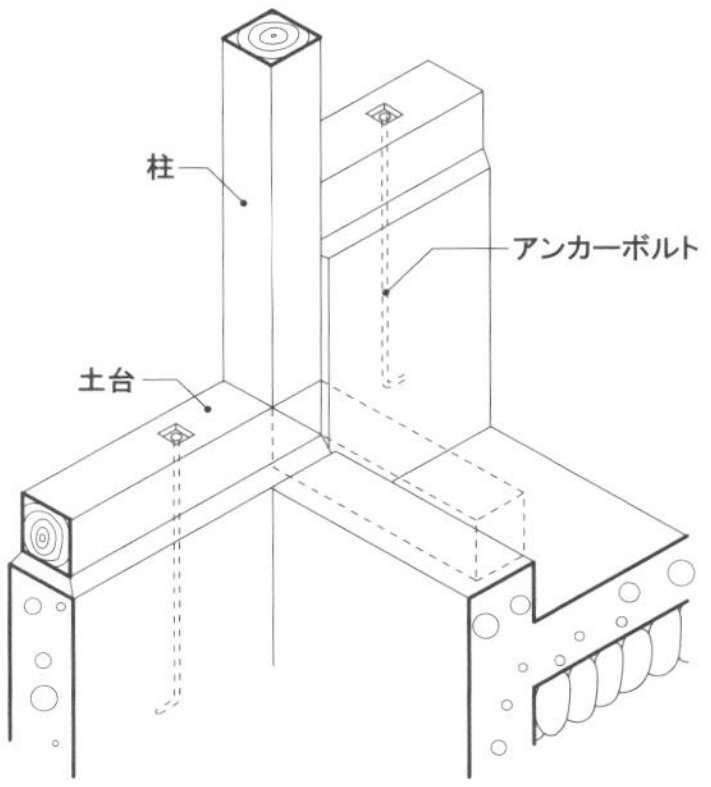
柱
アンカーボルト
土台

基礎の高さが変わるところでは、低い側に柱を建てる（土台の上に置く）。アンカーボルトは柱を挟むように両側に設置する

図3 石場建て

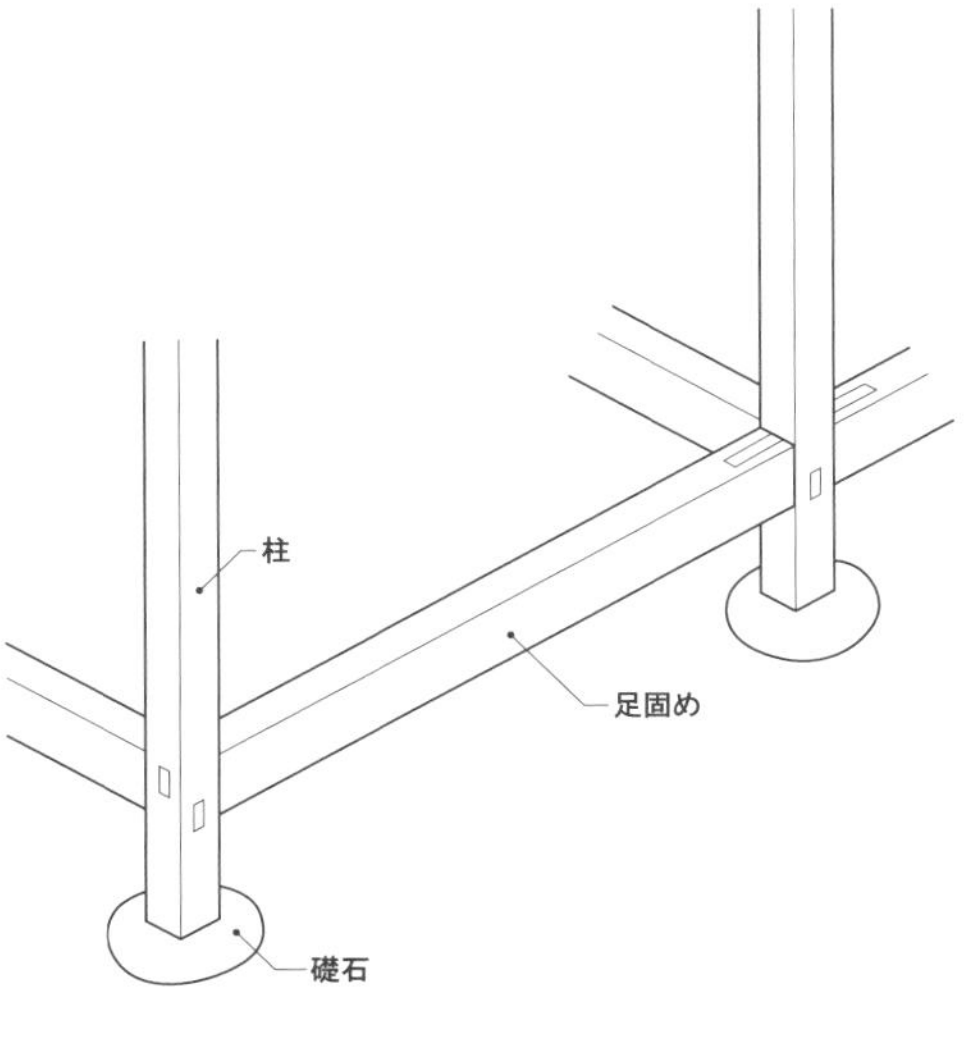
柱
足固め
礎石

伝統構法の「石場建て」では基礎（礎石）に柱を固定しない。地震などの大きな力を受けたときは、滑ることでエネルギーを吸収する

図4 防蟻処理

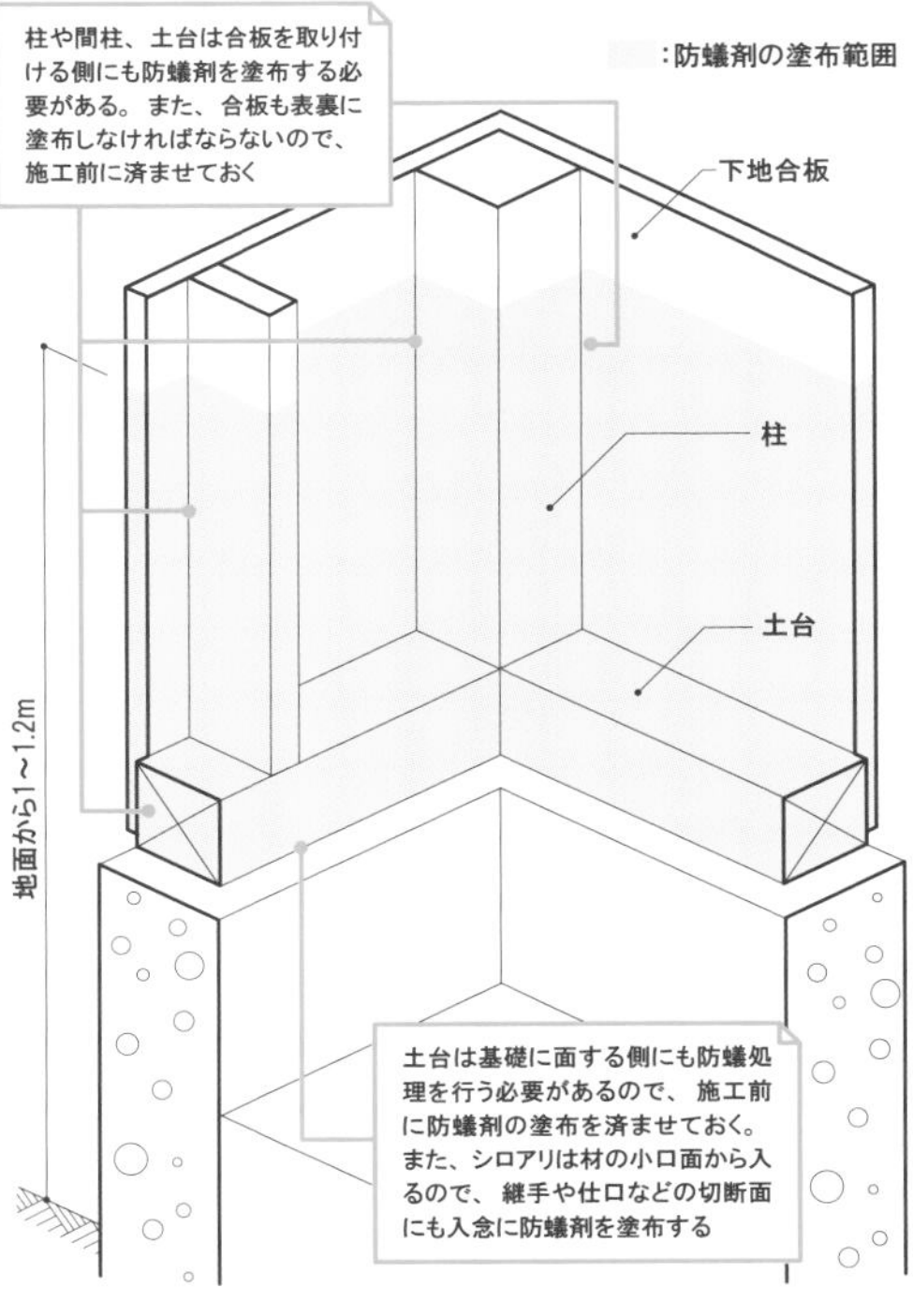
柱や間柱、土台は合板を取り付ける側にも防蟻剤を塗布する必要がある。また、合板も表裏に塗布しなければならないので、施工前に済ませておく
:防蟻剤の塗布範囲
下地合板
柱
土台
地面から1～1.2m
土台は基礎に面する側にも防蟻処理を行う必要があるので、施工前に防蟻剤の塗布を済ませておく。また、シロアリは材の小口面から入るので、継手や仕口などの切断面にも入念に防蟻剤を塗布する

012

継手・仕口

構造材の継手・仕口は強度的に弱点とならないように配慮する

図1

木造における構造材の継手・仕口の例

④ 台持ち継ぎ

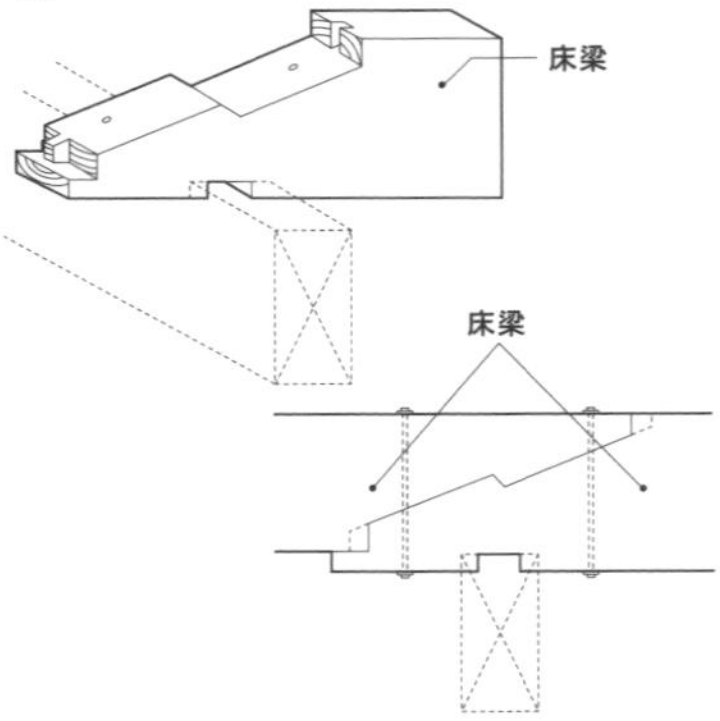

せいの異なる材の継手に向く。強度は高く、梁や桁、小屋梁、丸太梁などの納まりに使用される

⑤ 渡り腮掛け

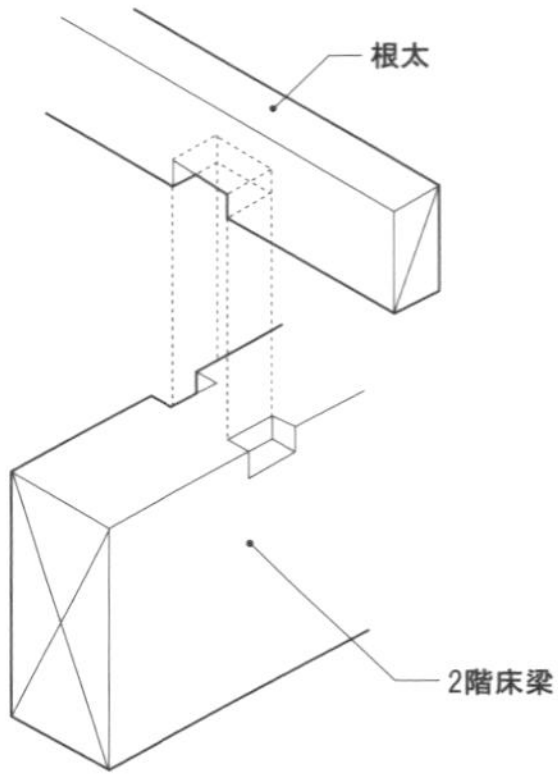

2本の材を重ねるときに使う仕口納まり。両方に溝を彫って重ねるが、双方の天端は揃わない。根太と大引、力根太と梁などの接合に使用される

⑥ 兜蟻掛け

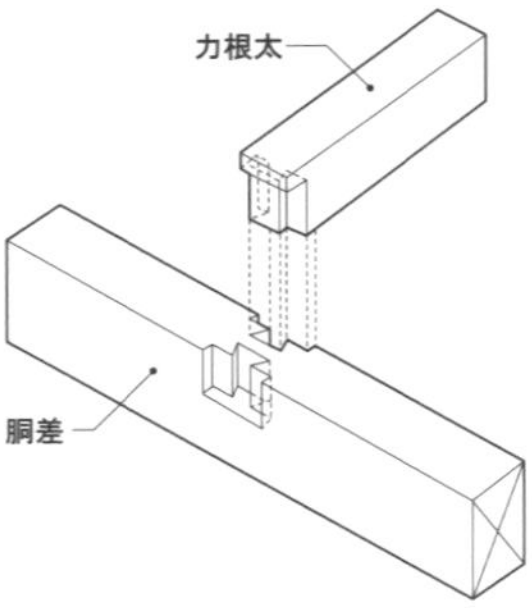

桁材や胴差に、梁や根太が被さるように納まる仕口。兜をかぶっているように見えることが名の由来。小屋組で、垂木と軒桁が出会うところの小屋梁などの仕口納まりに使用される

⑦ 大入れ蟻掛け

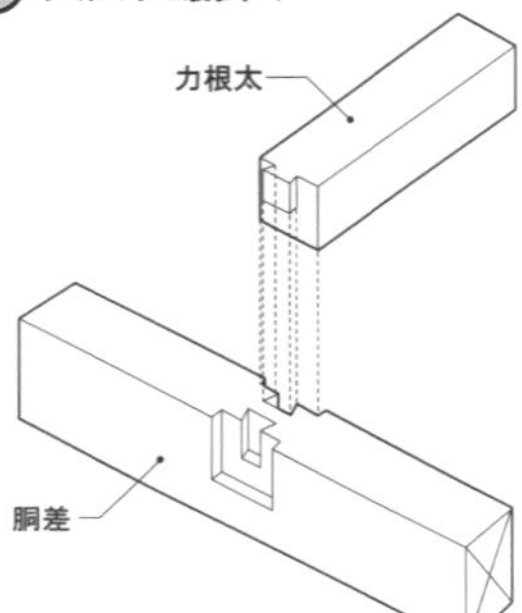

大入れとは、片方の材がそっくり相手の材のなかに入る納まり方をいい、双方の材面の高さが揃う。胴差と力根太などの接合に使用される

木造の軸組構法の建物において、柱を延長したり梁を延ばす必要がある場合には、長さ方向に材を継ぎ足すことになります。この継ぎ足す部分の納まりを「継手」といいます。伝統的な木造建築では、土台を継ぎ足す場合に用いられる「腰掛け蟻継ぎ」や「腰掛け鎌継ぎ」、大引を継ぎ足す「相欠き継ぎ」、梁などを継ぎ足す「台持ち継ぎ」などの継手が見られます［図1］。

また、2つ以上の部材を交差させるなど、角度をもたせて接合させる納まりを「仕口」といいます。伝統的な木造建築でいえば、大引と根太や、梁と桁などが直交するところでは「渡り腮掛け」という仕口が、胴差と力根太が出会うところでは「兜蟻掛け」や「大入れ蟻掛け」という仕口が用いられます。

継手・仕口というのは軸状の直材を扱うときに出てくる納まりのことなので、木造だけでなく、鉄骨造の建物でも使います。木造でも鉄骨造でも、継手・仕口は構造の接合部分ということで、一方の部材に加わった力を他方に伝達するという重要な役割を担っているので、この部分が強度的に弱点にならないように配慮しなければなりません。ところが、それほど重要な部分であっても、木造の場合、どのような継手・仕口を採用するかの判断は現場の大工さんやプレカット業者まかせになっていて、設計者がタッチするケースが少ないのが現状です。

一方、鉄骨造の場合は、あらかじめ鋳物や溶接加工によってつくられた既製の継手や仕口の部材を使うケースが多くなります［図2］。一般には、こうした部材を使うことで、より精度の高い納まりが

図2

鉄骨造の仕口例

① ダイアフラム仕口

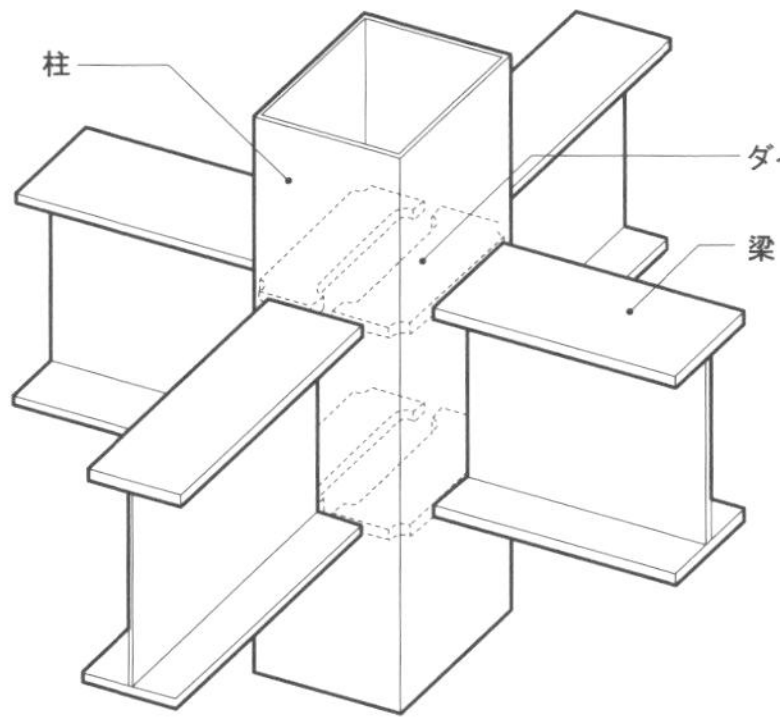

② 梁の段差がある場合

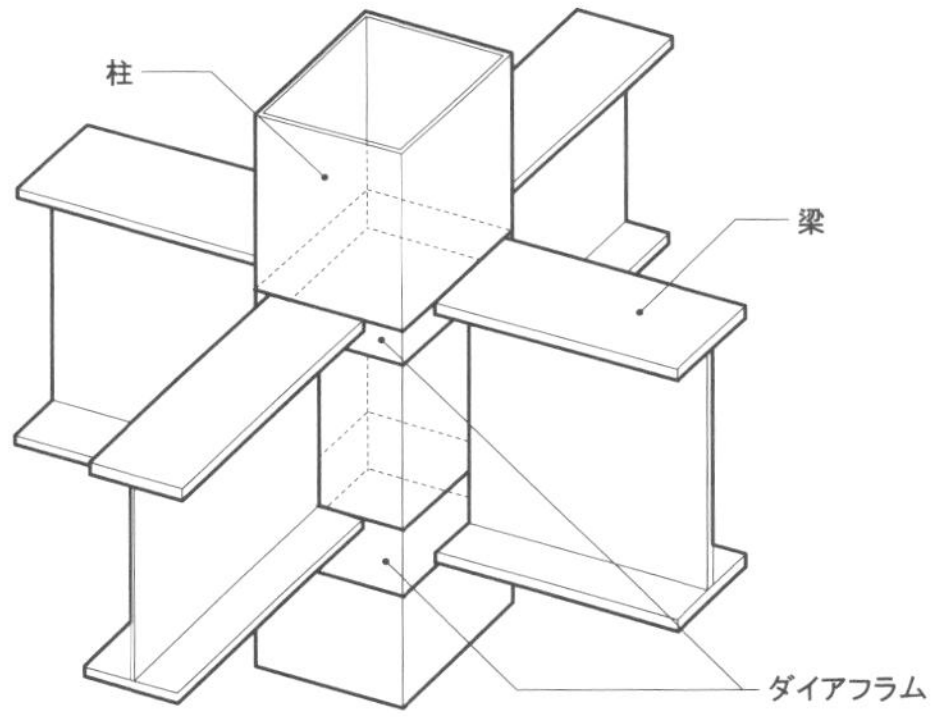

柱材に梁材が取り付く複雑な納まりの部分を、施工環境のよい工場で溶接加工することで、正確かつ確実に製作できる。また、現場では工期短縮が期待できる

① 腰掛け蟻継ぎ

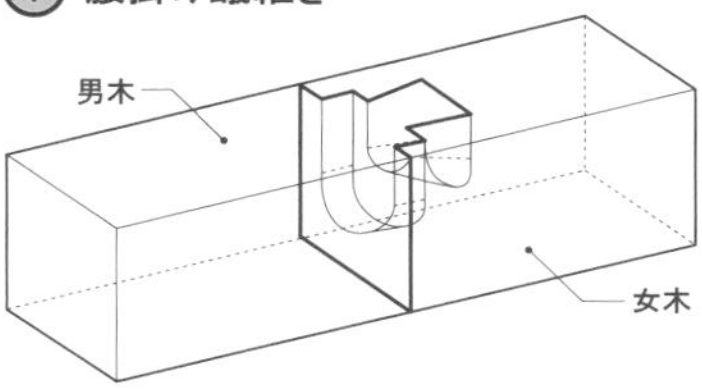

蟻の頭のような形状のホゾをもつ、比較的単純な継手。土台や大引、胴差、軒桁などの納まりに使用する(図はプレカット加工による形状)

② 腰掛け鎌継ぎ

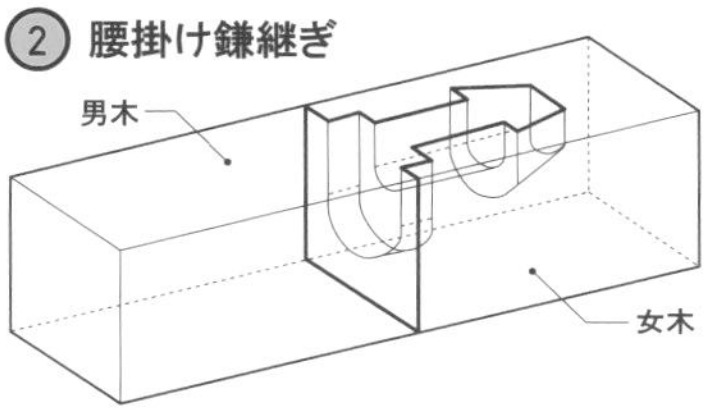

鎌の名は、蛇の鎌首に似たホゾの形状による。引張りに対する強度は「蟻継ぎ」より高い。大きさの違う材の継手でも加工しやすい形状である。土台や胴差、軒桁などに使用(図はプレカット加工による形状)

③ 相欠き継ぎ

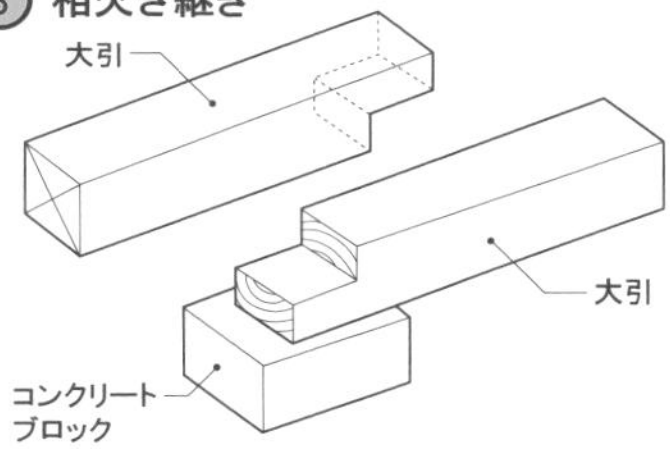

2つの材を対称形に半分ずつ切り欠いて合わせる単純な形状の継手。固定はビスや釘による。大引などの納まりに使用

図3

造作の仕口例［大入れ］

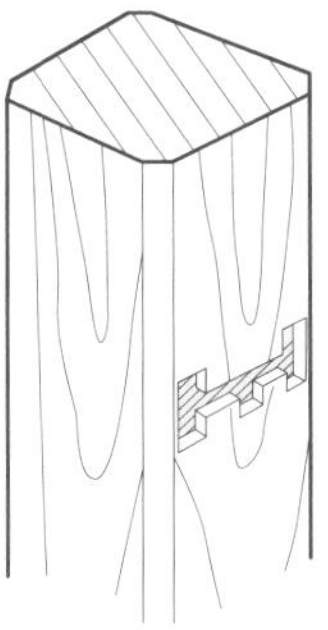

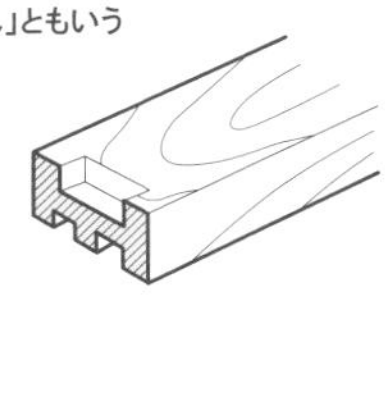

柱面に鴨居の形状を彫り込み、鴨居の端を柱のなかに差し込む丁寧な納まり。経年変化で材料に伸縮があっても隙間ができない。「追い入れ」ともいう

容易かつ確実にできるというメリットが得られます。そのほか、メーカーの既製品以外にも、設計者自らがその納まりに最適な形状の仕口を設計し、工場で製作してもらうこともあります。

ところで、継手・仕口は、軸組などの構造体に関係する部分だけでなく、造作材など仕上げに関係する部分の出会いの場にも用いられます。造作の仕事はそのまま化粧仕上げになるので、構造材の場合と違って、強度よりも「きれいに見せる」ことが最優先されます［図3］。代表的な「大入れ」という納め方では、断面の大きい材に断面の小さい材を丸ごと飲み込ませるという方法をとりますが、これは、出会った部分に、躯体の揺れなどによる動きや、木材の乾燥による収縮による動きで隙間ができるのを吸収する納まりになります。

013

外壁の入隅

雨仕舞には特に注意が必要

「入隅」とは、面と面とが角度をもって出会った部分のうち、角度の小さい側（内側）をいいます［写真、図］。建物の外部でいえば、外壁面と地面が出会う部分（立断面で見たときの入隅）もありますが、一般には、平面図で見た場合の外壁面どうしが出会う部分を入隅の検討対象として考えます。

外壁の入隅部分で検討するべき内容は、仕上げ材に何を選んだかによって違ってきますが、外部ですから、まず検討しなければならないのは雨仕舞に関することです。入隅の部分は、地震や風圧などによる応力の影響で建物が横揺れした場合、または日射などの影響で仕上げ材が熱膨張を起こした場合に外壁材に生じる歪みが集中するところです。それが原因で雨仕舞が破れてしまう可能性を考慮し、二重三重の対策を立てておいたほうがよいでしょう。

また、入隅は左右から壁が迫る凹んだ狭い場所になるので、敷地の配置条件や隣接する建物の条件によっては、狭すぎて職人が出入りに苦労したり、作業をするための資材の搬入ができなかったり、施工にあたって工具などを十分に使いこなせるスペースが確保できない、という問題が起こります。こうした場合、建物の躯体が鉄骨などの軸組構造で、外壁がパネル状の仕様であれば、躯体を避けながら、室内側からシーリングを施し、パネルを固定するなどの取り付け作業が行えるような納め方を検討してみるのはどうでしょうか。

建物の印象を決定するのは、屋根の形状や建物の様式、屋根や外壁の仕上げ材料、あるいは窓や出入口の位置や形状、仕様など、さまざまな要素がありますが、建築材料や部品などの納め方も見えがかりに大きな影響を与えます。もしも恥ずかしいような納め方をしたら、よい印象をもってもらうことは難しくなりますが、建物の陰になったり裏側になる部分で、あまり見えがかりに関係ないところであるなら、雨仕舞の納まりを最優先とすることに割り切って、施工が簡単で、メンテナンスのしやすい納め方を考えるのも1つの方法です。その1つが「押縁」という部材を使う納め方です。入隅に左右から寄ってくる仕上げ材料を突き付けとして、その上から棒状の押縁を被せます。雨仕舞を考えると、突き付けた部分の隙間にシーリングを施し、押縁を被せるときにもシーリングを使うと安心できます。押縁を使う納め方は比較的安易な手法ですが、大きな効果が得られます。

写真

外壁の入隅の例。入隅を利用すると仕上げ材の切り替えがやりやすい。この例ではタイル張りと石張りを入隅で切り替えている。正面側の石張りが先行し、タイル張りが後工事。石と出会う部分のタイル目地の幅で納まりを調整しているが、サイド面なのでほとんど目立たない

図

外壁の入隅の納まり例

① 左官仕上げの入隅1

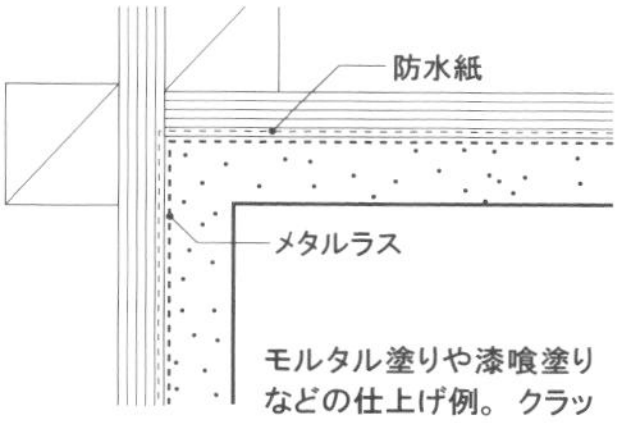

モルタル塗りや漆喰塗りなどの仕上げ例。クラック対策をとる場合は誘発目地を入れる

② 左官仕上げの入隅2

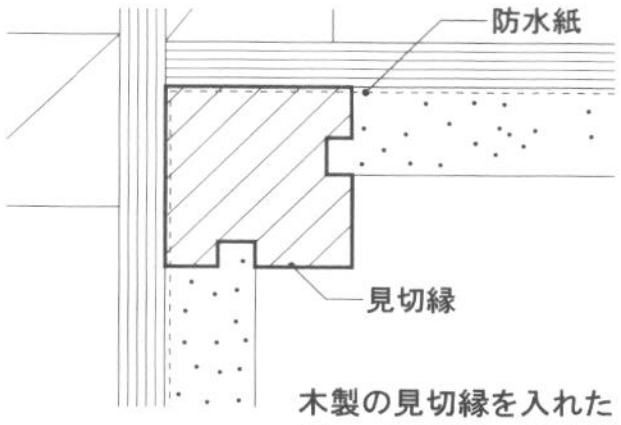

木製の見切縁を入れた例。チリは20mm前後が目安

③ なまこ壁の入隅

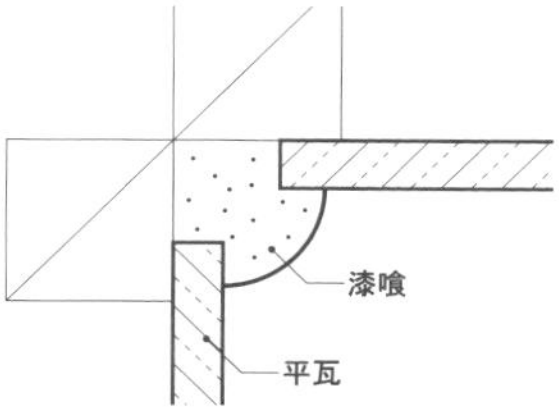

漆喰の出目地納めとなる

④ 石張り仕上げの入隅1

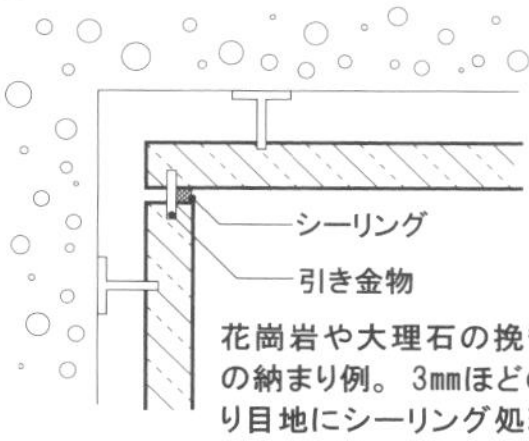

花崗岩や大理石の挽き石の納まり例。3mmほどの眼り目地にシーリング処理を施している

⑤ 石張り仕上げの入隅2

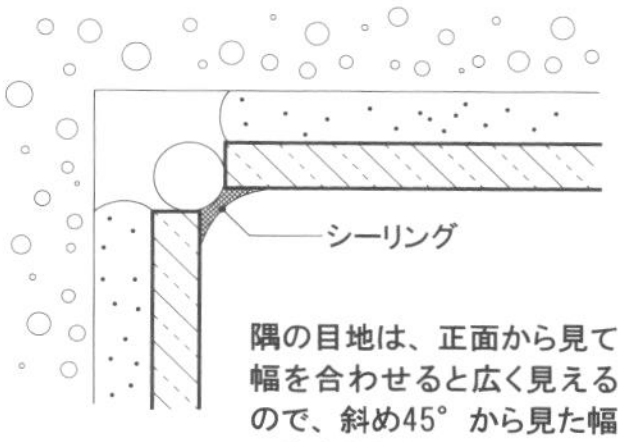

隅の目地は、正面から見て幅を合わせると広く見えるので、斜め45°から見た幅で決めるとよい

⑥ 石張り仕上げの入隅3

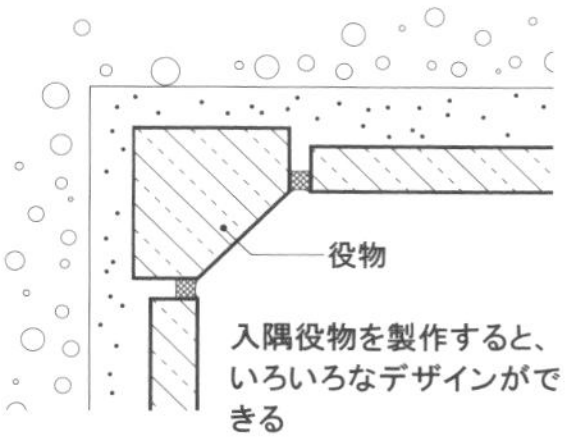

入隅役物を製作すると、いろいろなデザインができる

⑦ タイル張りの入隅

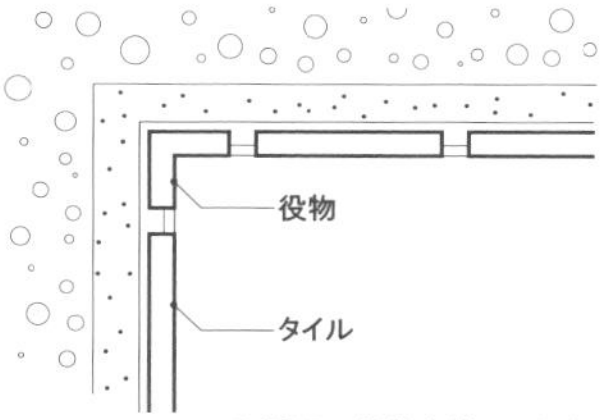

入隅用の役物を使用した例

⑧ ボード・パネル張りの入隅1

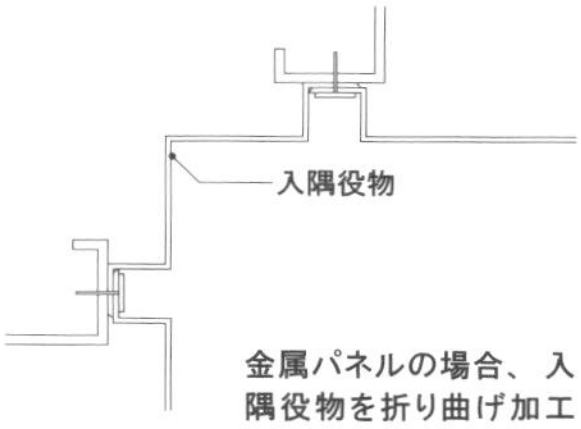

金属パネルの場合、入隅役物を折り曲げ加工で製作する

⑨ ボード・パネル張りの入隅2

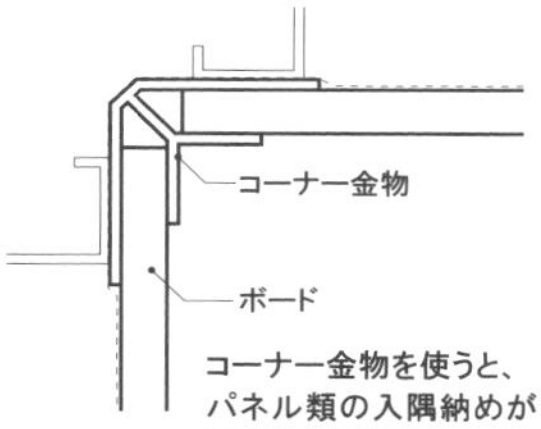

コーナー金物を使うと、パネル類の入隅納めが容易に行える

⑩ ボード・パネル張りの入隅3

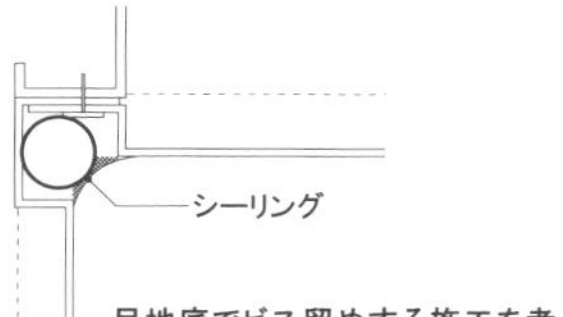

目地底でビス留めする施工を考慮すると、目地幅をあまり狭くできない。そのため、目地シールの見えがかり幅が広くなる

⑪ ボード・パネル張りの入隅4

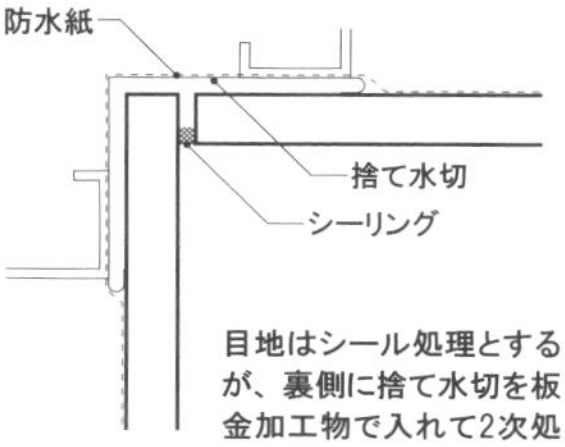

目地はシール処理とするが、裏側に捨て水切を板金加工物で入れて2次処理とする

⑫ ボード・パネル張りの入隅5

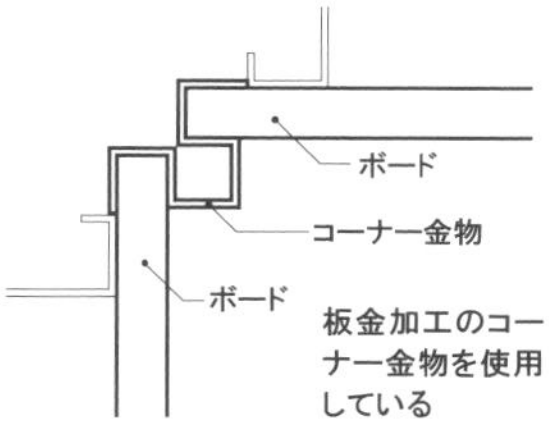

板金加工のコーナー金物を使用している

⑬ ボード・パネル張りの入隅6

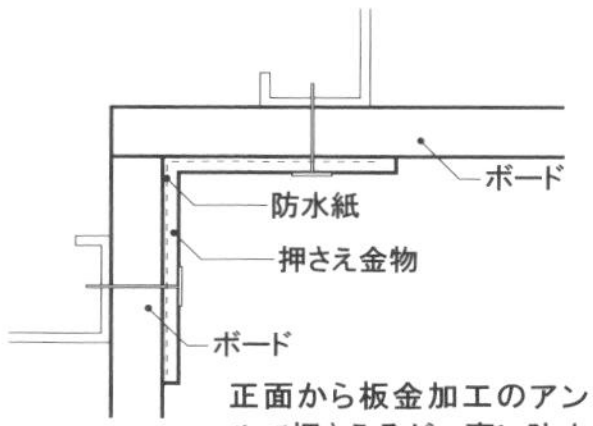

正面から板金加工のアングルで押さえるが、裏に防水紙を挟み、2次シールとする

⑭ 下見板張りの入隅1

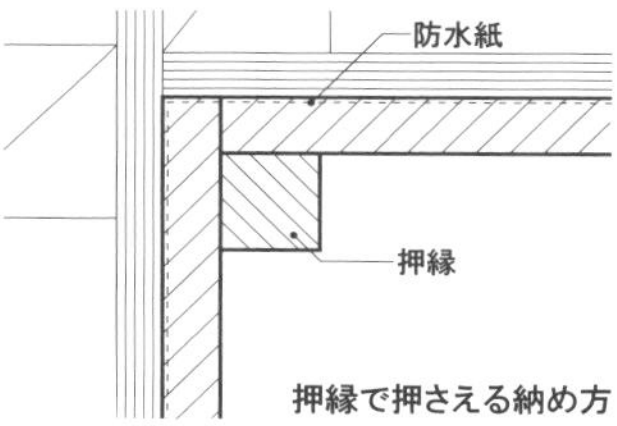

押縁で押さえる納め方

⑮ 下見板張りの入隅2

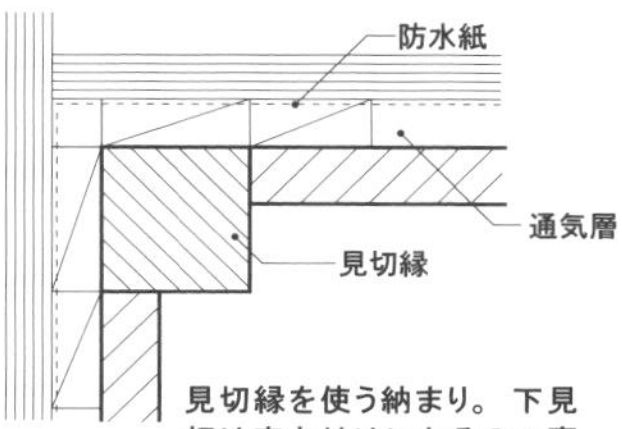

見切縁を使う納まり。下見板は突き付けになるので裏に防水紙を入れる

014

外壁の出隅

雨仕舞とともに見え方にも気を配る

「出隅」は入隅とは表裏の関係で、面どうしが出会った部分で角度の大きい側――いわゆる「角」の部分をいいます［図］。建物が単純な箱形であれば、外周の四隅の部分がそれにあたります。

外壁ですから、出隅の納まりについても雨仕舞をどうするかを考えることが最優先になります。ただし、入隅と違って、出隅は外観のなかで目立ちやすい箇所であり、この部分のデザイン1つで、建物のシルエットが引き締まって見えたり、ぼけて見えたりするので、そのことを頭に入れて検討する必要があります［写真1］。

たとえば、左官の塗り壁仕上げに「掻き落とし」という方法があります。掻き落としとは、金鏝で仕上げた塗り壁が完全に硬化する前に、表面を専門の工具で引っ掻いて粗面仕上げにする方法です。一般には、大理石などの細かな砕石（寒水石など）を骨材にした白セメントモルタルに着色したものを使うので、「リシン掻き落とし」といいます（リシンとは砂状の骨材のことです）。この方法では、壁の出隅の部分を掻き落とさずに残します。これを「輪郭取り」といい、建物の角がピシッと決まるので、建物の印象がすっきりして見えます。鏝で押さえてあるのでコーナー補強の効果もあります［写真2］。

しかし、見方によっては、せっかく掻き落としで柔らかな暖かい表情をつくったのに、輪郭取りによってその表情の連続性を途切れさせているようにも感じられます。筆者は、輪郭がぼけてもよいので出隅部分も掻き落として、家全体が柔らかで暖かい表情で覆われている表現のほうを好みますが……。

なお、リシンを使った仕上げ方法には「リシン吹き付け」というものもあります。これは出隅部分を鏝で押さえないので壁面の連続感は途切れません。その半面、掻き落としの表情の味わい深さを再現することはできません。

ところで、この出隅の部分は、入隅に比べて建物の揺れや仕上げ材料の伸縮による影響を受けにくいところであり、施工にあたっても作業スペースを確保しやすい条件が揃っています。したがって、その点に関しては、入隅よりも納まりを検討するときの苦労がいくらか軽減される可能性があります。しかし、出っ張っている角部分であるだけに、場所によっては、物が当たって仕上げが傷んだり、仕上げ方によっては人を傷つけたりする可能性があることを考慮します。

写真1

外壁の出隅は目立ちやすく、外観の印象に与える影響も大きいので、納まりはよく検討したい

写真2

左官系のリシン掻き落とし仕上げの例。出隅の部分は「輪郭取り」といって、鏝押さえで決めているので、周囲の掻き落としの表情との違いがはっきり出る

図

外壁の出隅の納まり例

① 左官仕上げの出隅1

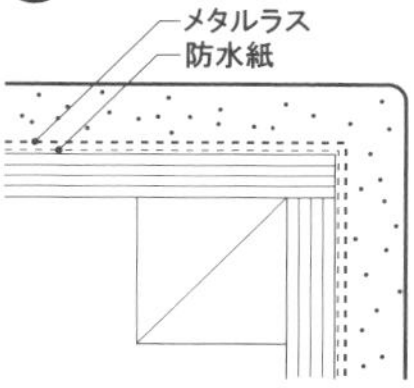

塗り回しの出隅はR面の鏝押さえとする

② 左官仕上げの出隅2

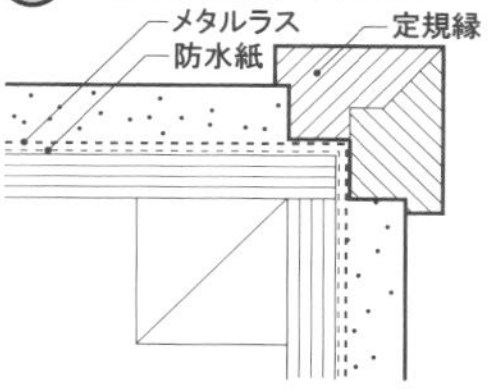

出隅に定規縁を入れた左官系の塗り壁では、下地の防水紙に定規縁を被せる

③ 左官仕上げの出隅3

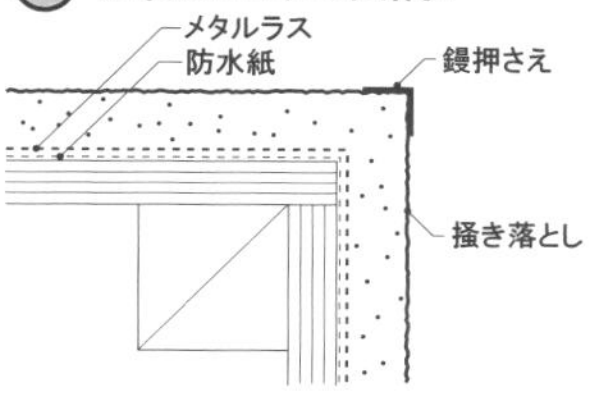

リシン掻き落としの場合、全体を鏝押さえで仕上げてから、固まる前に掻き落としをする。出隅は鏝押さえを残す(輪郭取りという)

④ 左官仕上げの出隅4

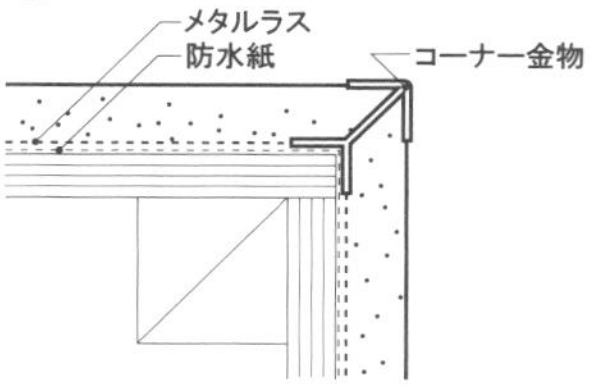

出隅用のコーナー金物を入れると、これが定規になるので決まりがよく、耐久性も向上する

⑤ タイル張り仕上げの出隅

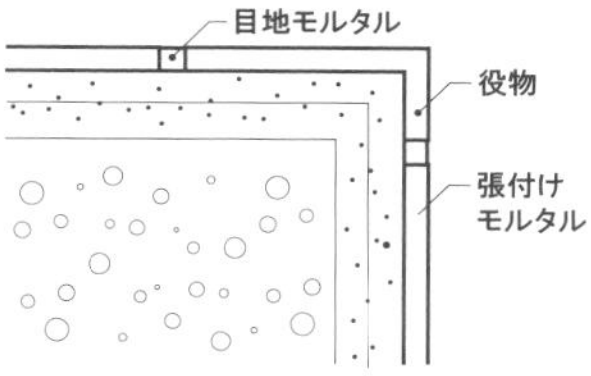

タイル張りの場合は、出隅用の役物を使うのが一般的な納め方になる

⑥ 石張り仕上げの出隅1

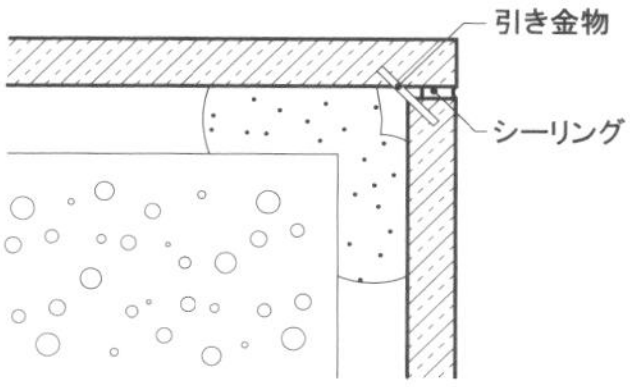

挽き物の石を張る場合、遣り違い納まりとするのが一般的。目地はシール打ちが望ましい

⑦ 石張り仕上げの出隅2

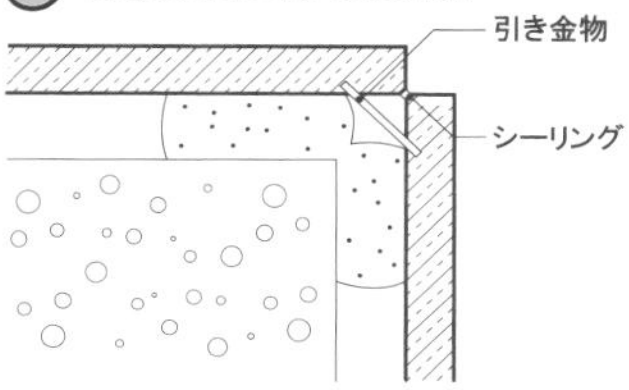

挽き石の両小口を見せる納まり。出隅納まりとしてはこのほうがきれいに見えるが、入隅となる目地の幅がきれいに通ることが前提

⑧ なまこ壁の出隅

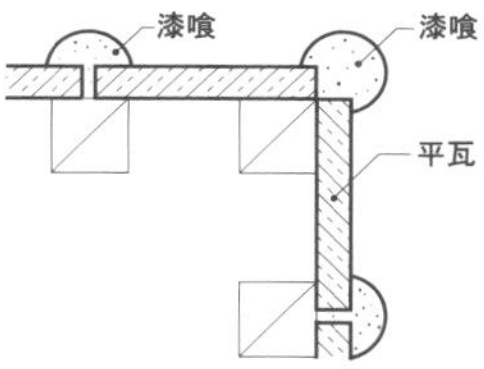

漆喰を盛り上げる手間がかかるが、それなりの魅力は出せる

⑨ ボード・パネル張りの出隅1

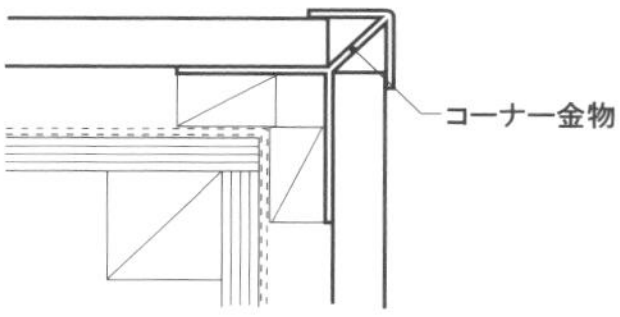

パネルやボード類は、対応したコーナー金物を使うと比較的容易に納まるが、金物が目立つので、デザインの要素に取り入れて検討する

⑩ ボード・パネル張りの出隅2

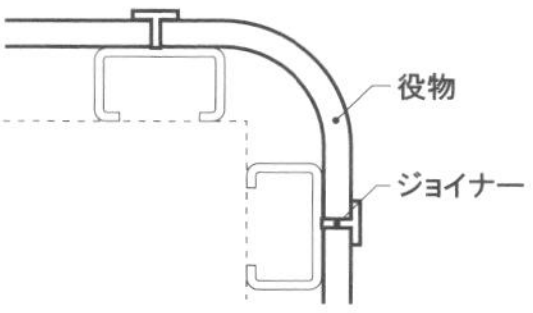

パネルやボードで役物をつくって納める。パネルどうしの納まりは専用のジョイナーを使用する

⑪ ボード・パネル張りの出隅3

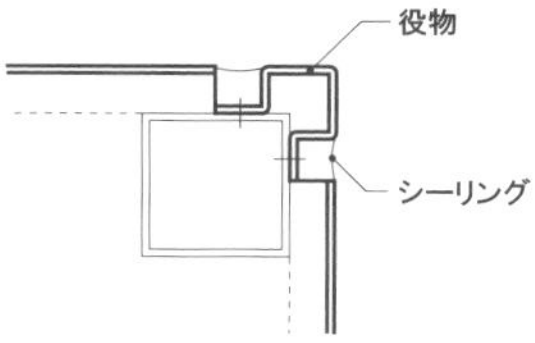

金属パネルの場合、折り曲げ加工で役物を用意する。ジョイントはシール打ちによる

⑫ 板張りの出隅1

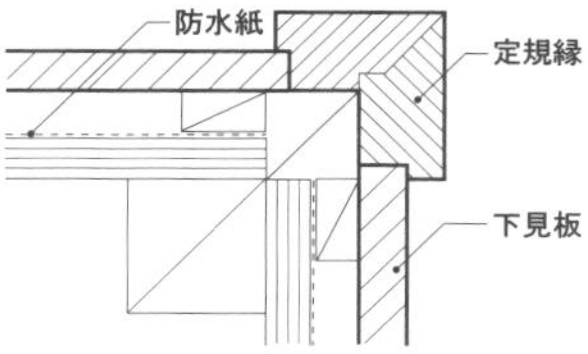

板張りの外壁で、出隅に定規縁を使う例

⑬ 板張りの出隅2

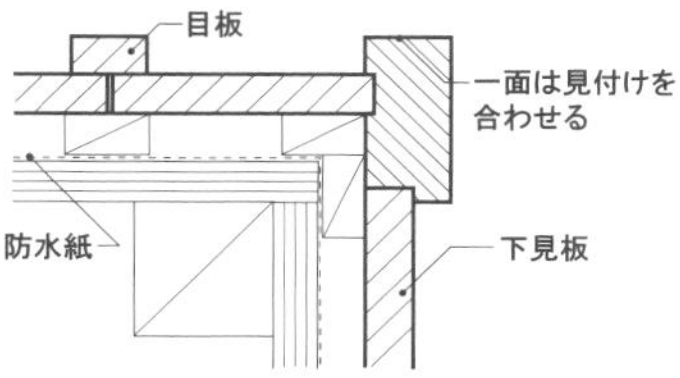

目板打ちのときの出隅納まり

⑭ 板張りの出隅3

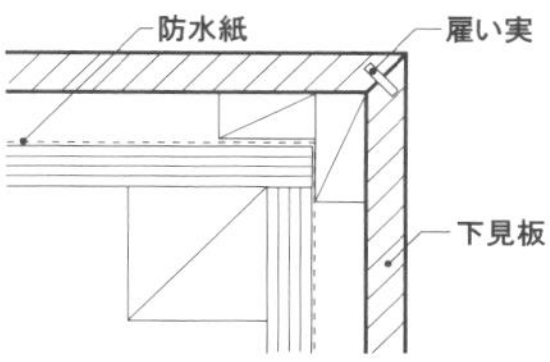

板厚があると、大留め納めができる。丁寧な仕事の場合は雇い実を入れる

⑮ 板張りの出隅4

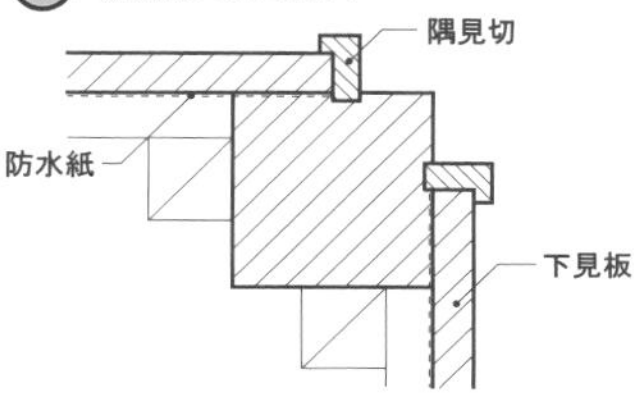

ささら下見張りの出隅は、隅見切を使うとうまく納まる

015

内壁の入隅

押縁を使うのが最も手っ取り早いが見えがかりに配慮するなら目地が有効

室内で面と面とが出会って入隅になる場所といえば、床と壁、壁と天井のように、それぞれ求められている機能が異なる面どうしの場合と、壁と壁の出会いのように、求められる機能が同じ面どうしの場合があります。ここでは、条件がシンプルな壁と壁との出会いから検討してみましょう［写真1、図］。

室内なので、普通に考えれば、外壁の場合のように雨仕舞を第一に検討する必要はありません。しかし、地震や風などによる建物の動きや、温度・湿度の変化に伴う仕上げ材や下地材の伸縮による影響については、外壁と同様、入隅の部分に何らかの問題が起きることを考慮し、その対応を検討しておかなければなりません。また、入隅は凹状の場所なので、条件によっては作業スペースが確保しにくく、きれいに仕上げるのが難しい、というケースが出てくるのも外壁の場合と同じことです。

建物の動きや材料の伸縮によって発生すると考えられるトラブルとしては、入隅の底（面と面とが出会う付け根）の部分に現れるクラックやしわ、肌分かれ（浮き）といった現象が挙げられます［写真2］。これに対応するには、もしも動きの量が分かれば、それに見合った解決策を検討することになりますが、一般には、①動きに耐えられる補強を下地に施す、②肌分かれが起きないよう、下地材と仕上げ材を緊結しておく、③動き分を飲み込む重ね代をとっておく、④動きに追随できる柔軟性のある素材でつなぐ、などの方法で対処します。

最も手っ取り早く、しかも効果的な納め方としては、左右の壁面が出会った上から押縁をあてがう方法です。クラックなどの発生しやすい部分を押縁が覆い隠してくれるので、仮にトラブルが発生しても気にならずに済むというわけです。しかし、見えがかりからいうと、押縁という邪魔者が入るので、表情が煩雑に見えたり、壁面の連続感が途切れて見えてしまうおそれがあります。それを避けるには、入隅の底に目地をとる納め方が有効です。凹目地が建物の動きや材料の伸縮によるクラックやしわなどを吸収してくれます。もしも目地に詰め物をする必要がある場合は、仕上げ材の動きを吸収できる弾性シーリングを使うようにします。そのほかに、クロス張り仕上げであれば、下地に小さな三角コーナーを入れ、その上からクロスを張る方法があります。90度ではなく135度の入隅ができることで、しわやクラックができにくくなります。

写真1

内壁の入隅の例。石膏ボードを入隅で突き付け納めにした下地に、立体的な縞模様がある壁紙を張ると、シンプルできれいな納まりになる

写真2

これも石膏ボード下地の突き付け納めの例だが、建物の動きに追随できなかったせいか、クラックが入ってしまっている。目地をとるか、ジョイナーを使っていれば避けることができた可能性がある

図

内壁の入隅の納まり例

① 左官仕上げの入隅

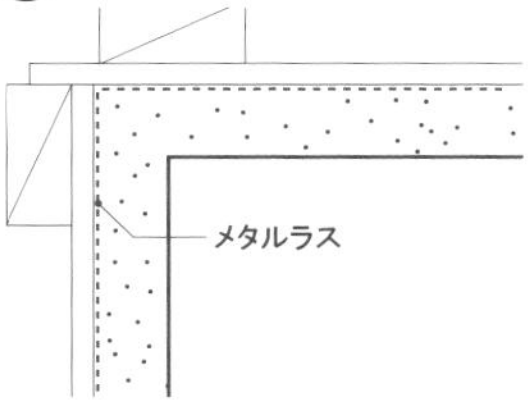

クラックを避けるため、入隅に補強のテープを入れる

② タイル張りの入隅1

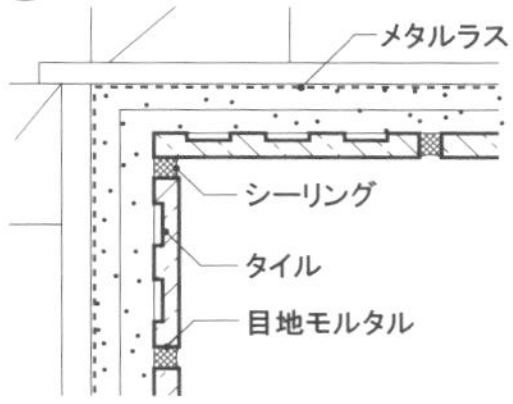

建物の動きや材料の伸縮に追随できるよう、目地はモルタル詰めでなくシール打ちとする

③ タイル張りの入隅2

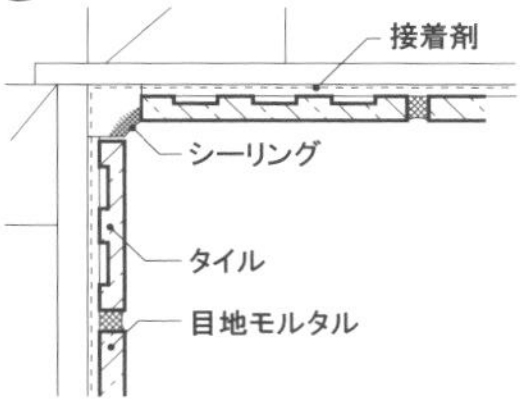

入隅の目地は、45°方向から見たときにかなり広い目地幅になる。意識して広くならないように気を付けたい

④ 石張りの入隅

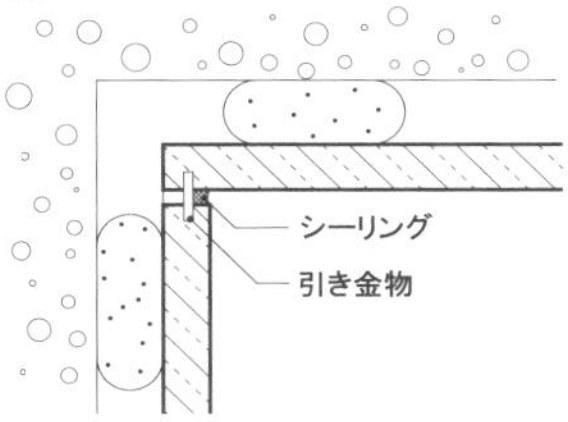

大理石や御影石などの挽き物の場合、入隅で口が開かないよう緊結する

⑤ 板張りの入隅1

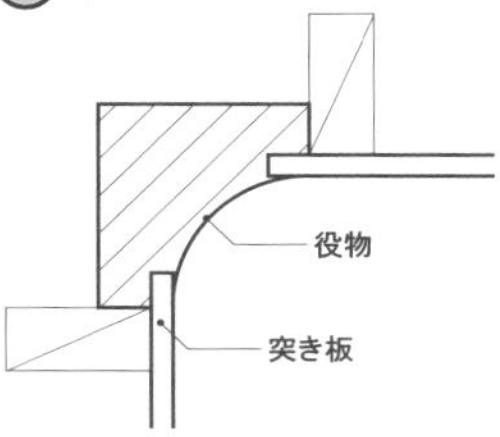

突き板などの合板張りの場合、同質材で入隅役物をつくるとよい

⑥ 板張りの入隅2

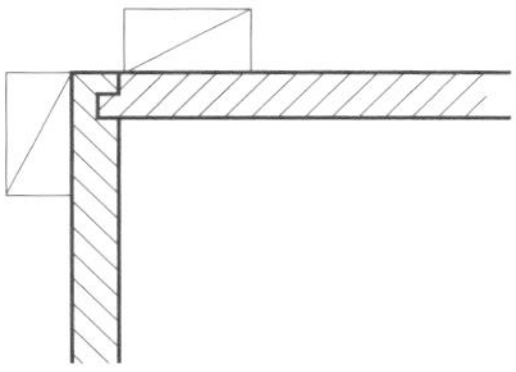

木板の厚みがある場合、小穴を突いて納めると、建物の動きや材料の伸縮を吸収する余裕がでる

⑦ 板張りの入隅3

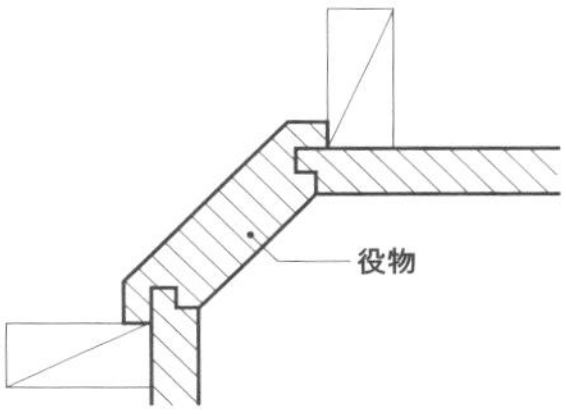

両側に小穴を突いた厚板の役物で壁の板材を受ける納まりの例

⑧ 板張りの入隅4

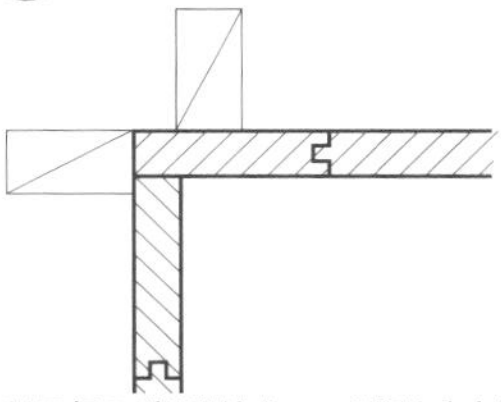

縁甲板の縦張り納めで、入隅を突き付けに納めた例。建物の動きや材料の伸縮で多少の口開きがあってもよし、とする納め方である

⑨ 板張りの入隅5

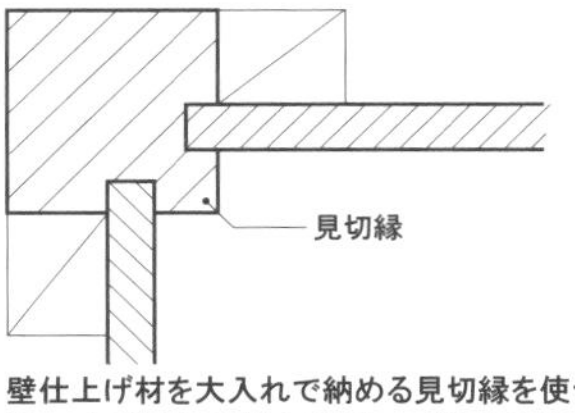

壁仕上げ材を大入れで納める見切縁を使う例。木板仕上げだけでなく、パネルやボードの仕上げにも応用できる

⑩ ボード・パネル張りの入隅1

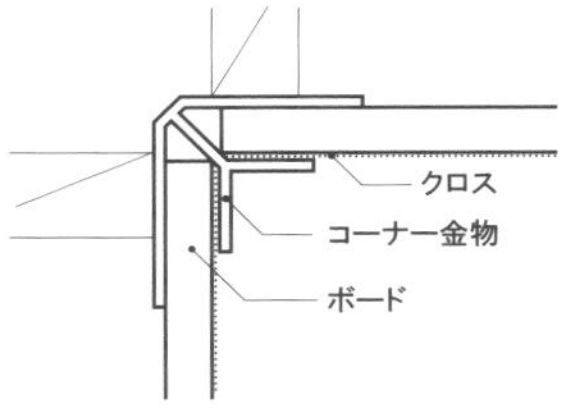

既製のコーナー金物を使って、ボードやパネルを納める。合板の納まりにも転用できる

⑪ ボード・パネル張りの入隅2

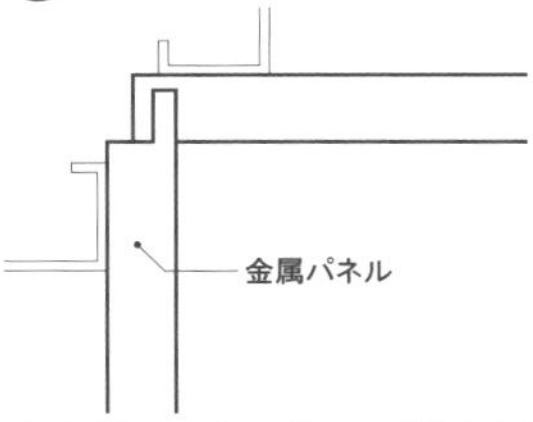

金属パネルの仕上げなら、端部をホゾ差しのように加工して納めることもできる

⑫ 異種材料どうしの入隅

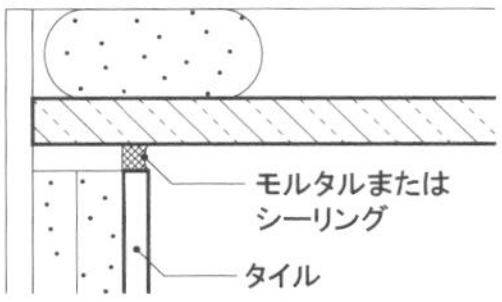

入隅は相対する面が90°の関係になるので、仕上げ材料の切り替えがやりやすい場所になる。異種材料が出会う部分は幅の広い目地納まりとし、切り替えに対応させる

⑬ クロス張りの入隅1

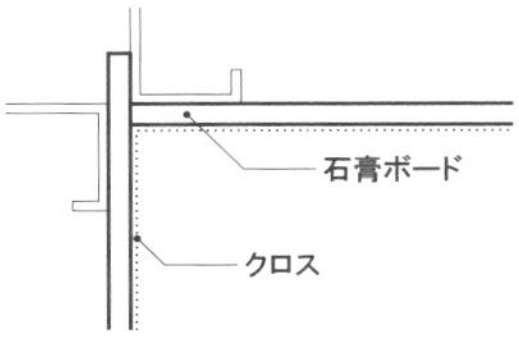

石膏ボードを突き付け納めとし、クロスを張り回す

⑭ クロス張りの入隅2

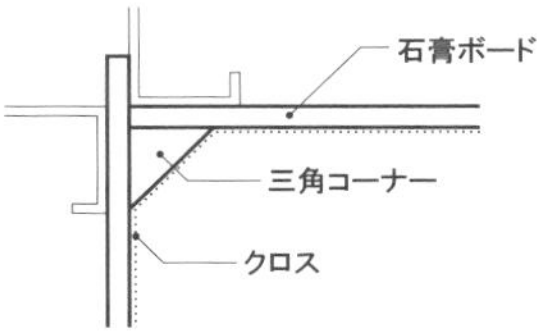

入隅に三角コーナーを入れると、クロスの張り回しがやりやすいうえ、躯体に動きがあっても影響を受けにくくなる

⑮ クロス張りの入隅3

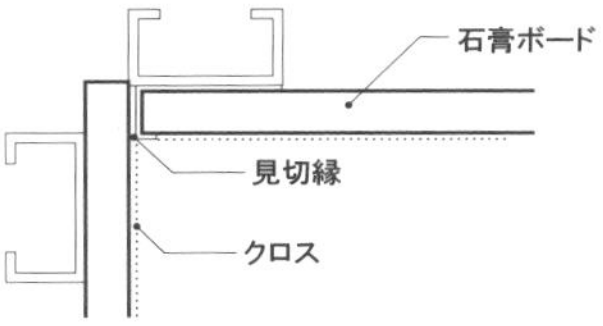

市販の見切縁を使った例。見切縁にはいろいろなかたちがあり、状況に合わせて使い分ける

016

内壁の出隅

人が日常的に触れる出隅の納まりには特に配慮が必要

室内の壁面で、角のある凸形の出会い―すなわち、出隅があるところというと、廊下の曲がり角のような箇所が挙げられます。このような出隅は人が日常的に触れるところであり、同じ出隅でも外壁の出隅とは最も異なる点になります。

人が触れる機会が多いということは、人や物がぶつかって出隅の角が欠けてしまったり、逆に出隅の角が人や物を傷つけてしまったり、あるいは手が触れて壁面を汚してしまう、などといったことが起こりうる場所でもあるということです。したがって、納まりの検討や材料選びを行う際には、そうした認識をもって臨む必要があります［図］。

出隅を補強したり保護したりする納まりとして最も手っ取り早いのは、入隅の納まりと同様、押縁のようなもの（「隅木」や「定規縁」といいます）を仕上げ材の上に被せるという方法です［写真1］。ただし、この方法では押縁の厚み分が壁の仕上げ面より出っ張ってきます。出っ張るということは、この押縁のところに影ができるわけで、そのために、出隅を挟んだ左右の壁面の連続性が断たれたように見えてしまいます。もしも壁面の連続性を表現したい場合には、このような補強は壁面と面ゾロで納めるようにするか、仕上げ材の裏側で補強するように検討する必要があります。

また、出隅の部分で物がぶつかって傷みやすいのは、床面から約100㎝程度の範囲に集中します。したがって、この部分の仕上げ材をそれ以外の壁面の仕上げ材と変える方法（いわゆる「腰壁」という考え方）も有効です。

室内にはこのほか、下がり天井や下がり壁などのように、折れ曲がっている角のところがあります。これらは同じ出隅でも、廊下の曲がり角とは違って、人が日常的に触れるところではないだけに、納まりに求められる条件は少し緩くなります。つまり、廊下の角に求められるような配慮はとりあえずしなくてもよいということです。そうした理由から、下がり天井や下がり壁の出隅処理は、飾り縁や飾り枠の仕様にしたもの―たとえば、2段あるいは3段仕立ての出隅にしたり、彫刻を施した枠にするといったような、意匠性を考慮した納まりを採用している例が多く見られます［写真2］。ただし、下がり天井は一般の天井高より低い位置にくるため、場所によっては出隅部分に物が当たることを考慮した納まりを検討する必要があります。

写真1

石膏ボード下地にクロス張り仕上げの廊下の壁面の出隅。床面から1.2mの高さまでアルミのアングル材を重ね張りして、角欠けを防止している

写真2

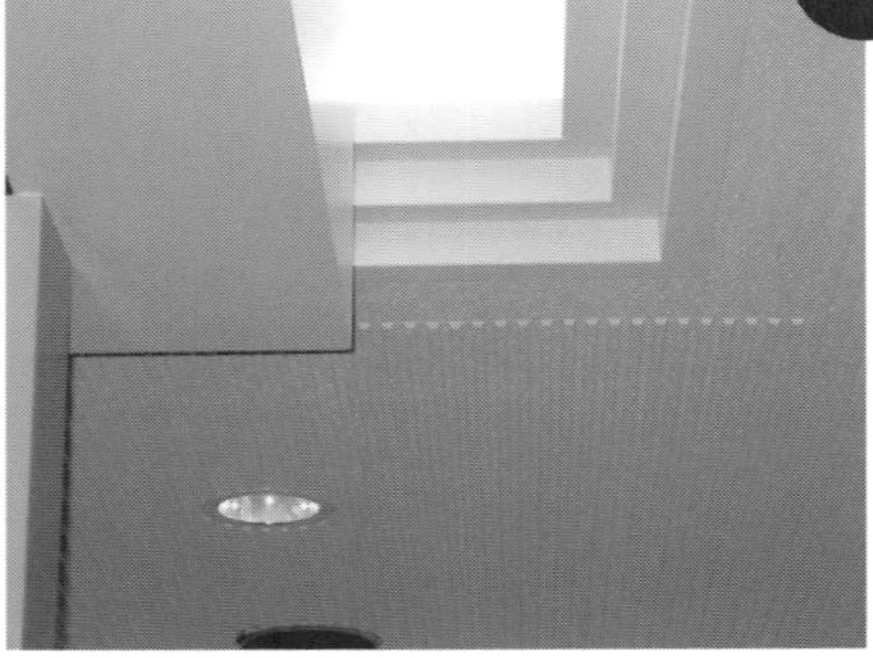

下がり天井の懐に光源を仕込んで建築化照明とした例。意匠性を考慮して、下がり天井の出隅は3段仕様になっている

図

内壁の出隅の納まり例

① 左官仕上げの出隅1

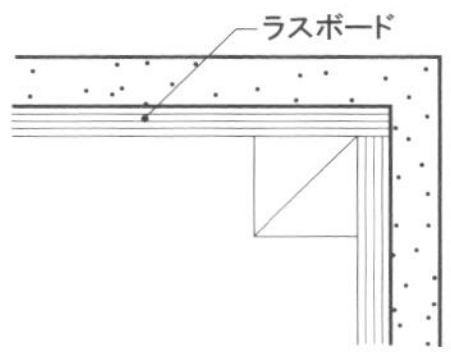

左官系の塗り壁の場合の一般的な納まり例

② 左官仕上げの出隅2

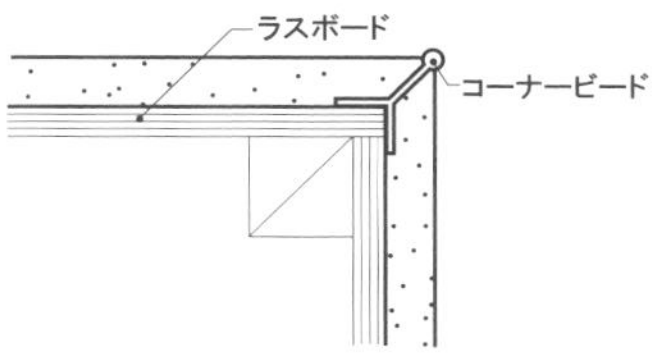

この大きさのコーナービードならほとんど目立たないが、出隅の補強にはなっている

③ 左官仕上げの出隅3

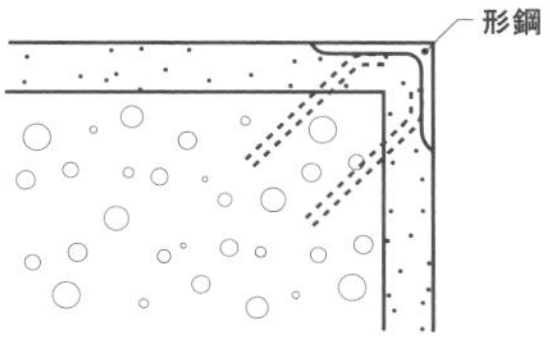

明らかに物(台車など)がぶつかることが想定できる場所では、形鋼を使ってしっかりとガードする

④ タイル張りの出隅1

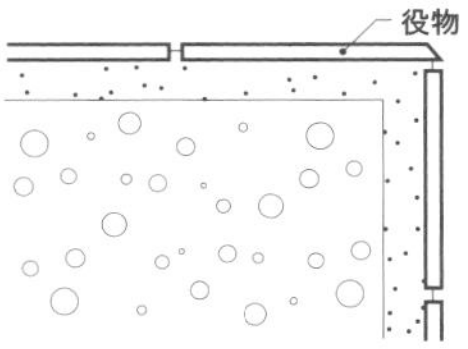

タイル張りの場合、製品にいろいろな役物が用意してあるので、まずはそれを検討してみるとよい

⑤ タイル張りの出隅2

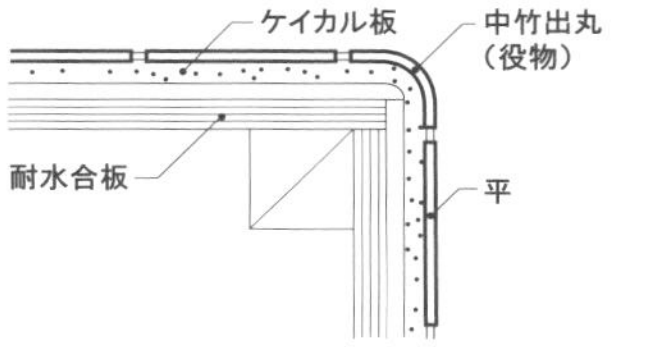

タイルには、出隅を丸面にできる役物がある(逆向きの入隅用もある)。丸面が三方から集まる角には「中竹三角出」と称する役物を使用する

⑥ 石張りの出隅1

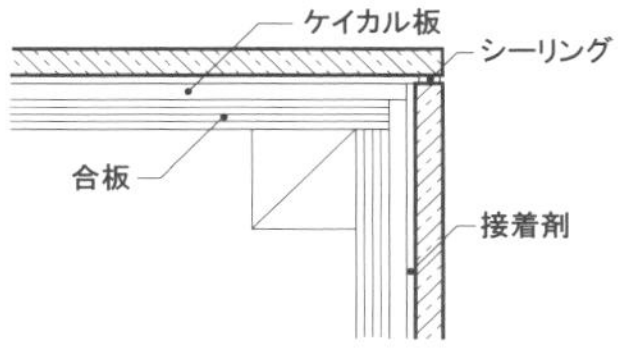

厚さの薄い石の挽き板は接着張りができる。突き付けに納めて目地は眠り目地とする

⑦ 石張りの出隅2

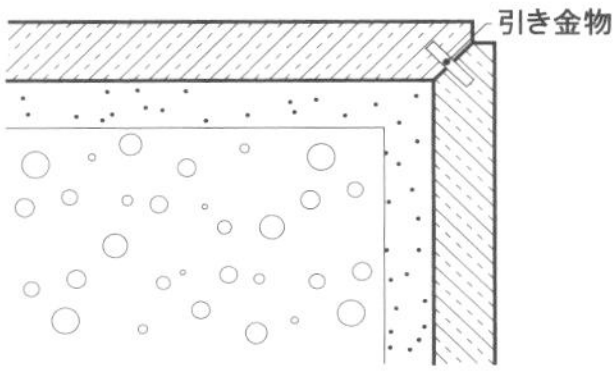

厚みのある挽き石板を大留めで納め、留めの先端で少し面を取ると、留めの口開きを気にしなくてよい納まりになる

⑧ 石張りの出隅3

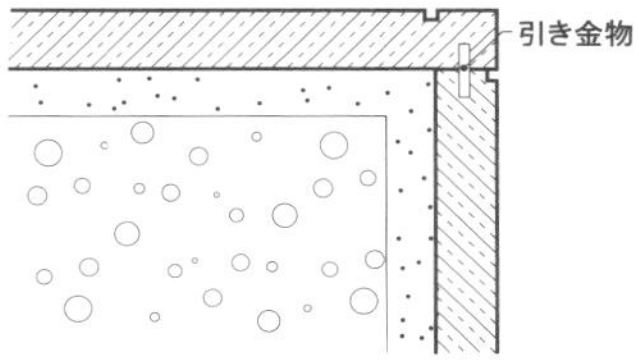

挽き石板の違い違い納めだが、軽く目地をとると両面に小口面が見えるような表情になる

⑨ 板張りの出隅1

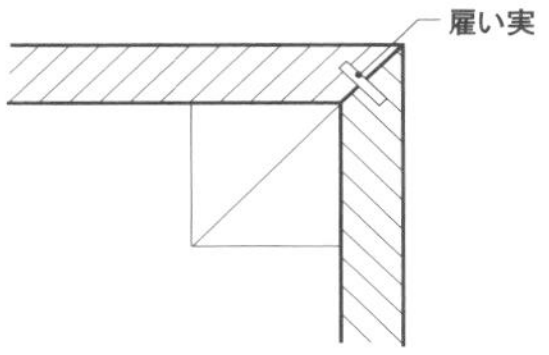

木の厚板を大留めに納める例。口開きを雇い実で防ぐ

⑩ 板張りの出隅2

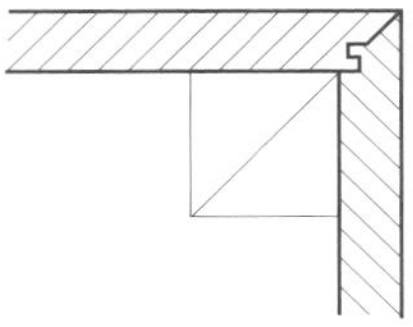

木の厚板納めの例。大留めにするが、なかで小穴を突いて嚙み合わせる

⑪ 板張りの出隅3

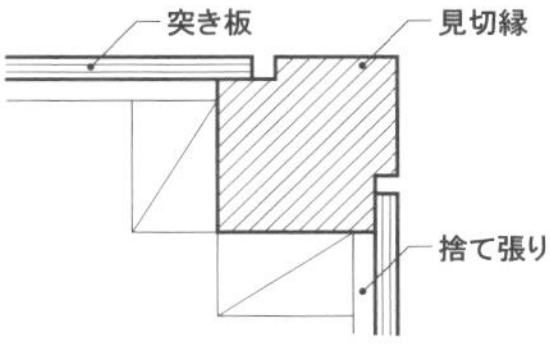

合板を張る場合に、見切縁を入れ、目透かし張りで納める例

⑫ ボード・パネル張りの出隅

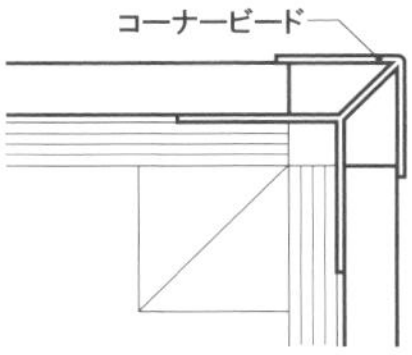

ボードやパネル材を使うときは、金物のコーナービードを利用すると納めやすい

⑬ クロス張りの出隅1

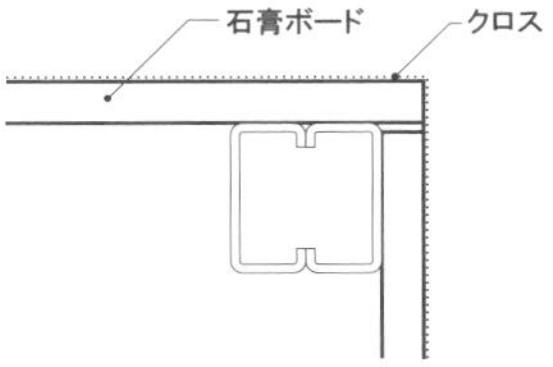

クロス張り回しの一般的な納まり例。物がぶつかるとボードが欠ける

⑭ クロス張りの出隅2

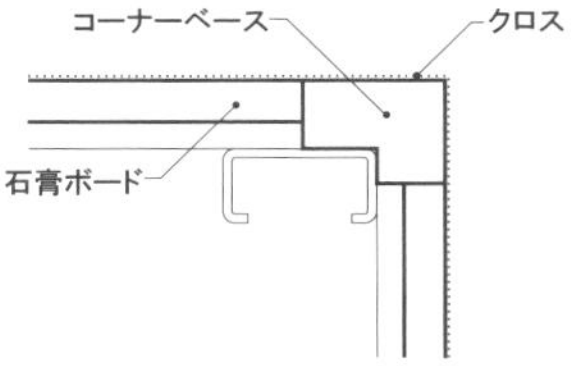

クロス仕上げの裏側にコーナーの補強材を入れた例。このコーナーベースは既製品

⑮ クロス張りの出隅3

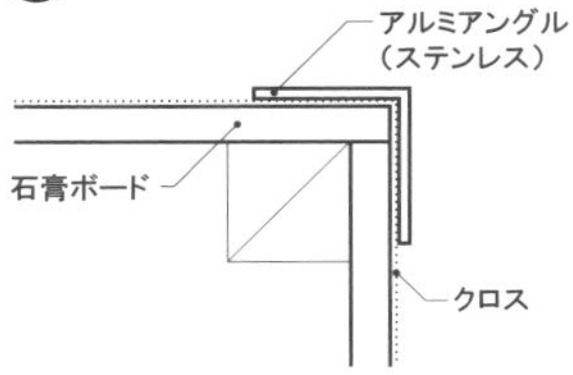

クロス仕上げのコーナーガード納め。クロスの上から、ちょうど腰壁の高さまでアルミ(またはステンレス)アングルを接着張りする

017 床と壁

特徴の異なる材料どうしが出会う場であることを考慮する

床と壁が出会う部分は、かたちからいえば入隅の納まりになります。しかし、壁どうしが出会う入隅と違うのは、「床」という面に求められている機能や性能と、「壁」という面に求められている機能・性能とがまったく異なり、それぞれに適した材料や仕上げ方のものが出会っている場所だという点です(もちろん、床と壁が同じ材料で仕上げられる例もありますが)。

では、床と壁とでは、求められている機能・性能がどのように異なるのでしょうか?

床は、人がいつも触れている最も身近な部分で、肌触りのよさが求められると同時に、身体を支えてくれる安定感・安心感が必要とされます。また、最も汚れる部分なので、掃除しやすく、メンテナンスが容易であることも求められます。

それに対して、壁は人に近い部分ではあるものの、常に肌が触れている関係にはありません。しかし、面積が広い分、インテリアの雰囲気に与える影響力が強いため、目に気持ちよいものが多く選ばれます。また、音や湿度の調整に関わる機能が要求されることもあります。こうしたことから、床材に比べると、選ばれる材料はより軟らかいものが多くなるため、汚れや擦り傷などには注意が必要となります。

床と壁の出会いは、このように特徴の異なる材料の出会いの場となるので、それを配慮した納まりを考えます。一般には、床の掃除のときに壁を傷めてしまわないよう、壁を保護する納まりを採用します。それが「幅木」を用いた納まりです[写真、図]。そのかたちにはいろいろありますが、幅木には材の伸縮に伴う床の動きを吸収したり、床材と壁材が出会うところの隙間をカバーするといった役目もあるので、それらも含めた検討が必要となります。

また、幅木を壁面や空間のデザインの一部に取り入れたいときは、幅木の材質や色調、せいなどを床や壁の仕上げと合わせて検討することになります。幅木と壁面との出入りの扱いも雰囲気づくりに影響するので、出幅木にするか、面ゾロにするか、入り幅木にするか、角度を付けるか付けないかなど、全体の調和やバランスを検討しながら決めていくことになります。逆に、幅木を目立たせたくないときには、幅木の機能は残しつつ、存在感だけを消すにはどうすればよいか、同じように全体を見ながら検討を進めます。

写真

外部の入口廻りにおける床と壁の出会いの例。床は御影石張り、壁は左官系の塗り壁で、幅木が左官系の洗い出し仕上げ。せいを高く取っているのは、水の跳ね返りから壁を守る意味と意匠的に見せる幅木としているため

図

床と壁の出会いの納まり例［幅木廻りの例］

① 木質幅木1

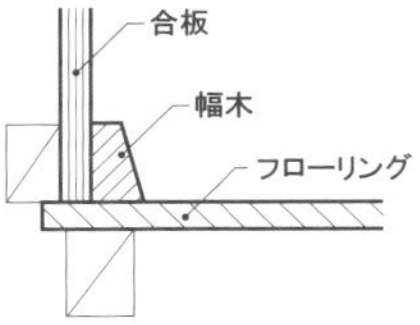

幅木というよりは、後付けの見切縁といったもの。下端を斜めにしてなじみをよくしている。壁は合板張りや、ボード下地のクロス張りなどに応用できる。フローリング以外にも応用できる

② 木質幅木2

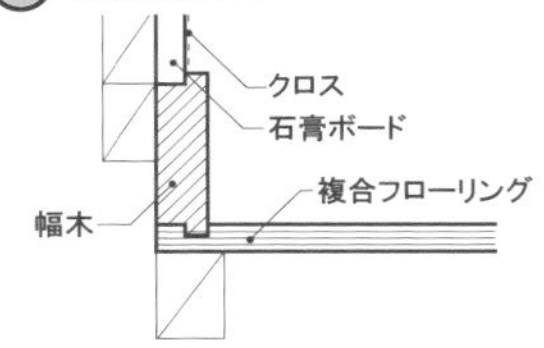

床材が複合フローリングであれば伸縮の影響をほとんど考慮しなくてよいので、小穴を突いて納めることができる。一般には幅木のせいは60～100㎜、チリは10～15㎜程度とする

③ 木質幅木3

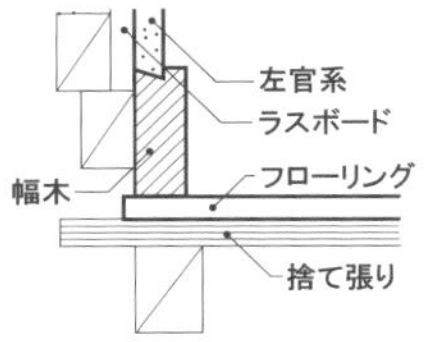

床材がムクフローリングの場合は、フローリングの伸縮の動きを吸収するため、幅木下をフリーにしておく。幅木の材質は床に合わせるか、枠材に合わせるかで検討するとよい

④ 畳寄せ

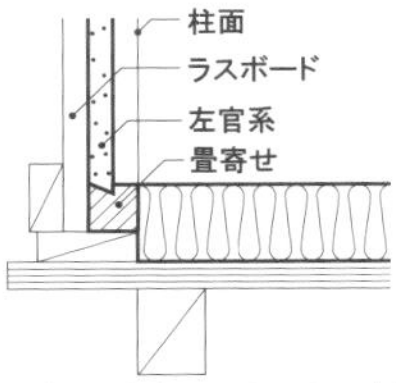

畳の床と壁との出会いのところには畳寄せが入る。これは、真壁造りの柱チリの見込みに相当する

⑤ ぞうきん摺り1

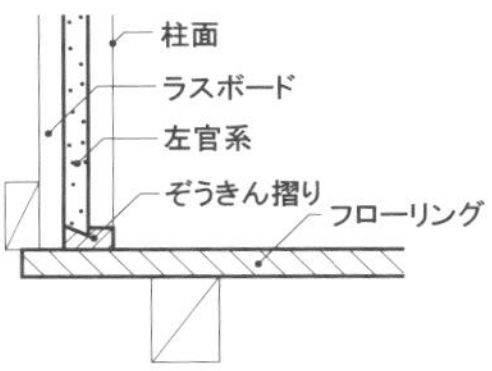

真壁造りで、床材がフローリングなど畳以外のものである場合は、ぞうきん摺りで壁との出会い部分を納める

⑥ ぞうきん摺り2

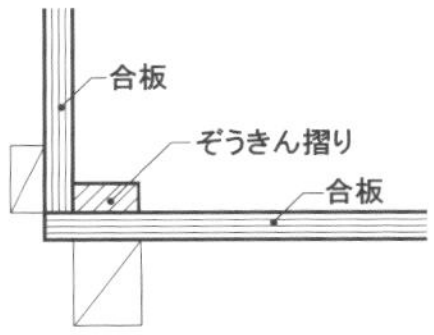

ぞうきん摺りは、文字どおり、床面にぞうきん掛けをしたときに壁を汚さないためのガード役を担うが、壁と床との出会い部分を見切る見切縁としての役目もある

⑦ 目地幅木

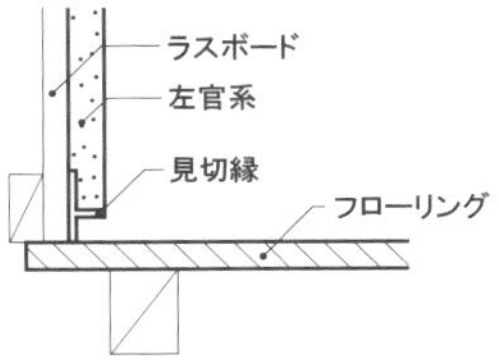

既製の見切材を使って、左官系の塗り壁の端部を納め、床とは目地幅木で仕上げた例

⑧ 入り幅木1

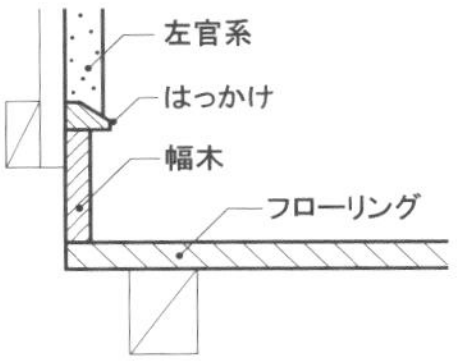

左官系の塗り壁仕上げで、入り幅木納めにするならば、塗り壁の端部ははっかけで納めるとすっきりといく

⑨ 入り幅木2

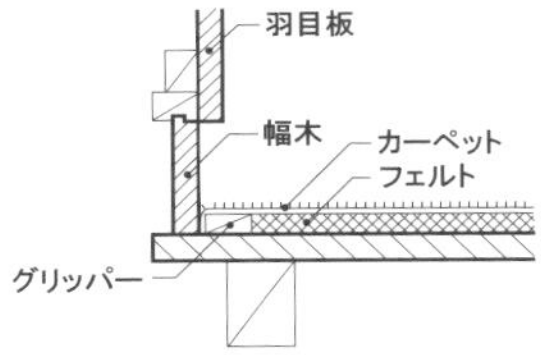

壁仕上げが羽目板だと、端部の処理が容易なので入り幅木も納めやすい

⑩ 壁と面ゾロで納める例

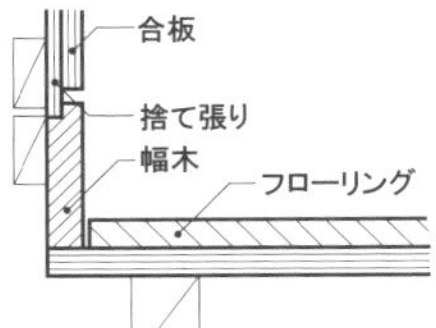

合板張りの壁仕上げで、幅木を面ゾロで納める例。壁と幅木とは目透かし納めとする

⑪ 床材と同材とする例1

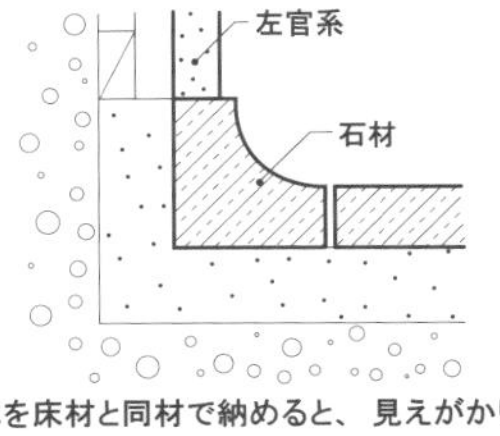

幅木を床材と同材で納めると、見えがかりの要素が減って、幅木が目立たなくなる。図は、床の石材と同じ材料で隅役物をつくって納めた例

⑫ 床材と同材とする例2

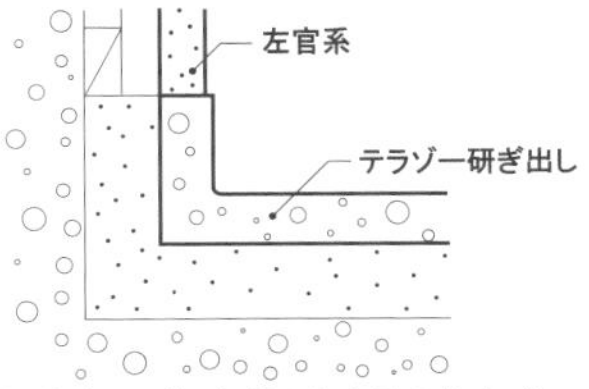

床仕上げがテラゾーなどの左官系の仕上げの場合は、幅木のような形状に塗り上げて幅木代わりとする

⑬ ソフト幅木

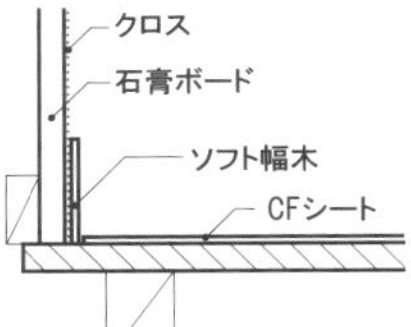

壁がボード下地のクロス張り仕上げの場合、塩ビのソフト幅木を後張りで納める例も多い

⑭ 塩ビ製幅木

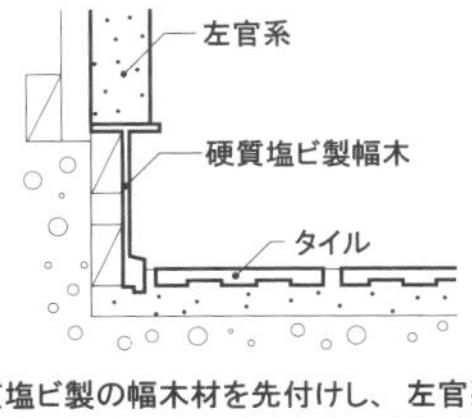

硬質塩ビ製の幅木材を先付けし、左官系の塗り壁を納めた例。床はどのような仕上げ材でも対応可能である

⑮ 床・壁と同材とする例

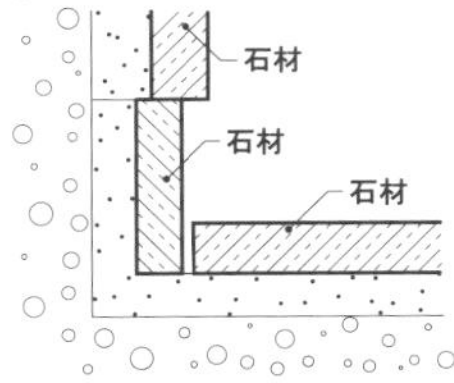

大理石などの石材やムクの木材などで可能な納まりである

018 床と支柱

床材の割り付けに気を配ることがきれいに納めるポイント

階段や吹き抜け、あるいはバルコニーなどには転落防止の手摺を設けますが、手摺を支える支柱を床に固定するケースがよくあります。また、高齢者対応で住宅のバリアフリー化を進めると、廊下や玄関、あるいは浴室や便所などにも手摺の付く箇所が出てきます。さらに、玄関ポーチなどで庇の出が深いと、独立柱のような支柱を立てて庇を受けることがあります。床と支柱の出会いはこういったところに見られます［図］。このような床と支柱の出会いの納まりで何よりも大切なのは、支柱がぐらつかず、しっかりと固定されることです。床の仕上げ、支柱の材料などの違いで納まり方はさまざまになりますが、安全性に関係することですから、どんなときでも支柱は表面の仕上げ面にではなく、下地（躯体）にしっかり固定するように心がけます。しかし、いくらしっかり固定するといっても、その納まり方が美しくないと、見た目が悪いだけでなく、トラブルの原因になることもあります。たとえば、支柱の足下廻りにいろいろな突起物があってゴチャゴチャしていると、そこに足を引っ掛けたり、掃除しづらいという問題が生じるので、注意が必要です。

床と支柱の出会いが美しく納まるためには、①床仕上げの材料にどのようなものを選ぶか、②支柱の構造や施工をどのようにするか、の両方からの検討が必要です。支柱を先に立ててから床面を仕上げるか、床面を仕上げてから支柱を組み上げるか、といった施工手順の違いによっても材料の選定や納まり方が変わるので、まずはいろいろと検討してみることが大事です。

一般に、支柱と床がきれいに納まるのは、先に支柱を下地に固定してから床仕上げを施した場合です。このときに、後施工となる床材の割り付けが、支柱を中心にきちんとできるように考慮することが大切になります［写真1・2］。たとえば石張り仕上げの場合、支柱のところで石材を細かく割り込まなくてはならなくなり、目地割りが乱れてしまっては見た目によろしくありません。また、フローリング仕上げでも、接ぎ合わせの目地が支柱の心のところを通るように割り付けられていないと美しく見えないので注意が必要です。この場合、検討の優先順位は、①支柱の位置、②目地の割り付け、となりますが、支柱が複数本立つときは目地の割り付けも検討に加え、場合によっては支柱の割り付けを目地割りに合わせて調整する必要があります。

写真1

床と支柱の納まり例。石張りの目地が交差する中心に支柱が立てられている。こうすることで、石張りの施工も楽になるうえ、結果的にきれいな仕上がりが得られる

写真2

これも石張りの床仕上げの例。支柱の中心に目地が通るように割り付けることで、石の加工が最小限で済み、納まりもきれいになる

図

床と支柱の納まり例

① 独立基礎を置かないで木柱を立てる

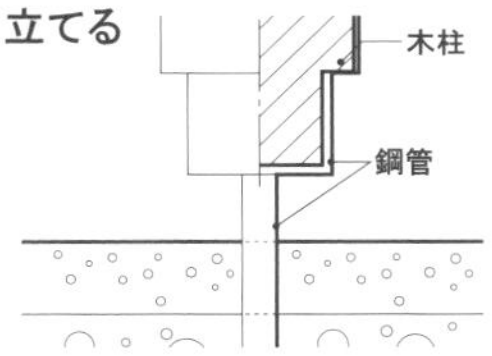

椀状の受け金物に棒鋼を溶接加工したものを床下の基礎に固定し、後から木柱を載せて固定する。金物は耐食性を考慮してステンレス製とするか、スチールの亜鉛めっき処理とする

② 自然石に木柱を立てる

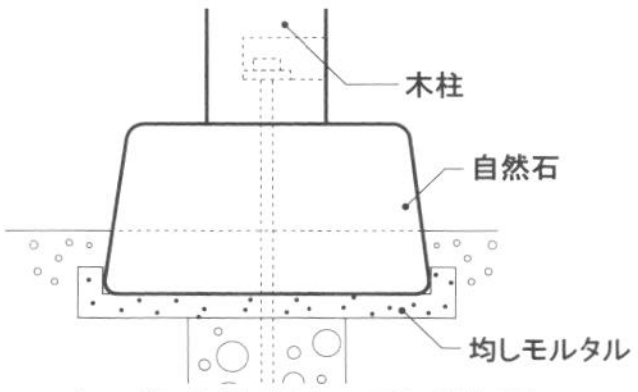

基礎にアンカーボルトを固定し、石に孔あけ加工をしてボルトを通す。柱の横にあけたホゾからナット締めで固定し、ホゾ穴は込み栓で塞ぐ

③ 平鋼をコの字形に加工して基礎に固定する

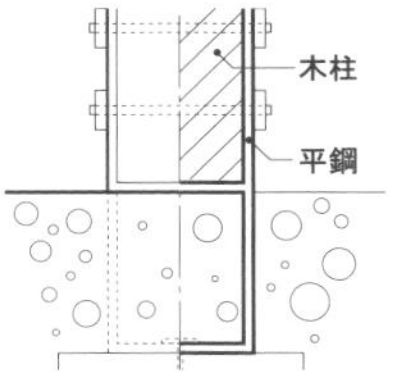

木柱はボルトやナットで固定する。平鋼の厚み分を決って柱に埋めると、よりきれいに納まる

④ 鋼管柱1

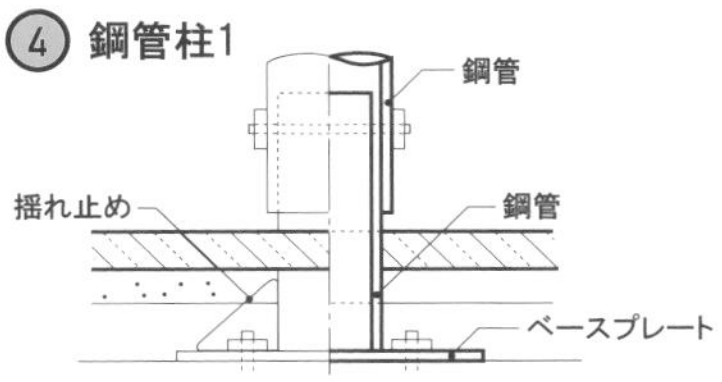

ひとサイズ小さい径の鋼管を、振れ止めの補強を付けてベースプレートに立てて受け材とする。鋼管柱をそれに被せてボルトナットで固定。振れ留めの補強板が隠れるレベルに床仕上げをもってくると、きれいに納まる

⑤ 鋼管柱2

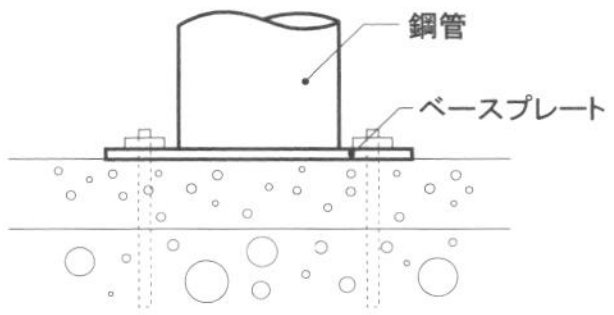

鋼管柱に直接ベースプレートを溶接し、仕上がった床面にホールインアンカーのボルト留めとする納まり。簡単な納まりだが、柱のレベル設定で逃げがとれない点が難しい

⑥ 鋼管柱3

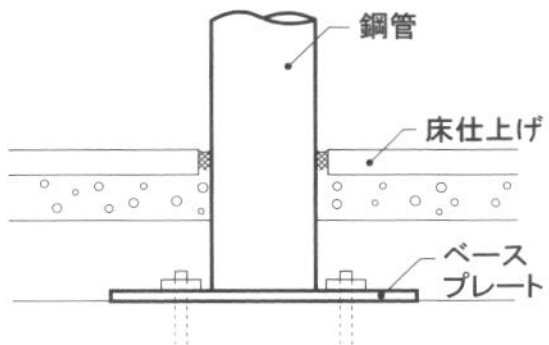

⑤と同様、鋼管柱に直接ベースプレートを溶接して取り付けるが、床仕上げはその後の工事になるので、納まりの逃げはとれる

⑦ 基礎の鉄筋に直接支柱を溶接して固定する

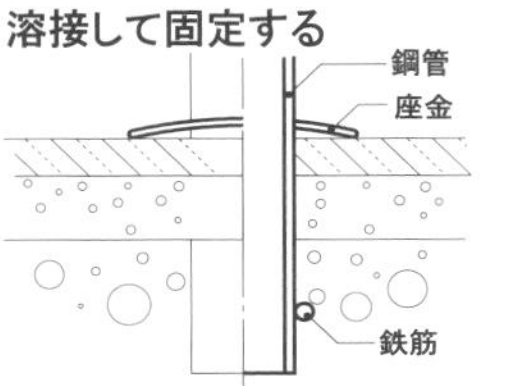

支柱にあらかじめ入れておいた座金か、割り座金を後から被せると、床仕上げと支柱廻りがきれいに納まる

⑧ レベル出しは現場で行う

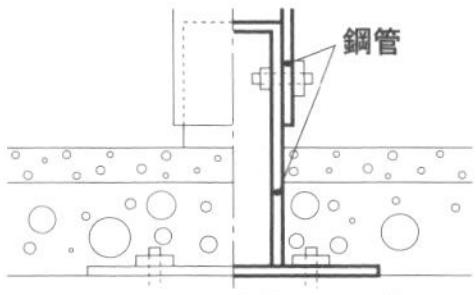

ひとサイズ小さい径の鋼管を受け材に先付けしておき、床を仕上げてから支柱を床まで差し込む納め方。受け材の床面からの出の長さはある程度自由がきくので、最初の位置出しと垂直の確認さえできていれば、レベル出しにそれほど気を遣わなくて済む

⑨ 後施工で鋼管を立てる

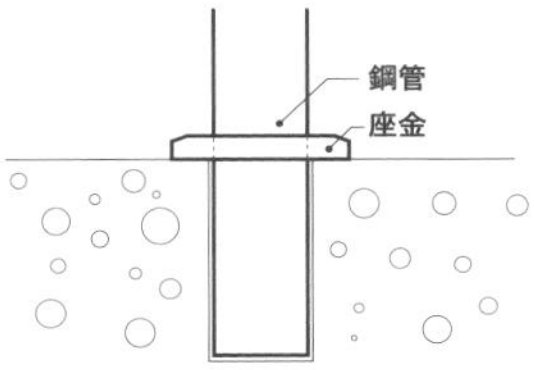

下地のコンクリートに十分な厚みがあれば、後施工で床に穴あけをして支柱を埋め込む納め方もできる。埋め込み深さは130mm以上はほしい

⑩ 鉄骨柱を立てる

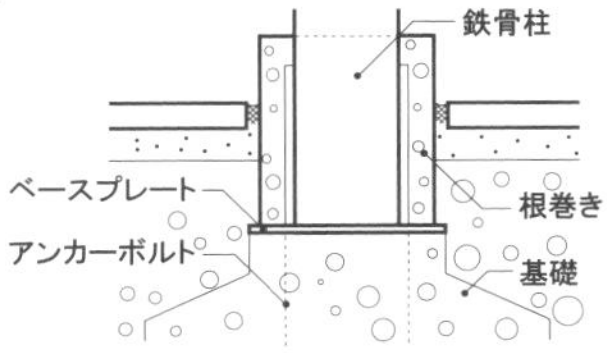

鉄骨柱の固定方法に「根巻き」という納め方がある。根巻きのせいは柱幅の2.5倍以上必要なので、気を付けないと床仕上げの上に顔を出して、足下の納まりがきれいにいかないことがある

⑪ コンクリートの階段の段板に支柱を立てる場合

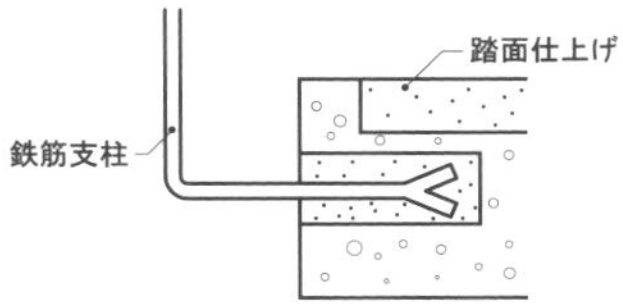

埋め込み深さが確保できないときは、段の横面を使うと固定に必要な深さがとれる。図は、後施工で130mm以上の穴あけをして納めた例

⑫ コンクリート階段の場合1

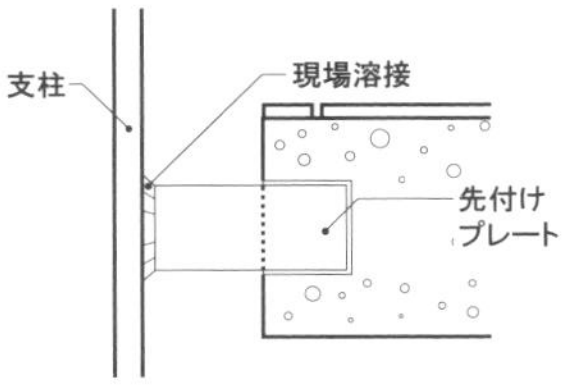

コンクリート階段の場合、支柱の受け材を先付けで打ち込んでおいて、後から現場溶接で支柱を固定する納め方もある

⑬ コンクリート階段の場合2

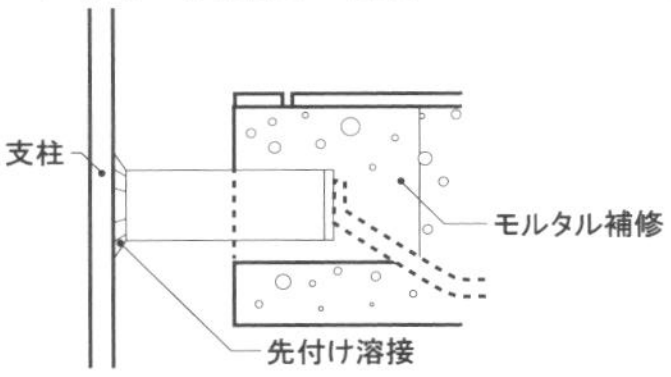

先に支柱に受け材を溶接しておいて、後からコンクリートをはつり、受け材を鉄筋に固定して階段を補修する納め方もある

⑭ PC版や木製の段板の場合

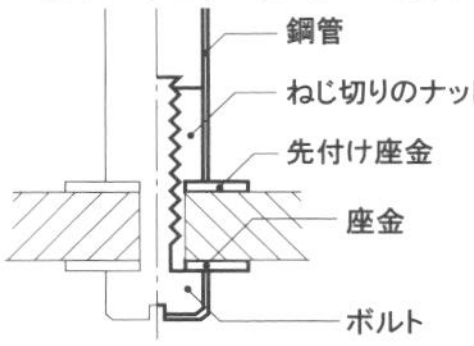

PC版や木製の段板の場合、貫通孔を段板にあけて、裏側から固定する納め方がある。図は、支柱パイプの中にねじ切りをしておき、裏からボルト締めする例。支柱に座金を溶接しておく

⑮ ムクの鋼棒の支柱

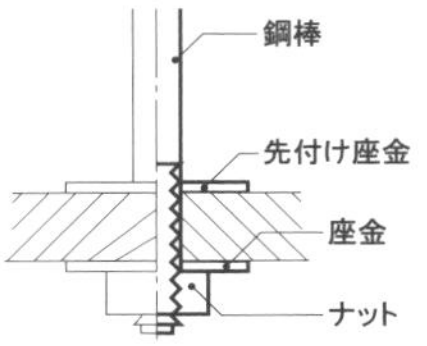

ムクの鋼棒の支柱であれば、支柱の外にねじ切りをし、段板を貫通させて裏でナット締めする納め方もある。この場合も、支柱の表側の座金はあらかじめ溶接で固定しておく

019 床と開口

床と蓋の強度の確保と縁の納まりに配慮する

設備の配管や配線などを床下に隠蔽する納まりには、見た目がすっきりするだけでなく、危険なものや邪魔なものを隠すことで安全性が高まり、使い勝手もよくなるというメリットがあります。この場合、配管・配線の施工や点検、メンテナンスなどを行うために、床面のところどころに開口部（床下点検口）を設ける必要があり、点検口のために床面の一部を切り欠くと、そこに床仕上げ材と点検口の蓋との出会いが生まれます。同様に、床下収納やピットを設ける場合も、開口と蓋との出会いがあります。

また、採光を確保する目的や、階段・吹き抜けを設置するため、あるいは炉や堀こたつを設けるために床面を切り欠くこともあります。このような開口部で納まりの検討が必要になるのは、切り欠いた床面の端部の処理と縁（枠）材との出会い方です。

これらの出会いで検討すべきことはいくつかありますが、連続している床面の一部を切り欠いているわけですから、それによって床面が不安定になってしまっては困ります。したがって、構造上の補強をしっかりと考えることがまず必要になります。このとき、点検蓋の強度も床面並みに確保したいところです。

また、点検蓋の仕上げと床仕上げとの連続性をどうするかについても検討します。それによって、床の開口部の縁（枠）をどのように納めたらよいかを考える必要があります［写真1・2］。場所が床面だけに、歩行の障害にならないようにするため、縁と床仕上げ面との間に大きな段差ができないようにしなければなりません。できれば面ゾロに納めるべきなのですが、それは床仕上げの材料や蓋の仕上げ材料とも合わせて検討することになるでしょう［図］。

床用の点検口（床下点検口）は、結構需要が多いせいか、既製品がいろいろと出回っています。配管などの設備点検口用の蓋であれば、そうした既製品を利用するのが確実で手っ取り早い方法になります。枠材にアルミやステンレスの型材を使って、見付け寸法が小さくなるように工夫されているほか、蓋面の仕上げを床仕上げと合わせることができる納まりになっているなど、意匠性も考慮されているので、メーカーのカタログなどを検討してみるとよいでしょう。床下点検口の形状は正方形が基本で、サイズは中に納める物やメンテナンスの内容によって決めますが、一般的には450㎜角、床下に人が入る場合は600㎜角とします。

写真1

床下点検蓋の化粧仕上げ例。点検口は既製品を使用しているが、点検蓋のタイル張りを床全体の目地割りに合わせている。蓋をいったん開けて戻すときに、この目地が位置合わせのガイドになる

写真2

床仕上げの端部と床下点検口の枠納まり例。開口部のところで、床仕上げのフローリング端部を切り放しというわけにもいかないので、枠を回して見切る。点検蓋もフローリングと同材の仕様とするが、ここにも見切りの枠を回すと蓋を閉めたときに枠が2重に見えて煩雑な感じになるので、蓋は枠なしで納める

図

床と開口の納まり例

① 畳床と堀こたつの納まり例1

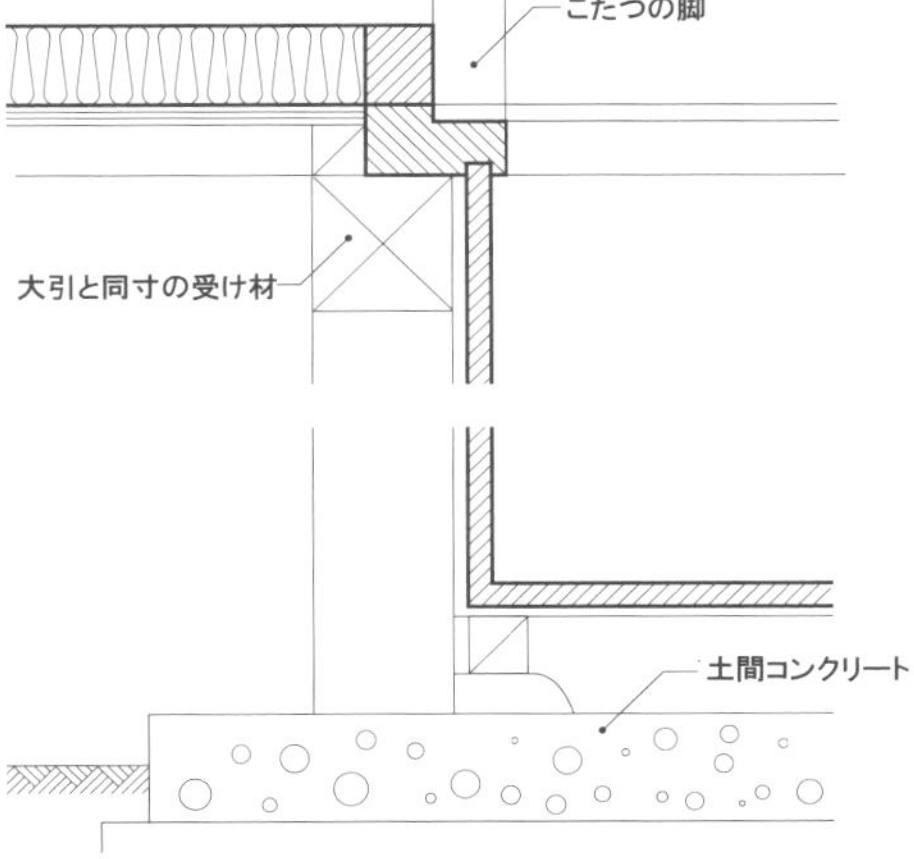

こたつの開口部見切りに畳の厚みと同寸の縁材を回し、その下に根太と荒床の合計厚さ分のこたつ櫓受けの枠を回す。さらにその下に、これらの縁材・枠材を受ける大引と同寸の材を四周に回す。畳床と堀こたつ底との差は360～400mm

② 畳床と堀こたつの納まり例2

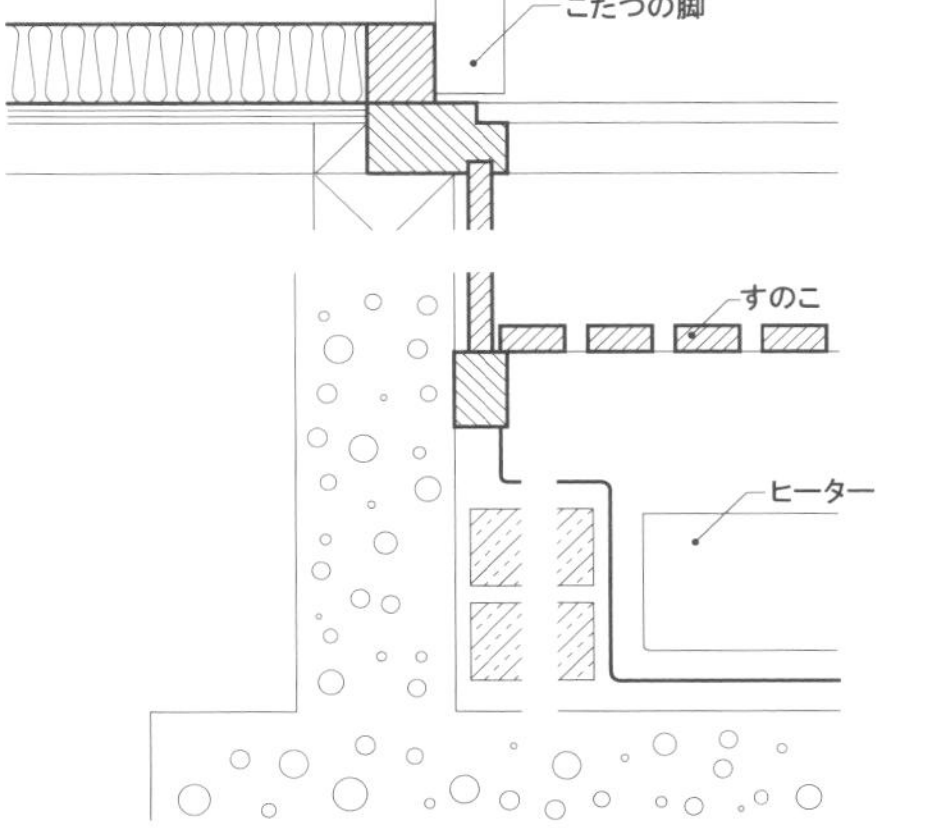

堀こたつの底板をすのこ状にし、その下に暖房の熱源を入れる納まり例。畳床とこたつ開口部との出会い部分の納まりは①に準ずる

③ 茶席の床と炉の出会い例

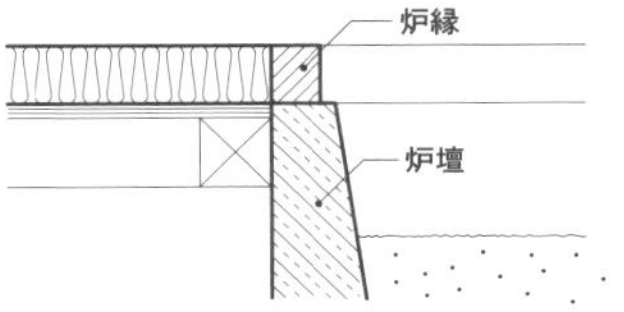

灰を入れる炉壇の縁を畳下の荒床レベルに合わせる。見切りの炉縁は木地のままのものや、漆塗りしたものがある

④ 床と地下ピット開口との出会い例

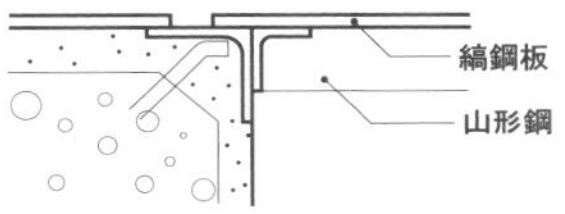

ピットに納める設備類は設計によりさまざまなので、大抵は形鋼を組み合わせてその都度製作する。床側の縁材に50×50×6mm程度の山形鋼を使用。蓋は大きさによるが、30×30×3mmか40×40×5mmの山形鋼で枠を組み、3.2～4.5mm厚の鋼板を溶接してつくる

⑤ 床とマシンハッチ開口との出会い例

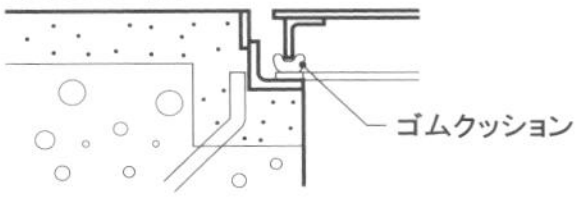

地下の機械室などに機器を搬入するためのマシンハッチの場合、開口の面積が広くなるので、ハッチの蓋も大きくなり、枠材の形鋼も大きくなる。この例では、床見切りの枠材と蓋の枠材が同寸(50×50×6mm)で、蓋の枠をパッキンで受ける分の寸法を調整するため、見切枠側には6×25mm程度の平構を溶接している

⑥ 防水仕様のマシンハッチの例

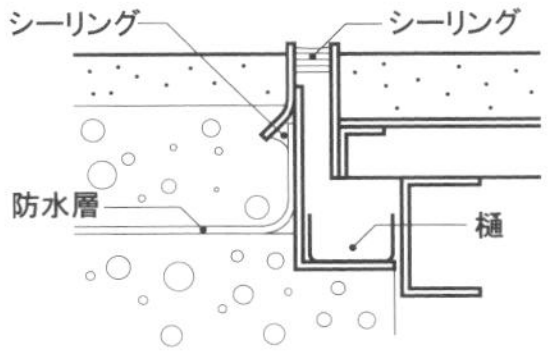

床見切りの枠材とハッチ蓋とはシール打ちで封印する納め方だが、その下にステンレスの漏水受け溝を用意して2重の構えとしている

⑦ フローリング床と同材仕上げの点検蓋との出会い例

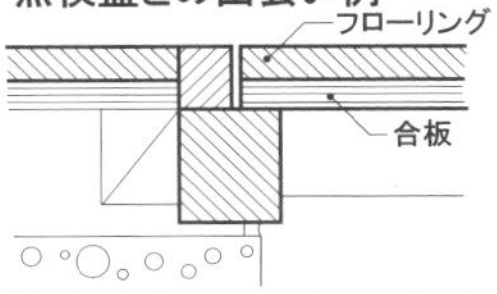

床の端部は見切縁を回して納め、蓋は端部切り放しで床との連続性をできるだけ残す。蓋を軽くするため、合板下地にフローリングを張るだけの簡単な納まりとする。当然強度が不足するので、脱着式の根太を細かく入れて補強する

⑧ 床排水溝の納まり例

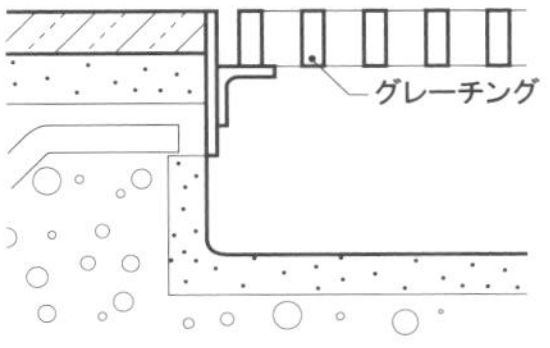

不等辺山形構と等辺山形構とを組み合わせて床見切枠とグレーチング溝蓋受けをつくる

⑨ コンクリート床用の既製点検口の納まり例1

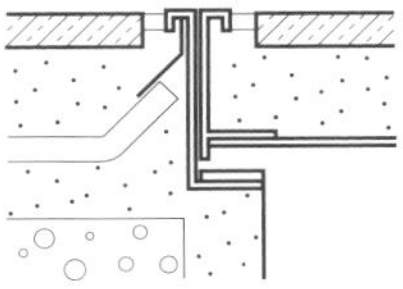

床仕上げがタイル用のタイプの例。床見切枠と蓋見切枠とがアルミの押し出し形材で構成され、蓋のがたつき防止にパッキンを使っている

⑩ コンクリート床用の既製点検口の納まり例2

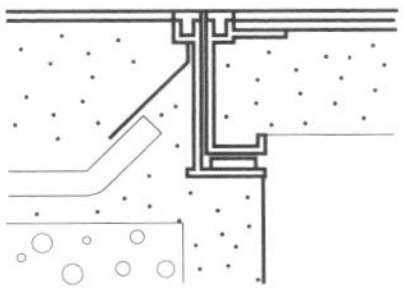

床仕上げがPタイル用のタイプの例。枠材はアルミ押し出し形材だが、見えがかりの目地はアルミかステンレスが選べる仕様のもの

⑪ コンクリート床用の既製点検口の納まり例3

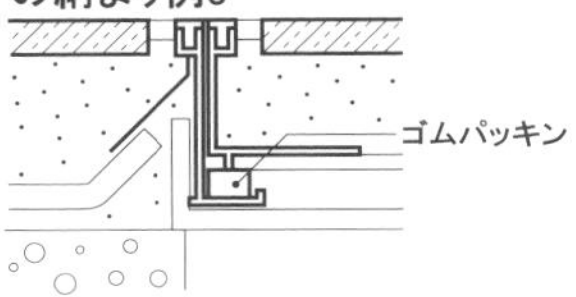

床仕上げがタイル仕様の防水タイプの例。点検蓋の四隅の固定ボルトを締め付けることにより、床見切枠に設けたパッキンが締め付けられ防水効果を得られる

020

床と床

面ゾロで納める場合は注意が必要

連続している床面の一部の仕上げ材を変える場合、段差を付けて仕上げ材を切り替える方法か、段差を付けずに面ゾロで納める方法が採用されます。世の中が高齢化社会に急速に移行している昨今では、床面の段差がない「バリアフリー化」は、建築の納まりを検討するうえでほとんど必須の条件になっていますが、部屋の使い方やデザインの検討のなかから、このように面ゾロで仕上げ材を切り替えたいという要求が出てくることも当然あるわけです［写真1］。

床と床とが面ゾロで出会うときに、同じ部屋のなかで材質が同じような床材が使われる場合は、あまり難しく考えることはありません。しかし、フローリングとカーペット、フローリングと畳、フローリングと石（タイル）といったように、材質が異なる床材が出会うときは慎重に検討する必要があります［写真2、図］。というのも、仕上げ材が変われば下地のつくり方も変わるからです。

床材を切り替える部分では下地から縁が切れてしまうため、納まりがまずいと、この出会い部分で仕上げ面にずれが出たり、がたが出たりしてしまいます。せっかく面ゾロで連続させたいのに、これでは興ざめになるだけでなく、歩行に障害が出てしまうおそれもあります。また、たとえ下地のつくりがうまくいっても、フローリングのような堅い材料とカーペットのような軟らかい材料が出会う場所では同様の問題が起こり得るので、十分に納まりを検討しなければなりません。

同じように連続する床面であっても、たとえば室内と室外とが連続するテラス窓の掃き出し部分や、浴室の洗い場と脱衣室との出入口部分などは、検討すべき内容が異なってきます。こうした出会いの場では、単に床仕上げの材料が切り替わるというだけでなく、一方は水が絡むことを常に考慮するところであり、もう一方は水とは縁を切りたい場所であるという相反する条件に対処しなければならないからです。特に最近では、バリアフリーを考慮し、このような部分をフルフラットな納まりにしたいという要望が強いようです。水が絡むところで床仕上げの切り替えをするには「立ち上がり」を設けるのが確実な納め方なのですが、それを封じられるのですから、どのような答えを出したらよいか、慎重な検討が必要になります。この場合の基本的な考えは、床下に排水溝をセットすることですが、目の届きにくい場所になるので防水納まりは慎重に検討します。

写真1

大理石張りの床仕上げとフローリングの床仕上げとが面ゾロで出会っている例。この場合、フローリングのほうが伸縮の動きの量が大きくなるので、それを吸収する納まりを検討しておかなければならない

写真2

御影石張りの床仕上げとタイルカーペット敷きの床仕上げとが面ゾロで納まっている例。この場合は両方とも伸縮の動きがほとんどなく、下地も同一のコンクリートスラブとすることができるので、納まりはそれほど難しくない。写真の例では、出会いの部分に見切縁を入れている

図

床と床の出会い例

① 畳とフローリングの出会い例1

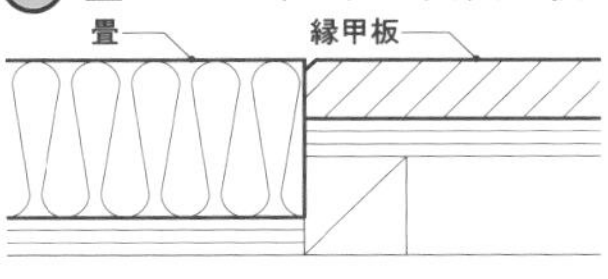

畳敷きの縁取りをするようなかたちで縁甲板を4～5枚張ることがあるが、縁甲板の反り、むくりには注意して根太にしっかり締め付ける

② 畳とフローリングの出会い例2

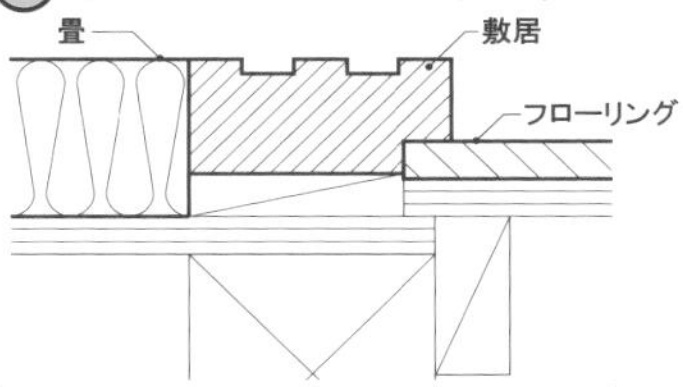

敷居(無目)を間に入れると、畳・フローリングともに納まりがよい。このとき、荒床を通しで使うと納めやすい

③ フローリングとカーペットの出会い例1

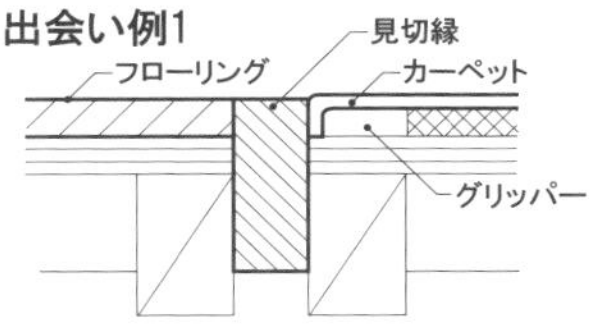

見切縁を回すとフローリングの納まりがよい。はじめのうちは、カーペットの仕上がり面が気持ち高めくらいがちょうどよい

④ フローリングとカーペットの出会い例2

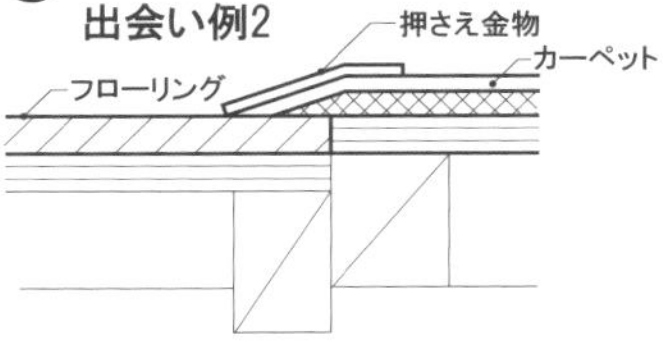

フローリングにカーペットを被せ、その端部をへの字形金物で押さえ込む納まり。カーペットの下地天端はフローリング仕上げ面に合わせる

⑤ フローリングと石張りの出会い例

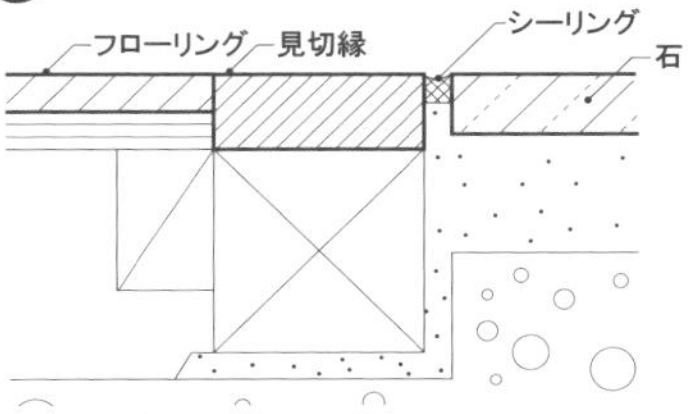

フローリングは木下地、石張りはコンクリート直下地とするが、コンクリートの床版を通しで使うと納まりがよい。フローリングに見切縁を回す

⑥ タイルカーペットと石張りの出会い例

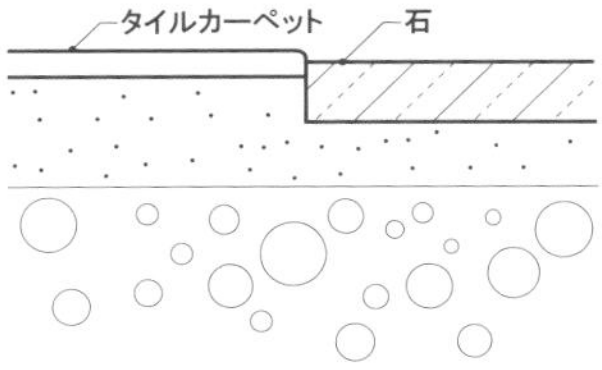

コンクリート床版を通しで使う。タイルカーペットは現場合わせになるが、突き付けで納められる

⑦ フローリングとデッキ床の出会い例

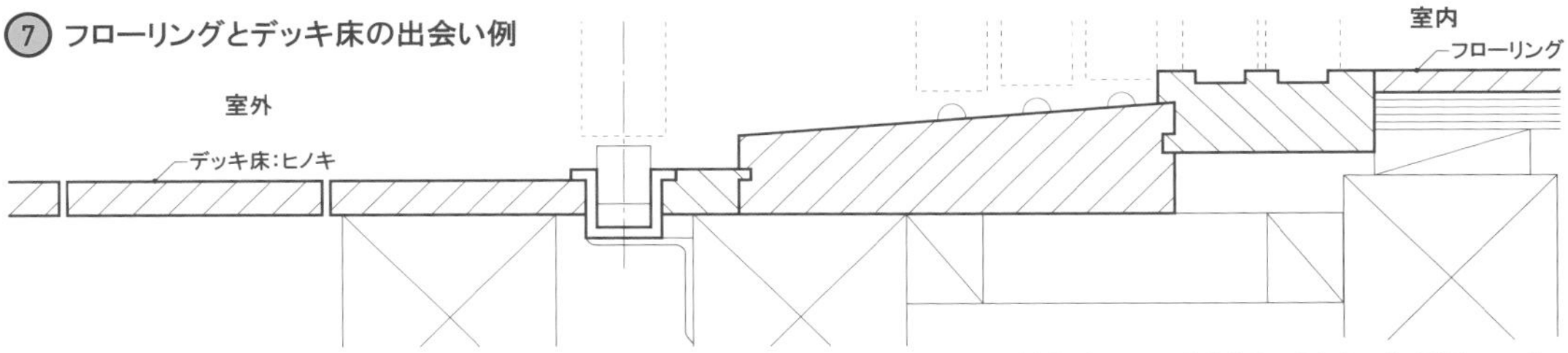

フローリング(室内)とデッキ(室外)との差は55㎜。この間に設けた開口部の敷居に水勾配をつけて段差を解消しつつ、水を室内に入れない納まりとしている

⑧ フローリングとCFシート張りの出会い例

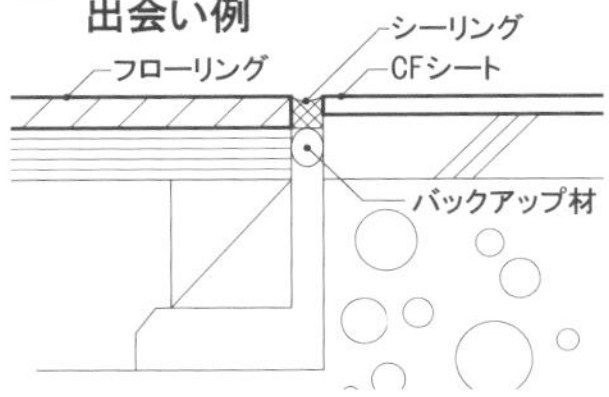

出会い部分をシール目地納まりとする場合、フローリングは長手側になるよう、割り付けに注意する

⑨ カーペットとCFシート張りの出会い例

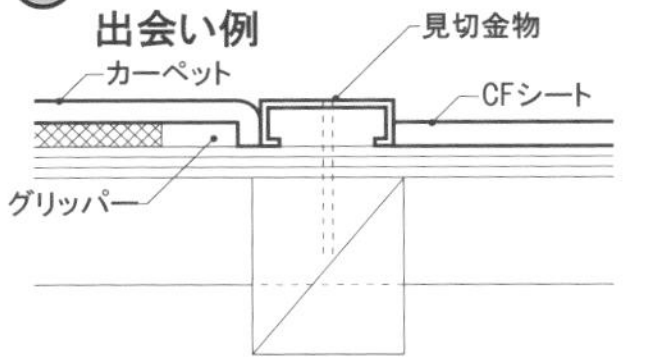

カーペット端部にはアルミまたはステンレス製の見切材を入れる。木下地は通しにすると納まりがよい

⑫ フラット仕様の浴室床出入口の例

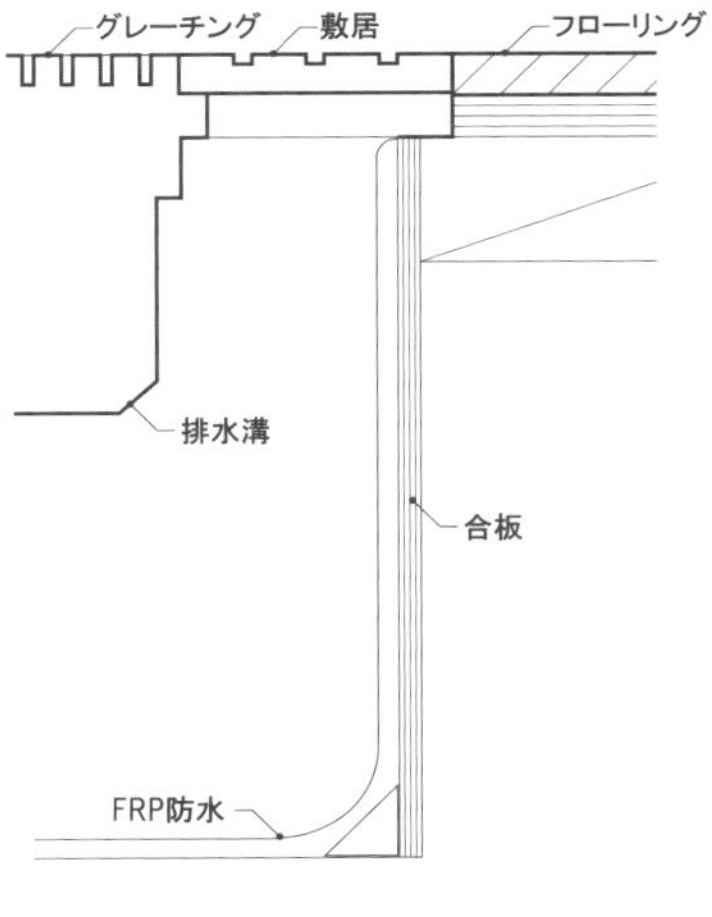

既製の引き戸納まりを利用した例。脱衣室側の床仕上げはフローリング。浴室床と建具敷居の間にはグレーチング溝蓋をセットした排水溝があり、敷居にかかった水もここに誘導される納まりになっている

⑩ レンガ敷きとフローリングの出会い例

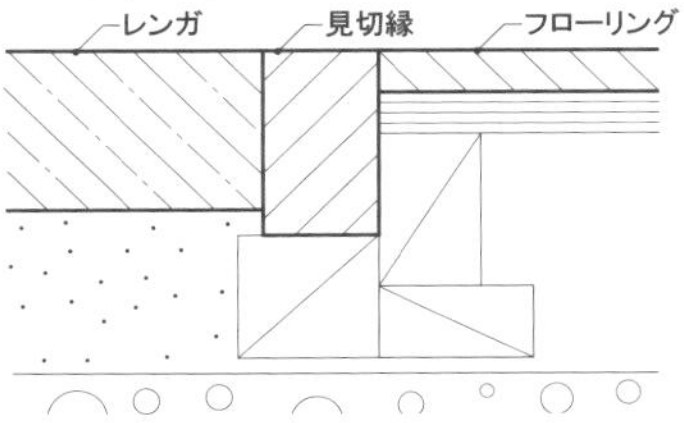

フローリング部分はコンクリート床版の上に木下地を組み、見切りの枠材を回す

⑪ アスファルト舗装とタイル張りの出会い例

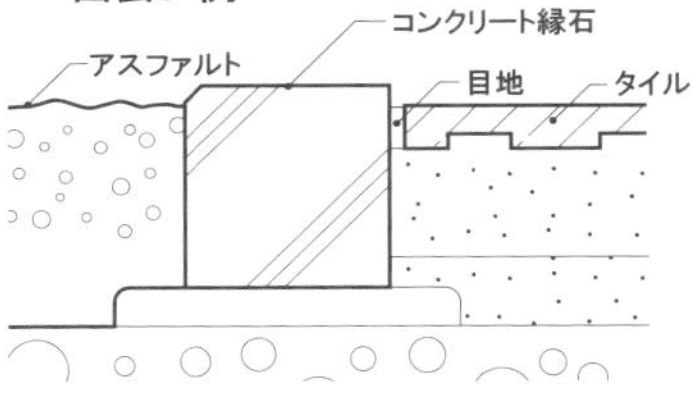

アスファルト舗装はコンクリートの縁石で見切る。縁石は不同沈下しないよう、地業はしっかりと行うこと。タイル下地はコンクリート土間とする

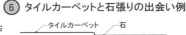

021

壁と天井

廻り縁のタイプや納め方によってインテリアの雰囲気は大きく変わる

壁と天井の出会いのかたちは、見た目でいえば入隅の納まりということになります［図］。同じ入隅の納まりでも、壁どうしが出会う場合と異なるのは、壁に求められる機能や性能と天井に求められる機能・性能とに多少の違いがあるため、出会いの部分で切り替えが必要になるということです。その切り替えの納め方の1つに「廻り縁」を入れるという方法があります。

壁と天井とでは下地のつくり方が違います。当然、下地に伝わる建物の躯体の動き方も違います。したがって、地震や風による建物の揺れや、下地材や仕上げ材の伸縮などの影響で、壁と天井の出会い部分には亀裂やしわなどが発生することが十分に考えられます。これを防ぐ手っ取り早い方法は、出会いの隅部を押縁で覆うことですが、これが廻り縁の一種になります。

廻り縁には、はっきり見せるタイプと、隠し廻り縁といって仕上げの裏に入れるタイプとがあります。見せるタイプでは、伝統的な真壁造りの部屋では、せいを柱幅の4／10とし、柱面より20㎜以下の出とするのが標準です。大壁造りの部屋の場合は、一般的にせいを36㎜、壁からの出を20㎜程度とします。

また、和風ではプレーンな形状を使いますが、洋風ではいろいろなかたちに彫刻したものも使います。

廻り縁は入隅に起きる亀裂などをカバーするほか、壁や天井を仕上げるときの定規になったり、天井を仕上げるときの受け材になる大切な役割を担っています。しかしながら、廻り縁を必ず入れなければならないというわけではありません。というのも、仕上げ材の色調や材質感が部屋の雰囲気づくりに与える影響は大きいものの、求められる機能や性能の条件は人が触れるか触れないかという違いくらいで、ほかに大きな違いがないため、左官系の塗り物やクロス張りなどで壁と天井を一体に仕上げるということができるからです。その場合には、壁・天井が連続している一体感を損なわないよう、廻り縁を省略することがあります。

廻り縁のタイプや納め方によっては、壁と天井の見え方を別々に分けてしまうこともあるので、表現したいインテリアの雰囲気と、廻り縁の効果をよく見極めて扱い方を検討してください。一般には、部屋のヴォリュームがあるときには、多少複雑な形状の廻り縁や、大き目のサイズの廻り縁を使っても違和感がないようです。

写真1

板張りの壁仕上げと棹縁天井との出会いの例。幅が広めの廻り縁を使っているが、この廻り縁1つで、壁仕上げの端部納まりや、棹縁の受け材と天井板の端部納まりなど、いろいろな役割を担っている

写真2

事務所ビルの玄関ホールの壁と天井の納まり例。空間のヴォリュームがそれほどないので、廻り縁を使わない壁と天井の出会い方は、空間をすっきりと軽快な感じに見せている

図

壁と天井の出会い例

① 伝統的な和室の廻り縁

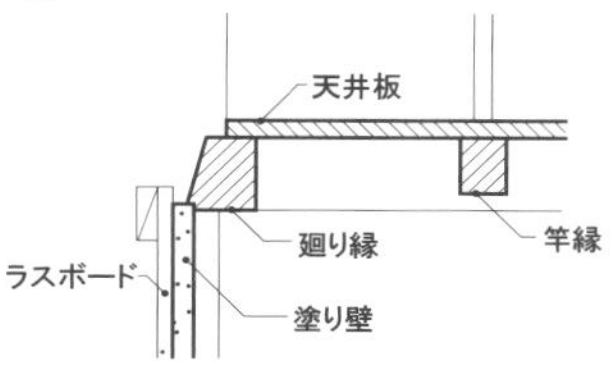

せいは柱幅の4／10、柱面よりの出は20mm以内が標準。棹縁はこの廻り縁に大入れで納める

② 2重廻り縁

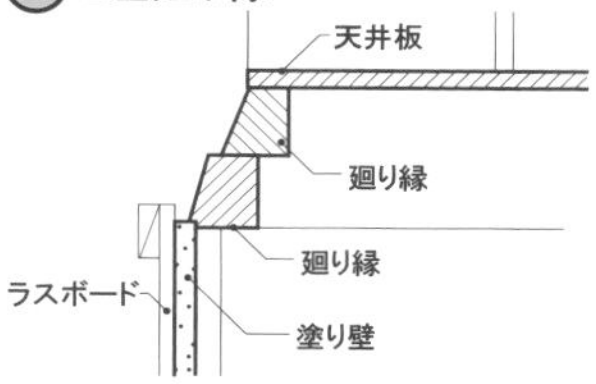

格式高い、堅い感じの部屋に用いる。2段に重ねた廻り縁の上段の見付け（せい）は柱幅の4／10以下とする

③ 左官系塗り壁と縁甲板張りの天井

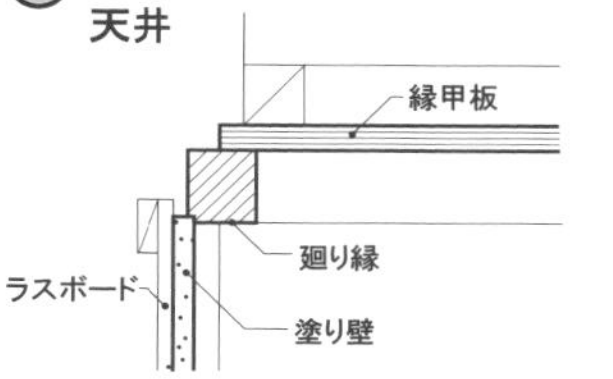

廻り縁のせいは36mm程度、柱面からの出は10mm程度を目安とする

④ 左官系塗り壁と岩綿吸音板張りの天井

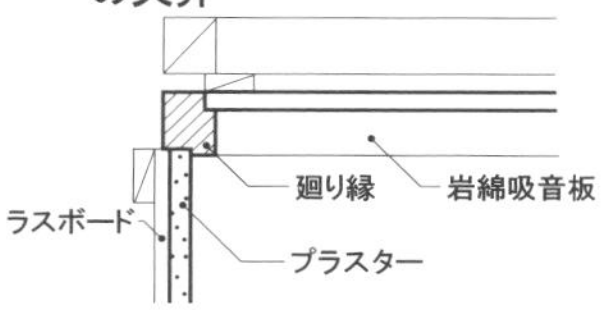

大壁造りの場合、廻り縁下端の見えがかりは、ちりの分（10mm前後）になる。せいは36mm程度がちょうどよい

⑤ クロス張りの壁と合板張りの天井

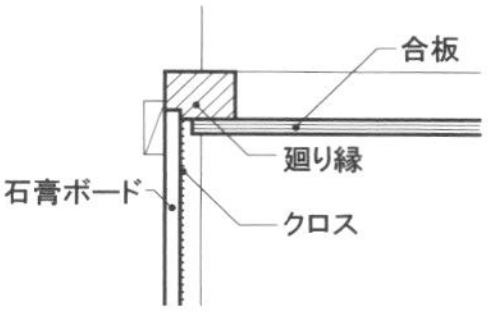

廻り縁を見せない隠し廻り縁の場合、目地底の部分のみ化粧仕上げとする。天井側に目地が付く場合を「壁勝ち」の納め方という。壁と天井を同材で仕上げると連続感を強調でき、一体感が出る

⑥ 合板張りの壁とクロス張りの天井

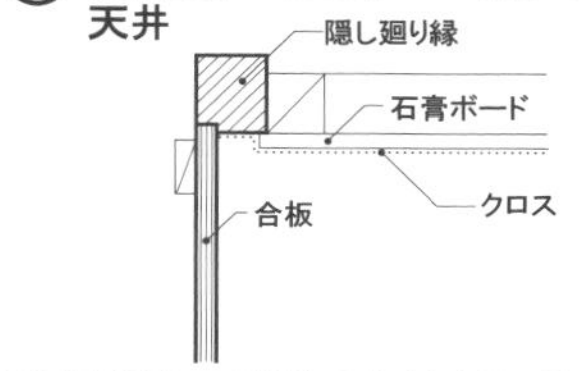

隠し廻り縁とし、壁勝ちの納めとする。壁は捨て張りを入れた2重張りとすることで、平滑性がよく、しっかりとした仕上がりになる

⑦ 羽目板の壁と漆喰中塗りの天井

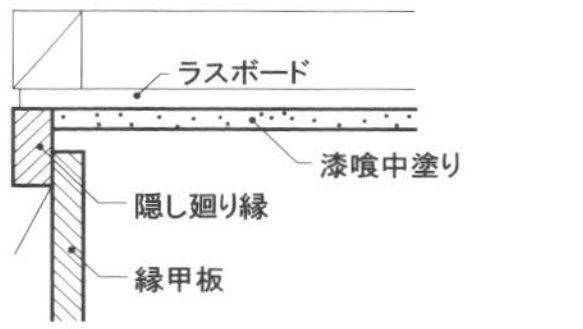

天井勝ちの隠し廻り縁納めとする。この場合の施工は天井仕上げが先で、壁の仕上げが後になる

⑧ 左官系の塗り壁と合板張りの天井

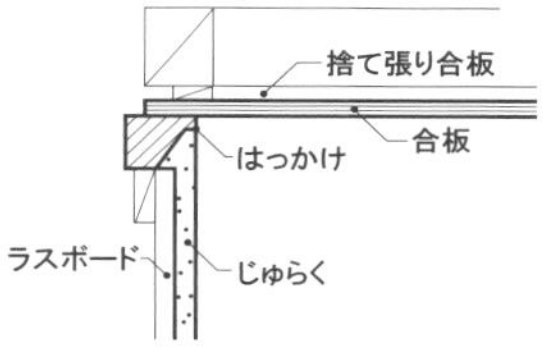

塗り壁の出会い部分を「はっかけ」に納めて、廻り縁のない壁・天井突き付け仕上げに見せる例

⑨ 石張りの壁と合板張りの天井

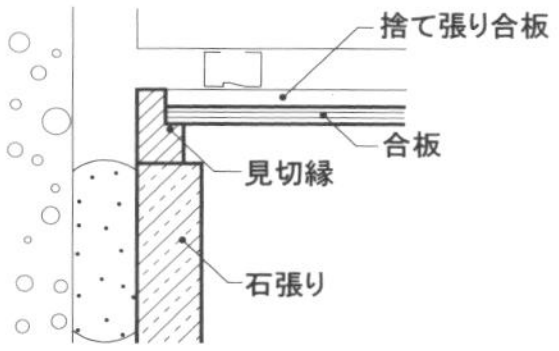

天井勝ちの入り目地で出会い部分を納めるが、目地底の廻り縁材にアルミの加工品を使っている

⑩ クロス張り仕上げの壁と天井1

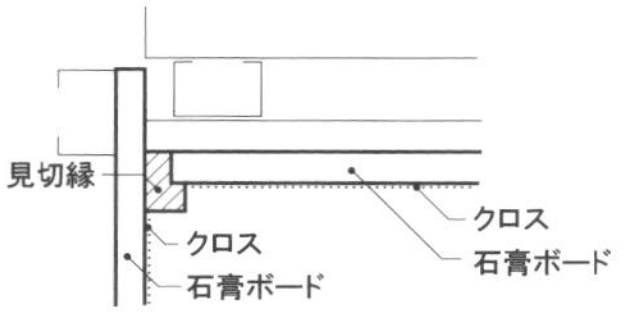

出会い部分は天井取り付けの金属見切材を使用。見切材の見えがかり部分は15×10mm程度としている

⑪ クロス張り仕上げの壁と天井2

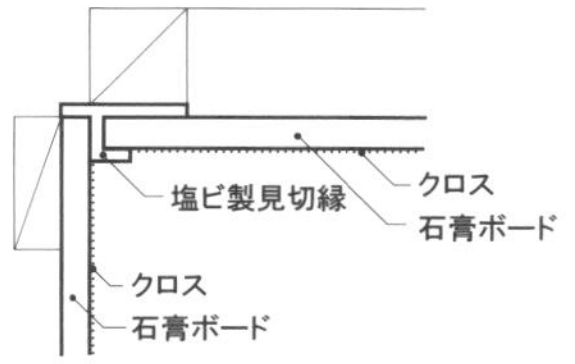

出会い部分には既製の塩ビ製見切材を使用。見切材の表面にクロスを張ることが可能なタイプもあり、クロス張り回しの表現ができる

⑫ クロス張り仕上げの壁と天井3

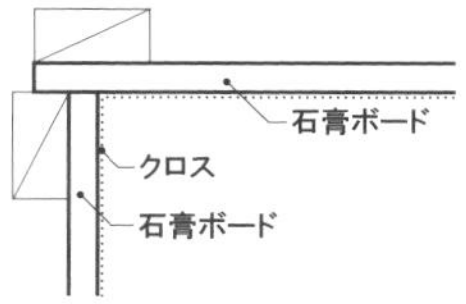

出会いの部分を石膏ボードの突き付け納めとして、クロスの張り回し仕上げとする。亀裂防止策として、下地処理の段階で寒冷沙テープを張って補強しておく

⑬ 塗装仕上げの壁と天井

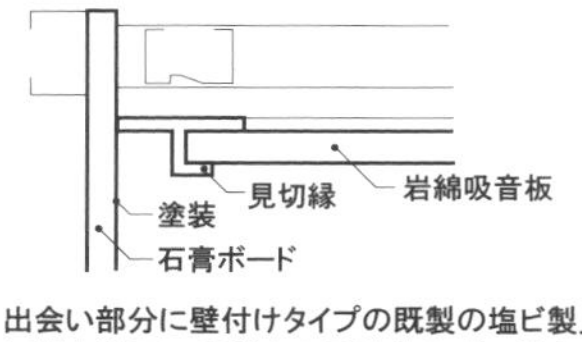

出会い部分に壁付けタイプの既製の塩ビ製見切材を使用。壁勝ちの目地仕上げの納め方になるが、目地底までクロス巻き込み張りが可能なので、クロス張り回しの表現ができる

⑭ 漆喰仕上げの壁と天井

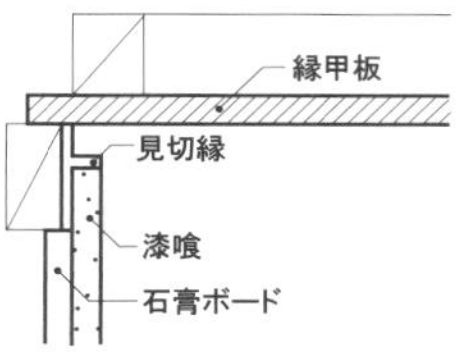

これも既製の塩ビ製見切材を使用。壁付け使いとし、天井勝ちの納まりとしている。この場合も目地底までクロスを張り込むことは可能

⑮ タイル張りの壁と縁甲板張りの天井

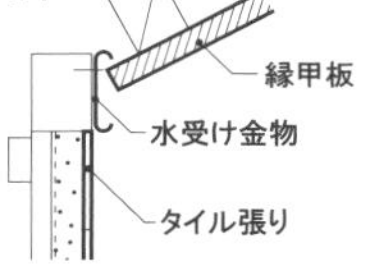

浴室の壁・天井納まりの例。天井には水切りの勾配をつけ、壁勝ちの目地納めとするが、天井を伝う結露水の受け材をステンレスなどで加工して取り付けると、壁面の見えがかりがよく、きれいに使える

022 壁と壁

床どうしと違って出会いの部分で段差があっても問題なし

ここでは床どうしの場合と同様に、同一面上で壁の仕上げ材が切り替わる部分の出会いについて考えます［図］。このような例がよく見られるのは、オープンスタイル、またはセミオープンスタイルのダイニングキッチンで、ダイニング部分の壁仕上げとキッチン部分の壁仕上げが出会うところです［写真1］。

たとえば、クロス張りとタイル張りの仕上げとが同一面で出会うといったかたちになるわけですが、仕上げ材料が違えば当然、下地のつくり方が違うえ、仕上げ材料の厚みもそれぞれ違ってきます。したがって、仕上がり面を面ゾロにしようとすると、下地のほうで段差を付けるなどの納め方を考える必要があります。ただし、床面と違い、壁面の場合は出会いの部分で多少の段差があっても、足が引っ掛かるといったような心配がありません。そのため、仕上げ材の厚みが変わっても、下地のレベルは同一面のままで納めてしまうということもあります。この場合は、仕上げ材の厚みの差の分だけ、隣り合う表面が凹凸になります。

また、仕上げ材の選び方にもよるのですが、たとえば左官系の塗り壁で、砂壁のように軟らかい素材である場合は、出会い部分の端部を定規のようなものできっちり押さえてやらないと、ボロボロと崩れてきて、納まりがつかなくなることがあります。しかしながら、ここに定規が入るということは、隣り合う仕上げ材とは別の要素が挟まってくることになるので、表現が煩雑になるおそれがあります。それを避けるには、定規（見切縁）の見付け（見えがかりの幅）をできるだけ狭くすることですが、塗り壁納まりの場合であれば「はっかけ」という納め方があります。

この見切縁があることで、表情が煩雑になり、場合によっては壁面の連続感が途切れてしまうのですが、メンテナンスのことを考えると具合のよいこともあります。それは、どちらかの壁面の張り替えが必要になったとき、残したい側の壁面を傷つけずに施工できるとか、拭き掃除の際に隣の壁面を汚さずに済むという点です。もしも見切縁で連続感を邪魔されたくなかったら、壁面の材料を目地納めが可能なものに変えるという方法があります［写真2］。このときの目地のかたちは凹目地のほうが連続感を出しやすいのですが、出目地となっても、目地の見付け寸法や出の寸法に注意すれば、見切縁を入れた場合でも連続感を断ち切るようには見えません。

写真1

内装制限でキッチン（火気使用室）の壁は仕上げ材料の制限を受ける。キッチンとダイニングがワンルーム状態のとき、キッチンエリアとダイニングエリアとの切り替え部分で、クロス張りとタイル張りとの出会いが生じる

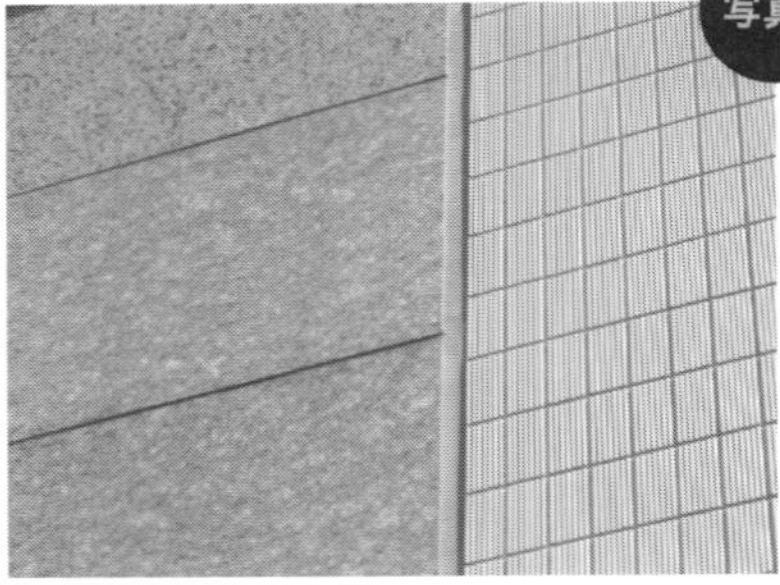

写真2

石とタイルの出会い例。外壁仕上げで、正面側の襟を正した仕上げと、脇から裏へ回り込む普段着の仕上げとの切り替え部分がある。これはその一例。石とタイルの出会う部分は、中途半端な見切り方ではなく、これくらいはっきり目地をとってもよい

図

壁と壁の出会い例

① 蟻壁と下がり壁

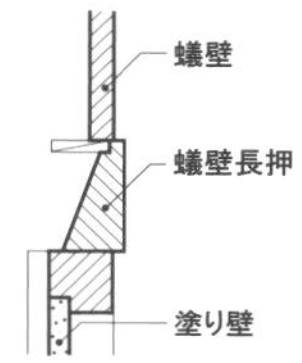

「蟻壁」とは欄間鴨居の上から天井廻り縁までの狭い壁のこと。ここは柱を隠す大壁造りにするため、下がり壁とは面の出の位置がずれている

② 左官系塗り壁と羽目板張り

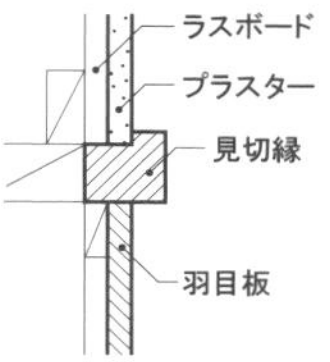

それぞれ仕上がりの厚みが違うので、面を揃えるときは下地の胴縁で調整する。見切縁を挟んで端部の納まりをつける

③ 左官系塗り壁と合板張り

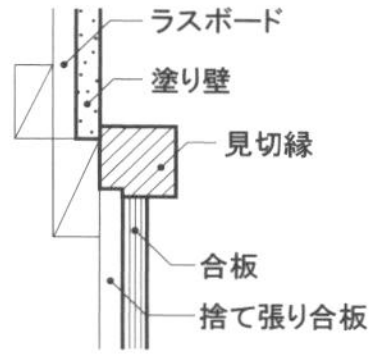

先に塗り壁を施工してから見切縁を付け、合板を張る

④ 左官系塗り壁と板張り

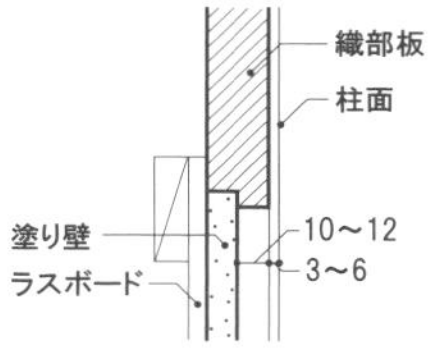

織部床の納まり例で、織部板を決って塗り壁を納める。どちらも柱の面内に納まる

⑤ 羽目板張りとタイル張り

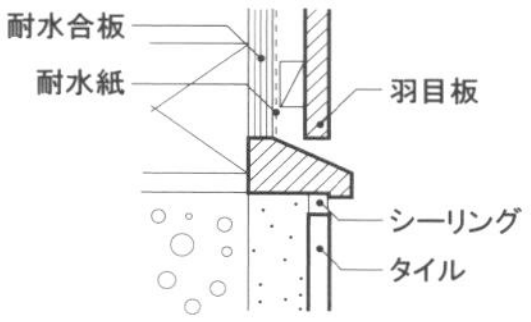

浴室の壁仕上げの納め方の1つ。タイル下地はコンクリート、羽目板仕上げのほうは木下地とする。見切縁は水切りをよくするため台形につくる。羽目板張りは外壁仕様に準ずる

⑥ キッチンパネル張りと人造大理石張り

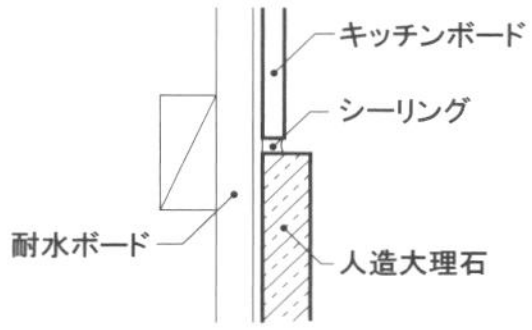

下地は耐水ボードかケイカル板とし、その上に接着剤で張る。出会い部分は突き付けでシーリング打ち納めとする

⑦ クロス張りと合板張り

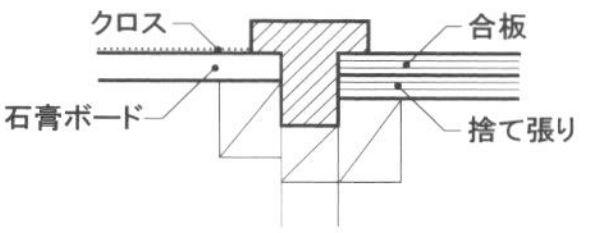

面を揃えるために、下地の胴縁で出入りを調整する。出会い部分は見切縁で納める

⑧ 塗装仕上げと合板張り

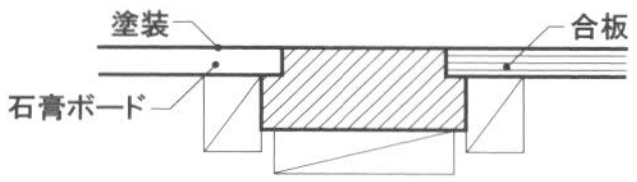

見切縁を壁面と同面に納めた例。見切縁の見付け幅は、三方枠で見切っている表現として広くとっている

⑨ クロス張りとタイル張り

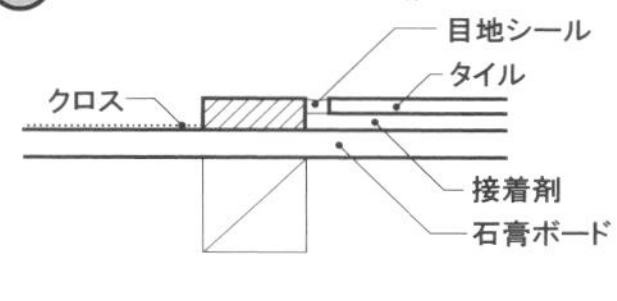

同一の下地材に違う仕上げ材を並べた例で、仕上げ厚の厚いほうに見切縁のせいを合わせている

⑩ クロス張りと合板張り1

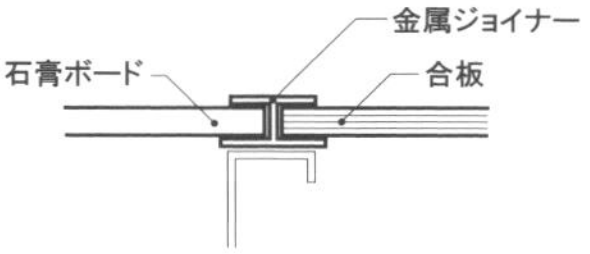

既製の金属ジョイナーを使うと、ボード類の納めに重宝する

⑪ クロス張りと合板張り2

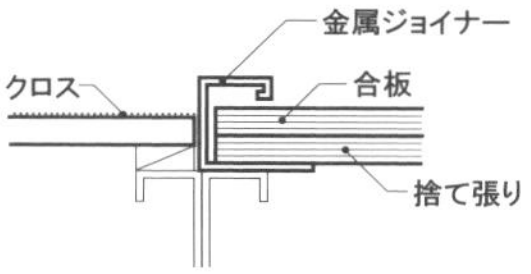

このかたちの金属ジョイナーを使うと、左右で仕上げ厚さが違う材料の納めが容易となる

⑫ 吹き付け仕上げと塗装壁

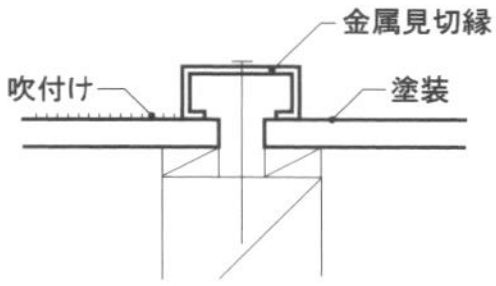

金属の見切縁を後からビス留めで押さえる納まり。見切縁の裏にシーリング材を充填して留めると、雨がかりのところでも防水になる

⑬ RC打ち放しとタイル張り

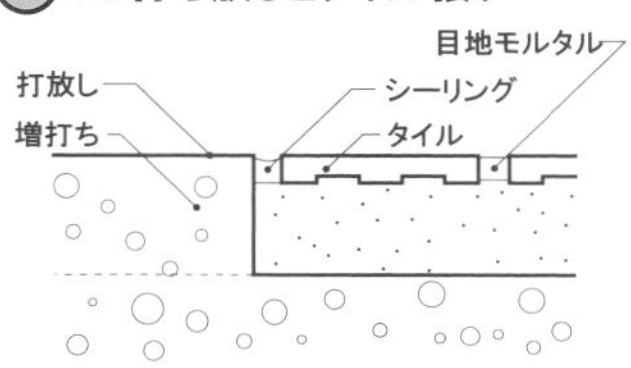

タイル張りに必要な厚み分を型枠で下げておいてタイルを後張りとする。打ち放し部分は、この厚み分を増し打ちとして扱うとよい

⑭ タイル張りと金属パネル張り

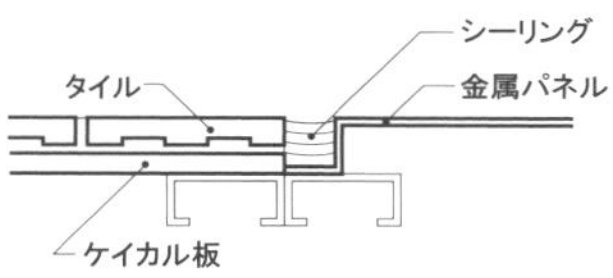

タイルはケイカル板の下地に接着張り。パネルとの出会い部分はシーリング打ち納めとする

⑮ タイル張りと石張り

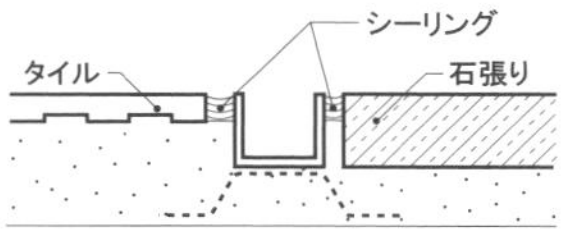

コンクリートの躯体にタイルと石を張り分ける。出会い部分は形鋼を通して大きな凹目地とし、はっきりと見切る

023

段

段端が納まりの要

床面に高低差があって、高さの切り替わる部分が「段」です［図］。たとえば玄関の上がり框の部分がこれに該当します。また、段が連続していると「階段」になります。

高いほうの床面と低いほうの床面とが出会う部分に納まりを検討したいポイントがありますが、特に高いほうの床面が終わる端部――すなわち「段端」（「段鼻」とも書きます）に納まりの要があります。というのも、段端の部分は、人が通過する際に足を載せて体重をかけるなど、床仕上げのなかで最も酷使される箇所だからです。段端が摩耗したり損傷したりすると、それが原因で転倒などの事故が起こるおそれがあります。ですから、擦り傷や摩耗に耐えられるつくりを検討しなければならないのです。

段端の摩耗を避けるには、段板（床材）を堅木などの摩耗しにくい材料にする方法がありますが、滑り止めと摩耗からの保護を兼ねた「ノンスリップ」と呼ぶ部材を使用する納め方が一般的で、より確実でもあります。

よく見かけるノンスリップは、アルミや真ちゅう、ステンレスなどの金属製ですが、金属だけで出来ているもののほか、タイヤと呼ばれる合成ゴム製の滑り止め材とを組み合わせたものもあります。また、仕上がりの厚みをPタイルや長尺シート、タイルカーペットなどに合わせたものが用意されていて、いろいろな段床の仕上げ仕様に対応できるようになっています。これらのノンスリップ材は鉄筋コンクリート製の階段に取り付けるように出来ているのが一般的ですが、そのほかに、鉄骨階段用（木製階段に取り付けられるものもある）などがあって、条件に合わせて使い分けられるようになっています。

階段の高さが切り替わる出会い部分は、段板、ノンスリップ、蹴込板などで構成されるのが普通ですが、玄関などで段差が10㎝前後くらいになる場合は、「框」と呼ばれる部材を使うことがあります。これは、高いほうの床端部を納める枠の役割と、階段の段端やノンスリップ、蹴込板の役割を兼ねるものです。框材は、以前はムクの堅木を使っていたのですが、最近では集成材を芯にした張り物を使うことが多くなってきました。

このほか、化粧としてつくられる段に、床の間があります。裏側の見えない箇所では床の間ならではの納め方がありますが、床の間の納まりの方法は玄関框の納まりに応用できます。

写真1

階段の段端にはノンスリップを付けるのが一般的な滑り止めの納め方だが、踏み板の段端近くに溝を彫ってノンスリップに代えることもある。写真は御影石を踏み板に使った例だが、さらに表面をバーナーで粗面仕上げとすることで、2重の滑り止め対策を施している

写真2

集合住宅の玄関の例。土間との段差は110mmで、土間は床に張ったタイルを立ち上げて幅木としている。最近の集合住宅では土間との段差が20mm程度である例が見られるようになってきたが、それでは框の存在感が消えて、上下足分離のけじめが付けにくい

図

段の納まり例

① 部屋と庭とをつなぐ段1

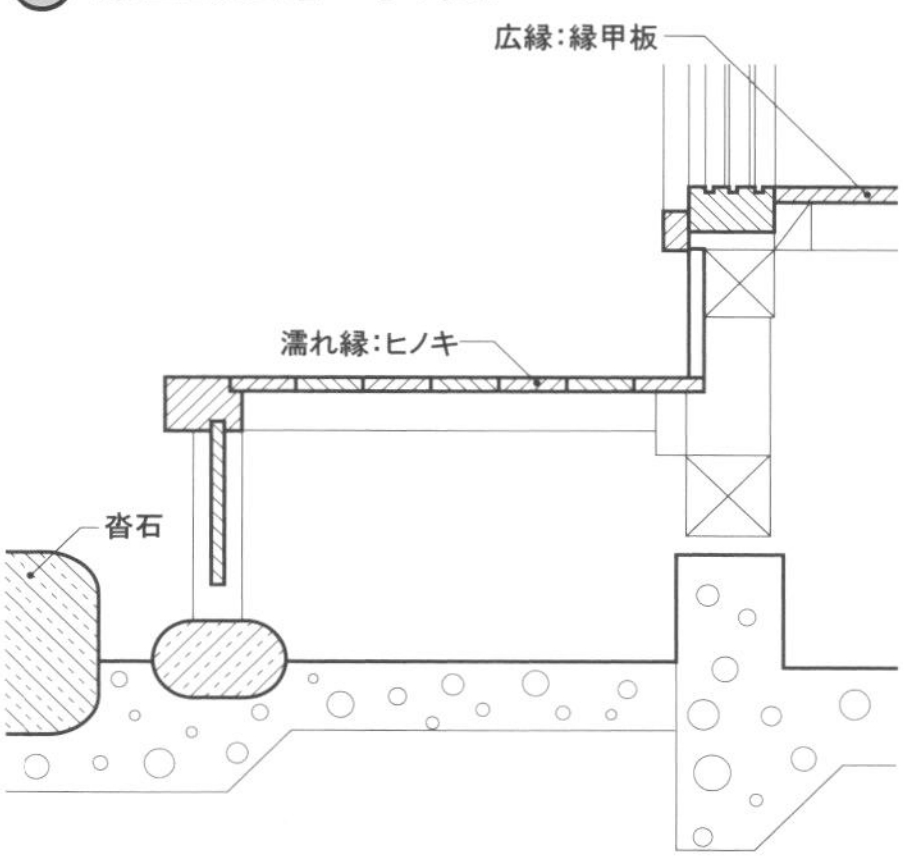

部屋の床高が高いと広縁、濡れ縁、沓石と3段の納まりになる。濡れ縁の縁甲板は反りが出るので、根太を吸付き桟の仕様にして納めるとよい

② 部屋と庭とをつなぐ段2

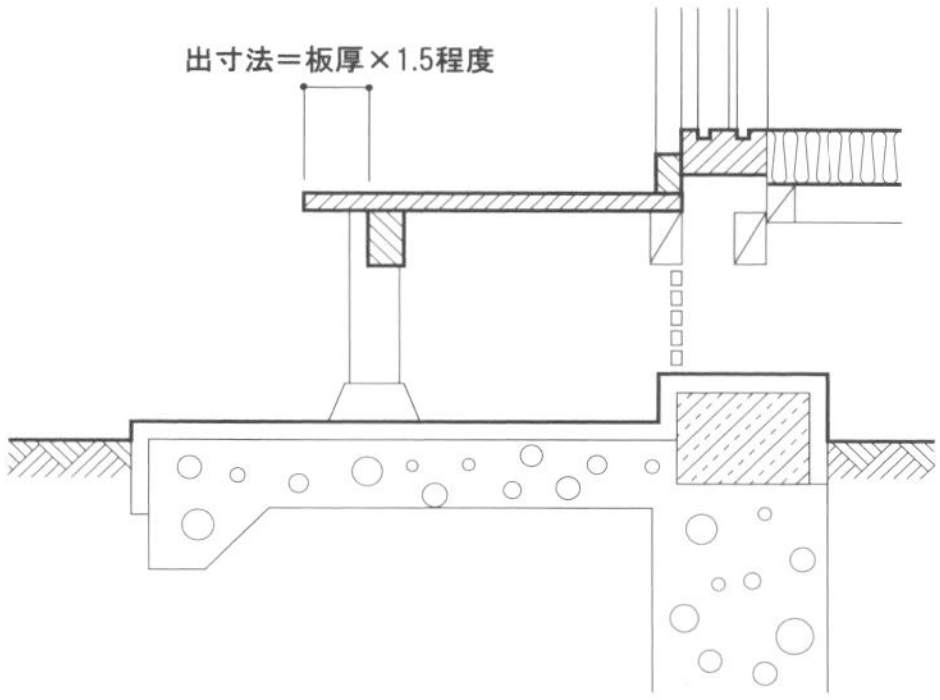

濡れ縁の出幅が500㎜程度だと、縁板のみで根太なしの納めができる。これを「切目縁」という。縁框からのはね出しは板厚の1.5倍を目安とする

③ 床の間1

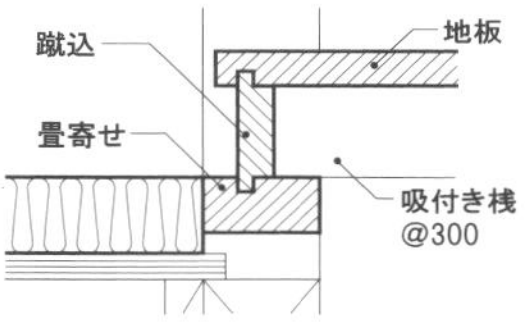

この板床のかたちを「蹴込床」という。畳敷きの代わりに板敷きとし、板の小口を見せ、床框の代わりに蹴込板で納める。ムク板は反りが出るので、裏面に吸付き桟を@300㎜見当で入れる

④ 床の間2

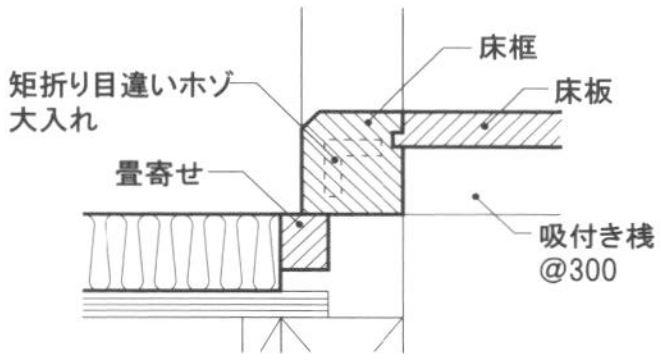

床框を使い、床板を敷いた納まり例。これを「本床（框床）」という。床框の小口は矩折り目違いホゾに加工し、柱に大入れで納める

⑤ 床の間3

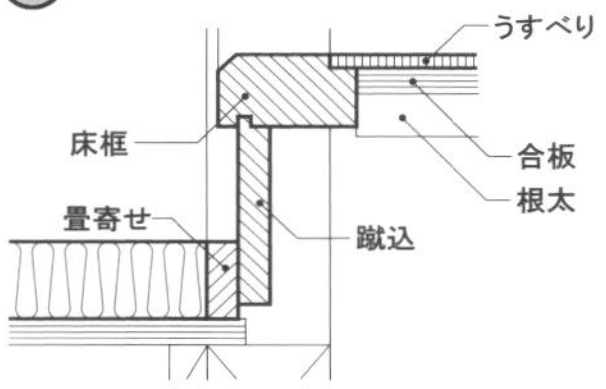

これも蹴込床の例。やや細身（柱幅の8分くらい）の床框に蹴込板を組み合わせる。うすべりを敷くが、見かけは畳床に見える

⑥ 玄関の上がり框1

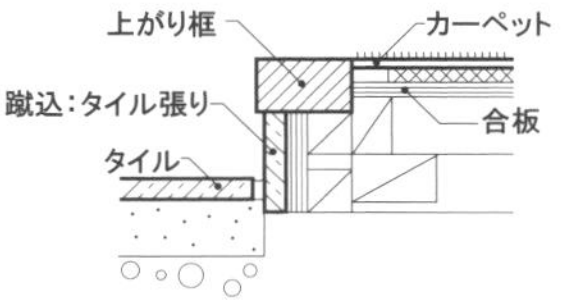

土間のタイルと同材で框下の蹴込を納める。蹴込部分の仕様は耐水合板下地に接着張りとし、ホール床は木下地にフローリング仕上げとする

⑦ 玄関の上がり框2

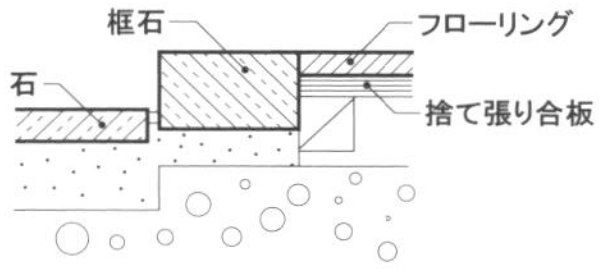

石張りの土間に同材の框を設置した例。ホール床は耐水合板下地にカーペット敷き。框のせいは20㎜程度に納める

⑧ 玄関の上がり框3

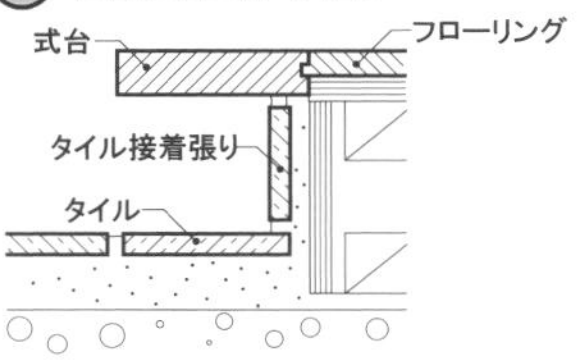

框を式台のかたちに納めると、台下に履き物が入る。蹴込が深くなり施工しにくいが、タイルを接着張りで納める。框は左右の壁に支持させると、1,500㎜幅くらいは片持ち出しで納まる

⑨ 階段

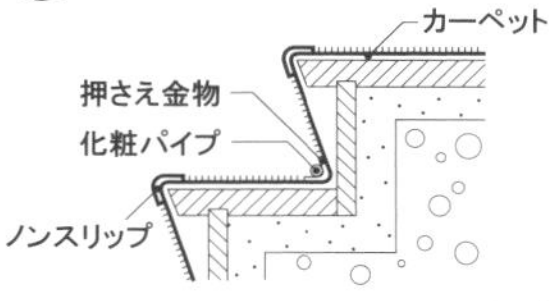

木下地にカーペット張りの段。出隅にあたる段端の部分が最も早く傷むが、押さえ金物で保護するのも少し無粋な感じがする（タフテッドカーペットなら多少の耐久性がある）。入隅の部分は化粧パイプと押さえ金物でしっかりと留め、カーペットのたるみを抑える

⑩ 屋外の段1

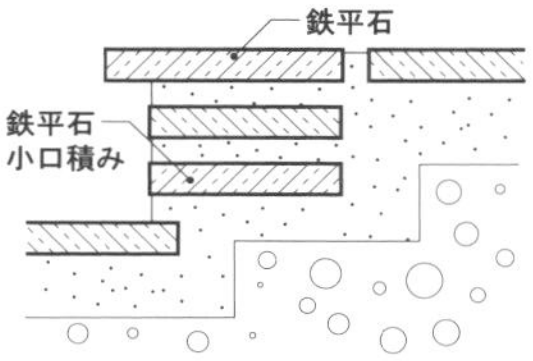

床面は鉄平石張りの仕上げとし、蹴込部分は鉄平石の小口積みで納める

⑪ 屋外の段2

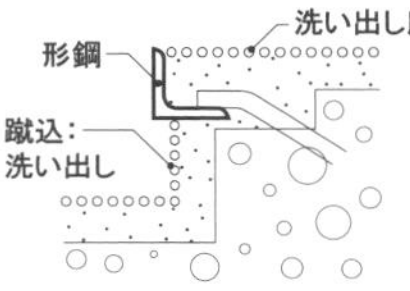

床面・蹴込面ともに左官の洗い出し仕上げの例。段端のノンスリップは、形鋼の等辺山形構を利用して納める。耐久性を考えればステンレスを選びたいが、独特の光沢が雰囲気に合うか検討しておきたい

024 段と壁

廊下から階段にかけて幅木の連続感を表現する場合はちょっとした工夫が必要

段差のある床面と壁面とが出会う部分の納まりは、平らな床面と壁面との納まりと基本的には変わりません。しかし、入隅の部分が直線ではなく、床面の段差に沿ってかたちなりにギザギザになるため、納め方として一工夫が必要になってきます［図］。

とりわけ階段のように段差が連続する箇所では、階段に沿って壁面のギザギザが連続する分、納まりが複雑になります。たとえば、隣合う廊下などで採用している幅木納めをもってきて空間の連続感を表現しようとすると、階段のギザギザなりに、短い距離で幅木を水平・垂直と切り返えていく納まりを続けることになります。このときに、段端が蹴込板より少し前に伸びている（これは階段の段板の納まりとしてはごく普通）と、壁面のギザギザ納まりが複雑になり、施工でも苦労することになります。

このように段と壁面とが複雑に絡み合う納まりになるのを避けるためには、段板を受ける「側板」あるいは「ささら桁」という幅広の部材を用意してやることです。この部材は本来、段板を支えるための構造材なのですが、化粧材として見えるところに出すと、段板専用の幅木のように見えます。壁面と側板・ささら桁とは斜めにはなりますが、直線で納まるので見えがかりはすっきりします。

ただし、一般の床・壁が出会う入隅に設けられている幅木とは見え方がまるで違うので、階段から廊下へと連続感を表現しようと考えるのは、少し無理があります。もし廊下から階段にかけて幅木が連続しているように表現したいのなら、ちょっとした工夫と手間が必要になります。たとえば、廊下で使っている幅木をそのまま階段で使う場合、段端と蹴込板のところで幅木を細かく切り刻まない納まりとするため、段端は生留め納めにする方法があります［写真1、図③］。あるいは、蹴込板を前に出して段端に揃えると、納まりが単純になり、タイル幅木も特別な切り欠きをせずに使うことができます［写真2］。また、目透かしの目地幅木で納める方法もあります。この場合、壁が合板張りであれば階段なりに合板を切ればよく、左官系の塗り壁であれば市販の見切縁を切りつなぐことで、きれいに納めることができます［写真3］。きれいに納めるといえば、廻り階段の幅木をきれいに納めるには一工夫が必要です。特に、廻り階段の内側は奥行きのない踏み面に対して蹴上の寸法はそのままなので、通常の幅木納まりが使えない可能性があります。

写真1

段端のところで幅木を生留めに加工すると、段端と蹴込板との出会い部分で幅木を細かく切り刻む必要がなくなり、すっきりと納められる

写真2

踏み面幅に余裕があると、蹴込を段端に揃えても支障がないので幅木納まりが楽になり、タイル幅木も採用できる

写真3

段板とプラスター塗りの壁の出会い部分。市販の凹目地用の見切縁を使って幅木とする。段端の少しばかりの出の部分も、見切縁材を細かく切り刻んで、かたちなりに納める

図

段と壁の出会いの納まり例

① 箱階段と真壁造りの納まり

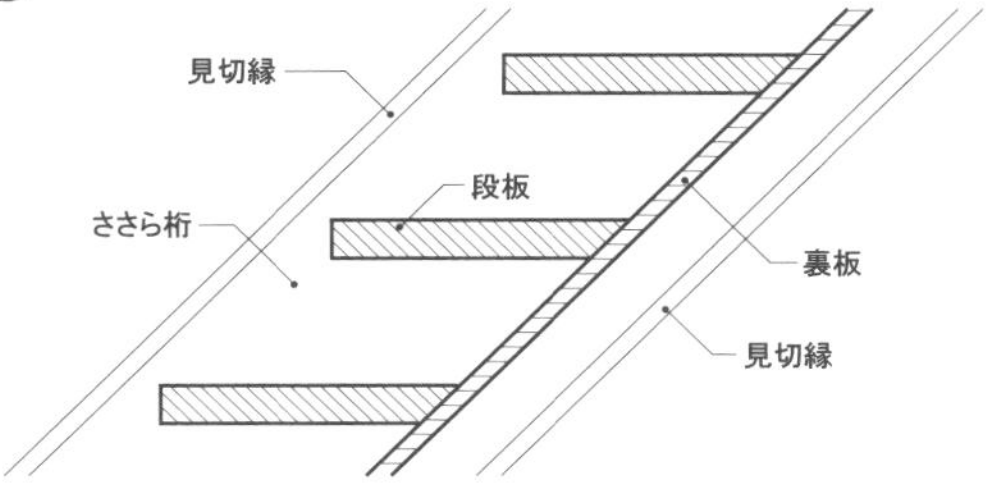

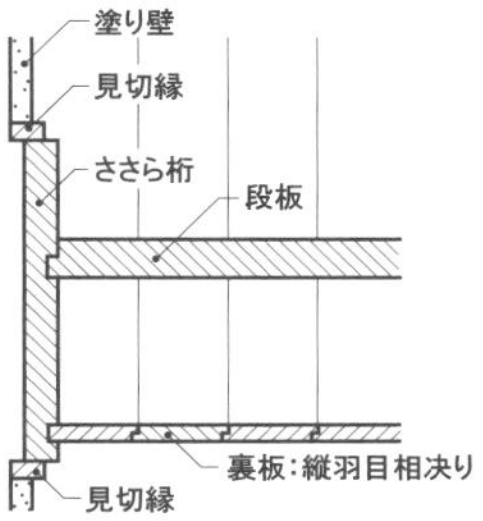

真壁の場合、ささら桁を柱に切り欠いて納めても壁との間に隙間ができるので、見切縁を併用する

② 側桁階段と大壁造りの納まり

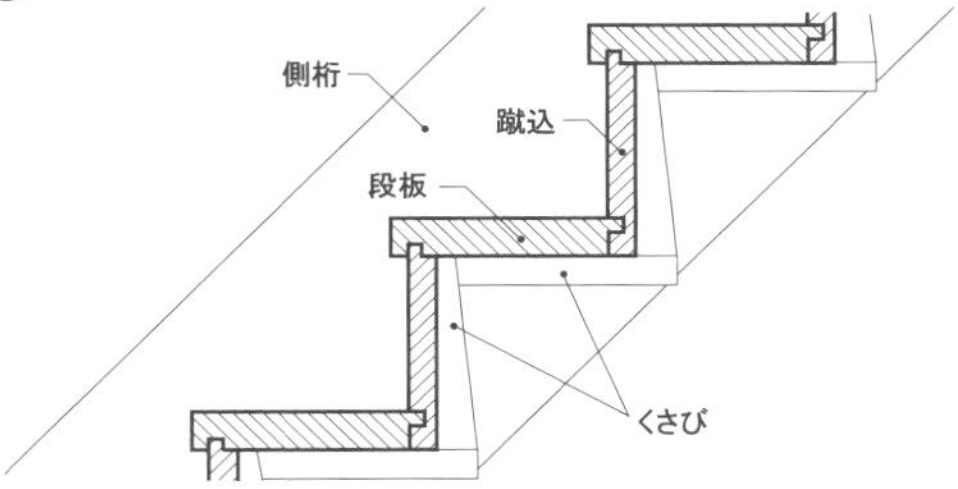

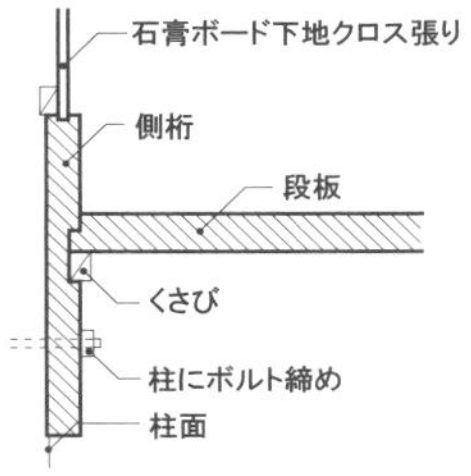

この場合は側桁に小穴を突いて、大壁の下地を直接受ける。途中で廻り階段になって踏み面の幅が変わると、側桁の勾配が変わり、見付け幅も変わるので納まりをよく検討すること

③ ささら桁を見せない階段と大壁造りの納まり1

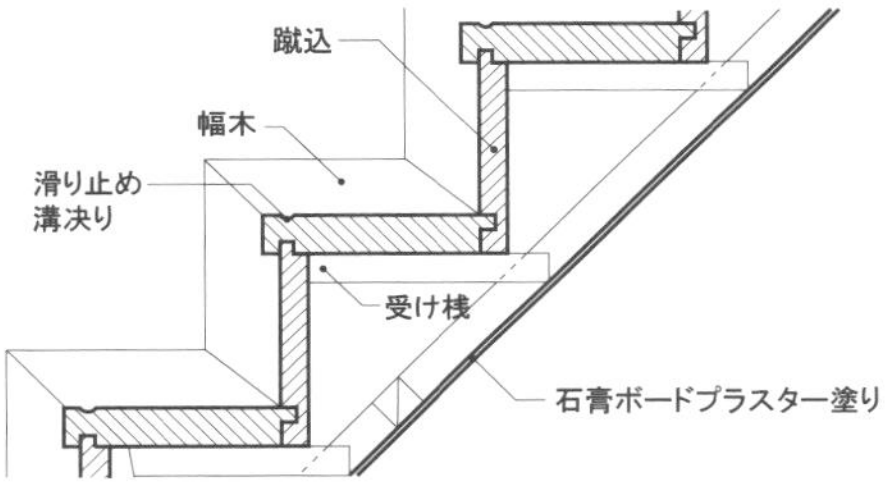

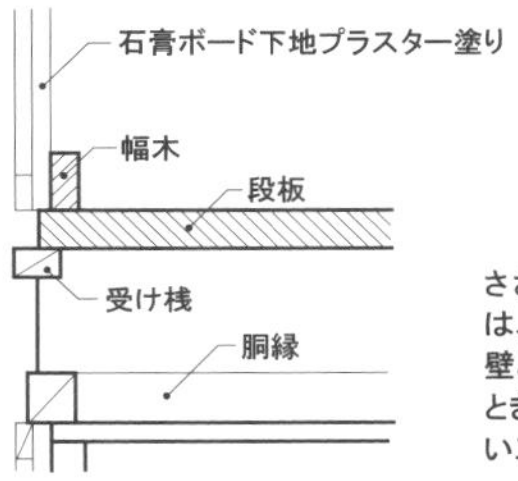

ささら桁を見せない階段納まりでは、段板（踏み板）を胴縁で受ける。壁との出会い部分を幅木納めとするとき、幅木をあまり細かく切り刻まない工夫がほしい

④ ささら桁を見せない階段と大壁造りの納まり2

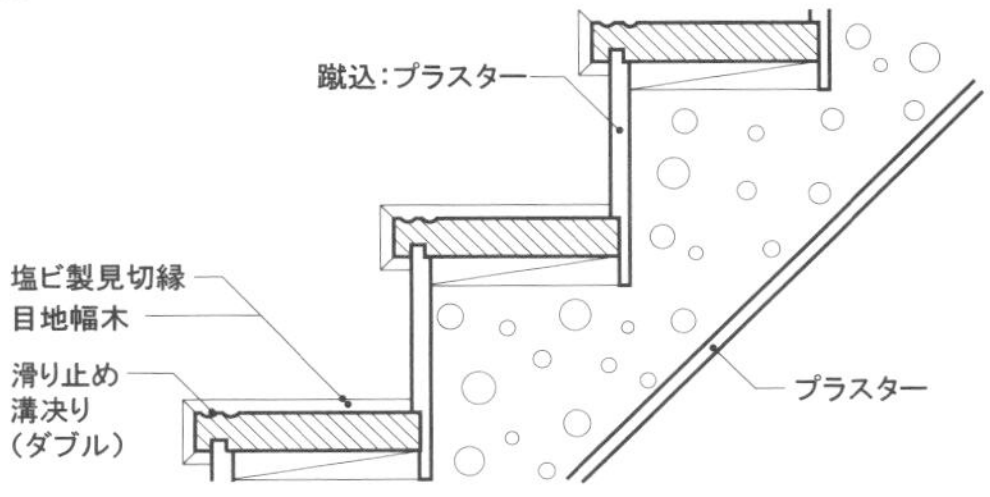

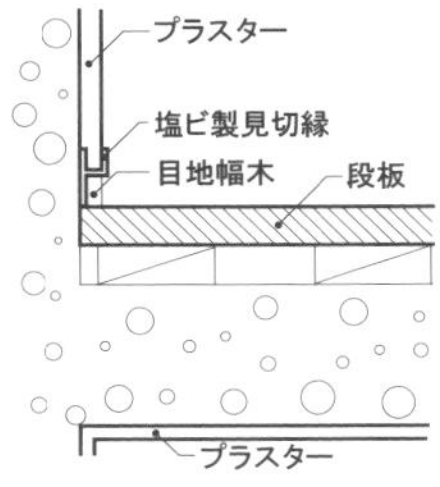

壁仕上げが左官系の塗り壁や合板張りの場合、段板と壁との出会い部分を目透かしで納めると、要素が減った分、すっきりとした見えがかりになる。図の例では市販の見切縁材を使っている

⑤ 外部階段と壁の納まり

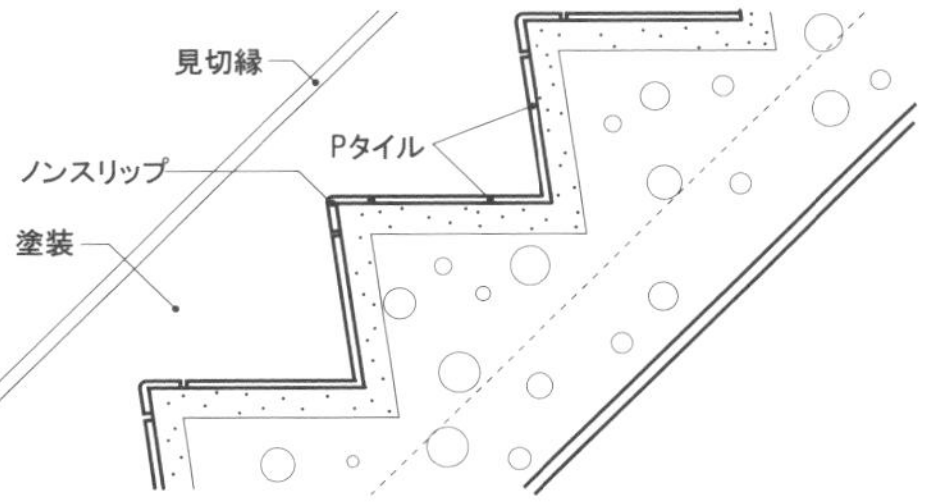

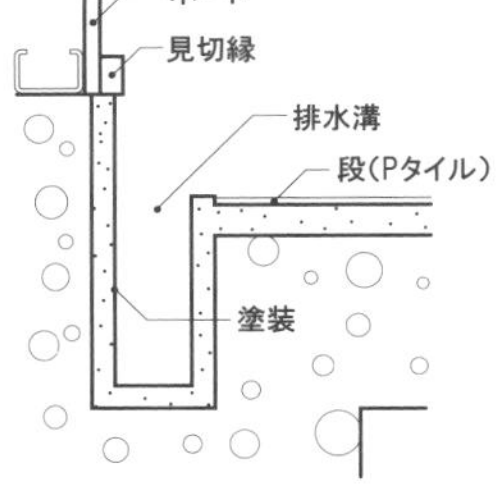

外部あるいは半戸外に設けられる階段は雨のときに水がもち込まれるので、排水処理を考慮した納まりが必要になる。図は、側桁に構造を頼らないつくりとし、階段の壁際を排水溝とした例である

025

天井と天井

内装制限の対象になる部分とそのほかの部分とを区画するのに工夫が必要

天井は、室内において人から最も遠い位置にある部位であり、ふだん触れられることはなく、目線からも外れる可能性が高い部分です。手が触れることがないので、天井に使われる仕上げ材や仕上げ方には、床・壁仕上げにはない多様性があります。

天井と天井の出会いでは、床どうし、あるいは壁どうしと同様、同一の面内で材料や仕上げ方の違う天井どうしが出会うケースがあります。ただし、こうした出会い方は伝統的な茶室の天井仕上げではよく見かけますが、一般の建築ではそれほど頻繁に出てくる納まりではありません。

茶室で天井どうしが出会うところの納め方で多いのは、仕上がり面の高さを少し変えて、出会うところの見切りに丸太や竹などを入れる方法です。ここで、丸太や竹のように少し太めの見切材を使ったりするのは、茶室でよく使われる天井材が葦簀《よしず》のように凸凹していたり、天井の形式が竿縁天井であることが多いからです。それらをきれいに納めるため、せいのある見切材が必要になるのです。

一般の建築では、ワンルームタイプのＬＤＫを計画したときに、内装制限の規制を受けて、火を使う部分の天井とそのほかの部分の天井で仕上げ材を変えなければならないことがあります。この内装制限という規制のなかで、ガスコンロや暖炉の設備を設けるなど、いわゆる裸火を使う部屋の壁と天井は準不燃材料以上の仕上げとするように規定されているからです（その室が最上階にある場合と、耐火構造の建物の場合は除きます）。

こうした場合、火を使う部分の天井とそうでないところの天井とは、突き付けの納め方で仕上げ材料を切り替えるだけでなく、不燃材料でつくられた垂れ壁を間に入れることが求められているので注意が必要です（壁の場合は突き付けの切り替えだけで構いません）。この垂れ壁の存在をあまり気にならないように処理するには、透明ガラス製の垂れ壁にしたり、下がり天井を設けて仕上げ材を切り替えるといったような方法があります。ちなみに、この下がり天井という手法は、仕上げ材料を切り替えるときに効果的なので覚えておくとよいでしょう。そのほか、下がり天井をうまく使う例としてダクトや配管などのルート確保に利用する場合があります。最近の設計例では、階高を抑える一方、天井高をできるだけ高く取るので、天井懐がほとんどなく、設備納まりには苦労することが多いからです。

写真1

透明ガラスの垂れ壁は、天井仕上げの連続感を遮らないので、ワンルームの広がり感が損なわれない

写真2

内装制限の対象となる部分とそのほかの部分とを区画するのに必要な垂れ壁の寸法分を下がり天井で取れば、仕上げ材料の切り替えは違和感なく自然に行える

図

天井と天井の出会いの納まり例

① 茶室の天井1

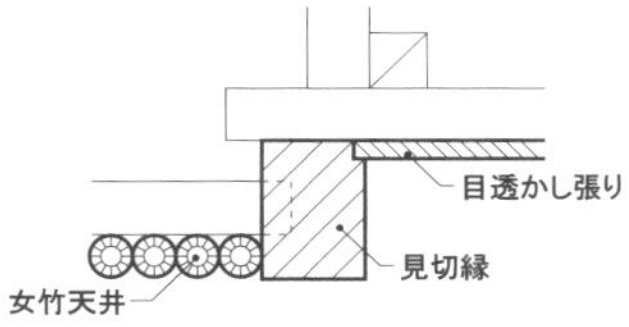

女竹天井と目透かし張り天井との出会い部分を、せいのある角物を見切りに使って納めている。見切りは、ある程度せいがあるほうが材料を切り替えやすい

② 茶室の天井2

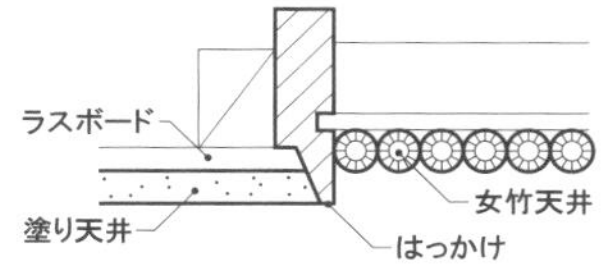

左官系の塗り物天井と女竹天井との出会いの例。塗り物で仕上げる場合、見切材があまり目立たないほうがよく、図の例でははっかけにして納めている

③ 茶室の天井3

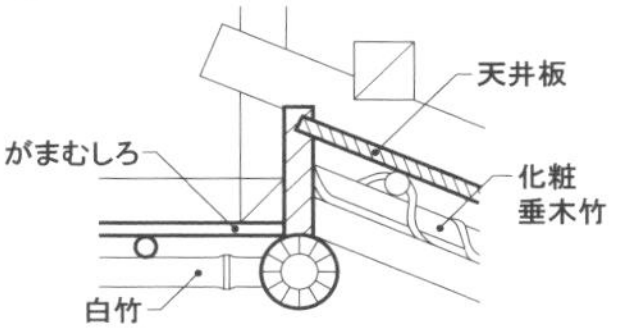

種類の異なる竹を使った天井の出会い部分の例。天井勾配を変える掛け込み天井のかたちを取り、φ90mm程度の丸太もしくは丸竹で見切る納まりである

④ 光天井

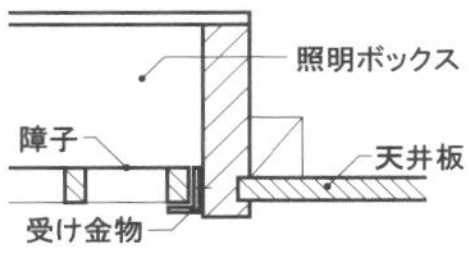

目透かし張りの天井の一部を切り欠いて照明の光源を組み込み、障子紙を張った枠で覆って光天井とする納まり。目透かし天井との見切縁を兼ねて光源を納める枠をつくる。障子は、枠に小さな受け金物を付けて引っ掛けるか、隠し釘で留める

⑤ 2段天井

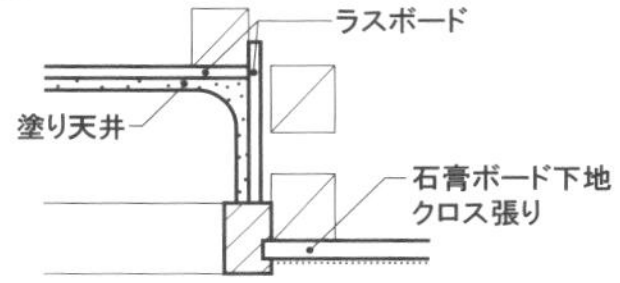

天井懐に余裕がある場合、天井の高さを変えて変化ある空間を演出することができる。図の例では、低いほうの天井を石膏ボード下地にクロス張り、見切縁で見切った高いほうの天井はラスボード下地でプラスター仕上げ、入隅はR面としている

⑥ コンクリート打ち放しと縁甲板張りの天井

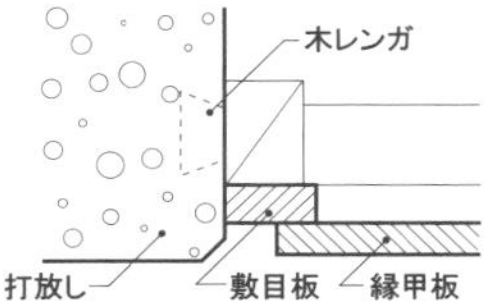

コンクリート面と縁甲板の面とはゾロ仕上げとしている。コンクリート側にあらかじめ木レンガを用意しておくと下地を組みやすい

⑦ 垂れ壁1

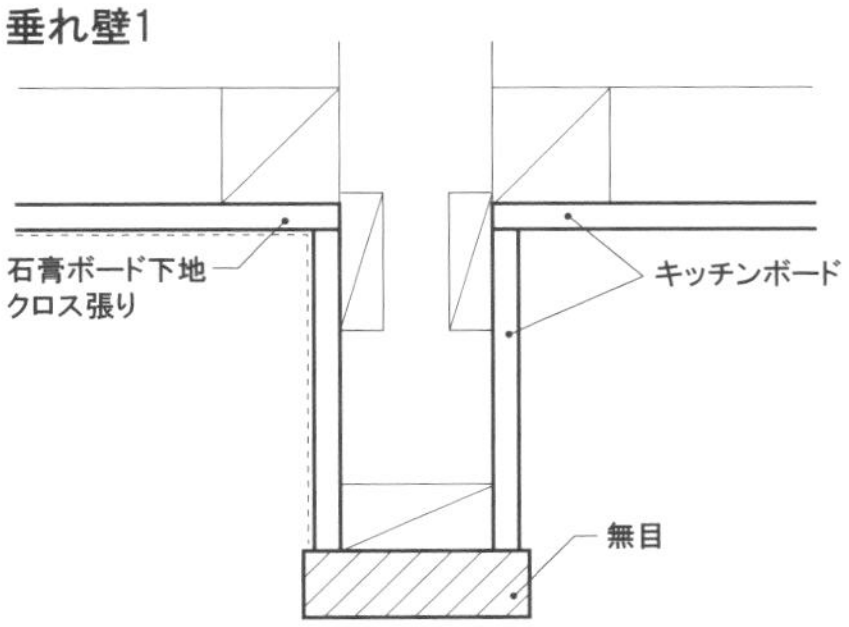

壁厚に規定はないが、通常は25×100mm程度の無目を見切枠として使う。吊り束は必ず躯体に支持させること。内装制限の対象となる側の仕上げは不燃材を使用する

⑧ 垂れ壁2

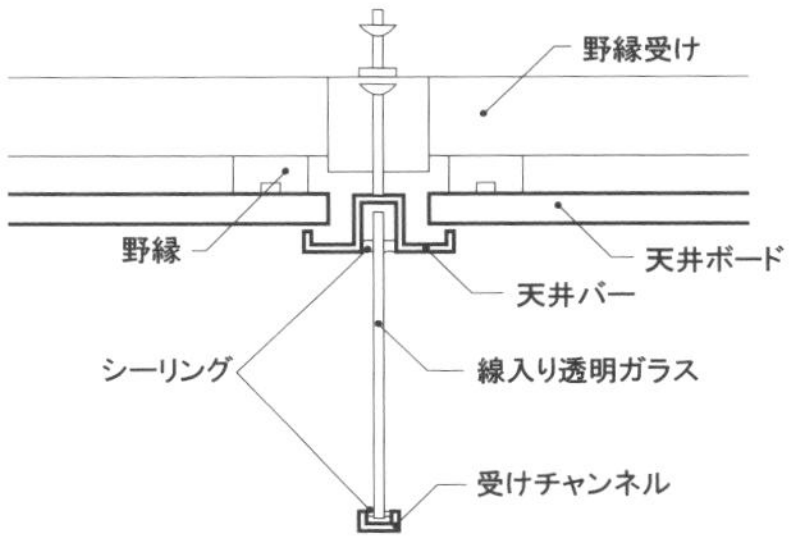

ガラスの垂れ壁納まりの場合、取り付け金物のセットが市販されている。使用にあたっては、万一のときに破損や落下による事故を起こさないよう十分に注意すること

⑨ 下がり天井1

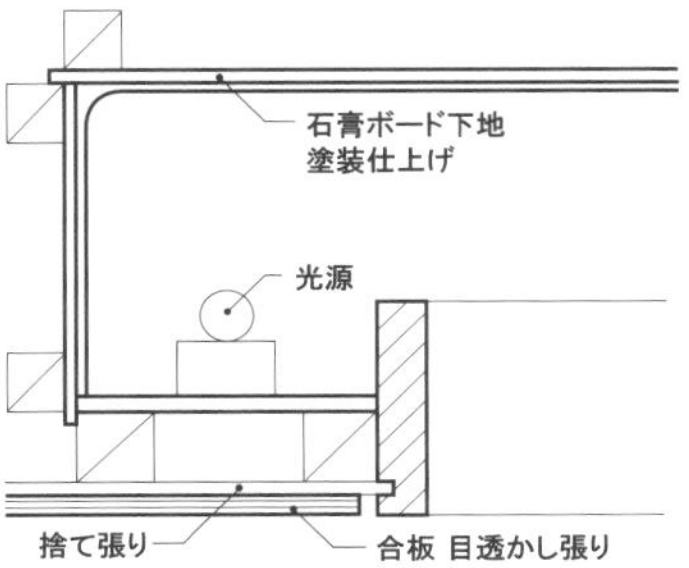

下がり天井を利用して、建築化照明とした場合の納まり例。光源の設置とメンテナンスが行えるかのチェックと、照明効果の状態のチェックとを並行して行うことが大切

⑩ 下がり天井2

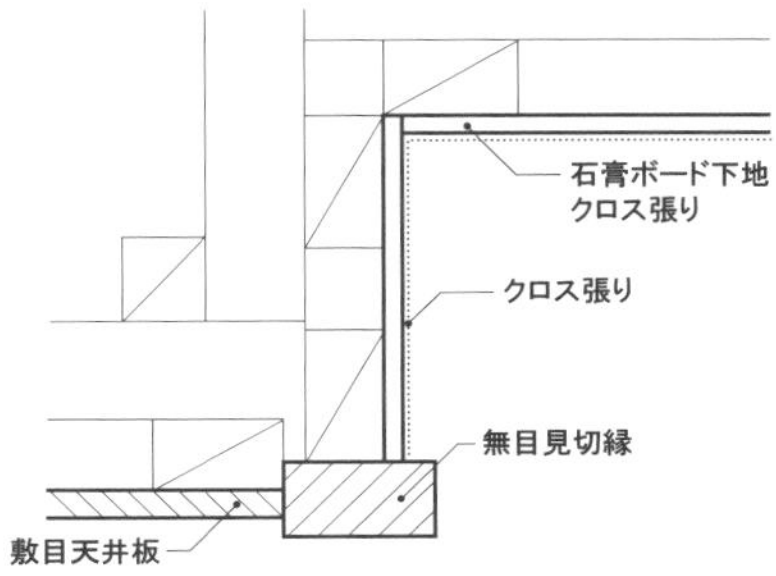

出隅部分は見切縁を見せるのか見せないのか、見せるならどのように見せるかといった検討が、仕上げ材の選定と絡んで必要になってくる。一般に、仕上げ材料を切り替える場合は見切縁を見せる納まりになる

026 内と外

内と外の両方の要素を併せもつ「中間領域」を間に入れるのも一つの手

「内」と「外」という相反する要素が出会うところというと、開口部廻りなどが挙げられます。そこをどのように納めるかという課題に対しては、その置かれた状況によって考え方や答え方がたくさんあるため、検討のしがいがあるところといえます。

たとえば、「世界や物事の根本的な原理は相反する2つの基本的な要素から成り立っている」とする二元論的な考えがあります。建物に関していえば、「内」と「外」という概念があって、壁を主体につくられた建物に頑丈な出入口と小さな窓が付くという西洋的な建物構成は、「内なる世界を外なる世界から守るシェルターである」という捉え方が元になっているといえます。この場合、建物の開口部を開けるとそこは外で、相反する要素が直接出会う場所ということになるので、開口部の納め方についてはそれを考慮した検討が必要になります。

一方、伝統的な日本建築に見られる建物のつくり方は、二元論的な考えとは違うように見受けられます。つまり、「内」と「外」とが直接対峙している出会い方ではなく、内と外との間に、相反する2つの要素を媒介する第三の要素が用意されているのです。たとえば、深い軒の出の下、広縁―濡れ縁―沓石と空間がつながっていく部分がそれに該当します［写真、図］。ここは、建物の内にある座敷と外の庭とを結び付ける（媒介する）役割を担っていますが、空間の性格は、内のようであって内でなく、外のようであって外でない――つまり内（白）であるけれど外（黒）でもある、相反する要素が混じり合っている中間領域（グレーゾーン）になります。

このような空間が生まれた背景には、壁が主体の建築に対して、日本の伝統的建築が柱・梁の軸組構造で、いつでも取り払うことのできる引き戸が主体の透け透けの構成になっていることに大いに関係があります。このような空間構成ですから、はじめから相反するものと直接対峙しようというつもりがなかったのでしょう。内と外との例に限らず、条件が相反するもの（あるいは両極端のもの）が出会うところでは、両方の要素を併せもっている「中間領域」的なものや考え方を間に入れてつなぐという手法を覚えておくと、質の違う空間を自然に連続させる（つなぐ）ことができる、というメリットがあるので重宝します。このような考え方や手法は建築の世界だけでなく、たとえば歌舞伎の花道の存在など、日本の生活習慣や様式のなかに存在しています。

写真1

軒下の空間は、見かけは「外」であるけれど、視点を変えると「内」の延長部分という意識で見られることもある、内と外の「中間領域」である

写真2

広いデッキのスペースは見かけ上は「外」の空間になるが、使われ方から見ればリビングの延長で「内」の空間になるので、家（＝シェルター）と自然（＝外部）とを結び付ける「中間領域」になる

図

軒下の空間［山崎健一「箱根の家」］

① 断面図［S＝1：50］

見かけ上の軒の出は980mm程度だが、全引き込みできる建具部分の厚みを加えた1,500mmほどが、実際に感じる「軒の出」となる

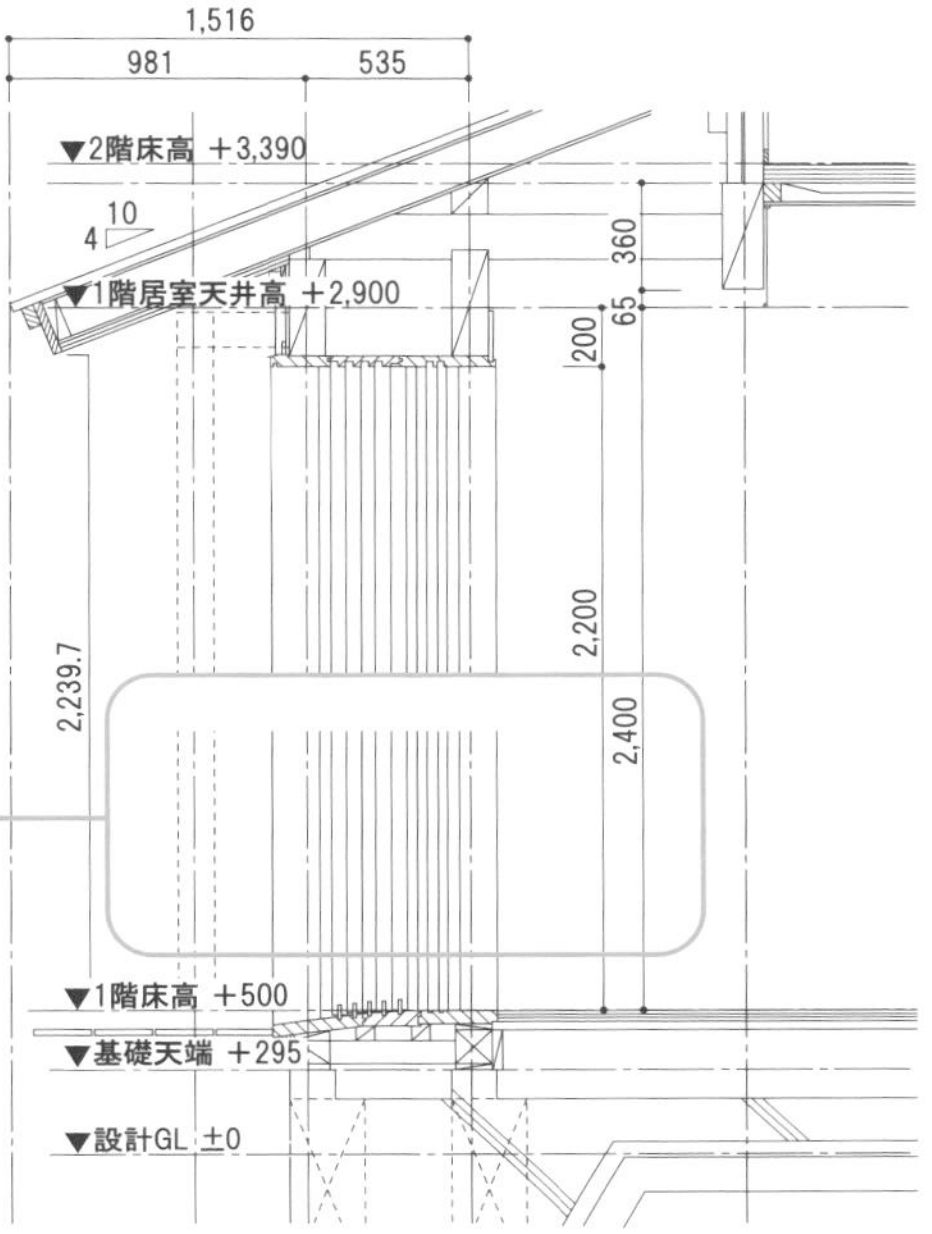

ここが外であり内である、中間領域のスペース

② 平面図［S＝1：120］

かなりの広さをもつデッキスペースは屋外のスペースであるが、利用するほうではリビングスペースの延長部分で、屋内のスペースとして意識している

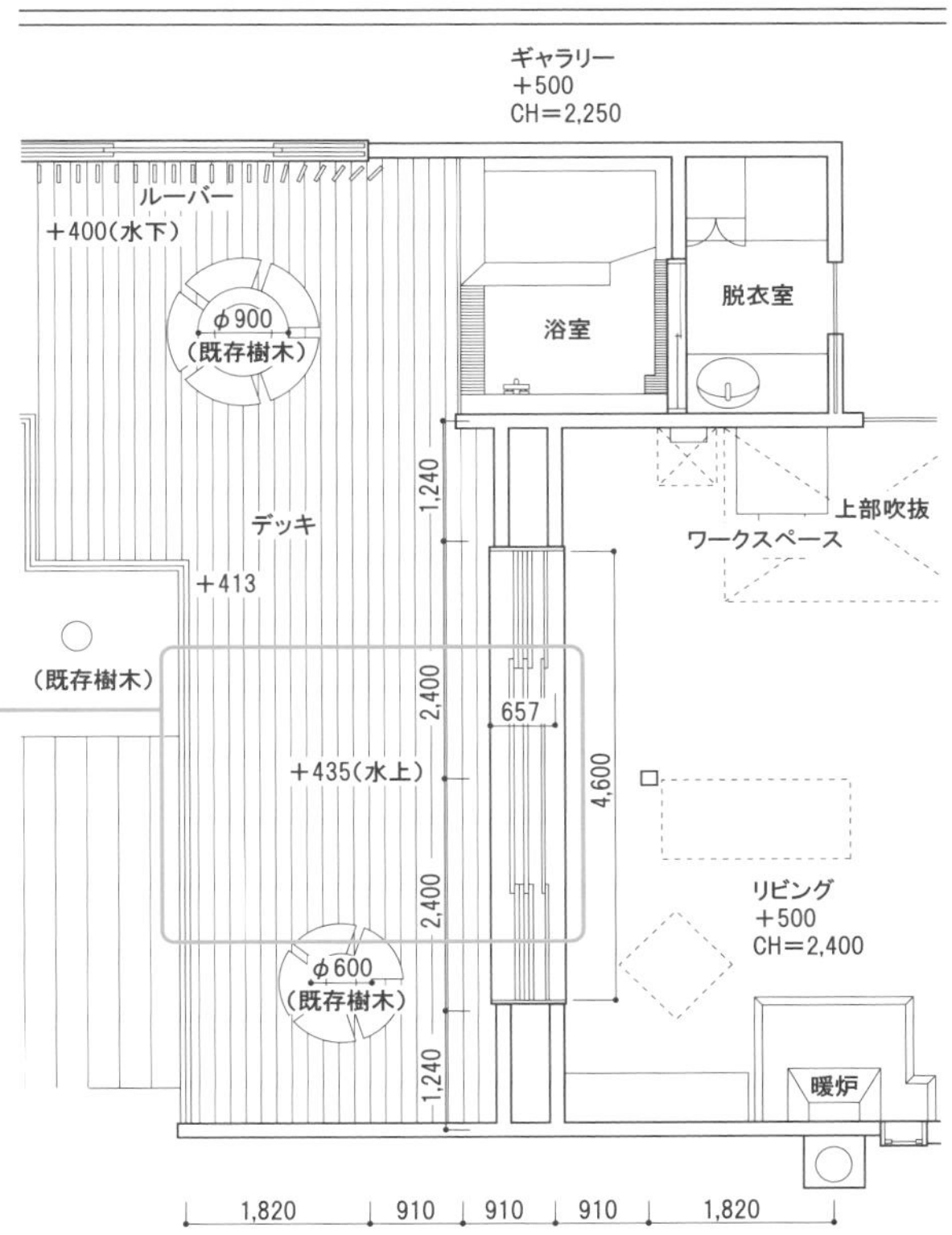

中間領域は内から外へ、外から内へと空間のつながりを媒介してくれる働きがある

027 出入口

建具枠に対して壁・床の仕上げ材をどのように納めるかを検討する

囲いや柵、塀あるいは壁の一部を切り欠いて、人が通り抜けられるようにしたところが「出入口」です。出入口に建具を建て込む場合には「枠」という部材を使って納めるのですが、この枠が壁や床と出会うところの納め方もいろいろと検討する必要があります（もちろん、枠と建具との出会い方も検討します）。

枠は、左右の「縦枠」と上部の「上枠」、下部の「下枠（沓ずり）」の4つの部材によって構成されています。これを「四方枠」と呼びます。このかたちは大壁造りの場合で、真壁造りの場合は、左右の縦枠には構造体である柱が兼用されます。また、上部の枠は「鴨居」、下部の枠は「敷居」と呼ばれています。

このなかで、壁仕上げと出会うのは、縦枠と上枠（真壁造りの場合は柱と鴨居）で、床の仕上げと出会うのは下枠（敷居）となります。下枠は人に踏まれるので、人との出会いもあるといえます。

壁と枠との出会い方については、枠に対して壁の仕上げ材料をどのように納めたらよいかを検討することになりますが、枠そのものを躯体にどう固定するかについても検討の課題になります。壁の仕上げが出入口の手前側と向こう側とで同じ場合は、枠と壁の納め方は同じ方法で済ませることができますが、仕上げが変わる場合は下地からの出寸法が変わったり、枠との取り合いが変わる可能性があるので、それぞれの側で検討する必要があります。さらに、片側が外周壁に面している場合は、雨仕舞の検討も加えておかなければなりません。

下枠の場合は、踏みつけられるということで、摩耗に耐える素材を選び、足裏に感触よく、かつ足を引っ掛けることのないかたちをまず考えますが、床の仕上げ材料と枠との納まり具合が影響してくることは当然考えられます。また、外周壁や浴室などの出入口の場合は、水処理の検討も必要になります。

また、最近は建物の高気密化が求められています。出入口での気密性を確保するためには四方枠のかたちが必要です。その一方、建物全体での24時間換気も求められています。この場合、廊下を空気の流れるルートに設定しますが、部屋の空気を廊下に出すためには下枠を省略する三方枠の納めにし、扉の下側に隙間をつくります［写真1］。アンダーカットした扉からあかりが漏れるので、部屋を使用中か否かのサインになる効果もあります。

写真1

左手前のトイレへの出入口は、床仕上げの切り替えに対応して、見切縁として下枠を入れた四方枠の納まりとなっている。奥の階段室との出入口は同じ床仕上げが連続しているので、下枠を入れない三方枠の納まりとしている。24時間換気の空気の流れを確保するため、ドアはそれぞれアンダーカットし、床との間に隙間をとっている

写真2

最近の住宅の玄関は開き戸、それも外開き戸タイプが多いが、本来、玄関扉はセキュリティの点からも、来客を迎え入れる心遣いからも内開きにするべきである。玄関土間のスペースが狭く、内開きでは使い勝手が悪い場合は、写真のような引き戸タイプの扉で解決するとよい

図

出入口の納まり例

① 一般の出入口の納まり1

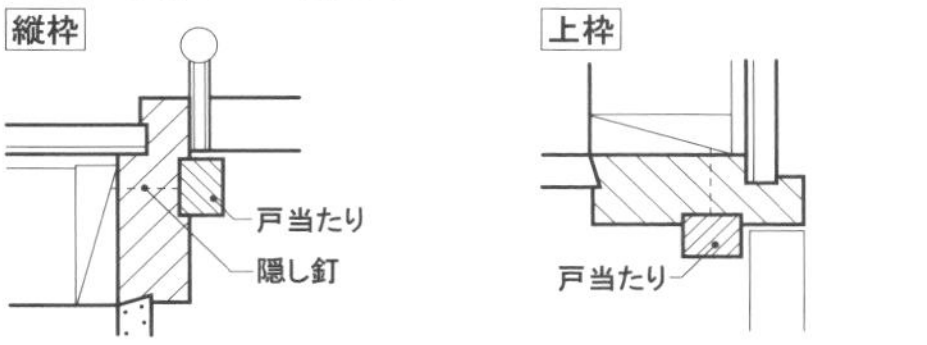

戸当たりを後付けする納め方で、戸当たりの取り付け前に、この溝を使って枠本体を固定できる。下枠を入れ、ここにも戸当たりを付ければ、扉の四周を密着できるので気密性は高くなる

② 一般の出入口の納まり2

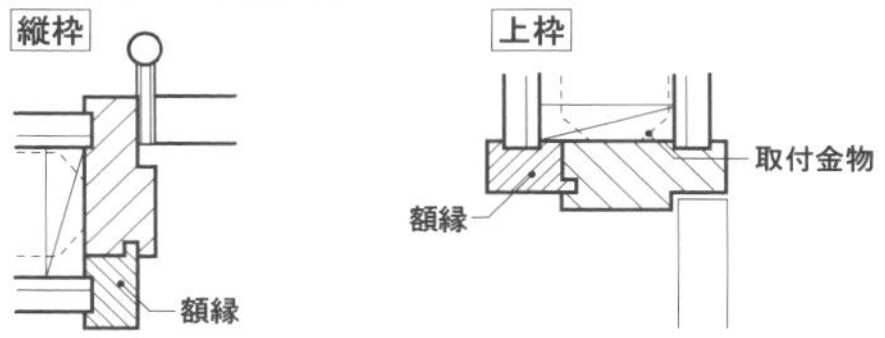

戸当たりが枠本体と一体になっている例。この場合の枠の固定は、枠裏にあらかじめ取り付けた固定金物を使うか、枠と受け材(間柱など)の間にくさびを使うなどして、壁下地の施工前に固定する。壁の厚みがいろいろ変わる場合への対応は、枠本体ではなく、額縁を付けることで調整するとよい

③ リビングの出入口(掃き出し)

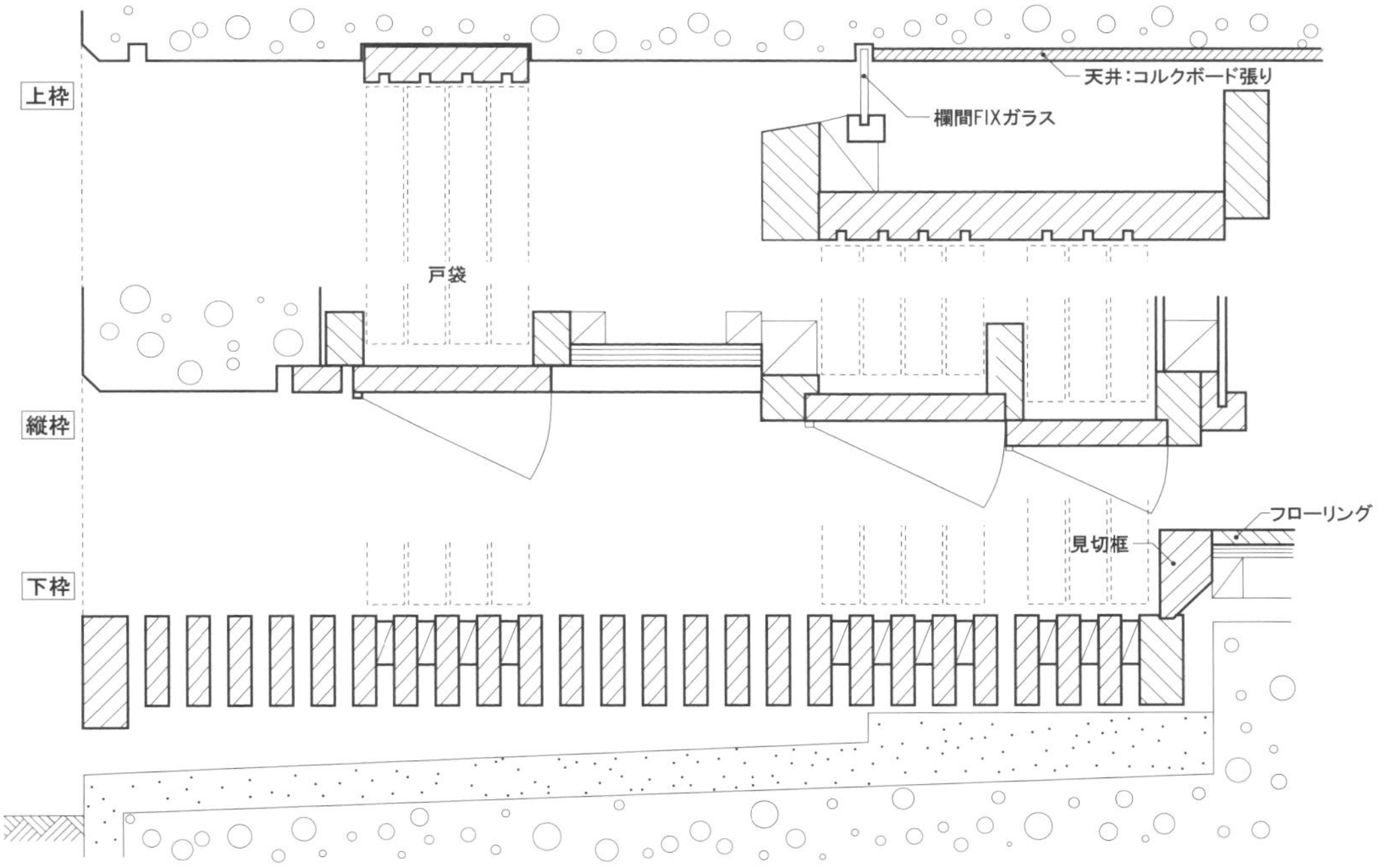

天井までいっぱいにあけた開口部の納まり例で、外側の雨戸から内側の障子戸まですべて戸袋に引き込んで全開放できる。枠の納め方も独特で、上枠・縦枠・下枠それぞれ図のような形状をしている。その理由は、開放したときに数多い敷居レールや鴨居溝が目障りになるので、それを意識させないことを考慮したからである

④ 玄関の出入口

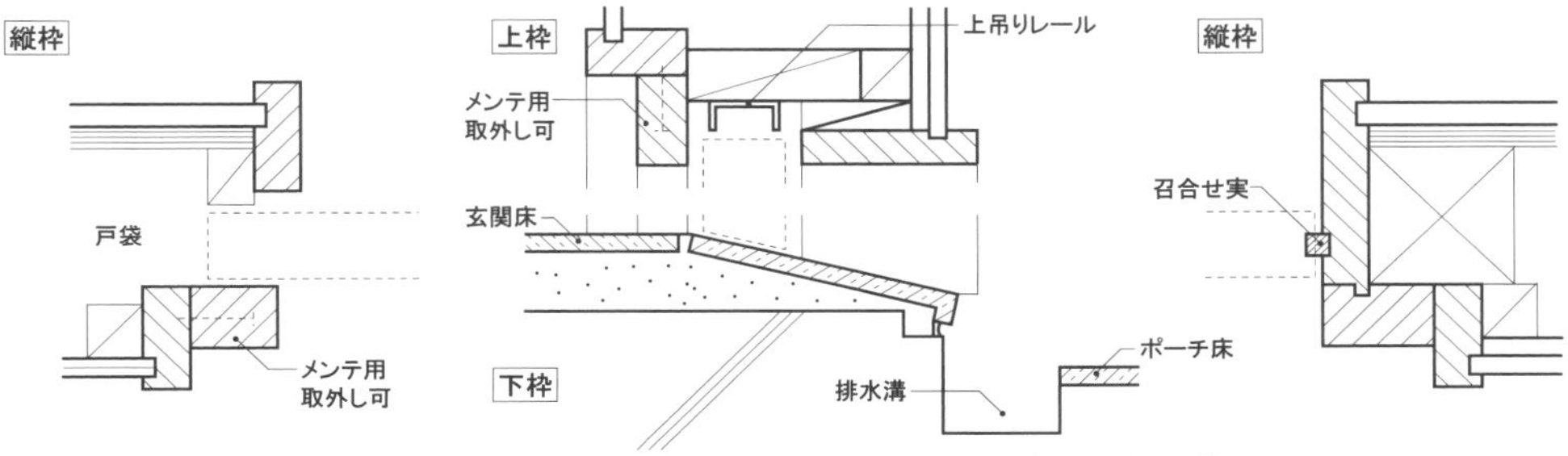

引込み戸の納まり例。このように1本引きとなるときは、扉の吊り込みやメンテナンスを考慮した枠納まり(枠の一部が取り外し可能な納め方)が必要になる。また、開けたときに引き手分だけ引き残すことを条件として開口幅を検討する必要がある

028 窓

要求される機能・性能はもちろん外観との調和も踏まえて設計する

「窓」は壁の一部を切り欠いた開口部のことで、人が通り抜ける機能をもたない点が出入口と異なります。窓には建具が建て込まれますが、それを受ける枠と壁の仕上げ材との出会い方をどのように納めるかが検討事項となります［図］。また、窓が取り付けられるのは原則として外壁になるので、雨仕舞も検討事項になります。

窓に求められる基本的な機能は採光と通風ですが、場合によっては調光や眺望も求められます。そのほか、本来は壁がもっていた機能である遮光や遮音、防犯などが求められることもあります。

忘れてはならないのは、窓は建物の外観を印象付ける要素として、屋根・外壁と並んで重要な役割を担っているということです［写真1～3］。窓の位置や大きさ、数量、形状などは本来、インテリアの使い方から決定されるものですが、外観全体で見たときのプロポーションなども併せて検討する必要があります。ときには、外観から窓の位置や大きさ、数量などが決められることもあり得るのです。

ところで、窓に求められる性能や機能に応えるためには、窓にガラス戸1つを建て込むだけでは済みません。必要に応じて、雨戸や網戸、障子戸、襖戸などを組み合わせることになります。そうなると、必要な建具を納める本数分だけ、窓枠の厚み（奥行き）が増え、場合によっては壁の厚みの範囲内に窓枠が納まらなくなるおそれもあります。そのときに、壁からはみ出ることになる窓枠と壁仕上げ材との納まりをどうするか、壁からのはみ出しは室内側にするのか、室外側にするのか、はみ出した枠の強度補強はどうするかなど、検討しなければならないことがたくさん出てきます。

ただし、このような検討が必要になるのは、特注の建具を使う場合です。メーカーの既製品を使うのであれば、すでに決まっているので、メーカーの標準納まり図を参考にしながら具体的な納まりを考えます。アルミサッシの場合は、押し出し成形による型材を使うので、複雑な断面が一体になっていて、水密性・気密性に優れ、取り付けも容易なことが特徴です。ただし、アルミサッシといえども、引き違い戸の場合は気密性能がそれほどよいわけではないので注意してください。これは、建具の構造上ある程度やむを得ないことなので、よりレベルの高い気密性（＋遮音性）を求めるのであれば、片開き戸などの開き戸系のサッシを選択することになります。

写真1

窓の形状、大きさ、数量などは、建物の外観を考えるうえでは影響力の大きい要素になる

写真2

はめ殺しの窓は、サッシを使わずに、枠に直接ガラスをはめ込む納め方があり、きわめてシンプルなかたちになる。ビューウィンドウやショウウィンドウ的な使い方に適している

写真3

窓の下枠の外側には勾配のある水切りを設けるが、壁厚が厚い場合には、建物のほうで水切りを設ける納め方もある

図

窓廻りの納まり例

① 木造に木製枠の納まり1

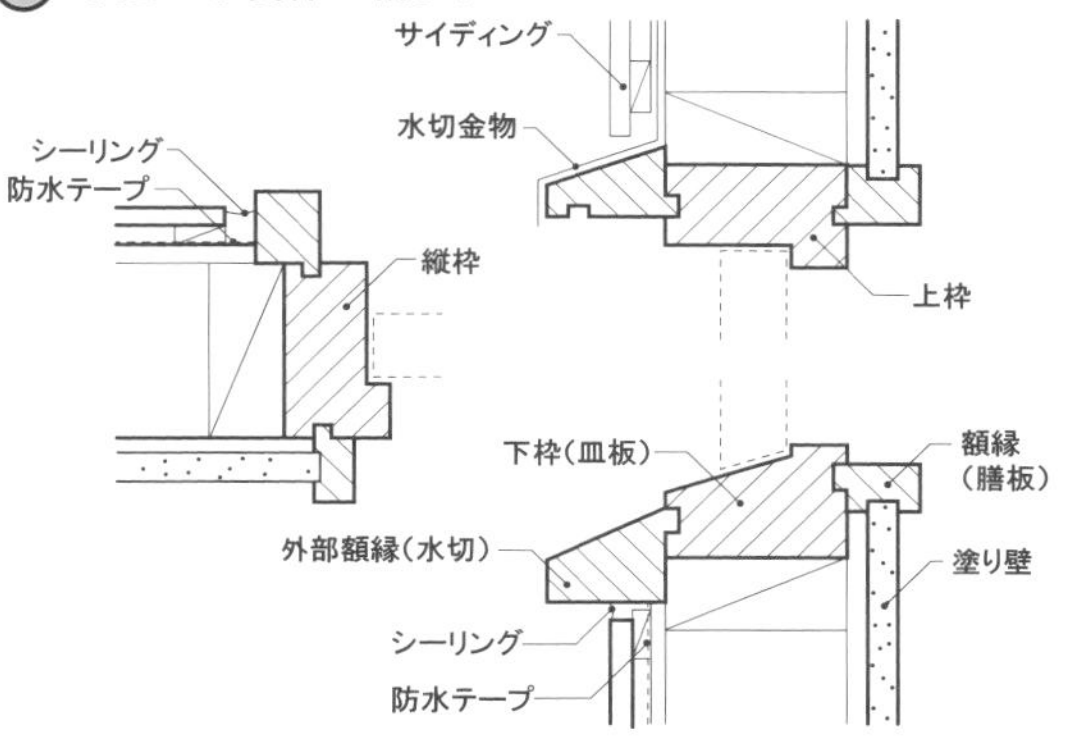

窓枠の基本的構成は、下枠の部分でいえば、枠本体の下枠（皿板）と外部額縁（水切り）と額縁（膳板）とからなる。枠本体はおおよそ柱幅で納め、内・外の壁仕上げ面までは額縁の出入りで調整する

② 木造に木製枠の納まり2

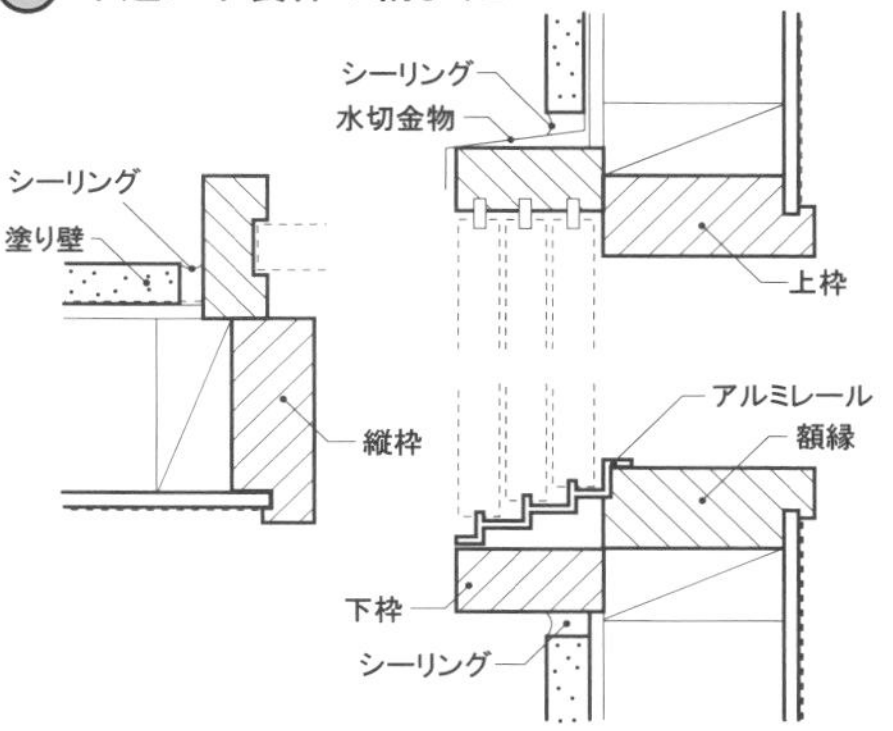

既製の木製サッシで外付けタイプの納まり例。柱幅＋内壁厚の寸法が額縁になる

③ 鉄筋コンクリート造に木製枠の納まり

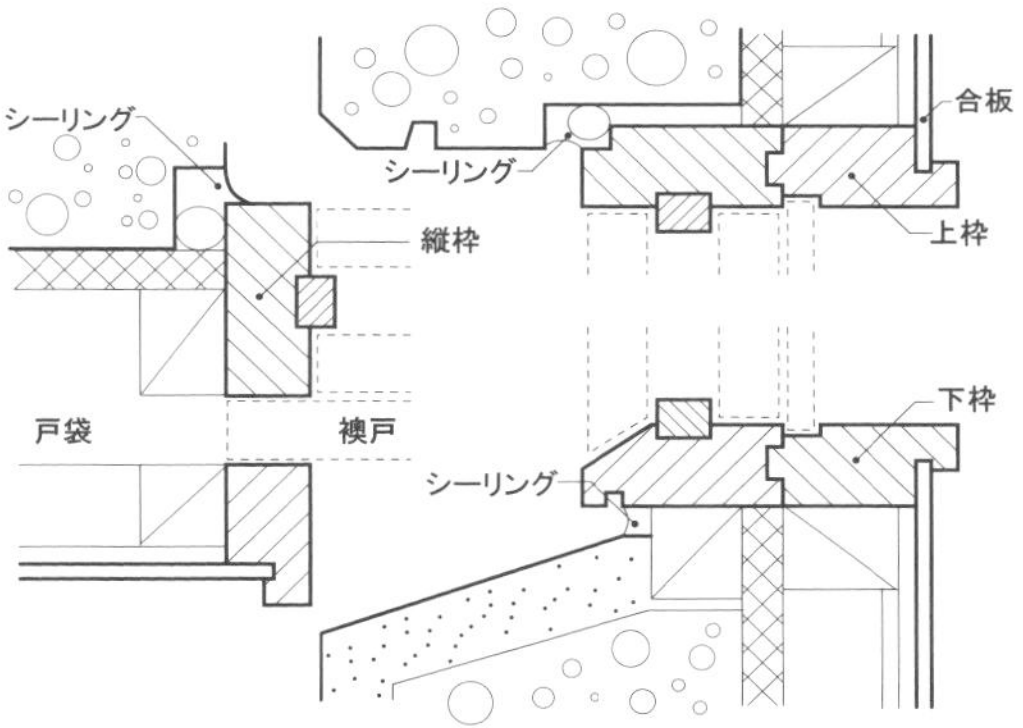

鉄筋コンクリート造の壁厚を庇代わりにするため、枠をできるだけ内側に納める。内壁を躯体よりふかして仕上げ、できる隙間を襖戸（雨戸代わりに使用）の戸袋としている。枠廻りのシーリングは正面を避けて横面で打つと見えがかりがよい

④ 木造にアルミサッシの納まり

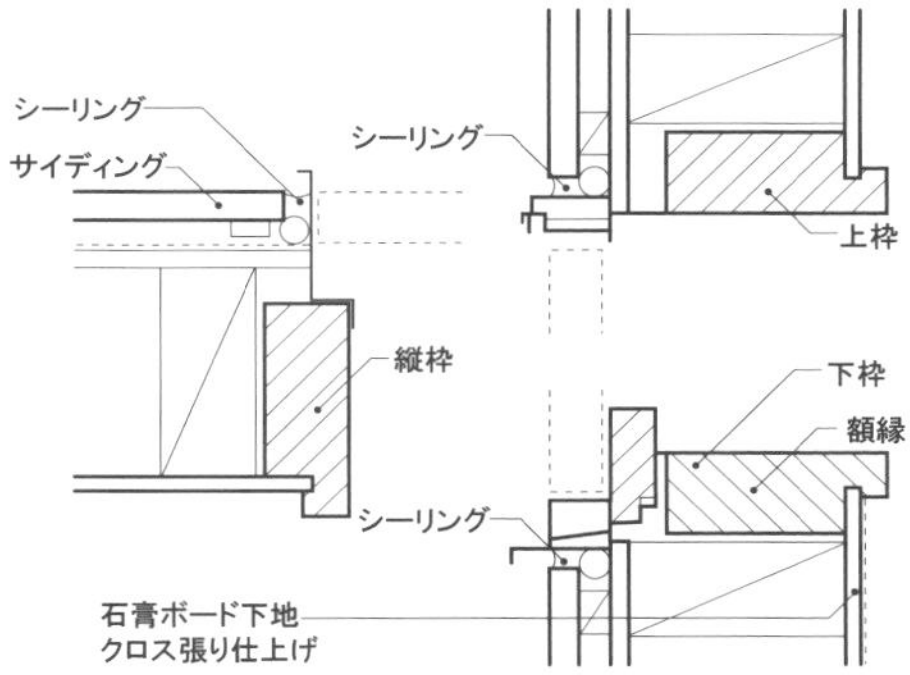

木造用のアルミサッシは、外壁下地の合板を必要分切り欠いて、サッシ枠に付いているつばをビス留めし、気密テープを張るだけでよい納め方のものが多い。このときに、ビスとアルミとの間で電食が起こらないよう、ビスの材質に注意が必要である（ステンレスなら可）

⑤ 鉄筋コンクリート造にアルミサッシの納まり

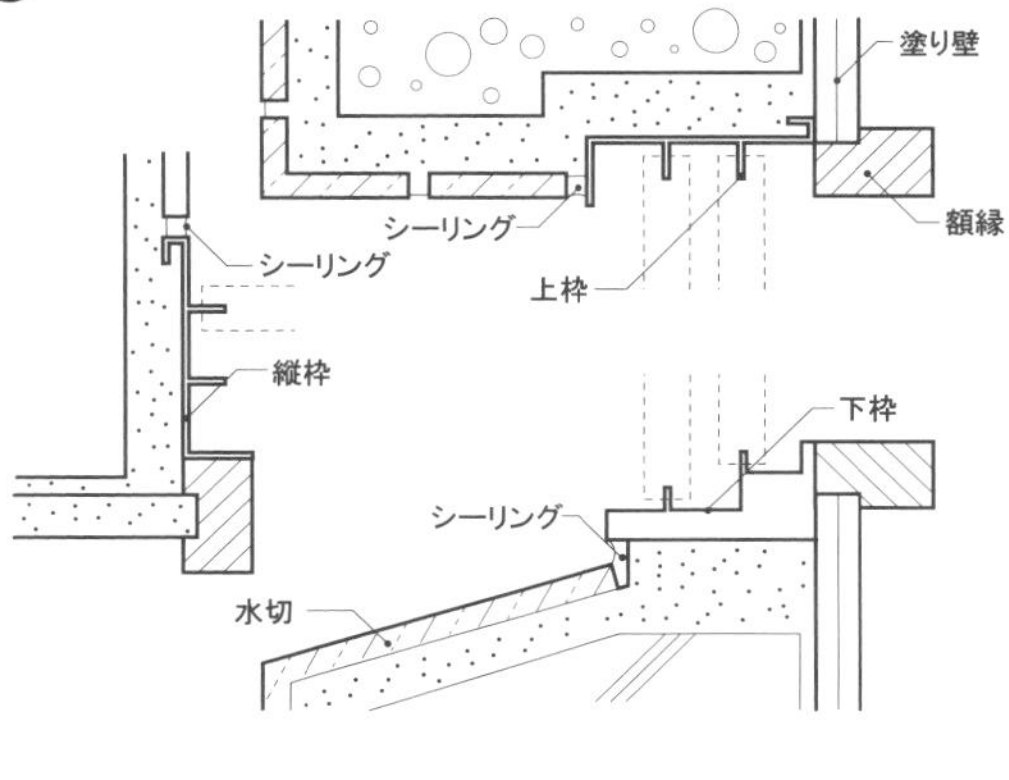

枠はサッシアンカーに溶接で固定する。サッシをできるだけ内側に納め、下枠の水切りは躯体側でとると納まりがきれいにできる

⑥ 鉄骨造にスチールサッシの納まり

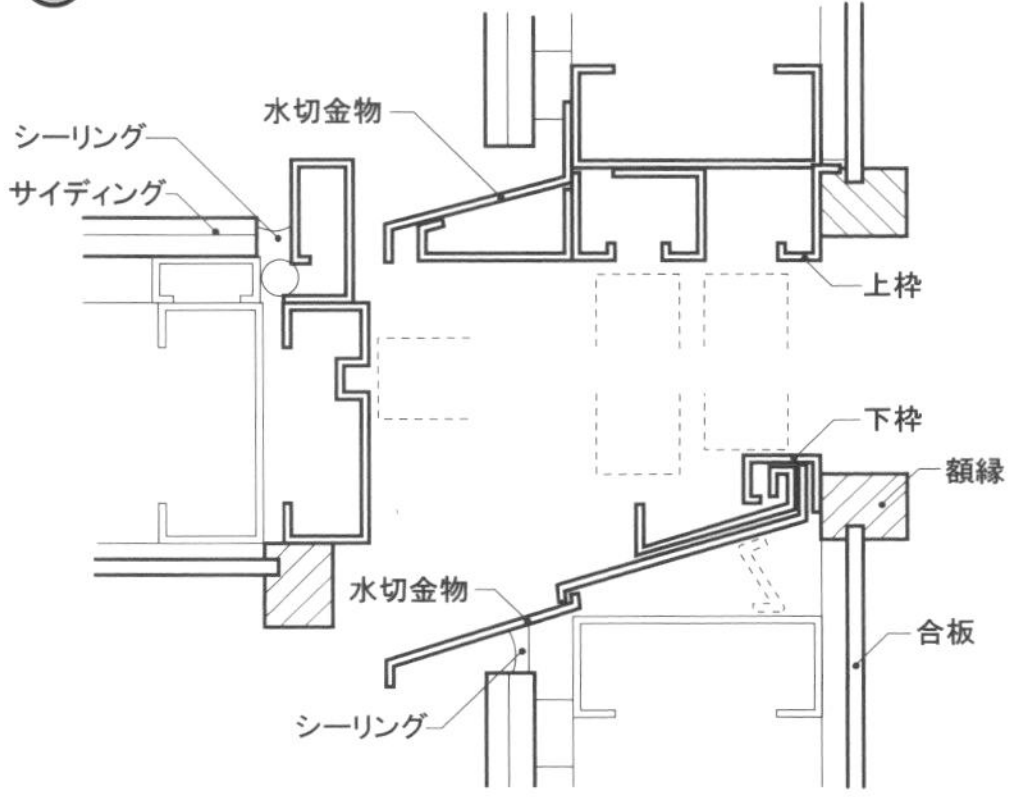

スチールサッシは既製品と特注品とがある。枠材は鋼板の曲げ加工で製作される。鉄骨の窓台やまぐさ、間柱などへの固定は溶接による

029

手摺

手になじむ形状・感触であることと確かな安定性を両立させることが大事

42・43頁で手摺の支柱と床との出会いについて述べましたが、ここでは手摺の笠木と人の手との出会いについて考えてみましょう。

手摺は握ることができてはじめて用が足りますが、人の手になじみやすい笠木とはどんな特徴を備えたものでしょうか。まずは、握ることの可能な太さであることが大切です。手摺はいろいろな人が使うので、女性や子どもなど、手のサイズの小さい人を基準に考えるとよいでしょう。

太さと併せ、手になじみやすい形状であることも大切なポイントです。たとえば、角ばった形状よりも、R面を取った丸みのある形状のほうが手になじみやすいといえます。

また、安定感も重要なポイントです。つかまったり体重をかけたりしたときに、笠木がぐらぐらしたり、たわんだりするようでは安心して手摺に頼ることができません。これは笠木だけでなく、支柱や手摺子を含めて手摺全体で検討することになります。

手摺の笠木のたわみに関しては、ＢＬの優良住宅部品認定基準に、垂直方向の変形について、鉛直荷重が２９５Ｎ／ｍのときに支持点間距離の１／１００以内に納まることという規定があります。笠木の材質や断面の形状・面積を決めるとき、あるいは支持点の位置を検討するときには、この数値を参考にするとよいでしょう。握りやすさや見かけを優先して決めるとどうしても笠木が細くなり、支持点の間隔が広くなる傾向があります。断面積を小さくしたいなら、たとえばステンレスなどの金属で検討してみるとか、木製の笠木を使うものの、人の目に触れない箇所で金属による補強を施すなどの工夫が必要になります。

一方、なじむといえば、握ったときの感触も大切な検討要素になりますが、感触には素材の熱伝導率が大きく関係します。木質系の素材であればまず問題ないところですが、ソフトビニル系のものも熱伝導率が小さいので、よく使われています。

また、木質系の笠木で支持点の距離をある程度広くとることになると、強度の関係でどうしても断面積が大きくなり、笠木全体を握ることができなくなります。この場合は、指先がしっかりとかかる形状になるようにデザインすると、握りやすいと感じられます。握りやすさの基準には、感触のよいことも挙げられ、木質系に代表される、手にしっとりとなじむ特徴は好まれます。

写真1

鋼管を使った屋外の手摺の例。笠木として握りやすいサイズの鋼管と、支柱として必要な強度を保てるサイズの鋼管、さらには両者をつなぐ役目の鋼管（おそらく鋼棒）とをうまく使い分けて納めている

写真2

手摺の使いやすい高さは、大人と子どもとでは20cm前後の差がある。1カ所の手摺で両方に対応するとしたら笠木を2段に用意することになるが、それをいかに見せるかがデザインということになる

写真3

握ることだけでいえば直径32～40㎜程度の丸棒がちょうどよいのだが、細い分、木製の笠木では支持点を細かくする必要がある。木製である程度支持点を広げると断面が大きくなるが、指先がしっかりかかるようにかたちづくれば安心して使うことができる

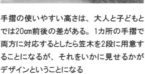

図

手摺の笠木納まりの例

① 木造の手摺笠木1

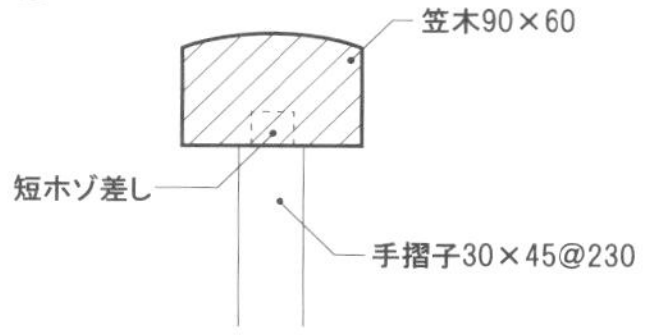

階段の手摺の納まり例で、笠木に短ホゾ差しの手摺子は階段の段板ごとに立つ。笠木は端部で親柱に支持される

② 木造の手摺笠木2

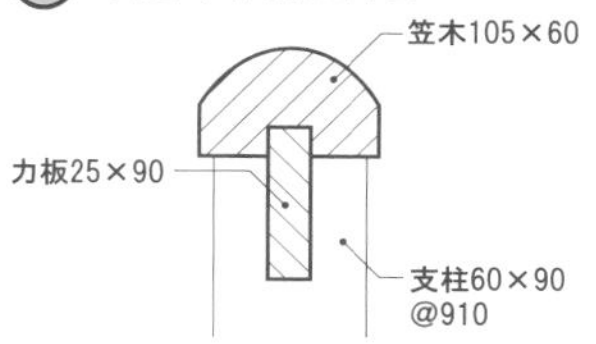

バルコニーの手摺納まりの例。笠木天端が水溜まりにならないよう、曲面にするか、勾配のあるつくりとする

③ 木造の手摺笠木3

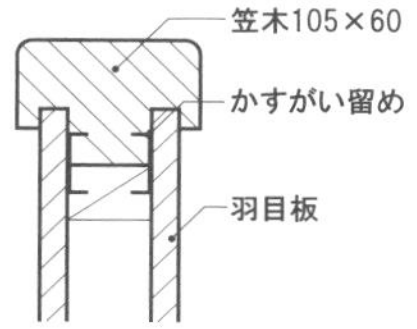

吹き抜けに面する腰壁の天端と腰の両面を羽目板仕上げとし、笠木に小穴を突いて飲み込ませる

④ 木造の手摺笠木4

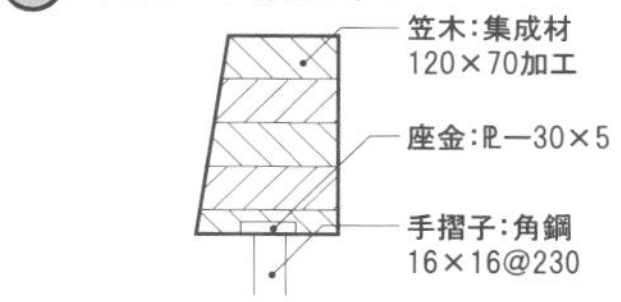

断面の大きい造作材を使うときは集成材を採用することが多い。帯鉄(フラットバーやプレート)に手摺子を溶接した受け材を笠木の下でビス留めする納め方は、笠木のサイズやかたちを変えればバリエーションをいくらでもつくることができる

⑤ 木造の手摺笠木5

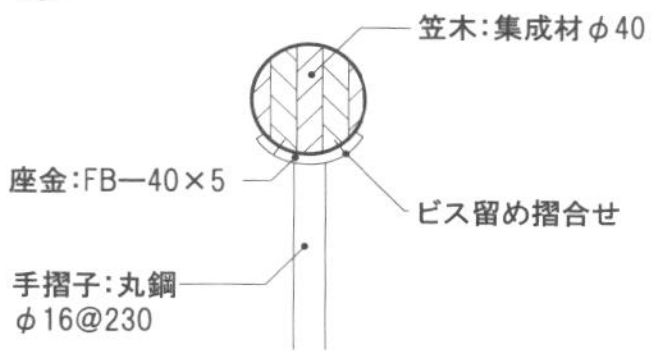

集成材の丸棒を笠木とし、フラットバーを加工した座金に、手摺子を溶接した受け材をビス留めする

⑥ 木造の手摺笠木6

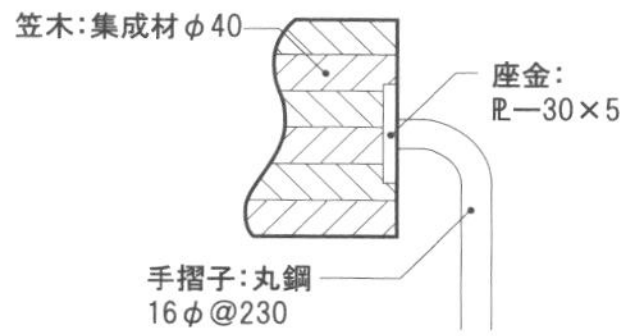

断面の大きな笠木の場合、座金を横付けすることもできる。笠木の手のかかる部分は握りやすい形状に加工する

⑦ 木造の手摺笠木7

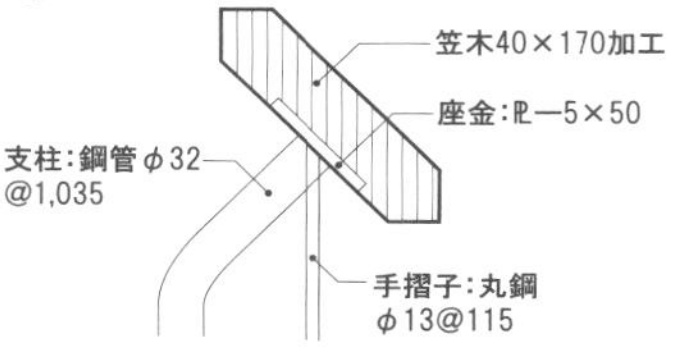

落下防止のため、手摺子を115㎜間隔で納めた例。支柱は鋼管を使って強度を確保する

⑧ 木造の手摺笠木8

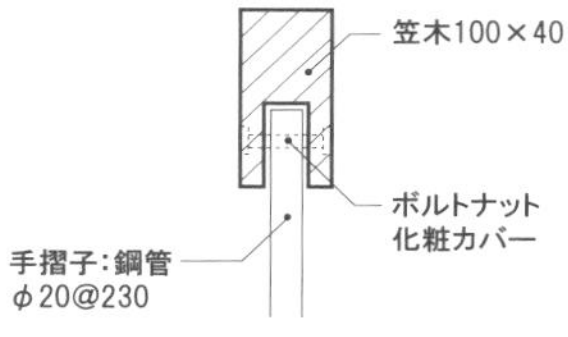

笠木の下端に穴をあけ、金属の手摺子を入れて化粧ボルトで締め付ける納まり

⑨ 木造の手摺笠木9

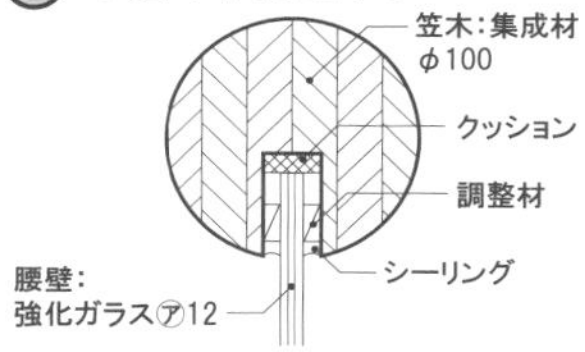

集成材の円柱に小穴を突いて、強化ガラスの腰壁の天端に納める。笠木が宙に浮いているように見える

⑩ 金属の手摺笠木1

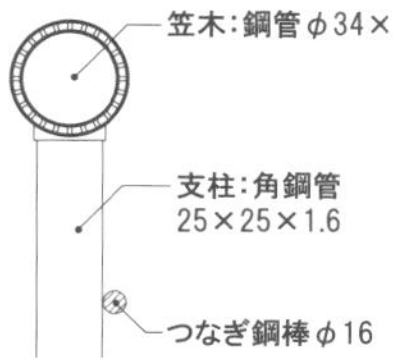

鋼管を笠木に利用した例。金属素材は強度があるので、メンバーを細くし、支柱の間隔も広くとることが可能になる

⑪ 金属の手摺笠木2

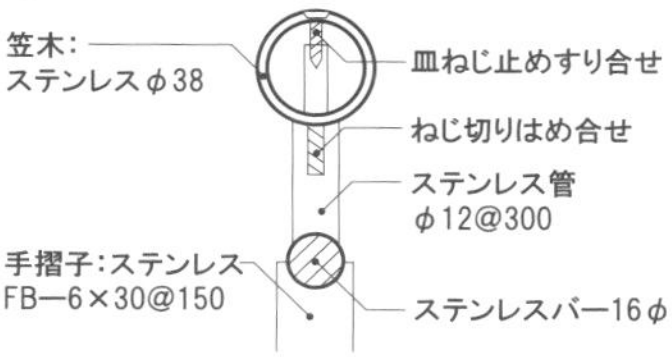

ねじ切りをした補助バーを立てた支柱に鋼管を差し込み、皿ビスで固定した後、よく摺合わせて、手に引っ掛かりがないようにしておく

⑫ 金属の手摺笠木3

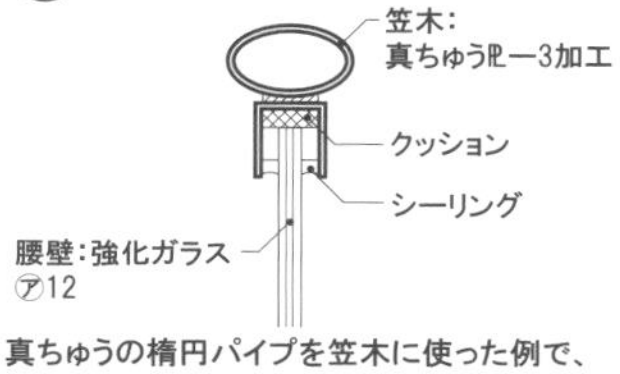

真ちゅうの楕円パイプを笠木に使った例で、強化ガラスの腰壁の天端に納めている。楕円の笠木は、握ったときに手が滑って回転してしまうような感触がなく、握り心地はよい

⑬ 金属の手摺笠木4

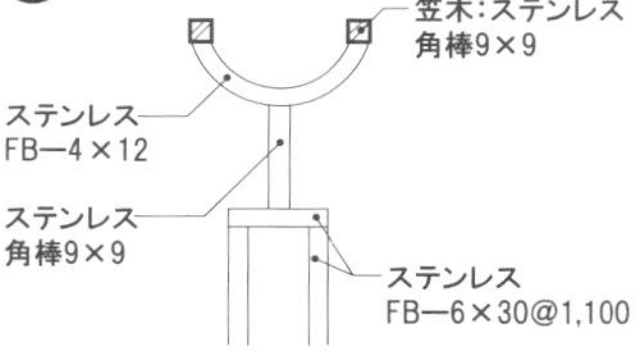

細いステンレスの角棒を笠木に使った納まりで、繊細で瀟洒な感じを演出できる

⑭ 金属の手摺笠木5

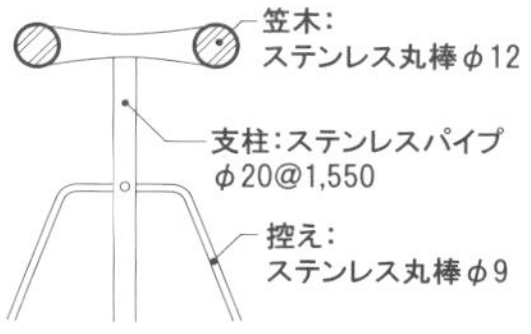

細いステンレスの丸棒やパイプを使った納まりで、瀟洒で繊細な柔らかさが加わる

⑮ 合成樹脂の手摺笠木

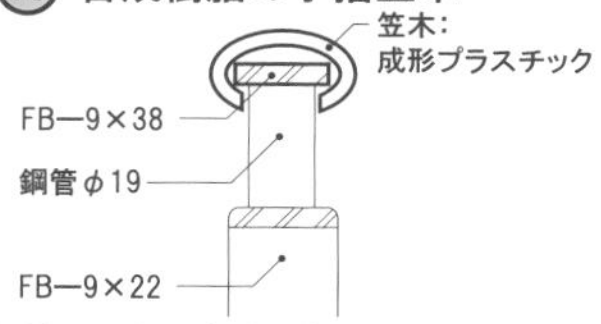

軟質塩化ビニル樹脂の押し出し成形品をフラットバーの芯に被せた納まり。軟質塩化ビニル樹脂は手触りがよく、耐候性もあり、笠木に向いた素材である

030 軒先と軒樋

軒樋の設置は屋根の意匠性と排水機能との両立に配慮する

屋根や庇で最も低くなる先端の部分を「軒先」といいます。普通は建物の外壁より外側に位置しますが、ここは屋根に降った雨水が集まってきて最後に雨垂れとなって落ちるところでもあります。

その雨垂れを受けるのが「軒樋」です。軒樋は、落ちてくる雨水を漏らさないように、軒先と一体に見えるほど近づけて設置します［図］。しかし、屋根そのものではないため、雨水を受けて流す機能を満足させつつ、意匠的に屋根（とりわけ軒先）との調和をどのように図るかを検討する必要があります。軒先のほうは水平を強調したい一方、軒樋はスムーズな排水のために、勾配をとって傾斜させて取り付けなければなりませんから（しかも、外樋にすると軒先より先に目に飛び込んできます）、その折り合いを付けるのに苦労するかもしれません。

また、軒先は屋根のなかでは最も人の目に近い位置にあるので、ここのデザイン如何で屋根の印象もだいぶ変わってきます。そのため、軒先がすっきり見えるよう、見えがかりを最優先して、軒樋を設置しないとか、軒樋を屋根のなかに組み込んでしまう「内樋」を採用するといった納め方も考えられます。

しかし、軒樋を設置しないと、雨垂れが直接地面に落ちて跳ね返り、建物の外壁を濡らしたり汚したりするおそれがあります。軒先の出を深く取るとか、地面に雨受けの溝を用意するといった対策が必要です。また、内樋を採用すると雨漏りやオーバーフローといったトラブルにより、軒天井を汚したり、建物本体を傷めるなどの問題が発生する可能性が出てくるので、慎重に納め方を検討しなければなりません。

内樋を計画するならば、屋根の面積に見合った十分な容量（深さや幅）と排水能力（短時間で排水できるくらいの勾配）が確保できるようにつくることが第一で、樋の素材選びにも注意します。まずは、腐食に強いステンレスを使うことを勧めますが、金属素材は熱による膨張収縮で動き、継手の部分が破断して、そこから漏水が起きるおそれがあります。したがって、可能な限りジョイントレスのつくりを考えることと、どうしても継手が必要なときは破断に備えて2次、3次の防水対策を立てたり、漏れた雨水をすばやく外に誘導するルートを確保しておくなどの検討を行います。とにかく、内樋にするなら雨漏り対策を徹底するよう心がけてください。

写真1

一文字瓦葺きの軒先例。隙間なく面が揃い、一直線のラインができるのが見せ場だが、そのためには瓦1枚ずつ、摺り合わせて調整する必要がある

写真2

軒先廻りを金属板葺き（銅板平葺き）とする一文字瓦葺きの納め方。軽快な表情に仕上がるため、数寄屋風のつくりに向いている

写真3

軒樋は排水勾配をとる関係で、軒先の水平ラインに対して斜めのラインとなって見えがかりが美しくない。写真の例のように、樋の先に膜板を入れて樋を隠すと美しく見える

図

軒先と軒樋の納まり例

① 和瓦(万十)葺き

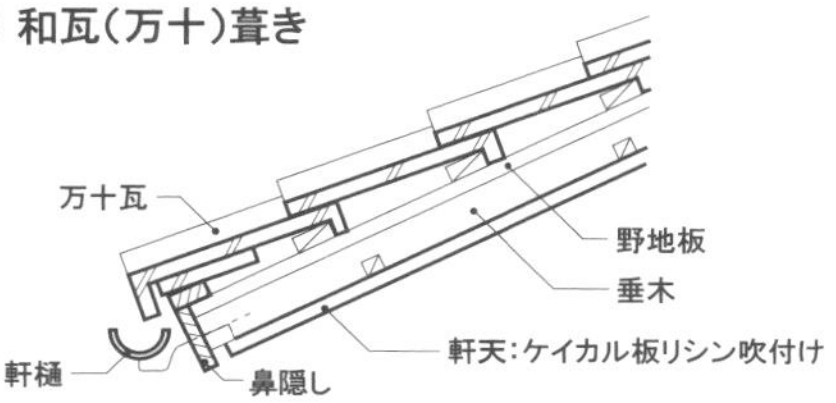

軒樋の受け金物を、垂木に打ち込む納まり。軒樋には丸樋と角樋がある

② 和瓦(無地鎌)葺き

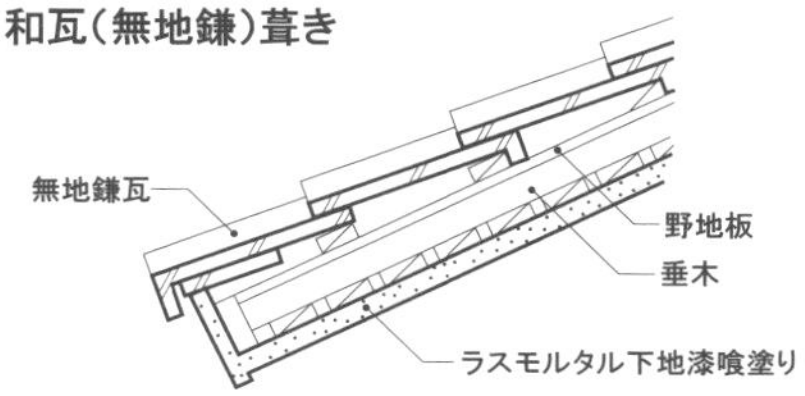

軒裏から鼻隠しまでラスモルタル下地の漆喰塗りで仕上げる納まりで、防火構造仕様にもなる

③ 鋼板の段葺き

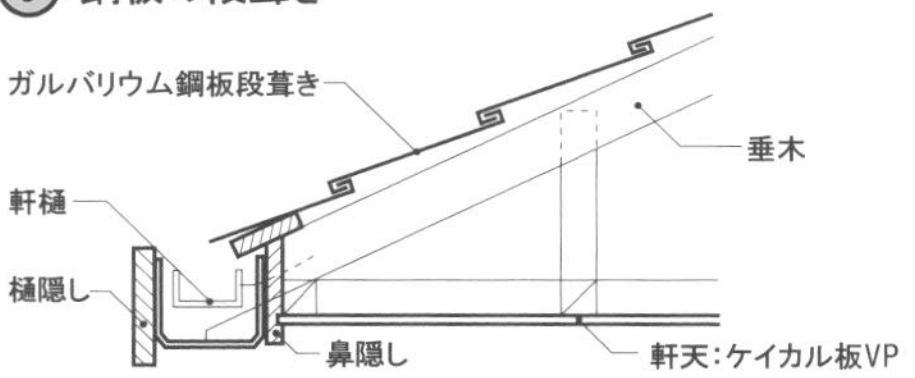

軒樋は水勾配をとるので、軒先の水平ラインが崩れる。樋隠しの膜板を前面に入れると一見、内樋風の納まりになり、水平ラインが保たれる(実際の内樋よりこのほうが雨漏りに対して安全である)

④ シングル葺き

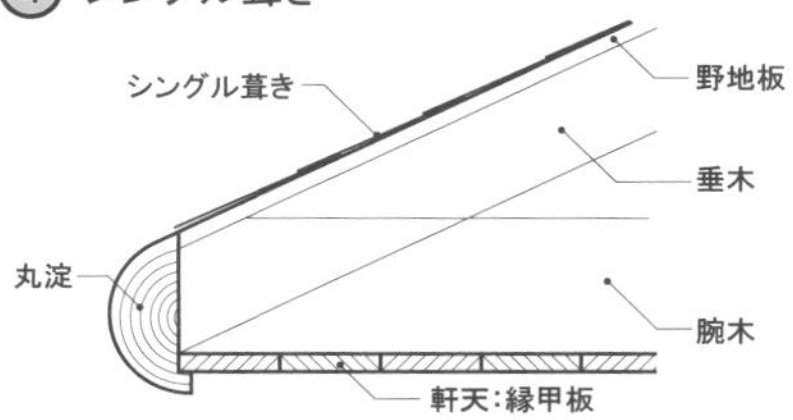

寒冷地では、つららや落雪により軒先が傷む。それを防ぐには、軒先を丸淀で納め、軒樋を付けない

⑤ こけら葺き

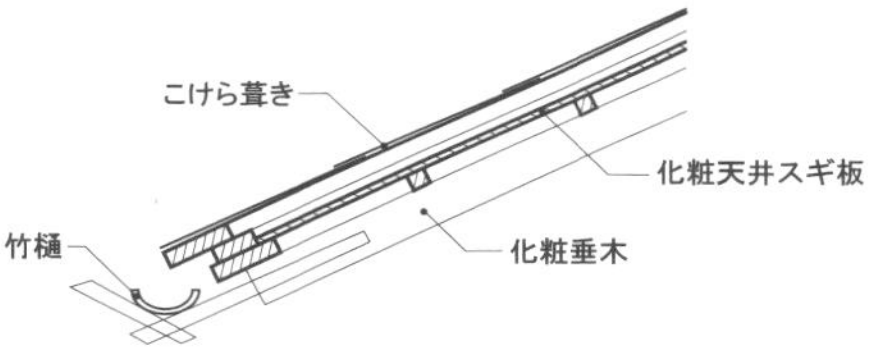

法22条の規制があるとこけら葺きは採用できないが、茶室に使うと趣がある。茶室では軒樋に割竹を使うので、受け木も木片でつくる

⑥ 鋼板の一文字葺き

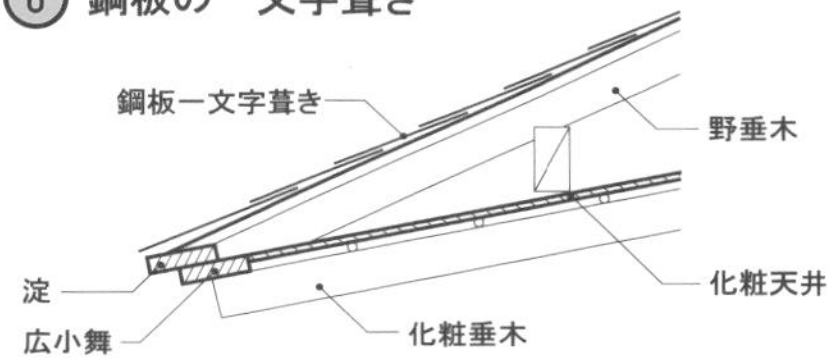

屋根勾配と軒天井の勾配が異なる場合のけらば納めは、勾配差を吸収するため、「みの甲」に納めることになる

⑦ 瓦棒葺き+内樋

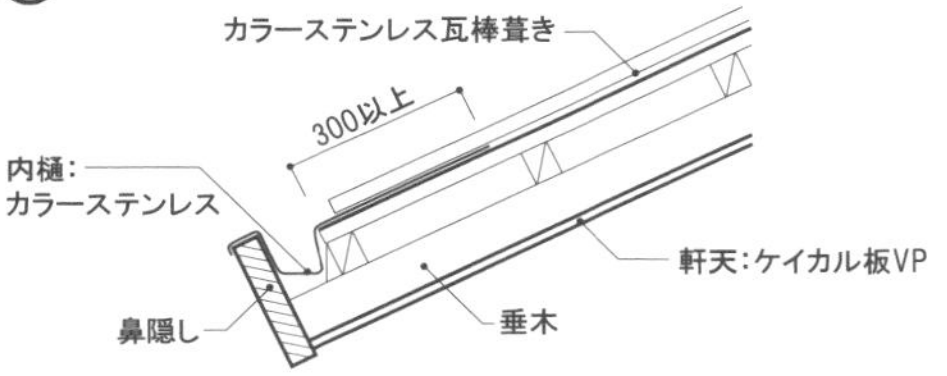

内樋はとかく雨漏りの原因になりやすいので、やるなら徹底的に対策をとる。その1つに、樋と一体の差し込みを深く(300mm以上)とり、水上部分は樋のオーバーフローラインより上に設定するという方法がある

⑧ 和瓦(一文字)腰葺き

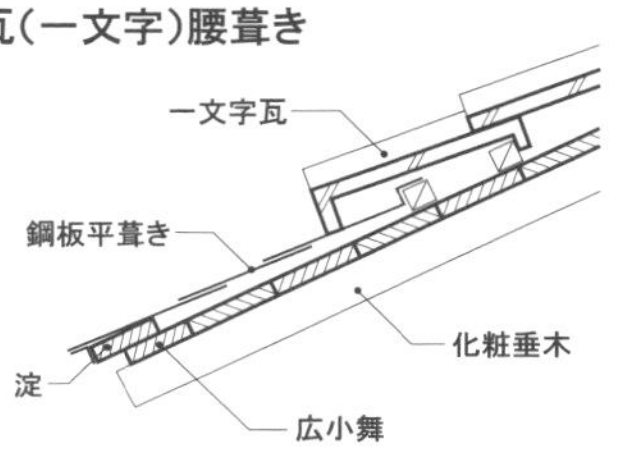

軒の先端部(外壁の外側が目安)を鋼板の平葺きとし、一文字瓦葺きで仕上げる納まり。軽快な感じに仕上がる

⑨ 鋼板平葺き+内樋

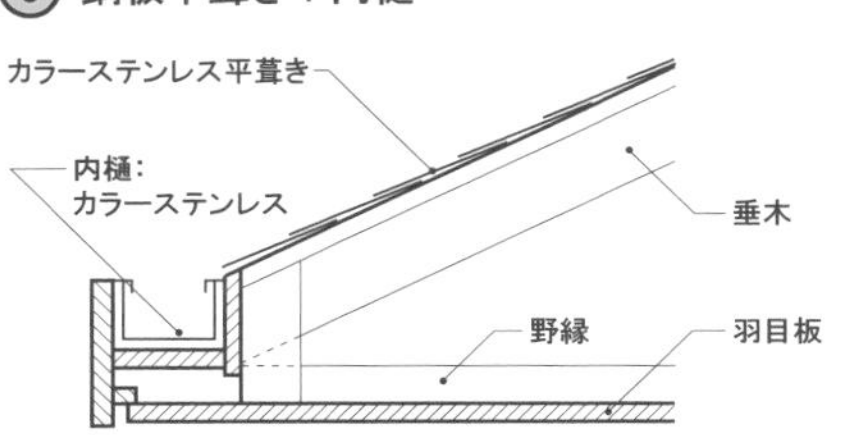

内樋の雨漏りの徹底的な対策として、継手をつくらないということがある。長尺の鋼板を使い、一本物を用意するようにしたい

⑩ 立てはぜ葺き+軒裏換気口

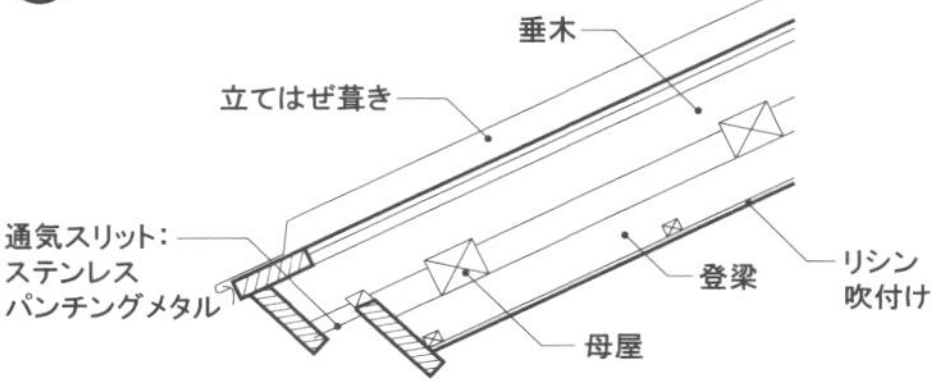

小屋裏換気の吸気口の設け方はいろいろあるが、この例では軒先を利用している。登り梁と垂木で2重の出をつくり、鼻隠しの切り替えを利用して吸気スリットを設ける

031 棟

棟の高さが高い場合は地震力、低い場合は風圧力の影響に注意する

屋根が最も高くなるところが「棟」です。ここは、向きの違う屋根面（切妻屋根なら左右の2方向）から屋根葺き材が集まって出会うところです［図］。棟は、屋根の最も高いところを水平に通るのが基本ですが、寄棟屋根や方形屋根のように、最も高いところから、直交する軒先の入隅に向けて下がるかたちもあります。これを「下り棟」といいます［写真1］。

出会った屋根葺き材をカバーするようにまとめるのが、金属板による「棟包み」あるいは「棟瓦」などで、これを単に「棟」ということもあります。この部分の納め方で注意しなければならないのは当然雨漏りですが、ここは屋根の最も高いところ——いわゆる水上なので、雨漏りのトラブルが起きにくい箇所です。そのため、棟に小屋裏換気の役割を付け加えることがあります。

ただし、風当たりの強いところでは、風圧で押し込まれた雨水によるトラブルに注意が必要です。屋根の納まりを検討するときは常に、過去最大級の暴風雨のことを念頭に置いておくことが大切です。ちなみに、屋根にかかる風の影響をチェックするときは、基準風速として30～46ｍ／ｓの範囲で9区分された数値を使います。たとえば、東京23区の場合は風速34ｍ／ｓと構造計算規定で定められています。

棟に加わる外部からの力には、風力と地震力とがあります。一般には、地震力による影響のほうが風力を上回り、しかも棟の高さが高くなるほどその傾向が強くなります。逆に棟が低い（がんぶり瓦伏せ棟など）と、風力による影響のほうが上回ることがあります。これらの外力で棟が倒壊するのを防ぐため、ステンレスの受け金物を下地に固定し、棟補強用の芯材を取り付けることなどを検討します。

ところで、「甍《いらか》」とは棟のことですが、「甍を競う」というように、家の立派さを表す手段として使われることもあります。このときの棟は化粧材として扱われています。のし瓦を何段にも積み上げ、せいを高くし、模様を入れたりと、見事な例を伝統的な建物で見かけます［写真2］。ただし、度が過ぎると品がなくなります。現代の一般的な住宅であれば、むしろ棟の存在が消えるくらいに低く、サラッとまとめるくらいでちょうどよいのではないでしょうか［写真3］。最近の瓦葺き屋根は防水対策が進んだためか、勾配が緩くなる傾向にありますが、このときは低めの棟高のほうがよく調和します。

写真1

棟が水平なら、下り棟は軒先の出隅に向かって傾斜する。別名「隅棟」ともいう。納まりは棟と同様である

写真2

割のし瓦を5段、あるいは7段と重ねて棟を高くするほど、棟の見えがかりは立派になり、重厚で格式ばった感じになる。棟が高くなると、割のし瓦の代わりに形瓦を使って模様を組むこともある

写真3

一般の住宅では割のし瓦を2段、あるいは3段に重ねた棟納まりの例が多い。低くなるほど軽快な感じに仕上がる。なかには、一番上の「がんぶり瓦」のみで棟をつくる例もある

図

棟の納まり例

① 和瓦葺きの棟1

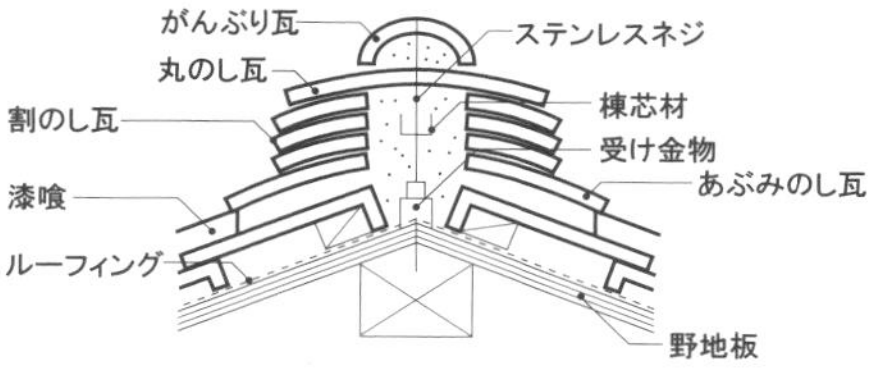

割のし瓦の重ねが増えるほど重厚な感じに仕上がる。 地震や風圧で崩れないように、 以前は下地に固定した銅線で緊結していたが、 最近はステンレスの補強金物を使う

② 和瓦葺きの棟2

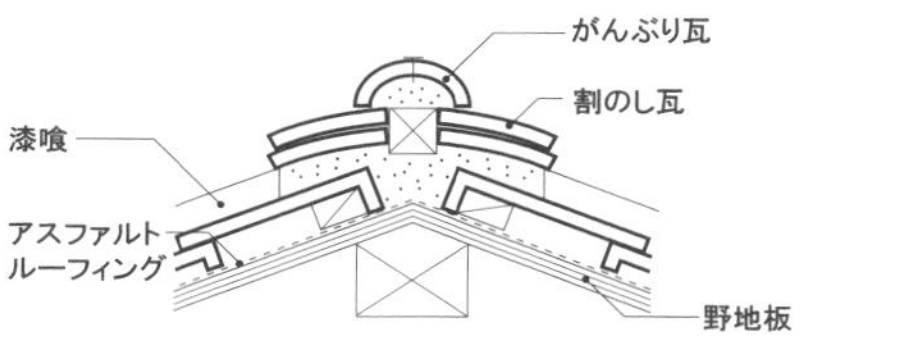

一般の住宅では、 割のし瓦を2段重ね程度の軽快な感じの納まりとする。 数寄屋造りにも向いている

③ 洋瓦葺きの棟

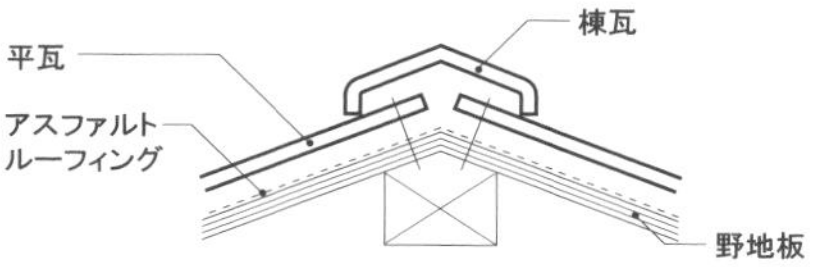

洋瓦の納まりには、 いろいろなかたちの棟瓦のみの場合や、 面戸瓦との組み合わせの納まりが多い

④ 金属板葺きの棟1

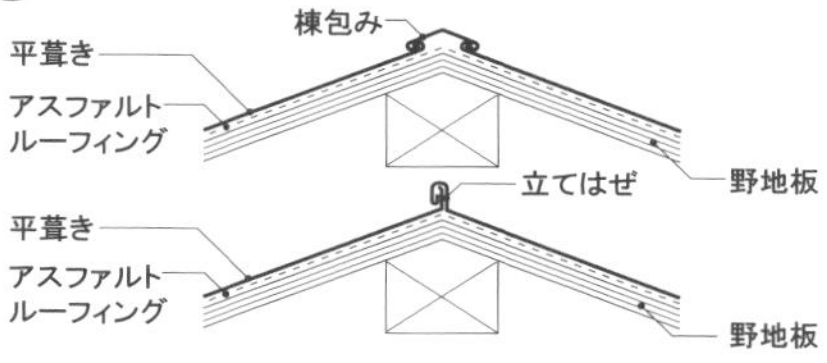

金属板平葺きの屋根では、 棟らしい棟のかたちをつくらずに、 こはぜ掛け折り曲げや立てはぜで納めることがある。 屋根全体が柔らかい感じに仕上がる

⑤ 金属板葺きの棟2

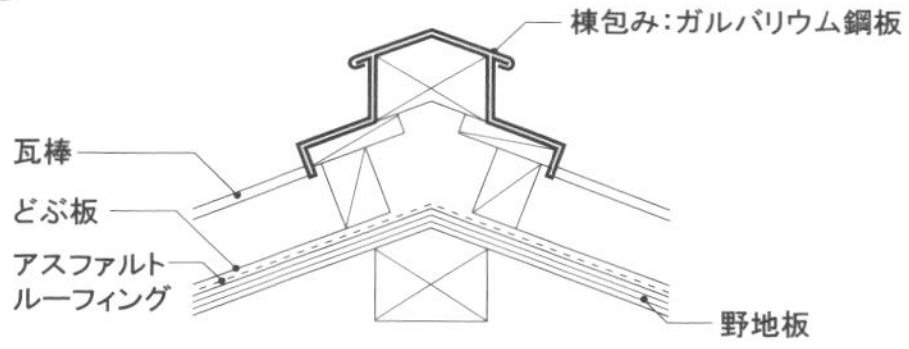

瓦棒葺きには、 メーカー仕様の既製の棟もあるが、 木組みで下地をつくって好みのかたちに納めることもできる

⑥ 金属板葺きの棟3

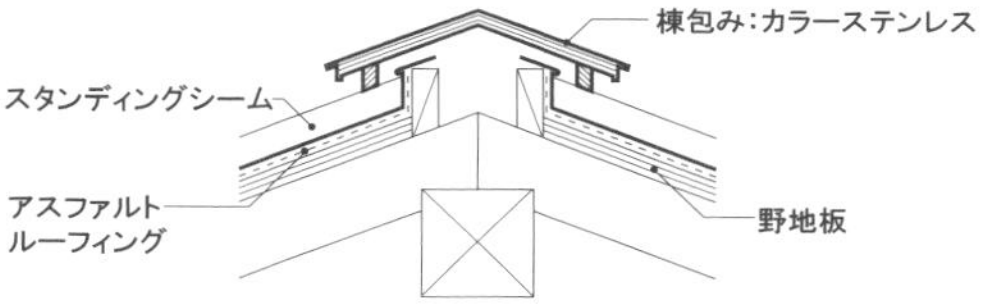

スタンディングシーム（立てはぜ）の立ち上がりを使って棟換気をする納まり例。 風圧による雨水の浸入を防ぐ「水返し」の納まりに注意する

⑦ カラーベスト葺きの棟1

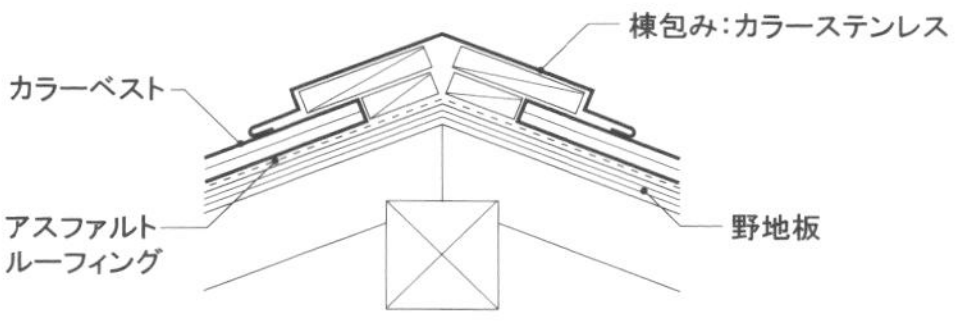

棟を現場製作するときの標準納まり例。 カラーベストと棟包みとの重ねは100mm程度ほしい。 シーリング打ちを併用すると安心感が高まる

⑧ カラーベスト葺きの棟2

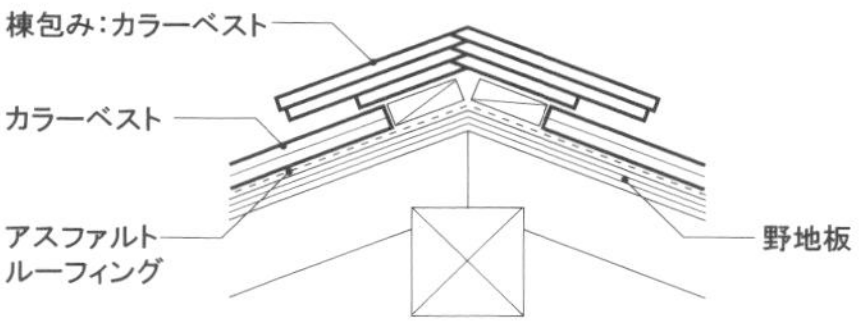

棟包みもカラーベストで仕上げて、 屋根全体の表現要素を整理した納まりの例

⑨ 棟換気金物を使った棟

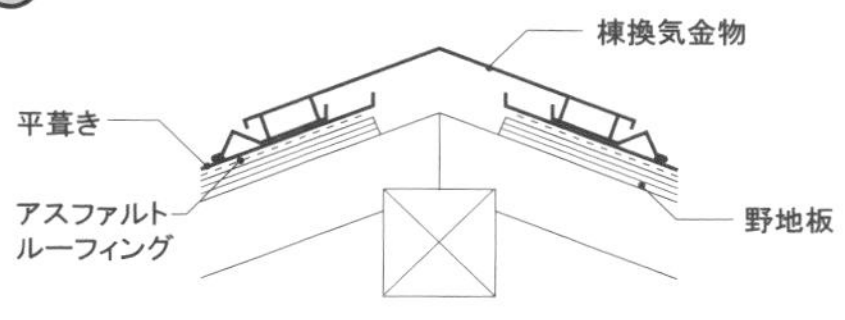

既製品の棟換気金物を使った例。 雨水の浸入に対してよく考えられたものが多い。 さまざまなデザインがあるので、 屋根全体の雰囲気と調和するものを選びたい

⑩ 天然スレート葺きの棟

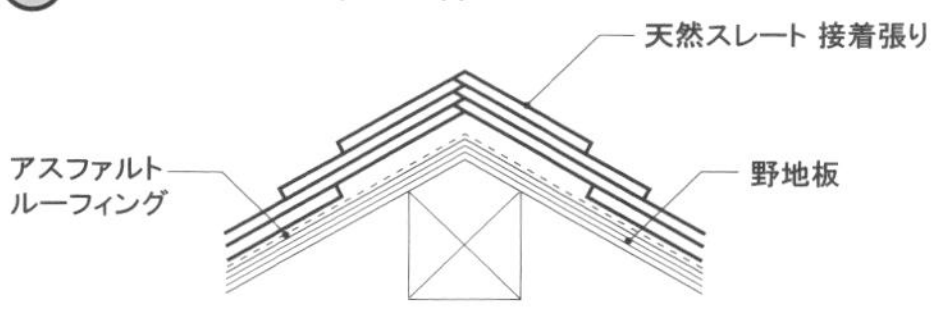

板金による棟包みで納める方法もあるが、 せっかくの天然スレートなら、 同材での納まりを考えると、 すっきりとして高級感が出る

032 谷

屋根の見えがかりに気を配りつつ雨仕舞を最優先に納まりを検討する

棟が屋根の出隅部分にあたるとすれば、「谷」は屋根の面と面とが入隅状態で出会う部分になります。また、棟は雨水が分かれる〝分水嶺〟のようなところですが、谷は雨水が出会う〝谷川〟のようなところです。実際、強い雨が降ると、谷のところを雨水が川のように流れます。そして、雨が上がってからも、谷にはしばらく雨水が残ります。これは、谷には雨水が集まりやすいということに加え、「隅勾配」といって、屋根の勾配よりも谷の勾配のほうが緩くなるため、水の切れが悪くなるからです。

谷は雨漏りのトラブル発生源のようなところなので、できるだけ谷のない屋根を計画するのが基本なのですが、やむを得ず谷を設ける場合には当然、雨仕舞を最優先に納まりを検討することになります。

谷の納まりでよく使う方法に、集まった雨水をできるだけスムーズに早く流す水道となる「谷樋」を設ける納め方があります［図］。谷樋の部分は通常、板金でつくりますが、継手が多いほど雨漏りのおそれが大きくなるので、できるだけ長尺の金属板を使って継手を減らすようにします。また、緩い隅勾配のため、雨水の逆流やオーバーフローの可能性があります。屋根葺き材の下への差し込みをできるだけ深くとり、谷樋の幅もできるだけ広くとることを心がけます。ただし、安全のためには谷樋の幅を広くとりたいのですが、そうすると屋根の見えがかりが谷のところで縁が切れたようになり、屋根としての連続感や一体感がなくなります。安全と表現とのバランスをどのようにとるか、納まりを検討する際のポイントになります。

谷樋の一般的な納め方は、谷幅を３００㎜前後とって、屋根葺き材の下への差し込みは左右それぞれ３００㎜を目安にします。この谷幅３００㎜というのが、屋根葺き材と谷樋の材料との関係で見え方にいろいろな影響を与えます。たとえば瓦葺きの場合、谷樋を金属板とするのが一般的ですが、屋根と谷とで質感や表情がまったく異なるので、谷を挟んで左右の屋根が別物に見えるくらい連続感を断ち切られてしまいます。これを避けるには、谷樋の上に瓦をせり出して被せる納めとして、見えがかりの谷幅を１００～１５０㎜程度まで狭める方法があります。カラーベスト葺きのときも同様です。これが、金属板葺きの場合には、谷の材料と屋根葺き材の材料を揃えることができるので、屋根全体が1つにまとまっている一体感を表現できます。

写真1

瓦葺き屋根の谷樋の例。比較的流れ長さの短い谷であるが、棟との絡みがあって納め方は複雑になる。谷樋は銅板で、経年変化により見えがかりは瓦とのなじみがよい

写真2

カラーベスト葺き屋根の谷樋の例。谷樋の素材にカラー鋼板かカラーステンレス鋼板を使うと、カラーベストとある程度色合わせができるので、谷樋によって屋根の連続感が断ち切られる印象が弱くなる

写真3

金属板横葺き屋根の谷樋の例。この場合は、屋根葺き材と谷樋の素材とを同一にできるので、一体感のある屋根の表情をつくることができる

図

谷の納まり例

① 和瓦葺き屋根の谷樋1

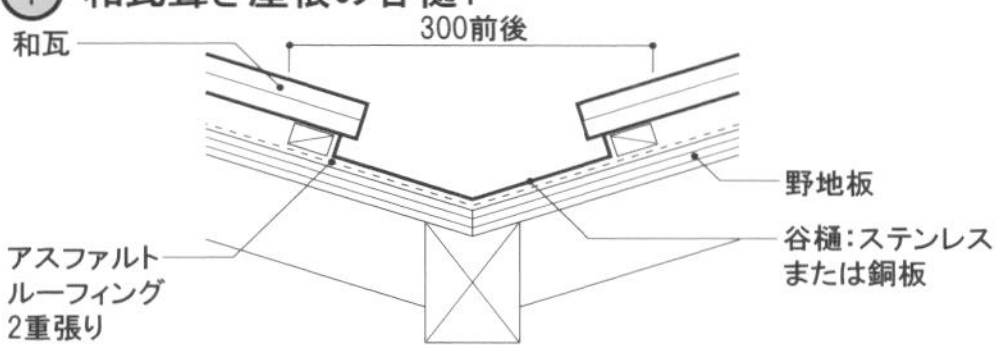

すべての谷樋納まりに共通することだが、下地に敷くアスファルトルーフィングなどの防水紙は、谷樋のところで捨て張りをして2重にしておく。瓦桟を使って樋の立ち上げ処理をするので、差し込みをとらない納まりとしている

② 和瓦葺き屋根の谷樋2

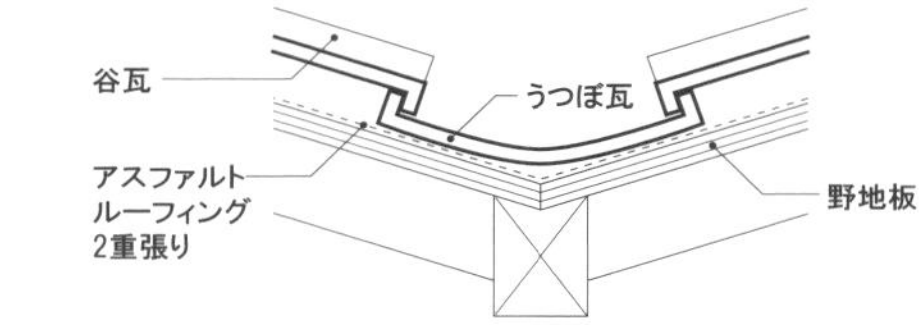

谷樋用の役物「うつぼ瓦」、谷用の役物「谷瓦」を使った納まり例。屋根全体が同一素材でまとまり、端正で落ち着いた仕上がりになる

③ 洋瓦葺き屋根の谷樋

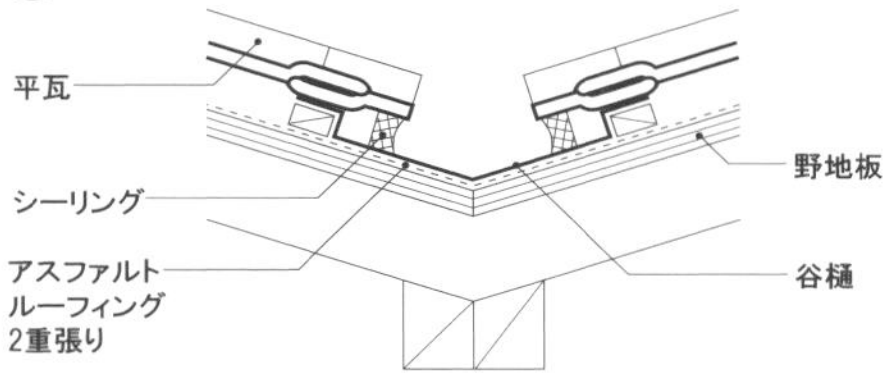

瓦桟で樋の立ち上がり処理をするが、さらにシーリング処理を加えることで、安心感が増す

④ 金属板葺き屋根の谷樋1

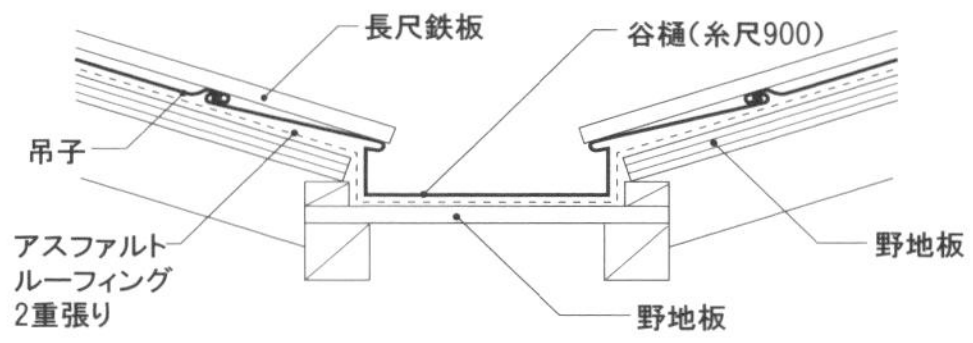

野地板の部分に樋形状の下地を用意した納まり。差し込みを含めて糸尺900㎜はほしい。はぜ納めとする場合は巻きはぜとする

⑤ 金属板葺き屋根の谷樋2

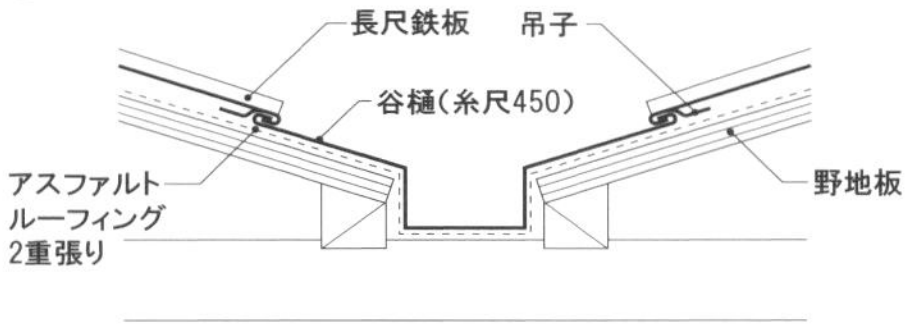

谷樋の底の水道(みずみち)をつくる例。ここに雨水を集めるので差し込みをとらないが、シーリング打ちを併用するとより安心できる

⑥ 金属板葺き屋根の谷樋3

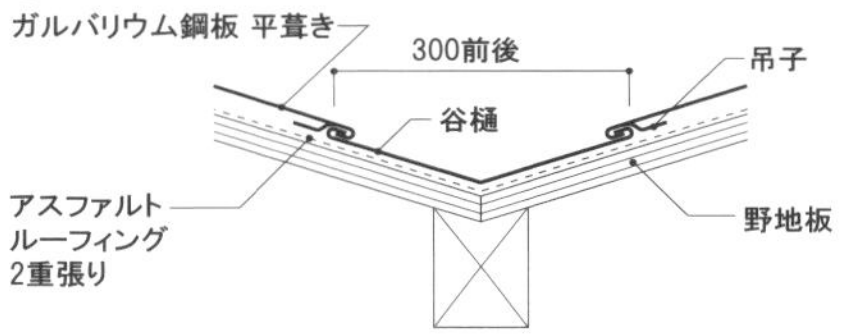

平葺きがそのまま連続した見えがかりの納まり例。谷樋の存在が意識されない。はぜは巻きはぜで納める

⑦ カラーベスト葺き屋根の谷樋1

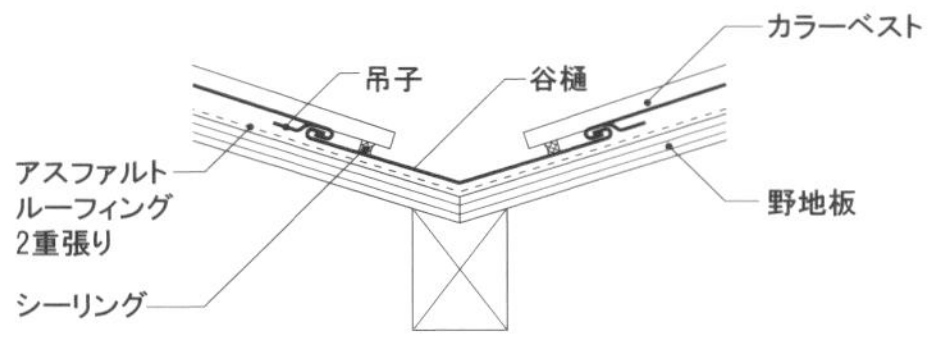

屋根葺き材を樋の端部からはね出すように納めると、見かけの谷幅を狭くできる。差し込みをとらない場合はシーリング打ちを併用するとよい

⑧ カラーベスト葺き屋根の谷樋2

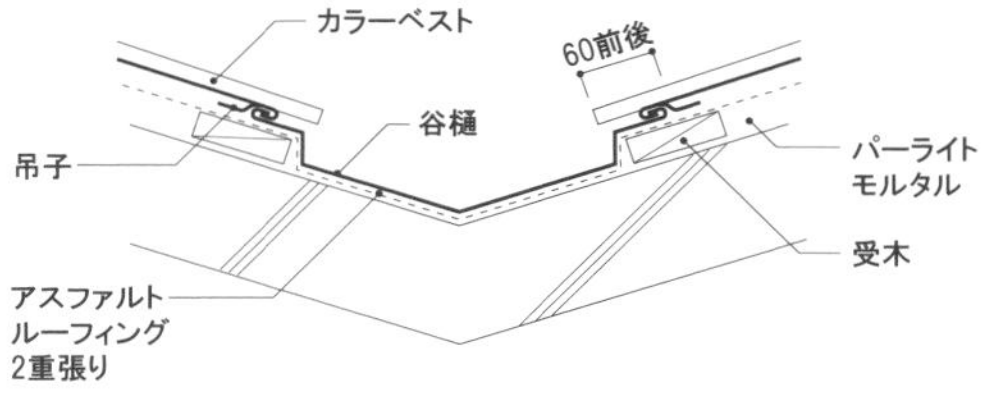

鉄筋コンクリート造の下地の例で、谷幅分全体を落とし込む「落とし樋」の納まりとしている

⑨ カラーベスト葺き屋根の谷樋3

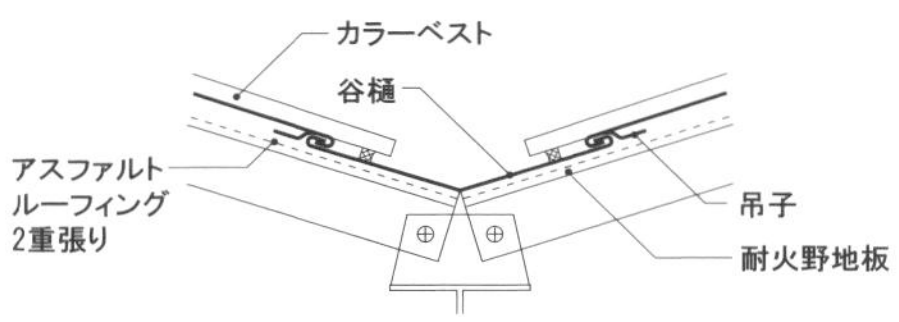

図は鉄骨造が下地の場合だが、納まりのかたちは木造の場合と変わらない

⑩ 天然スレート葺き屋根の谷樋

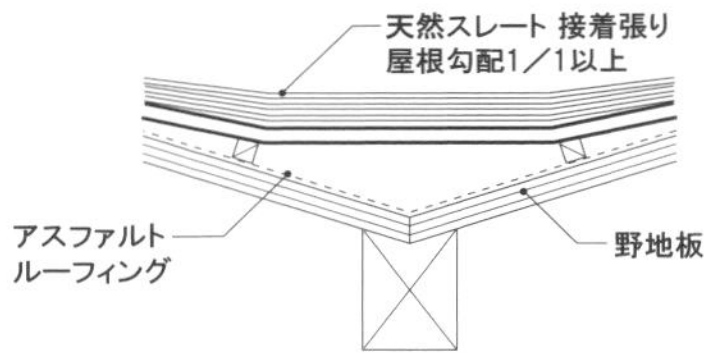

スレートを幾重にも重ねて谷をつくる納まりで、雨に関しては安心だが、屋根勾配はかね勾配以上としたい

033

けらば

風圧力による屋根葺き材の浮き上がりに注意

「けらば」とは、切妻屋根の妻側の端部のことをいいます（入母屋屋根にも同じ箇所があります）[写真1〜3、図]。同じ端部でも、屋根の平側の「軒先」とは納まりが違い、区別されます。

納まりが違うといえば、軒先の先端部には「鼻隠し」という化粧材が付きますが、けらばには「破風板」と呼ぶ化粧材が付き、それぞれの形状は違います（鼻隠しも破風板も必ず付くものではありません）。「破風」というのは、妻側に吹いた風がへの字形のけらばで左右に分かれる（破れる）ところから名付けられたといわれており、この場所はけらばと風との出会いがあるところといってよいでしょう。

風と建物との出会い方は、外壁面と屋根面とで変化します。つまり、外壁面に対して水平方向に当たっていた風圧力が、屋根面に対しては上向きに作用する力に変わるのです。

風は屋根面に対して「引き剥がし」あるいは「吸い上げ」の力として働くので、強風時に屋根が飛ばされるということが起きます。この引き剥がしの力は屋根全面に働きますが、けらばと軒先の出会う角の部分やけらばと棟の出会う部分など、屋根の端部に対して特に強く作用します（屋根が飛ばされるときは、この端部が発端になります）。したがって、けらばの納まりを検討するときには、この引き剥がしの力に耐えられるよう、屋根葺き材と屋根下地とをしっかりと結びつけることに気を配ります。雨風が強いときには、引き剥がしの作用で屋根葺き材が浮き上がり、隙間から雨水が浸入しやすくなるので、それに対する備えも検討の対象になります。

たとえば、屋根葺き材が金属板なら、水の入りにくい「巻きはぜ」納まりとし、吊子と一緒にしっかりと下地に留めます。瓦葺きやカラーベスト葺きなら、1枚1枚重ね葺きをするという工法上、雨水の差し込みは避けられないので、捨て水切やシーリングを併用した納まりを採用します。さらに万一に備えてアスファルトルーフィングを2重張りにし、屋根葺き材1枚ごとに釘やネジなどで桟木に固定するといった納め方を検討することを勧めます。ただし、下地の桟木にしっかり固定するのは葺き材の単位が小さい瓦などは確実に施工できますが、金属板の長尺ものを葺く場合などは下地に固定する箇所があまり取れないため、強風でめくれ上がる話をよく聞きます。長尺ものは継手が少なく雨漏りの危険が減る利点がありますが、風には要注意です。

写真1

和瓦葺きのけらば例。のし瓦を重ねたけらば納まり。細かな単位の繰り返しがつくるリズム感が心地よい

写真2

金属板葺き（平葺き）のけらば例。登り淀を包んでいる唐草が見えるが、屋根の平葺きを受けている唐草先端のはぜがつくる陰影が印象的である

写真3

これも金属板葺きの例で、屋根面に対して、けらば側がへの字形になる納まりを「みの甲」という。屋根勾配と軒天の勾配が違うときに、けらば廻りを納めるために用いられる

図

けらばの納まり例

① 和瓦葺き1

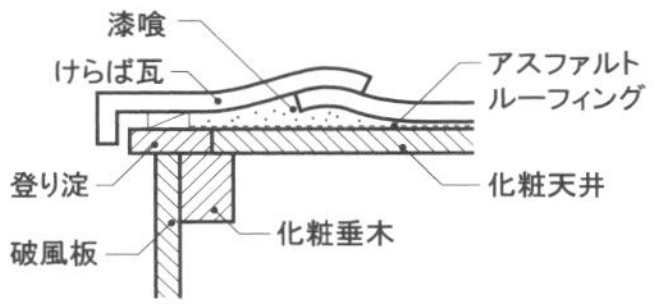

役物であるけらば瓦(袖瓦、掛け瓦ともいう)を使った納まり例。破風板が付くか付かないかは、デザインによる

② 和瓦葺き2

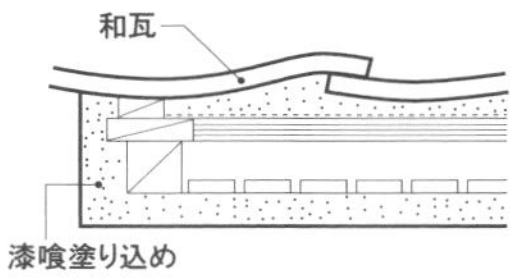

破風板の代わりにモルタル下地漆喰塗りで、軒天井から塗り込めた納まり例。この仕様は防火構造になる

③ 和瓦葺き3

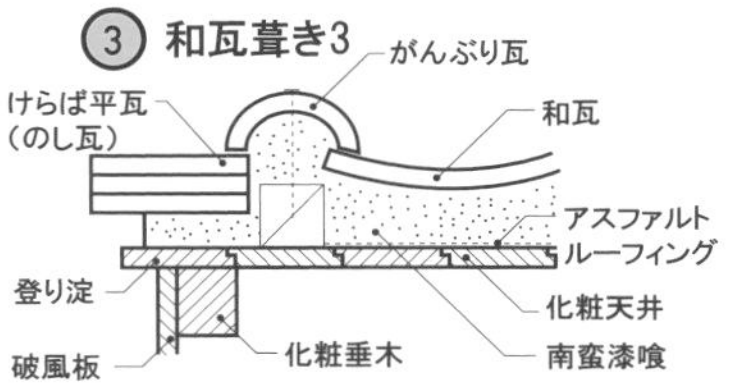

けらば平瓦重ね葺き納めの例。瓦下地には屋根土を使わずに、全体を南蛮漆喰で仕上げる

④ 和瓦葺き4

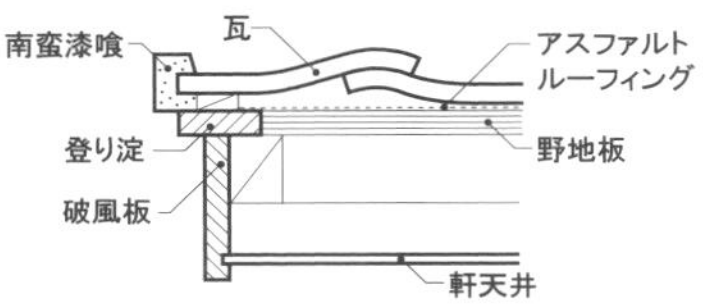

けらば瓦を使わずに南蛮漆喰を使って雨水の浸入を抑える納まり例。南蛮漆喰は、耐久性、耐候性、撥水性などを高めた屋根用の漆喰である

⑤ 洋瓦葺き1

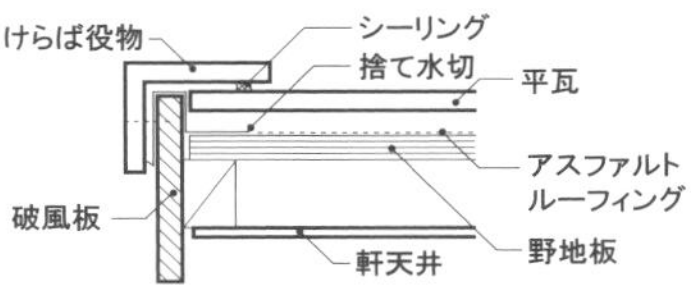

けらば役物(袖瓦)を使った納まり例。捨て水切やシーリング打ちを併用している

⑥ 洋瓦葺き2

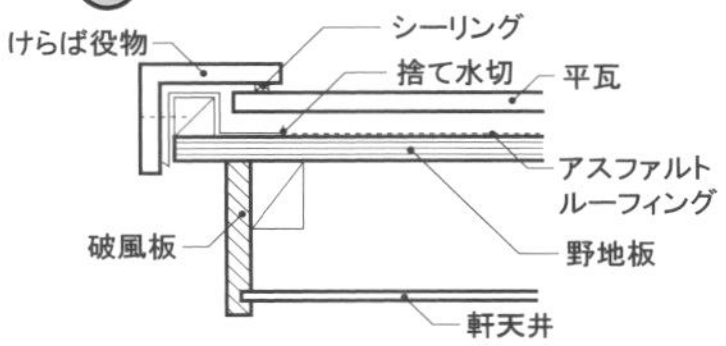

破風板の位置を内側に追い込んで袖瓦と少し距離をとった納まり例。袖瓦の影がはっきり出るので、表情が引き締まる

⑦ カラーベスト葺き1

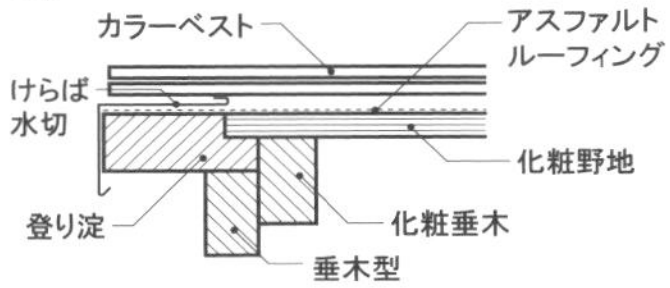

カラーベストの小口を見せる納まり例。重ねの数を増やすほど落ち着いた効果が出る。水切りの差し込み深さは60mm以上とり、場合によってはシーリング打ちを併用する

⑧ カラーベスト葺き2

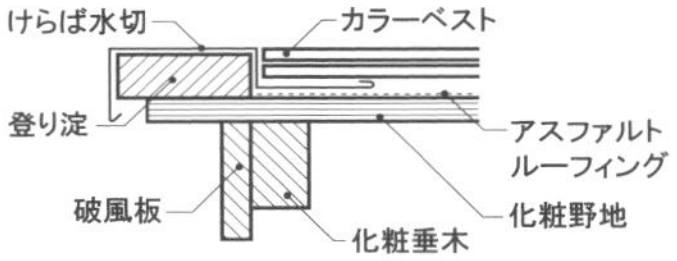

登り淀を役物のけらば水切で包む納まり例。水切りの金属板とカラーベストとの調和が取れないと、屋根面が額縁に縁取られたように見える

⑨ カラーベスト葺き3

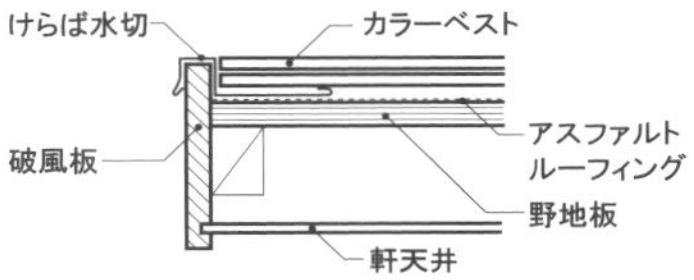

登り淀を使わずに破風板で納めた例。けらば水切の見付け幅が小さくなるので、屋根面が縁取られた感じは薄くなる

⑩ 金属板葺き1

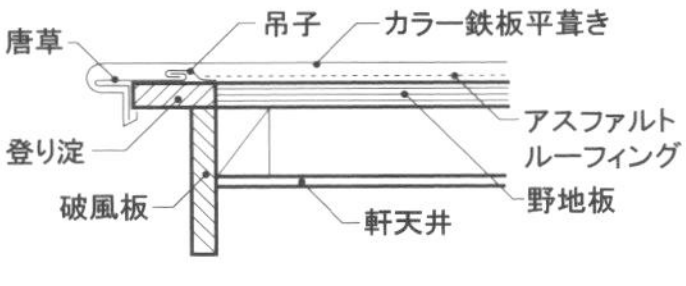

登り淀の先端に「唐草」という役物を先付けし、それに葺き材の金属板をはぜ掛けで納める。アスファルトルーフィングは唐草の上に敷く

⑪ 金属板葺き2

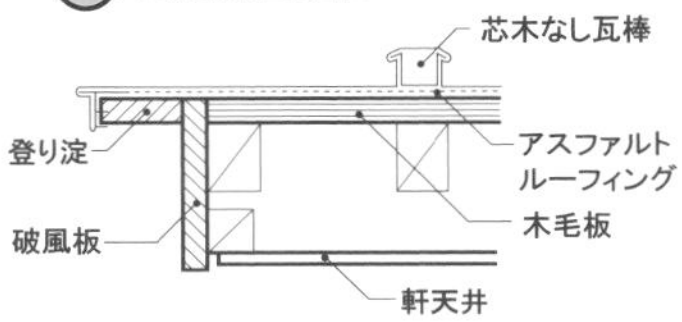

瓦棒葺きの場合、瓦棒からけらば先端までは300mm前後に納まるよう割り付ける。瓦棒の下地には垂木がくるようにすること

⑫ 金属板葺き3

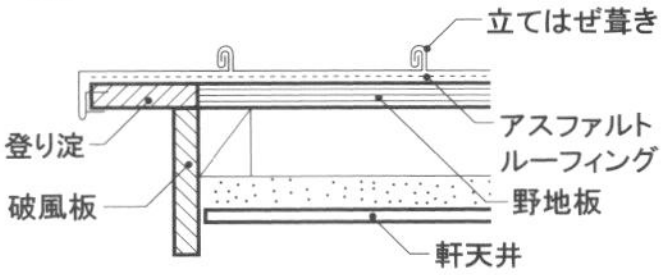

立てはぜ(スタンディングシーム)葺きの場合、けらば先端から立てはぜまでは、はぜの割り付けピッチ以内に納まるよう割り付ける

⑬ 鉄筋コンクリート造にカラーベスト葺き1

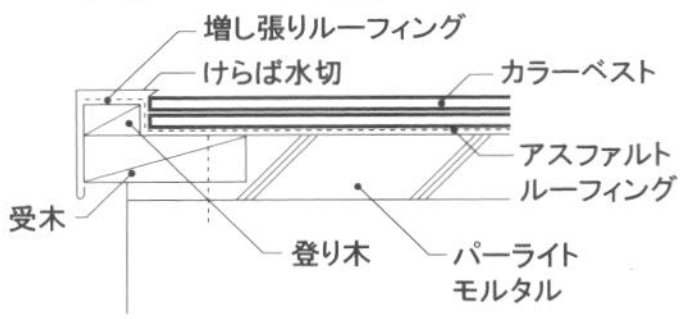

金属板のけらば水切でカラーベストを挟み込むように納める。けらば先端から500mmくらいの範囲はルーフィングの2重張りとしている

⑭ 鉄筋コンクリート造にカラーベスト葺き2

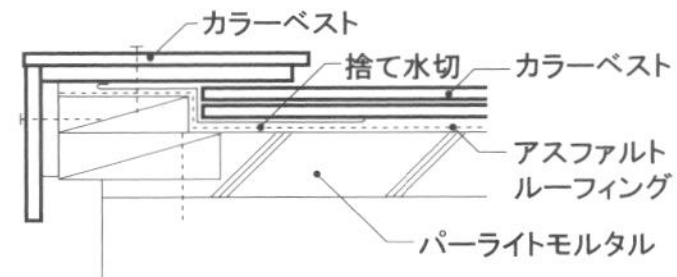

けらば包みをカラーベストで納めた例。捨て水切とルーフィングの2重張りを併用している

⑮ 鉄骨造に洋瓦葺き

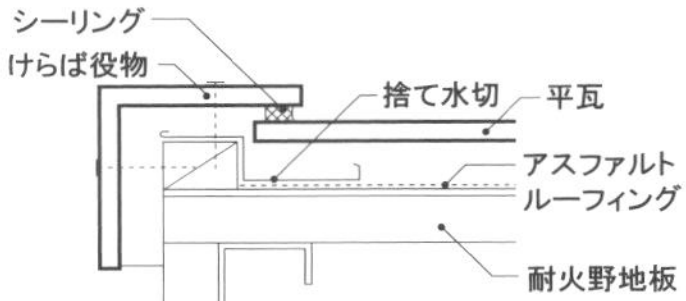

けらば役物の袖瓦を固定するための受け材となる登り桟を用意する。捨て水切とシーリング打ちを併用

034

先輩はディテールに何を語ったか 2

西澤文隆

Fumitaka Nishizawa 1915-1986

水を防ぐには、水が浸入しないように塞ぐのが一番よいという信念があって、塞ぐことばかり考えがちである。塞ぐことは自然の力に抗する方法であって、自然に順応するうまい方法ではない。（中略）今までの近代建築のディテールは、自然に抗しようとする努力が絶大で、自然の力を巧みに利用するなどとはおおよそ考えても見なかったふしがないでもない。格好が悪くならないようにと大変無理をするために、雨漏りの原因をみごとに造り上げる。

西澤文隆のディテール｜彰国社｜1987

西澤文隆さんは、「緑魔」といわれるほど、緑（植物）にとても詳しい方です。

建築をやっていると、建築と緑とは、切っても切れない深い関係にあることが分かってくるのですが、緑に関することは、工学とは違う世界のことなので、マツやサクラの名前は覚えてもそれ以上のことはなかなか頭に入りません。

ここに紹介した西澤さんの言葉は、緑魔にふさわしい西澤さんの面目躍如たる内容です。「工学」を振りかざして真正面から攻め立てても決してよい納まりが入手できるわけではなく、自然界を見渡してみれば、遠回りに見えても、周りと調和してうまく納まっている例がある、ということをいっているのではないでしょうか。

今までの習性にとらわれず、やりたいことをやろうと思えば、必ず〝おさまらない〟所ができる。その所を納めるためには〝塞がない〟ことである。自然は人間の意志のとおり動かず、自然の法則に従って動く。自然をあるがままにおもむかせるようディテールを定めてゆけば、そこに必ず新しいディテールが生まれる。

西澤文隆のディテール｜彰国社｜1987

西澤さんがいう「塞ぐ」納まりとは、たとえてみれば、痛んでいる患部に直接治療を加えて治す西洋医学的な方法であり、「塞がない」納まりとは、患部に直接手を加えるのではなく、痛みの原因を取り除くことで治療しようとする、漢方医学の考え方に近いのではないかと思われます。これも自然界から学んだ知恵で、またご自身、病気とのつきあいが長かった経験から生まれた西澤さんならではの言葉でしょう。たとえば西澤さんは、西阪邸のテラスと庭の芝生とが出会うところで、テラスの上に芝生を被せる納め方を見せてくれました。庭とテラスとの出会い部分のかたちは芝生次第で決まるということです。

古建築から装飾を剥ぎ取るとき、ディテールをも剥ぎ取ってしまったのが近代建築であった。装飾は単なる虚栄のためのみではなく、建築に陰影とテクスチュアを与える役目を果たしていたのであったが、それをネグレクトしてしまうこととなり、材質感もなく、陰影も乏しい建築を造ってしまった。

西澤文隆のディテール｜彰国社｜1987

西澤さんが生まれ育ったのは、自然の濃い琵琶湖の東岸。ここで草木とともに過ごしたことが「緑魔」の下地になっているでしょうが、本格的に緑の勉強を始めたのは大学を卒業して就職してからといいます。

その後、復員して関西に居を構えてから庭園に傾倒、建物と庭園との緊密な関係に気付き、その確認のため実測を始めます。そういったなかで知った、伝統的な日本建築の、きめ細かく配慮された厚みのある表情から、近代建築が捨ててしまったものの何たるかを指摘したのが、ここに引用した言葉になります。ディテールは、単に納まっていればそれでよし、とはいかないものなのです。

やりたいことをやると、当然納まらぬ所ができる。そこを当意即妙に納めてみせる能力がなければ真の数寄屋は造れないだろう。納まらない所をつくり、当意即妙に納めてみせる技術。やりっ放しのように見えてやりっ放しでない――そのようなディテールを生み出してゆきたい。

西澤文隆のディテール｜彰国社｜1987

数寄屋造りは、書院造りの系譜にあるものの、書院造りが重んじた格式や様式からできるだけ離れようとしているのが特徴で、桂離宮の新書院などが代表的な建物とされています。

書院造りが楷書とすれば、数寄屋造りは行書や草書にあたります。格式や様式を崩して、シンプルに、軽快に見せながら、その納まりのセンスが問われるのが数寄屋です。茶室は数寄屋の究極のかたちですが、その納まりを見ると、アッと驚いたり、ウーンと感心したりするところがたくさんあります。

西澤さんの言葉にあるとおり、好きなように自由闊達に構想を練っていくと、従来の考え方では納まらないところが出てくるのでしょう。そこを、苦し紛れのアクロバテイックな納め方ではなく、さらりと見せることができる実力を身に付けたいものです。

CHAPTER 03

扱う材料を知る

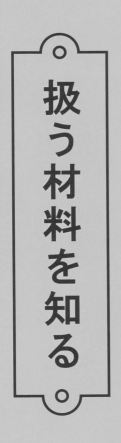

035 木のこと 1

色の違いには意味がある

孫子の兵法に「彼を知り己を知れば、百戦してあやうからず」という一節がありますが、ディテールに関してもこれが当てはまるものと思われます。すなわち、建築材料はもちろん、音や風をはじめとする環境要素などの特性を知ったうえで、自分の経験や技量に合わせて納まりを考えれば、まず失敗はないといえるのではないでしょうか。

たとえば、建築材料としての歴史が古く、最もポピュラーな「木」のことについて、みなさんはどのようなことを知っているでしょうか。

樹木を輪切りにすると、同心円状の輪が見えます。「年輪」と呼ばれるもので、この輪の数を数えると樹木の年齢が分かります。つまり、年輪は樹木の成長の軌跡なのです。

1年分の年輪は、色が濃い部分と、それより淡い色の部分とで構成されています［写真、図1］。濃い色のところは夏から秋にかけて成長した部分で、「晩材」（または「秋材」「夏材」）といいます。一方、淡い色のところは「早材」（または「春材」）といって、春から夏にかけて活発に成長した部分です。

早材は軟らかく、晩材に比べて伸縮率が大きいので、木繊維に沿った方向に対して、繊維に直交する方向の伸縮率は10倍くらいになります。樹木一般にいえることは、約40年くらいまでの樹齢の若いものは早材の幅が広いので、寸法安定性が悪く、ねじれたり反ったりといった、いわゆる〝暴れやすい〟性質をもっています。とある製材所の方の話では、材質が安定するのは約80年を過ぎてからだそうです。

輪切りにした樹木をさらに観察してみると、中心に近い部分は全体的に色が濃く、外周の部分は全体的に淡い色をしていることが分かります。濃い色の部分は「心材（赤身）」といい、淡い色の部分は「辺材（白太）」といいます［図2、表］。

辺材は成長中の部分で、根と葉の間を水分や養分が活発に往来しているところです。組織が軟らかいので伸縮しやすく、腐朽や虫害にも遭いやすいため、木材として使うときには注意が必要です。一方の心材は、成長が終わり、組織が堅くなって安定したところで、樹木を支える構造体の役割を担っています。木材としては、構造材や造作材としてよく使われています。

図2

心材と辺材

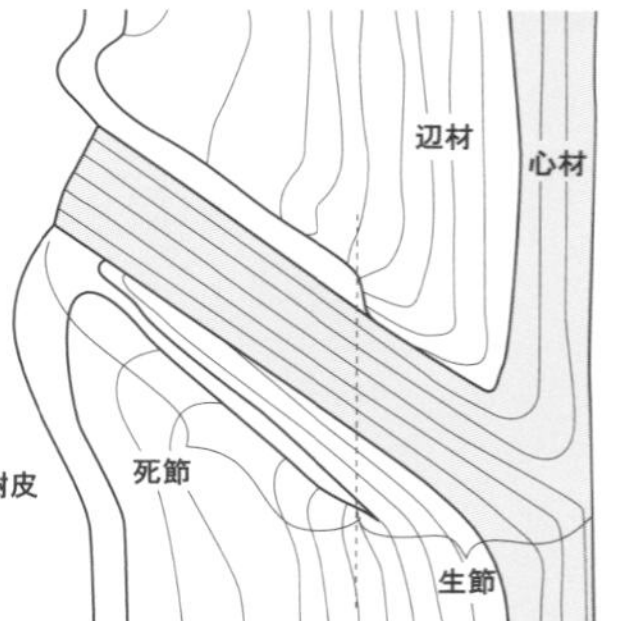

樹木の繊維に沿った断面で、図の右が樹心部分、左が樹皮部分を表す。ちょうど枝の部分を切っているが、ここが「節」になる。伐採されるまで枝が生きていれば全部が生節になるが、途中で枝打ちされるとそこから死節になる。
辺材と心材を比べると、一般に商品価値が高いのは心材であるが、「磨き丸太」や天井板の「純白」のように辺材の部分に商品価値があるものもある

写真

外周の樹皮の内側にある色調の白っぽい部分が辺材で、樹木の生命活動を担っている。そのさらに内側の色調の濃い部分が心材で、樹木の構造体を担っている。年輪は色調の薄い部分と濃い部分とが一組で1年分である

図1

樹木の構造

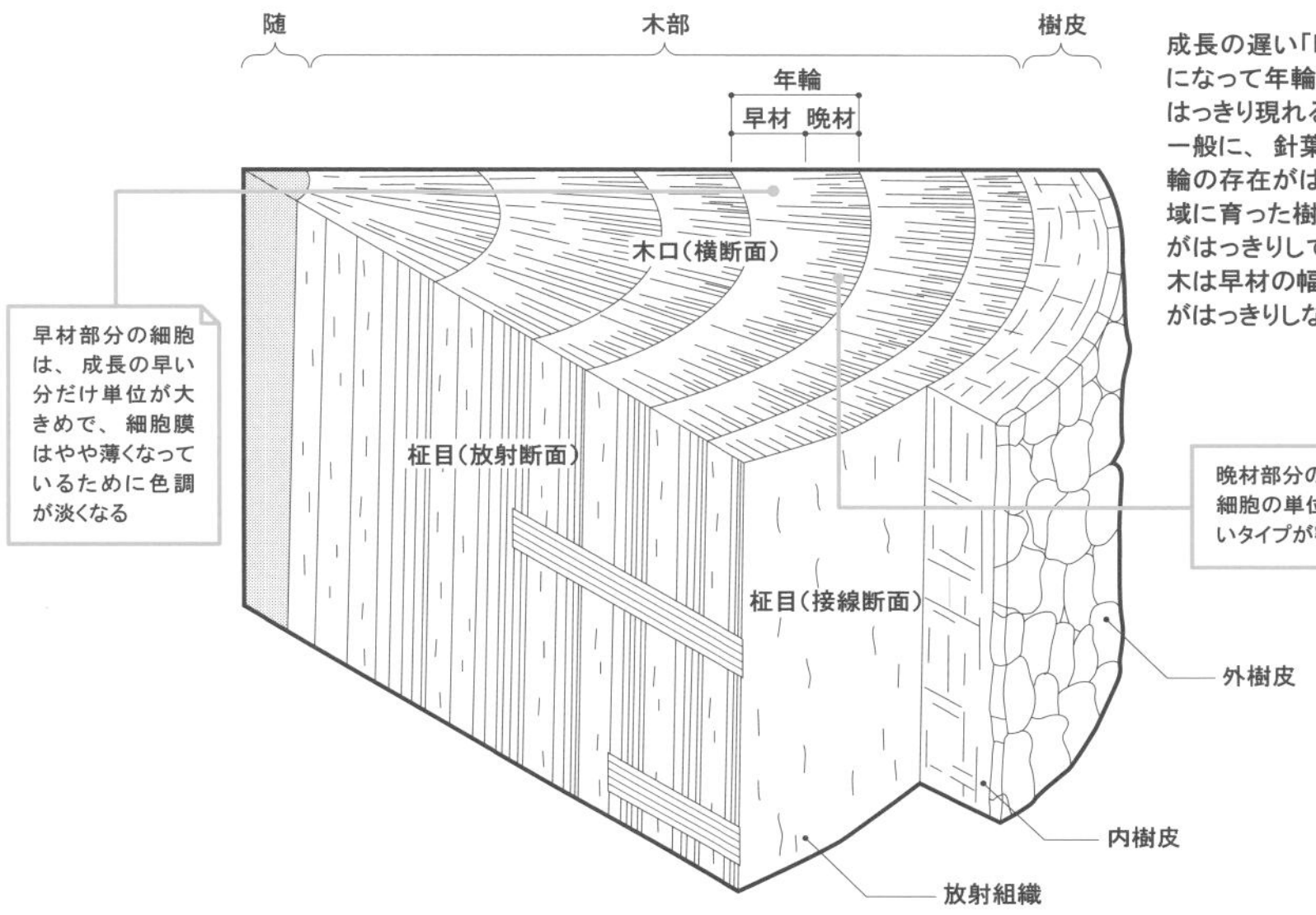
晩材部分の色が濃いのは、木繊維細胞の単位が小さく、細胞膜が厚いタイプが密集しているからである

成長の遅い「晩材」と成長の活発な「早材」とがセットになって年輪が形成されるが、樹種によって年輪がはっきり現れるものとそうでないものとがある。

一般に、針葉樹は年輪がはっきり現れ、広葉樹は年輪の存在がはっきりしない。また、気候の寒冷な地域に育った樹木は晩材と早材との間隔が狭く、年輪がはっきりしている。一方、温暖な地域に育った樹木は早材の幅が広く、しかも晩材と早材との色調の差がはっきりしないため、年輪がボケ気味になる

表

心材と辺材の特徴と用途

	辺材	心材
部位	樹皮内側の層	中心部分
組織	木材の生命活動を担う部分。水分を通し、でんぷんなどを貯蔵・分配するために柔細胞の組織で構成されているので、軟らかい	樹木を支える役目を担う部分で、柔細胞が堅く、密度も高いため、組織は緻密である
含水率	水分を運ぶ導管が存在するため、含水率は大きい	成長過程において水分を運ぶ導管がなくなるため、含水率は落ちる
色調	細胞膜の厚みが薄く軟らかいため一般に淡色で、この傾向は針葉樹では明確に表れるが広葉樹ではそれほどでもない。針葉樹でもエゾマツ、トドマツ、ベイツガなどは辺材と心材との色の違いがはっきりしない	細胞膜が厚く、密度が高いため、一般には辺材よりも濃色になる。色相は樹種によって違い、針葉樹では黄色(カヤ)、桃色(スギ)、茶色(カラマツ)、紅色(イチイ)、黒色(ネズコ)などがある。また、産地によっても色味は違い、スギは吉野と秋田が珍重される。針葉樹に比べ、広葉樹は色味の種類が多く、紫色(クワ、カツラ)、黄色(ウルシ、キハダ)、赤色(サクラ、クス)、桃色(モミジ)、水色(ホウノキ)、灰色(カキノキ)、黒色(コクタン)などがある
美観	まだ組織が若い部分だけにやや肌理が粗いが、スギ板の「純白」のように銘木扱いされる部分もある	組織の緻密さと色調により化粧材に使われる部分が取れる。広葉樹は家具用によく使われる
耐食性	含水率が高く、栄養分に富む部分なので腐朽菌がつきやすく、腐りやすい	含水率が低く、栄養分も少ないことに加えて、樹脂やフェノール類などの抽出があるため耐食性は高い
虫害	上記と同様の理由で、虫害を受けやすい	上記と同様の理由で、虫害を受けにくい。特に、ヒバは虫害や腐朽に強い成分(ヒノキチオール)を含むことで知られる
用途	下地材、桟木、野地板など	造作材、構造材、化粧材など

036 木のこと 2

木表・木裏の使い分けに注意

原木（丸太材）をどのように製材し、どのようなかたち（種類）の材木を取り出すかを決めることを「木取り」といいます。

年輪に対して直交方向に木取りした木材の面には、「木目」（年輪の線）が平行に現れます。これを「柾目」といいます。目の間隔が狭いものは見た目が美しいうえ、反りや伸縮などの狂いが少ないので、銘木扱いされています［77頁図1］。

一方、年輪に対して接線方向に木取りした木材の面には、さまざまな模様の木目が現れます。これを「板目」といい、木目の模様によっては銘木扱いされるものもあります［図1］。

こうして切り出された木材には表と裏があります。原木の樹皮側の面を「木表」、樹心側の面を「木裏」といいますが、木材を乾燥させると、木裏側が膨らむように反ります［図2］。これは、原木の樹皮側（丸太でいうと外周側）には常に縮もうとする力が働いているためといわれています。

この木表・木裏の特徴は板材になったときに顕著に現れるので、使用するときにはよく確かめ、適切に使い分ける必要があります。

たとえば木表の材面は、年輪の晩材の先端部分がやや丸みを帯びたようになっており、材のなかに潜り込んでいるように見えます。材質は堅く、色調は濃いめで、鉋《かんな》で光沢のある美しい仕上がりになるので、美観の要求されるところに使用されます。一方、木裏面は晩材の先が尖って、ささくれることがあるため、人が直接触れる場所には使うのを避けるべきです。また、材質がやや軟らかいのですが、耐久性があるので、雨がかりのある下見板では木裏面が使われます。

縮もうとする力が樹皮側に働いていることは、ムク材に割れが入るときに、中心に向かう方向へ放射状に入るということでも分かります［図3］。法隆寺大工の故・西岡常一さんによれば、こうしたムク材の割れは木の繊維に沿って入るので、鋸《のこぎり》で繊維を切断する場合と違って、構造的にはほとんど問題がないそうです。

構造的といえば、木は繊維方向には引張りにも圧縮にも強いのですが、生節・死節にかかわらず節があると、引張りの力が働いたときに節のところで破断するので注意が必要です。

図1 木取りと木材の表情

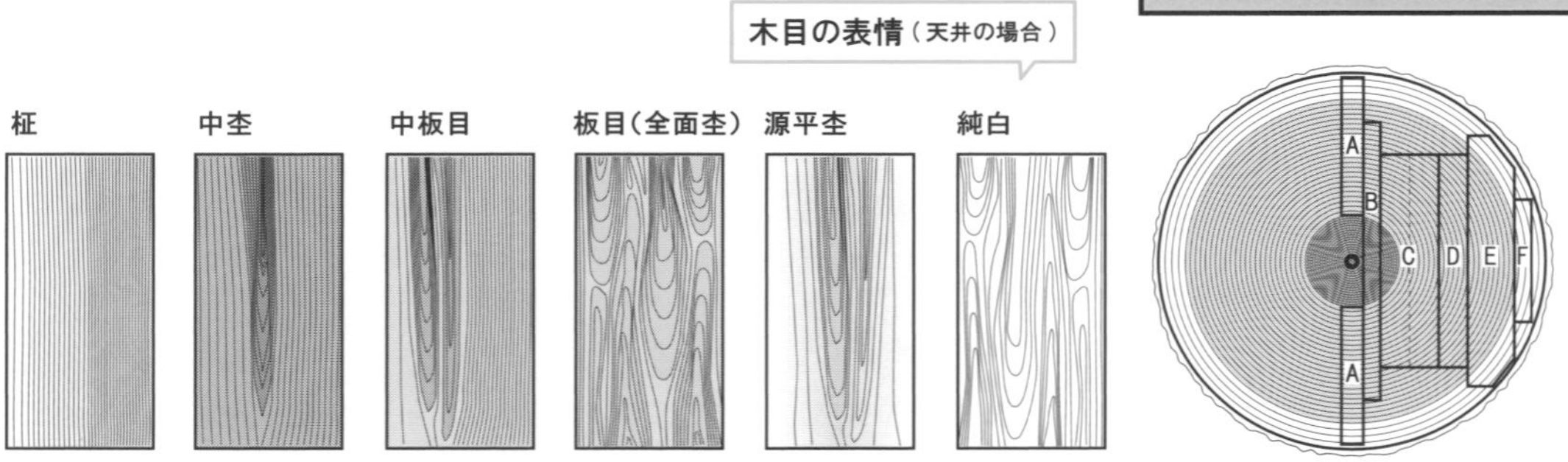

柾：原木の中心部分からしか取れない。木目の間隔が細かいほど価値が高い

中杢：板の中央部分に少し板目があり、その両側は柾目になる。入手しやすいパターン

中板目：大半が板目になるが両端に柾目が出る。原木の中心に近い部分から取れる。これもよく見るパターンである

板目（全面杢）：板全体が板目になり、柾目が入らない。笹の葉の形の木目が現れると「笹杢」という

源平杢：源氏と平家の旗印にちなんで、1枚の板に心材の赤と辺材の白が入ったものをいう。取れる位置は限られる

純白：辺材の部分からのみ取れる板材で、原木がかなり大きくないと取れない

A:柾 B:中杢 C:中板目
D:板目（全面杢） E:源平杢 F:純白

木取る位置によって板材の木目の表情が変化する。木取る位置によっては1本の原木から数枚しか取れないものもあり、歩留まりの悪い分、高価になる

図2

木表と木裏

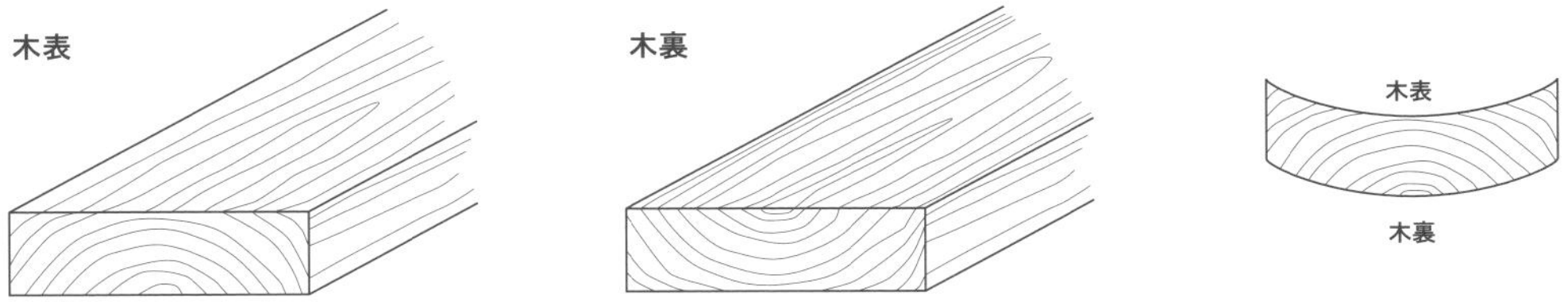

職人であれば材面を見ても裏・表は分かるというが、一般には木口を見て判断する。木口で年輪を見て、形が「ハの字」状のとき、上面側が木表、下面側が木裏になる。なお、年輪に直交する切断面は柾目になるが、この面は裏とも表ともいわない。また、板材であれば、乾燥で反りが出たとき、凸状に膨らんだ側が裏、凹状にへこんだ側が表になる

図3

乾燥による変形

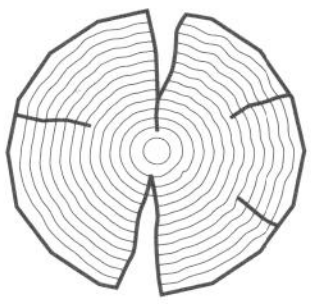

丸太の状態で乾燥すると、中心に向かって放射状にひび割れが入る

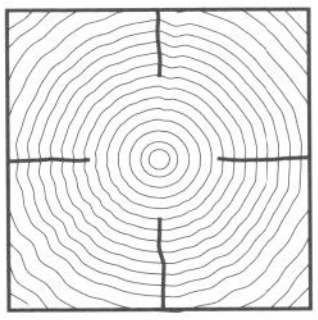

角材の割れは辺に出る

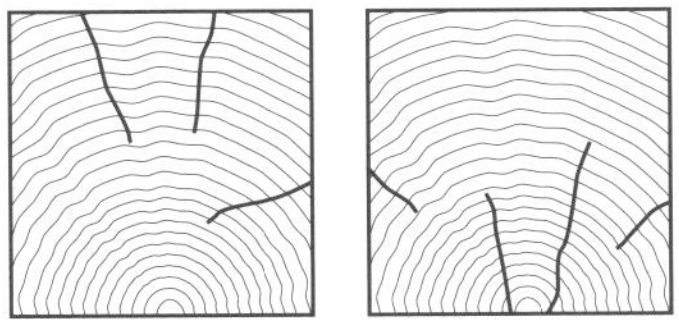

樹心が角材の外にあり、1辺に近いと、割れはその辺に出るか、反対の辺に出る

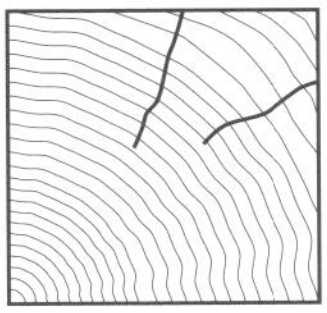

樹心が角にあると、割れは反対の辺に出る

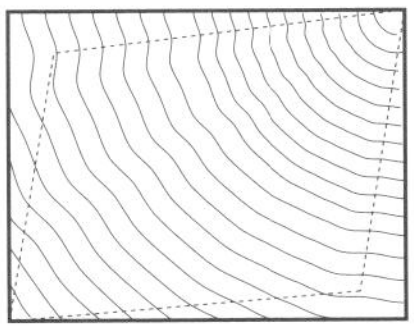

乾燥収縮は年輪に沿って出るので、木取りの位置によって縮み方が異なる

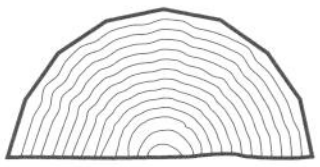

樹皮を残して中心を通る「半割り」にすると、ほとんどひび割れが入らない

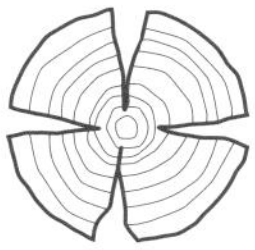

樹皮を残して4つ割りをすると、割れは入らないが、辺材部の収縮が大きいため、長さ方向に反る

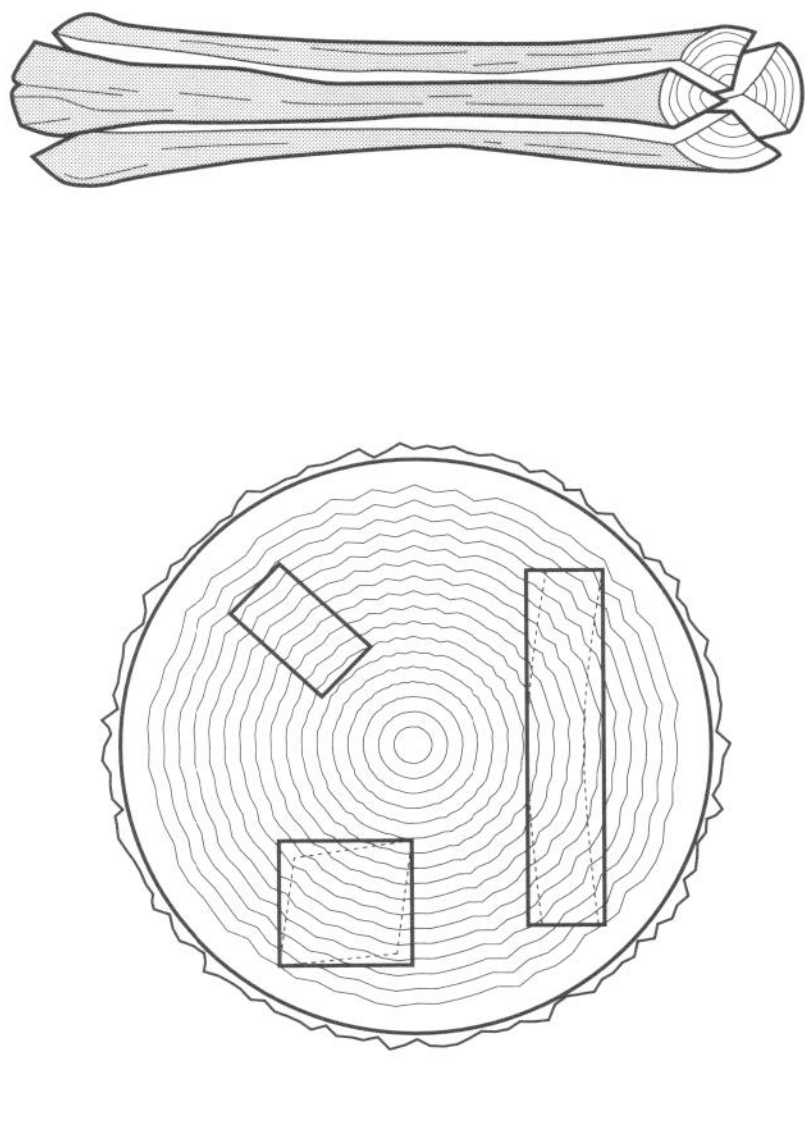

037

鉄のこと

防錆と耐火被覆が必須

鉄は、木や石と並んで人との付き合いが長い素材ですが、錆びてしまって、最終的には消滅してしまうために、昔の人たちがどのような使い方をしていたのかを現物で確認することがなかなかできません。

鉄が錆びるのは、鉄と空気中の酸素・水分とが結び付くことが主な原因です。錆を防ぐには、鉄とこれらとを断つこと——すなわち防錆処理を施す必要があります。

防錆処理の方法としては、防錆塗料を使うのが手軽で一般的ですが、塗膜の耐用年数に限りがあり、メンテナンスが欠かせません。より効果的なのは溶融亜鉛めっき（ドブ漬け）や各種の電気めっきによる方法で、使用箇所や設計の条件によって使い分けます。場合によっては、めっきを下地として塗装で仕上げることも可能です［表1］。

いくつかあるめっきの方法のなかで、溶融亜鉛めっきは鉄の防食のみを目的にしているめっきです。しかも、柱や梁に使うような大型の鋼材のめっきが可能なので、建築ではよく使われます。仕上がりの表情は出来たてのときはピカピカの金属光沢があり、周囲との調和が気になりますが、酸化によって1～2年で落ち着いた灰色になります。

鉄を扱うときにもう1つ注意したいのは、火に弱いということです。鉄は不燃材なので、耐火建築の構造材として使われていますが、高温になると強度が急激に低下する性質をもっています［図］。強度が低下すれば、躯体の形を維持できなくなり建物が崩壊してしまうおそれがあります。一般的な鉄骨材（鋼材）の場合、その強度は500度で常温のほぼ半分になるといわれており、火災の最盛期の温度が600～900度くらいといいますから、鉄骨の建物は耐火被覆を施さないと耐火建築とはならないということが、実によく分かります。

耐火被覆の方法としては、①耐火材を吹き付ける、②巻き付ける、③塗り付ける、④張り付ける、⑤耐火材で囲う、などがあります［表2］。

しかし、鉄骨構造の構造体が最も美しく見えるのは、耐火被覆を施さない、鉄がむき出しの状態のときです［写真1・2］。鉄骨造の建物で躯体を化粧で見せたいときにどのように納めたら正解なのか、いつも検討に時間がかかるところです。これについては、耐火塗料や高耐火の鉄骨材を使うなど、現在ではいくつかの選択肢があります。

図 一般鋼（SN490B）の高温耐力

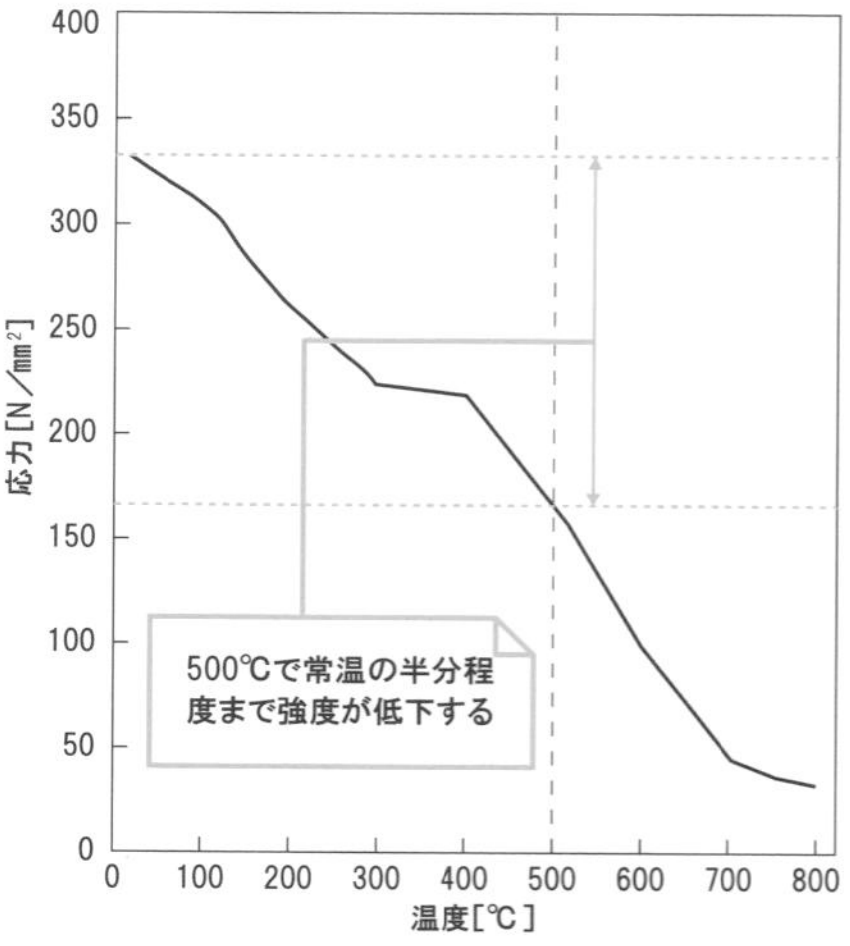

写真1

跨線橋の建築の例。鉄骨造は上棟のときが一番美しいというが、それはこのように純粋な架構体が見えるからである

写真2

鉄道施設には鉄骨の架構体がそのまま見える例が多い。これは跨線橋の底面部だが、溶融亜鉛めっき仕上げの鋼材ですっきりしている

表1

防錆処理の種類と用途

種類	特徴	用途
ペイント	・防錆塗料を塗布して皮膜をつくる ・塗料の付着力を高めるため、ケレンや下塗りを丁寧に行う必要がある ・上塗りは色を選べる ・安価だが、耐用年数に限りがある	内外装の鉄部一般
電気めっき	・電気分解の化学作用を利用して被覆する ・利用できる金属の種類が多く、100℃以下の低温でできる ・電解液の廃液が公害問題になる	内外装の鉄部一般。特に小型で複雑な形状の部品に適する
溶融めっき	・溶けた金属(亜鉛、アルミなど)の槽に漬け込んで被覆する ・付着する金属の膜厚があり、防錆の耐久性・耐候性が高い	特に外装の鉄部一般に適する
溶射	溶けた金属をそのまま吹き付けて皮膜をつくる	対象物のサイズ・形状を選ばないが、サイズが小さいと溶射効率が低くなる
合成ゴム	・シート状のものを接着したり液状のものを塗布して被覆する ・防食(耐薬品性)、防音、滑り止めなどの効果もある	床版やタラップ、はしごなど
合成樹脂	熱硬化性樹脂を塗り付けたり、吹き付けたりして被覆する	配管材や床版など
化成処理	陽極酸化、リン酸塩処理などによって、化学的に非金属物質の皮膜をつくる	塗装下地を兼ねた防錆処理として鋼板などに使われる
ホーロー	ガラス質の釉薬を塗り、高温で焼き付けて被覆する	内外装パネル、看板、浴槽など
セメント系	ラス網を溶接し、その上からモルタルを塗り付ける	外装一般
重合リン酸塩など	溶液に添加または水溶液にして循環することで、金属表面に皮膜を形成させる	冷却水などの循環する配管内部全体の錆止めに適用
除湿など	・乾燥剤、脱酸素剤などによって錆の原因物質を除去する ・結露防止やカビ発生防止にも効果がある	ほかの防錆法と併用し、鋼材の保管や梱包などに用いる
電気防食	外部より防食電流を供給し、電位の高低差を消滅させる	塩害による防錆に有効

表2

耐火被覆の種類と用途

工法	特徴
吹き付け	・湿式工法により、付着性が高く、発塵がほとんどない ・柱、梁、壁、天井、屋根などあらゆる部位に対応できる
巻き付け	・シート状の工業製品(厚さ・密度の品質が安定)を使う乾式工法のため、養生が不要で発塵も少ない ・ほかの工事と並行作業が可能なので工期短縮が期待できる ・リニューアル工事向き
塗装	・薄膜の仕上がりになるため、美観を損なわず意匠性が高い ・着色仕上げも可能 ・内外装のいずれにも対応でき、柱、梁をはじめ、あらゆる部位に使用できる
張り付け	・薄膜シート状あるいは薄板状の工業製品を使う乾式工法のため、養生が不要で、発塵もなく、施工管理が容易 ・被覆がそのままクロスや塗装仕上げの下地になる ・剥離、脱落、垂れ下がりなどのトラブルがなく、耐久性が高い
囲む	・レンガなどの耐火材で囲むか、鉄骨鉄筋コンクリート造のようにコンクリートで包む工法 ・仕上げまたは仕上げ下地を兼ねることが可能 ・鉄骨鉄筋コンクリート造であれば、柱、梁など躯体全般に適応できる

038

コンクリートのこと

水セメント比とかぶり厚の管理が重要

鉄筋コンクリートが登場したのは、今から140年ほど前のことになります。躯体をつくる素材としては、いわば〝新参者〟であるにもかかわらず、鉄筋コンクリートは今や建築には欠かせない重要な存在となっています。

引張りに強い鉄筋と圧縮に強いコンクリートとが一体になって働くことがこの素材の重要なポイントなのですが、そのためにはコンクリートを劣化させないように管理する必要があります。というのも、コンクリートが劣化すると内部の鉄筋が錆びてしまい、鉄筋コンクリートとしての一体性が損なわれて、必要な強度を確保できなくなるおそれがあるからです。

コンクリートが劣化する要因はいくつかあり、それに合わせた対策がありますが、なかでも水セメント比とかぶり厚の管理は大切です。たとえば長期優良住宅の認定基準では、鉄筋コンクリート造の躯体長寿命化のために、水セメント比は45%以下、かぶり厚は4㎝以上（外部の場合）とすることが求められています［表］。

水セメント比45%以下のコンクリートというと、かなり硬いコンクリートとなります。通常使い慣れているコンクリートは水セメント比が60～65%くらいですから、45%以下のコンクリートでは打ち込みのときにコンクリートが回りにくく、かなり苦労するはずです。このとき、AE剤などの流動化剤の助けを借りるにしても、原則はコンクリートが回りやすく、かつ、かぶり厚をしっかり確保できる躯体を設計することが必要です［図］。

ディテールを検討するときには、かぶり厚に余裕のある断面になるよう、配筋図をチェックし、必要があればコンクリートの増し打ちも検討します。

また、打ち放しコンクリートの仕上げを検討するときには、肌のきれいなコンクリートを打つことに気を奪われがちになりますが、それよりも、品質のよいコンクリートに仕上げることを優先するべきでしょう。ちなみに、コンクリートが固まるのは、セメントと水との水和反応という化学反応によりますが、この反応には40%の水が必要といわれています。45%の水セメント比というのはそこに照準を合わせています。

写真1

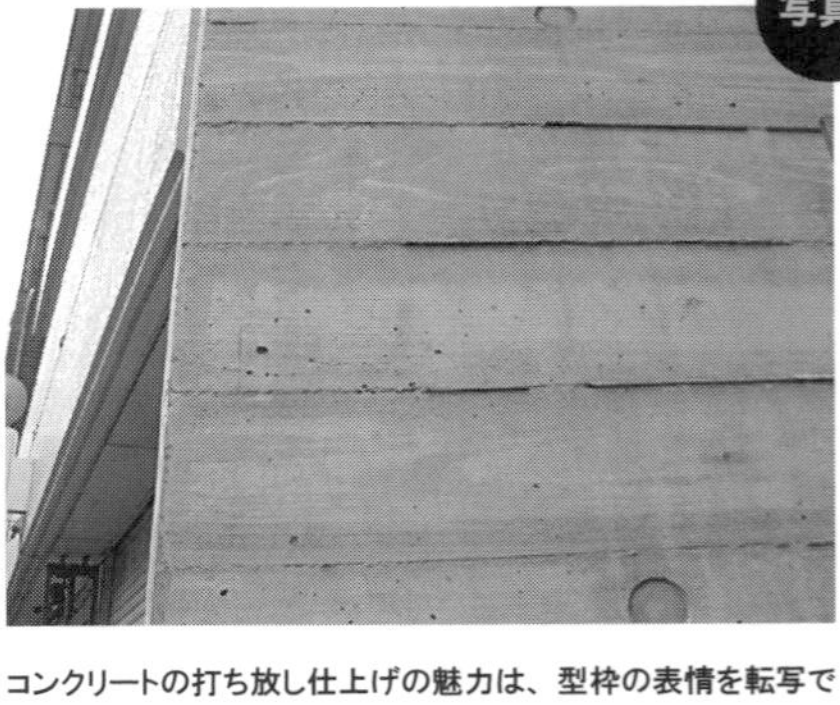

コンクリートの打ち放し仕上げの魅力は、型枠の表情を転写できることだが、きれいに仕上げるには細心の注意が必要だ

写真2

鉄筋コンクリート造の建物は、型枠にコンクリートを流し込んでつくる鋳物のようなもの。写真の例のように、ちょっとデザインした小庇と一体でつくることは簡単にできる

表

長期優良住宅の認定基準

部位			最小かぶり厚さ 水セメント比45%以下の場合	最小かぶり厚さ 水セメント比50%以下の場合
直接土に接しない部分	耐力壁以外の壁または床	屋内	2cm	3cm
		屋外	3cm	4cm
	耐力壁、柱または梁	屋内	3cm	4cm
		屋外	4cm	5cm
直接土に接する部分	壁、柱、床、梁または基礎の立ち上がり部分		4cm	5cm
	基礎(立ち上がり部分、捨てコンクリート部分を除く)		6cm	7cm

図

かぶり厚の管理

① かぶり厚の確保

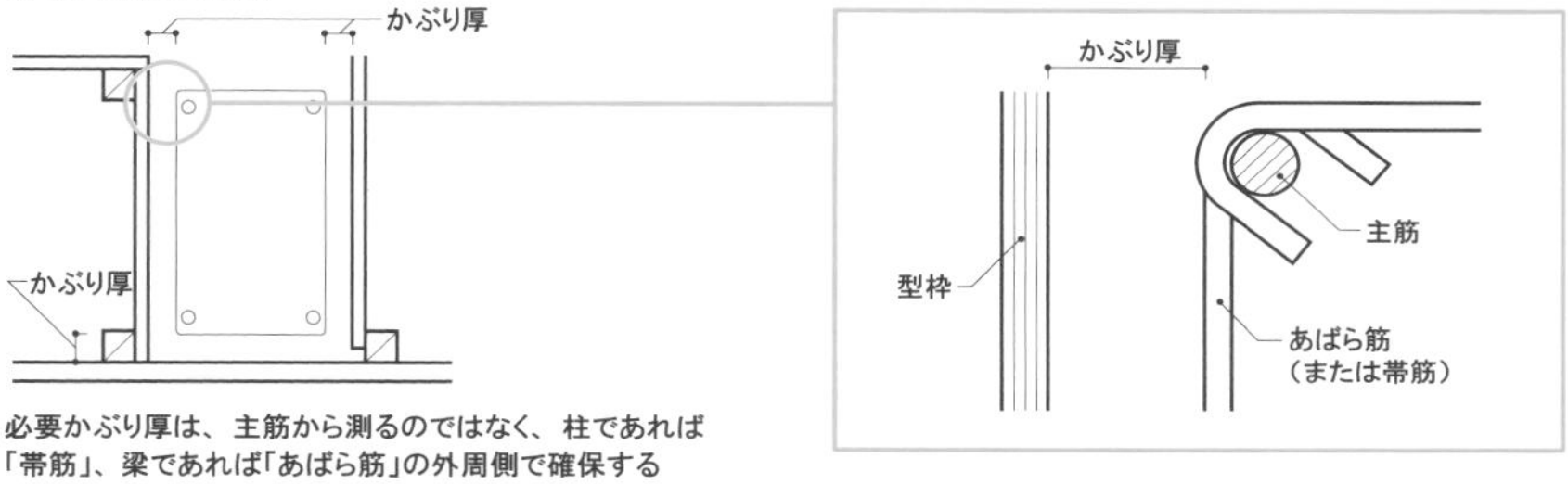

必要かぶり厚は、主筋から測るのではなく、柱であれば「帯筋」、梁であれば「あばら筋」の外周側で確保する

② 鉄筋間隔と鉄筋のあきに関する定義

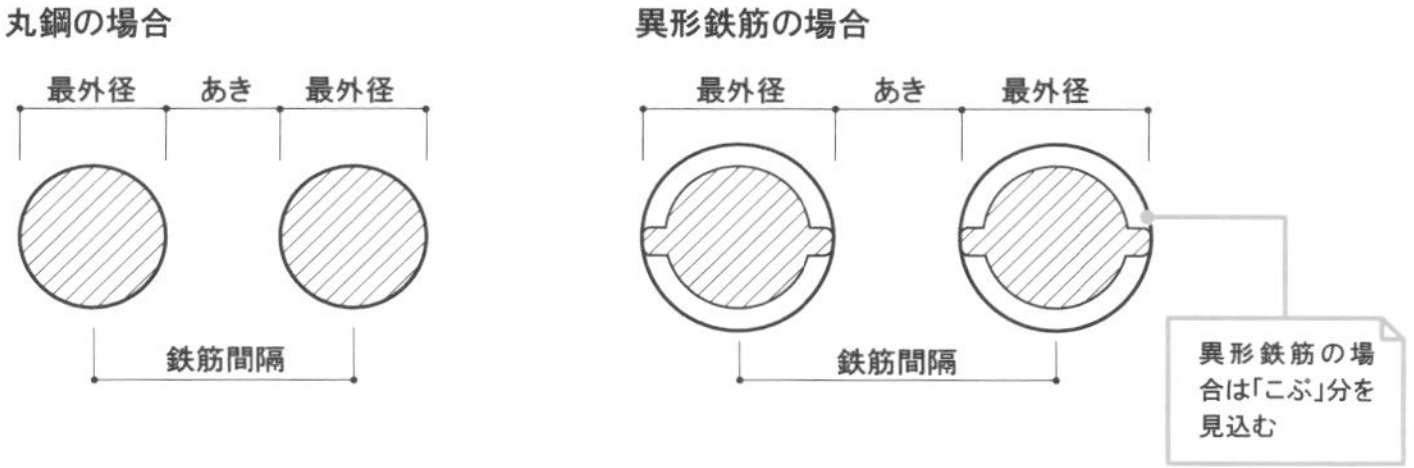

鉄筋間隔とは
①鉄筋の呼び径数値×1.5＋鉄筋の最外径
②粗骨材の最大寸法×1.25＋鉄筋の最外径
③25mm＋鉄筋の最外径
のうち、大きいほうの数値を採用

鉄筋のあきとは
①鉄筋の呼び径数値×1.5
②粗骨材の最大寸法×1.25
③25mm
のうち、大きいほうの数値を採用

③ 異形鉄筋の公称直径

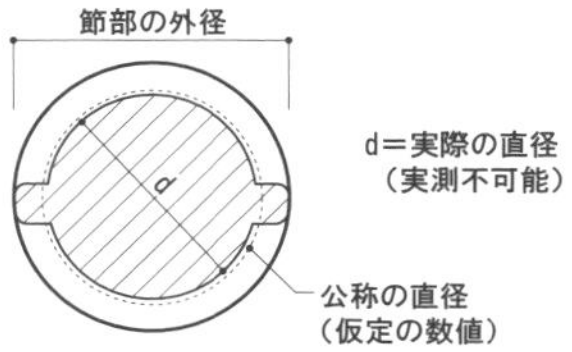

たとえば、D16の公称直径は15.9mmとなっているが、これは公称断面積(D16の場合は1.986mm²)を算出するための基礎数値であって、仮想の数値である。異形鉄筋は「節」が邪魔をして実際の直径を測ることができない

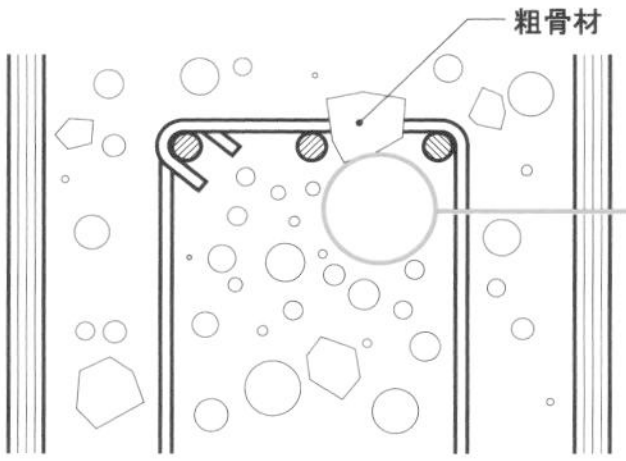

鉄筋のあきが少ないか、粗骨材が大きい場合、粗骨材が鉄筋に引っ掛かると蓋をしたかたちになり、ここにコンクリートが回らなくなって、ジャンカができるという問題が起こりやすいので注意が必要である

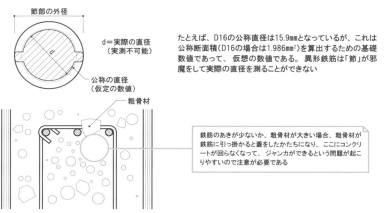

039

ガラスのこと

重量と熱割れ・錆割れ対策が必須

ガラスは、結晶構造をもたない「アモルファス（非晶質）」の物質であるという点に大きな特徴があります。アモルファスなるがゆえの特性として、①全体が均一で透明である、②特定の方向にだけ割れやすいということがない、③割れた破片は鋭利な刃物のようになる（理論上は刃先の先端角を0にできる）などがありますが、これはそのままガラスの特徴に当てはまります。

ガラスには木材並みの引張り強さがある一方、弾性・靭性に乏しいので、大きな開口部や高所の開口部などに使うときは、風圧に耐えるために厚みを増して強度を確保します。

しかし、ガラスの比重は2.4～2.7程度と、コンクリート並みの比重があります。厚みが少し増えるだけでも重量が大きく変わり、テラス窓くらいの面積で1枚当たり15～20kgを超えてしまうこともあります。これを受けるサッシを含めると、1人で扱うには苦労する重さになるので、設計時にはそれを考慮し、枠の構造や強度、建具金物の強度などもしっかり検討して対応する必要があります。

また、厚みが増すと、重量対策に加えて「熱割れ」という現象についても配慮が必要になります。

熱割れは、ガラス両面の温度差などで起こるひずみが原因で発生しますが、厚みが増すほど温度差が大きく表れるので注意が必要です。ガラス面の一部に家具やカーテンなどがかかることで温度差が生じることもあるので、ガラスのそばにはなるべく物を置かないように配慮することも重要です。また、ガラス自体に熱を溜めやすい熱線吸収ガラスでは熱割れが起こりやすいので、特に注意します［図1］。

そのほか、網入りガラスでは熱割れと似た「錆割れ」が発生することがあります。金網が錆びて、膨張することによって起きる現象で、これを防ぐには金網が露出しているガラスの小口（切り口）に水が入らないようにすることが重要です。そのためには、ガラスを枠に納め、しっかりシールする必要がありますが、小口面をあらかじめシーリング材などでコーティングしておくのも効果的です［図2］。

写真1

片持ちのスラブに挟まれているので、ガラスのみで建築の壁面を構成することができる。独特の透明感が気持ちよい

写真2

ガラスのみで建築の壁面を構成する場合、ガラス壁面に直交させたガラスリブに、壁面にかかる風圧を負担させる

表

ガラスの種類と特徴

種類	特徴	用途
フロート板ガラス	・溶融金属の上に溶けたガラス素材を浮かべて成形する ・連続成形できるので大判のガラスをつくることができる ・現在、一般に使用されている板ガラスのほとんどはこの製法による	・一般建築、店舗、超高層建築などの内外装 ・ショーケースなどの家具、什器
型板ガラス	・2本の水冷ロールの間に溶融状態のガラス素材を通過させ、ロールに刻まれた模様をガラスに転写する ・光線は通すが、風景は判別できないほど歪むので、視線を遮る効果がある	隣家と接近する窓など視線を遮りたい場所に使用
網入り板ガラス	・溶融状態の板ガラスで金網をサンドイッチして成形する ・ガラスが割れても金網があるので飛散しない ・遮炎効果がある ・耐衝撃性はフロート板ガラスに劣る	建築基準法に定める防火設備の開口部などに使用
摺り板ガラス	・透明なガラス板の片面を珪砂や金剛砂と金属ブラシなどで擦り加工して不透明にしたもの ・独特の柔らかみのある透過光になる ・ガラスの強度は、フロート板ガラスに比べて3割ほど落ちる	・光は通すが視線を遮りたい場所で使用 ・この方法で文字や模様も描ける
合わせガラス	・2枚(特殊な場合は3枚以上)の板ガラスの間に樹脂膜(ポリビニルブチラール)を挟み、加圧圧着する ・割れても破片が飛散せず、衝突物も貫通しにくい	飛散防止など安全性が要求されるところや、防犯性が要求される場所で使用
強化ガラス	板ガラスを軟化点(700℃程度)近くまで加熱した後、空気で急冷すると「焼き入れ」のかたちになり、表層に圧縮力が働いてガラスの強度が増す	・特に安全性を求められる場所に使用 ・ガラスドア、ガラススクリーンなど

図1

熱割れの原因と対策

① 熱割れの形状

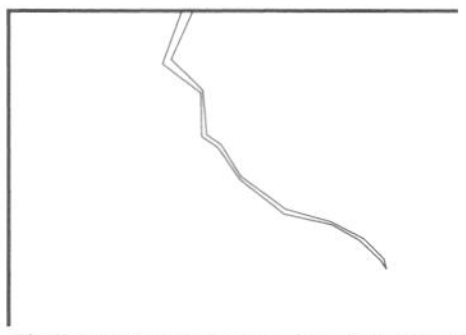

ガラス切断箇所の小さな傷に熱膨張力が作用する。少しずつ進行するので、割れのかたちは「迷走型」になる

② 熱割れの対策

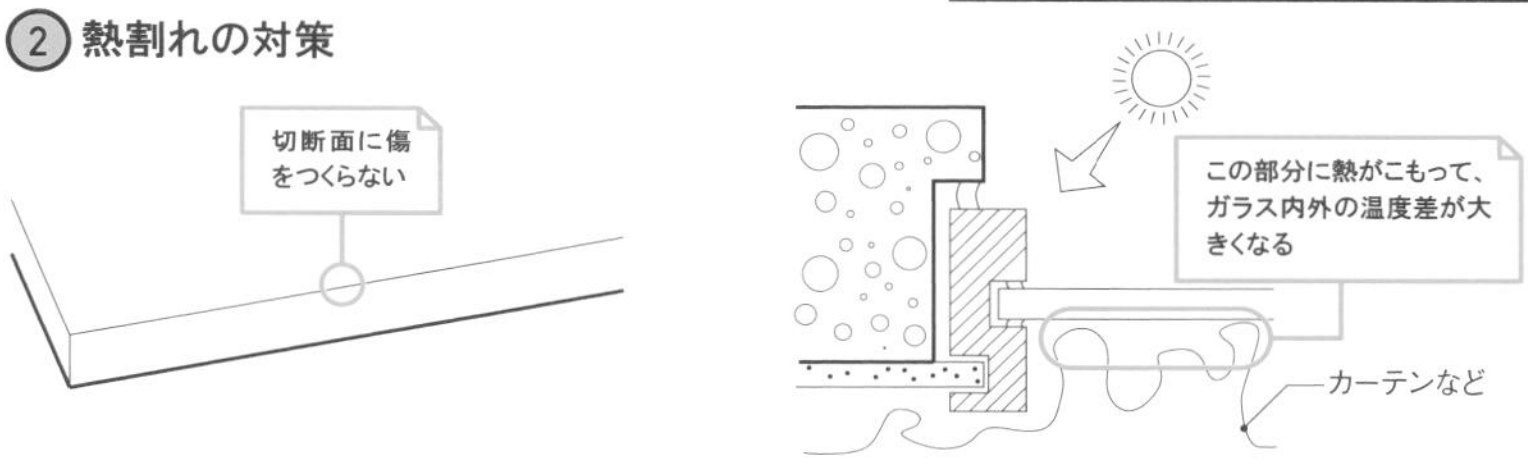
切断面に傷をつくらない
この部分に熱がこもって、ガラス内外の温度差が大きくなる
カーテンなど

対策は、鋭利なガラス切りを使い、切断箇所に傷をつくらないようにすることと、ガラス内外面の温度差を大きくしないようにすることである。たとえば、カーテンなどがガラスに被ると、その部分に熱がこもって内外の温度差が大きくなり、ガラス内外の膨張ひずみが発生する。ガラスの切断面に傷があると、ひずみが集中して割れてしまうので注意が必要である

図2

錆割れの原因と対策

① 錆割れの形状

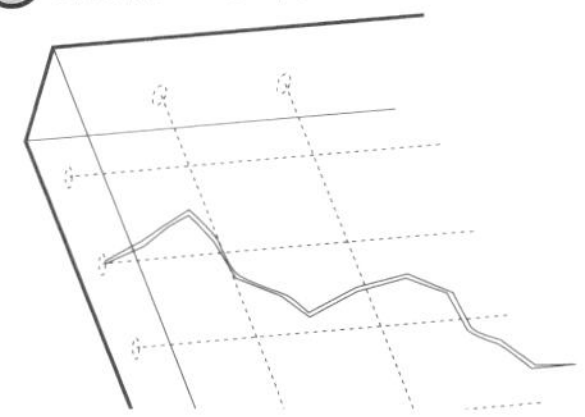

錆割れは、ガラスの小口面に露出する金網が錆びたときに膨張する力が作用して発生する。割れのかたちは「迷走型」で、熱割れと区別しにくい

② 錆割れの対策

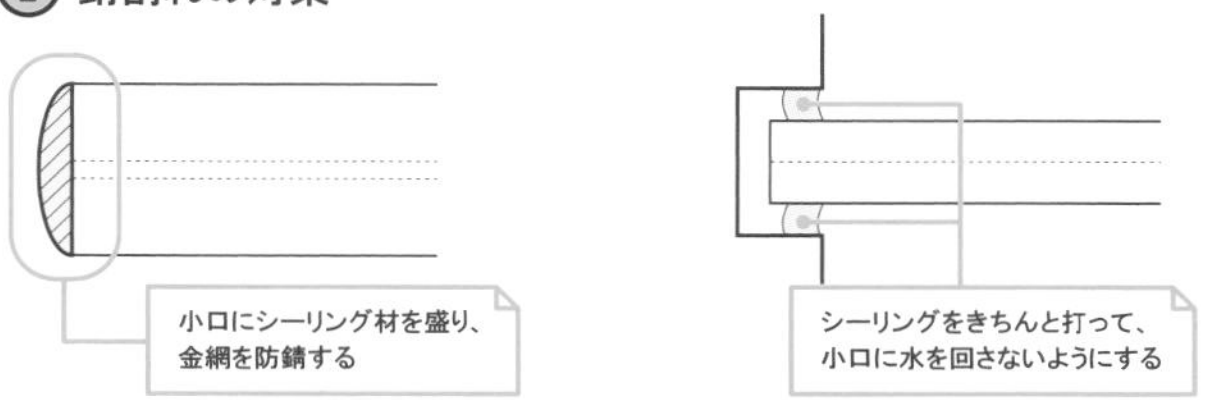
小口にシーリング材を盛り、金網を防錆する
シーリングをきちんと打って、小口に水を回さないようにする

対策としては、小口面にシーリング材を塗ったり、ガラスを枠に納めて、溝にシーリング材を充填して固定するなどして、水との縁を断つことが重要である

CHAPTER 03 ― 扱う材料を知る

040 タイルのこと

目地割りには経験が必要

建築で一般に「タイル」といえば、土を成形して焼成したもの（「窯業製品」といいます）を指します。土の種類や焼成温度によって「磁器質」「せっ器質」「陶器質」に分類され、それぞれ硬度や吸水率などに違いがあります[表1]。

窯業製品ということで、タイル一枚一枚には形状に多少のひずみがあるほか、寸法や色、テクスチュアにも違いがあります。納まりを検討するときには、こうした違いがあることを常に頭に入れて置かなければなりません。もっとも、表2に示すとおり、タイルの寸法別に製品寸法の許容範囲がJISで定められているなど、最近の製品はこれらの違いの差（いわゆるムラ）がほとんど気づかれないほどに品質管理が行き届いています。

タイルの目地は、形状のひずみや寸法違いを調整するために必要なものですが[図1]、タイルの精度がよければ、目地幅を限りなくゼロにすること—いわゆる「眠り目地」にすることが可能です。ただし、目地幅が狭くなると、熱膨張や振動などでタイルが動いたときにタイルどうしが接触し、欠けや割れ、剥落などの問題が生じるおそれがあるので、基本的には眠り目地は避けたいところです。それに、

表1

タイルの種類と特徴

種類	原料	焼成温度	特徴	用途
磁器質タイル	良質の粘土、石英、長石、陶石など	1,300～1,450℃	・素地は白色、ガラス質で透光性がある ・吸水率1%以下 ・機械的強度が強い ・打てば金属音がする	内装・外装に使い、寒冷地でも使用できる
せっ器質タイル	低級の粘土、せっ器粘土、原石など	1,200～1,300℃	・一般に有色で、透光性はない ・吸水率10%以下 ・打つと澄んだ音がする ・施釉タイプと無釉タイプがある	内装・外装に使い、寒冷地でも使用できる
陶器質タイル	粘土、石英、長石など	800～1,200℃	・透光性はほとんどない ・多孔質のため、吸水率は50%以下 ・打てば濁音を発する	内装用だが、寒冷地では水廻りでの使用は避ける

図1

目地の役割

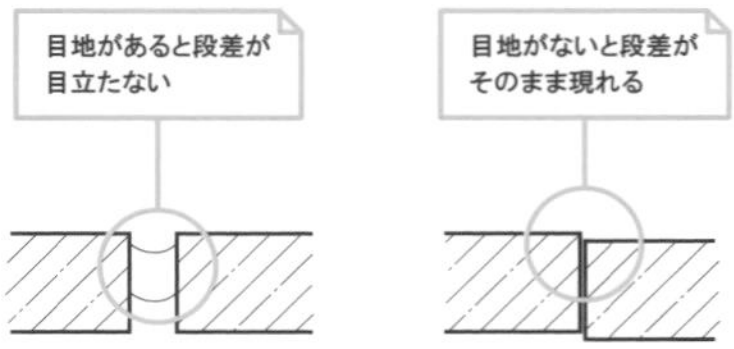

隣り合うタイルにわずかな厚みの差やねじれなどがあって段違いが出ても、目地があると目立たない

タイルの幅の精度が悪くても、目地幅を調整することで誤差を吸収することができる

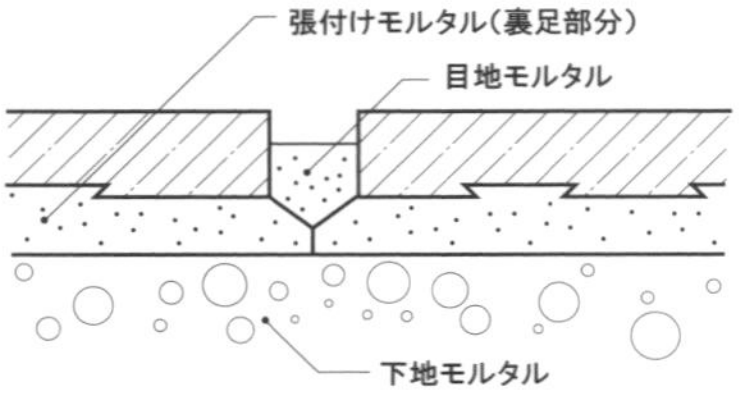

下地やタイルの動き（膨張や収縮）によって、張り付けモルタル（裏足部分）に応力が加わり、剥離の原因になる。また、裏足部分に水が回り込むと、凍害などで剥離するおそれがあるうえ、白華（エフロレッセンス）の原因にもなる。目地モルタルは応力を分担するし、防水も担う。万一、裏足部分に剥離があっても、目地モルタルがしっかりしていれば、当座の落下は防ぐことができる

写真

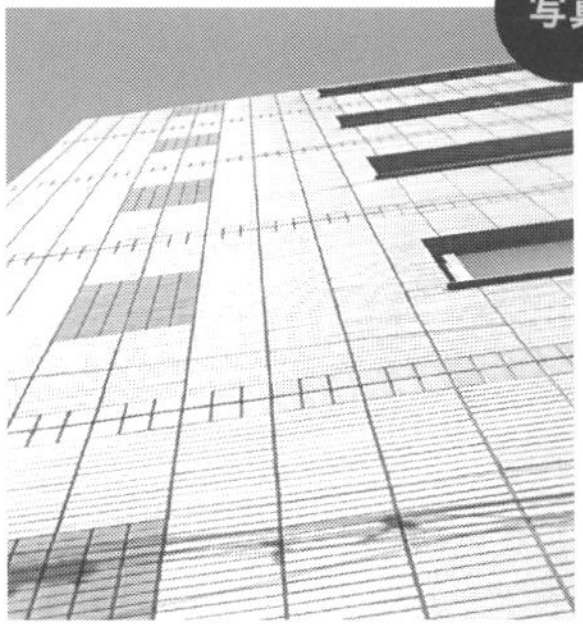

目地割りがきちんとできたタイル張り仕上げは気持ちよい。目地幅の太い部分は伸縮調整目地を表す

眠り目地にすると、目地にモルタルを詰めることができなくなります。実は、目地モルタルにはタイルの剥落を防ぐ重要な役割があります。通常、タイルは裏側にモルタルを付けて接着しますが、下地の収縮やタイルの熱膨張で接着部分に力が加わると、タイルが剥がれるおそれがあります。その力を目地に充填されたモルタルが分散してくれるのです。

また、目地の存在は意匠に与える影響力が強いので、目地の割り付け（目地割り）には検討の時間をかけたいものです。目地割りの作業は作図をCADで行うことでかなり楽にはなりましたが、半端ものを出さずにきれいに割り付けるには多少の経験が必要になります［図2］。

目地割りの基本は、タイルの寸法表示を知ることから始まります。たとえば100×100㎜とあれば、一般には目地込みの寸法でタイルの実寸ではありません（ただし、まれに実寸表示のこともあります）。また、目地幅は内装用か外装用か、あるいは床用か壁用かでも違います（一般に、外装用と床用のほうが広い）。

表2

タイルの寸法の許容差

主な用途による区分	タイルの製作寸法[mm]							
	50以下	50を超え105以下	105を超え155以下	155を超え235以下	235を超え305以下	305を超え455以下	455を超え605以下	厚さ[mm]
内装壁タイル 内装床タイル	±0.6	±0.8	±1.0	±1.2	±1.4	±1.6	±2.0	±0.5
外装壁タイル 外装床タイル	±1.2	±1.6	±2.0	±2.4	±2.4	±2.8	±2.8	±1.2
モザイクタイル	±0.8	±1.2	±1.6	±2.0	±2.0	—	—	±0.7

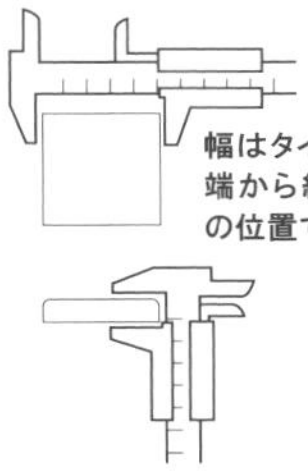

幅はタイルの端から約5㎜の位置で測る

図2

目地の種類と目地割りのポイント

① 目地割りのポイント

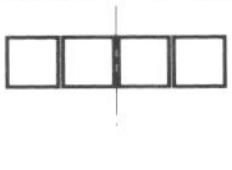

施工面の中心線を出して、そこから左右に割り振っていく

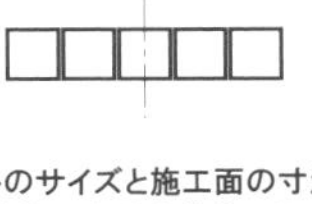

タイルのサイズと施工面の寸法から、端部に出る半端物の形状を検討。場合によっては施工面の中心線上にタイルを入れる

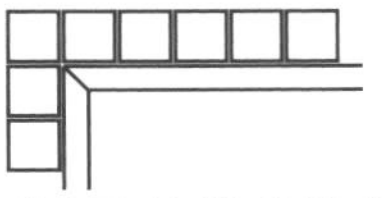

窓、出入口など、開口部があるときは枠の外寸を基準に割り振っていく

目に付くところ（たとえば出隅）から真物で割り付け、入隅部分に半端ものをもってくる

② 目地の種類

芋目地（通し目地）

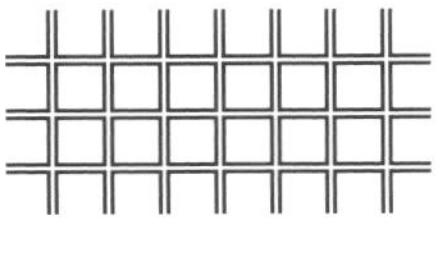

縦・横に目地が通る。正方形のタイルでは最も一般的な目地のかたち

馬目地（馬踏み）

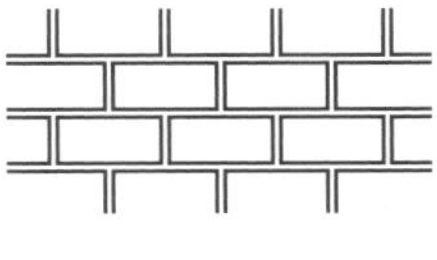

横目地は通るが縦目地はタイル半分ずれるので通らない。二丁掛けタイルなど長方形タイルによく採用される

四半目地

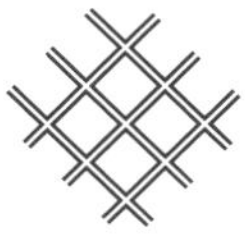

芋目地を斜め45°にしたかたち。意匠性の強い目地である

打ち継ぎ目地

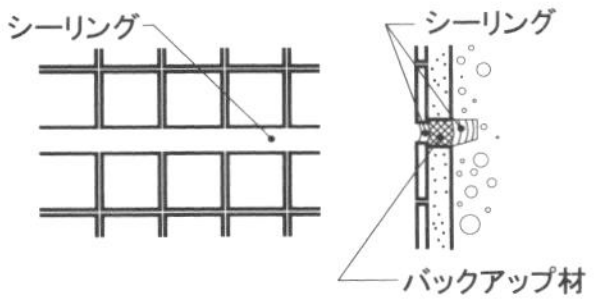

コンクリート躯体の打ち継ぎ部分にタイル張りが絡むとき、躯体の動きによるタイルの割れや剥離などを避けるため、打ち継ぎ目地に沿って幅広の目地をとり、シーリング打ちで処理をする

調整目地

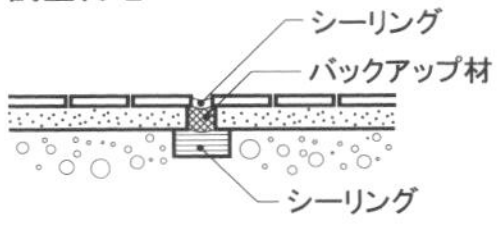

壁の面積が大きいとき、2〜4mごとに伸縮を吸収するシーリング打ちの目地（躯体のひび割れ誘発目地）を設ける

041

合成樹脂のこと

メンテナンスフリーではないことに留意

合成樹脂（高分子化合物）―いわゆる「プラスチック」が建築材料として使われるようになってから、まだそれほどの年数が経っていません。ベークライト（フェノール樹脂）の登場は戦前からでしたが、ポリウレタン樹脂、アクリル樹脂、ポリカーボネート樹脂など、現在ではなじみのある合成樹脂が普及してきたのは1960年代からです。建築材料として十分にこなれているとはいいきれない素材ですが、すでにこれなくしては建物が成り立たないくらいに、大きな存在感を示しているのも事実です［表］。

合成樹脂には、「電気を通さない」「水や薬品に強い」「腐食しにくい」「成形しやすい」などの特徴があるため、多くの場面で重宝されていることが、存在感を示している理由の1つとなっています。

一方で、紫外線に弱く、褪色したり、靭性を失ってもろくなったりするため、使用条件や場所が限られます。また、静電気を帯びやすく、親油性もあるので汚れやすいということも欠点の1つです。

合成樹脂の製品は、新品のときが最も美しく、その性能も十分に発揮できているのですが、時間の経過とともに性能の劣化が急速に進み、見えがかりもみすぼらしくなってきてしまいます。この点が天然素材との大きな違いといえるでしょう。多くの天然素材が、時間の経過とともに緩やかに劣化するものの、見えがかりについては新品のときとは違った魅力を醸し出してくるのとは対照的です。

そこで、合成樹脂の製品を使うときに、納まりの面で念を入れて注意しておきたいのは、メリットに気を奪われすぎずに、メンテナンスのときに点検・交換が容易に行えるようになっていることをよく検討しておくことです。いくら合成樹脂に前述したような優れた特徴があろうとも、決してメンテナンスフリーではない、という点に注意が必要です。たとえば、塩化ビニルの軒樋や縦樋は、紫外線の影響で肉厚の薄いものは数年のうちに靭性を失って脆くなり、軒先から落下する雪に巻き込まれて軒樋が破損したり、縦樋に物が当たったときに割れたりします。対策としては、そのたびに交換することにして、樋を脱着しやすい納まりにするか、少しでも破損を防ぐために、屋根に雪止めを設けたり、縦樋の一部を丈夫な管材で覆ったりします［図］。

写真

FRP製のグレーチングをバルコニーの手摺腰壁に転用した例。FRPの成形性や耐候性のよさ、強度があるという特性により、デザイン性とともに安全性・耐久性も満足できる

表

合成樹脂の種類と特徴

種類	特徴	用途
ポリエチレン樹脂 [PE]	・透明 ・柔軟性に富む ・低温特性に優れる半面、耐熱性は乏しい	断熱材など
ポリプロピレン [PP]	・汎用樹脂のなかで最も比重が小さい ・耐熱性があり、機械的強度に優れる	カーペット、人工芝、防水屋根シートなど
ポリ塩化ビニル [PVC]	・燃えにくい ・軟質と硬質がある ・比重が大きく、水に沈む ・表面の艶、光沢に優れる	設備配管材、サッシ、床材、壁材、雨樋など
ABS樹脂	・耐衝撃性が高い ・光沢、外観に優れる	屋内用の建築部材など
アクリル樹脂(メタクリル)[PMMA]	・無色透明(着色品も多い)で、光沢がある ・シンナーやベンジンなどに侵される	照明器具、看板、水槽、浴槽、ワークトップなど
ポリカーボネート [PC]	・耐熱性、耐衝撃性に優れ、酸にも強い ・素材自体は無色透明だが、着色品もある	屋根材、風防ガラスなど
ポリアミド(ナイロン) [PA]	・耐摩耗性、耐寒性、耐衝撃性に優れ、汎用性が高い ・素材自体は乳白色だが、着色品も多い	カーペットなど
メラミン樹脂 [MF]	・耐水性、耐熱性、耐摩耗性に優れる ・陶器に似て表面は硬い	化粧板、接着剤、塗料など
ポリウレタン [PU]	・硬〜軟にわたって幅広い物性の樹脂ができる ・接着性、耐摩耗性に優れる ・発泡体も可	クッション材、断熱材、パッキング材、塗料、シーリング材
不飽和ポリエステル樹脂 [UP]	・電気絶縁性、耐熱性、耐薬品性に優れる ・ガラス繊維などで補強したもの(FRP)は強度も高い	浴槽、タンク、浄化槽、波板、冷却塔、防水材など

図

合成樹脂の雨樋のメンテナンスや破損防止を考慮した納まり例

① 軒樋の受け金物

軒樋の受け金物によく使われる、折り返して樋を固定するリブの付いたワンタッチ式では、破損した軒樋の交換のたびにリブの折り曲げを繰り返すことになるので、リブが切れてしまって金物が使えなくなる

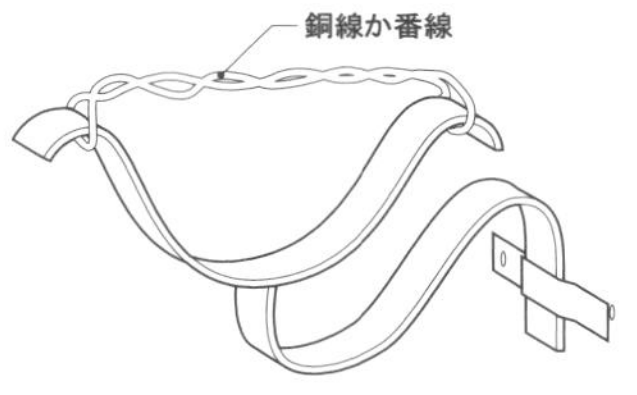

昔ながらの、銅線や番線を使って軒樋を固定するタイプの受け金物を使えば、軒樋を何度交換しても金物はそのまま使い続けられる

② 雪止めと軒樋

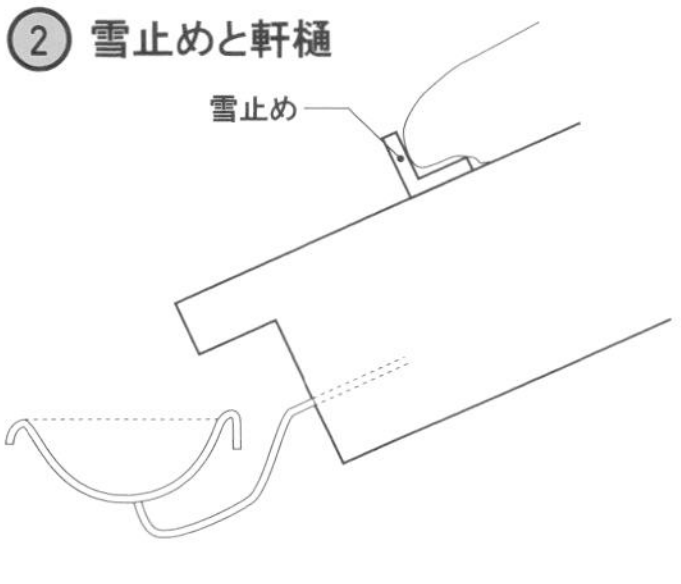

屋根から滑り落ちる雪が軒樋を巻き込んで破損させる。それを防ぐため、屋根に雪止めを設ける

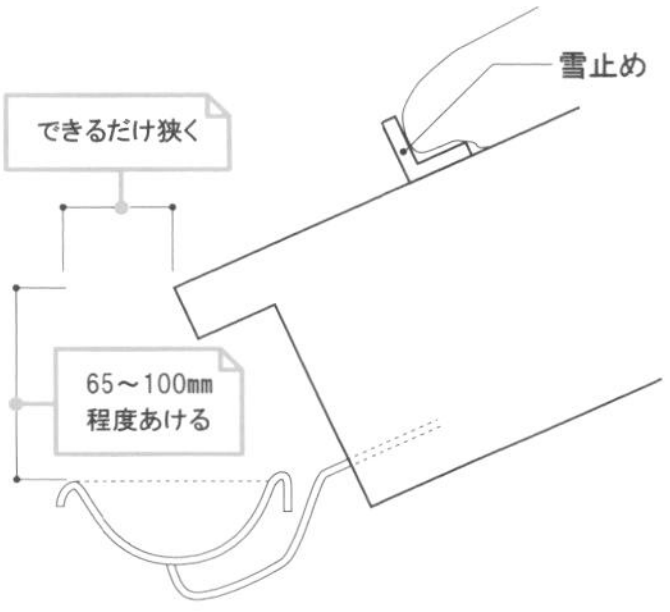

雪止めを設けても落雪が完全になくなるわけではない。軒樋が落雪に巻き込まれないようにするには、樋をできるだけ軒先の内側に納め、かつ軒先と樋の間を65〜100㎜程度あけるとよい

③ 縦樋

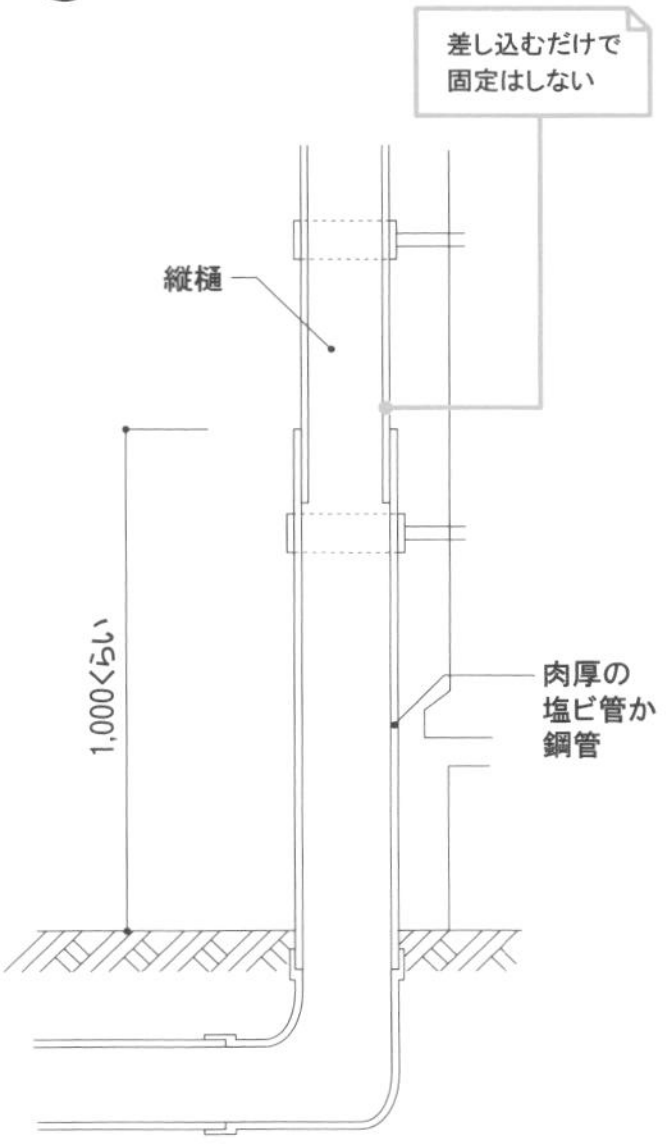

合成樹脂の縦樋も、紫外線による劣化でちょっとした衝撃でも破損しやすくなる。物が当たる確率の高い地上近く(1,000㎜くらいの範囲)の部分は、肉厚の厚い配管用の塩ビ管を使うか、鋼管を使うとよい

042 接着剤・シーリング材のこと

接着剤・シーリング材に頼り切らない納まりを考える

「接着」は材料を接合する方法として、継手の加工や接合金物の使用と同じように扱われています。建築では古くから、アスファルト、でんぷん糊、漆、ニカワなどが接着剤として使われてきましたが、現在では合成樹脂の発展とともに登場した合成系接着剤がその主流となっています。

接着剤はさまざまな材料の接着に対応し、異種材料間の接着も可能です［表1］。また、接着するものの形や厚み、大きさなどには制約されず、仕上がりがきれいで、金物などを使わないので重量も増えない、といったメリットがあります。

その半面、使用条件を守らないと接着性能が十分に得られないほか、接着強度や耐久性の確認ができず、現場施工の場合はムラが出やすいとか、一度接着したものは分解・解体ができず破壊するしかない、といった問題もあります。

最近は、合成系接着剤の高性能化に伴い、いろいろな納まりを接着に頼り切ってしまう傾向が一部に見られるようです。しかし、「接合」を考えるときの基本は、何かのときには分解・解体できるようにしておくのが正解であると考えます。というのも、建物を長持ちさせるには、よい素材を長く使っていくことがポイントだからです。もしも接着納まりにしていたら、メンテナンスやリフォームのたびに破壊して破棄するようなことになってしまいます。

接着剤と同様に、シーリング材（コーキング材）も合成樹脂系を原料とする製品の登場で性能や耐久性が飛躍的に向上し、ずいぶんと使いやすくなりました［表2］。

そのため、雨仕舞の納まりをシーリング材のみに頼り、2次シールの対応を考えなかったり、雨ざらし・日ざらしになるところに使ったりと、ずいぶん大胆な例をよく見かけます［写真］。しかし、雨仕舞は水切りを重ね合わせて2次、3次と対応させ、最後にシーリング材を使う（できれば水切りの陰で）というふうにしたいものです。どんなにシーリング材の性能がよくなったとしても、施工は現場仕事になるので、どんなことで接着不良やシール切れ、あるいは厚みムラなどのトラブルが発生するか分からないからです［図］。

写真

カーテンウォールを構成する枠材のジョイント部分は、正面からのシーリングに頼る納め方が一般的になってしまっている。現在のシーリング材の耐候性は高いが、現場施工になるので品質（深さ、ピンホール、接着不良など）を確保するには、十分な管理が必要になる

図

シーリング材のみに頼らない雨仕舞の納まり

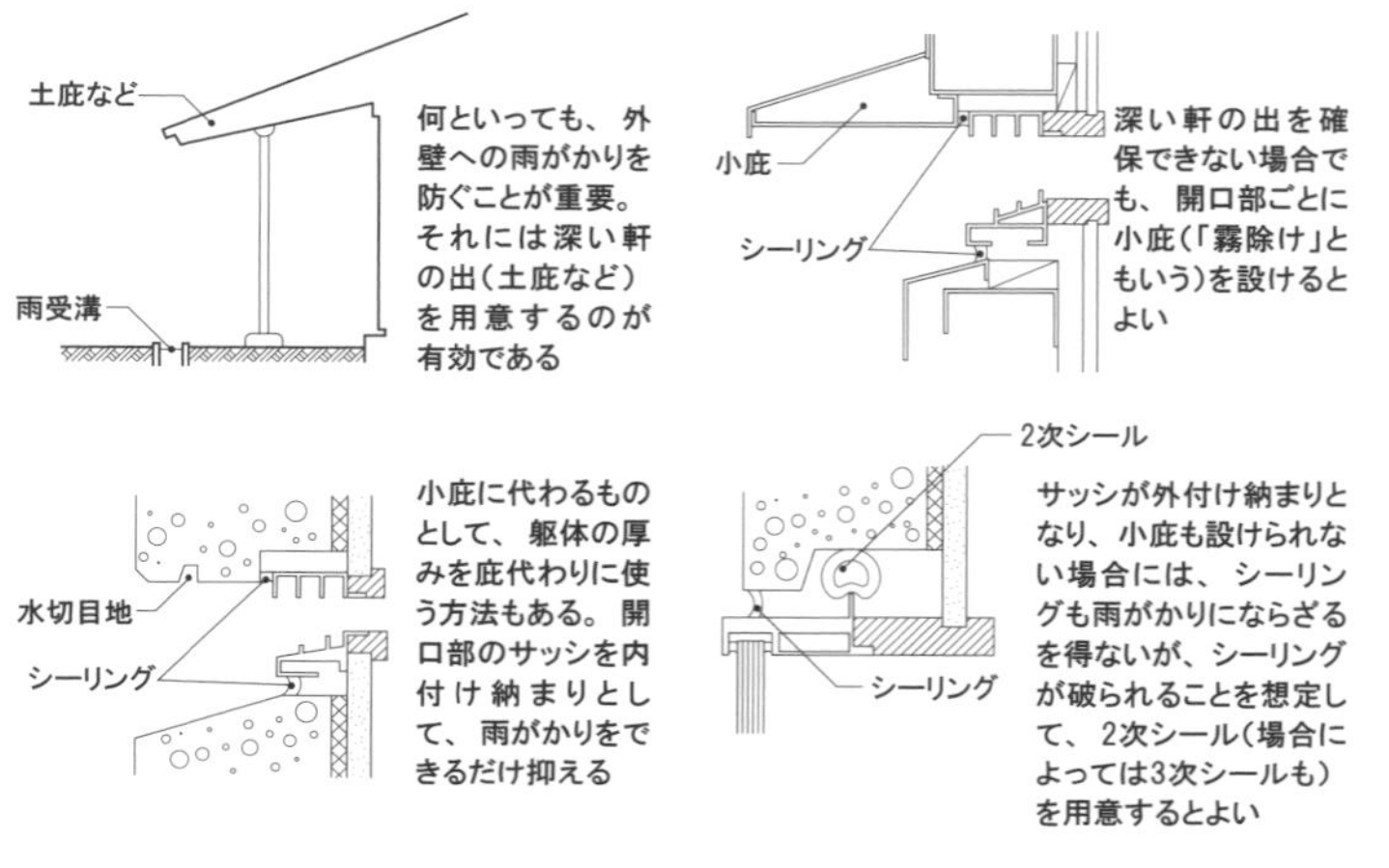

土庇など
雨受溝
何といっても、外壁への雨がかりを防ぐことが重要。それには深い軒の出（土庇など）を用意するのが有効である
小庇
シーリング
深い軒の出を確保できない場合でも、開口部ごとに小庇（「霧除け」ともいう）を設けるとよい
水切目地
シーリング
小庇に代わるものとして、躯体の厚みを庇代わりに使う方法もある。開口部のサッシを内付け納まりとして、雨がかりをできるだけ抑える
2次シール
シーリング
サッシが外付け納まりとなり、小庇も設けられない場合には、シーリングも雨がかりにならざるを得ないが、シーリングが破られることを想定して、2次シール（場合によっては3次シールも）を用意するとよい

表1

接着剤の種類と用途

接着剤の種類 ＼ 接着する材料		木質下地						石膏ボード						木質下地			木質下地			
		ピュアビニルタイル	ビニルシート	木質系床材	合板・繊維板	石膏ボード	セメントボード類	合板・繊維板	セメントボード類	石膏ボード	紙・布クロス	塩ビクロス（裏打ち）	塩ビシート（裏なし）	紙・布クロス	塩ビクロス（裏打ち）	塩ビシート（裏なし）	紙・布クロス	塩ビクロス（裏打ち）	塩ビシート（裏なし）	陶器・磁器タイル
酢酸ビニル樹脂系	エマルジョン形	—	○	—	○	◎	—	◎	◎	◎	◎	◎	—	◎	◎	◎	○	◎	◎	—
	溶剤形	—	—	—	—	◎	◎	—	◎	◎	—	—	—	—	—	—	—	—	—	—
ビニル共重合系エマルジョン形		—	○	—	—	—	—	—	—	—	—	—	—	—	—	—	—	—	—	◎
ゴム・ラテックス系		—	—	—	—	—	—	—	—	—	—	—	—	—	—	—	—	—	—	◎
αオレフィン系		—	—	—	—	—	—	—	—	—	—	—	—	—	—	—	—	—	—	—
クロロプレンゴム系溶剤形		—	—	—	◎	◎	◎	◎	—	◎	—	—	—	—	—	—	—	—	—	—
ニトリルゴム系溶剤形		—	—	—	—	—	—	—	—	—	—	—	—	—	—	—	◎	◎	◎	—
スチレンブタジエンゴム系溶剤形		—	—	—	—	—	—	—	—	—	—	—	◎	◎	◎	◎	—	—	—	—
エポキシ樹脂系		◎	◎	◎	—	◎	—	—	—	—	—	—	—	—	—	—	—	—	—	◎
エポキシ変成ゴム系ラテックス形		—	—	—	—	—	—	—	—	—	—	—	—	—	—	—	—	—	—	◎
ウレタン系		○	◎	◎	—	—	—	—	—	—	—	—	—	—	—	—	—	—	—	—
澱粉糊系		—	—	—	—	—	—	—	—	—	◎	◎	—	◎	◎	◎	◎	◎	◎	—

凡例　◎：よく接着する　○：接着しやすい

表2

シーリング材の種類と用途

シーリング材の種類		特徴	適用用途
2成分型シリコーン系		・反応硬化型　・紫外線に強く、ほこりが付きにくい ・塗膜との接着性が悪く、塗装仕上げとの併用は不可 ・難燃性、発熱特性に優れ、防火戸用シーリングとしても使用される	ガラス目地など
1成分型シリコーン系	低モジュラス型	・伸びが大きく作業性がよい　・耐久性、耐候性、難燃性、発熱特性に優れる ・シリコン分子の溶出により、周辺部を汚すおそれがある	ガラス目地、アルミサイディング目地など
	高モジュラス型	・耐候性、耐熱性、耐寒性、耐久性に優れる ・硬化速度は温度と湿度に左右される	ガラス目地、水廻りなど
変成シリコーン系［※1］		・動きに対する追従性が高い ・着色剤を混練し、外壁仕上げと色を合わせることができる ・塗装との併用も可　・ガラス廻りでの使用は不可 ・低モジュラス型はほこりが付着しやすい	サイディング目地（アルミを除く）など
ポリサルファイド系［※1］		・硬化後はゴム弾性をもち、動きのある目地にも追従できる ・長期の耐久寿命がある ・材料から可塑剤が流れ出るため、塗装との併用は不可	塗装なし窯業系サイディングなど
アクリルウレタン系［※2］		・耐久性に優れるうえ、硬化後の収縮がほとんどない ・成分の溶出がほとんどないので、外装を汚さない ・塗膜との密着性が高いため、塗装との併用が可能 ・ガラス廻りでの使用は不可	コンクリート壁、ALCパネル（塗装あり）など
ポリウレタン系［※1］		・硬化後はゴム弾性をもつ ・耐久性はあるが、紫外線に弱く、ほこりが付きやすい ・成分の溶出がほとんどないので、コンクリートやスレートを汚さない ・塗膜との相性がよいので、塗装との併用が可能 ・ガラス廻りでの使用は不可	コンクリート壁、ALCパネル（塗装あり）など
アクリル系［※3］		・湿った面にも施工が可能　・硬化後は弾性体となる ・耐水性がある一方、耐久性はあまりなく、肉やせをする	ALCパネル（塗装あり）など

※1　1・2成分とも　　※2　2成分型　　※3　1成分型

043 石のこと

乾式工法では雨水などの排水と耐震性に配慮する

エジプトのピラミッド、ギリシャのパルテノン神殿などに見られるように、石を建造物の構造材料や仕上げ材料として使う歴史は相当古くからあります。石材を使った建造物の遺構は世界各地に見られますが、日本では、優良な石材が少なかったこと、木材資源が豊富にあったこと、地震国であることなどが原因でしょうか、石材を使って建造物をつくる技術があまり発展しませんでした。それでも、九州地方の石造の橋や、「穴太衆《あのうしゅう》」と呼ばれる技術集団が自然石を巧みに扱う石垣など、いくつかの好例が残っています。

現在では、日本の建築物の構造体の主流は鉄筋コンクリート造になっており、石材は建築の内外装の仕上げ材として使われるのが一般的です。主に建築や土木で使われる石材についてはJISの規格があり、岩石の種類として、①花崗岩類、②安山岩類、③砂岩類、④粘板岩類、⑤凝灰岩類、⑥大理石類および蛇紋岩類、と区分されています［表］。

石の施工方法は、かつての「積む」から、現在では「張る」方法に変わりました。張る方法には「湿式」と「乾式」とがあります。

湿式工法には、現場施工の方法として裏込めモルタルを用いる「総とろ工法」「帯とろ工法」「だんごモルタル積み工法」、工場製作の「石先付けPC工法」があります。

裏込めモルタルをまったく用いないのが乾式工法で、軽量化、工期短縮、剥落防止、耐震性・耐風圧性に利点があります（ただし、壁の最下段の石には裏込めモルタルを入れて固定します）。石と躯体、石どうしとは、ステンレスなどの金物を使って緊結します。金物には1次ファスナー方式と2次ファスナー方式とがあり、1次方式は50㎜程度、2次方式は70㎜以上の張り代を必要としますが、仕上がり精度は2次方式のほうが優れます。

なお、乾式工法では目地処理はシール打ちとなりますが、これでは防水性はあまり期待できないので、石裏に回った水を抜くためのパイプを設ける配慮が必要です。また、耐震性能を考慮して、目地割りは芋目地とすることを勧めます。さらに、地震時には、壁の石と、躯体に直結している床の石とが別の動き方をするので、床と壁が出会うところは大きめのシール目地とします［図］。

COLUMN

模造品にはない天然素材ならではのよさ

近年、石材をはじめ、旧来の天然素材系の建築材料を手本にした、合成樹脂製の模造品が数多く出回るようになりました。しかも年々、精巧・精緻になってきており、見た目だけでなく、感触までも本物と間違えるようなものもあります。

こうした模造品が出回る背景には、いくつかの事情があります。たとえば、天然素材の建築材料は供給量が限られ、入手しにくく、価格も高価であったりします。また、反りや割れ、ひずみ、伸縮が起こりやすいうえ、（石材の場合は特に）重量があるなど、扱いが難しいという問題があります。さらに、色・柄などにムラがあるため、完成後の状態が読みづらく、調子を整えるのに苦労することもあります。

その点、模造品は手に入りやすく、価格も手頃です。製品にムラがなく、反り・割れなどの心配もいりません。見かけやテクスチュアは本物そっくりなのですから、普及しないほうがおかしいくらいです。

このような製品に慣れてしまったのか、納入された本物の石材を見て「柄が揃っていない」とクレームをつけてきた若い建築士がいた、という話を石材店の人から聞いたことがあります。筆者はその話を聞いたとき、天然素材というものは、同じ物が2つとないくらい、一つひとつに個性があるところが魅力であり、その個性が厚みを感じさせ、安定感のある表情になってくれる重要な要素であるということを知ってほしいものだ、とつくづく思いました。

下地の処理からはじまってメンテナンスに至るまで、天然素材の建築材料を扱うにはいろいろな難しさがあって神経を遣いますが、適切な処置を施せば素材本来の魅力が引き出されるのです。

表

石材の種類と特徴

種類		石材名	特徴	用途
火山岩	花崗岩	御影石	・マグマが地下深部でゆっくりと固まってできたもの ・石質が緻密で硬く、耐摩耗性、耐久性に優れる ・磨くと美しい光沢が得られる ・耐火性は乏しい	外壁、床、階段、浴室、框材など
	安山岩	白河石、小松石	・マグマが急冷して固まったもの ・緻密かつ堅牢で、強度や耐久性に優れ、耐火性もある ・外観は花崗岩に劣り、磨いても艶が出ない	構造用、外装用、石垣、土台、敷石など
堆積岩	砂岩	夛胡《たご》石、インド砂岩	・花崗岩などが風化し、バラバラになった石英、長石などの砂粒が固まってできたもの ・礫岩（れきがん）や泥岩（でいがん）も仲間である ・耐火性に優れる ・吸水性が高く、耐摩耗性、耐久性は低い ・磨いても艶が出ない ・割り肌でも使う	外装用、内装用、浴室、床材など
	粘板岩	雄勝石、玄昌石	・泥岩や頁岩（けつがん）などが圧密作用を受けてできたもの ・天然スレートは粘板岩の仲間である ・色は青灰～黒色で、石質は緻密 ・吸水性が低く、耐久性、耐候性は高い ・曲げ強度が高い ・非常に薄く剥がれる	外装用、内装用、屋根、床、門扉、塀など
	凝灰岩	大谷石、房州石	・火山岩の軽石や火山灰が固まってできたもの ・肌理が粗い ・軟質かつ軽量で、加工が容易 ・吸水性が高く、強度は低い ・風化しやすいが、耐火性はある	内装用、外装用、壁、石垣、基礎、床など
変成岩	結晶質石灰岩など	大理石、寒水石、トラバーチン、蛇紋岩	・岩のなかの鉱物質が地下の熱や圧力によって形を変えてできたもの ・肌理が細かく、含有物により色や斑紋が異なる ・磨くと光沢が出る ・酸に弱いうえ、風化しやすい	外装用、内装用、壁、床、浴室など

図

石張り仕上げの納まり例

① 壁仕上げ

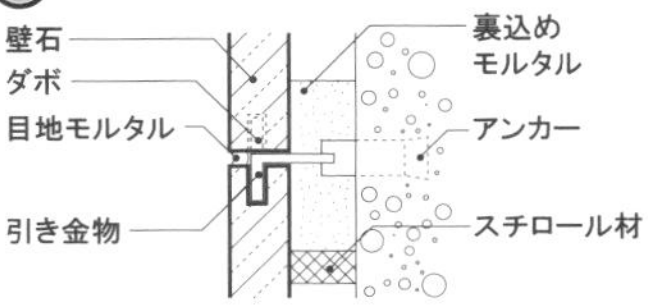

湿式工法の帯とろ工法の例。石どうしをダボでつなぎ、石と躯体とは引き金物とアンカーで緊結する。スチロール材でモルタル止めをして、金物部分のみ帯状にモルタルを詰める

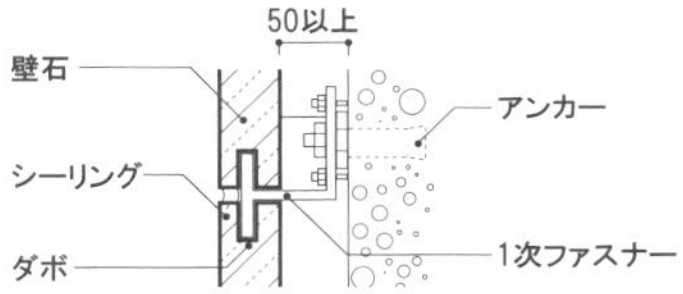

乾式工法の1次ファスナー方式の例。L字形のファスナーで前後の出入りと垂直の調整を行う。高さはアンカーのボルトとファスナーのルーズホールとで行うが、精度のばらつきが出る

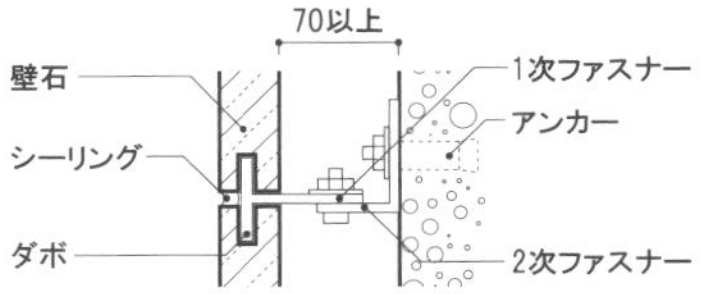

乾式工法の2次ファスナー方式の例。調整できる箇所が増える分、施工精度は安定する

② 床仕上げ

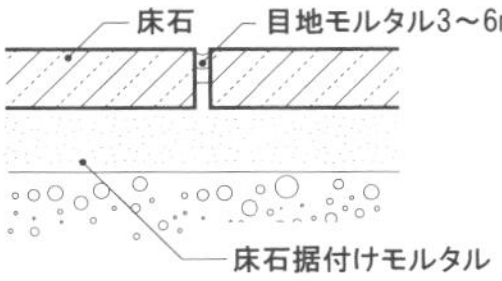

床石据え付けモルタル（敷きモルタル）の厚みは石の厚みと同じ程度とする。たとえば、20mm厚の石を張る（敷く）場合、躯体からの仕上げ厚さを40mmとする

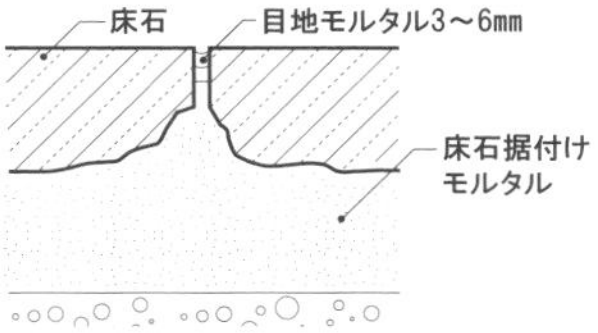

床に張る石の厚さが増せば、それに応じて据え付けモルタル（敷きモルタル）の厚みも増やす。たとえば、50mm厚の石を使えば、躯体からの仕上げ厚は100mmとする

③ 床と壁の出会い

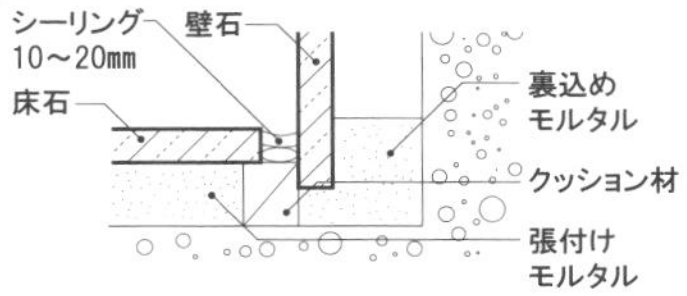

乾式工法によると、壁石は躯体とは縁が切れているので、地震のときには躯体と別の動きをする。一方、床の石は躯体に直張りされるので、壁石と床石とが衝突し破損するおそれがある。そこで、出会い部分には逃げをとり、シーリング目地で処置をしておく

044 規格のこと

JIS・JASマーク表示のある製品を使う

現在、市場に出回っている建築材料には、品質や組成、性能、能力、あるいはサイズや形状などに関していろいろな規格があります。なかでも建築材料に関係が深いのが、鉱工業品を対象にした「日本産業規格（JIS規格）」と、農・林・水・畜産物およびそれらの加工品の品質保証を対象にした「日本農林規格（JAS規格）」です［図、表］。

JIS・JASとも、関係大臣が制定する国家規格です。建築基準法（施行令）では、建築物の主要な構造部をはじめ、安全・防災・衛生上重要な部分に使われる建築材料は、JISまたはJASの基準に適合した品質でなければならない、と規定されています。

JISやJASの基準に適合した建築材料を手に入れるには、これらの製品を製造可能な設備や資格、能力があると認められた工場（いわゆる認定工場）でつくられた製品を求めることになります。これらの製品には通常、JISマークやJASマークなどの表示があるので、すぐにそれと分かります。

ちなみに、JIS・JASの規格は日本の国家規格ですが、海外の工場でも認証を申請し、適合性があると認定されれば認定工場になることが可能です。製品も日本国内の認定工場でつくられたものと同じように扱ってもらえます。

余談ですが、規格に定められる内容は、利害関係のある人（早い話がメーカーサイド）が原案を作成し、それを審査会で審議するケースが多いようです（現在、つくられる規格の約8割がこれに該当するといいます）。メーカーにとってみれば、普段から自分たちが社内で実行している品質管理や製造基準が規格になったようなものですから、認定工場の資格を得るにあたり、あらためて何かしなければならない、ということはないでしょう。というのも、メーカーがつくる社内規格の内容は、他社との差別化を図る狙いや、より歩留まりをよくして効率を上げようということもあって、許容範囲の幅を結構小さくとって厳しく管理をしているからです。したがって、メーカーの製品はサイズ違いや色違いなどの心配をほとんどする必要がないくらい見事に揃っています（むしろ、揃いすぎていて、味わいに欠けるきらいがあるのですが……）。

図 規格の例1［製材の寸法・形状］

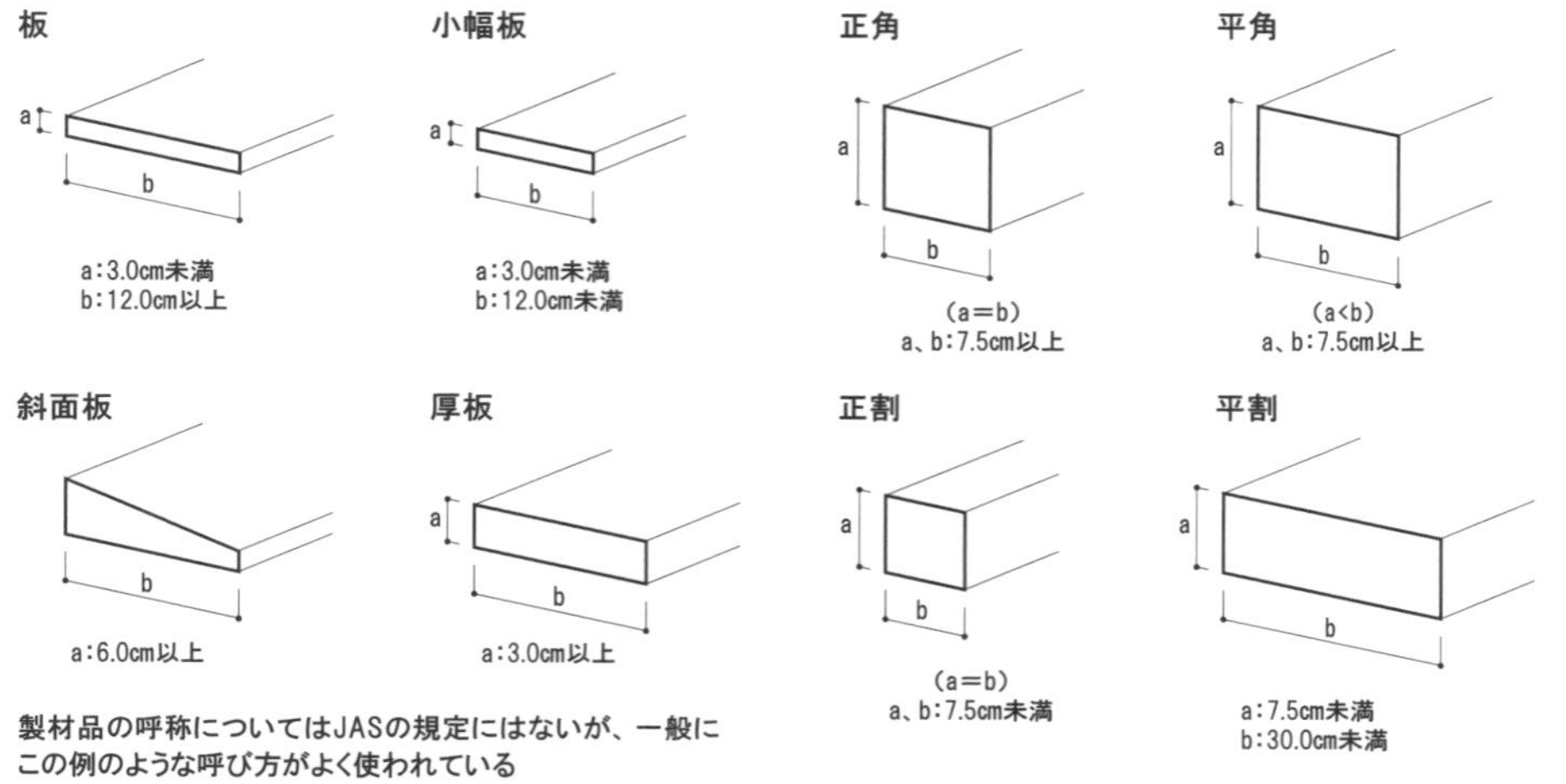

製材品の呼称についてはJASの規定にはないが、一般にこの例のような呼び方がよく使われている

表

規格の例2［製材の目視等級区分］

JASでは一般の製材品と枠組壁工法構造用製材品とが区分されており、製材品はさらに構造用製材、造作用製材、下地用製材、広葉樹製材に区分される。このうち構造用製材は、見た目による「目視等級区分」と強度による「機械等級区分」とに区分されている。下表は「目視等級区分」で、「甲種構造材」とは梁などの横架材を（構造用Ⅰ・Ⅱはサイズ違い）、「乙種構造材」とは柱などの垂直材を表している

			甲種構造材（構造用Ⅰ）			甲種構造材（構造用Ⅱ）			乙種構造材		
等級			1級	2級	3級	1級	2級	3級	1級	2級	3級
表示			★★★	★★	★	★★★	★★	★	★★★	★★	★
節［※1］径比［%］	全面		20	40	60	—	—	—	30	40	70
	狭い材面		—	—	—	20	40	60	—	—	—
	広い材面	材縁部	—	—	—	15	25	35	—	—	—
		中央部	—	—	—	30	40	70	—	—	—
	集中節	全面	30	60	90	—	—	—	45	60	90
		短辺面	—	—	—	30	60	90	—	—	—
		長辺面 材縁部	—	—	—	20	40	50	—	—	—
		長辺面 中央部	—	—	—	45	60	90	—	—	—
丸身［※2］			10	20	30	10	20	30	10	20	30
貫通割れ	木口		長辺寸法以下	長辺寸法×1.5	長辺寸法×2.0	長辺寸法以下	長辺寸法×1.5	長辺寸法×2.0	長辺寸法以下	長辺寸法×1.5	長辺寸法×2.0
	材面		0	材長の1／6	材長の1／3	0	材長の1／6	材長の1／3	0	材長の1／6	材長の1／3
目廻り			短辺寸法の1／2	短辺寸法の1／2	—	短辺寸法の1／2	短辺寸法の1／2	—	短辺寸法の1／2	短辺寸法の1／2	—
繊維走行の傾斜			1:12	1:8	1:6	1:12	1:8	1:6	1:12	1:8	1:6
平均年輪幅［mm］			6	8	10	6	8	10	6	8	10
腐朽			腐朽なし	軽微	顕著でない	腐朽なし	軽微（土台用はなし）	顕著でない（土台用はなし）	腐朽なし	軽微	顕著でない
曲がり［%］			きわめて軽微	軽微	顕著でない	0.2	0.5	0.5	0.2	0.5	0.5
狂い、そのほかの欠点			軽微	顕著でない	利用上支障がない	軽微	顕著でない	利用上支障がない	軽微	顕著でない	利用上支障がない

※1 材面の欠け、傷、穴を含む　※2 稜線上の欠け、傷を含む

COLUMN

日本の伝統的な規格

日本の建築で伝統的に使われてきた規格としては、「分」「寸」「尺」「間」などの呼称で知られる「尺貫法」というモジュールが挙げられます。

尺貫法は、中国唐代の頃に完成した度量衡の規格に起源があるといわれており、イギリスで生まれたヤード・ポンド法と同様、基本寸法が身体寸法（手首から肘の長さを尺とする）を基準にしているといわれています。

日本に導入されてからも、時代や地域によって実際の寸法は違っていたようですが、室町時代以降、畳を敷き詰める使い方が普及し、木材も商品として流通するようになると、次第に長さの規格も統一されていきました。

そうしたなかで、建物を計画するにあたって「木割」術という基準が普及しました。木割は、柱間を基準に各部材の比例を体系化したものです。木割といえば「匠明」という木割書がよく知られています。これによると、柱間が7尺のときの柱の幅（見付け）を4寸2分とし、これを基準に、たとえば長押は7分の6というように、ほかの部材の見付けを決めています。

この木割に基づいて設計をすれば、一応まともな建物ができるといわれています。まともな伝統的和室を勉強してこなかった筆者にとって、「匠明」はとても重宝な参考書で、各部材の比例関係を飲み込むまで、しばしば引用させてもらいました。

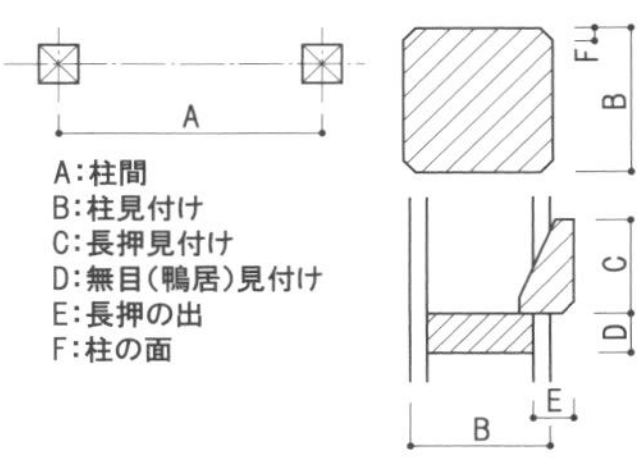

B≒0.07～0.06A
C≒0.9～0.75B
D≒0.35～0.28B
E≒0.23～0.12B
F≒1／15～1／20B

柱の見付け寸法を柱間を基準にして決め、細かな部位の寸法は柱の見付けを基準に決める

045

先輩はディテールに何を語ったか 3

村野藤吾

Togo Murano 1891-1984

自分自身を一番信用しているということと、それから与えられた条件を現在で解釈する、そしてその答えを出す、これしか仕方ないんじゃないか。それでいろいろ考えてみると、自分の精神だとか肉体がこれはもう決定的な要素を持つ、これ以外には過去も未来もないじゃないか、私はこういうふうな考え方です。

建築をめぐる回想と思索｜新建築社｜1976

右は、村野藤吾さんと長谷川堯さんの対談における村野さんの発言です。

村野さんは、28歳のときに雑誌「建築と社会」に「様式の上にあれ」という長い論文を寄稿しました。長谷川さんがこのことに触れて「この論文には、村野さんの現在に至るまでの仕事の基本的な姿勢が非常によくあらわれている。その中で村野さんは『目的に真を見つけないで、課程に真を見つける』という意味のことを書いているが、そこには、村野さんの建築のつくり方、あるいは建築への態度の一番の基本があるような気がする」と語ったのを受けて村野さんがこのように答えています。これは、ものづくりをする人に共通の心情であると思いますし、「現在で解釈する」というくだりに、いつも「現実」に軸足を置いて設計を進めている村野さんらしさを感じます。

さらに村野さんは「現実の自分は、現実に自分がここに立って自分自身をたよりにしてやるということから考えれば、自分の精神、肉体、つまりすべてやるものは現実の自分のからだしかない」と続けていますが、心して聞きたい言葉です。

あれ［編注：広島の世界平和記念聖堂のこと］をごらんになった方もあるかと思いますが、ああいうふうなスタイルのものですから、できたときにはその感じは出しにくいわけです。あのときはたしかに、「この建築は十年後が設計である。いまはただ竣工しただけの話で、本当の設計は十年後だ」と申し上げました。

建築をめぐる回想と思索｜新建築社｜1976

これも同じく、長谷川さんとの対談における発言です。村野さんが設計された世界平和記念聖堂に関し、長谷川さんが「『建築というのはたとえば十年なら十年後に本当によく見えるような、あるいはそういう生命を発揮するようなものが本当の建築じゃないか』と村野さんがコメントされたが、建築の生命というものについてどう考えたらいいか」と問いかけたことに対して、村野さんはこのように答えています。

吉村順三さんも「十年経ってみないと建物の本当のよさは分からない」という主旨のことを語っていますが、時間に耐える建物を設計することの大切さを思い知らされます。

どうしても、村野なら村野という個性がね、人生観がつきまといますね。これはどうしても避けることができないですね。それがディテールとかテクニックの面にあらわれてくるでしょう。だから、一見して、これは村野がやったとしらせることになる。逆に言えば、そういうものしか作れないし、また作らない。

現代日本建築家全集２｜三一書房｜1972

村野さんと栗田勇さん、矢内原伊作さんとの鼎談における発言です。栗田さんが「設計のときにこれだけは第一条件としていつも考えている、第一原則というか、定理というか、それはなにか」と問いかけたことに対し、村野さんは「自分というものが出ざるを得ない」という主旨でこのように答えています。

この発言に対して栗田さんが「村野さんは自分の資質をどう理解されているか」と問い重ねると、村野さんは「気の弱い男」と答えます。それに対し、矢内原さんが「それではこの仕事はできないでしょう」と返すと、村野さんは「実はやかましいですけどね。自分の思ったとおりにやるという点では、徹底的にやかましくいいますけどね、気は弱いですよ」と答えていますが、ここに、繊細で珠玉のようなディテールを見せてくれる村野さんの秘密があるように感じられます。

自分のものを出そうとすると、どうしてもテクニックの助けを借りないと、自分の思想をあらわすことはできない。

現代日本建築家全集２｜三一書房｜1972

これも同じ鼎談での発言です。栗田さんが、工学的なニュアンスではない「テクニック」という言葉の意味について問うたのに対して、村野さんは「長年の間に身につけた村野のテクニックがある、これで自分の思想をあらわすのだから」と前置きをしたうえで、このように答えています。「テクニック」という言葉を「ディテール」に置き換えても、同じことだと思います。

実は、建物をまとめるにあたっては、法規やコスト、建築材料の問題や施工上の問題など、いろいろクリアしていかなければならないことがあります。それらの対処に忙殺されていると、ついつい自分というものを見失いかねません。すべてをうまく解決しようとすると、どうしても当たり障りのない平凡な答えになるなかで、「自分」を埋没させないためには努力が必要です。

CHAPTER 04

環境を知る

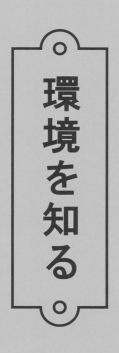

046 音のこと

空気伝播の音と固体伝播の音とでは騒音対策の考え方が異なる

ディテールを考える者にとって、「音」は扱いにくい要素の1つです。その理由はいろいろありますが、扱う相手が見えないことや、直接触れることができないことがまず挙げられます。音の存在は分かってはいるものの、どの方向から、どれくらいの範囲を、どれくらいの大きさで発生するかを、直接見たり触ったりして確認することができないので、どのように対処するかという検討も、文字どおり手探りで始めるしかないからです。

また、音そのものの受け止め方が人によってさまざまで、個人差があるという点も扱いにくくさせている要因です。同じ川のせせらぎの音を聞いて「気持ちよい」「癒される」と感じる人がいる一方で、「うるさくて、よく眠れない」という人もいるので、対応が難しくなります。

音の正体は「音波」という振動です。音の性質は、この振動の大きさ（音圧）や高さ（周波数）、音色（波形）という3つの要素で決まります。また、振動の伝わり方は空気中や液体中、固体中で異なりますが［図1］、建築で音を扱うとき―主に騒音対策をとるときには、空気を仲介する場合と固体を仲介する場合の両方を対象とします。

空気伝播の音は、密度の高いコンクリートのような物体を通過しにくく、跳ね返されるので、鉄筋コンクリート造の建物を計画すると騒音対策には効果的です。ただし、空気の通り道（隙間）があると音もそこを通り抜けるので、通気口などの扱いに注意します［図2・3］。その一方で、物体を伝播する音は密度の高い物体ほどよく伝わるので、上階の床音の処理などは慎重に検討します。マンションなどでは、相当離れた階の音でもすぐ上階の音のように聞こえてしまうので、納まりの検討を十分にしてください［図4］。

ところで、建築材料では、それぞれの組成や物性によって、受けた音波のエネルギーに対する反応が違います。前述したコンクリートのように密度の高いものは音波を反射しますが、軽石のように多孔質のものは音波を吸収したり、音波のエネルギーを減衰します。木材も音波のエネルギーを減衰する働きをするので、反射音が耳に柔らかく聞こえます。このような性質を利用して、求められる条件に合うように、壁や天井の仕上げ材を選んで音を吸収したり、壁・天井の形状を変えて反射の方向を変えたりしてコントロールします。

図1 音速の比較

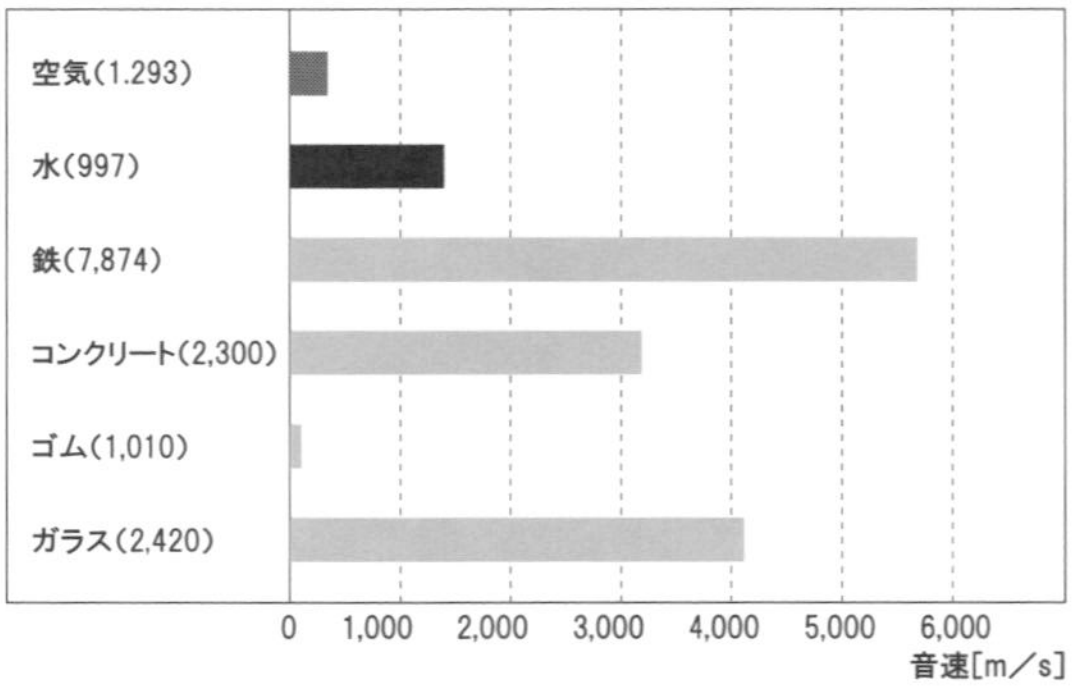

音は、気体、液体、固体それぞれを媒介にして伝わるが、固体中を伝わる速度が圧倒的に速い

※ 媒質の後ろに記載されている( )内の数値は密度[kg／m³]を表す

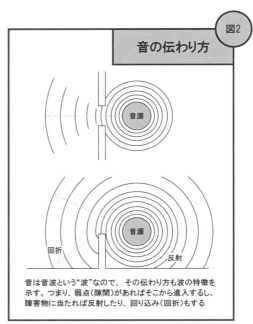

図2 音の伝わり方

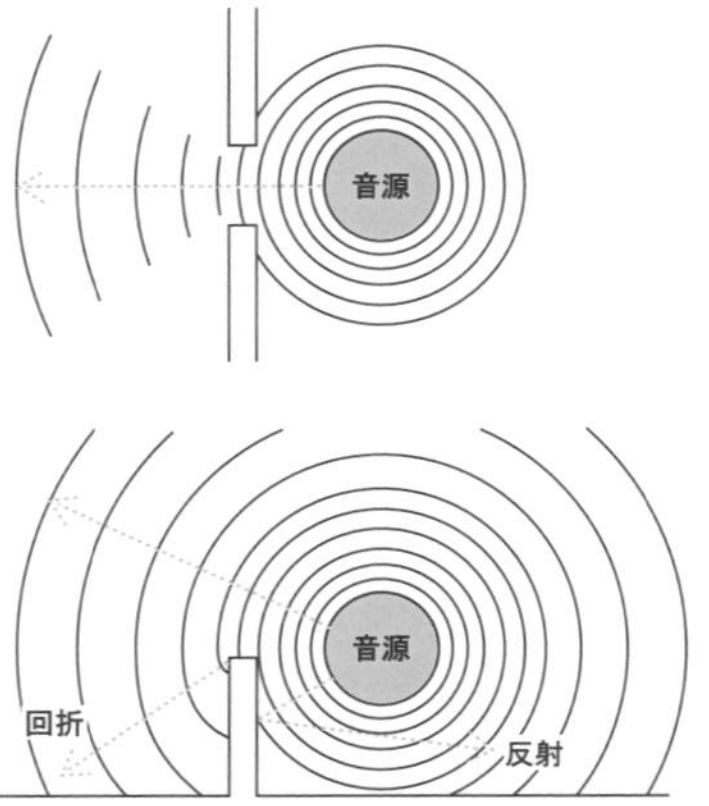

音は音波という“波”なので、その伝わり方も波の特徴を示す。つまり、弱点(隙間)があればそこから進入するし、障害物に当たれば反射したり、回り込み(回折)もする

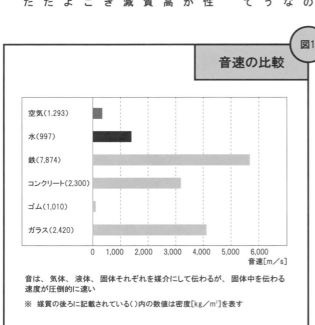

図3

空気中を伝わる音の遮音納まり例

① 遮音シート張り：壁と天井の出会い例

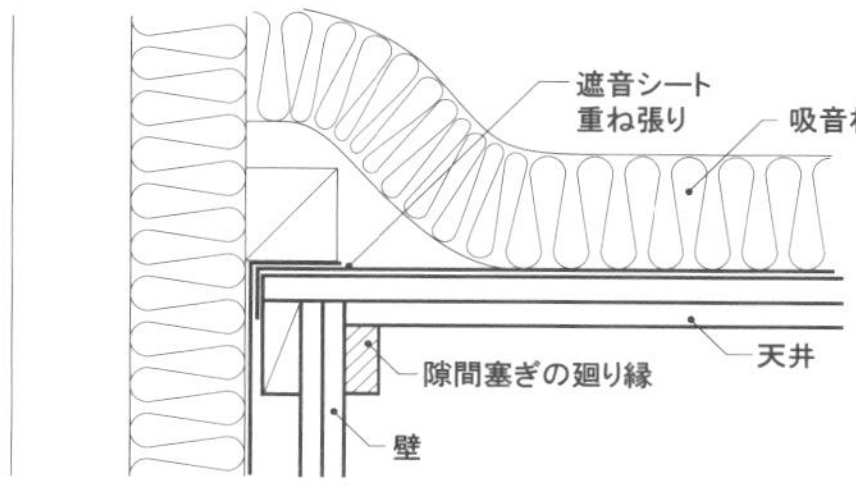

空気を伝わる音の遮音方法は、とにかく隙間を塞ぐことである。そのためには高気密仕様とすればよいのだが、遮音シートを使うときは継目部分を必ず重ね張りとする。また、天井と壁仕上げの出会い部分には、隙間塞ぎを兼ねて廻り縁を後付けする

② 遮音シート張り：壁と床の出会い例

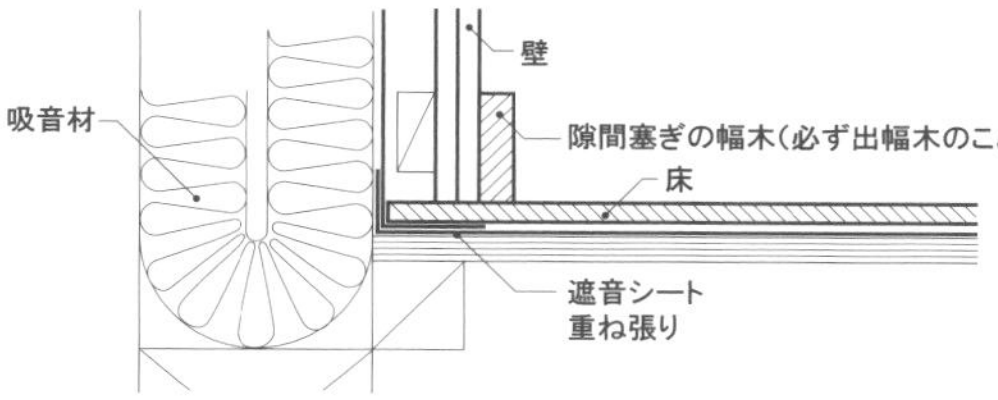

音の伝わり方には方向性がないので、床下地にも遮音シートを敷き込む。シートの継ぎ目部分は重ね張りとする。また、壁と床仕上げの出会い部分には、隙間塞ぎを兼ねて幅木(出幅木)を後付けする

③ 防音扉廻りの納まり例

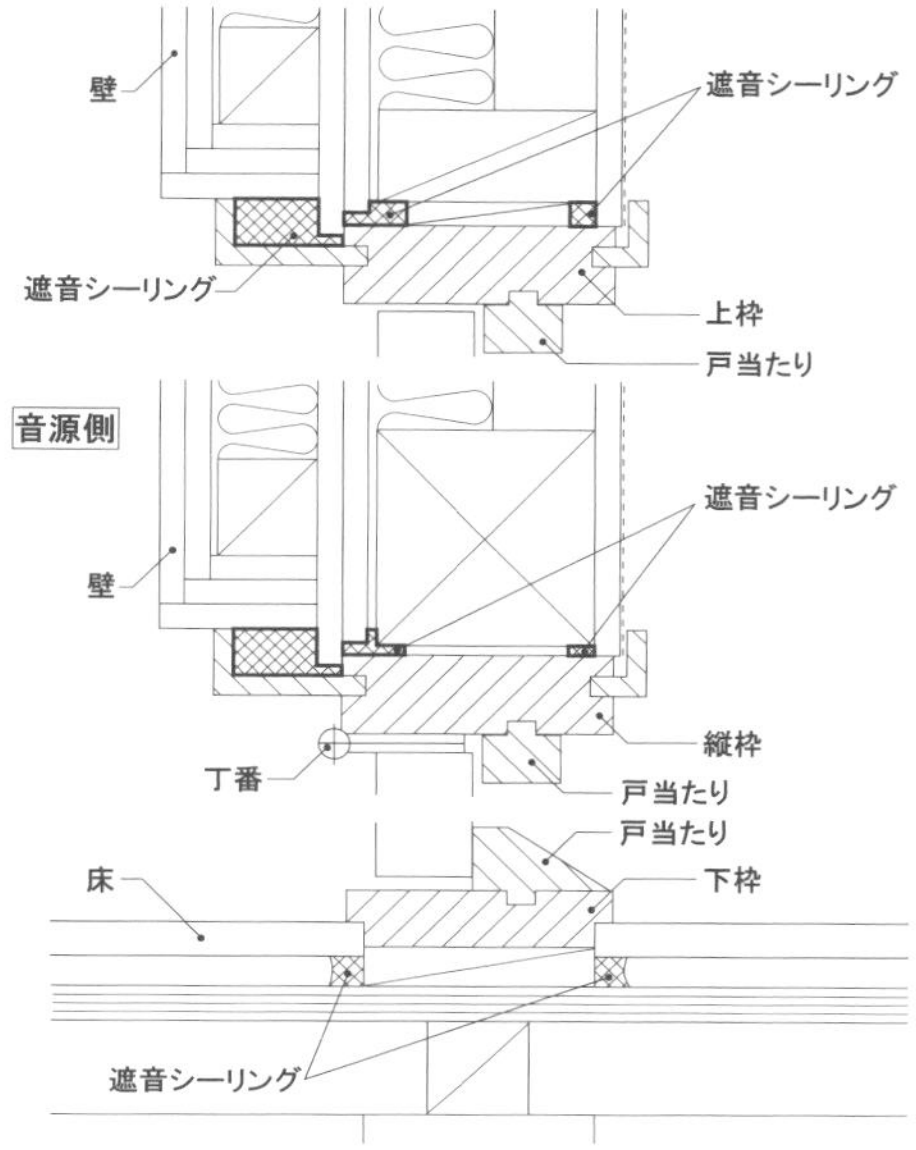

防音扉自体は四方枠で四方に戸当たりを付けるが、その枠納まりの部分では隙間を徹底的にシーリングで充填して塞いでしまう

図4

固体中を伝わる音の遮音納まり例

① 天井の吊木納めの例

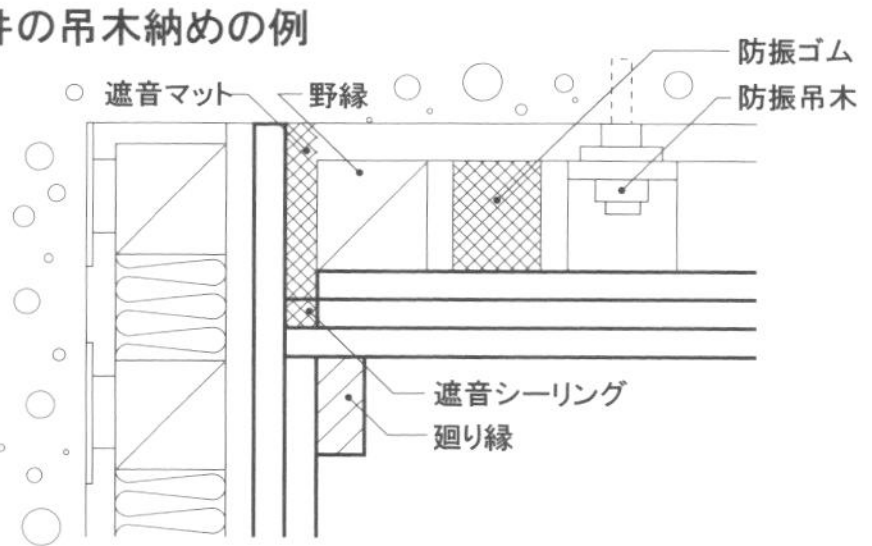

建物の躯体に伝わる音(振動)は、仕上げ材から下地を経て躯体へと流れる。その途中で振動エネルギーを減衰させるには、下地に仕掛けをするのが最適である。図の例では、既製の防振吊木は防振ゴムを挟む構造で納めている

② 壁の防振胴縁納めの例

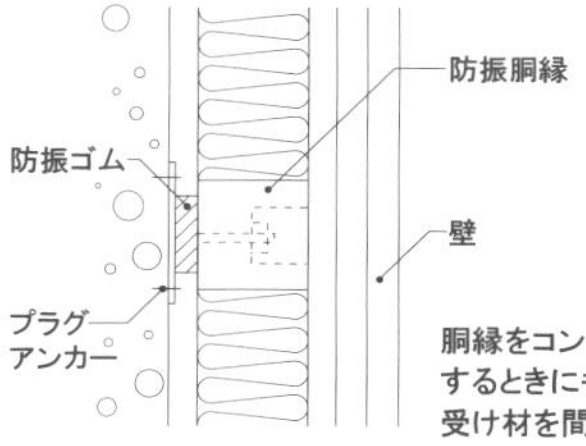

胴縁をコンクリートの躯体に固定するときにも、防振ゴムを使った受け材を間に挟んで納める

③ 間仕切壁の遮音納まり例

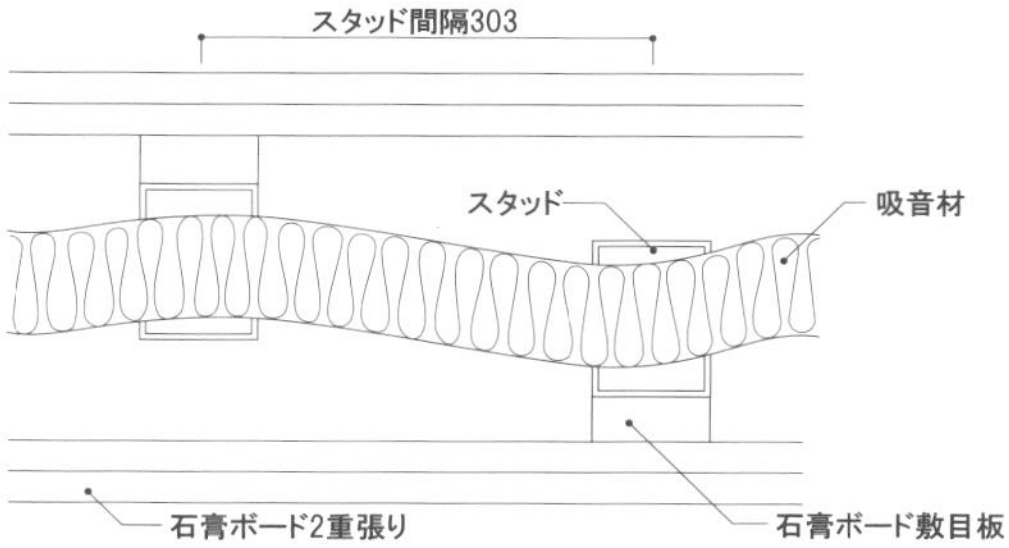

壁の仕上げ材を振動させたエネルギーを隣室に伝えないために、下地の間柱を片面ごとに専用で使うようにしている

④ 2重床の納まり例

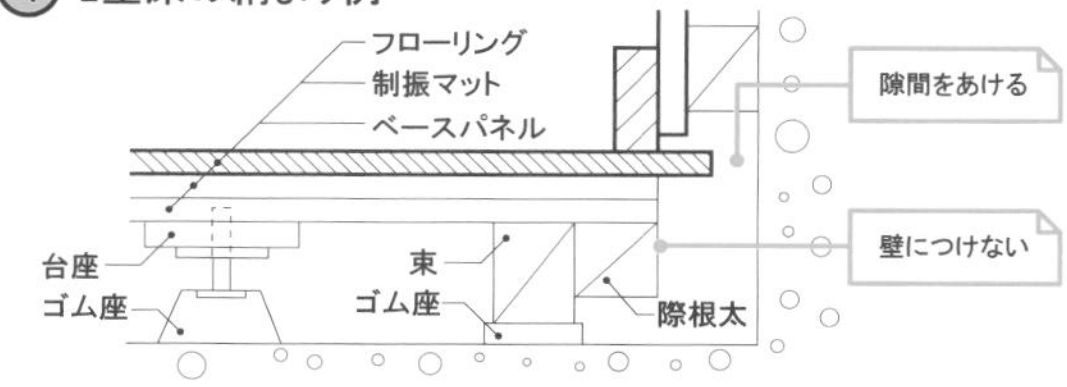

床面で発生する音に対しては、2重床(置き床)のつくりとし、防振ゴムを介して床版(スラブ)との縁切りをすることで対処する。ただし、壁際の納めで際根太を壁躯体に固定すると、そこから振動が伝わってしまうので注意が必要である

熱のこと

047

温度差による建築材料のひずみや結露の発生に注意

熱いとか冷たいというのは触ってみれば分かるものの、「熱」も直接見て確認することができないため、ディテールを検討するときには苦労する要素の1つです。

熱の伝わり方には、「伝導」「対流」「放射（輻射）」の3つのかたちがありますが、いずれの場合も、自然界では温度の高いほうから低いほうへと熱エネルギーが伝わるという法則があります［図1］。このことは、人の体温より低い状態の壁（たとえばコンクリート打ち放し）に囲まれた空間では、体温が周囲の壁に伝わる（これを「冷輻射」といいます）ために寒く感じることで体験できます。

熱を加えると物質は膨張し、熱がなくなると元に戻る（収縮する）ので、その程度によっては、建築の納まりのうえでいろいろな不具合が生じます。したがって、必要ならば、この伸縮に伴う動きを吸収したり逃がしてやる納め方を検討しなければなりません［写真1・2］。

また、熱の伝わり方は、物質に対していつも均一というわけではありません。たとえば、直射日光を浴びているところと、それに隣り合う陰のところとではかなりの温度差が生じます。そして、それが伸縮の程度の違いになって、建築材料にひずみが現れることがあります。屋根の場合、屋根葺き材の局所的な急激な温度変化が原因で、条件によっては内部結露が発生することもあるので注意が必要です。

結露といえば、鉄筋コンクリート造の建物で外周壁に突起している部分（パラペット、庇、バルコニーなど）や、内外に貫通しているセパレータ、ルーフドレン、サッシ枠などの金属部材があると、この部分がヒートブリッジ（熱橋）になって熱の移動が起こり、内壁側で局所的に温度差が生じて結露が発生するおそれがあります。結露が生じた結果、室内の壁仕上げが汚れたり傷んだりすることもあります。

ヒートブリッジに対処する方法は、建物全体の断熱を「外断熱」にするのか「内断熱」にするのかによって多少異なりますが、どちらの場合も断熱の補強をすることになります。たとえば、外断熱の場合、外壁に突起している部分全体も断熱材で包みますが、それができないときは、内側において温度差の影響が出る範囲に断熱材を張ることで補強します［図2］。その範囲は、熱の伝わる箇所を中心に600～900㎜を目安にします。

写真1

長さのある鋼材の手摺では途中に伸縮継手を設ける。この写真の鋼管の手摺の場合、直径が一回り小さい鋼管を中に入れたスライド継手で納めている

写真2

鉄道のレール継手部分の納まり例。これだけ隙間をあけてあると、車輪の通過時にガタンゴトンと振動して音がうるさいが、夏の暑さでレールが伸びて隙間は完全に塞がってしまう

図1

熱の伝わり方

① 伝導

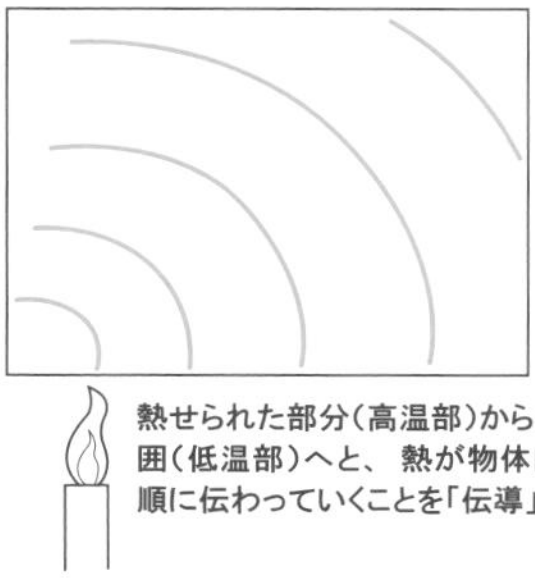

熱せられた部分(高温部)からその周囲(低温部)へと、熱が物体内部を順に伝わっていくことを「伝導」という

② 対流

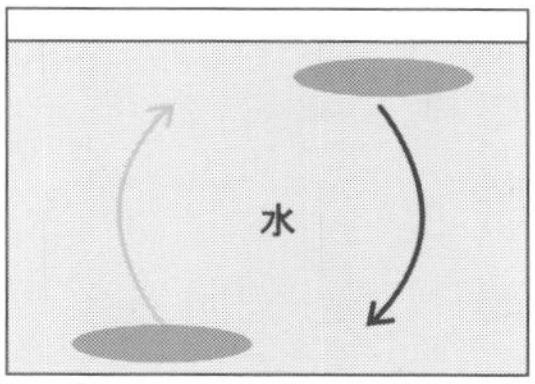

気体や液体が熱せられると、膨張して軽くなり上方へと移動する。これと入れ替わるように、冷たい部分は下方へと移動する。こうした動きを「対流」という

③ 放射

①②のように熱を伝える物質がなくても、電磁波の作用によって熱が伝わる現象を「放射」という

図2

ヒートブリッジ対応の納まり例

① 鉄筋コンクリート造の外断熱1:パラペット

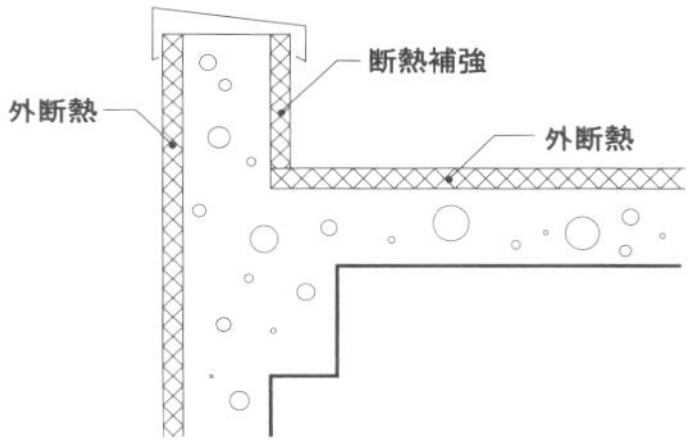

パラペットの外側は外壁の扱いで断熱できるが、屋上側の内側がヒートブリッジになるので断熱補強をする

② 鉄筋コンクリート造の外断熱2:バルコニー

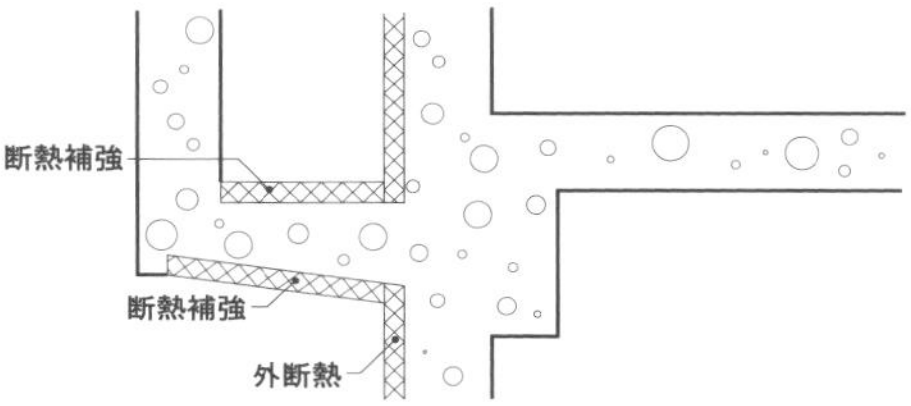

バルコニーがヒートブリッジになる。バルコニーのスラブの上下900mm程度まで断熱補強をする。特殊な納め方に、バルコニーが躯体に取り付く部分に断熱材を挟み、コンクリートの縁を切ってしまう方法もある。構造的には鉄筋や補強金物で持たせる考えである

③ 鉄筋コンクリート造の外断熱3:ルーフドレン

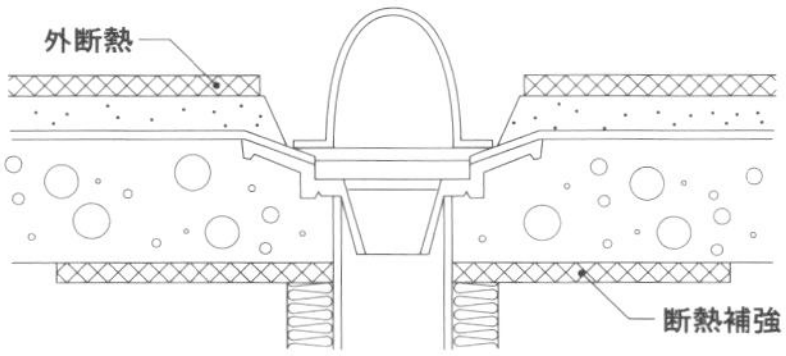

ルーフドレンがあると、その金物がヒートブリッジになる。ドレンを中心に600~900mmの範囲を断熱補強する

④ 鉄筋コンクリート造の内断熱1:庇

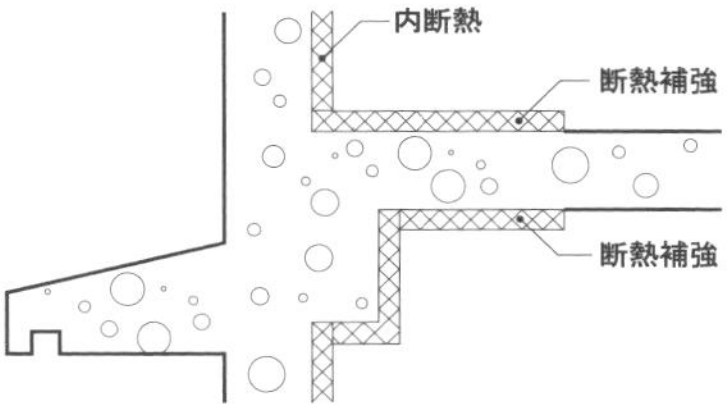

庇がヒートブリッジになって温度差の影響がスラブにまで及ぶので、断熱補強をする。通常の場合、外壁から900mm程度の範囲まで補強したい

⑤ 鉄筋コンクリート造の内断熱2:セパレータ

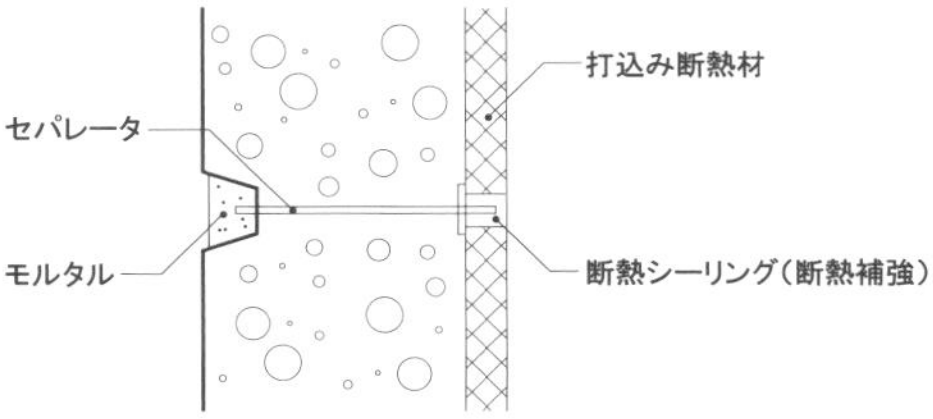

躯体に残っているセパレータがヒートブリッジになる。内側の断熱材が打ち込み工法で施工されるときは、セパレータの跡処理に断熱シーリング材を使う

⑥ アルミサッシ枠廻り

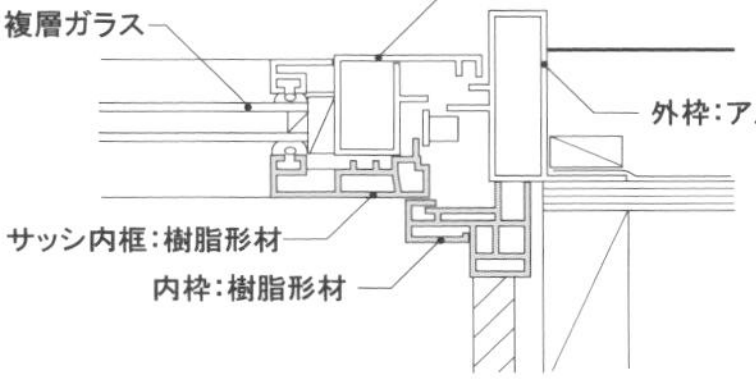

熱伝導率の高いアルミ製のサッシは典型的なヒートブリッジの例になる。断熱サッシでそれに対処するが、その仕様には内・外の形材を樹脂部材でつなぐタイプと、この例のように内側を樹脂形材、外側をアルミ形材としたハイブリッドタイプのものがある

048 空気のこと

気持ちのよい家をつくるには換気のための隙間をどのように設けるかが鍵

普段の日常生活のなかでは存在をほとんど意識されることがない「空気」も、目に見えず、触ることもできないので、いざディテールで扱うとなるとやはり難しい要素の1つになります。

近年、隙間をなくして高気密の建物をつくるノウハウが普及してきました。最近のパネル化工法の家や外断熱工法の家では、古い住宅に比べて、かなり気密性の高い状態をつくり出すことができるようになっています。しかし、ただ気密性能を高くするだけでは、燃焼排ガスや呼気、建材からの揮発物質など、室内で発生する空気汚染物質を排除できません。

実は建築基準法では、少なくとも2時間に1回は家全体の空気を入れ替えるよう規定されています。これは、ビル管法［※］による室内空気環境の基準の1つである、空気中の二酸化炭素濃度を1000ppm以下に維持できること、という規定が根拠になっていますが、これも家の気密性次第ということになります。

家の気密性は「隙間相当面積（C値）」という数値で表し、数値が小さいほど気密性が高くなります。最近の高気密仕様による住宅では2.0前後の数値が出ているようです。一方、古い住宅の場合はC値が8.0～13.0くらいあるといわれていますが、この状態であると、特に「換気」ということを意識しなくても自然に部屋の空気が入れ替わってくれます。

最近の隙間のないつくりの家では、この空気環境の基準を維持するために、機械力によって強制的に24時間換気を行うことが求められています［図1］。この機械換気のために「給気口」および「排気口」という隙間を設ける必要があるのですが、この隙間をどのようなかたちで、どの位置に、どれくらいの数を用意すれば、気持ちよく、快適に過ごすことのできる住環境になるかを検討し、納まりをチェックすることが設計者にとって大切な仕事になります［図2・3］。給気口を設ける場所や形式によっては、意匠的に目障りになったり、家具が置けなくなったり、せっかく隙間のない家をつくったのに、給気口からの気流（空気環境基準では0.5m／s以下）や騒音に悩ませられることになるおそれがあるからです。

※正式には「建築物における衛生的環境の確保に関する法律」という

図1 機械換気の方式

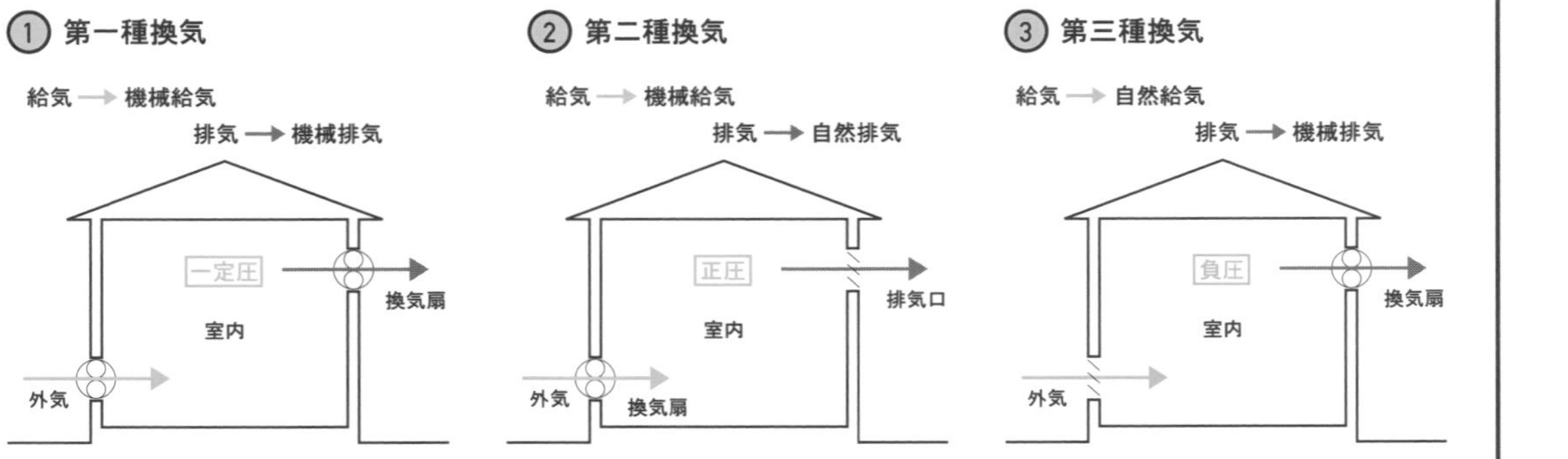

給気・排気ともに機械力（換気扇）を使う方式

給気側に換気扇を使い、排気側はガラリ（自然排気）による方式。室内が正圧となり、他所から空気が進入できないので手術室のような用途の部屋に適する

排気側に換気扇を使い、給気側はガラリ（自然排気）による方式。室内が負圧になり、部屋の空気が他所に漏れないので、厨房やトイレなどに適する。一般の部屋換気もこの方式による

図2

給気口位置と換気経路

① 24時間換気の経路例

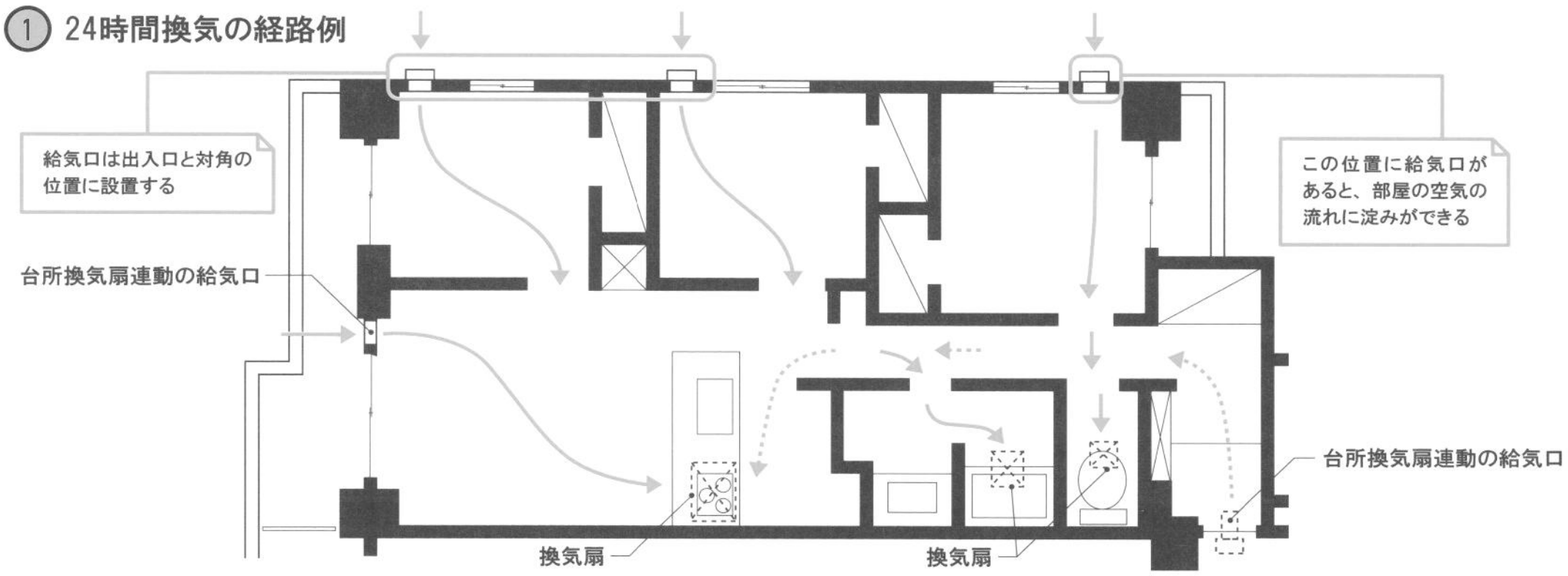

換気は空気の入口(給気口)と出口(換気扇)をセットで考える。 各部屋に設けた給気口から入った空気は、部屋の扉、廊下、浴室やトイレの扉を経由して浴室やトイレの換気扇から出ていく。部屋では空気の淀みをつくらないよう、給気口と出入口扉とは平面図上で対角に配置する。また、台所の換気扇使用時には連動してシャッターが開く給気口をセットで用意する。通常はリビングに設けるが、使用時には風量があるので、近くにいると気流と騒音を感じて不快に思うことがある。最近、この給気口を玄関に設ける例を見かけるが、この場合は換気経路から見て、不快感が起きる可能性は低くなる

② 自然換気の給気口と排気口の位置

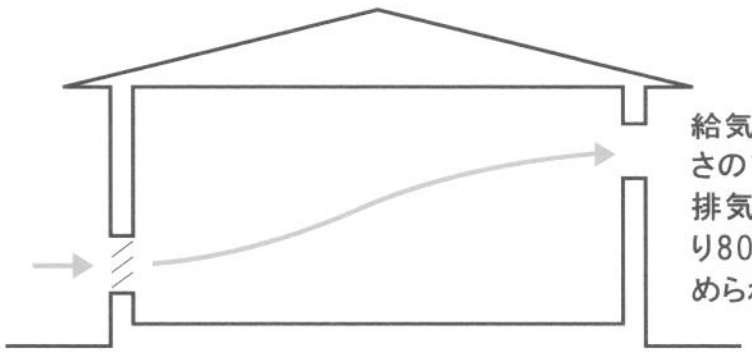

給気口は天井高さの1/2以下、排気口は天井より80cm以内と定められている

③ 24時間換気経路の考え方

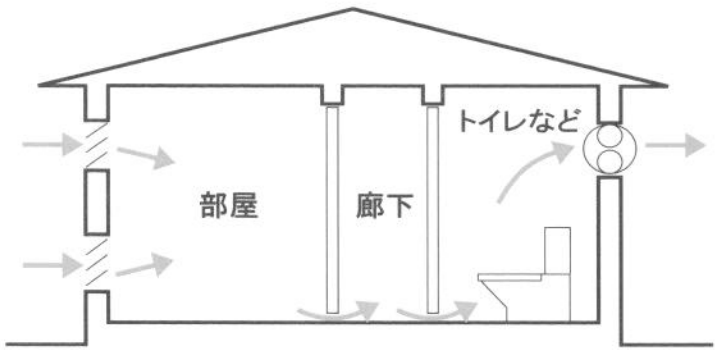

出入口の扉を換気経路にとるとき、通常は扉下の隙間を使うが、給気口の位置は断面図上でも対角にとりたい。そうすると、自然換気のときの給気口と位置が変わってしまうが、給気口が置き家具で塞がれたり、冷たい外気の気流が身体に触れたりすることがないなど、メリットが大きい

図3

換気経路と出入口扉の納まり

① 換気経路に使わない出入口扉の納まり例

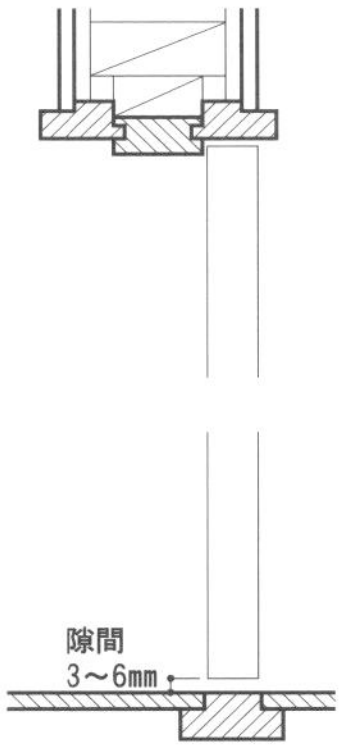

四方枠にして下枠のところに戸当たりを付けるか、三方枠にして扉の下端部分を3〜6mm程度の隙間で納める

② 換気経路に使う出入口扉の納まり例

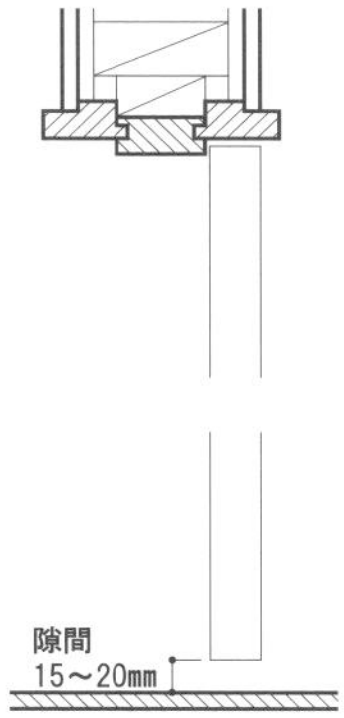

三方枠とし、扉の下端部分をアンダーカットして15〜20mm程度の隙間をとる納めとする

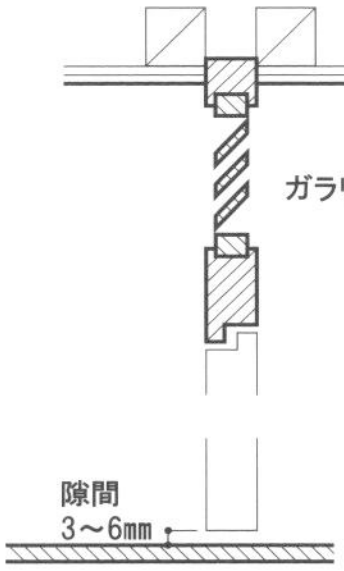

トイレや浴室では扉のアンダーカット部分が給気口になるが、気流が人の身体に当たって天井の換気扇に達するため、裸もしくは裸に近い身体には不快に感じることがある。こうした場合には、扉をヘッドカットするか、欄間にガラリを設けるなどするとよい

049 水のこと

万一漏水が起きてもすぐに察知できる納まりを考えることがポイント

「水」は、空気と同じように、人が生きていくためにはなくてはならないものです。空気と違うのは、水は目で見たり手で触ったりすることができるので、はっきりとその存在を意識することができる点です。しかし、水は建物にとって、空気のようにどこにあってもよいというものではありません。水場とか水廻りといって、水に対する用意がきちんとできている場所以外に水がある場合には漏水が疑われ、問題であるからです。

漏水の原因には、給水・給湯・排水の配管からの水漏れ、雨水や地下水の浸入、結露水などが考えられますが、漏水でやっかいなのは、どこで漏れているのかが簡単には分からないことです。目に見えて存在がはっきり分かるはずの水がどこで漏れているかが判断しにくいのは、配管類であれば床下などに隠蔽されているケースが多いことや、雨水や地下水の場合は、浸入した位置と漏水が見つかった位置とが裏・表のダイレクトな関係でなく、躯体内部を横走りしたり、下地材を伝わったりと、人の目に触れないところを経由した結果、予想もしなかった場所で漏水が見つかるからです。漏水の現れた場所が置き家具の下だったりすると気付くのが遅くなり、漏水の範囲が広がってしまって、原因の発生箇所の特定が難しくなることもあります。

漏水を止めるには、どこから浸入しているのかをまず突き止めなければなりません。その作業の第一は「目視調査」です。それで見当をつけたら、漏水箇所から香りのついた空気を圧送し、どこに出たかを調べたり、疑わしい箇所に色水をセットしてどこに現れるかを調べたり、赤外線カメラで温度分布を調べて浸入箇所や経路を特定したりするなど、さまざまな方法で詳しく調査します。

ディテールを考えるときには、漏水事故が起きないように納まりを慎重に検討することは基本中の基本です。万一、漏水が起きてしまったときも、できるだけ早く察知できるように対策を考えておくことが必要でしょう。たとえば、漏水のリスクの高い配管の継手部分の数を減らしたり、床下ではなく天井裏に設置するようにすれば、早いうちに察知できる可能性があります［図1・2］。また、露出配管を採用して、意匠的にきれいに見せるという方法もあります［写真1・2］。今後は配管が露出することを意識して、きれいに見せる施工技術を磨いたり、きれいな部品を開発する努力も必要になるでしょう。

写真1

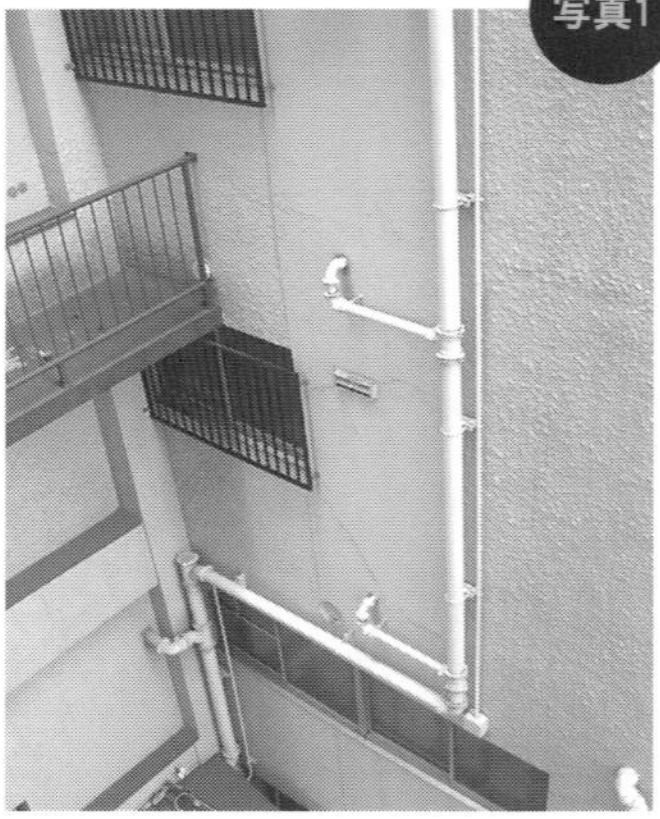

排水管の露出配管例。改修工事で既存配管に代えて新設されたもので、保護カバーがなく、配管材そのままだが、継手のかたちなどそれなりに引き締まって見える

写真2

電気設備の露出配管例。電気設備の場合は配管でルートをつくり、そのなかを配線する。露出用のジョイントやスイッチのボックスが独特の表情をつくる

図1

配管工法の種類

① 従来の配管工法

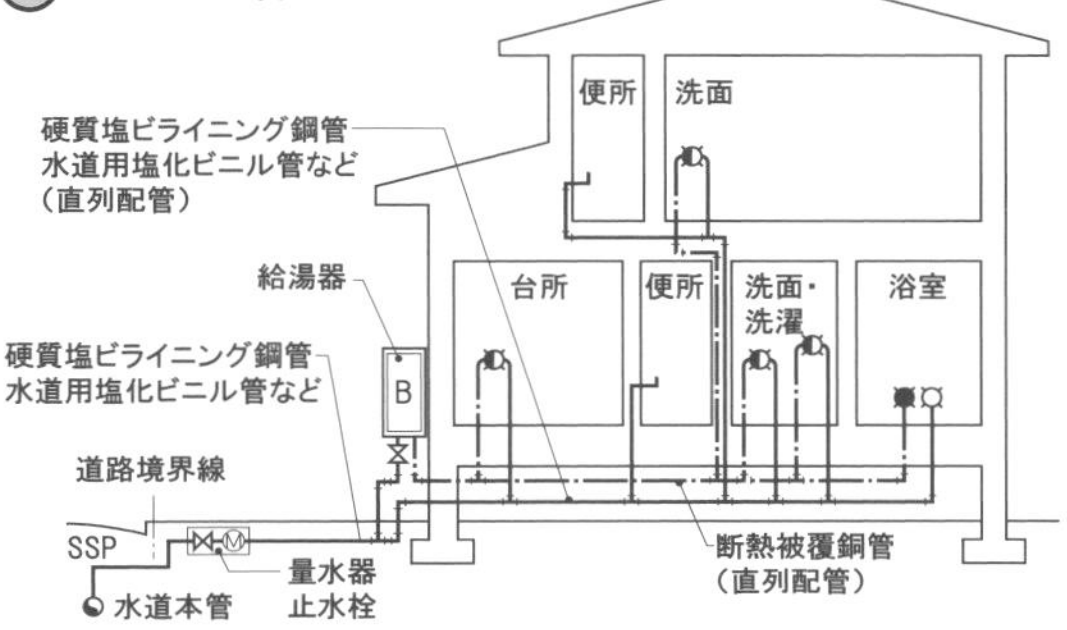

従来工法では、元から先へと次々につないでいくので、継手の数が多くなるため、それだけ漏水の確率が高くなる

② サヤ管ヘッダー方式

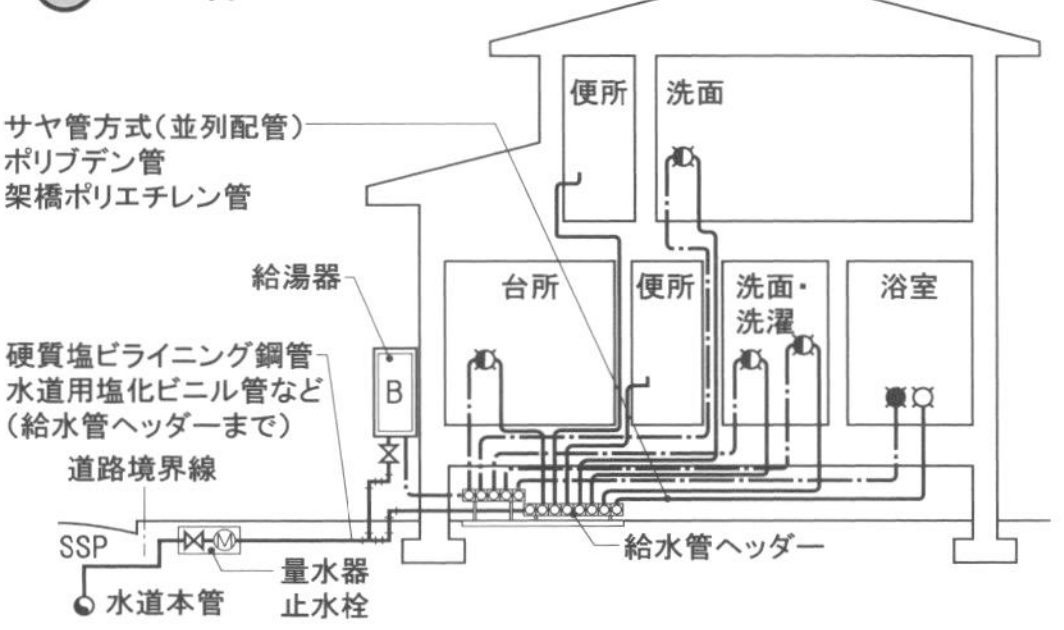

水・湯ともに元から「ヘッダー」と呼ぶ分岐器に送り、そこから各端末に直接配管する。配管は途中に継手のないポリブデン管などの合成樹脂管を使用。システム全体の継手の数が少ないため、それだけ漏水の危険性も低い。また、金属管ではないので錆などのトラブルもない

図2

漏水の種類と対策例

① 配管からの漏水1

伸縮などの影響で管材の弱いところに亀裂が入り、水圧で口が開いて漏水する

② 配管からの漏水2

エルボなどの継手部材に伸縮などの影響で力が加わり、亀裂が入ったところに水圧が加わって漏水する

③ 配管からの漏水3

金属管の場合、内側からの腐食で管の肉厚が薄くなり、水圧が加わってピンホール状の孔が開いて漏水を起こす。地中埋設管の場合は、電食によって管の外側から腐食が進むこともある

④ 配管からの漏水4

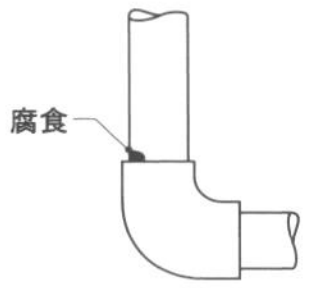

腐食に強い塩ビライニング鋼管でも、ねじ切りをした部分はライニングが切れるため、腐食が進んで漏水を起こすことがある

⑤ 地下水などの浸入

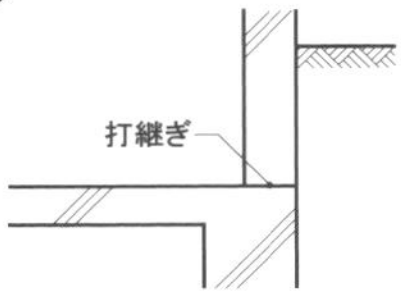

コンクリートの打ち継ぎ部分は一体につながりにくく、外からの止水・防水処理ができていないと、地下水などの水圧で水が浸入することがある

⑥ 結露水

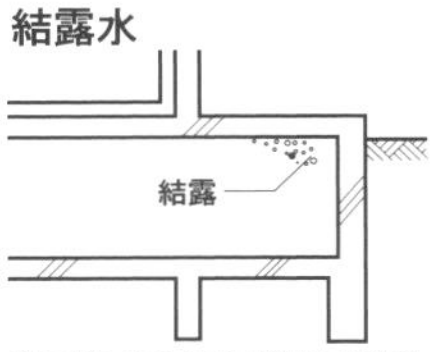

地下などの湿度が高い環境で、コンクリート躯体などの温度が低い箇所で結露が発生し、水滴が集まって漏水状態になることがある

⑦ 漏水対策例

配管にヘッダー方式を採用した場合、漏水発生の危険性が高いヘッダーを天井裏に納める。1階床下の設置と違い、漏水が発生すれば気付きやすく、大事に至る前に処置ができる

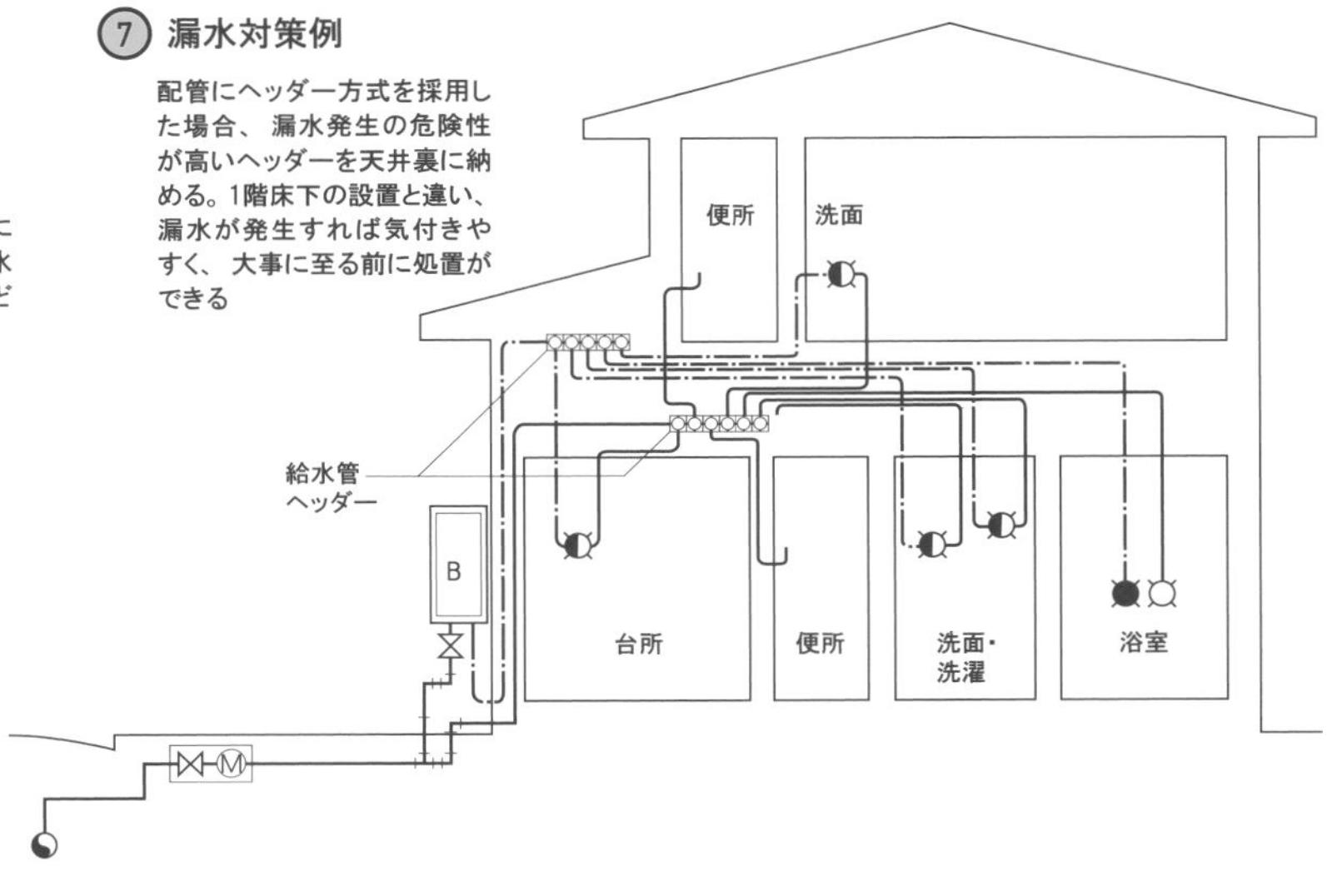

050

結露のこと

結露防止は室内外の温度差に配慮する

空気中に含まれる水蒸気の量の最大値（「飽和水蒸気量」といいます）は、気温によって異なり、気温が上がるにつれてその量が増えます。水蒸気量が増えて飽和水蒸気量を超えると、その分は水蒸気の状態では存在できなくなって水滴になります。これを「結露」といいます［図1］。

　結露が発生するのは、冬場の場合、室温が高く室内空気の飽和水蒸気量が多いときに、低い外気温の影響で冷えた窓ガラスやサッシ、外周壁に空気が触れて温度が下がり、飽和水蒸気量が減ることが原因です［図2］。このときに、室内空気に流れがあると局所的な温度低下を避けることができ、結露の発生を抑えることができます。また、部屋の湿度が75％を超えると結露が発生しやすくなるので、水蒸気の発生源（炊事、洗濯物の室内干し、観葉植物、水槽、人の集合など）を制御して、湿度の上昇を抑えることも結露防止に有効です。

　結露にはもう1つ、春先から初夏の時期に起きる「非定常結露」といわれるものがあります。これは、外気温が上がって室温とそれほど差がなくなった時期に、急激な気温上昇や南からの湿った暖かい空気の吹き込みなどがあると、冬の間に冷え切って、まだ十分に暖まっていない躯体（コンクリートや鉄骨）や土間の表面で結露が起きる現象をいいます。土間が水を打ったようになるほど濡れたり、部分的に雪が残ったり、日陰ができている屋根裏の鉄骨が結露したりすることで、雨漏りしているかのように水が漏れてくることがあります。このようなかたちの結露に対しては、躯体が急激な温度変化をまともに受けないような被覆を考えるとか、湿度上昇を制御する吸湿材を使用するなどの検討が必要になります。

　結露を発生させないようにするには、躯体や仕上げ材に触れている空気の温度を下げないことが大切です（温度が下がると、空気中に含まれる水蒸気が過飽和の状態になるからです）。そのためには、①空気が常に動いて冷えてしまう間がないようにする、②冷たい躯体や仕上げ材と空気とが直接触れ合わないように、緩衝材（フィルム、スプレー、テープ、塗料、シートなど）を状況に合わせて施工する、③周辺の空気温度を下げないようにヒーターで加熱する、などの対策を検討します［図3・4］。経験からいえば、このなかで効果が高いのは、①の空気を常に流れるようにして淀ませないことです。

図1

結露のメカニズム

空気中に含まれる水蒸気の飽和量は温度によって異なり、温度が上がるにつれてその量が増える。温度の高い空気は大きなコップ、温度の低い空気は小さなコップをイメージすると分かりやすい

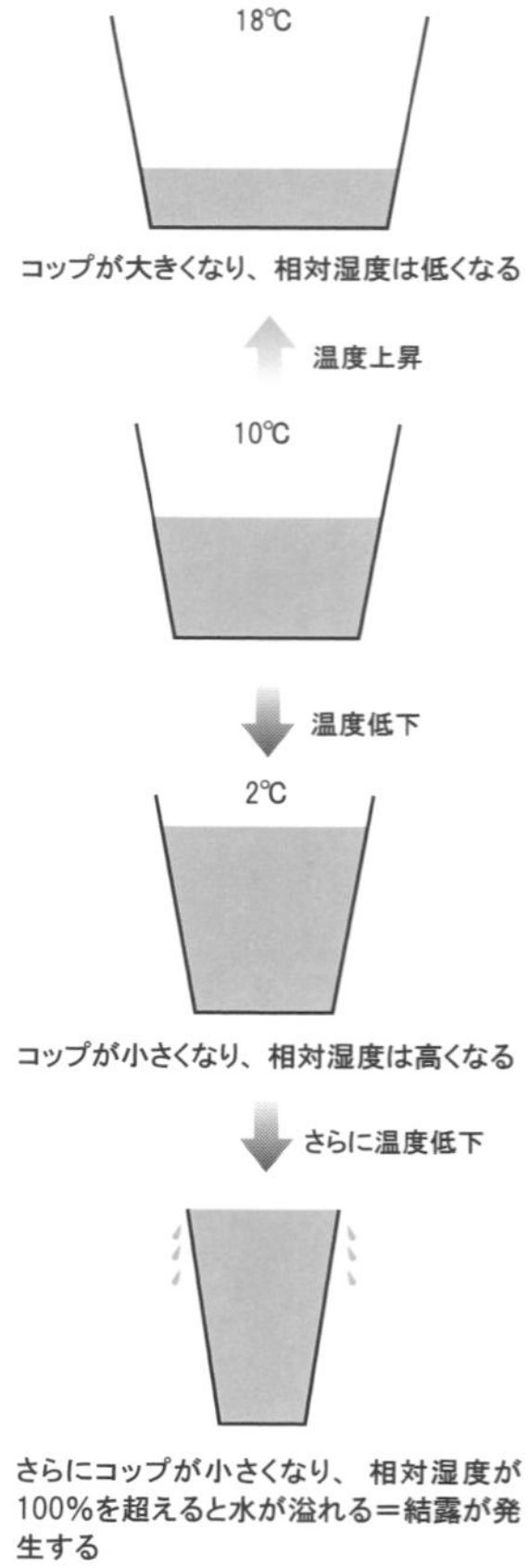

18℃
コップが大きくなり、相対湿度は低くなる
温度上昇
10℃
温度低下
2℃
コップが小さくなり、相対湿度は高くなる
さらに温度低下
さらにコップが小さくなり、相対湿度が100％を超えると水が溢れる＝結露が発生する

図2

結露の種類

① 表面結露

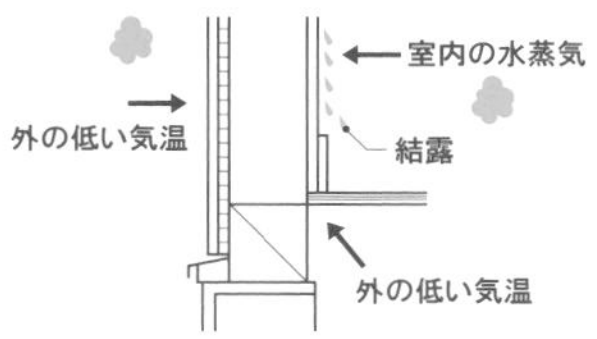

寒い時期に起きる結露で、冷たい外気で冷えた仕上げ材面に、部屋の暖かい空気が触れることで発生する

② 内部結露

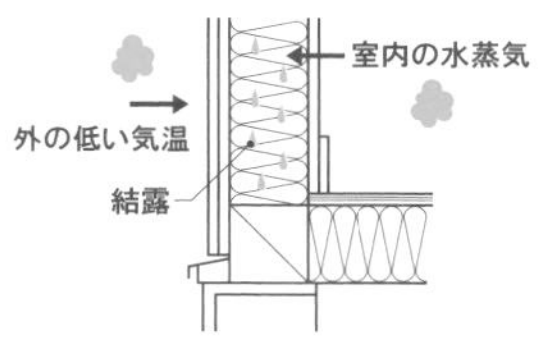

これも寒い時期に起きる結露だが、壁内部の断熱材に届いた室内の暖かい空気が冷たい外気で冷やされて、断熱材内で結露する。壁体内で起こるため気付くのが遅れ、気付いたときには土台や柱の腐食が始まっているというやっかいな結露である

③ 夏型結露

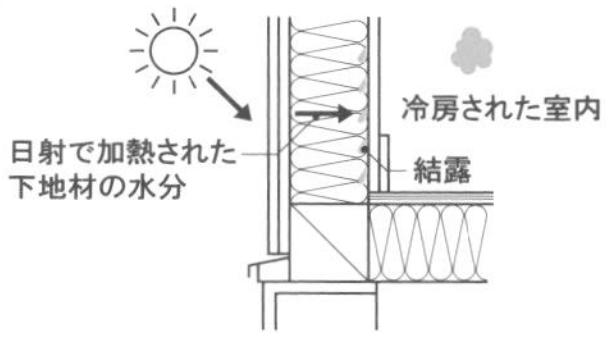

内部結露の1つで、壁内部の温度が上がり、飽和水蒸気量が増えている状況のときに、室内の冷房で冷やされた仕上げ材の裏側で起きる結露

図3

内部結露の防止策

① 充填断熱の場合

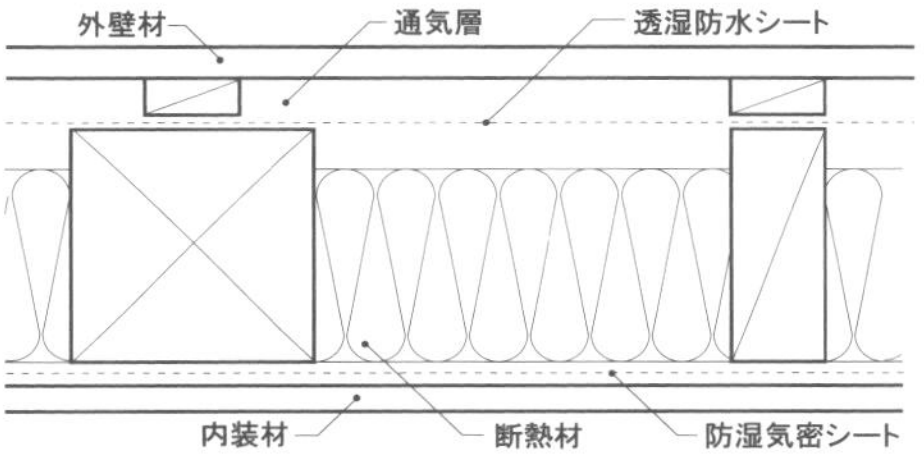

充填断熱という一般的な仕様の場合、室内側の仕上げ下地に防湿気密シートを隙間なく張り、室内の暖かい空気が漏れ出るのを防止する

② 外張り断熱の場合

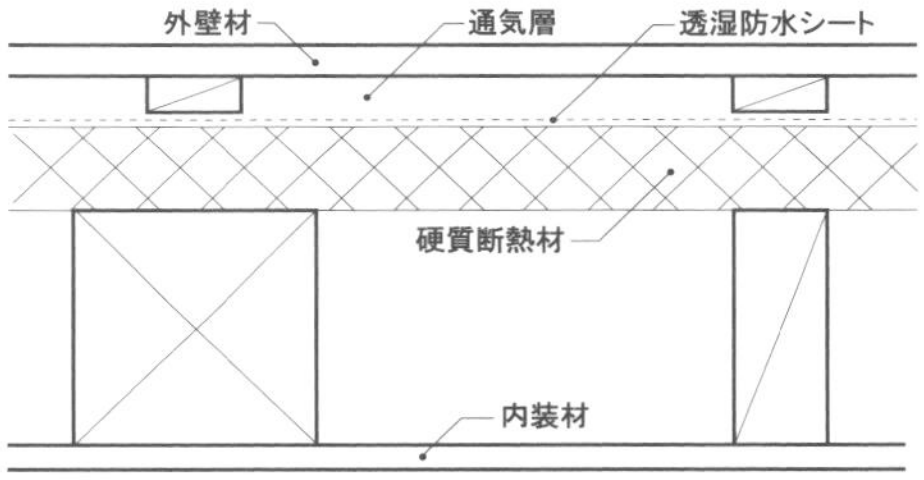

密度の高い断熱材で建物全体を包む工法で、断熱欠損ができにくいといわれ、透湿防水シートや防湿気密シートを使わない方法もある

図4

室内空気の流れをつくる方法

① 部屋ごとに個別の換気経路を設ける

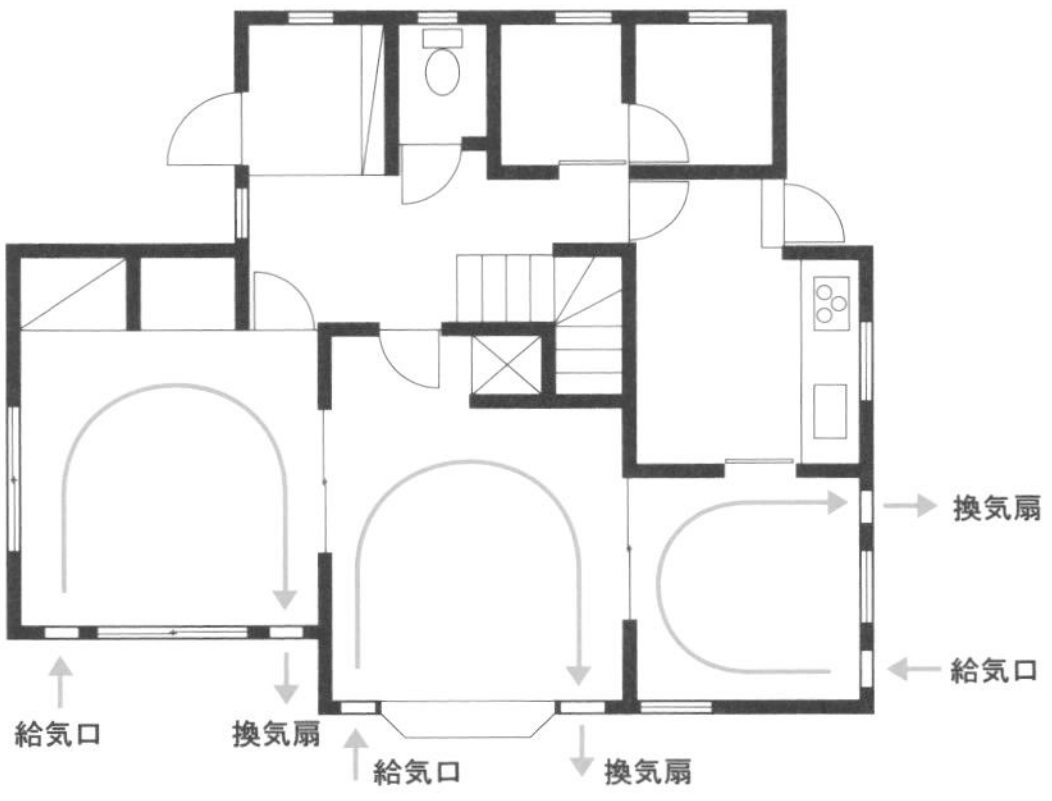

給気口と換気扇の位置関係は、空気の淀みをつくらないように気を付ける

② 家全体で換気経路を設ける

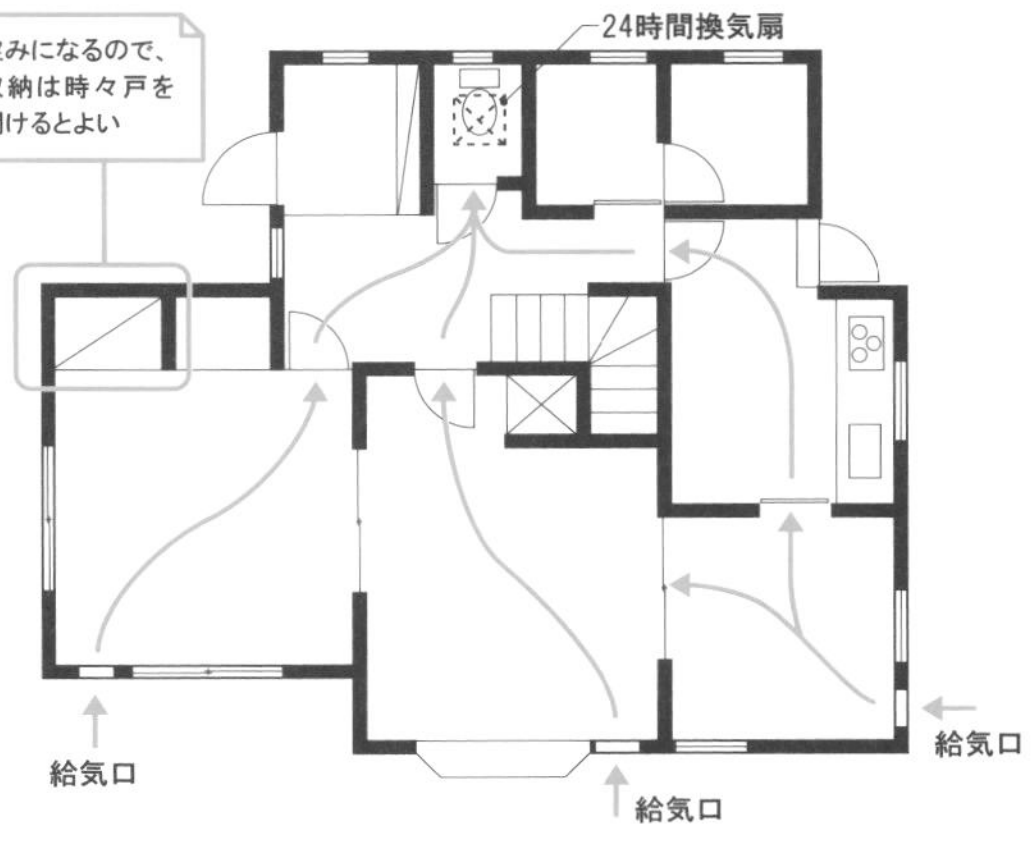

換気扇はトイレや浴室に用意し、各部屋には給気口を設ける。出入口の扉を換気経路に使うが、空気の淀みができやすいところは、時々扉を開放するなどして空気の入れ換えに気を配る

051

振動のこと

床の振動対策は建具枠の固定や床仕上げの方法がポイント

「振動」は、環境基本法で「公害」として定義される要素の1つで、振動規制法によって規制されます。しかし、建物が受ける振動の発生源にはさまざまなものがあり、自動車や鉄道、工事、工場の機械設備などの人工的な振動は発生源のところで防振対策をとるように規制できますが、地震や風などによる振動は、振動を受ける側で対策を立てざるを得ません。

地震による振動対策としては、建物を丈夫につくり、揺れても壊れず耐えるという従来の考え方（耐震構造）のほかに、揺れる地盤（あるいは基礎部分）と建物とを構造的に縁を切って振動エネルギーを減衰させることで建物の被害を防ぐという考え（免震構造）や、建物内部に地震などによる震動のエネルギーを吸収する装置を設けて被害を防ぐという考え（制振構造）もあります［図1］。最近では、構造を簡便にしてコストを抑えた住宅向けの免震装置も出回っていますが、免震構造は横揺れには強い一方、縦揺れにはほとんど効果がなく、強風のときにはむしろ揺れが大きくなるという難点があるといわれています。また、免震構造の建物は、鉄筋コンクリート造などの剛構造であっても一度起きた揺れが納まりにくいため、それを抑える制振装置を併用しなければならないといわれています［図2］。

振動の問題というと、もっと身近なところでは、部屋の床の振動が挙げられます。集合住宅では上下階の間でトラブルの原因になりやすい問題で、この対策としては、①スラブを厚くする、②浮き床構造（2重床構造）にする、③床の仕上げ材を振動を吸収する材質のものにする、などが挙げられます。

ここで納まりを考えるときに検討したいのが、建具枠の固定方法や床仕上げや下地の納め方です。98・99頁でも説明しましたが、振動は空気中よりもコンクリートなどの躯体中のほうが早く伝わるので、扉の開閉時の衝撃や床に物を落としたときの振動が、思わぬ遠くまで届いてトラブルの原因になる可能性があるからです。この場合の基本的な納め方は、振動の起きにくい密度のある材料を使い、固定する際には躯体に直接振動が伝わらない工夫をするということになります［図3］。振動を発生させない納まりとしては、ドアの戸当たりにゴムクッションを使う方法が有効です。また、発生した振動を躯体に伝えない納まりとして、躯体との間に隙間を確保して縁を切ることが有効です。

図1

耐震・免震・制振の違い

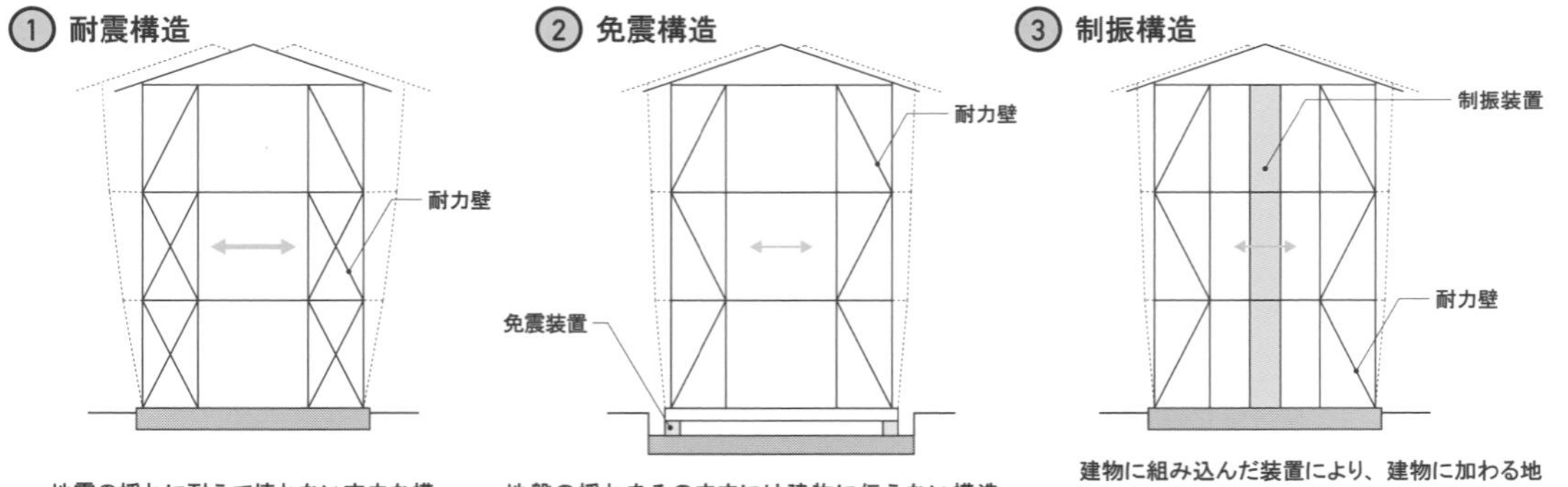

地震の揺れに耐えて壊れない丈夫な構造としたもので、鉄筋コンクリート造が代表的なものになる。建物は地盤と一緒に揺れる

地盤の揺れをそのままには建物に伝えない構造で、振動のエネルギーを小さくして建物の破壊を免れようとしたものである。重量のある大規模な建物では効果を認められているが、住宅のように小規模で軽い建物では制御が難しいといわれている

建物に組み込んだ装置により、建物に加わる地震力のエネルギーを吸収し減衰させることで、建物の破壊を防ごうというもの。伝統的な木造軸組構法の貫構造がこれに該当するといわれる。建物の揺れを早く納める効果があり、免震構造と併せて使われることもある

図2

制振装置の種類

① 低降伏点鋼弾塑性ダンパー

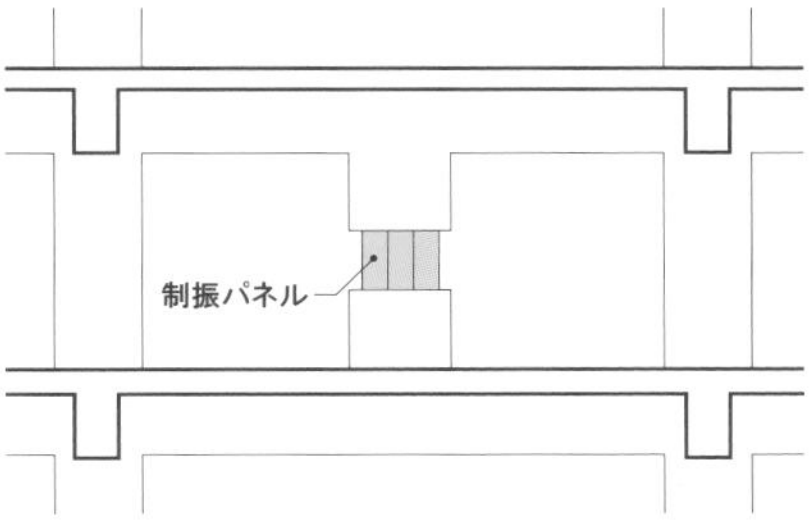

柔軟性が高い特殊な鋼材でつくられた制振パネルを設置し、大地震時にはこのパネル部分が変形することで揺れのエネルギーを吸収する

② オイルダンパー

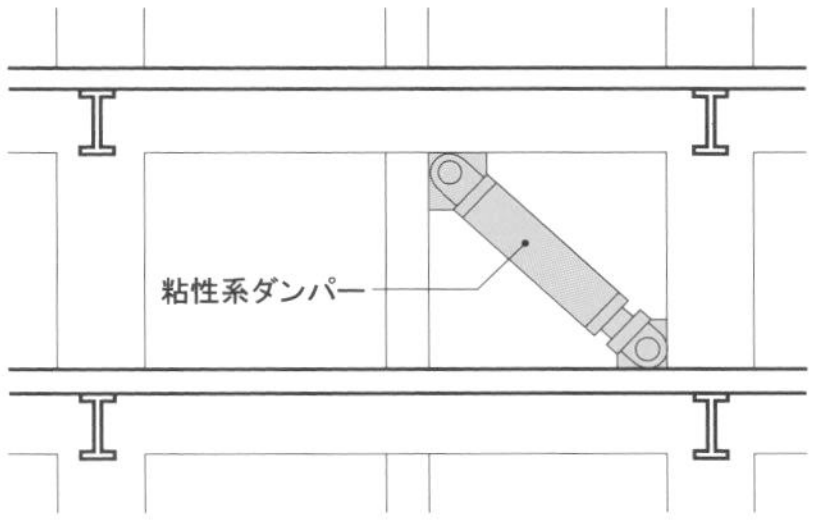

制振装置にオイルダンパーを使用する工法。ダンパー内部を流れる油の流体抵抗で揺れのエネルギーを吸収する

図3

振動の伝播を制御する納まり例

① スチールドアの納まり例1

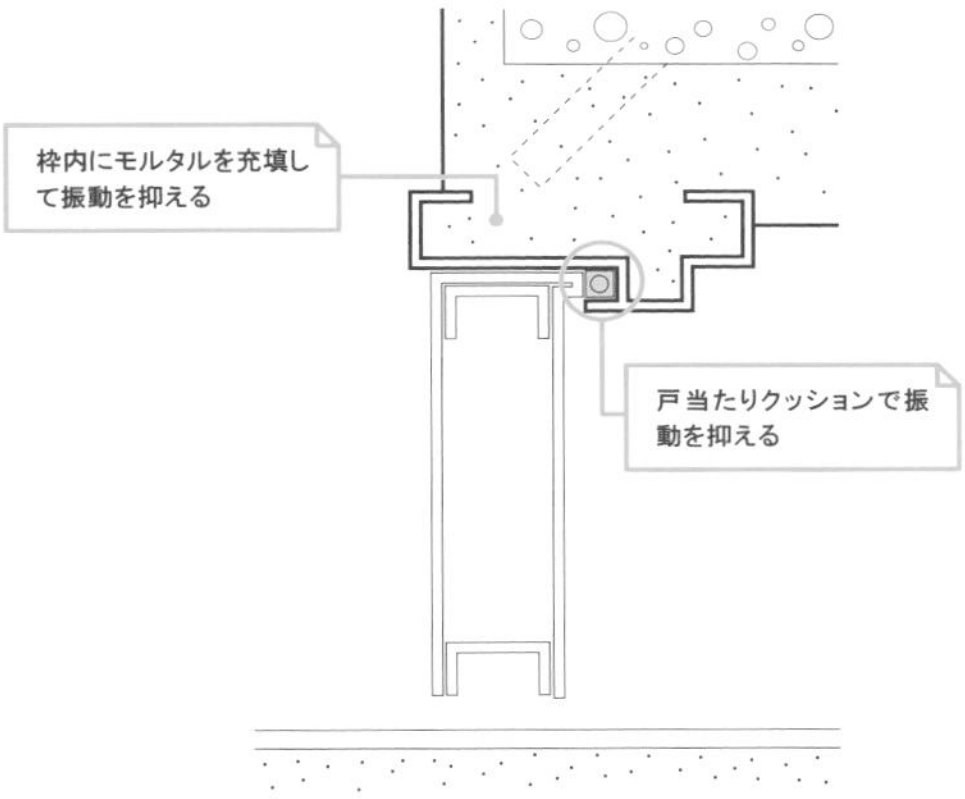

枠の振動を抑えるために、内側にモルタルを十分に充填する。また、ドアと枠が直接当たって振動が起きないよう、三方に合成ゴム製のクッションを入れる

② スチールドアの納まり例2

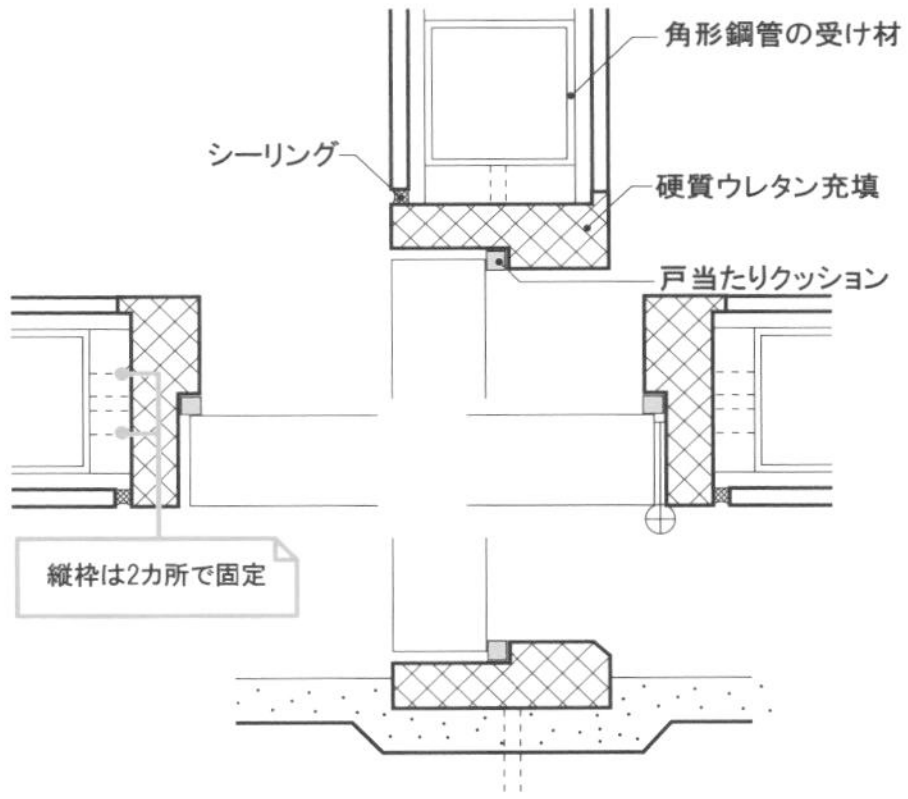

防音ドアとしてつくられた例。枠の振動を抑えるために内側に高密度の吸音材が充填してある。四方枠で、四周にゴムクッションが廻り、衝撃などの負担の大きい縦枠は受け材にダブルの鉄筋で固定する

③ 2重床の納まり例1

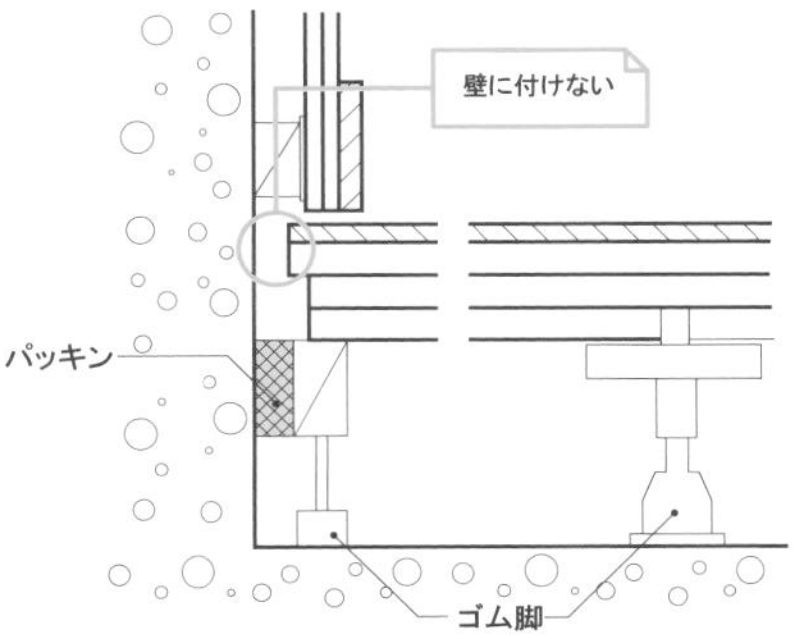

ゴムクッションの脚で浮かせた2重床の振動を躯体に伝えないため、壁際はパッキンを介して納める。床仕上げ材も躯体の壁とは縁を切っておく

④ 2重床の納まり例2

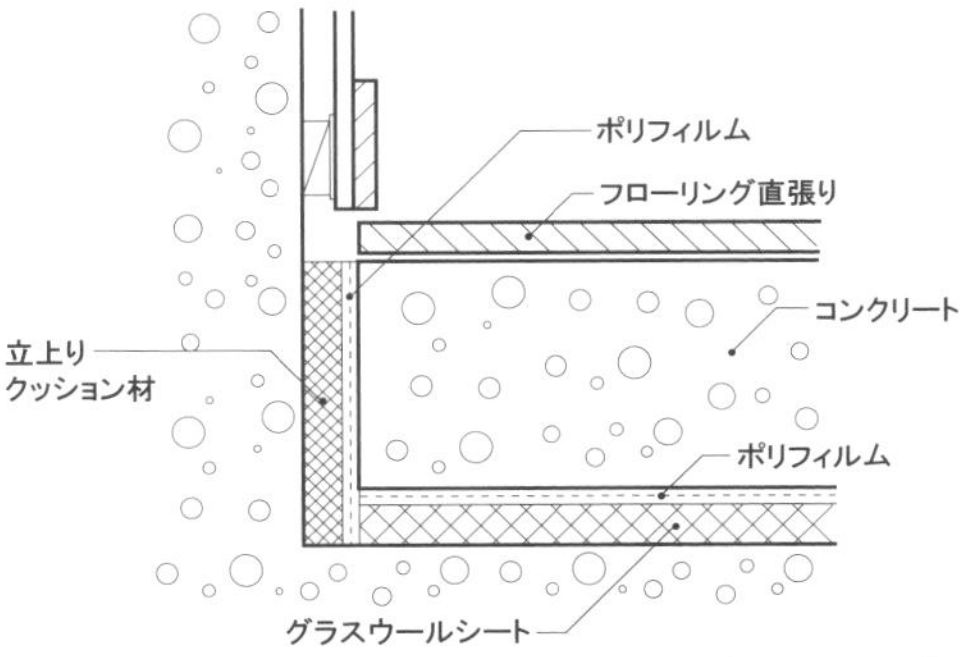

コンクリートスラブの上に所定のグラスウールシートを敷いたうえ、壁際にはグラスウールの立ち上がり材を回し、ポリエチレンシートをその上に張ってコンクリートを充填している。仕上げはフローリング直張りとするが、躯体とは完全に縁が切れている

052 荷重のこと

床廻りの納まりはクリープ防止に配慮する

建物の構造計算を行うときに用いる「荷重」には、「固定荷重」と「積載荷重」の2種類があり、この合計の数値を計算に使います。

固定荷重は、建物の構造体の種類（鉄筋コンクリート造、鉄骨造など）と、床・壁・天井などに施される仕上げ（下地を含む）の種類によって決まる重量を合計したものです［表1］。すなわち「建物の自重」がこれにあたります。一方、積載荷重は、建物の床面に載る物や家具、人などの重量を合計した荷重をいいます［表2］。積載荷重は使用条件によって数値のばらつきが出ますが、建築基準法で一般的な建物について部屋の種類や用途別に最小値が定められているので、構造計算にはこれを用います。そのほか、雪の多い地域では積雪荷重が積載荷重に加算されます。荷重は規定の計算式で求めますが、根拠とする数値は特定行政庁により定められています［表3］。

ところで、木材やコンクリート、プラスチックなどの材料では、連続して荷重がかかり続けると、時間の経過とともにひずみ（たわみ）が増える現象が発生します。これを「クリープ」といいます［図］。クリープは、荷重が大きいほど、また温度が高いほど早く進みます。そして、一度クリープが起きると、荷重を取り去っても材のひずみは残ったままになります。身近で経験するクリープとしては、本をぎっしりと詰め込んだ本棚で、気が付くと棚板がたわんで中央部分が下がっている例が挙げられます。床の場合も、過大な荷重が中央部分にかかり続けるとひずみが生じます。コンクリートの床でも、荷重がかかり始めてから3カ月ほどでクリープが起こるといいます。

この問題に対し、納まりのうえで検討できることは、過大な荷重を集中させないで分散させることを考えるとともに、余裕を見込んでスラブの厚みや梁・根太の断面の寸法を決めることです。また、スパンを短く設定することも有効です。

鉄筋コンクリート造の基準でいうと、床版（スラブ）のたわみについては短辺方向のスパンの1／250以下、厚みはスパンの1／30以上であることが求められますが、集合住宅での上下階間の遮音性能確保が一般的になっている現在、スラブ配筋をダブルにする仕様が普通になっているので、厚みは最低150㎜以上を確保することとします。実際には180～200㎜くらいの厚さの例が多いようです。また、たわみ防止という点では、コンクリートを打ち込んだ後、十分に強度が出るまで支保工を残しておくことも大切です。

図 クリープ現象

「クリープ現象」とは、躯体の床版や梁が積載荷重の影響でたわみ、荷重を取り去ってもそのたわみが残る現象をいう。自重の影響でたわみ、そのままになっている状態もクリープ現象という

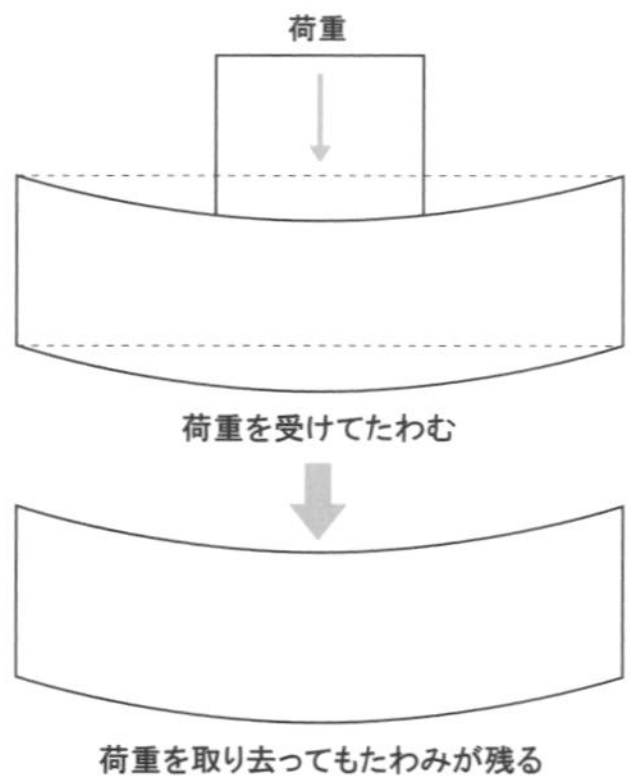
荷重
荷重を受けてたわむ
荷重を取り去ってもたわみが残る

表1

固定荷重［建築基準法施行令84条より木造関連の規定のみ抜粋］

建築物の部分	種別		単位面積当たり荷重［N／m²］	備考
屋根	瓦葺き	葺き土がない場合	640	下地、垂木を含み、母屋を含まない
		葺き土がある場合	980	
	波形鉄板葺き	母屋に直接葺く場合	50	母屋を含まない
	薄鉄板葺き		200	下地、垂木を含み、母屋を含まない
	厚形スレート葺き		440	
木造の母屋	母屋の支点間の距離が2m以下の場合		50	なし
	母屋の支点間の距離が4m以下の場合		100	
天井	竿縁		100	吊木、受け木、そのほかの下地を含む
	繊維板張り、打上げ板張り、合板張り、金属板張り		150	
	木毛セメント板張り		200	
	格縁		290	
	漆喰塗り		390	
床	板張り		150	根太を含む
	畳敷き		340	床板、根太を含む
	床梁	張り間が4m以下の場合	100	なし
		張り間が6m以下の場合	170	
		張り間が8m以下の場合	250	
壁	軸組		150	柱、間柱、筋かいを含む
	壁仕上げ	下見板張り、羽目板張り、繊維板張り	100	下地を含み、軸組を含まない
		木摺漆喰塗り	340	
		鉄網モルタル塗り	640	
	小舞壁		830	軸組を含む

表2

積載荷重［建築基準法施行令85条より一部抜粋］

室の種類　／　構造計算の対象	床の構造計算をする場合［N／m²］	大梁、柱または基礎の構造計算をする場合［N／m²］	地震力を計算する場合［N／m²］
住宅の居室、住宅以外の建築物における寝室または病室	1,800	1,300	600
事務室	2,900	1,800	800

上表において、住宅の居室で「床の構造計算をする場合」は 1,800N／m² となるが、これはkgで表すと180kg／m² で、1m² に人が3人ほど居る状態を意味する。8畳というと約13m² の広さになるが、ここに人が 13×3＝39(人)居る状態を意味する。これは実情を離れた過剰な設定ではないかと思われるが、人以外に本棚やピアノなどの重量物が置かれても大丈夫な条件を想定しているからである

表3

積雪荷重［建築基準法施行令86条］

積雪荷重＝積雪単位荷重×屋根の水平投影面積×屋根形状係数×垂直積雪量

積雪単位荷重	一般地域：積雪量1cmごとに20N／m²以上
	多雪地域：積雪量1cmごとに30N／m²以上
屋根形状係数	30° ＜ 屋根勾配 ≦ 40° のとき：0.75
	40° ＜ 屋根勾配 ≦ 50° のとき：0.5
	50° ＜ 屋根勾配 ≦ 60° のとき：0.25
	60° ＜ 屋根勾配のとき：0
垂直積雪量	特定行政庁により地方・地域ごとに規定されている

積雪荷重とは、積雪によって建物の鉛直方向にかかる荷重のことである。「多雪地域」と「一般地域」とに分けられ、積雪単位荷重が異なる。また、屋根の積雪荷重は勾配に応じた係数を掛けた数値とすることができる。なお、①多雪区域以外、②垂直積雪量が15cm以上の区域にある建築物、③屋根重量が軽い、④緩勾配屋根(15°以下)、⑤棟から軒までの水平投影長さが10m以上、のすべてに該当する場合は、従前の積雪荷重に割増係数を乗じた数値で構造計算を行う

$$割増係数=0.7+\sqrt{\frac{屋根勾配と棟から軒までの長さに応じた値}{屋根形状係数\times垂直積雪量[m]}}$$

053 紫外線のこと

建築材料にとっては敬遠したい存在だが光触媒効果を得られるメリットもある

「紫外線」は、熱的な作用に関係が深い赤外線と異なり、化学的な作用に関係が深いといわれています［図1・2］。紫外線の作用としては、たとえば殺菌や消毒効果、ビタミンDの合成、血行や新陳代謝の促進などが知られています。日焼けも紫外線が関与していることがよく知られています。また、蛍光灯は紫外線の働きによって発光しているので、あかりのスペクトル分布のなかには紫外線が含まれています。

直射日光を浴び続けた建築材料が褪色するのも、紫外線による作用が原因です。建築材料にとって、紫外線の存在は〝迷惑もの〟といってよいかもしれません。特にプラスチック類や塗料類にとっては、褪色はもちろん、その性能や強度が劣化する原因にもなるので、納まりを考えるときには直射日光を避ける工夫がほしいものです［図3］。

それができないときには、紫外線をカットする方法を検討します。市販されている紫外線対策用品には、シート状やフィルム状のものから塗料まで、さまざまなタイプがあります。たとえばフィルム状のものは、どのような仕上げ面にも施工できるわけではありませんが、ガラス面に施工すると、室内の床・壁などの仕上げ材の日焼けを防止できます。また逆に、室内の蛍光灯から発する紫外線を外に漏らさないので、夏の夜など、虫が寄ってくるのを防ぐ効果もあるといわれています。また、UVカット塗料は、塩ビ系防水シートやサイディングの仕上げ面、塗装仕上げ面などの劣化防止に有効な材料です。

このように、建築材料にとって紫外線は敬遠したい存在ですが、逆に紫外線の化学作用を利用する材料もあります。それが「光触媒」と呼ばれるものです［図4］。タイルやガラスなどの表面に光触媒物質（酸化チタン）をコーティングすると、表面に付着した汚れ物質が、紫外線と光触媒との分解反応によって分解されます。これを「セルフクリーニング効果」といい、細菌に対する抗菌効果も期待できます。

また、光触媒物質をコーティングした材料では、「光誘起親水化反応」といって、水がかかっても水滴とならずに薄い膜状に広がるという現象が起こります。これを利用することで、雨水で汚れを洗い流すセルフクリーニング効果が得られるほか、窓ガラスや鏡に使った場合はくもり止めの効果も期待できます。

図1 紫外線

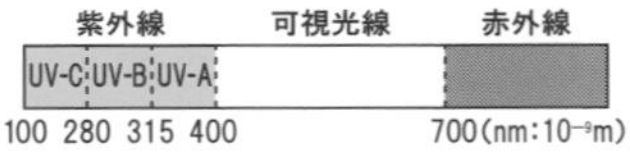

紫外線は、可視光線よりも波長の短い電磁波である。地上に多く到達しているのは、波長が315～400nm（ナノメートル）の「UV-A」と呼ばれるものである。オゾン層の破壊が進むと、眼や皮膚に害を及ぼすUV-Bレベルのものが大量に地上に到達することになる

※ UV-A、UV-B、UV-Cの区分には諸説ある

図2 紫外線の反射と透過

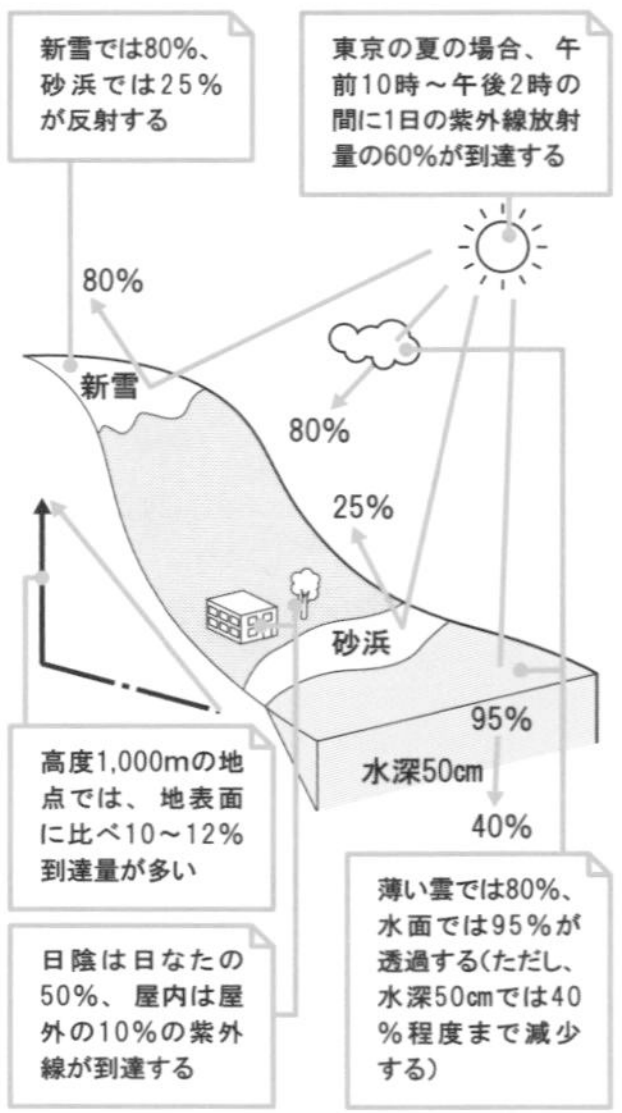

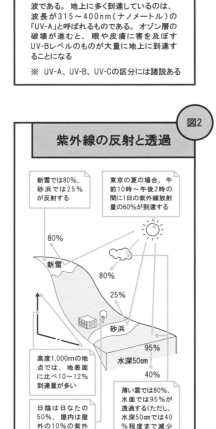

図3

紫外線対策の例

① 露出配管

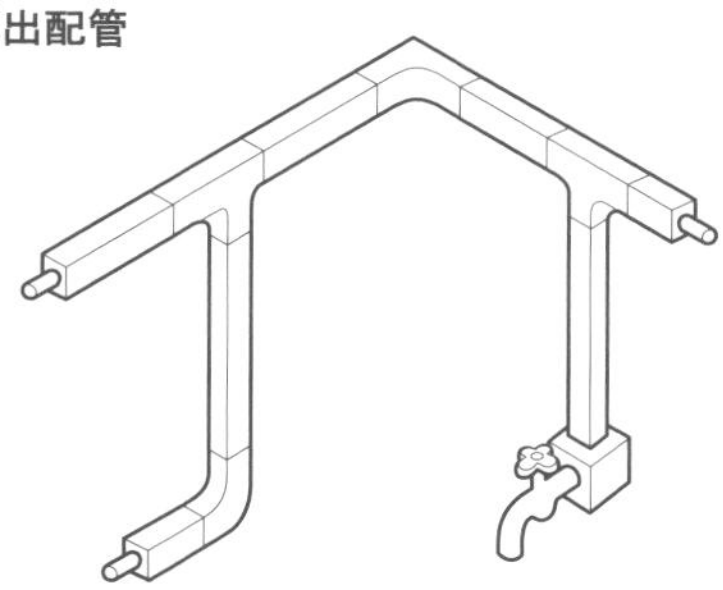

露出配管には化粧カバーを使用する。特に合成樹脂系の配管材料の場合に効果的である

② 複層ガラス

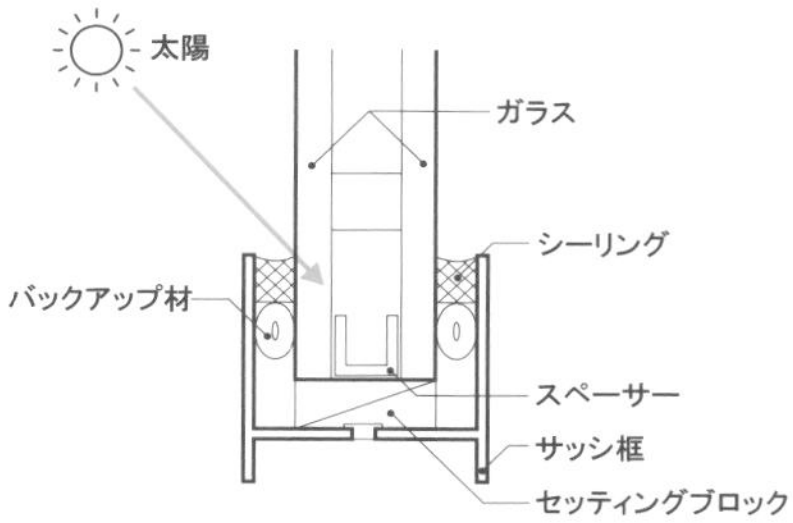

複層ガラスの端部のスペーサー部分には封着材が使われており、これでガラス間の真空状態を保っている。この部分が紫外線で劣化しないよう、サッシ框納めのかかり代を規定どおりに確保する

③ シーリング

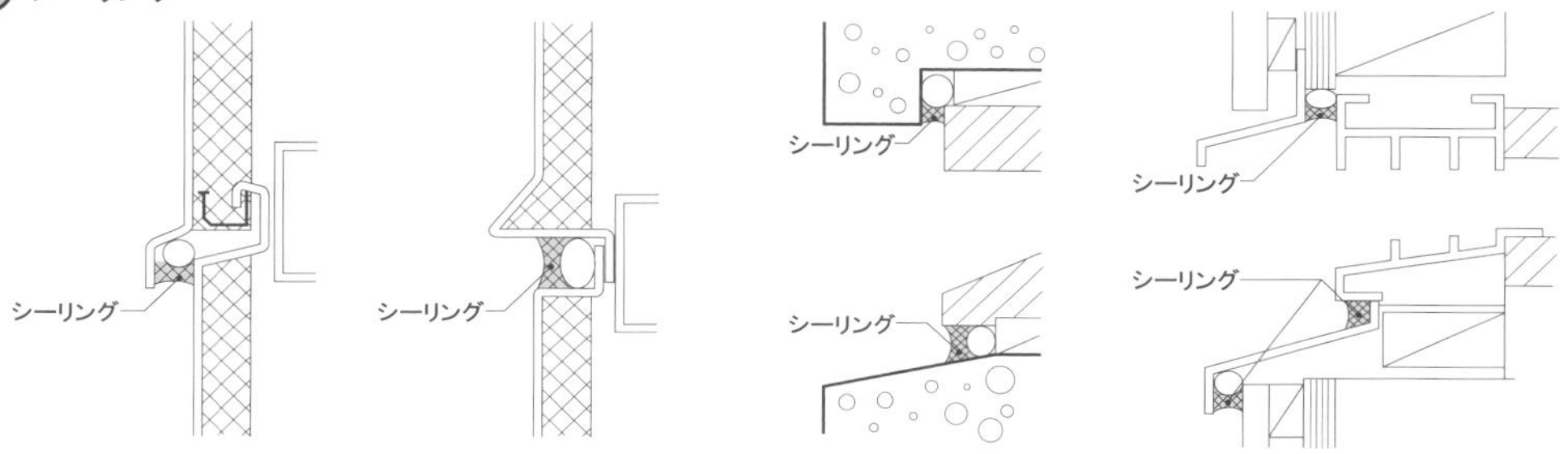

パネルやサッシ納めのシーリングは、陰になる位置となるようにディテールを工夫する

図4

光触媒の効果

① 汚れ物質の分解

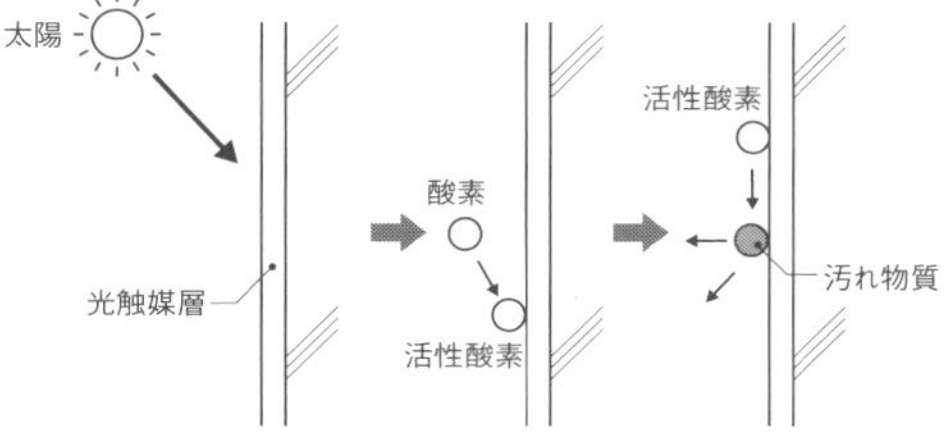

光触媒層に紫外線が作用すると、大気中の酸素が触媒表面に吸い付けられる。その酸素から活性酸素が生成され、これが付着している汚染物質を水と二酸化炭素に分解する

② 超親水効果による自浄作用

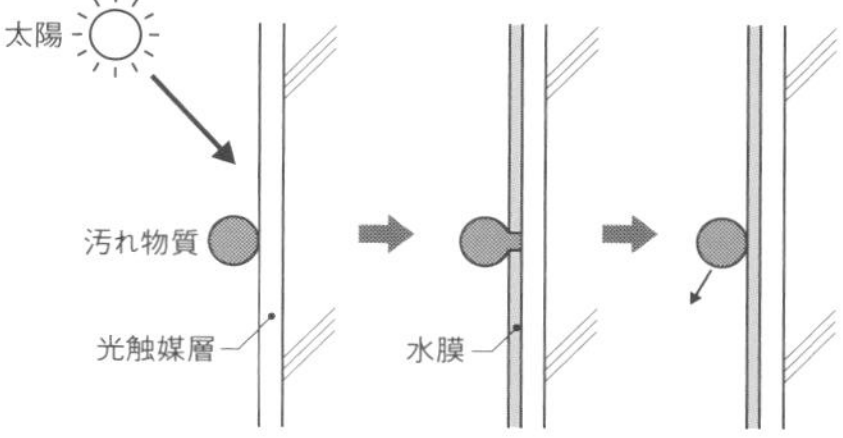

雨などで光触媒層に水がかかると、光触媒がもつ超親水性の効果によって汚染物質の下に水の膜が入り込み、汚染物質を浮き上がらせて流し落としてしまう

③ くもり止め機能

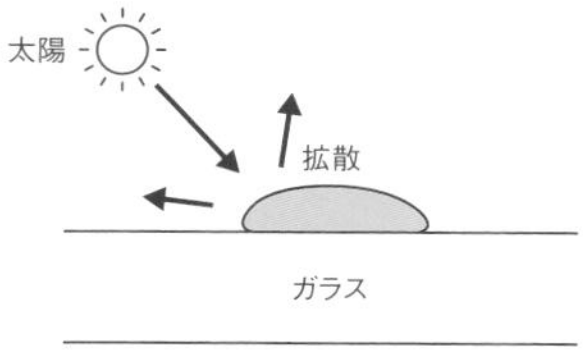

通常のガラス面に付着した水蒸気は表面張力の働きで小さな水滴状になり、光が当たると拡散するためにくもって見える

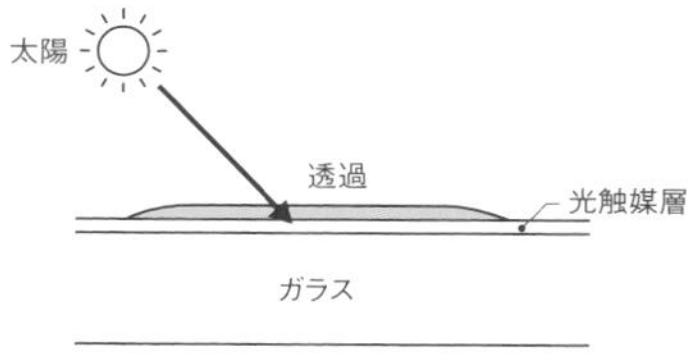

光触媒をコーティングしたガラス面では、超親水性の効果で水が薄い膜状になるため、光が透過して拡散しなくなる

054

光のこと

人工照明による光の特性を把握することがポイント

一般に「光」というと、人間が感知できる可視光線のことを指します。光の元になる光源は、①太陽光、②電気をエネルギー源とする電灯などのあかり、③物質の燃焼によるランプやロウソクなどのあかり、の3種類に大別できます。

電気をエネルギーにするあかりには、「白熱灯」「放電灯」「LED」などがあります[図1]。白熱灯はフィラメントを赤熱させて発光させるもので、光の性質が物質の燃焼によるあかりに近い特徴があります。放電灯の代表格は蛍光灯で、熱せられたフィラメントから放出された電子と管中の水銀原子とがぶつかったときに発生する紫外線によって、管の内部に塗られた蛍光物質が反応することで発光します。LEDは急速に普及した光源で、プラスの電子とマイナスの電子が出会うときに発生するエネルギーを光に変換して発光しています。

こうしたさまざまな光源を使った照明を人工照明といいますが、人工照明が開発されてきた軌跡をたどってみると、太陽光の再現を目指してきたことは明らかです。しかし、手本とする太陽光は、時間や気象条件によってめまぐるしく変化し、光の特性に関するいろいろなデータの数値にもかなりの幅が

図1

光源の種類と発光の仕組み

① 白熱灯

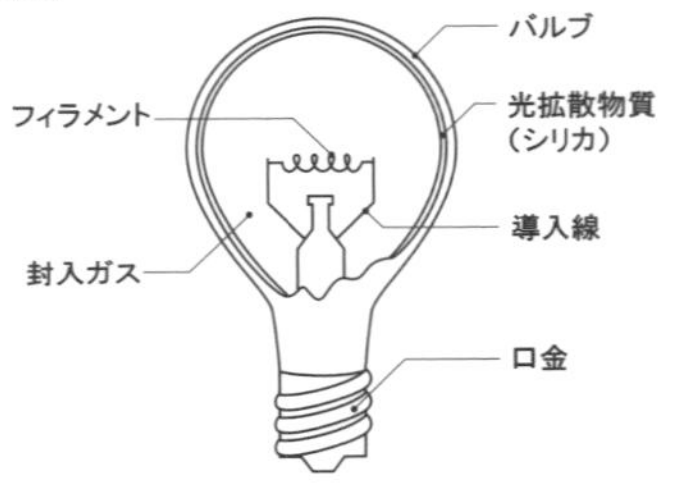

フィラメントに電流を流し、赤熱させて光エネルギーを取り出す。不活性ガスを封入してフィラメントが燃え尽きるのを遅れさせているが、電球の平均寿命は2,000時間程度である。W(ワット)数に見合った発熱がある

② 蛍光灯

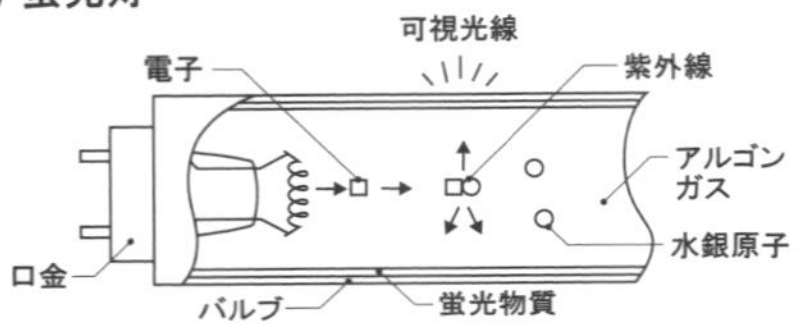

フィラメントに電子放出物質が塗ってあり、通電されてフィラメントが発熱すると電子が飛び出す。管の中には放電を助けるアルゴンガスと水銀原子が封入されていて、電子と水銀原子が出会うと紫外線が発生する。さらに、管の内壁に塗られた蛍光物質がその紫外線を吸収すると可視光に変換される。平均寿命は6,000時間程度。消費電力は白熱灯の1/3程度といわれる

③ LEDランプ

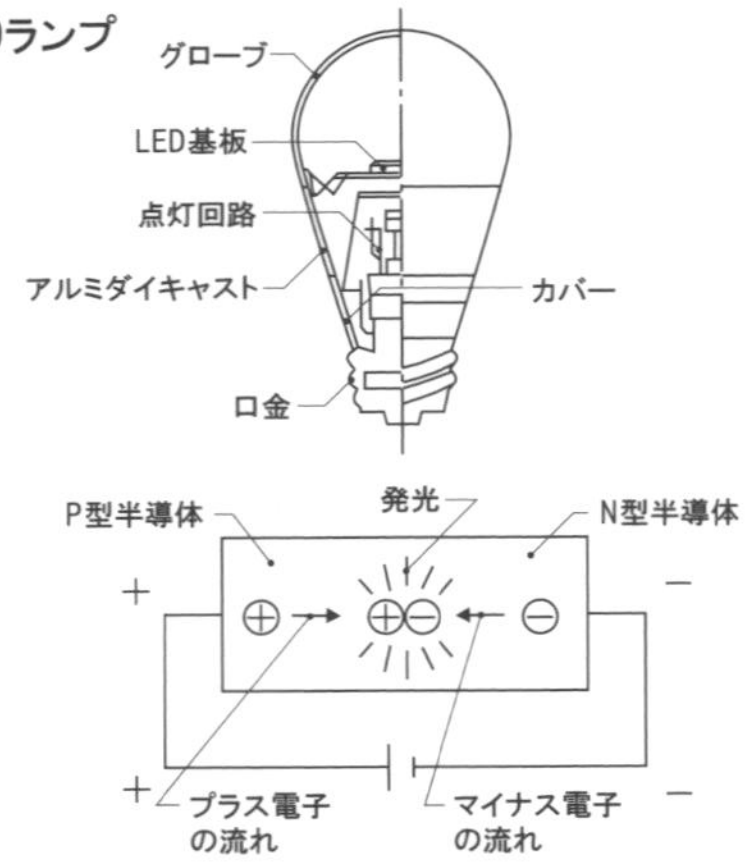

P型半導体とN型半導体を組み合わせた基板に直流電流を通すと、プラスの電子とマイナスの電子が移動する。これらの電子が出会って結合するとエネルギーが発生し、光となる。電気エネルギーが直接光エネルギーに変換されるので、効率がよい光源といわれている。寿命は20,000〜40,000時間程度、消費電力は数W程度。交流を直流に変換する回路を備え、白熱灯の灯具をそのまま使用できるランプもある

あります。照明の計画にあたっては、そのなかの、どの時間帯や条件を照準にするかよく吟味する必要があります。

たとえば、光の色を表す「色温度」という数値でみると、朝日・夕日の1800〜2000Kから、晴れた日の昼頃の6500〜7000Kという幅があります［表］。これに対して、白熱電球がつくる色温度は2800Kくらいなので朝方や夕方の感じに、蛍光灯がつくる色温度は4500〜6000Kくらいなので日中の感じになりますから、人工照明は太陽光の一部を再現しているにすぎないということがいえます。

また、光のスペクトルでのエネルギー分布をみると、太陽光は分布に多少のムラがあるものの、緩やかな山形の連続線を描きます。白熱灯はかたちは違いますが、やはり連続線を描きます。一般の蛍光灯は鋭いピークが途切れ途切れに表れる不連続線となり、LED（白色）は連続線になるもののエネルギーが突出するかたちになります［図2］。これは、同じ明るさでも色の見え方の違いに表れ、部屋の雰囲気づくりに影響するので、違う光源を並べて比較するなどして、その違いを体感しておくとよいでしょう。

表

光の色温度

光色	色温度［K］	自然光	人工光源
青っぽい光色	12,000	晴天の北空	—
	7,000	くもり空	—
	6,500	—	昼光色蛍光灯
	5,300	平均正午の太陽光	—
	5,000	午前9時・午後3時の太陽光	—
	4,000	満月	白色蛍光灯
	3,500	日の出または日没前の1時間	温白色蛍光灯
	2,800	日の出または日没前の40分	一般電球
	2,700	日の出または日没前の20分	電球色蛍光灯
赤っぽい光色	1,900	—	ろうそく

図2

分光分布のイメージ

① 太陽光

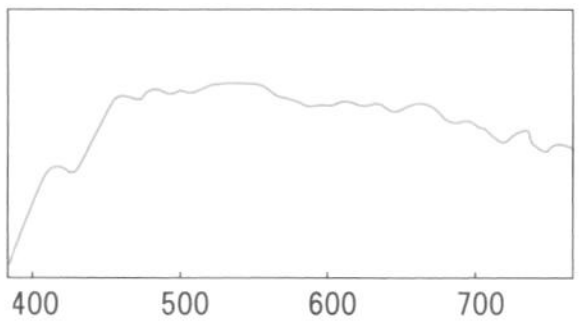

可視光（400〜700nm前後）の範囲ではスペクトルごとに多少のエネルギー差があるものの、緩やかな山形の連続線を描く。物の見え方の指標とされるあかりである

② 白熱灯

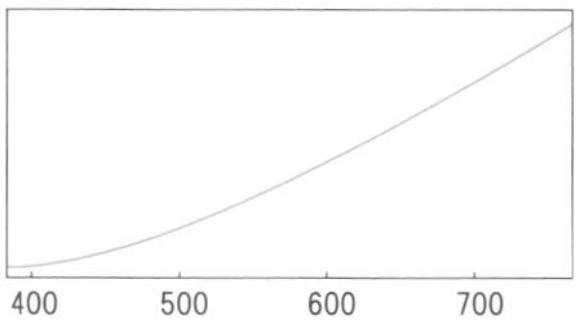

エネルギー分布が700nm側（赤み側）に偏るが、分布線は連続し、物の見え方に不自然さがない。「演色性」という指標の基準での数値は100

③ 蛍光灯

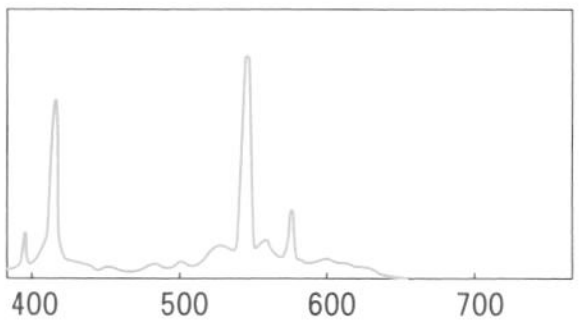

一般の蛍光灯の場合、エネルギー分布は青・緑系に突出する。赤系の色が黒みを帯びて汚く見える。演色性は60台

④ LEDランプ

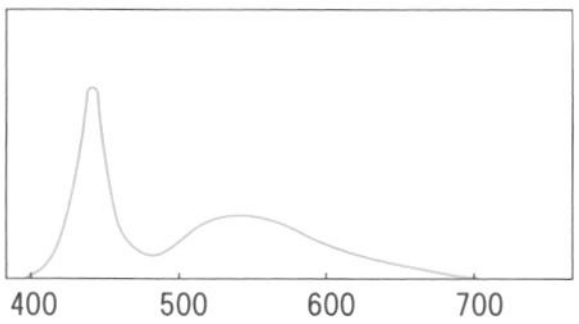

一般の白色系の場合、青色LEDと蛍光体を組み合わせているので、エネルギー分布が青み側に突出しているが、分布線は一応連続している。演色性は70台

055

風のこと

風通しのよい家をつくる場合は必ず現地で風向を確認する

「風」とは空気の流れのことをいい、原則として、空気が気圧の高いところから低いところに向かって移動することで生まれます。風は、「風向」と「風速」の2つの要素に分けて表すことができます。

　風向は地域や場所、季節などによって異なり、それぞれ特徴のある吹き方をします。たとえば、夏場の東京地方では南から吹く風が多く、大阪地方では西から吹く風が多いという記録があります[表]。風通しのよい家づくりを検討するときには、ぜひとも参考にしたい情報です。ただし、風向はその場所の地形や周辺の建物などの影響を受けるので、最終的には現地で確認することが必要です。

　ちなみに、風通しのよい家を建てようとしたら、風の吹いてくる向きに開口部を設けるのは当然として、その反対側に風の抜ける口を用意する必要があります。といっても、現実的には、部屋の配置を工夫するなどプランニングをいかように検討してみても、風の抜け道に部屋が重なってしまうなど、どうしても反対側に抜け口が設けられないことがあります。そのような場合には、平面図上だけで検討せず、断面図を取り出して検討してみるとよいでしょう。トップライトやハイサイドライトを使って、風の通り道をつくることができるかもしれません[図1]。

　一方、風速は「風力」ともいい、地上10mの高さで測った秒速で表されます。風速は隣り合う気圧の高低差が大きいほど強くなり、等高線図でいうと、線と線の間隔が細かいところでは強い風が吹いています。風速10mを超えると「今日は風が強いな」と感じますが、建物に被害が出るほどの強さではありません。屋根の瓦が飛ぶなどの被害が出始めるのは風速20mを超えた辺りからで、このときには風に向かって歩くことができないような状況になります。

　瓦が飛ぶのは、屋根面に上向き（瓦を引き剥がす方向）の風圧力が働くからです。この風圧力がかかる向きや強さは建物の形状と風向によって変化します[図2]。時には瓦だけでなく、金属板葺きの屋根が剥がされることもあるので、納まりを考える際に十分に検討しておきます。普段から風が強いといわれている場所では特に注意が必要です。風の強さによっては屋根葺き材だけでなく、屋根ごと吹き飛ばされるおそれがあるので、垂木を1本ずつ梁や桁に金物（ハリケーンタイ）で固定する配慮が必要になります。

図1

風の通り道をつくる例

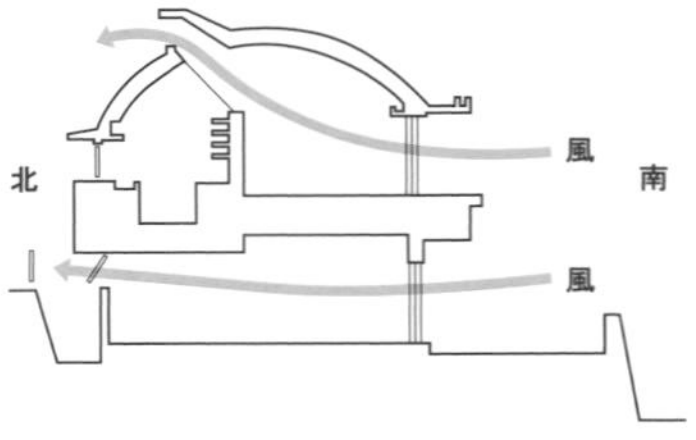

風の入口に対して出口も必要となるが、平面図で確保できないときは断面図で検討してみる

図2

風圧力の分布例

風の向きと建物の形によって、風圧力の強さや向きが変わる

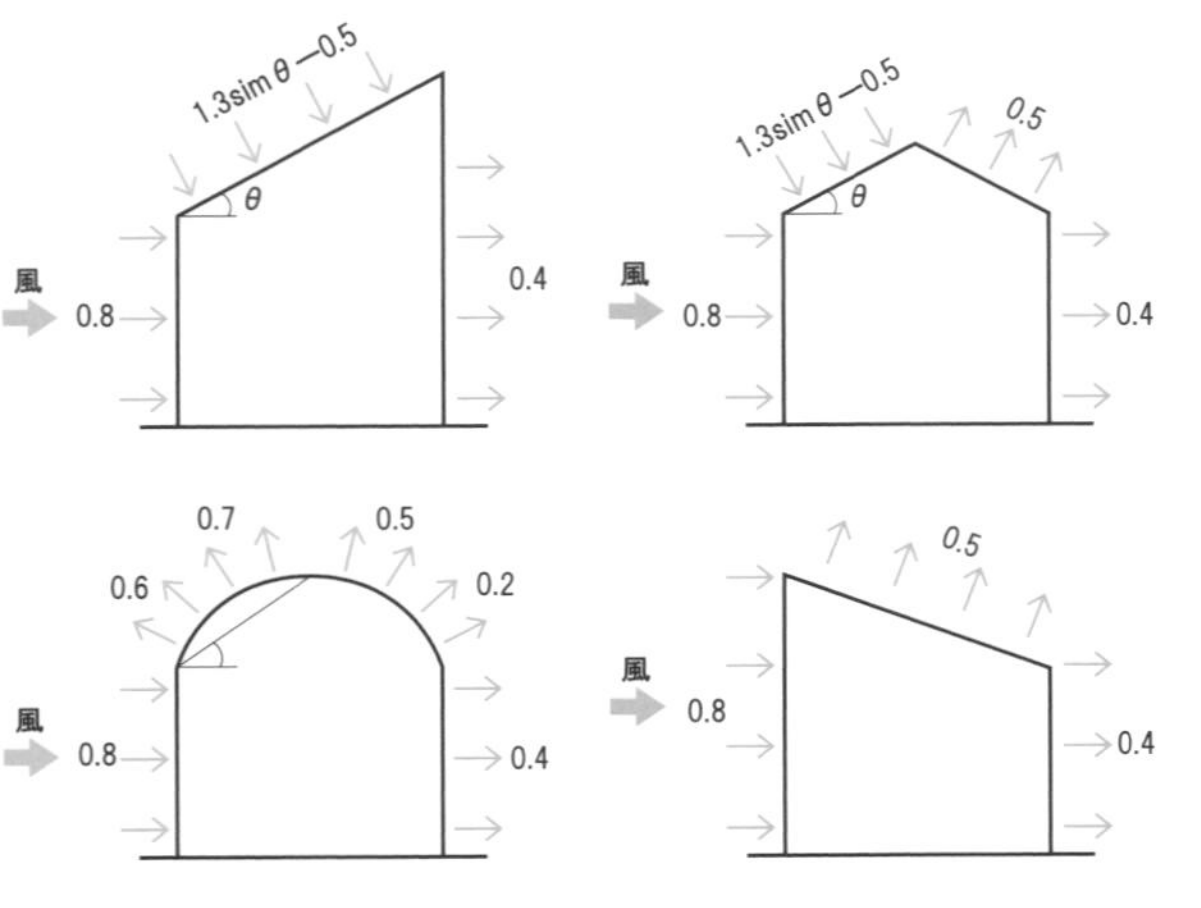

表

最多風向の月別平年値

地点	1月	4月	7月	10月	年
札幌	NW 14	NW 16	SE 23	SSE 16	SE 16
青森	SW 26	SW 17	N 11	SW 19	SW 18
盛岡	S 11	S 17	S 25	S 13	S 17
仙台	NNW 17	SE 12	SE 21	NNW 19	NNW 13
秋田	NW 16	SE 22	SE 26	SE 27	SE 23
山形	SSW 15	SSW 9	N 11	SSW 9	SSW 10
福島	WNW 18	NE 12	NE 22	NE 8	NE 12
水戸	NNW 24	N 14	E 20	NNW 21	NNW 15
宇都宮	NNE 17	NNE 17	NNE 14	NNE 23	NNE 18
前橋	NNW 35	NNW 26	ESE 23	NW 26	NNW 24
熊谷	NW27	NW 15	E 15	NW 19	NW 16
銚子	WNW 19	SSW 16	SSW 27	NNE 24	NNE 15
東京	NNW 39	NNW 15	SW 15	NNW 25	NNW 20
横浜	N 44	N 21	SW 19	N 37	N 27
新潟	WNW 16	WSW 11	NNE 10	S 14	S 12
富山	SSW 25	SW 15	NNE 16	SW 22	SW 18
金沢	SSW 13	ENE 13	SW 14	ENE 18	ENE 14
福井	S 17	S 14	S 15	S 18	S 16
甲府	NNW 11	SW 13	SW 19	SW 9	SW 12
長野	E 18	WSW 11	WSW 14	WSW 13	E 12
岐阜	NW 20	NW 15	W 11	NW 17	NW 14
静岡	WNW 12	NE 12	S 15	NE 13	NE 11
名古屋	NNW 25	NNW 18	SSE 18	NNW 25	NNW 19
津	NW 25	NW 21	SE 14	NW 24	NW 21
京都	W 10	N 11	NNE 10	N 14	N 11
大阪	W 16	NNE 16	WSW 18	NNE 23	NNE 15
神戸	W 19	ENE 11	WSW 17	N 18	N 12
奈良	S 12	NNW 13	NNE 15	NNE 16	NNE 13
和歌山	ENE 19	ENE 15	WSW 14	ENE 26	ENE 18
鳥取	ESE 27	ESE 23	ESE 17	ESE 32	ESE 24
松江	W 22	W 17	W 22	E 14	W 16
岡山	W 19	ENE 11	ENE13	N 15	ENE 10
広島	N 30	N 25	SSW 21	NNE 42	NNE 28
下関	E 14	E 19	E 20	E 18	E 18
徳島	WNW 39	WNW 15	SSE 16	WNW 30	WNW 22
高松	W 18	WSW 12	WSW 11	SW 15	WSW 12
松山	WNW 15	WNW 11	E 13	ESE 14	ESE 11
高知	W 27	W 22	W 15	W 28	W 23
福岡	SE 18	N 18	N 16	N 18	SE 15
佐賀	NNW 12	NNW 12	S 20	NE 15	NNW 11
長崎	NNE 14	SW 12	SW 28	NNE 17	NNE 12
熊本	NW 15	NNW 12	SW 22	NNW 18	NNW 13
大分	S 17	S 17	S 15	S 21	S 18
宮崎	W 30	WNW 18	WSW 18	WNW 25	WNW 20
鹿児島	NNW 34	NNW 14	SSE 11	NNW 21	NNW 19
那覇	NNE 21	ESE 12	SE 15	NNE 30	NNE 15

※ 表中のアルファベットは16方位を、数値は頻度[%]を表す。また、これらは1990～2010年の平均値である

［表：『理科年表 2020』（国立天文台編、丸善）より］

056

先輩はディテールに何を語ったか 4

内井昭蔵

Shozo Uchii 1933-2002

住宅におけるプランニングは、かなり施主の意向に従うが、空間の質については、私の領分である。ディテールはその点、私の自由になるデザインのひとつの拠りどころといえるだろう。私の事務所の場合は標準ディテールはない。やがてつくりたいとは思っているが今のところ現場の仕事となっている。この点、現場のトラブルの原因となるが、ディテールは現場で納める方法と考えれば、なんとか現場の仕事としてのこしていきたいと考えている。いわば私たちの聖域として…。

現代日本建築家シリーズ2 内井昭蔵｜別冊新建築｜1981

これは、内井昭蔵建築設計事務所における設計の進め方について、内井昭蔵さん自身が解説したディテールに関する部分の抜粋です。

このなかで、内井さんが「ディテールは現場で」といっているのは、納まりの詰めは施工図の段階で行うという意味であると解釈します（場合によっては、文字どおり現場で職人と打ち合わせをしながら決めることもあるでしょうが……）。もちろん、一通りの検討は実施設計の段階で済んでいますが、微妙なニュアンスやバランスについては、現場で確認しながら決めたい気持ちになるのはよく理解できます。

ところで、工事費の見積りや契約は実施設計図に基づいて行われますので、もしも現場で行うディテールの決定が見積りや契約の内容と大きく違ってくると、工事費の精算をすることになります。内井さんは、事前にその可能性があることを建築主に説明し、そのために特別の予算をとっておいてもらうことにしていたようです。

建築は空間のコンセプトなしには語れないが、同じようにディテール抜きにしてコンセプトも語ることはできない。ディテールとコンセプトは視点の違いであって本質は同じであると思う。建築を発想するには様々な方法があるが〝もの〟としてのディテールの媒介なしでは空間をイメージすることは不可能であろう。私はディテールを単に建築の納まりといった狭い意味でなく、装飾やテクスチュア、色彩といった〝もの〟のありよう、という広い意味でとらえているが、どちらかといえば全体に対する部分といった方が適切かも知れない。この部分が相互に繋がることによって意味が生まれコンセプトが具現されるのであるが、この点、ディテールはあたかも文章における言葉に相当するといえる。人を感動させたり、豊かで味わいのある文章にとって必要なことは、文法のみならず、修辞学が必要なように、コンセプトを肉体化していくにはディテールの追究が建築にとって大変重要なことであるといえる。

内井昭蔵のディテール｜彰国社｜1987

内井さんは、世田谷美術館を紹介する文のなかで、建築の空間のコンセプトはディテールを抜きにしては語ることができない、と述べています。つまり、ディテールは空間のコンセプトを語るための重要な言葉である、というわけです。

ここに紹介した文に続いて、内井さんは「建築は生活や自然や歴史と連続して存在するもので、その連続性を私のディテールの基本においている」とディテール観を述べています。「連続する」とは、建築が人々の生活や自然に近づくこと、つまり、ごく当たりまえで、普通で、したがってなじみやすいものになる、ということなのだそうです。世田谷美術館も「なじみやすさのディテール」がテーマになっています。

コンクリート打放しの目地は、私もかねがね工夫を凝らし、種々と試みているが、目地はコンクリートの量感、質感を表現するものとして欠かすことができない。当然、打継ぎ用の目地は必要だが、単に機能上、施工上の必要性に止まらず、コンクリートの存在感を引き出すために目地は大切だと思っている。

現代日本建築家シリーズ2 内井昭蔵｜別冊新建築｜1981

内井さんの建築というと、世田谷美術館をはじめ横浜市少年自然の家、東京YMCA野辺山高原センターなど、壁面をタイル張りで仕上げた建物が印象に残りますが、実は、内井さんはコンクリート打ち放し仕上げの肌合いが好きなのではないかと思われます。

鉄とガラスとコンクリートとは近代建築の三要素といわれるなかで、コンクリートだけは人の手技がかかる部分が多く、工業製品らしくないところに魅力がありなじみやすい、と内井さんは述べ、コンクリートの存在感を引き出すのは、目地の扱い方一つだといいます。

コンクリートは、打ち継ぎ目地を必要とする工法ですが、それだけで終わらせるのではなく、積極的に目地納まりに工夫を凝らすことで、空間に働きかける重要なディテールになると、新発田市民文化会館の外壁や東京YMCA野辺山高原センターの柱などを例に説明されています。

CHAPTER 05

納まりの意味を知る

057

機能が決まる

ディテールは建物全体のバランスや機能をまとめる〝要〟である

建物を設計するにあたって思うことはいろいろありますが、その1つとして、出来上がった建物が建築主の要望に沿ったものになり、気持ちよく使ってもらえることが挙げられます。

気持ちよく使ってもらえる建物とはどのようなものなのか、その評価の仕方にはいくつかあるでしょう。構造は構造で、設備は設備で、仕上げは仕上げで、プランニングはプランニングで、デザインはデザインで、みなそれぞれが与えられた役割をきちんとこなしていて、かつ全体で調和している建物である、という見方があります。全体がバランスよく機能している建物といってもよいでしょう［写真］。このような建物の各部分の納まり具合がどのようになっているかというと、多くの場合は、各所の納まりが与えられている役割を過不足なくこなすように十分に検討されていて、しかも施工もしっかりと管理されて行われています。つまり、建物全体がバランスよく機能してくれるためには、各部分の納まりがしっかりしていることが必須の条件になると考えられます［図］。

こうして見ると、ディテールという小さな部分が建物全体のバランスや機能をまとめる〝要〟になっている、という見方ができるわけです。したがって、設計にあたって、もしも各部分の納まりの検討が中途半端であったり、施工の管理が不徹底であったりすると、出来上がった建物のまとまりが悪く、建物の印象がぼやけた感じになり、場合によってはバランスが欠けているように見えてしまうことがあるので、十分に気を付けたいところです。

ところで、納まり（ディテール）を考える作業というと、全体が決まった後に取りかかる「細部決定の仕事」のように受け取られがちですが、実際は、建物全体の機能を決める部分に各所の納まりの善し悪しが深く関係しているのですから、全体が決まる前の、設計の早い段階から納まり（ディテール）のスケッチを始めるように心がけるようにします。とりわけ、CADで作図するようになると、細かな数字を最初にきちんと決めておかないと、なかなか作業を前に進めることができないため、最初にディテールの大筋を決めてから全体のモジュールの検討に取りかかった経験が筆者にはあります。

写真

きちんと練られた納まりと、きちんと管理された施工とで、プランニングなり、仕上げなり、設備なり、それぞれが役割を果たしている（機能を発揮している）建物は、心地よい緊張感が走る

図

矩計図の役割［宮脇檀「植村邸」、原図S＝1：20をS＝1：50に縮小］

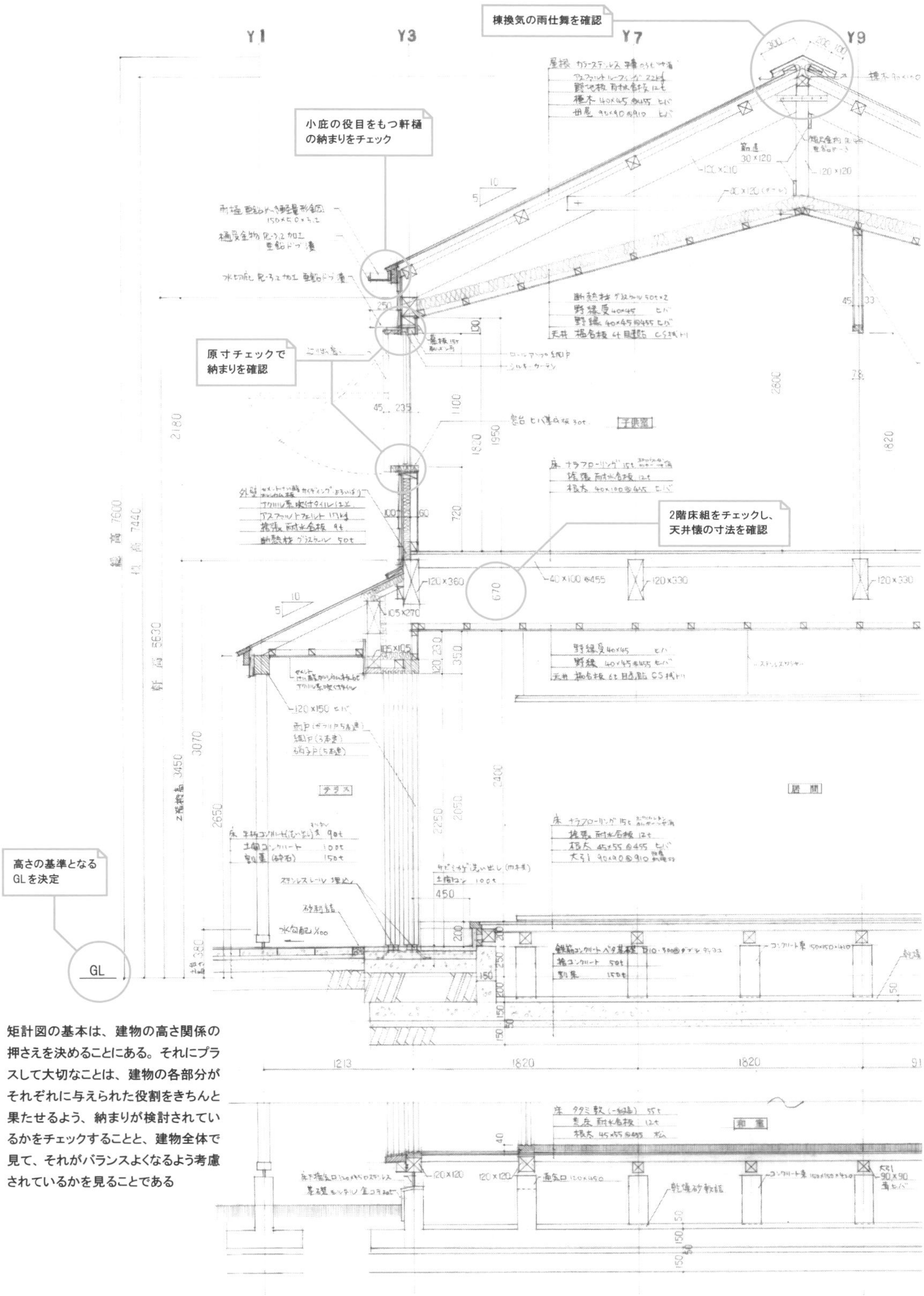
棟換気の雨仕舞を確認
小庇の役目をもつ軒樋
の納まりをチェック
原寸チェックで
納まりを確認
2階床組をチェックし、
天井懐の寸法を確認
高さの基準となる
GLを決定
GL
Y1
Y3
Y7
Y9
1213
1820
1820

矩計図の基本は、建物の高さ関係の押さえを決めることにある。それにプラスして大切なことは、建物の各部分がそれぞれに与えられた役割をきちんと果たせるよう、納まりが検討されているかをチェックすることと、建物全体で見て、それがバランスよくなるよう考慮されているかを見ることである

058

性能が決まる

納まりが建物の性能を決めることもある

出来上がった建物が30年、50年と気持ちよく使われ続けるためには、さまざまな性能を備えておくことが求められます。たとえば、躯体の耐久性能は、長期にわたって使われ続ける建物には必須の条件です。また、設備など、頻繁なメンテナンスや更新が必要な部位への対応策がとられていることも重要です。

ところで、建物の性能といっても、対象にするものとその内容が設計者や施工業者によってバラバラでは、比較や評価のしようがありません。これに関しては、現在のところ、住宅を購入する人の利益確保を目的に制定され、2000年に施行された品確法［※］の「住宅性能表示制度」の基準や、その後の2009年に施行された「長期優良住宅制度」の認定基準などが建物の性能を表す物差しとして使用されています。

住宅性能表示制度では、「構造の安定」「火災時の安全」「劣化の軽減」「維持管理・更新への配慮」「温熱環境」「空気環境」「光・視環境」「音環境」「高齢者等への配慮」「防犯」の10分野で、住宅の性能を設計時と施工時とに分けて評価しています［表1］。

たとえば「劣化の軽減」について、木造の構造体で、孫の世代まで3世代にわたる期間（75～90年程度）、使い続けることができる性能を得ようとすると、外壁の軸組、土台、浴室および脱衣室の軸組、地盤、基礎、床下、小屋裏などの各部分で、建築基準法で規定される内容を満足したうえで、住宅性能表示制度で規定される条件もクリアしなければなりません。その条件のなかには、使用する木材の樹種が制限されていたり、木材の太さ（小径）のサイズや床下換気口の面積、床下仕上げの構成、基礎の高さなどについて、具体的な目標値が示されている部分があります［表2・3］。したがって、納まりを検討するにあたっては、この数値を前提に作業を進めることになります。

これらの数値は、大手ハウスメーカーの仕様が元になっているようですが、特に難しいことを要求しているわけではありません。しかしながら、もしも自身が設計する建物の納まりの都合で、予定していた性能レベルを確保する基準値を満たせないときは、性能レベルを下げなければならないということが起こり得ます。つまり、納まりが建物の性能を決めてしまうことになるのです。

※正式には「住宅の品質確保の促進等に関する法律」という

表1

住宅性能表示制度の評価項目
［戸建住宅関連］

性能項目	評価項目
構造の安定	・耐震（倒壊防止） ・耐震（損壊防止） ・耐風（損壊・倒壊防止） ・耐積雪（損壊・倒壊防止） ・地盤・杭の支持力 ・基礎の構造・形式
火災時の安全	・感知警報装置設置 ・耐火等級（延焼のおそれのある開口／延焼のおそれのある開口以外）
劣化の軽減	劣化対策等級
維持管理・更新への配慮	維持管理対策（専用配管）
温熱環境	省エネルギー対策
空気環境	・ホルムアルデヒド対策 ・特定建材のホルムアルデヒド対策 ・全般換気対策 ・局所換気対策 ・化学物質の濃度測定
光・視環境	・単純開口率 ・方位別開口比
音環境	居室外壁開口部の透過損失
高齢者等への配慮	専用部分の高齢者配慮対策
防犯	開口部侵入防止対策

表2

小屋裏換気の設置方法

換気方式		有効換気面積
壁吸排気	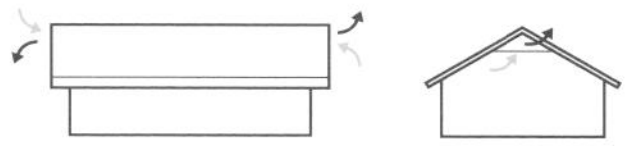	吸排気両用1／300以上
軒裏吸排気		吸排気両用1／250以上
軒裏または壁吸気、壁排気（垂直距離90cm以上）	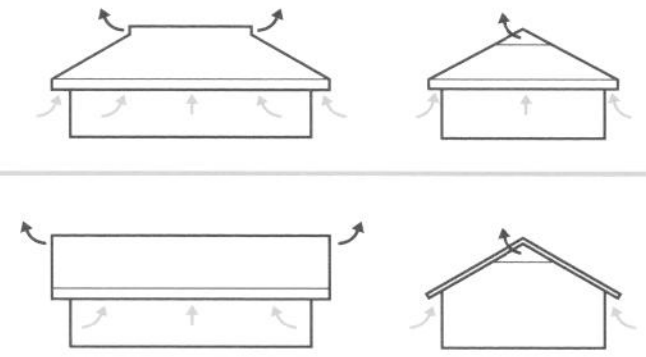	吸気口・排気口とも1／900以上
軒裏または壁吸気、筒排気		吸気口1／900以上、排気口1／1,600以上
軒裏または壁吸気、棟排気		吸気口1／900以上、排気口1／1,600以上

表3

劣化を受けやすい地面から近い部分の柱・壁・土台の措置

対象	対応策（例）
木材	ヒノキやクリ、ケヤキ、ヒバ、ベイスギなど耐久性の高い樹種を選ぶ
	サイズの太い材を使う
	薬剤処理を併用する
通気・換気	外壁の通気を確保する
	床下換気を確保する
	小屋裏換気を確保する
	基礎を高くして、木部に雨の跳ね返りがこないようにする
シロアリ	温度（温暖）、湿度（水分）、酸素（空気）、栄養（木材）の4条件を揃えないようにする

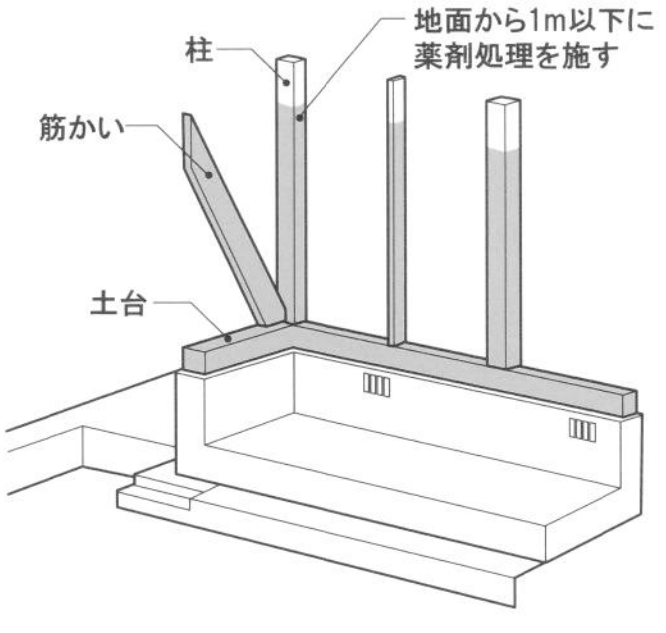

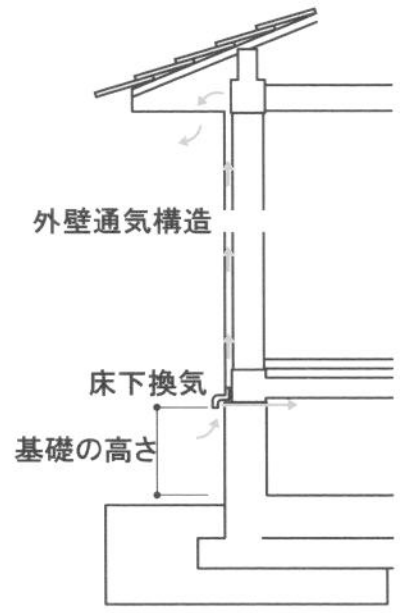

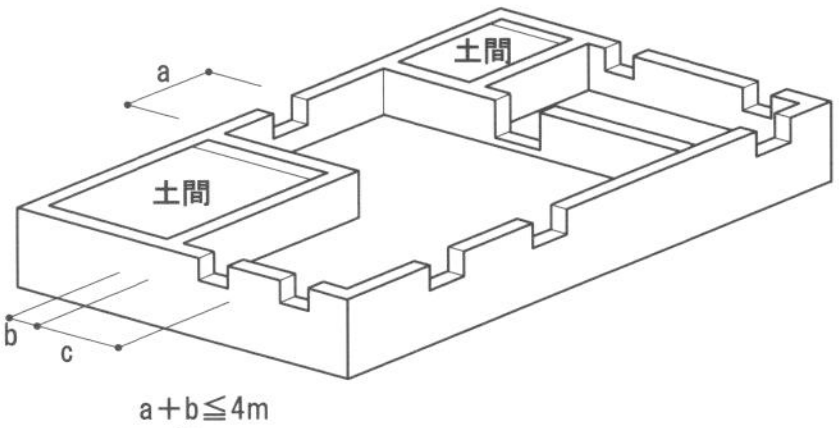
4mに1カ所、床下換気が必要
c≦4m

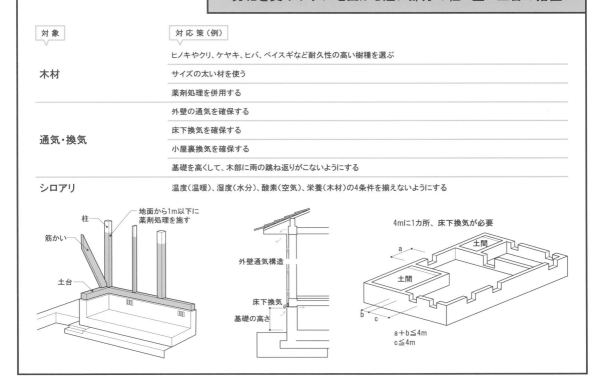

059 等級が決まる

納まりが決まると その仕様に応じて建物の等級が決まる

122・123頁で述べたように、品確法の住宅性能表示制度では、10の項目についてその評価対策の内容が細かく規定されており、その程度によって等級が決められています。たとえば等級が5段階ある「高齢者配慮対策」では、最低の等級1で建築基準法を満たすレベルを求めているのに対して、最高の等級5では「長寿社会対応設計指針の推奨基準程度」を求めるといった具合です。また、2009年に施行された長期優良住宅制度では、9項目ある認定基準のうち、構造の安定や劣化の軽減、温熱環境、高齢者への配慮、維持管理・更新への配慮などに関するところで、住宅性能表示制度の評価基準における最高等級に適合する仕様であることに加えて、さらに上級レベルの追加対策が求められています［表1］。

これらの等級を決める評価基準のなかには、「室内空気中の化学物質濃度」「感知器・警報機など設備機器の設置」「さび止めやめっきの仕様」「コンクリートの水セメント比」など、納まりには直接関係しない基準も含まれています。その一方、「床組や床仕上げの構造」「継手と仕口の仕様」「軸組の構造」「設備配管の設置位置」「断熱処理の仕様」など、納まりに直接関係する基準もあります［表2］。

建物の計画を進めるにあたって、あるレベルの等級を得ようとするならば、納まりの検討段階で、その等級で規定されている仕様や構造をクリアできているかを確認しながら作業をする必要があります。納まりが決まったら、その仕様に応じて建物の等級が決まる比率がかなり高いので、その意味では「納まりが等級を決める」といってもよいでしょう。

建築図面には「矩計図」という詳細図がありますが、この図面の役割は、設計された建物で考えている性能の内容や等級のレベルを表現し、それを相手（施工者、審査員など）に正しく伝え、理解してもらうことにあります。設計をする側で考えている建物の性能レベルや等級レベルを第三者に伝える手段としては、文字による「仕様書」や「仕上げ表」という設計図書も別にありますが、これに矩計図を合わせた3つの設計図書は、数ある図面類のなかでもとりわけ重要度の高いものといえます。なお、設計した住宅に住宅性能評価の制度を使った場合は、その仕上げ表や仕様書の該当する項目のなかに、計画した等級レベルを記入し、施工者にもきちんと伝わるようにします。

写真

建物の等級というものは、使った仕上げ材が高級品であれば等級のレベルが上級になるというものではなく、求められている性能や機能の条件を満たす素材が選択され、適切に施工されているかによって決まってくる

表1

長期優良住宅認定基準と住宅性能表示制度の基準との関係

長期優良住宅認定基準	住宅性能表示制度の基準	上乗せされる基準	
構造躯体等の劣化対策	等級3に適合する	木造	・区分された床下 ・小屋裏空間ごとに点検口を設ける ・床下空間の有効高さ300mm以上を確保する
		鉄骨造	規定の防錆措置を講じるか、区分された床下・小屋裏空間ごとに点検口を設ける
		鉄筋コンクリート造	規定のかぶり厚で水セメント比45%以下、または規定のかぶり厚+10mmで水セメント比50%以下
耐震性	限界耐力計算の基準または免震建築物の基準に適合する	—	
可変性	更新対策の評価基準に適合する	躯体天井高2,650mm以上を確保する	
維持管理・更新の容易性	維持管理対策等級3、更新対策等級3に適合する	—	
バリアフリー性	高齢者等配慮対策等級3に適合する	—	
省エネルギー性	省エネルギー対策等級4に適合する	—	

住宅性能評価の目的は、10の項目について規定の性能レベルが満たされていることを評定することである。一方、長期優良住宅制度の目的は、長期にわたって使い続けられる品質のよい住宅を普及させることで、その主旨からして認定の基準レベルが高くなるのは当然のことである

図

住宅性能表示制度との関係

住宅性能評価の評定は設計と施工とで別々に行われ、評価書には図のマークが付けられる。1つの建物で両方を受けることも、どちらか一方だけ受けることもできる

表2

住宅性能表示制度で納まりに直接関係する性能項目

項目	住宅性能表示制度の基準
構造の安定	基礎の構造・形式
火災時の安全	・耐火仕様 ・共用廊下の排煙形式
劣化の軽減	・劣化対策仕様 ・小屋裏換気 ・床下換気 ・浴室等の防水
維持管理への配慮	・専用配管の位置・ルート ・共用配管の位置・ルート
温熱環境	・断熱対策仕様 ・結露防止仕様
空気環境	換気対策仕様
音環境	・外壁開口部の仕様 ・上下階の衝撃音対策仕様 ・遮音対策仕様
高齢者等への配慮	段差解消などの仕様

住宅性能評価の性能規定の中には、関係する部位の仕様や形式について具体的に表記している箇所がある。その場合は、それに従った納まりを決めないと評定を受けられないことになる

060

面を取る

見えがかりに配慮することだけが面取りの目的ではない

「面」といえば、一般には部材の表面のことを指しますが、建築で「面を取る」というと、鉋《かんな》をかけたりして部材の隅角部（出隅部分）を加工し、新たな面（一般的には平面）をつくることを意味します。

「物も言いようで角が立つ」とは、言動によっては相手との関係が穏やかでなくなることをいいますが、たとえば、角柱の直角に仕上がった隅角部分（「ピン角」といいます）の様子は、まさに「角が立った」鋭さがあり、それはそれで物の形がキリッと見えて美しいのですが、とても穏やかとはいえません。人がこの角に当たって、打ち所が悪ければけがをしかねないですし、逆に当たるものによっては、角柱の角が欠けたり、へこんだり、木材であればささくれ立ったりして、美観を損ねるだけでなく危険な場合もあります。

また、コンクリートの打ち放し仕上げであれば、ピン角仕上げはシルエットがぼけないので、頼もしく見える仕上がりになるのですが、打設のときにコンクリートがうまく回らなかったり、型枠を解体するときや、竣工後に物が当たったときに欠けてしまうリスクを伴います。これらのリスクや危険を避けようとすれば、あらかじめ隅角部分をピン角でない状態にしておけばよいわけで、面を取る加工にはそうした意味もあるのです［写真1～3］。

面の取り方にはいろいろな種類がありますが、一般には、面を取ると物の形は柔らかく、やさしく見えるようになります。ピン角の場合は隅角部分のところで明暗がはっきり分かれるのに対して、面を取るとそこに明暗が入り交じった部分ができるからです。

ところで、柱の面の取り方について、現在では特にルールがありませんが、「匠明」で知られる木割の考え方によれば、面の見付け幅は柱面の見付け幅に対する割合で決められています［図］。それによると、柱の見付け幅が大きい社寺の建物では1／7程度の「大面」とし、見付け幅の小さい住宅では1／14か、それ以下の「糸面」や「鉋面」とします。一般には、格式の高い場所の柱や太い柱では大きな面、それ以外では小さな面という使い分けをします。面の大きさは時代とともに変わり、室町時代以前は1／7程度と大きかったのですが、江戸時代には1／14程度、現代ではもっと小さい糸面か鉋面が一般的となっています。最近の住宅では太い柱を使う機会があまりありませんが、独立柱があるときには意識して太い柱を採用することがあります。そんなとき、筆者は大面を取ることにしています。

写真1

型枠の入隅部分に何も入れないと、「ピン角」の納まりになる。角欠けのリスクが伴うが、表情はキリッと引き締まる

写真2

鉄筋コンクリート造での面取りの例。通常は型枠の入隅部分に「三角面木」を入れる納まりで、面幅は20～25㎜程度になる

写真3

これも鉄筋コンクリート造での面取り例。型枠の入隅に15㎜角程度の面木を入れたもので、ピン角の納まりよりも角欠けのリスクが少ない

図

面取りの種類

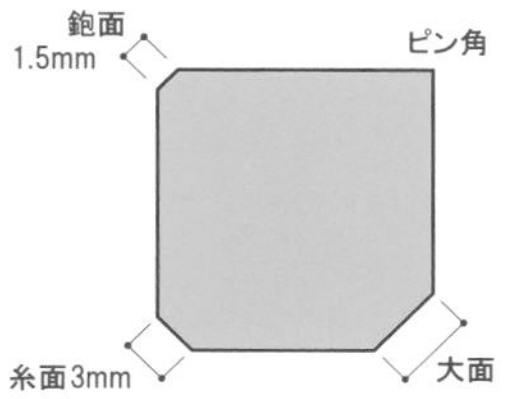

柱の面取りは、何もしない状態の「ピン角」、鉋を軽く当てた程度の「鉋面」（面幅1.5mm程度）、面を取ったと分かる「糸面」（面幅3mm程度）、それより面幅の大きい「大面」に大別される

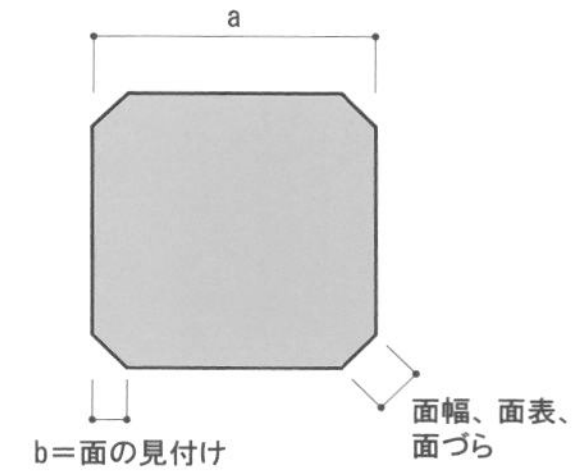

面を表現するときは、柱の見付け面に対する割合で表す。たとえば「七面取り」とは、柱の見付け幅の1／7の見付け幅であることを意味している。ちなみに、江戸時代頃には1／14程度が普通であったが、現代では1／20以下程度が普通になっている

写真4

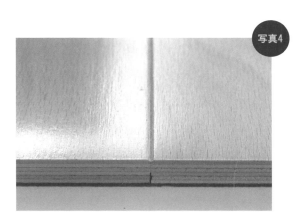

フローリングの面取り例。フローリングの単板どうしの突き付け部分は通常、互いに糸面程度の面を取るので、V字形の溝ができる

写真5

建具框の面取り例。縦框と下框との出会い部分の納まりで、両方とも糸面程度の面を取ってある

061

機能の面と飾りの面

装飾目的の面は面取りした物を どのように見せたいかで使い分ける

前頁で述べた、材料の角に物が当たって欠けるのを防いだり、人がぶつかってけがをするのを防ぐ目的で取る面は、いわば〝機能〟の面です。同じ意味で、不陸を飲み込み、見えがかりに配慮しながら危険防止を図る目的で面を取る場合もあります。

たとえば、「実矧《さねは》ぎ」という接合法で板材をつなぎ、床面や壁面などの大きな面をつくる場合、板材どうしが突き合わせになる隅角部に面を取ることがあります。板材の厚みのムラや、一方の板の実とそれに嚙み合う他方の板の溝との間の精度ムラなどによって、突き合わせた板材と板材との間に不陸が生じるため、面を取ることでこれを目立たなくするとともに、不陸による引っ掛かりを防ぐのです［図1］。

この面を取ることで、床面（あるいは壁面など）に細いV字形溝の列が走ることになります。フローリングの仕上げではおなじみの見え方ですが、面を取らないで板材を突き付けにした場合に比べると、大きな面としての一体感はありません。

面取りは、テーブルなど甲板の端部や廻り縁、押縁、棹縁などの側面、あるいは建具の桟や框などに施す場合もあります。ここで取る面の目的は、機能よりも〝装飾〟としての意味合いが強く、面の幅が広くなり、形状も複雑なものが出てきます。

装飾（化粧）目的で取る面では、その取り方で甲板の厚さを実際より厚く見せて安定感のある表現としたり、逆に薄く見せてシャープな表情としたりすることが可能です。また面の形状を選ぶことで、光が当たったときの明暗の差をコントロールでき、部材の表情を鋭くも柔らかくも見せることができます。

これらの装飾的な面は、曲面を組み合わせた複雑な刳り型細工になっていますが、たいていは面取り用のルータービットをいくつか組み合わせて加工します［図2］。

そのほか、柱や外壁の角納まりの部分でも装飾目的の面取りを見かけます［写真1・2］。簡単なものはR面や逆R面（さじ面）などで、鉄筋コンクリート造であれば、それに対応した面木を型枠にセットして施工します。鉄筋コンクリート造で使う面木は設計に合わせて製作しますが、プラスチック製の既製面木もあるので、一般の建物ではそれを採用するケースが多くあります。ただし、プラスチック製面木を使った部分は光沢のある仕上がりとなるので、型枠の仕上げ面によっては調子が合わず、異様に見えることがあるので注意します。

図1

“機能”の面の例

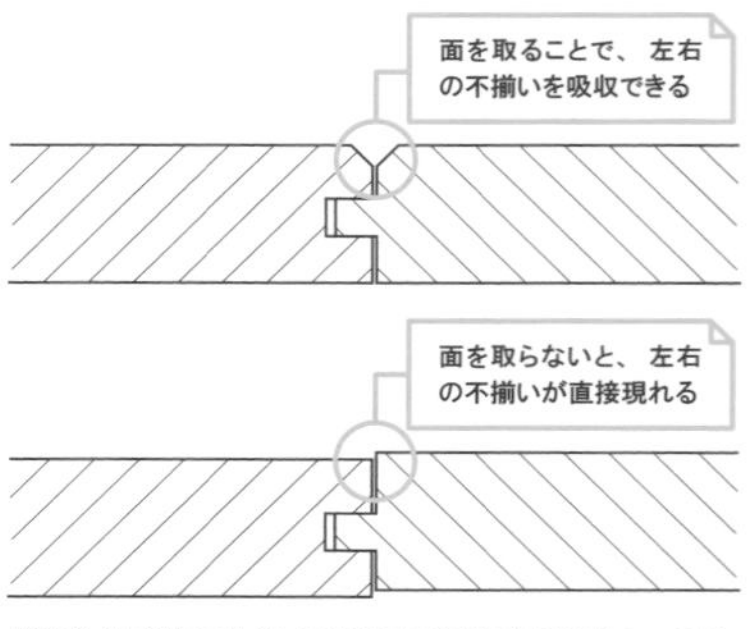
面を取ることで、左右の不揃いを吸収できる
面を取らないと、左右の不揃いが直接現れる

隣り合う材料の出会い部分に面（糸面）を取ると、厚みの不揃いや伸縮による隙間、反りなど、さまざまな不具合を吸収してくれる。もしも面を取らなかったら、実加工の精度、材料の厚さ揃え、含水率の調整などに細心の注意を払わなければならない

写真1

壁の装飾面の例。逆R面（さじ面）と止め面とを組み合わせたもので、R面は陰影が柔らかく出る

写真2

柱の装飾面の例。几帳面の納まり例で、陰影のラインが2重に現れて角の部分がよりくっきりと見える

図2

面の種類

建具や家具でよく使われる面の種類を挙げているが、 建築でも廻り縁や額縁で見かける。 ここでの例はほとんど装飾用に使われるものだが、「切り面」は一般的に使われる“機能”の面で、「丸面」および「甲丸面」などもそれに準じる

決り面

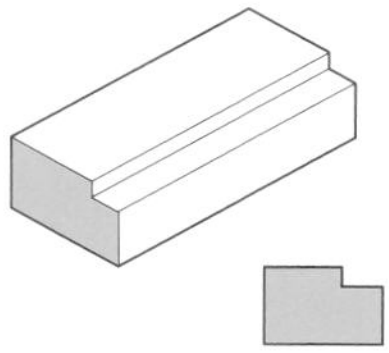

丸面

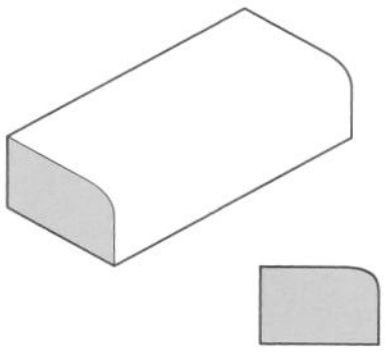

さじ面

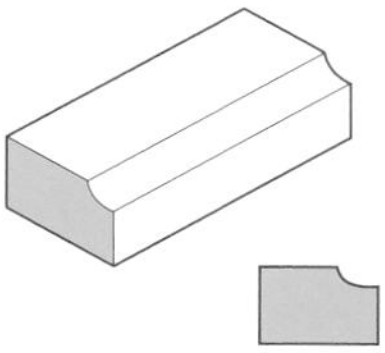

止め面

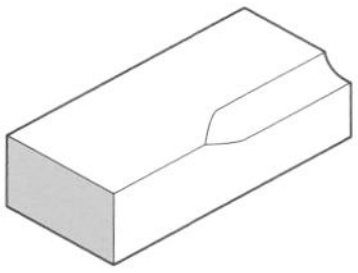

内丸面(しずみ面)

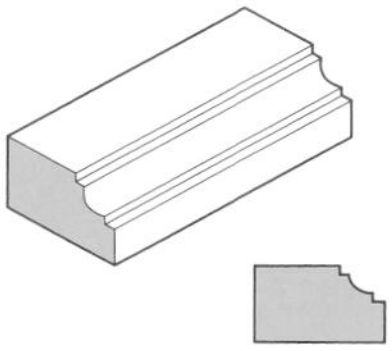

几帳面

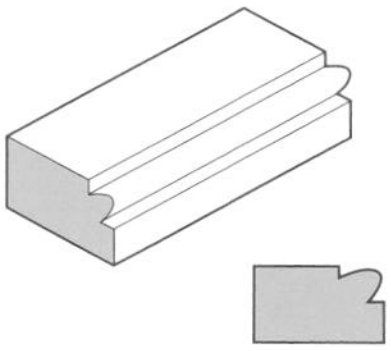

ぎんな面

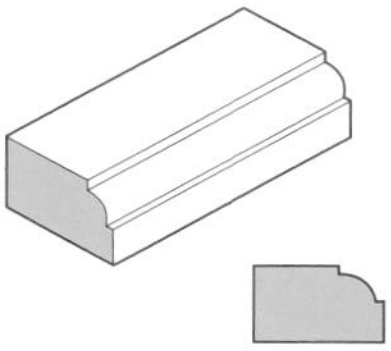

底几帳面

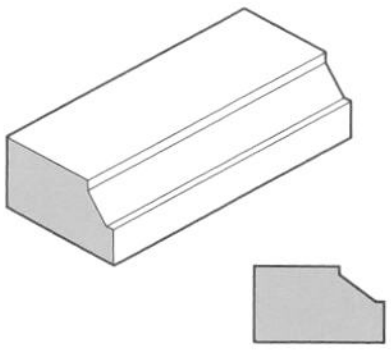

片几帳面

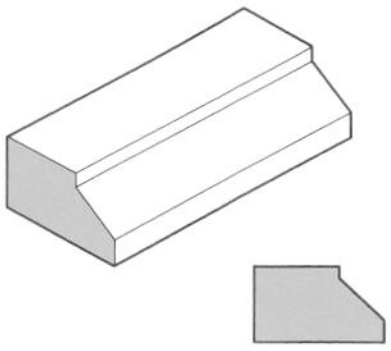

片ぎんな面

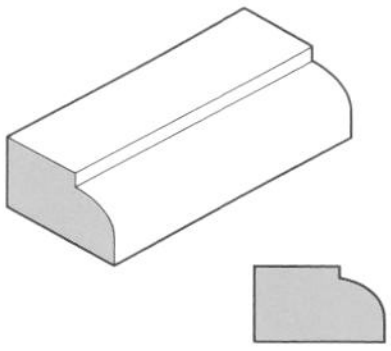

ごまがら面

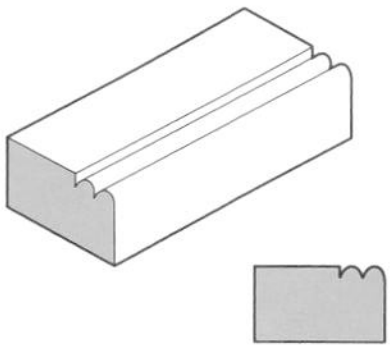

ひょうたん面

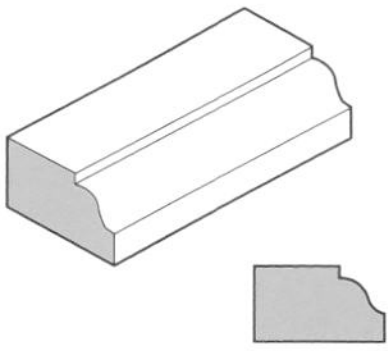

被り面

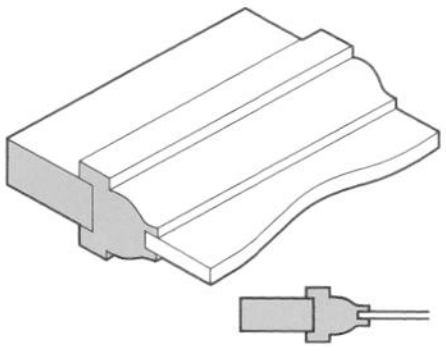

付け面

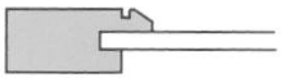

入子面

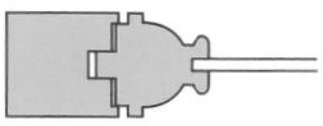

切り面(猿頬面・角面)

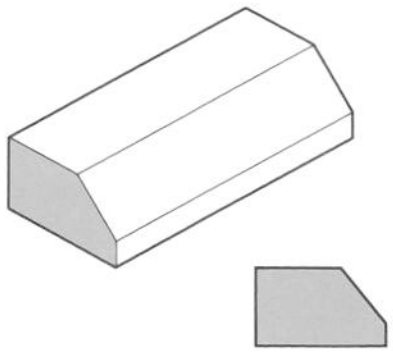

ひも面

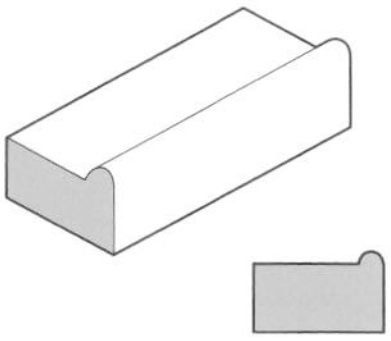

かまぼこ面

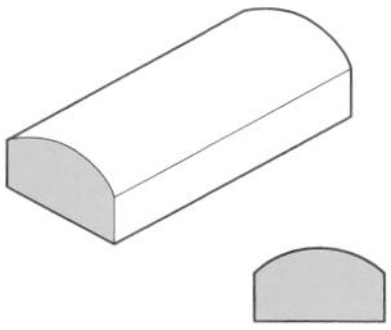

兜布面

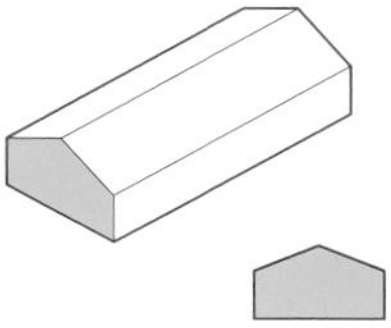

甲丸面

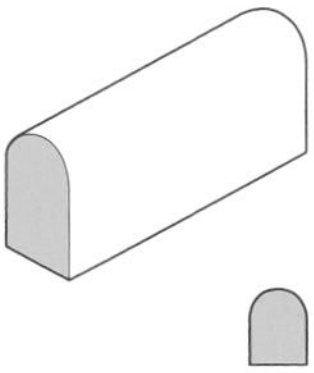

062 逃げをとる

逃げは納まりを考えるうえで大切な心得の1つ

「逃げる」というと、責任逃れをするとか、しっぽを巻いて逃亡するなど、世間一般ではマイナスイメージで語られることが多いのですが、建築の納まりの世界では「逃げる」ことは常に頭の中に入れておかなければならない、大切な心得になります。納まりでいう「逃げ」とは、部材と部材とを合わせるときにぴったりと付けずに、少し離してやることをいいます。これには、部材（材料）のもつ性質を考慮してのことと、施工上の都合を考慮してのことの2つの理由があります。

木材であれ鋼材であれ、建築材料は温度や湿度、圧力などの外的要因の変化に応じて膨張したり、収縮したり、曲がったり、反ったり、ずれたりします。したがって、納まりを検討する際にはそうした〝動き〟をあらかじめ予測し、それを吸収する逃げを考慮しなければなりません［図1・2］。たとえば、材料が収縮している状態のときにぴったりと突き付けた納まりに仕上げてしまうと、温度や湿度の影響で材料が伸びたときにその伸び分を吸収できず、逃げ場を失った材料がせり上がったり、曲がったりしてしまいます。猛暑で鉄道のレールが曲がってしまったというニュースを耳にすることがありますが、こうしたことが原因となっています。また、建築でいえば、フローリング張りでも同じような現象が時々起こります。

また、施工上の点では、柱と柱の間、壁と壁の間など限られた範囲のなかで部材を組むことになったとき、たとえば遣り返しができるなど、部材を逃がしてやるスペースの用意がないと、仕上がりがぴったりと納まる仕事ができません。

逃げの効用としては、伝統的な工法による木造建築には、柱や梁、貫などの納まりに少しずつ逃げがあり、それが地震による揺れのエネルギーを吸収してくれているという点もあります。その工法の1つに「貫工法」があります［図3］。筋かいや構造用合板でつくる耐力壁で建物を固めて地震に備えようという考え方とは別のもので、2003年に建築基準法で耐力壁として規定が設けられました。貫工法の建物は地震で大きく揺れる半面、簡単には倒れない粘り強さをもっているのが特徴です。その秘密が、柱を貫いている貫板と柱の逃げにあるのです。貫を通すために柱に貫孔をあけますが、貫板の断面より大きな孔をあけないと貫を通すことができず、通した後は隙間ができて、その分が逃げになります。

図1 逃げの納まり例

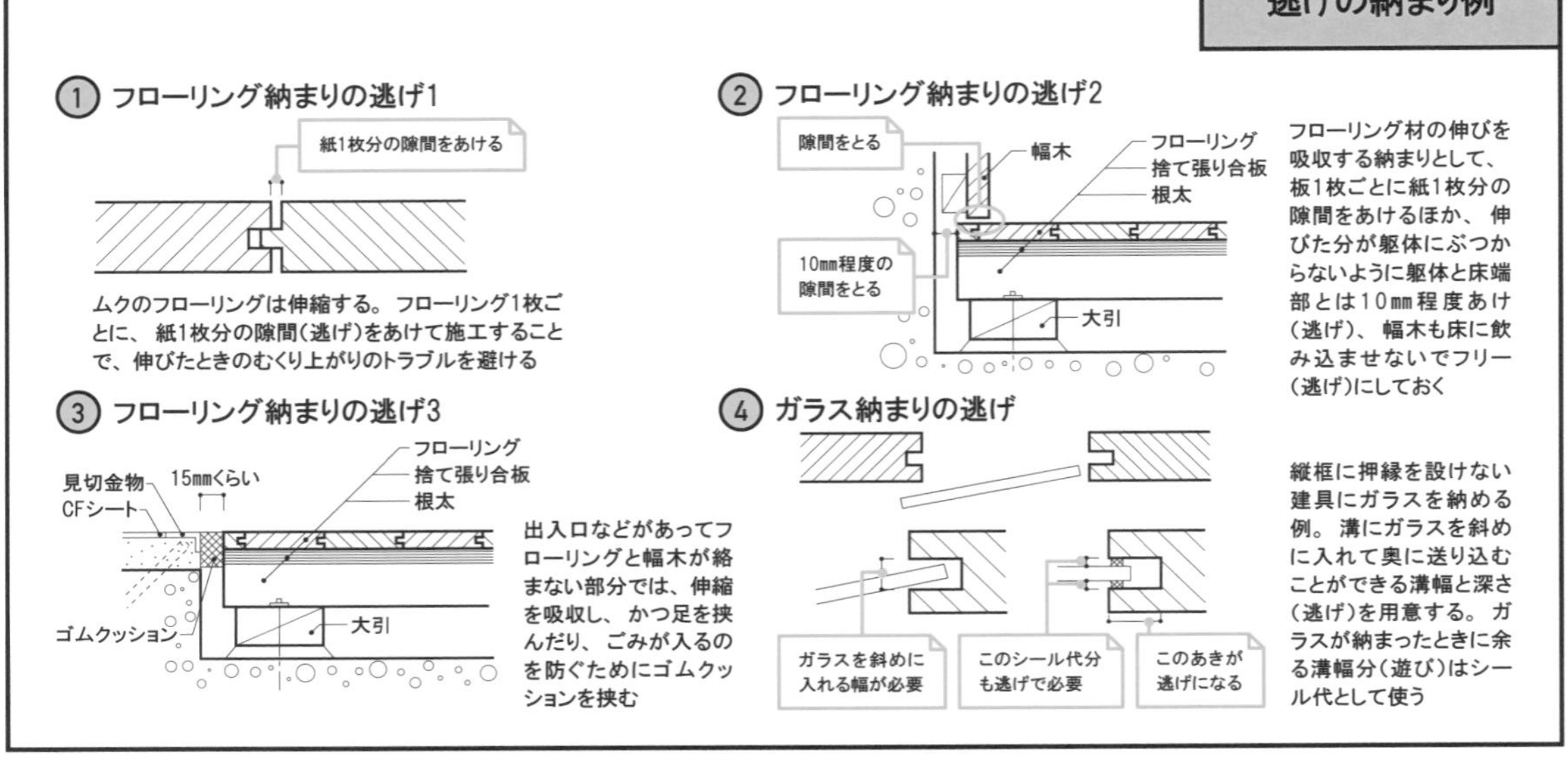

① フローリング納まりの逃げ1

ムクのフローリングは伸縮する。フローリング1枚ごとに、紙1枚分の隙間（逃げ）をあけて施工することで、伸びたときのむくり上がりのトラブルを避ける
② フローリング納まりの逃げ2

フローリング材の伸びを吸収する納まりとして、板1枚ごとに紙1枚分の隙間をあけるほか、伸びた分が躯体にぶつからないように躯体と床端部とは10㎜程度あけ（逃げ）、幅木も床に飲み込ませないでフリー（逃げ）にしておく
③ フローリング納まりの逃げ3

出入口などがあってフローリングと幅木が絡まない部分では、伸縮を吸収し、かつ足を挟んだり、ごみが入るのを防ぐためにゴムクッションを挟む
④ ガラス納まりの逃げ

縦框に押縁を設けない建具にガラスを納める例。溝にガラスを斜めに入れて奥に送り込むことができる溝幅と深さ（逃げ）を用意する。ガラスが納まったときに余る溝幅分（遊び）はシール代として使う

図2

エキスパンションジョイントの納まり例

① 屋上防水床のエキスパンション

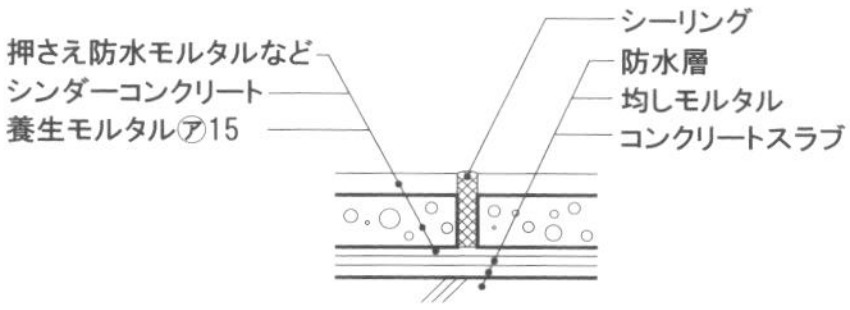

フラットルーフの防水層を保護し押さえ込むコンクリート層は、太陽の直射で伸縮する。その動きを吸収するために一定の間隔でクッション材を入れ（逃げ）、縁を切る

② 屋根のエキスパンション

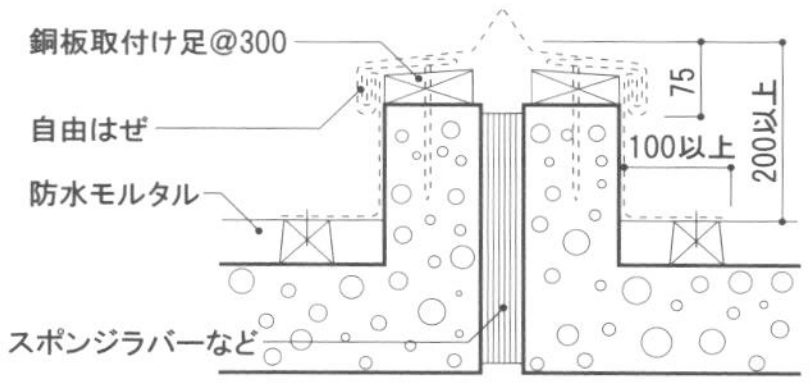

エキスパンションジョイントが外部に出るところでは、防水処理がポイントになる。水切の笠木は建物の動きに追随し、かつ防水が破れない納まりとしなければならない

③ 室内床のエキスパンション1

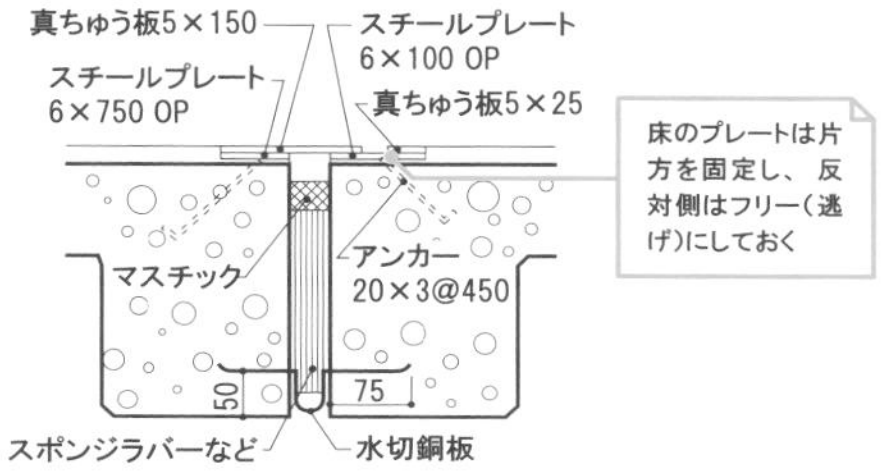

1つの施設として建物を扱うが、形状が長大であるとか、折れ曲がっているとか、増築部分があるなど、さまざまな理由で地震などの外力を受けたときに全体が一体となって応答しにくい場合がある。その場合はエキスパンションジョイントで縁を切りつつ、つないでいく方法をとる。エキスパンションジョイントには各部位に合わせた既製品があるが、図は現場製作の室内床の例。水を使うところでは水受けの対策が必要となる

④ 室内床のエキスパンション2

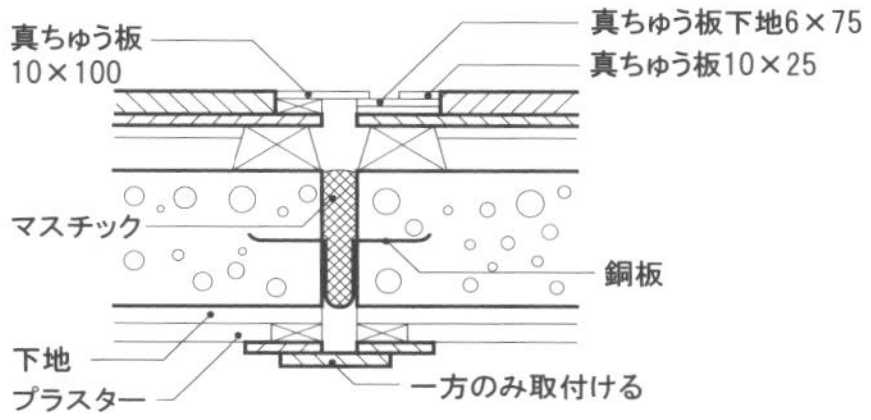

ジョイントの天井面も仕上げるときの納まり例。隙間を塞ぐプレート状の材は、床面の納まりと同様に、片方はフリー（逃げ）にしておく

図3

貫工法による軸組の例

① 筋かいのある耐力壁と貫工法の壁

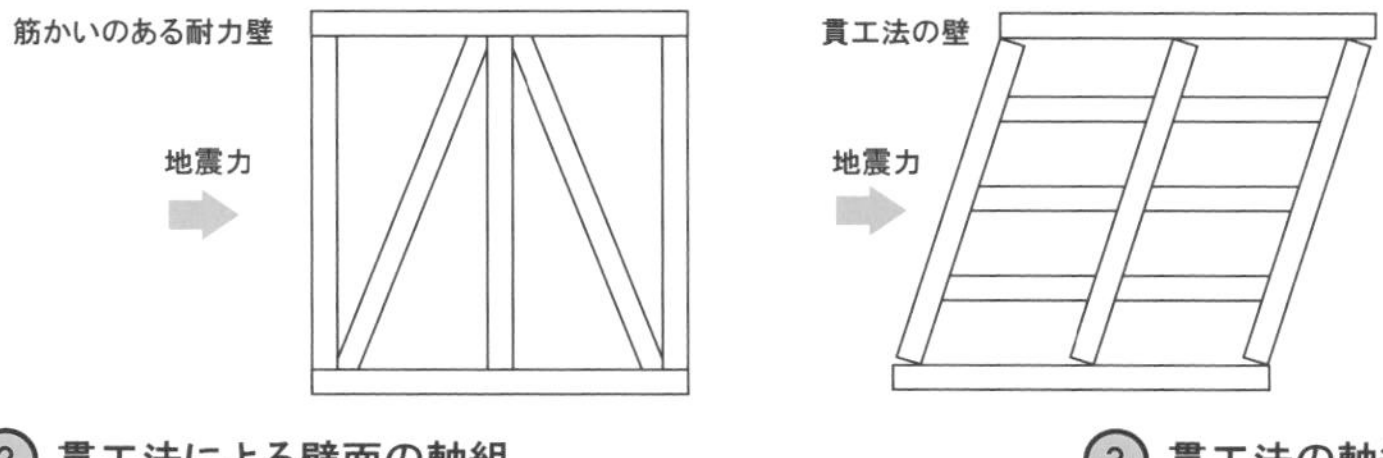

地震力を受けたとき、筋かいのある耐力壁は変形しないが、より大きな力を受けると倒壊する危険性がある。一方、貫工法の壁は地震力で変形するが、揺れることで地震エネルギーを吸収するため、簡単には倒壊しないうえ、地震後には元に戻すことができる

② 貫工法による壁面の軸組

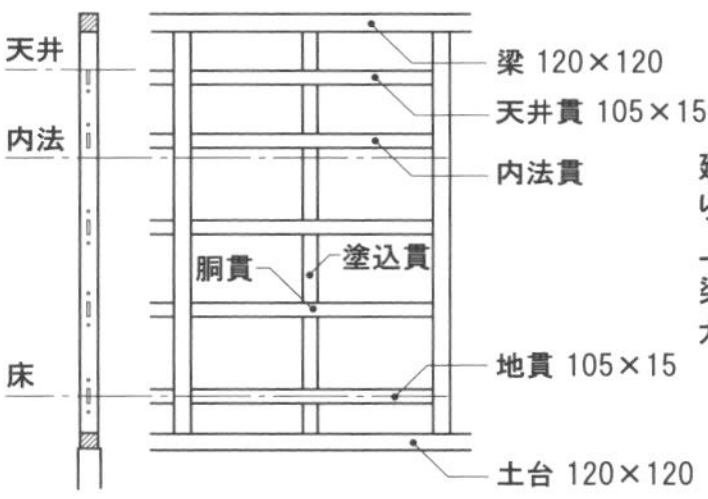

建築基準法の規定により、貫板は15×90㎜以上の材を使用。土台－梁間に@610㎜以内、5カ所以上入れる

③ 貫工法の軸組詳細

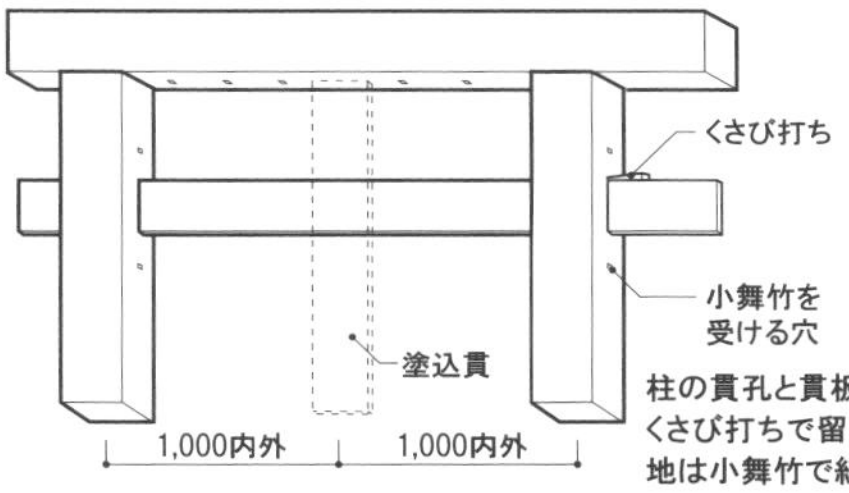

柱の貫孔と貫板との隙間はくさび打ちで留める。壁下地は小舞竹で組む

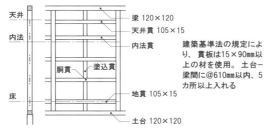

063

デザインの逃げと施工の逃げ

材料や施工の精度ムラを吸収するために目地仕上げとする

前頁で、納まりを検討する際には、熱や湿度など外的要因によって生じる建築材料の動きを吸収する「逃げ」を用意しておかなければならない、と述べました。建築材料のなかには形状や厚み、サイズなどに精度ムラのある製品があり、そのムラを吸収するためにも逃げが必要になることがあります。たとえば、タイルや石材を張ったり、レンガを積んだりするときの目地がそれに該当します。

目地の存在は目立つのでその割り付けには注意を要しますが、目地は意匠表現の一要素としてデザインされることもあります。一般的な目地は仕上げ面より引っ込んだ凹形ですが、広島の世界平和記念聖堂に見られるように、仕上げ面ゾロにし、かつ鏝押さえをせずにほとんど目立たなくする手法や、なまこ壁のように、逆に出目地として、よりはっきり目立たせる手法などがあります［写真1・2］。

木質の建築材料を使う場合は、突き付け納まりが可能になるのですが、きちんと面ゾロに納めるのは結構難しく、下地の狂いなどで突き付けが開いたりするので、これを逃げるために目地をデザインに取り入れるケースも多くあります。筆者の経験では、鉄筋コンクリート造の躯体に木製の胴縁を組み、5.5㎜厚の合板を突き付け張り、ジョイント処理は寒冷沙張りのうえパテしごきという仕様で、仕上げはVP塗装としたのですが、施工後ジョイント部にクラックが発生し、何度補修をしてもクラックを繰り返すトラブルに出会いました。別の現場で軽量鉄骨下地に石膏ボード突き付け張り、VP塗装仕上げとしたケースではまったく問題がなかったので、以後、木製下地に合板張りの仕様では、ジョイントは目地仕上げとすることを原則にしました。

壁や天井を合板張りの目地仕上げとするときには、「目透かし張り」という凹形の目地になる納まりとします。このとき、目地幅の寸法を目地の深さより小さくすると、目地をきれいに見せることができます。たとえば、5.5㎜厚の合板を使う場合は目地の幅は4㎜に、4㎜厚の合板を使ったら目地幅を3㎜とします。比率でいうと、目地幅に対して、目地深さを1.3～1.5倍程度に取ることになります。こうすると、目地の底が仕上げ面より暗くなり、目地がすっきりと見えるようになります。3～4㎜の目地幅を取るという細かな作業を面倒がる職人もいますが、3㎜厚、4㎜厚の既製の合板があるので、その小片を定規に使うと比較的うまくできます。

写真1

レンガと目地とが同一面のゾロ納め（平目地）の例。目地面を鏝押さえしていないので、目地の存在がほとんど目立たない

写真2

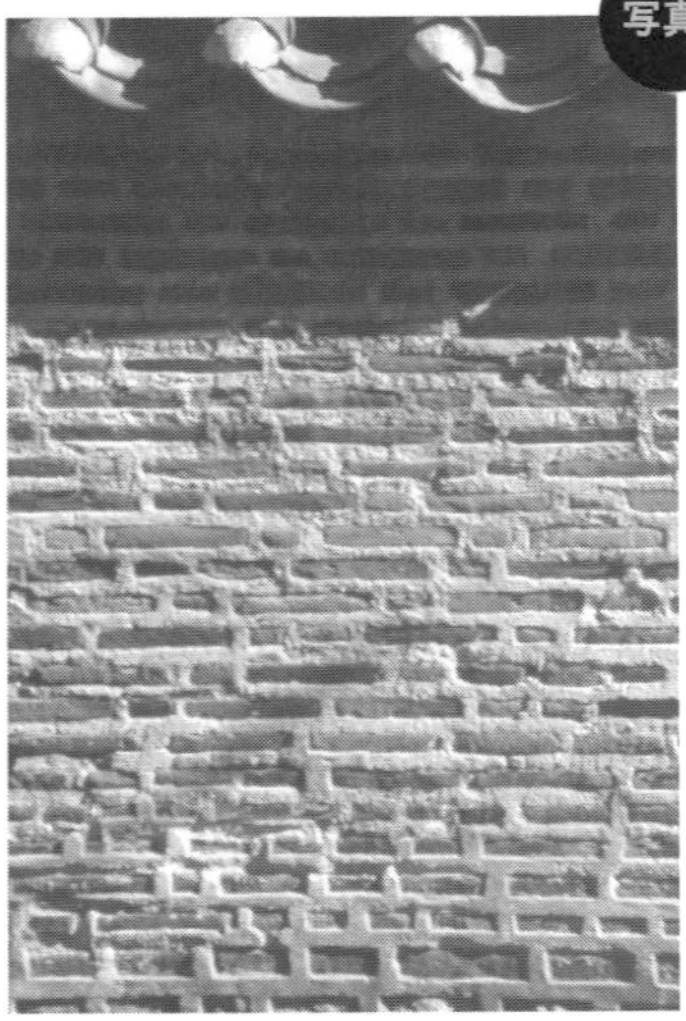

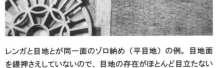

目地面がレンガ面より手前に出ている（出目地）納まりの例。目地の存在がマスクメロンの網目のように目立つ

図1

デザインの逃げの例

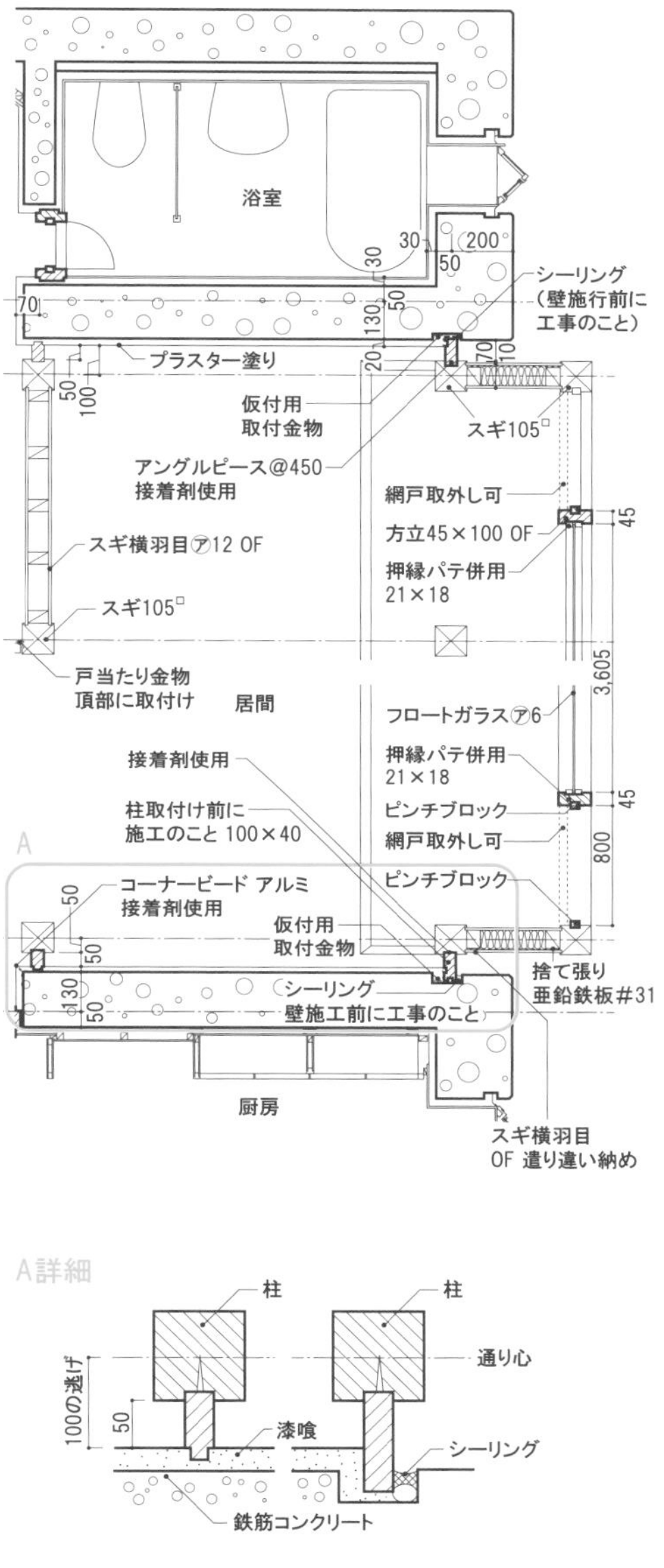

鉄筋コンクリート造と木造の混構造の納まり例。鉄筋コンクリート造の殻の中に組み込まれた木造部分が鉄筋コンクリート造に癒着していないことを表現するため、縁を切った納まりとするが、それを見る人に意識してもらうには必要以上に隙間をあけなければならない

図2

施工の逃げの例

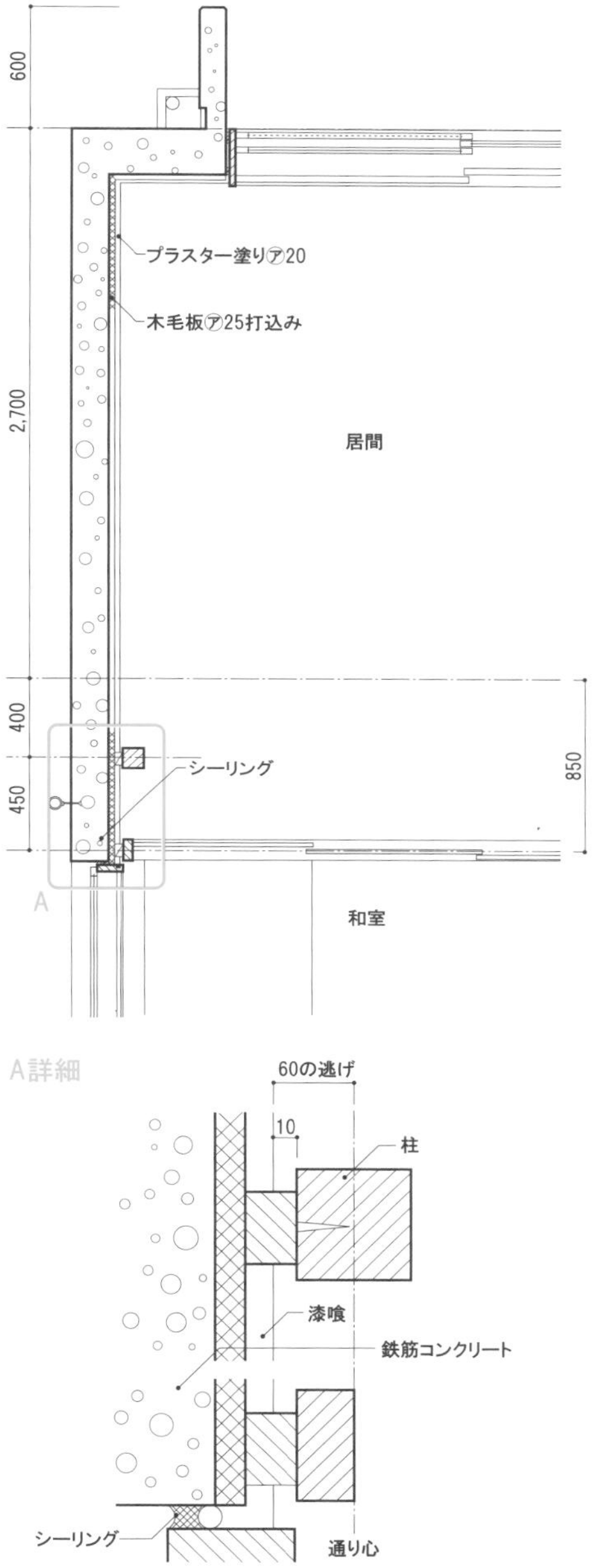

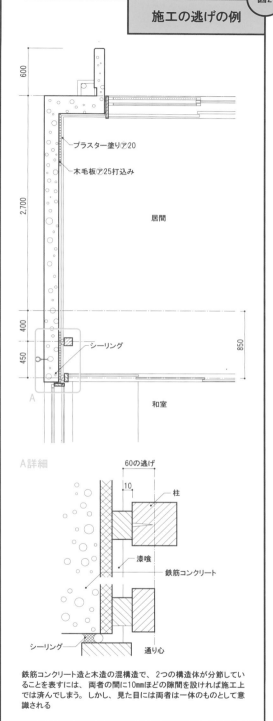

鉄筋コンクリート造と木造の混構造で、2つの構造体が分節していることを表すには、両者の間に10㎜ほどの隙間を設ければ施工上では済んでしまう。しかし、見た目には両者は一体のものとして意識される

064 遊びが必要

緊張感に欠けた雑な仕上がりになりがちなので遊び過ぎにはくれぐれも注意

建築の納まりで「遊び」というのは、逃げによってできた物と物との隙間（余裕）のことをいいます。ちなみに、「逃げ」とは、物の動きを吸収したり、施工で必要なあきや施工の誤差を吸収するためのあきを取る〝行為〟のことをいいます。

遊びが必要なのは、組み合わさった物と物とが、温度・湿度の変化や外力の影響を受けたときに、自由に動けるクリアランスがほしいからです［写真1・2、図］。そのほかに遊びが必要な例として、回転軸とそれを支える軸受けのような関係もあります。もしもこの両者の間に遊びがなかったら、軸と軸受けは摩擦で焼き付いて動けなくなってしまいます。また、車のハンドルと車輪の間にも適度な遊びが必要だといいます。舵切りの反応がよすぎても操作しにくいということです。

遊びはとても重宝な手段で、これを使うと、材料の加工精度が多少雑であっても、とりあえずは納まってくれます。施工の能率も上がるのでついつい使いたくなるのですが、使えば使うほど緊張感の欠けた雑な仕上がりになってしまいます。したがって、遊び過ぎにはくれぐれも注意が必要です。

どの程度の遊びなら許されるのかは、扱うものの対象によって違います。たとえば、柱・梁など単位の大きな構造躯体を扱う大工と、建築の一部である建具を扱う建具職人と、精緻な小箱などを扱う家具職人や指物師とでは、施工上許される誤差の範囲（逃げ）が違います。それぞれが扱う材料のグレードが違い、使っている道具や治具なども違います［表］。

遊びは職人の仕事だけでなく、工業製品にもあります。建築金物を例にとれば、プレス加工を採用している安価な製品には、おおむね遊びがたっぷりあるのが特徴です。その分、取り付けにあたっての許容誤差の範囲が広く、建具の建て込み精度が多少雑であっても、建具金物として働いてくれます。取り付けが早くできるので、建具の取り付け箇所数で請け負っている職人には喜ばれますが、建具にがたがくるのが早い、というデメリットがあります。一方、遊びが少なく精緻につくられた建築金物は正確な位置決めを要求されるので、取り付けに時間がかかるものの、がたがなく気持ちよく使うことができます。これがドアの錠前であると、閉めるときに、ドアの重みによる動きだけでスーッと吸い込まれるように閉まってくれるほどになります。

エキスパンションジョイントでの遊び。相欠きの形をしたジョイント部分の納まり例。地震の揺れで建物が大きく動いたときに、ぶつかって破壊が生じないように遊びがある

閂のボルト受けには、ボルトの径より大きな径の孔あけが必要。遊びが少ないとボルトの動きがぎこちなくなり、閂を相手に通しにくくなる。かといって、遊びが大きいと、閉めたとき門扉ががたついてしまう

図

デザインの逃げの例

① ドアと枠との納まり

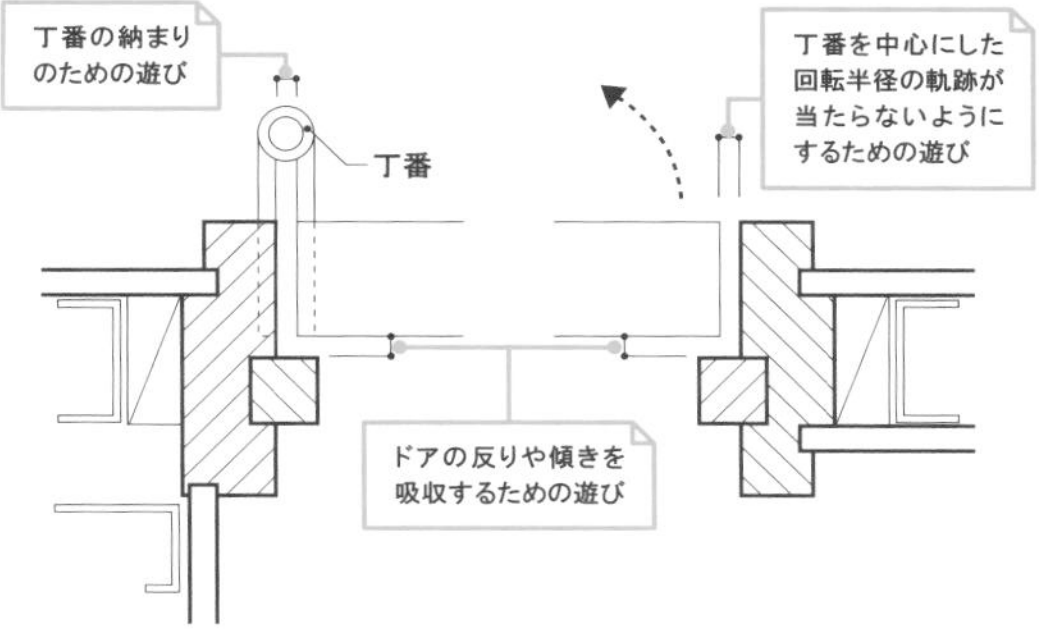
丁番の納まり
のための遊び
丁番
丁番を中心にした
回転半径の軌跡が
当たらないように
するための遊び
ドアの反りや傾きを
吸収するための遊び

通常、ドアと枠との間には3mm程度の遊びを設ける。吊り元側は丁番の納まりのため、ハンドル側は丁番を中心にした回転半径の軌跡が当たらないため、戸当たり側はドアの反りや傾きを吸収するため、それぞれ必要な遊びである

② 外壁パネルジョイント部分の納まり

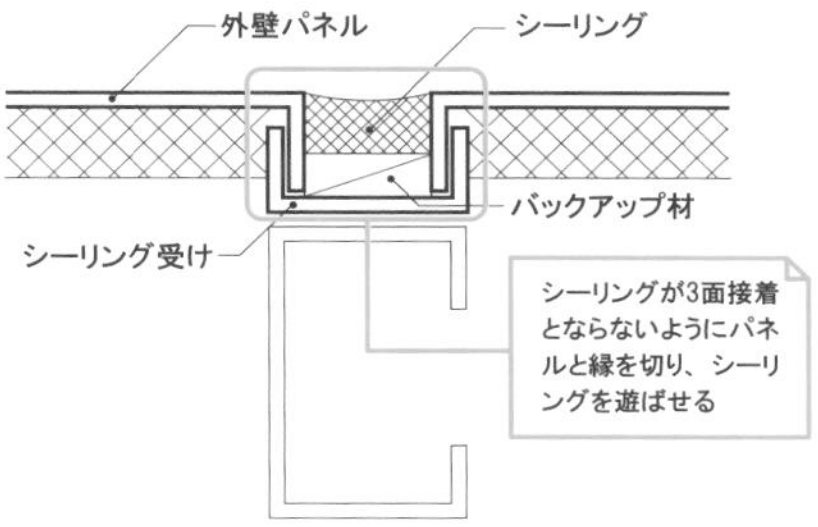
外壁パネル
シーリング
バックアップ材
シーリング受け
シーリングが3面接着
とならないようにパネ
ルと縁を切り、シーリ
ングを遊ばせる

目地の幅・深さは、パネルのサイズや使用するシーリング材を検討して決めるが、シーリングの接着面は2面とする。パネルの動きによってシーリングが伸縮するが、3面に接着していると動きに追随できなくなり破断してしまうので、バックアップ材を入れて1面を遊ばせる

表

施工許容精度の目安

職種	許容精度					
大工	許容精度を定めた基準は存在しないが、品確法の「住宅紛争処理の参考となるべき技術的基準」[※1]を参考に、以下のとおりに判断されるケースが多い ・新築住宅の場合:3/1,000以内[※2] ・中古住宅の場合:6/1,000以内					
建具	建具の種類に応じて右記の許容精度基準がある	木製建具	枠見込み:+0.5mm、枠見付け:1.0mm、建具外寸:±3.0mm、建具歪みねじれ:2mm、反り:3mm、対角寸法差:3mm			
		アルミ建具	建具サイズ	2m未満	2m以上3.5m未満	3.5m以上
			枠の縦・横	±1.5mm	±2.0mm	±2.5mm
			対角寸法差	2.0mm以下	3.0mm以下	4.0mm以下
		鋼製建具	枠内法幅:±1.5mm、枠内法高:±1.5mm、枠見込み:±1.0mm、枠対角寸法差:2mm、扉外寸:±1.5mm、扉見込み:±1.0mm、扉対角寸法差:3mm、ねじり・反り:2mm			
家具	・許容精度を定めた基準は存在しないが、扱う家具のスケール、作業場の環境、作業場に用意されている工作機械類などからいって、精度レベルは1/1,000クラスといってよい ・一般に、現場作業になる造り付け家具のケースでも、パーツを工場製作し、仮組みで確認後、現場で本組み立てとするので、出来上がりの精度は高い ・現場で建築と出会う部分は、家具の方で1mmレベルで建築に合わせることができる					

※1 同技術基準では以下のように規定されている
・3/1,000未満の勾配の傾斜のとき:構造耐力上主要部分に瑕疵がある可能性が低い
・3/1,000以上6/1,000未満の勾配の傾斜のとき:構造耐力上主要部分に瑕疵がある可能性が一定程度ある
・6/1,000以上の勾配の傾斜のとき:構造耐力上主要部分に瑕疵がある可能性が高い
(ただし、測定は水平方向は3m程度以上の2点間、垂直方向は2m程度以上の2点間で行う)
※2 業者の社内基準によっては4/1,000~5/1,000とする例もある

065 下地こそいのち

美しい納まりは丁寧な下地づくりから

　直接目に見えたり、手に触れたりして確認できる部分の出会いをどのように納めようかと、あれこれ思案を巡らすのがディテールを考えるときの楽しみです。納めた箇所が見た目に美しく仕上がり、手触りもよく、その場全体の雰囲気も気持ちよく感じられたら、いうことはありません。しかも、どのように納めたのかがちょっと見には分からないように、さりげなくできていたら理想的です。どんなにうまく納まっていても、「こんな風に納めたよ、見て、見て」といった感じの仕上がりであったら、目障りで、うるさくて、落ち着くことができません。

　しかし、見えがかりがさりげなく、さらっと納まっていればいるほど、見えない部分——すなわち下地の仕事が丁寧に、きちんと仕上がっていなければなりません。どうせ見えなくなってしまうところだから……などと考えて材料選びや施工に手を抜いていると、結果としてそれが表面に現れ、目に見える部分の仕上げにまで影響を与えることになります。特にクロス仕上げや塗装仕上げなど、厚みが薄い仕上げ材の場合は、下地の影響が顕著に表れてしまいます。下地の胴縁材の選定、施工やボード張りの大工仕事が丁寧でないと、ボード面の不陸やジョイントの暴れ、釘の浮きなどが現れ、パテしごきによる下地調整だけでは平滑な面をつくり切れないことがあるので注意が必要です［図1〜3、表］。

　以前、昭和初期に建てられた建物の解体に立ち会った際、壁下地の胴縁に柾目の良材が使われていたのを見て、「下地が暴れたらどうにもならないよ」と昔の職人の心得を聞かされたように感じたことがありました。現在、一般に木造の下地材として使われているのは「羽柄材（端柄材）」と呼ばれているものです。丸太から木取りをするときに、大きな断面の構造材と、きれいな木肌の造作材を取った残りの部分から製材される小さな断面の木材で、「小割材」ともいいます。隠れた部分に使われるということで、木材の等級でいえば「並材」という、節が目立ったり丸みのあるものが用いられます。また、「グリーン材」といって、乾燥が不十分なものも出回っているので、狂いのこないしっかりした下地をつくるにはかなりの注意が必要です。

　現在ではKD材という強制的に人工乾燥した木材や、構造用集成材など、寸法の安定した材料を手に入れることもできます。コストアップになりますが、下地を大切にするなら検討してみてもよいでしょう。

図1

丁寧な壁下地のつくり方

① 鉄筋コンクリート造の躯体に左官系塗り仕上げの場合

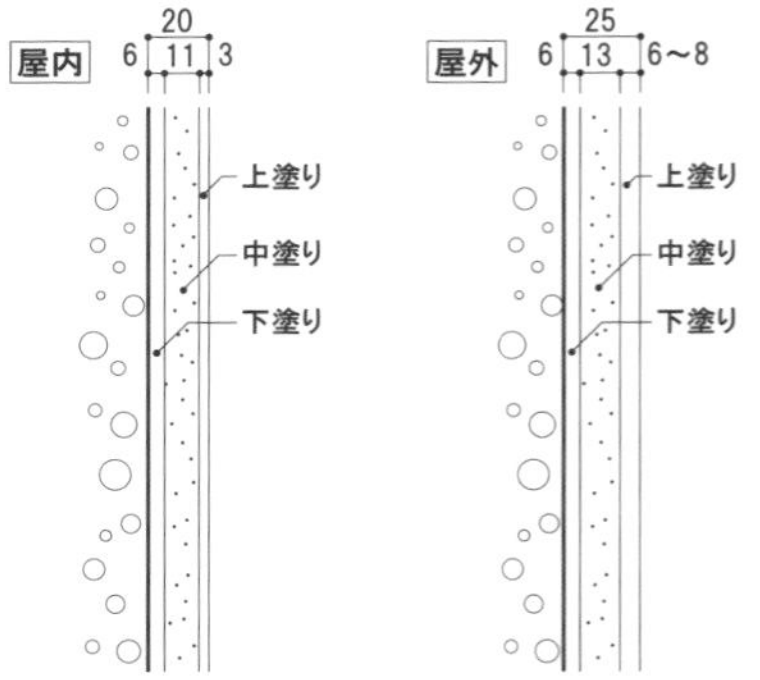

鉄筋コンクリート造躯体の壁の仕上がり精度は±3㎜（1,000㎜当たり）程度で納まっていると思うが、仕上げ下地は屋内で20㎜、屋外で25㎜を見るのが基準。下塗り、中塗り、上塗りと3回に分けて下地をつくる

② 鉄筋コンクリート造の躯体に木軸組をつくる場合

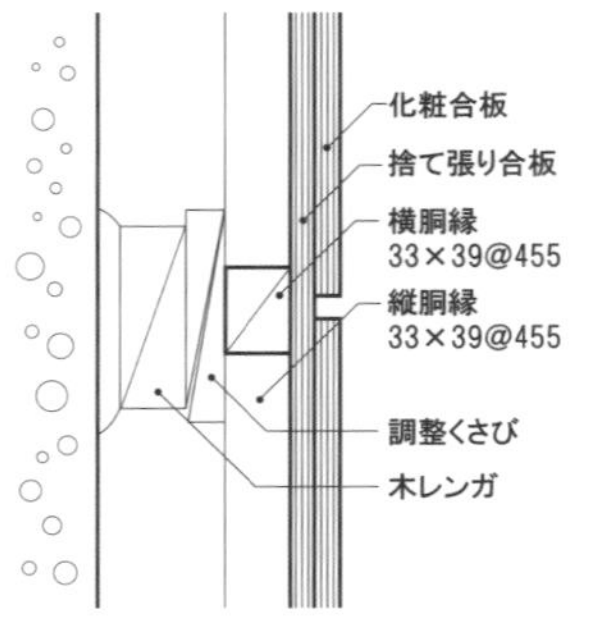

まず木レンガを接着剤で張り、出入り調整のくさびを入れながら縦・横の胴縁を組む。仕上げを合板の目透かし張りとするときは、合板の捨て張りを入れるとよい

③ 木造軸組構法で縦羽目張りの外壁仕上げとする場合

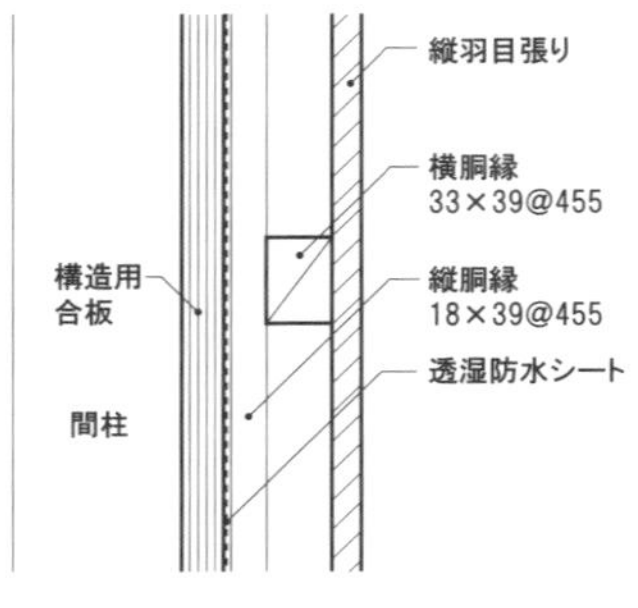

間柱に構造用合板を張り、透湿防水シートを張った上に縦胴縁を入れて通気層をつくる。さらに、縦胴縁に重ねて横胴縁を打ち付けて羽目板の下地とする

図2

丁寧な天井下地のつくり方

① 鉄筋コンクリート造の躯体に左官系塗り仕上げの場合

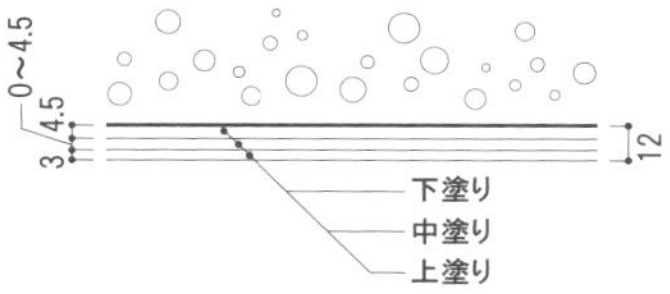

鉄筋コンクリート造躯体の天井面の精度は比較的よい。したがって、仕上げの下地付けは10mm程度を基準とする。下塗り、中塗り、上塗りと3回に分けてこしらえるのは壁と同じだが、程度がよければ中塗りを省略できる

② 木軸で天井下地を組む場合

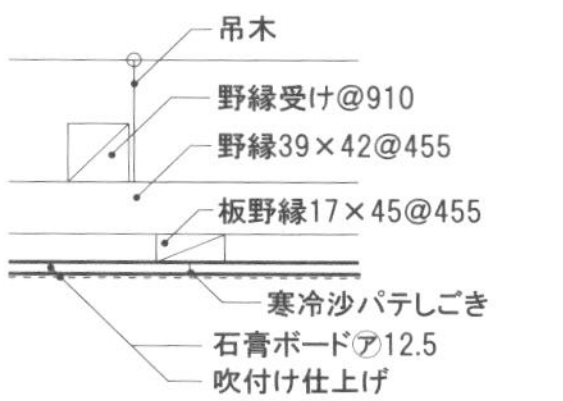

野縁と下地のボードとの間に板野縁を入れることで、仕上がりの面精度を上げることができる

③ 木軸の合板敷目板張り天井の場合

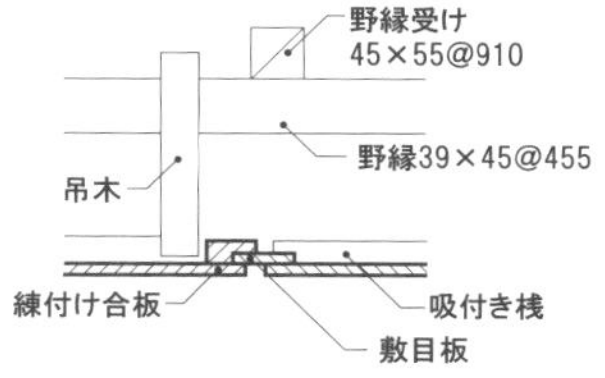

仕上げの合板に吸い付き桟を接着し、それに吊木を取り付けて、レベル調整しながら野縁に固定する

図3

丁寧な床下地のつくり方

① コンクリートスラブに左官系塗り仕上げの場合

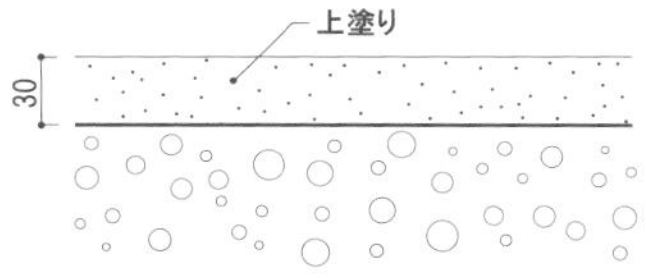

鉄筋コンクリート造の躯体床版の面精度はそれほどよくない。仕上げ下地は30mmを見ておくのが基準だが、もう少し必要になることもある。下地のつくり方は1回塗りで仕上げてしまう

② コンクリートスラブにタイル張りの場合

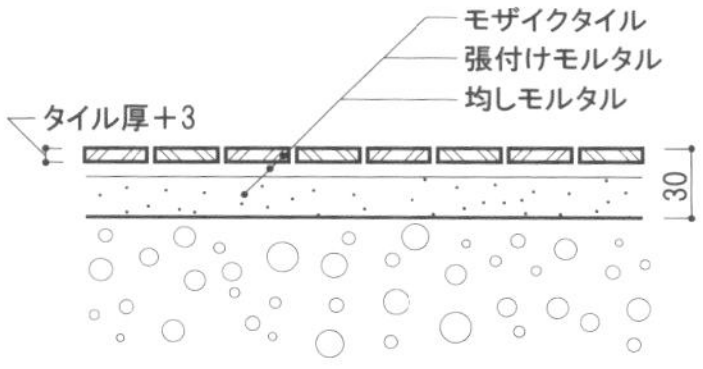

鉄筋コンクリート造躯体の床仕上げで、CFシートやPタイル、モザイクタイルなど仕上げ材料の厚みが薄い物を直仕上げとする場合は、仕上げ材の厚み込みでスラブから30mm見ておけばよい

③ コンクリートスラブに木軸を組んで木床を張る場合

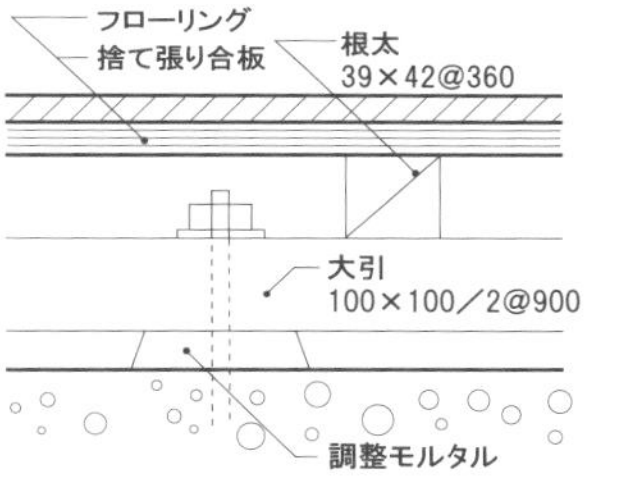

半割材で大引を組み、根太と捨て張り合板を重ね、フローリングを仕上げる。スラブの防湿や乾燥に十分な対策を施しておかないと、大引や根太を腐らせることがある

表

JASS18によるコンクリート、モルタル、プラスター面の下地ごしらえ

工程	塗料その他	面の処置
乾燥	−	放置して素地を十分乾燥させる
汚れ・付着物除去	−	汚れ・付着物をブラシで除去。必要に応じて水洗い
吸水止め[※1]	合成樹脂エマルションクリヤ、塩化ビニル系シーラー、エポキシ系シーラーなど	−
穴埋め	セメント、プラスター、焼石膏、セメント系フィラー、合成樹脂エマルションパテ、塩化ビニル系パテ、エポキシ系パテなど	割れ・穴などの穴埋め
パテしごき[※2]	セメント系フィラー、合成樹脂エマルションパテ、塩化ビニル系パテ、エポキシ系パテなど	パテをしごき取り、表面を平滑にする
研摩紙ずり[※3]	研摩紙＃120〜180	−

※1 主として気泡コンクリート、軽量コンクリート、軽量コンクリートブロックなどの面について行う
※2 コンクリート打ち放し面、および気泡コンクリート、軽量コンクリートブロックなどの面について行う
※3 吸水止め〜研摩紙ずりの工程は、係員の承諾を得て省略することができる。ただし、気泡コンクリートの場合は、吸水止めおよび研摩紙ずりの工程を省略してはならない

066 生き物との接し方

生態をきちんと押さえたうえで対処する

建築材料の動きに比べ、植物や小動物、昆虫などの生き物の動きに関しては、動く範囲や早さ、動き方などを想定し、対応策を立てておくことはなかなか難しいものです［写真］。

納まりを考えるときには、水は低きに流れるといったような、世間一般の人が当たり前と思っていることを、まず前提にします。相手が生き物であっても同様ですが、相手のどのようなことが「当たり前」なのかが分かりづらいのでやっかいです。

たとえば庭に樹木を植えようと考えたとき、10年後、20年後の姿を想定するのは難しいのですが、樹種やその場所の条件によっては、木の陰になって室内が暗くなったり、風で木が揺れて軒に当たったり、根の張りが基礎を傷めたりするなど、迷惑な存在になる可能性があります。対応策としては、樹木に詳しい植木屋さんに助言をもらい、庭の規模や条件に適した樹種を選定し、植える位置を決めるとよいでしょう［図1］。庭木になると趣味が優先される傾向がありますが、樹木の成長や変化に気を付けたいものです。

また、昆虫に関しては、シロアリとの付き合い方があります。シロアリに限らず、害虫というとすぐさま殺虫剤を使うことを考えますが、虫を殺せる薬剤が人に安全であるはずがありません。殺虫剤まみれの家に暮らして、気持ちよいとはいえないでしょう。対応策としては、相手の生態をよく調べたうえで、たとえば床下などの通気性をよくして乾燥させるなど、相手が寄りつきにくい環境を用意するとともに、いつもその状態をチェックできる納まりにしておくことが考えられます［図2］。

ただし、同じ昆虫で嫌われ者のゴキブリの場合は、すでに棲み着いているゴキブリは駆除できるが、新たに侵入してくるゴキブリは防ぐことができない、と駆除業者の人に注意されたことがあります。ゴキブリやネズミは開口部があれば入ってくるので、保証できないというのです。こうしたケースでは、建築のディテールのうえでは対処策をつくれません。したがって、小動物や昆虫との付き合い方は、拒絶するのではなく、緩やかな共存関係を前提に対処方法を検討することになるでしょう。ところで、ゴキブリの類は目に見える大きさなので現れると大騒ぎしますが、ダニのように目に見えにくいものになると知らないうちに共存しているかもしれません。そう考えると、日頃の掃除が一番の対策になりそうです。

写真

歩道の街路樹の例。樹木の成長は旺盛で、人間の考えた「枠」のなかに簡単には納まってくれない

図2

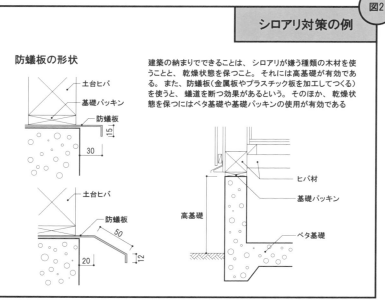

シロアリ対策の例

防蟻板の形状

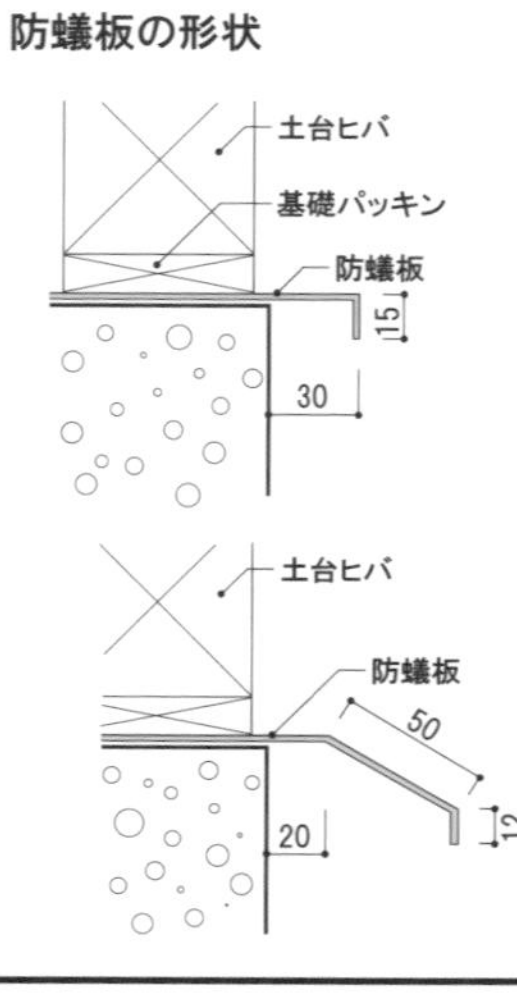

建築の納まりでできることは、シロアリが嫌う種類の木材を使うことと、乾燥状態を保つこと。それには高基礎が有効である。また、防蟻板（金属板やプラスチック板を加工してつくる）を使うと、蟻道を断つ効果があるという。そのほか、乾燥状態を保つにはベタ基礎や基礎パッキンの使用が有効である

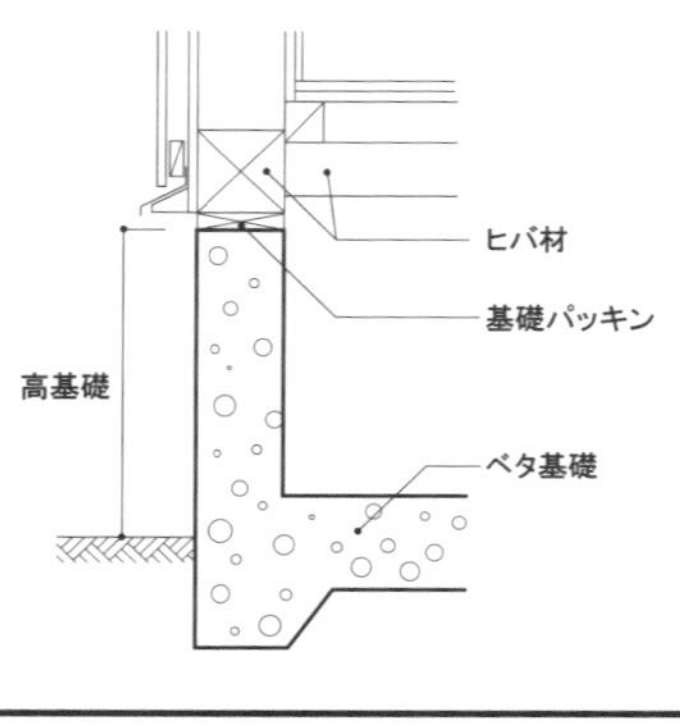

図1

植物との付き合い方

① 宮脇檀「永田邸」配置図[S=1:200]

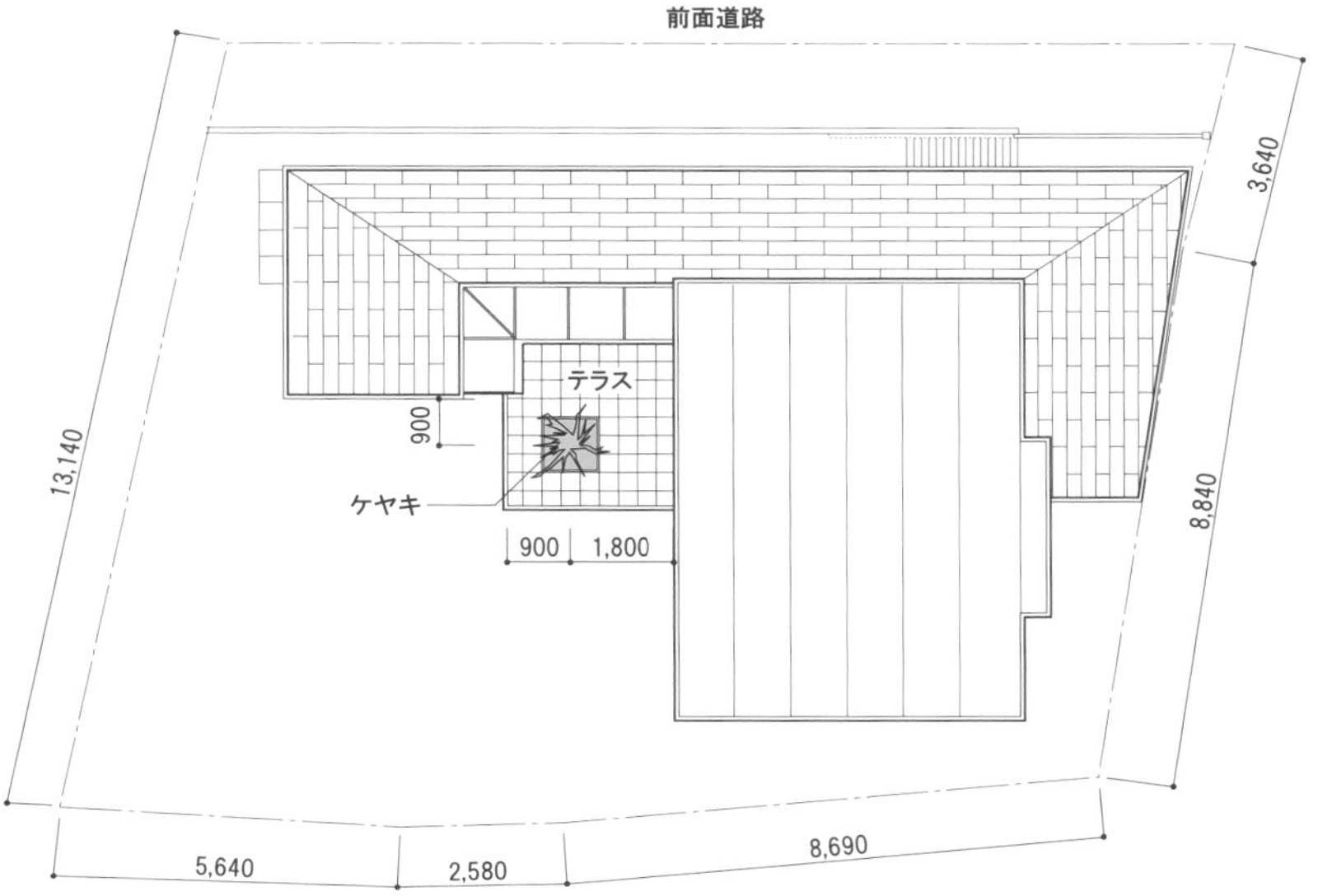

建物に接近して植栽を施すときには、植物の特徴(特に成長の早さと成長後の樹形)をよく調べて選定する。この例は、建物でコの字形に囲まれた4畳半ほどのテラスに高木のケヤキを植えたが、成長したケヤキで日陰どころか家のなかが暗くなり、しかも伸びた枝葉が建物に当たるようになったため、8年後に伐採した。このような場所には低木のなかから選定すべきであった

② 西澤文隆「上阪邸」断面図[S=1:60]

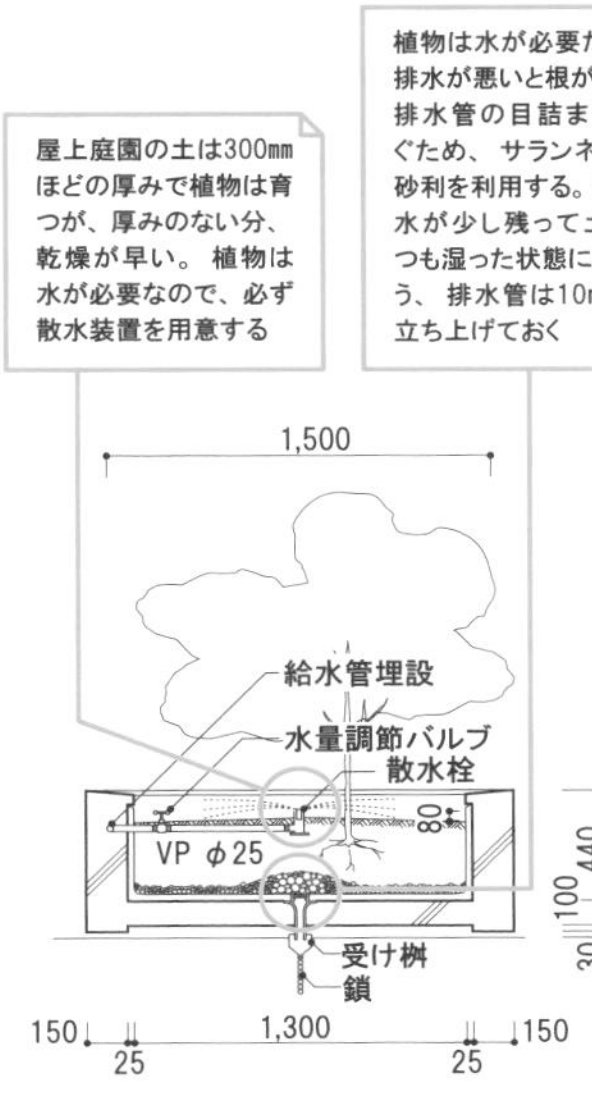

ハンギングガーデン

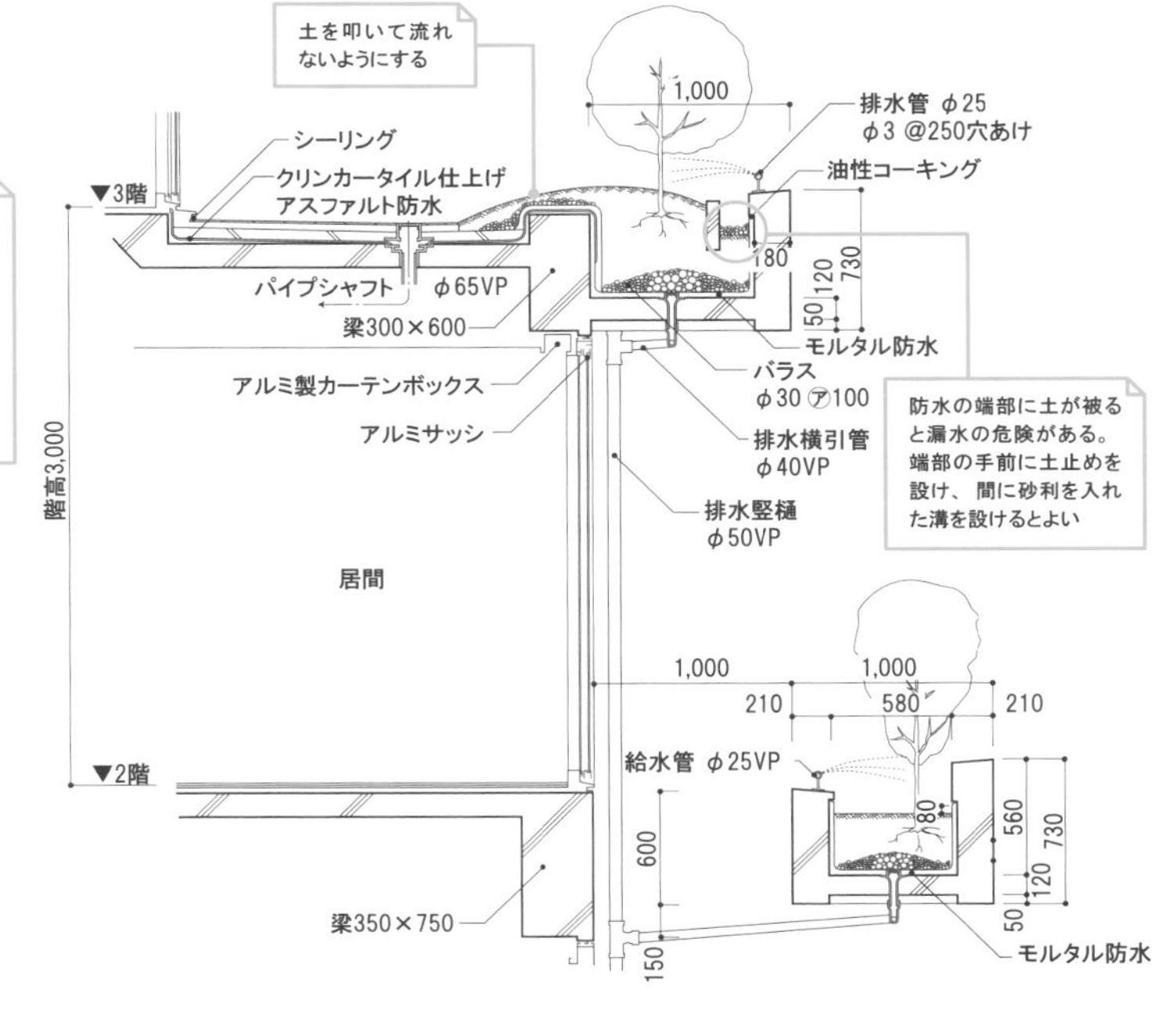

ガーデンテラス

[図1 2 :『西澤文隆のディテール 自然と共棲する術』(西澤文隆・金澤良春著、彰国社)より]

067

先輩はディテールに何を語ったか 5

高須賀晋

Susumu Takasuga 1933-2010

（ディテールとは）常識的には納まりといってよいと思う。しかし、納まりのほかにも、細部の寸法関係、たとえばサッシュの枠の見付けと見込みの決定など、デザインの全体に密接に関連させて検討していく、その決まり方いかんは、空間の緊張感、その度合いに微妙に響く。四角の部屋でなくて天井は舟底天井にするとか、その具体的な勾配を決めるとか、こうしたこともディテール決定の重要な作業なのである。

住宅建築設計例集7｜建築資料研究社｜1983

ここで紹介した言葉は、作品集のなかで高須賀晋さんが「わたしの手法」と題して述べているものです。高須賀さんは、ディテールとは納まりのことだといっていますが、それは、「もの」と「もの」との出会い部分という細かなところだけでなく、たとえば天井がフラットな四角い部屋に納めるのか、勾配天井のある、ふくらみや余韻を感じさせる部屋に納めるのか、などといった部屋（空間）の形状の検討までも「納まり」の範囲に含めています。

木造の架構が「露し」になった独特の空間構成を見せる高須賀さんは、架構のかたちを錬ることもディテールの検討の1つと考えているのかもしれません。

納まりが良いとか悪いとか、よく言われることだが、これは詳細図の段階でどこまで考えたかによることはもちろんのこと、さらに言うなら、現寸図を描くか描かないか、つまり具体的に考えたかどうかで、非常に差のつくところである。現寸図を描くということは、図面の上で実際の仕事をすること、工事をすることなのだ。

住宅建築設計例集7｜建築資料研究社｜1983

原寸図（現寸図）を描くことは「図面の上で仕事をすること、工事をすること」というのは、原寸図の特徴を捉えたなかなかよい表現だと思います。

高須賀さんは各種の図面について、碁や将棋にたとえて、スケッチ、パース、1／100の立面図・平面図・断面図は、構想を練ったり布石を考えるようなもので、1／20の詳細図を描く頃は中盤戦であるといいます。そして、具体的に幅木の納まり、天井や枠の納まり、それらと全体との関係とか全体的なデザインの調子など、諸々のことを頭に入れて原寸図で検討する頃が「寄せ」にあたるのだ、といいます。この段階では、現実のかたちになるものがイメージどおりに矛盾なく正確にできる、という自信（碁や将棋なら「勝てる!」という自信）をもって仕事を進めていくと説明しています。これもそれぞれの図面の特徴をよく捉えた言葉だと思います。

ディテールは見る人に抵抗を与えるようなものであってはいけないと思う。納まりとしても、見付けのプロポーションにしても、ごく自然に見えるようでないといけないのではないか。四苦八苦して納めましたという感じが露わなのは、私は良いとは思わない。自然な感じに、という表現に至るのがじつは一番難しい。デザインに無理があると、自然な感じにはいかなくなるものだ。柱の太さにしても、構造的に決まってくるとはいえ、やはりディテールとしての問題も絡むはずだ。

住宅建築設計例集7｜建築資料研究社｜1983

納まりを練りに錬り、また悪戦苦闘して出来たものでも、それを見た人に意識させてはいけない。ごく自然に見えなければいけない。それを意識させたら見る人は肩がこる。納まりが良いとか悪いとかよく言われるが、これは詳細図の段階で考えるのは勿論、現寸図を書くか書かないか（具体的に考えたかどうか）でも非常に差がつく。現寸図を書くことは、図面上で実際に仕事（工事）をすることだ。材料を矧がなければならないとすればどこで矧ぐ［※1］か、矧いだ所はどうするか、つき付けに目地を入れるか、釘はどこから打つか、吸い付き桟にするか、桜ボールト［※2］にするか等々

住宅建築別冊1 木造建築の詳細｜建築資料研究社｜1983

ディテールというものは、ただ納まっていればそれでよし、というものではありませんが、悪戦苦闘してようやくディテールを納めたその痕跡を見る人に感づかせてはならない、というくだりは、初心者には厳しい言葉です。こればかりはいくつもの場数を踏まないと、その域に達するのは難しいからです。

ちなみに、ディテールを「原寸で考える」ことの大切さは、林昌二さん［※3］もよく語っていました。林さんは、「縮尺された図面の上で納まりを考えるときはそのスケールなりの範囲でしか意識が届かない」「建築は原寸でできるのだから、図面上の検討もできる限り原寸でやりなさい」といっていました。

この話を思い出して、やはり原寸については、どなたも思いは同じなのだなとつくづく思います。

※1「接ぐ」に同じ
※2 化粧ボルトの一種と思われる
※3 林昌二［はやし・しょうじ］：建築家。日建設計でチーフアーキテクトとして活躍。2011年11月逝去。享年83歳

CHAPTER 06

施工現場を知る

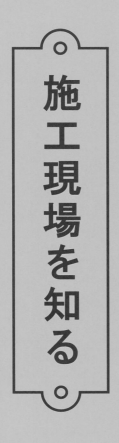

068 窓枠を付ける

製作物で窓をつくる場合は枠と壁下地の取り合い部分の防水処理が重要

ディテールを考えるときに注意したいのは、紙の上に図面が描ければ完成ではないということです。建物はその図面を元に、材料が調達され、加工されて、所定の場所に納まってようやく完成となるわけです。図面は、これら一連の作業がスムーズにできることを保証してあげなければなりません。したがって、そうした図面を描くためには、現場では実際にどのように施工されているのかを、ある程度知っておく必要があります。

たとえば、窓廻りの納まりを検討するとします。窓は通常、窓枠と障子（サッシ）とで構成され、窓枠のみの場合と、水切り・額縁とが取り付く場合とがあります。

窓枠の取り付けは、造作工事と呼ばれる仕上げ工事の1つです。木造の建物であれば、上棟で軸組が組み上がった後に取り掛かる最初の造作工事になります。したがって、窓枠詳細の決定は着工後、真っ先に進めなくてはならない作業になります。

しかし、この作業も、アルミサッシなどの既製窓を使うのか、一からつくる製作物の窓にするのかで違ってきます［図1］。

既製窓であれば、窓枠の断面や壁仕上げとの取り合いは決まっていて、原則としてメーカーの標準ディテールに従って施工することになります。ですから、製品の選定が済んでいれば、窓枠が取り付くと同時にサッシまで取り付きます［写真1～4］。

製作物の場合は、断面や壁との取り合いなどを設計者自身がすべて決めないといけません。木造建築の場合、この決定が遅れてしまうと、現場では大工が手待ちになる可能性があります。工程では、出入口など開口部の枠を取り付けてから壁下地に取り掛かりたいからです。

製作物で窓をつくる場合、一般には木製建具を考えることになりますが、枠材やサッシ（障子）材の形状・サイズ、使用する材種などを設計側で決めることになります。分からないところは建具屋さんと打ち合わせながら進めるとよいでしょう。このとき、外壁に絡む枠納まりでは、枠材と壁下地との取り合い部分の防水処理方法をよく検討します。また、木製枠は経年変化で取り替えが必要になる可能性もあるので、そのときの対応策を検討しておきたいものです［図2］。

図1

施工の手順

1 既製窓
（アルミサッシ半外付けの場合）

①間柱の建て込み後、基準墨から窓位置を出して印を付ける
↓
②サッシ図から窓台などの受け材を取り付ける
↓
③外周側に下地合板を張り、防水紙を張る
↓
④開口部下端に防水シートを取り付ける
↓
⑤サッシ枠は建具屋（サッシ販売店）で組み立てて搬入する
↓
⑥外側よりサッシ枠を建て込み、受け材にビスで固定する
↓
⑦枠のつば廻りに防水処理を施す（防水紙に重ねて気密テープを張る）
↓
⑧枠のコーナー部にシーリングを打つ

2 制作物
（木製枠の場合）

①間柱の建て込み後、基準墨から窓位置を出して印を付ける
↓
②窓枠を組む（現場または加工場で）
↓
③窓台などの受け材を取り付ける
↓
④位置・出入りを確認し、窓枠をくさびで固定する
↓
⑤外側に下地合板を張り、防水紙を張る
↓
⑥窓枠上端に外側から水切（板金）を取り付ける
↓
⑦枠・下地合板の出会い部分をシール処理する（気密テープ張り）

写真1

枠の受け材を用意しているところ。上材を「まぐさ」、下材を「窓台」、左右の縦材は「間柱」と呼ぶ。縦材は柱が受けることもある

写真2

窓の位置（高さ）を出し、間柱または柱に印を付ける。基準は床仕上げを示すフロアラインの墨とする

写真3

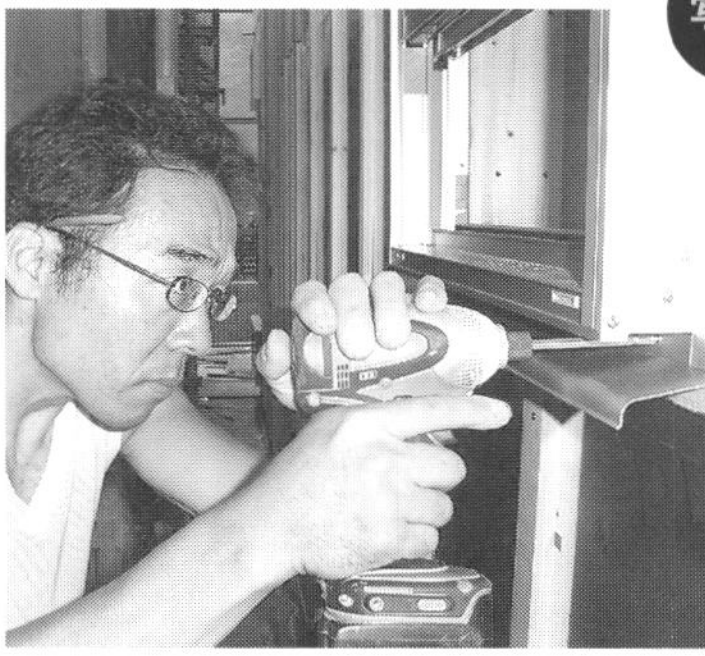

受け材にサッシ枠をビスで固定する。固定するまでの位置保持には木くさびを使用する

写真4

製作物の枠の場合、枠と壁下地部分はシーリングを施すか防水テープを張り、枠上端の外側に水切金物を入れる

図2

木製建具のディテールポイント

① 下地開口部と枠の出会い部分

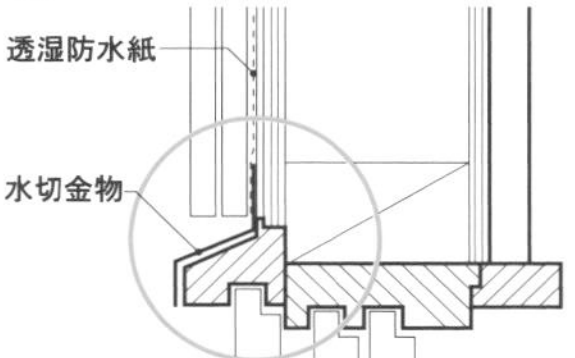

壁下地の開口部と枠の出会い部分の雨仕舞の納まり。アルミサッシのように枠と固定用のツバとが一体にできていないので、水の回り込みに注意する

② 下地開口部と枠の出会い部分詳細

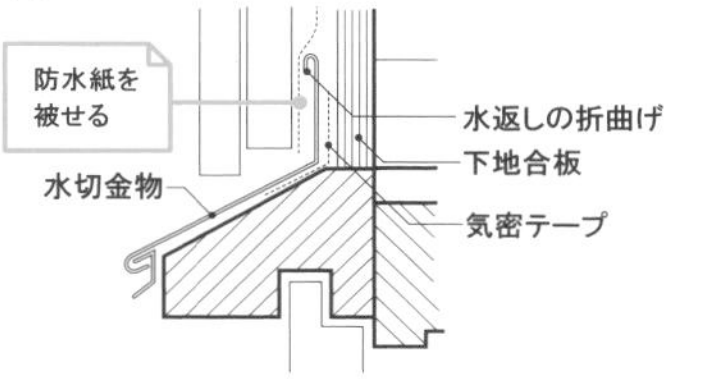

①の囲み部分の納まり詳細。下地と枠の出会うところを気密テープで塞ぎ、その上に水切金物を被せる（水切金物の端部は折り返しをつけておく）。さらに、下地全体に張る透湿防水紙を水切金物に被せる

③ 下地開口部と縦枠の出会い部分

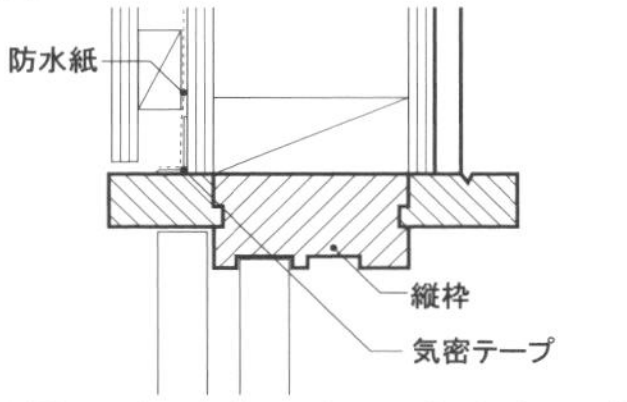

縦枠には水切金物を入れないが、気密テープを張り、防水紙を被せる

④ 木製枠の取り替え対策1

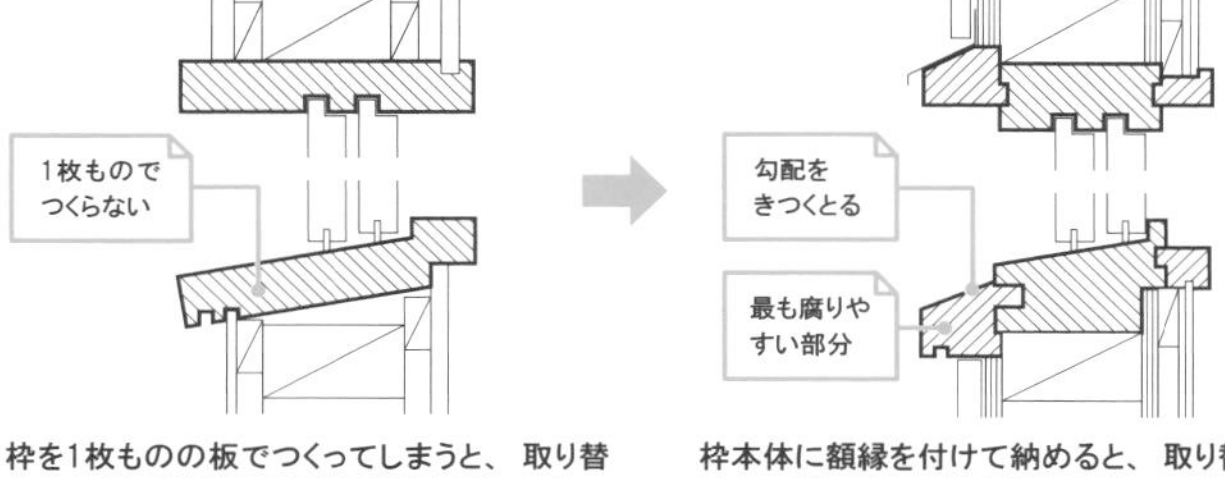

枠を1枚ものの板でつくってしまうと、取り替えのときに影響の及ぶ範囲が広がり、大工事になってしまう

枠本体に額縁を付けて納めると、取り替えが部分的な工事で済む。最も傷みやすい下枠の外部は、水勾配をきつくとり、水の切れをよくしておく

⑤ 木製枠の取り替え対策2

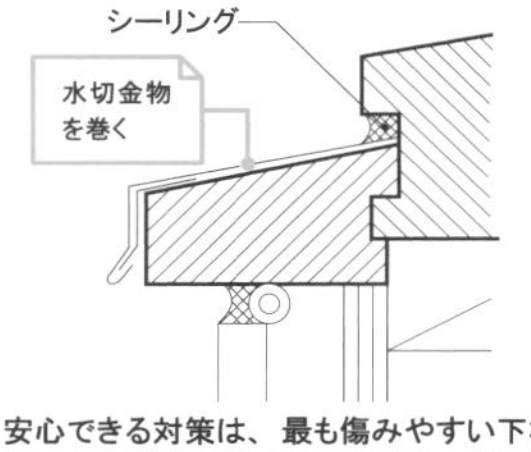

安心できる対策は、最も傷みやすい下枠の部分に水切金物を被せることだが、意匠的に影響が出るので注意深く検討すること

069

出入口枠を付ける

出入口枠は構造材に直接固定しない

枠の取り付けという工程は、壁の施工に先立って行われるので、全体の工程から見てかなり早い時期になります。壁が出来てしまうと、工事中の出入りはすべてここを使うことになるので、よほど気を付けてもらわないと、養生をしていても、物が当たるなどして傷が付いたり汚れたりしてしまいます。

出入口の枠工事も大工仕事になりますが、窓枠の取り付けよりは後の作業になるので、製作物であっても、断面詳細や枠見付け寸法の決定を上棟の直後に迫られることはないのですが、早く決めておかないと、大工が手待ちになることには変わりありません。

この分野でも、最近は既製品が使われるようになりましたが、この場合は枠と扉とがセットになり、納まりはメーカーの標準ディテールに準ずることになります。

ところで、既製品の出入口枠の一般的な構成は、枠本体に額縁を組み合わせるスタイルです。これは、枠の取り付くところの壁厚の変化に対応させているディテールで、額縁の見込み寸法が異なるものを数種類用意しておけば、いろいろな壁仕上げがあっても枠本体は同じままで納めることができます。ただし、額縁を付けた枠は装飾的効果もあって、リッチな感じに仕上がる半面、重厚すぎる感じもするので、部屋の雰囲気に合わせるのに苦労することもあります。

枠を固定する相手は間柱やまぐさ材とし、柱などの構造材に直接留めることは避けます。その理由は、木構造の特徴として柱や梁などの材料も、割れや反り、ねじれなどの木材特有の動きをする可能性があるからです。また、柱や梁などの構造材は、建物が受けるさまざまな荷重を負担し、最終的には地盤にまで伝える役割をもっていて、地震時など大きな荷重を受けたときに傾くなどの変形を起こす可能性もあるからです。

このときに、もしも出入口枠が構造材に固定されていると、構造材の変形の影響で枠も変形し、建具の開閉ができなくなるおそれがあります。また、枠の変形を修正するには、構造材の変形から直していかなければならないので、大工事になってしまいます。構造材とは縁の切れた部材に枠を固定するのはこのようなことを避けたいからです。

図1

施工の手順

1 既製枠

①床仕上げ面を基準に枠の位置を出し、まぐさと間柱の水平・垂直を確認する

↓

②枠本体を添付のビスを使って組み立てる(ビス孔は加工済み)

↓

③垂直を確認しながら、枠の丁番側から仮固定する(戸当たり取り付け用の溝を利用してビスで留める)

↓

④「かいもの」を使って水平・垂直、たわみなどを調整した後、本格的に固定する

↓

⑤見切縁(額縁)は壁下地の施工後に取り付ける

2 製作物

①枠の位置を出し、枠受け材の水平・垂直を確認する

↓

②枠を組み立てる。戸当たり取り付け用の溝がない場合は、枠裏に固定用の補助金物などを取り付ける

↓

③枠をくさび(かいもの)で仮固定する

↓

④水平・垂直を調整した後、本格的に固定する

写真1

上枠を受ける「まぐさ」材を、水平を確認のうえ、下がり壁の間柱に固定する。レベルの基準は床仕上げ面

写真2

枠を組み立てる。縦枠と上枠との仕口は「留め」とするのが一般的だが、縦枠を伸ばし、上枠は縦枠のところで留める方法もある

写真3

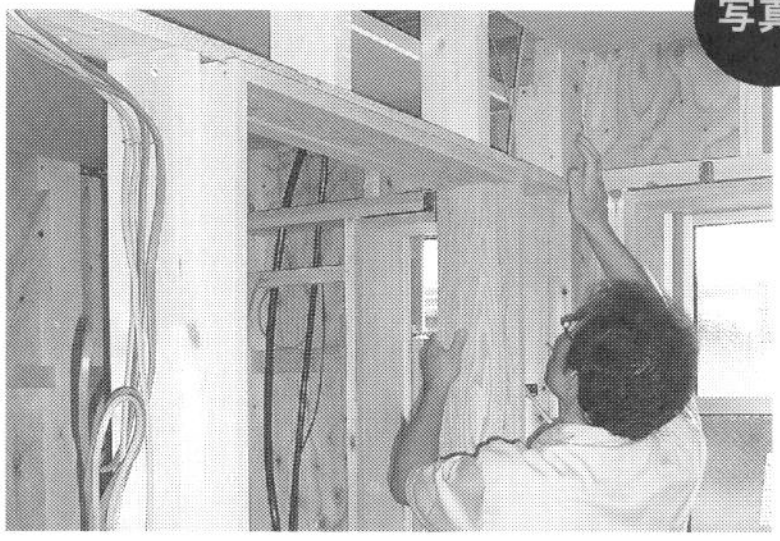

組み上がった枠を、垂直・水平を確認しながら建て込む。垂直の確認は「下げ振り」や「水準器」を使用する

写真4

仮固定で垂直・水平が確認できたら、本固定を見え隠れ部分（戸当たり取り付けの溝など）を使ってビス留めする

図2

出入口枠のディテールポイント

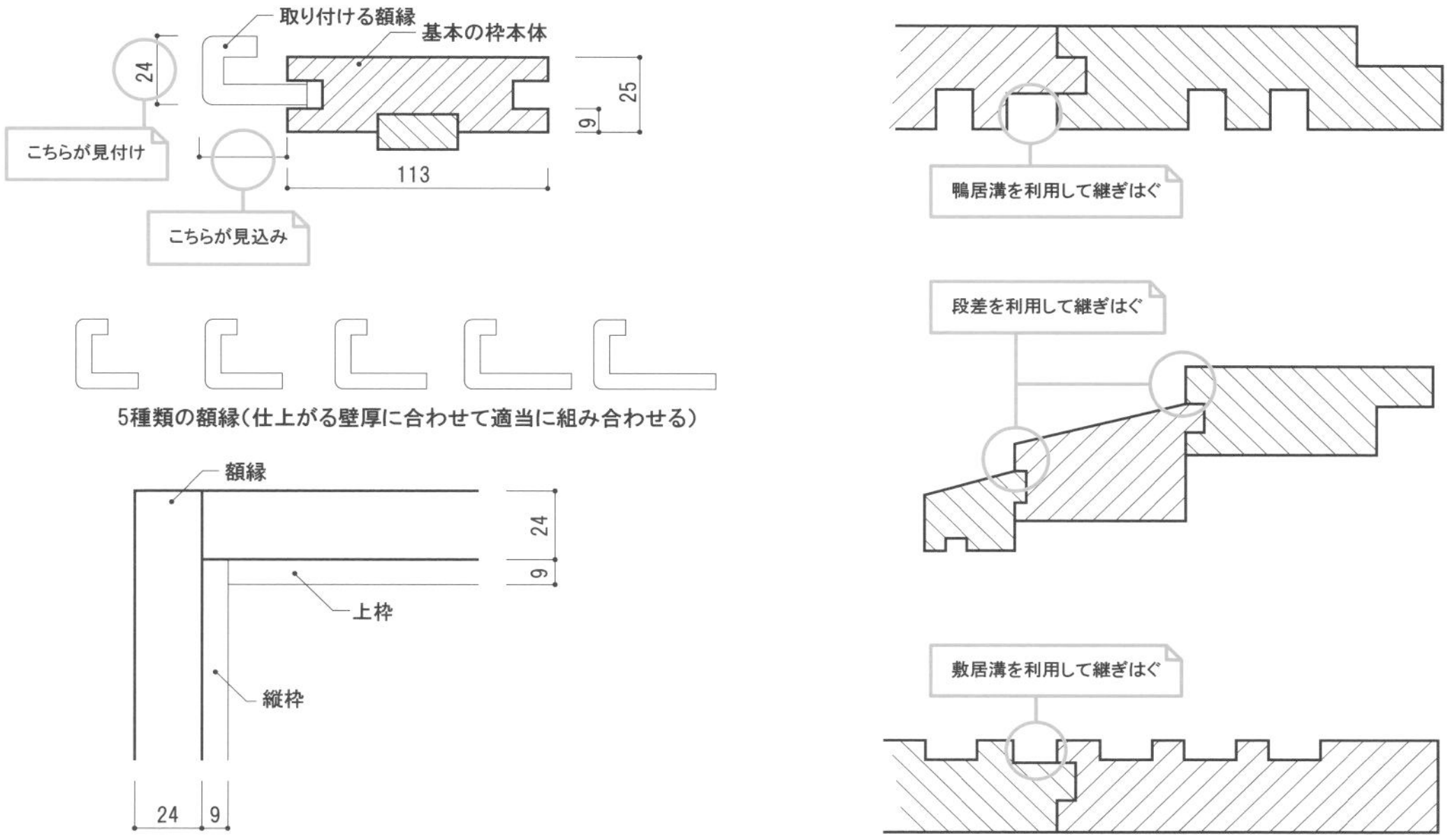

5種類の額縁（仕上がる壁厚に合わせて適当に組み合わせる）

実際に使うと、枠の見付けはどの額縁を使っても同じ（見込みが変わるだけ）

070

壁を組む

大壁で下地面の精度を高めるには合板の捨て張りが有効

木造の壁の構法には、「真壁造り」と「大壁造り」という2つの代表的なつくり方があります。

真壁造りは伝統的な日本建築に見られる構法で、構造材の柱が露しになったつくり方です。壁は柱と柱の間につくられます。真壁造りの壁下地といえば、以前は小舞竹を組んだものだったのですが、現在ではラスボードや石膏ボードを使うのが一般的になりました。どちらの下地を使っても、左官の塗り壁仕上げのときは、乾燥による隙間を防ぐため、壁と出会う柱の部分に「チリ決り」をとる丁寧な仕事をしたいものです。

一方、大壁造りは構造材を壁仕上げですっぽり覆ってしまう構法で、洋風の表現に向いたつくり方です。大壁造りの場合、下地のボード類を軸組の柱に被せるかたちの納まりになるわけですが、胴縁を柱と同面にし、ボード類を柱面に直接打ち付ける納まりは、胴縁と柱との面精度を確保するのが難しいため、避けるのが賢明です。

また、出来上がった壁に画鋲で物が留められるという理由で、下地を合板張りとすることがあります。しかし、石膏ボード類に比べ、木質の合板類は乾燥などによって伸縮するので、合板の継手を突き付け納まりにする場合は注意が必要です。

このとき、伸縮するのは合板だけでなく、木質の胴縁も動くために、合板の継手処理を寒冷沙テープを使ってパテで入念にしごいても、クラックが発生します。それに、合板の継手部分はボードのようにV字形に加工されていないため、パテ処理をしたところがどうしてもふくれて、目立ってしまうので、それを修正するためにかなり広範囲をパテでしごくことになります。それはそれで大変なことで、だからといってクラックの発生を抑え込めると保証してもらえるわけでもないので、頭を抱え込んでしまいます。

合板張りをしたときに比較的うまくいくのは、一度合板を捨て張りし、その上に継手をずらして合板をもう一度張る、いわゆる2重張りの仕様です。捨て張りをすることで、面精度を確保することも容易になります。この方法は、下地だけでなく合板張りを仕上げとするときにも有効で、面精度の高いきれいな仕上がりが期待できます。

図1

施工の手順

① 真壁造り（左官の塗り壁下地）

①柱にあらかじめチリ決りの加工をしておく

↓

②上棟が済んだら壁の部分に間柱を建て込む。間隔は450㎜ピッチ

↓

③横胴縁を間柱に取り付ける。間隔は450㎜ピッチ。胴縁の面は間柱に揃える。納まりによっては廻り縁を取り付ける

↓

④間柱に下地のラスボードを張る。基本は縦張り。床が畳敷きの場合は畳寄せを、床仕上げ面と柱面に合わせて取り付ける

↓

⑤柱際は、決ってある溝にラスボードの端部を差し込む

② 大壁造り（クロス張り下地）

①上棟が済んだら壁の部分に間柱を建て込む。間隔は450㎜ピッチ

↓

②横胴縁を間柱に取り付ける。間隔は450㎜ピッチ。胴縁の面は柱、間柱に揃える。納まりによっては廻り縁、幅木を取り付ける

↓

③間柱に下地の石膏ボードを張る。基本は縦張り

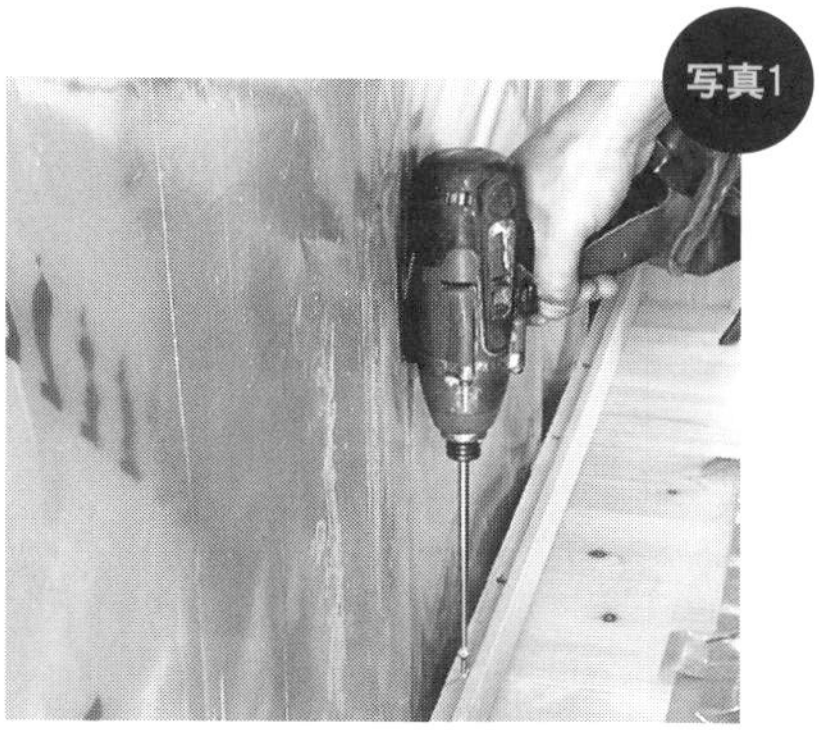

フローリング仕上げの床の場合、床の仕上げを先行し、次に壁下地に取り掛かるが、最初に幅木の取り付けを行う

ここでは、間柱面を直接ボード張りの下地としている。石膏ボードを張るとき、下端を幅木の溝に差し込んで起こし、ビスで仮留めする

軽量形鋼の下地を組むときは、上下にセットする「ランナー」と呼ぶC形断面の部材をガイドに間柱を建て込む

間柱に胴縁を取り付ける例。間柱に欠き込みを入れて胴縁の面の出入りを調整する。間柱と胴縁を面ゾロに納めることもある

図2

壁のディテールポイント

① 真壁造りの場合

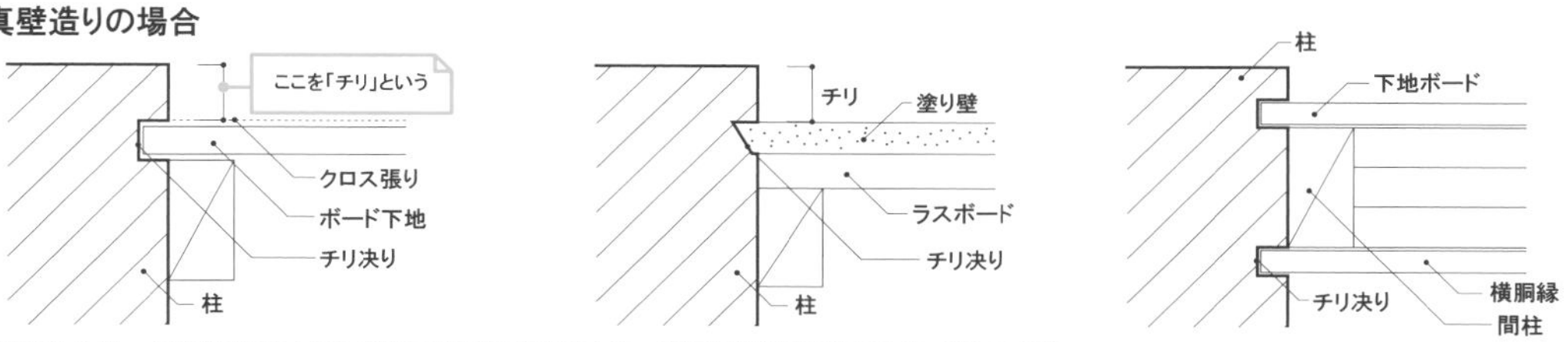

「チリ決り」とは、真壁造りの柱と壁との間に隙間ができないよう、柱面に壁を飲み込ませるため加工する細い溝をいう。隙間は柱材や壁材が乾燥収縮することで発生することが多い。同じ納まりは、開口部の枠材と壁との出会い部分にも出てくる

② 大壁造りの場合

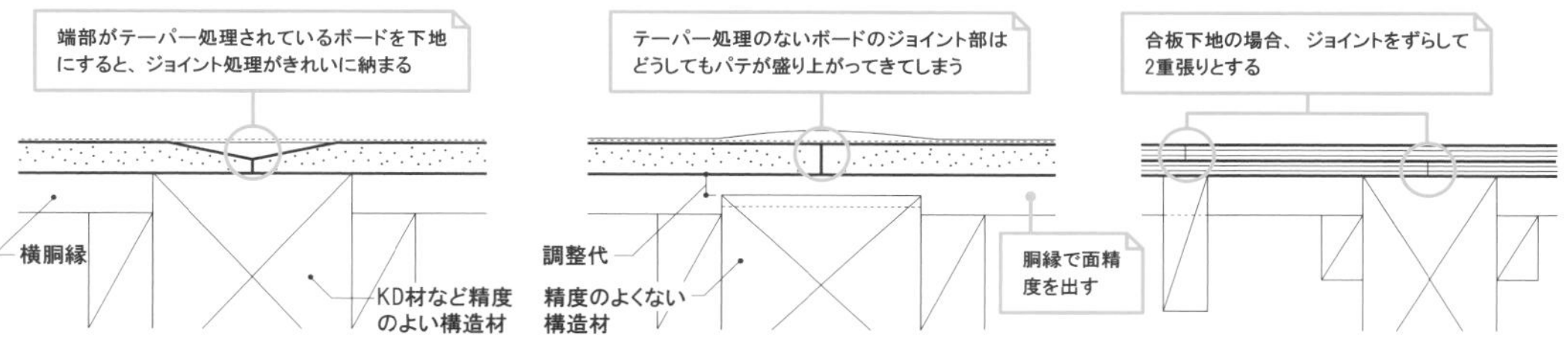

柱材は構造材、間柱は構造材ではないが壁の支持材である。どちらも、仕上げ材の下地になるだけの精度をもって建て込まれていると信じないほうがよいし、荷重を受けたり乾燥などによる変形も起きる。KD材や構造用集成材などの製品精度の高い乾燥材を使えば、ある程度仕上げ材の下地としての面精度を信じてよいが、胴縁材で精度調整をするにこしたことはない。壁下地のボードや合板の継手がある箇所は、縦・横に下地が必要になるので、間柱と胴縁とが面ゾロに仕上がるようにする

071

天井を張る

設備機器やダクト・配管との関係を十分に検討することが大事

壁に間柱が建ち、床の下地が出来て足下の安全が確保されれば、天井下地（野縁組み）を組む工程に取り掛かれます。天井は、壁と天井の出会う「廻り縁」の位置決めができれば、天井を張る定規が出来ることになります。

最近では天井懐のスペースを利用して、換気や排気、エアコン、照明などの設備機器や装置を組み込むことが増えてきました。これに伴って、ダクトや配管の引き回し工事があるので、天井の下地組みはそれが終わってからになります。

このとき、設計の段階で設備機器の納まり位置、固定および補強の方法、メンテナンスを考慮した設置スペースの確保、ダクトや配管のルートと納まりに必要なスペースの確保などをよく検討しておかなければなりません。特に、構造材の梁や桁などと天井との関係をチェックしておかないと、現場で納まりきらず、部分的に下がり天井で対処せざるを得ないケースが生じます。中途半端に現れる下がり天井ほど見栄えの悪いものはありません。必要なら見栄えよく、きちんとできるよう、あらかじめよく検討しておきたいものです。

また、天井面に取り付く照明器具や外気取り入れの吸気口、換気の排気口、あるいは天井裏の設備機器関係のメンテナンスのための点検口といったものの、お互いの位置関係の調整、天井仕上げ材の割り付けとの調整（特に、天井仕上げ面に目地が入っている場合、目地と天井に取り付く設備機器との位置取りの調整）などについては、各設備図や建築の展開図や天井伏図などを手がかりに、よく摺り合わせておく必要があります。

天井仕上げ材を取り付ける下地材の野縁や野縁受けは、これらの設備機器や装置が取り付いた後から取り付ける工事になります。下地材の間隔としては450㎜や330㎜などが標準ですが、それで納まらないときは、適宜、補強を入れながら下地を組み上げます。野縁がうまく組めない場合は、構造用合板を使って補強することもあります。

ところで時折、大工工事の野縁組みが先行して、設備機器や装置の取り付け工事が後になることがあります。そのときは、施工済みの野縁を切ってしまうので、十分な後補強を心がけるようにします。

図1

施工の手順［石膏ボード張りの場合］

①床仕上げ面を基準にして、間柱に天井の位置を示す印を付ける

↓

②部屋の4面の間柱に際野縁を取り付ける

↓

③際野縁の上に野縁受け材を固定する。間隔は900㎜ピッチ。1本の野縁受けは900㎜間隔に吊木で固定し、水平を確認する

↓

④天井裏に隠蔽される設備機器や装置類の先付けを行う

↓

⑤野縁受け材に野縁をビスで固定する（野縁の間隔は330㎜か450㎜が標準）

↓

⑥点検口位置などの補強下地を取り付ける。コードペンダントなど、天井に吊り下げるものの取り付け位置が未定の場合、想定のエリア内なら自由に吊り下げ金物をセットできるように合板の下地を入れる

↓

⑦際野縁下端に廻り縁（塩ビ製など）を取り付けることがある

↓

⑧石膏ボードは仮留めの後、本留めする（ボードの継手は突き付けとする）

写真1

間柱に天井の位置をマークしたら、際野縁を部屋の四周に打ち付ける。入隅部分は突き付け納まりでよい

写真2

際野縁の上端に載せるかたちで野縁受けを900㎜間隔で取り付け、その野縁受けに直交させて野縁を450㎜または330㎜間隔で取り付ける

写真3

野縁受け材は吊木（900㎜ピッチ）により水平に固定する。金属製の吊木には防振機能が組み込まれたものもある

写真4

軽量形鋼の野縁に石膏ボードを張る例。軽量形鋼は、乾燥収縮やねじれ、反りなどの狂いがなく、平滑で継手に亀裂の入らない仕上がりになる

図2

天井のディテールポイント

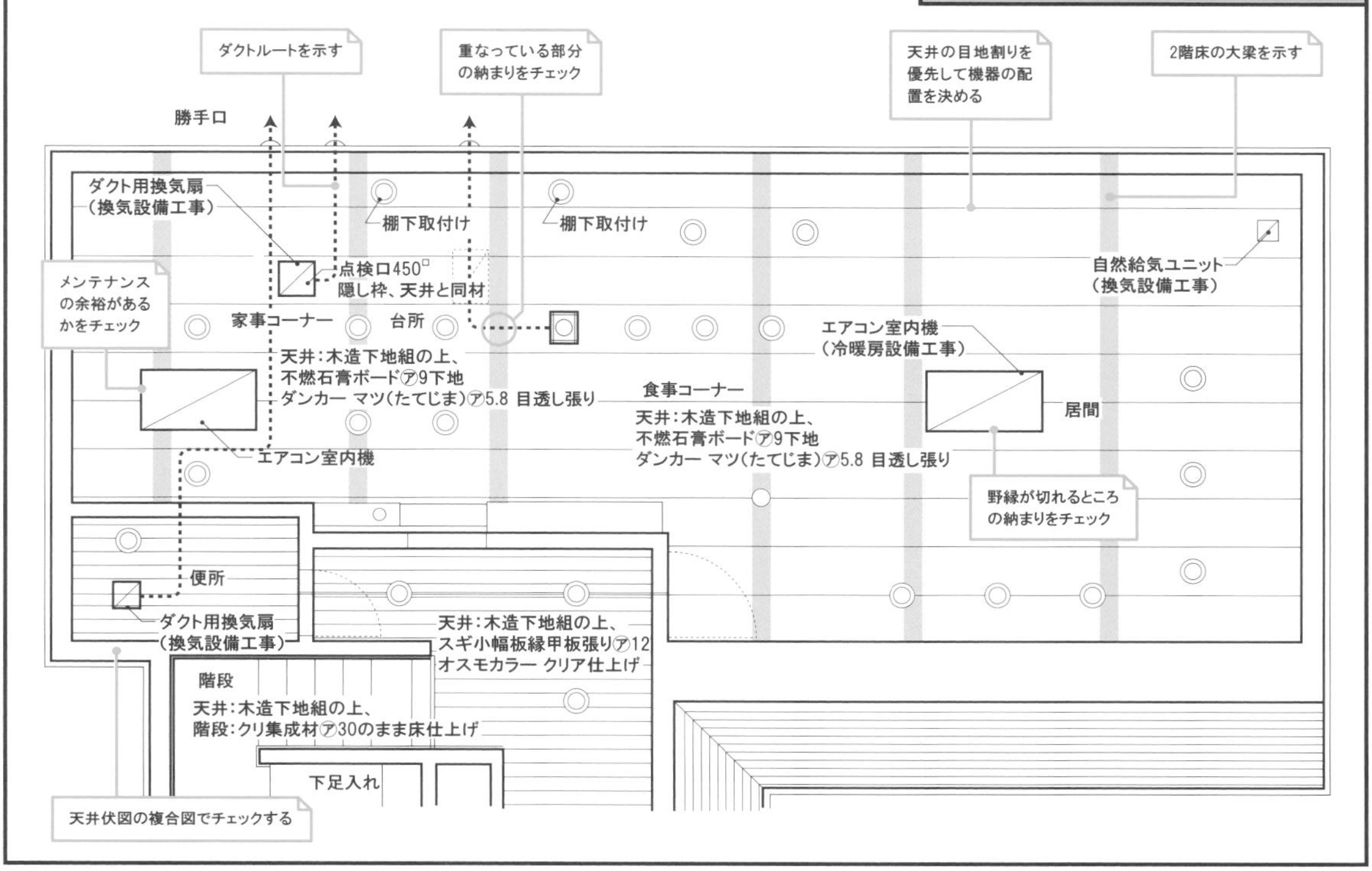

072 フローリングを張る

安定感のあるしっかりとした下地のつくり込みが重要

床の仕上げ材には、木質系、合成樹脂系、タイル・石系、カーペット・畳系などがあります。床の仕上げ工事は、壁や天井の工事が済んで、もう汚れ物が出ないという状態でやるときれいに仕上げることができます。しかし、ほとんどの床仕上げではそれが可能なのですが、木質系のフローリングは、壁との出会い、幅木部分の納まりの関係で、床工事を壁工事に先行して行う場合があります。床工事を先行した場合は、後の工事で汚されたり傷ついたりしないよう、しっかりと養生をしてもらうのですが、いつの間にか養生が切れて中に砂が入るなどして、フローリングが傷だらけになってしまっている、ということがあるので注意します。

ところで、床・壁・天井など、どの部位であっても下地をしっかりつくり込むことが、よい仕上がりを得る大切な条件です。とりわけ、床は人が常に触れている部位で、さまざまな積載荷重を直接受ける部位でもあるため、安定感のあるしっかりとした下地のつくり込みが求められます。

その点、木質系のフローリングは厚みがあってしっかりとした感じに仕上がり、しかも感触がよいので、よ床仕上げ材にふさわしいものの1つといえますが、よりしっかりとした感じを得るには、床下地に厚みのある構造用合板を使います。21㎜厚以上の構造用合板を使うと、根太を省略して、大引に直接固定することが可能になり、構成をシンプルにしつつ、安定感のある下地が得られます。

フローリングには、ムク材系のものと合板材系のものがあります。ムク材系のものには、サクラやナラなどの広葉樹系（これを単に「フローリング」といいます）とスギ、ヒノキなどの針葉樹系（「縁甲板」といいます）があり、まとめて「単層フローリング」といいます。ムク材は使い込んでもそれなりの風合いを出して長く使えますが、湿気などの影響で伸縮したり、割れや反りなどの可能性があるので、扱いに注意が必要です。

扱いやすいのは、合板材系のもので「複合フローリング」といいます。これは、ベースが合板なので、伸縮や狂いには強いのが特徴です。表面の突き板が厚いほどムク材に近い風合いが出ます。

図1

施工の手順

①フローリングの張り方向と下地の根太の方向が直交しているかを確認する。根太の上に構造用合板などを捨て張りする場合は、合板の継手がフローリングの継手と重ならないように注意する

↓

②フローリングの方向を確認して割り付け用の墨出しをする

↓

③全体の割り付けを考慮して、出入口など寸法調整の難しい箇所から張り始める。施工後の床鳴りを防止するため、留め釘は戻り止め機能のあるスクリュー釘などを使い、弾性接着剤を併用する

↓

④ムク材系のフローリングは伸縮を考慮し、フローリングどうしの間を紙1枚分の隙間をあけて施工する

↓

⑤出入りのない壁面など、寸法調整のやりやすい壁面のところで張り終えるようにする

↓

⑥フローリングの伸縮を考慮し、フローリングの張り終いは幅木の下に飲み込ませ、壁下地とは10㎜ほどの隙間をとっておく。幅木はフローリングに固定しない

写真1

最近では、床下地の大引を支える束に鋼製束が使われることが多い。鋼製束は耐久性があり、レベルの微調整が容易という特徴がある

写真2

床下地に構造用合板（写真の例では28mm厚）を使うと、根太を省略して大引に直接固定し、水平力を負担させることができる

写真3

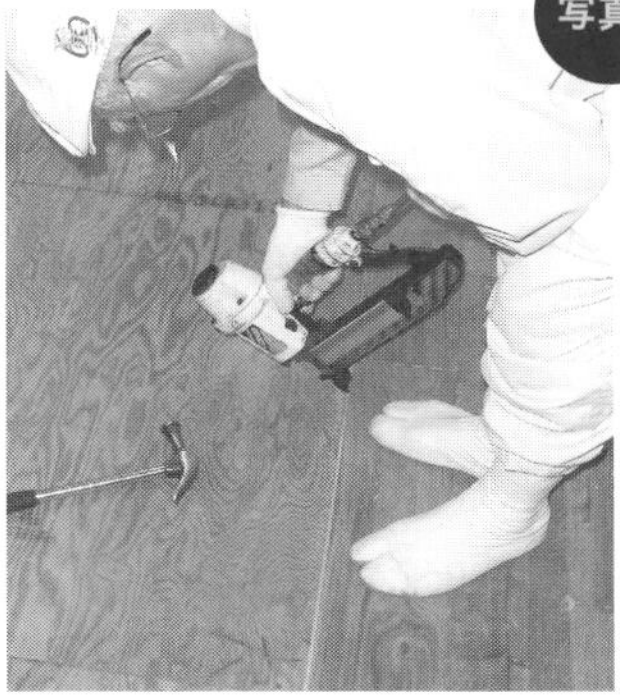

フローリングは雄実（おすざね）の根本に釘を斜め45° に打ち込んで固定する。現在ではこの例のようにフロアタッカーを使うことが多い

写真4

フローリングとフローリングとの間を紙1枚分くらいあけて張るために、0.3～0.5mm厚くらいのスペーサーを挟みながら張り上げる

図2

フローリングのディテールポイント

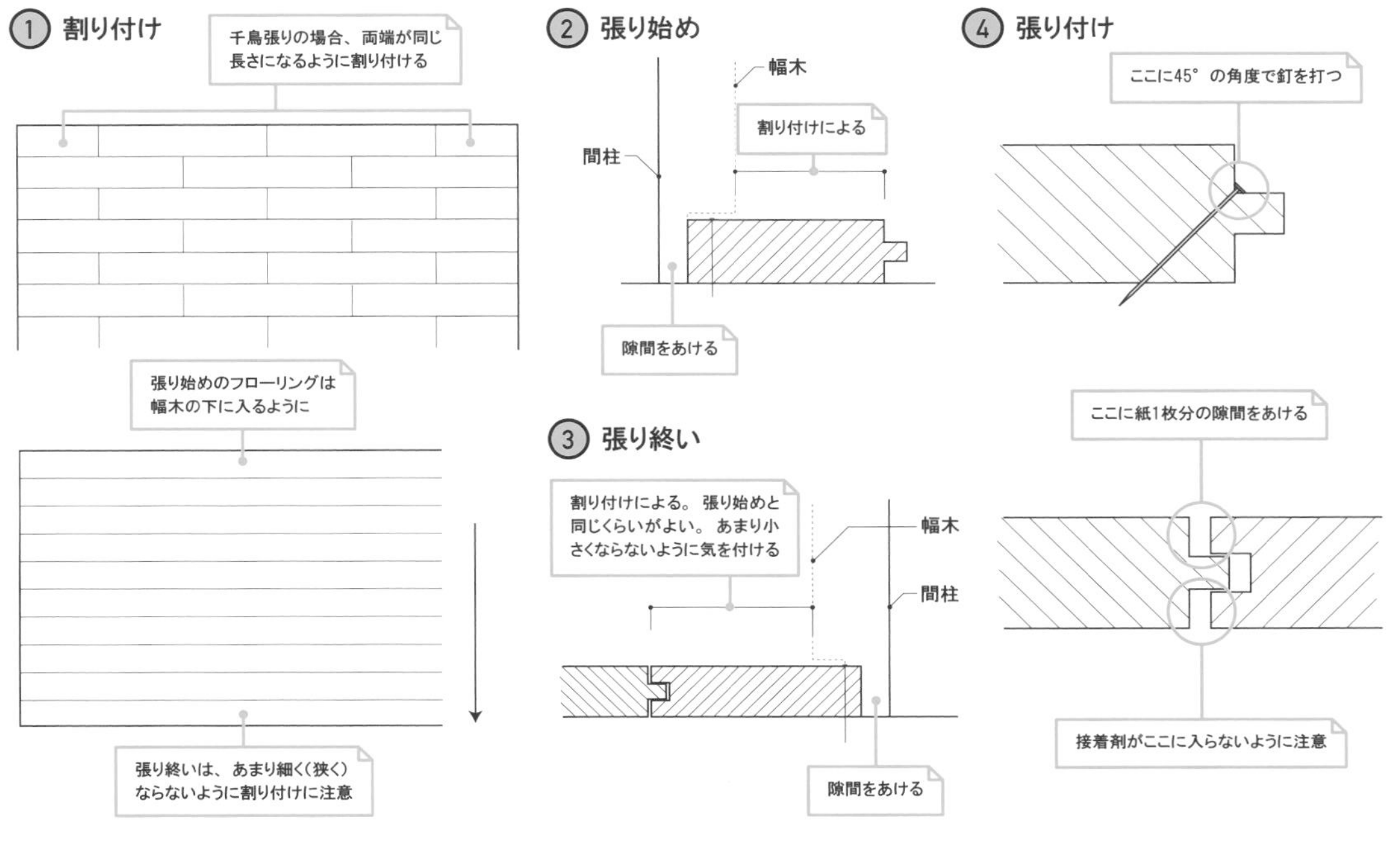
① 割り付け
千鳥張りの場合、両端が同じ長さになるように割り付ける
張り始めのフローリングは幅木の下に入るように
張り終いは、あまり細く(狭く)ならないように割り付けに注意
② 張り始め
幅木
割り付けによる
間柱
隙間をあける
③ 張り終い
割り付けによる。張り始めと同じくらいがよい。あまり小さくならないように気を付ける
幅木
間柱
隙間をあける
④ 張り付け
ここに45° の角度で釘を打つ
ここに紙1枚分の隙間をあける
接着剤がここに入らないように注意

073 タイルを張る

壁タイルは剥落防止が重要なポイント

タイルは耐久性に優れた建築材料で、非常に古くから建築の仕上げ材として使われてきました。タイルは、基準寸法でつくられた単位部材で面をつくり出す、という使い方をするため、部材どうしの「つなぎ」は目地で処理することになり、タイルそのものの色調や材質感に加えて、目地の割り付けや目地の仕上げ方（凹目地、平目地、出目地など）も意匠上は大きな影響力をもちます。タイルを扱うときはこの点の検討も忘れないようにしたいものです。

ところで、タイルを扱うときには、もう1つ注意したいことがあります。それは「剥落」を防ぐ対策を考えるということです。特に、壁面に張るときには大切なチェックポイントになります。剥落は意匠的に具合が悪い以上に、事故になりかねない危険性があるからです。

タイルは焼き物（窯業製品）なので、製品に反りやひずみがあり、重いのが特徴です（最近は工場の品質管理がよくなり、薄物が精度よくできるようになりましたが）。それを張り上げる工法として、「だんご張り」という積上げ張りの方法が伝統的に用いられてきました。これはタイルの裏にだんご状にしたモルタルを付け、下地に軽く叩きながら押し当て接着させる工法で、タイルの厚みムラやひずみを吸収してくれたうえで接着力が期待できます。

しかし、この工法の仕上がり具合は職人の技術力次第、という側面があります。タイル職人は目が利かなくなったら現役を引退だ、とよくいわれますが、仕上がり面の平滑性や目地の垂直・水平の通りの良否の判断を目視に頼っているからです。

最近は、モルタルを使ってだんご張りより確実に、しかも効率よく張ることができる方法として、改良圧着張りとか密着張りなどの工法が普及しています。そのほか、モルタルの代わりに接着剤を使う工法もあります。これらの工法に共通するのは、合成樹脂系の接着剤が混入された張り付けモルタルを使っていること、工法によっては専用の振動工具を使ってタイルを揉み込むように張るなどの、より確実に接着する方法をとっていることです。接着剤で張る工法では、接着剤層に弾力性があって下地の動きを吸収する働きがあるので、タイルの剥離やひび割れを防ぐ効果があります。

図1

施工の手順［鉄筋コンクリート造の外壁に張る場合］

①コンクリート面に不陸がある場合、はつり、サンダーかけ、ポリマーセメント塗りなどで補修し、±3㎜の精度を目安に整える

↓

②コンクリート面には、型枠剥離剤が残っていることがあるので、水洗いを行うこと。できれば高圧水洗処理を行うとモルタルとの接着性能がよくなる

↓

③張り付けモルタルには、合成樹脂系接着剤の入ったポリマーセメントモルタルを使用する

↓

④基準墨と目地割り図から位置出しを行い、出隅や開口部廻りなど、基準になる箇所から張り始める

↓

⑤1回の作業量は30分程度で終了する量（面積にして1.5～2.0㎡程度）とする

↓

⑥タイルが十分に定着したのを確認してから目地詰めを行う。目地の深さはタイル厚の1／2以下になるように目地モルタルを充填する（深目地はタイル剥離の原因となるので注意）

写真1

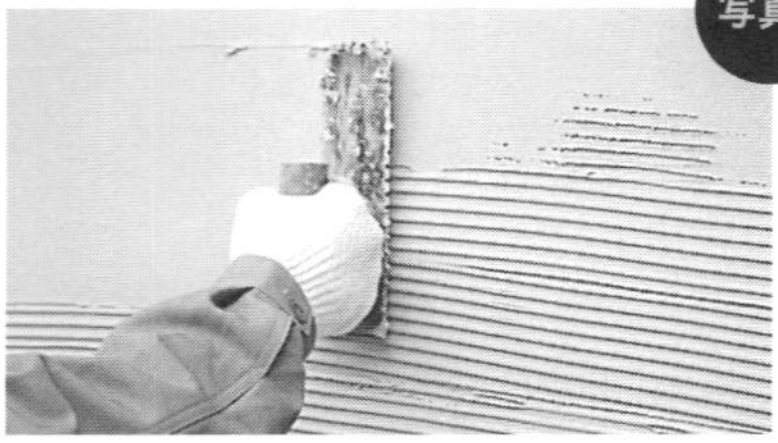

接着工法の例。モルタル下地の上に指定の接着剤を「くし鏝」で塗る

写真2

タイルを押し付けるようにして張る。接着工法の場合は目地詰めが不要になる

図2

タイル工法の例

① 外壁・接着剤張りの例

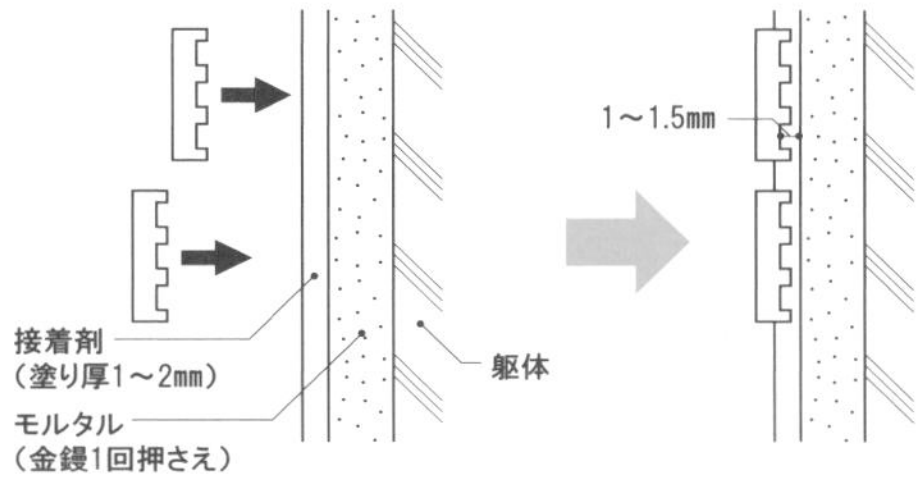

コンクリート躯体にモルタルで面精度よく調整をした上に専用の接着剤を塗り、接着剤張り専用のタイルを張る

② 外壁・改良圧着張りの例

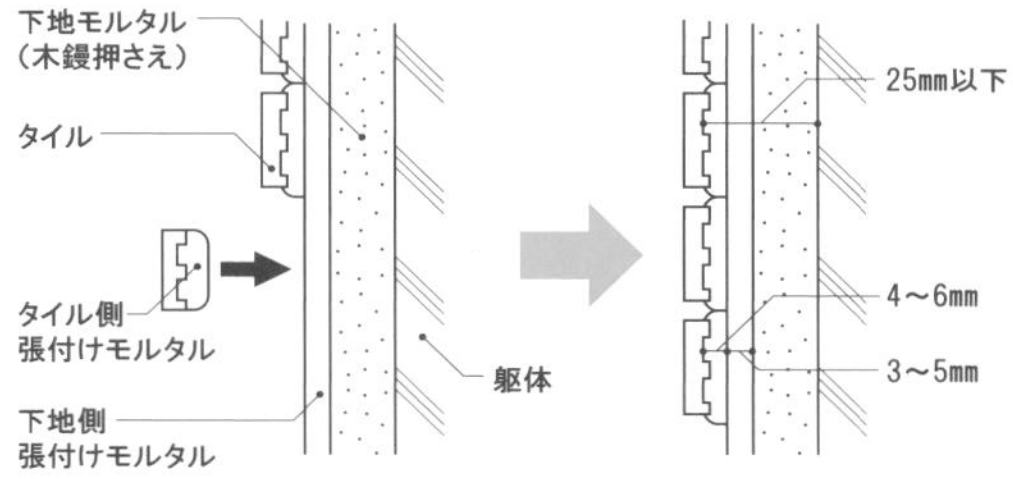

面精度を調整した下地に張り付けモルタルを塗り、固まらないうちにタイル裏にもモルタルを塗り、張り付ける

③ 外壁・改良積上げ張りの例

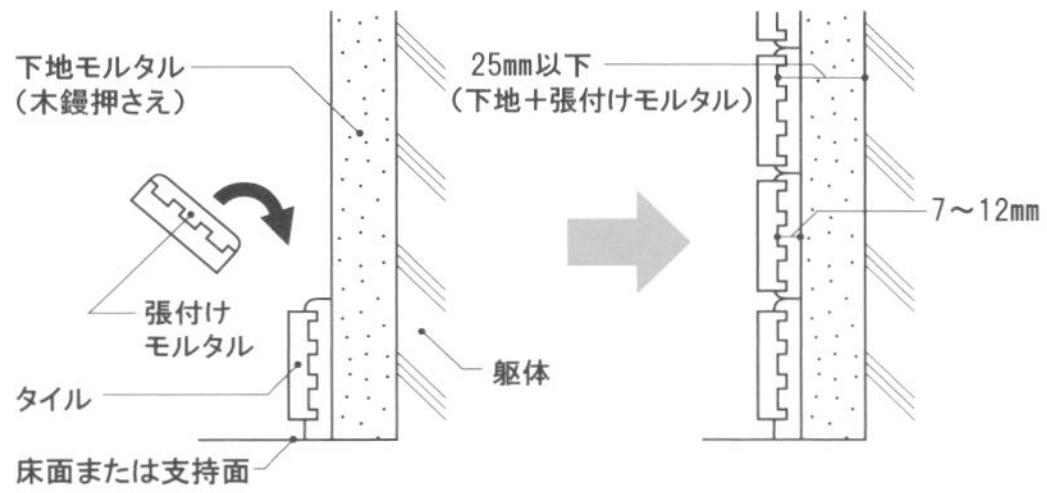

面精度を調整した下地に、タイル裏に張り付けモルタルを10mmほど付けたものを押し込む

④ 外壁・密着張りの例

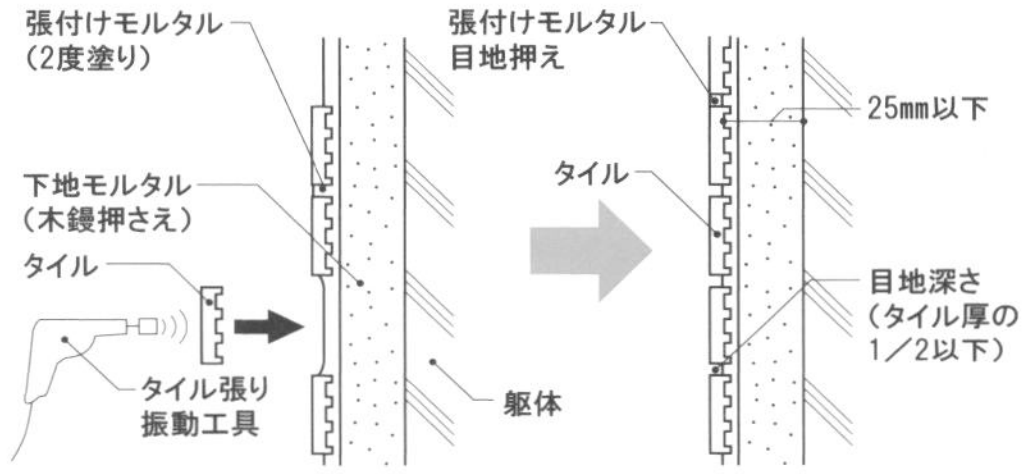

面精度を調整した下地に張り付けモルタルを塗り、固まらないうちに専用の振動工具で揉み込むように張る

図3

タイル張りのディテールポイント

① 木造下地1

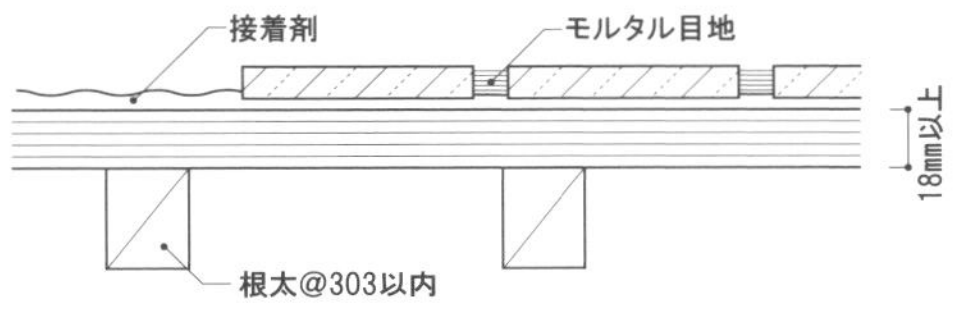

下地の合板が十分に厚いと(丈夫だと)、モルタル目地が可能

② 木造下地2

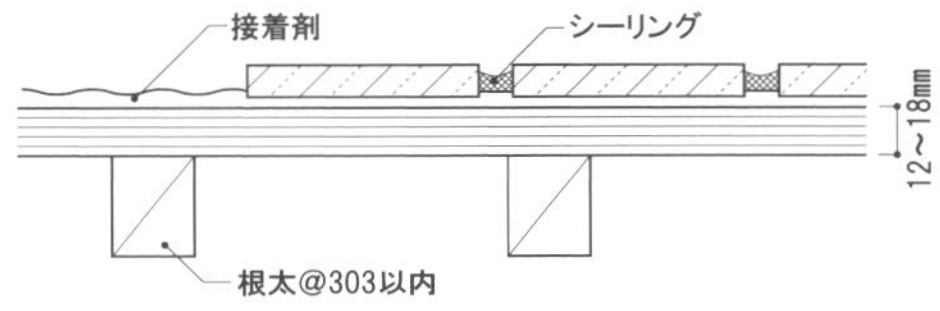

下地が薄いと、歩行の際の歪みなどによって目地が剥がれるおそれがあるので、モルタルを目地詰めに使用しない

③ コンクリート下地1

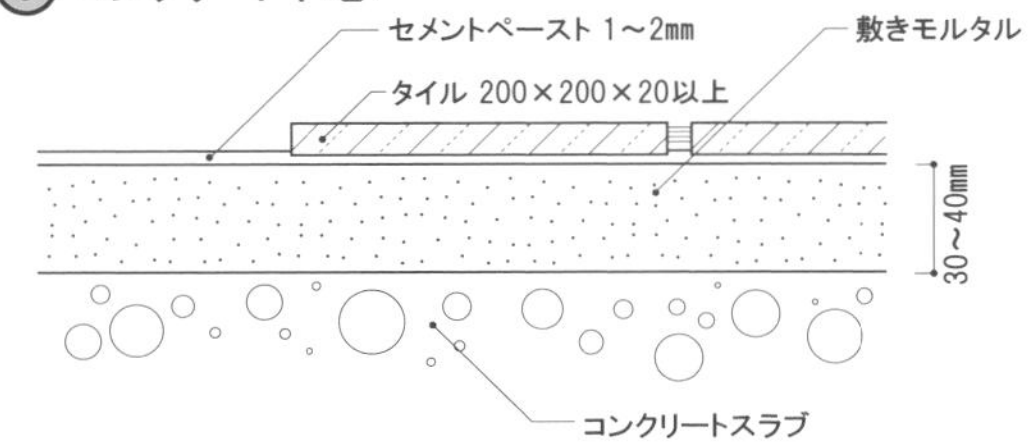

床タイルの改良圧着張りの例。下地のモルタルが固まらないうちにタイル裏全体にもモルタルを塗り付け、押し付けて張る

④ コンクリート下地2

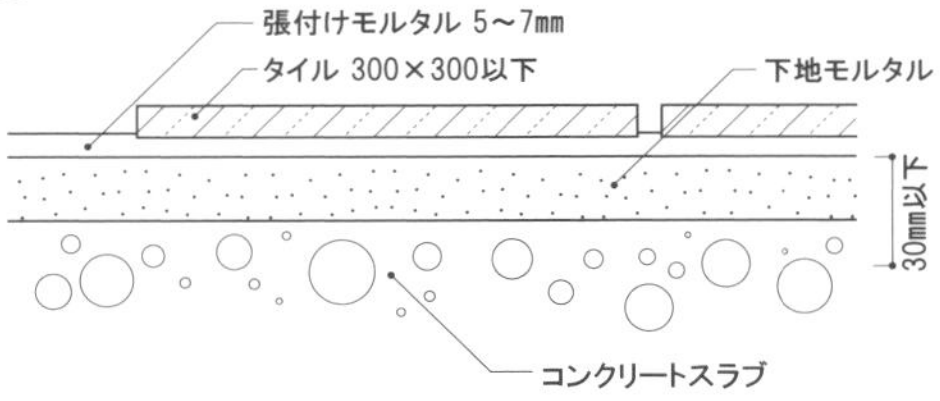

床タイルの圧着張りの例。下地モルタルに張り付けモルタルを塗り、直ちにタイルを叩き込む。300mm角以上の大判タイルを張る場合は、櫛目高10mm以上の櫛目鏝でモルタルを張り付ける

074

家具をつくる

家具と建築の施工範囲や仕上げの仕様を十分に確認・検討する

家具は大きく「造り付け家具」と「置き家具」の2つのタイプに分けられます。

造り付け家具は、建築工事の途中に家具工事が混じり込む、現場施工の注文家具工事です［図1］。ただし、現場施工といっても、現場で家具の職人が素材からつくり始めるのではなく、天板や側板、扉など、あらかじめ工場でつくってきた部材を組み立てるのが主な作業になります。

造り付け家具の狙いはデザインで、家具と建築を分けないで一体化することにあるので、家具と建築との施工範囲の確認、仕上げ仕様の摺り合わせなどをよく検討しておく必要があります。たとえば、建築の幅木と家具の台輪が隣り合う場合、どちらも見かけは同じに見えるので、できれば同じ仕様にして揃えたいところです。ところが、一般には建築の幅木は出幅木で、家具の台輪は入幅木のかたちに納まっているので、それをどのようにまとめるか、調整が必要になります。そのほか、材質や色調、高さ（せい）を揃えるなどの調整が必要です。造り付け家具が、壁埋め込みに納まるような場合には、このような調整を丁寧に行うと、建築と家具の一体感がよく出ます［図2］。

一方、置き家具は、建築工事が終わった後に運び込んで据え置かれる家具です。建築にまったく絡まない椅子やテーブルのようなタイプと、あらかじめ家具の寸法に合わせて建築で用意したニッチのようなへこみにはめ込むように据える、多少建築との関わりがあるタイプとがあります。いずれも、家具店に並ぶような既製家具が該当します（特注で置き家具をつくることもあります）。

ところで、壁にはめ込むように納めるには、家具の大きさや納める場所によっては、建築工事の途中でないと据えられないことがあります。あるいは、据え置いた後、建物の壁との隙間を埋めて塞いでしまうことがあります。そうなると、置き家具といっても、造り付け家具との違いがあまりはっきりつかなくなってきます。

いずれにしても、家具は建築の現場ではなく、専門の工場で製作されるので、できるものが建築とは違って、瀟洒な仕上がりになります。たとえば、パネル類は15～20㎜厚で、金物は建築金物より一回り小さく、精緻なものになります。

図1

施工の手順［家具職がつくる場合］

①大工工事の下地づくりが済んだ頃、造り付け家具の納まる場所を採寸する

↓

②壁埋め込みの甲板がある場合は、この頃に取り付ける

↓

③設計図と現場の状況とを勘案して搬入・組み立ての段取りを検討する

↓

④家具職の作業場で箱体、扉、棚などのフラッシュパネルを製作する

↓

⑤仮組みをして計画どおり納まるのを確認した後、塗装仕上げなどを施す

↓

⑥現場で壁のボード張りが済んだ頃、箱体のパーツを搬入し組み立てる

↓

⑦壁のクロス張りなどが済んだら、扉の吊り込みや棚板の取り付けなどを行う

写真1

大工が家具をつくる場合、現場での製作が多い。材料は扱いやすいランバーコア板（表面はシナ）を使うのが一般的

写真2

箱体の組み立てはランバーコアに溝を突いて板をはめる「追い入れ継ぎ」や、突き付けにビス留めなどによる

写真3

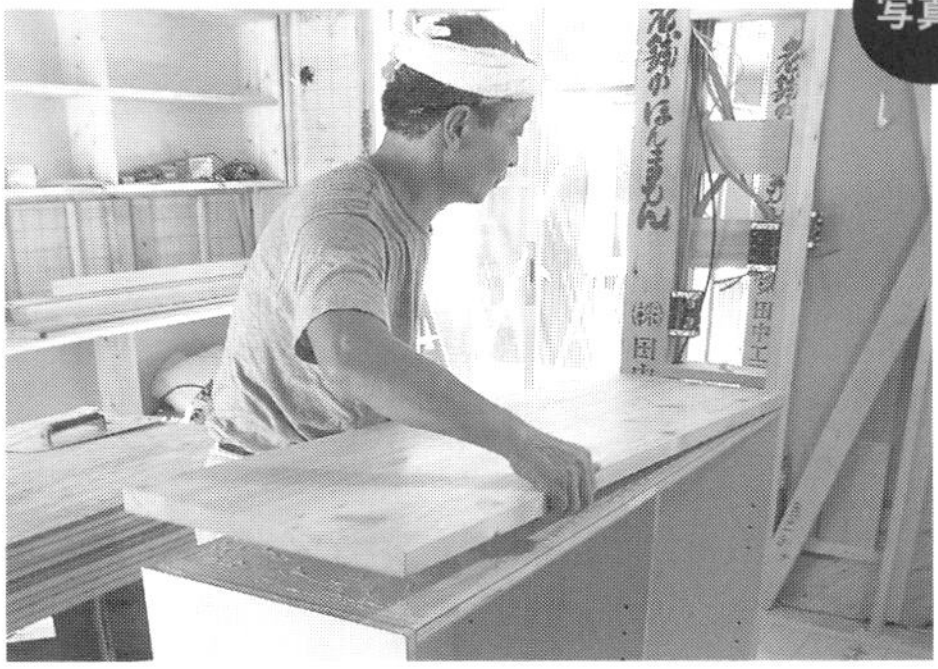

カウンターの甲板は、箱体で受けるとよい。箱体の天板が受け材になり、甲板が安定するし、甲板を固定しやすい

写真4

カウンターの甲板と箱体との関係を詳しく見る。甲板は箱体より少し大きめにつくり、箱体に被せるように納めるとよい

図2

家具のディテールポイント

① 建築と一体化させる1

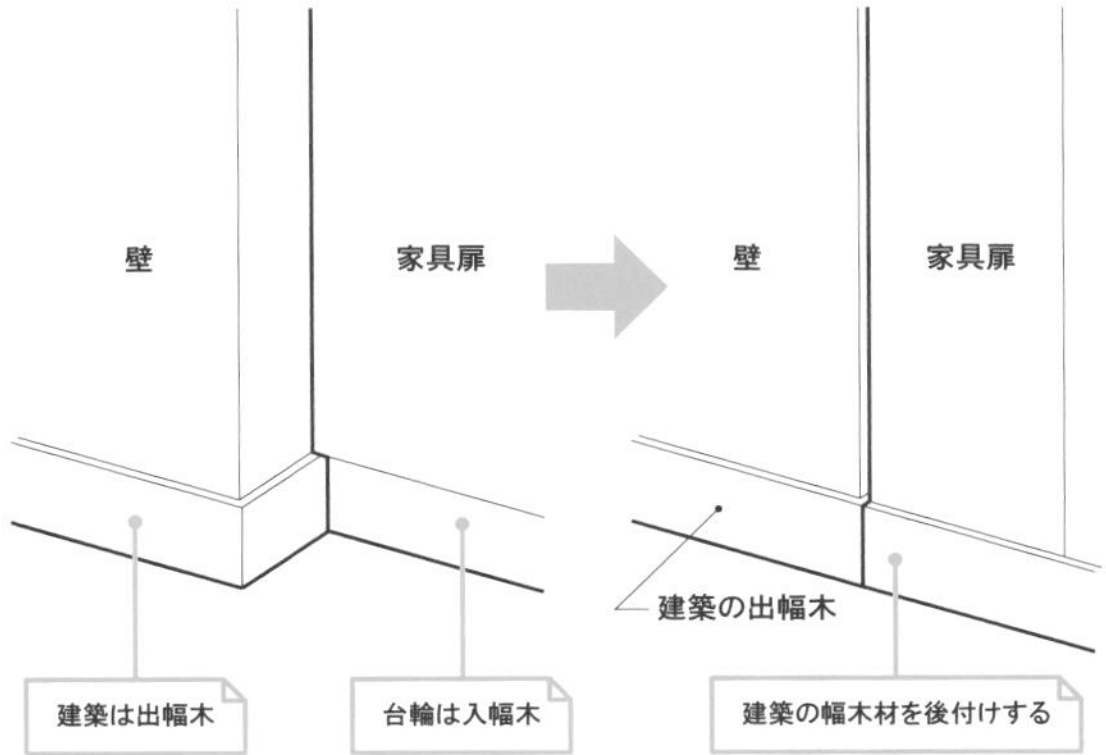

建築と造り付け家具を一体化する工夫として、幅木を揃える方法がある

② 建築と一体化させる2

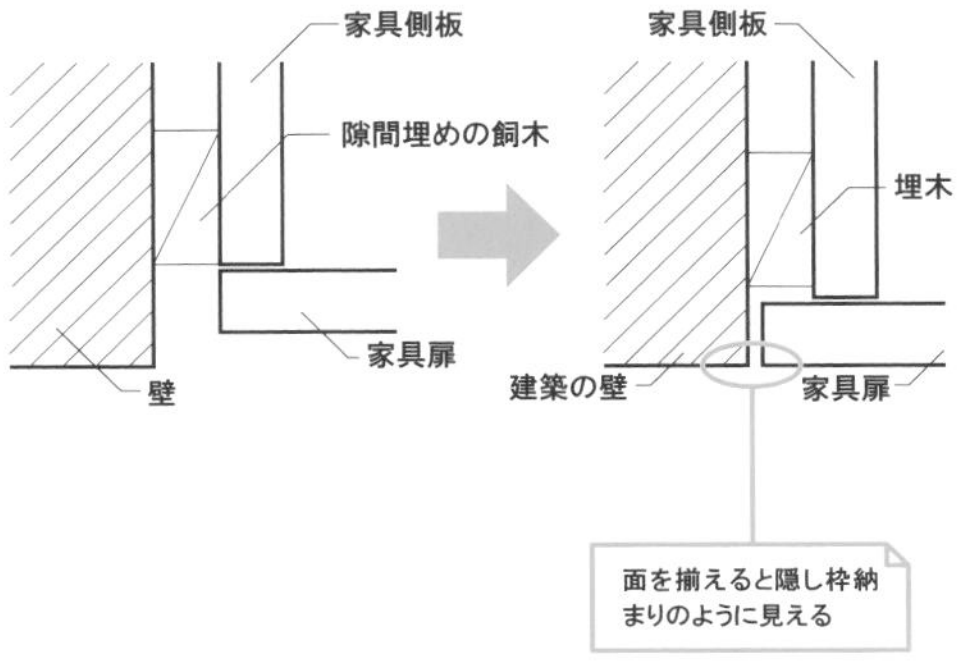

隙間をそのまま見せると建築と家具との一体感がなくなるので、壁と家具扉の面を揃え、隙間に扉を被せる納まりにすると、隠し枠風の納まりになる。このときに建築の壁仕上げと家具の扉仕上げの色調やテクスチュアを揃えると、隠し扉風になる

075

建具をつくる

断熱性もよく、手触りや風合いも魅力的な木製建具を

アルミサッシが普及したことで、窓建具は「つくる」ものからカタログで「選ぶ」ものへと変わりましたが、最近では室内のドアや襖なども同様の変遷を辿っています。そのためか、以前には町中のあちこちで見られた建具屋がすっかり消えてしまい、木製建具を設計して特注でつくる、ということが気軽にできなくなりました。

木製建具には、アルミサッシに比べて断熱性に優れるという特徴があります。また、必要な断面積が確保されていたり、必要な処理が施されていれば防火設備としても使えるように、火災にもある程度耐えられる性能があります。さらに、木質系の建築材料に共通することですが、手触りのよいことや、使い込むにつれて風合いがよくなってくるという、アルミサッシにはない特徴があります。機会さえあれば、できるだけ設計のなかに採用したいので、特注とまでいかなくとも、既製の木製建具をあれこれ検討してみることをお勧めします。

ところで、木製建具はアルミサッシに比べて気密性を確保しにくいといわれますが、開閉方式や枠・框などの断面形状をよく検討し、機能性建具金物やパッキングなどを併用するとかなりの成果を得ることができます。金物やパッキングの納まりのため、ある程度の断面積が必要ですが、それが防火性能にプラスになります。

木製建具をつくる手順としては、大工が窓枠やドア枠などを組み上げた後、建具職人がそれを1つずつ採寸してから製作にとりかかります［図1・2］。出来上がると、建具職人の手で吊り込みが行われますが、窓にガラスのはめ込みがある場合にはガラス職人の出番になります。もしも複層ガラスの仕様があると、採寸してからメーカーに発注・製作となるので、現場でのはめ込みまでは時間がかかります［図3］。

アルミサッシなど建具が既製品の場合は、枠の取り付けが終われば、すぐにガラスをはめたサッシを建て込むことができるので、現場は戸締まりができるし、日中は明るい環境で作業ができます。一方、注文製作の（木製）建具の仕様を選ぶと、ガラスをはめて戸締まりができるようになるまで、戸締まりや養生のために開口部を代わりの合板で塞いだり、建物全体をシートで覆ったりしなければならないので、しばらくは日中でも電灯の下での作業になります。

図1

施工の手順［木製建具の場合］

①製作物の木製建具は、枠が出来上がってから現場で採寸する

↓

②実測と設計図に基づき製作図を作成する（必要に応じて、材料見本や組み立て見本とともに依頼主へ提示する）

↓

③依頼主の承認を得たら、工場で製作にかかる

↓

④製作は十分に乾燥した製材板を木取りし、必要な部材を決めることから始める

↓

⑤部材へのホゾ・ホゾ穴の加工が済んだら、組み立てて仕上げる（障子の場合は紙張りまでを工場で行う）

↓

⑥現場搬入後、建て付けの調整や金物の取り付けを行う

図2

建具の施工ポイント

① ガラス戸の施工

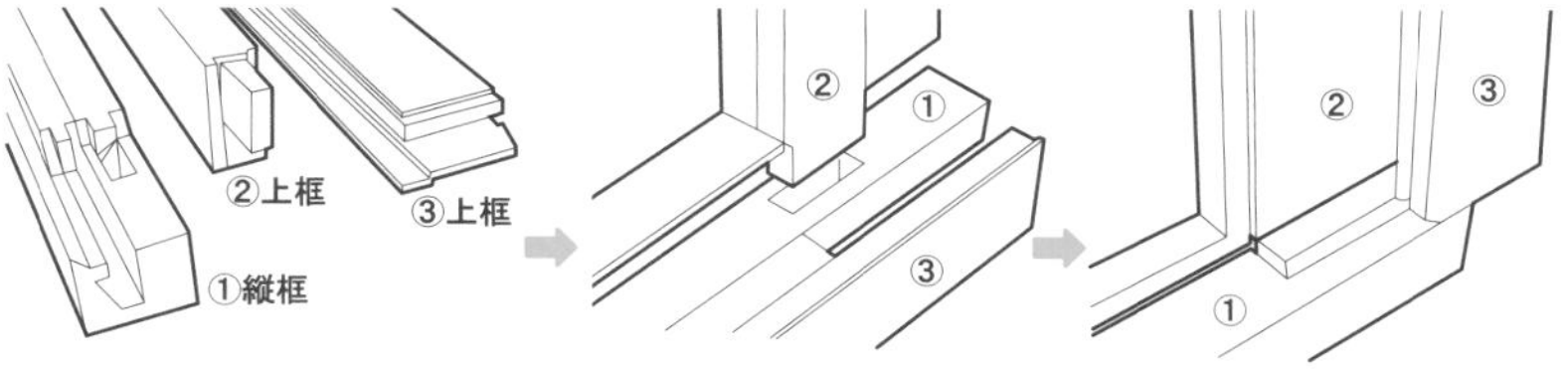

ガラス戸の例。ガラスを落とし込みではめる納まり。ホゾ・ホゾ穴加工をした材料を用意する

縦框①(横にしてある)に上框②の半分を組む。ホゾ穴は長手の面が平滑に仕上げられ、真っ直ぐに入るようになっている

上框③の残り半分を組んだところ。上框が2枚に分かれていて、その隙間のところからガラスを滑らせて入れる

② 障子の施工

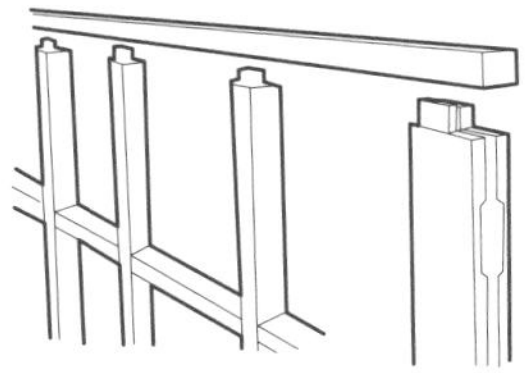

明かり障子を組む。組子は見付け9mm、見込み14mm程度が標準。十字の仕口は相欠き継ぎで納める

図3

建具のディテールポイント

① ガラスをはめる

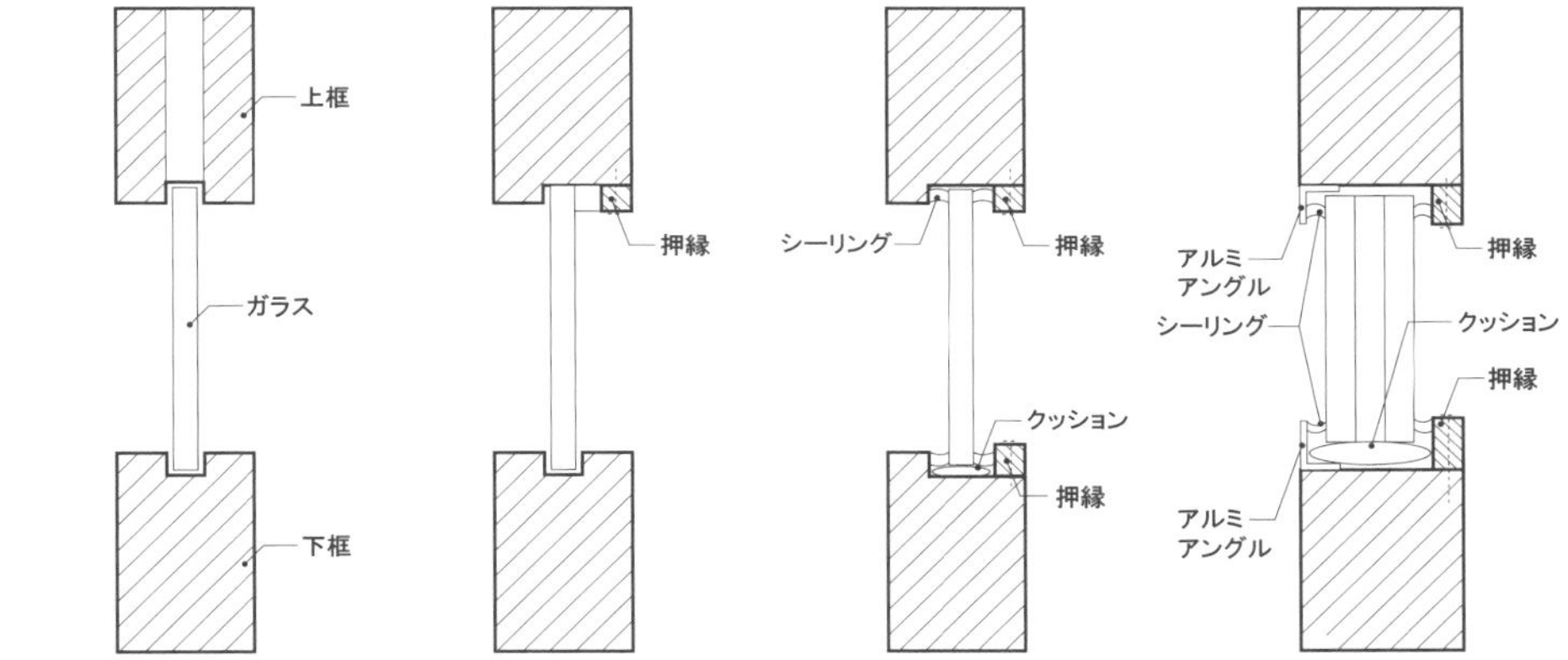

框とガラスの関係がすっきりとしていて、きれいな納まりになる。框の溝とガラスとの隙間はシーリング打ちしないとがたつくことがある

ガラスが小さいと、1カ所だけ(上框)押縁で留める方法がとれる。押縁が目立たずすっきりとした納まりになる

一般の押縁納めは四方押縁になるが、特にガラスが大きいと、この方法になる。なお、押縁は外側にはとらないよう注意する

はめるガラスが複層ガラスになると、通常の建具見込み(40mm程度)では納めきれなくなるので工夫が必要になる。この例は、片面にアルミアングルの押縁を使っている

② フラッシュドアの小口(大手)納まり

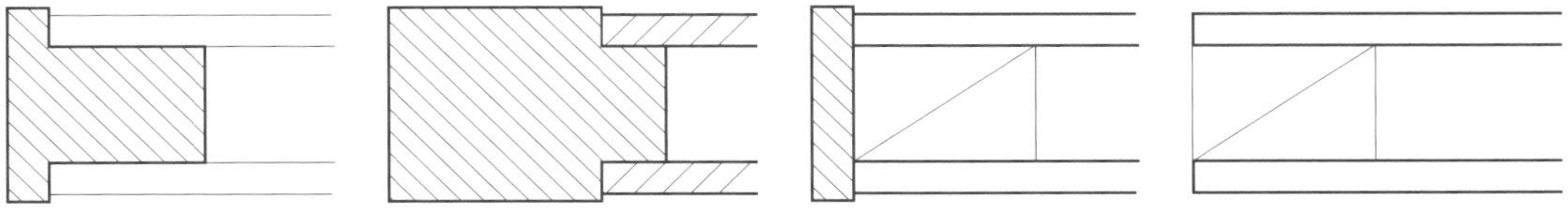

材を化粧材とし、フラッシュの面材の厚み分を決って、面材の小口が隠れるように納める

面材が縁甲板などの場合、縁甲板と同質の材料を框に使って見付けを縁甲板に揃える納まり。全面、縁甲板仕上げのように見える

6mm厚程度の化粧縁を四周に回して、面材と胴縁材の小口を隠す。「化粧縁突き付け張り」ともいう

フラッシュの面材が化粧合板やメラミン化粧板などの場合は、同材のテープを大手に張ると、大手を含めて全面同材納めの表現になる

076

先輩はディテールに何を語ったか 6

林 雅 子

Masako Hayashi 1928-2001

架構の価値は、空間との調和の程度によって決まる。けれども、これを具体化する段階での構造材料の選択と使い方、寸法とディテール次第では、せっかくの調和も、見る影もない粗雑なものとなってしまうおそれがないわけではない。言い換えると、その形態が空間と調和を保つことは必要条件であり、材料とディテールが伴うことが十分条件なのである。

林雅子のディテール｜彰国社｜1984

これは、「空間の骨格」と題した林雅子さんの論文のなかの「シェルターをどう作るか」という章で述べられている言葉です。林さんは、シェルターを構成する架構形態を便宜上、「折る」「割る」「吊る」「はね出す」「混ぜる」「省く」と名付けた手法で説明していますが、目的の空間に最もよく調和する架構を探し出すことが設計の醍醐味であり、調和させるには材料の選択と寸法の決定、ディテールが大切だと述べています。

林さんのいう「骨格」とは、文字どおり建築の構造体のことを意味しますが、もう1つ「建築空間の基本的な架構」のことも意味しています。

林さんのつくる建築は、この骨格が分かりやすく、はっきりと表現されているので、気持ちのよい力強さを感じます。骨格が定まらず、ふらふらしていては決してよい設計ができない、と林さんが述べている意味がこれでよく分かります。力の流れ方が分かりやすいつくりになっているのも特徴です。

環境条件と建築の中に盛り込まれる内容が建築を発想させると申しましたが、建築を構成する仕上げ材料やディテールというものは、これらと違って、空間の基本的な形態を決定する要素とはなり得ないものです。しかしながら、意図したその空間を実現するために、表現を純粋にし性能を保証する大きな役割を担っている重要な要素であると考えております。といいますのは、これも当然なんですが、それぞれの材料に固有な性質を理解するということは、その材料の指し示す「形」を引き出すことになる。そのことによって、初めて建築は正しい表現を得られますし、あるいは期待した性能を維持することができるという意味です。だから私は、限られた質のいい材料を、質がよいものは、高価だからできるだけ道理的に少しだけ使って美しく組み立てることを心がけております。

設計技術を語る1｜新建築社｜1980

これは、林さんが設計した高知の海のギャラリーをテーマに講演を行ったときの記録からの引用です。

建築を設計するときの手がかりとしては、その建物が建つ環境の条件、たとえば気候や風土といった自然条件、騒音や空気汚染など、人が関係する条件、敷地の形状や地質といった固有の立地条件などと、建物をつくる目的や使い方から出てくる条件があります。また、法規などの社会的ルールやコードが手がかりになってくるのも当然のことです。

しかし、建築を構成する材料を決めるときの手がかりは、それとはちょっと違うよ、と林さんは述べています。それが、ここに引用した言葉です。

だが、建築の美しさが、いつでも最も単純な解決の中に潜んでいる事実を忘れるわけにはゆかない。美しさはまた、ディテールの中にも姿を隠している。材料の接合部と端部とは、材料の性質がことさら露わにされる場所なので、時に気を入れて扱わなくてはならない。わずか何カ所かのディテールを誤るだけで建物の強度や寿命を失わせてしまうこともあり得るし、そうでなくとも、空間の性質はディテールによるところが大きいものだ。そして、作る者の心掛けとその結果は、ディテールを美しく作れるかどうかに最もよく現れるもののようである。ディテールは空間の形態を決定する要素にはなり得ないが、その質と性能を決定するおそろしい場所である。

林雅子のディテール｜彰国社｜1984

林さんは、設計を進めるときには「コトを単純に」「モノを少なく」することを心がけていると述べていますが、これは分かりやすく、力強い表現が特徴の、林さんの作風をよくいい表しています。

建築は、材料が過不足なく使われたときに、それぞれの材料がもつ魅力や本質が「かたち」となって表れてくるものですが、「不足」は問題外として、「過」のほうについては、近頃の「モノ」があふれている状況下で少し鈍感になっていないか、と林さんは問いかけていますが、思い当たるふしはないでしょうか。

空間の扱い方にせよ、材料の扱い方にせよ、必要以上に使って、贅肉をつけ、挙げ句の果てには無駄に捨ててしまうようなやり方をしているのは、「モノ」づくりの基本的な作法に反する行為だと、林さんは手厳しいですが、確かに過不足のないギリギリの緊張感のなかから生まれてくる「モノ」は気持ちを引き締めてくれる美しさがあります。

CHAPTER 07

どうやって覚えるか

077 スケール感覚を養う

長さの感覚を身体に覚えさせる

建物を設計する仕事に携わっていこうと考えるならば、建築に関するいろいろな知識を仕込んだり、見聞したりということが必要になります。そのなかでも、「スケール感覚を養う」という訓練は必須のことになります。

建築では、いろいろな場面で「長さ」「面積」「体積（容積）」を使って考えたり、表現したりしますが、その基本は「長さ」です。したがって、スケール感覚を身に付けるとは、まず長さの感覚を身体に覚えさせることになります。

たとえていうなら、「100㎜」（建築の世界では「㎜」を基本単位とする）という長さを数字で理解していても、それが具体的にどれだけの量であるかを実際に手で示したり、図に描いたりすることができなければ困る、ということです。ある出会いの部分の納まりを検討しているときに、「○㎜」の厚みであったらどんな風に見えて、手を掛けたときにはどんな使い心地であるか、などといったことを、身体で感じられるようになってほしいのです。

スケール感覚を養う方法の1つとして、常にポケットに携帯用の物差し（スケール）を用意しておき、身の周りで目や手に触れるものの長さを測るということが挙げられます。ことあるごとに、庇の高さや廊下の幅、手摺の高さ、手摺の握りの径、カウンターの高さ、甲板の厚み、階段の段差などを実際に物差しで測り、その数字を記憶することを習慣にしておくと、スケール感覚を早く身に付けられます［写真1～3］。このときに、自分のお気に入りの「マイスケール」を決めておくと、比較的早く覚えることができます。自分の好きな寸法のものを探し出して、それを確認するためにスケールを当てて測ってみる、という行為を繰り返すうちに自然と感覚が身に付いてくるものです。

また、自分の手の幅や腕の長さ、歩幅、両手を水平に広げたときの幅、手を上に伸ばしたときの高さなどを数字で覚えておき、物差し代わりに使うという方法もあります［写真4～8］。

いずれにしろ、設計図に「100㎜」と記入したら、身体では「そう、この寸法」と即座に確認できるようにしておきたいものです。

写真3

身近なものを気付いたら測ってみる。自転車のサドル高さも知っておくとよい

写真2

街を歩いて、ガードレールの高さを測ってみる。人と車の間に入る関係物の寸法をこうやって集めておく

写真1

昇りやすい階段だと思ったら、その場でスケールを当てて、蹴上や踏み面の寸法を測ってみる

写真4

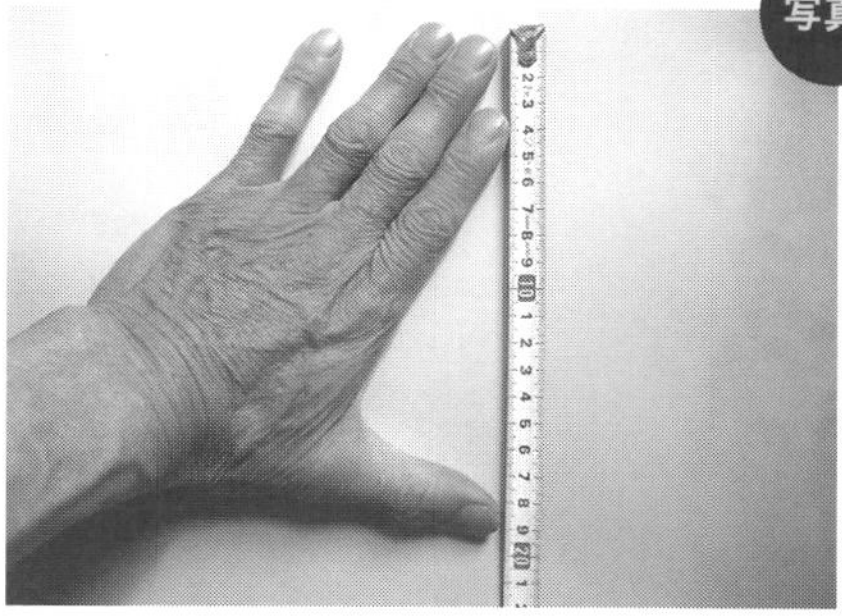

指をいっぱいに広げたときの、端から端までの寸法を覚えておくと、スケールの持ち合わせがないときの定規代わりになる

写真5

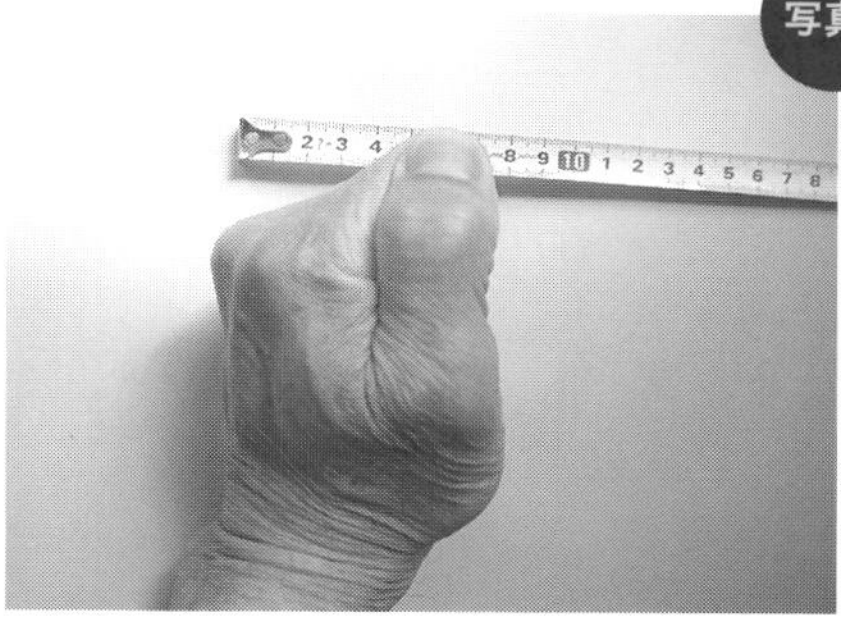

握りこぶしの幅寸法や厚み寸法を覚えておくと、隙間など狭いところの内法寸法を知る手がかりに使える

写真6

両手を左右いっぱいに伸ばした幅の寸法は、その人の身長にほぼ等しいという

写真7

片手を真上に伸ばしたときの寸法は、身長の約1.2倍という。身長1,750mm（175cm）の場合には2,100mmとなり、天井高のチェックに都合がよい

写真8

ごく自然に1歩踏み出したときの歩幅を覚えておくと、実測をするときに便利だ。建築家の鈴木洵さんが、単位を「ポ」として使っている

COLUMN

竹の物差し

物差しといえば、現在はプラスチック製か金属製が一般的ですが、一昔前は竹製が普通でした。竹の筒の丸みが残ったかまぼこ形の断面で、長さは300mm、幅は30mm弱。センチの目盛が両側に切ってありました。軽くて手によくなじみ、使い込むほどに手脂が染み込んで、風格のあるべっこう色になります。

先輩に教わったのは、これを縦半分に割って、目盛の片側だけにしたものをつくって使う方法です（両面同じ目盛なので、片側だけでよいということなのでしょうか）。さらに、裏側の肉を削って厚みを薄くすると、物差しに弾性が出ます。端を持って図面に押し付けると適度にしなり、手が図面から離れていても、数字を読みたい物差しの部分は図面に密着してくれるので、とても扱いやすくなるのです。現場での検討で数字の書き込みがないところを読むのに重宝した覚えがあります。

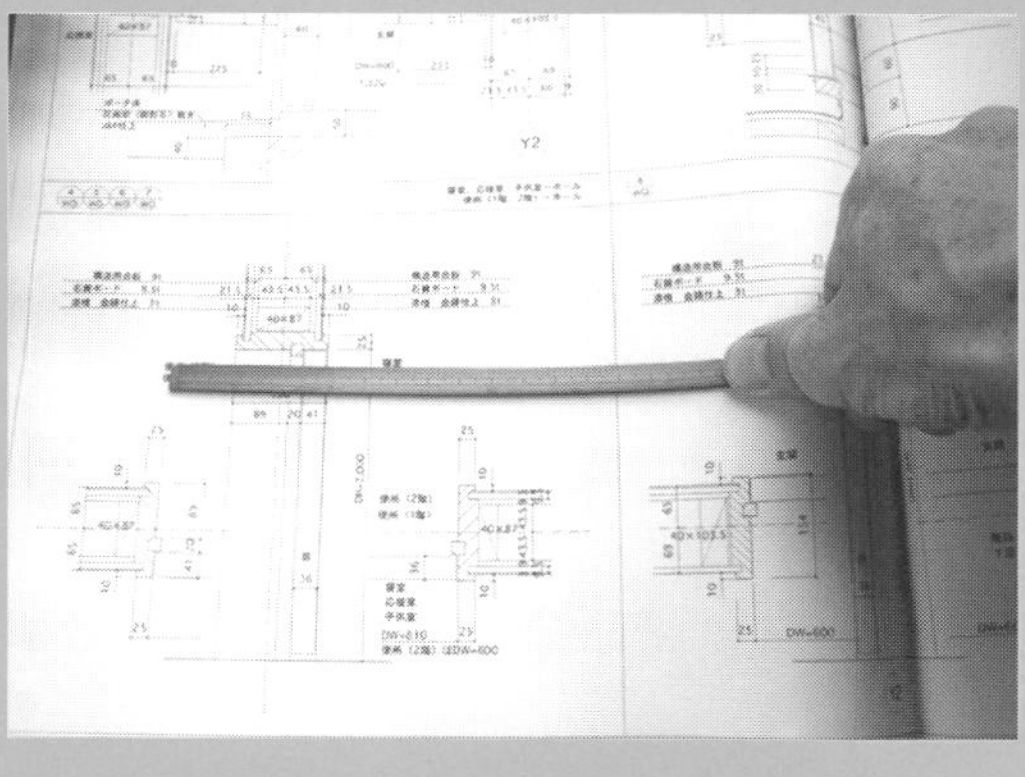

078

寸法の手がかりは「身体」から

身体各部位の寸法を理解しておけば人に合ったディテールを決められる

160・161頁でも述べたとおり、自分の身体の各部位の寸法を物差し（スケール）で測り、その数値を記憶しておくと、スケール感覚を養うのに役立ちます。しかし、それだけではなく、納まり・ディテールを検討するうえでも、身体の寸法を把握しておくことには大きなメリットがあります。

建築はその建物を使う人間のためにつくられるのであって、その納まり（ディテール）も当然、それを使う人間のためにあります。特に人の手に触れ、目に見える部分の「かたち」や「プロポーション」、あるいは「サイズ」や「感触」などは、手の大きさや腕の長さ、歩幅、座高、身長あるいは触覚、視覚、聴覚など、人のもつスケールや感覚を基準にすることで気持ちよい具合に決まってきます［図1・2］。

たとえば長さの基準をみると、日本の伝統的な尺貫法では、人の腕の長さを基準に「尺」の単位が決められたといわれています［図3］。また、イギリスなどで使われている「フィート（feet）」も、人の身体の部分（足）が基準になった単位だといわれています。だからというわけではないかもしれませんが、日本の伝統的な尺や寸、イギリスなどでいえばフィートやインチ（inch）を使ってつくられたものは、人に親しみやすく、使いやすい建物に出来ているように感じられます。

ディテールを検討するときも、こうした身体由来の単位を使うと、とても分かりやすいのではないでしょうか。

同じように、素肌が触れる部位の材料は感触を、よく目につく部位の材料は視覚を基準に選び、インテリアをまとめるときには、建築材料に囲まれた空間を聴覚や触覚に気持ちよいように……というふうに、身体感覚を基準の物差しとして積極的に使っていくことは、とてもよいことではないかと考えられます。

このように、人の身体の寸法だけでなく、人の行動パターンや動く範囲、あるいは行動特性や感覚などを考慮して、人の使う空間、道具、家具、装置などを設計するときの手がかりにしようというのが、「人間工学」と呼ばれる学問の考え方です。もともとは戦闘機のコックピットを設計する際に生まれた考えだといわれていますが、今では建築や家具などを考えるときの重要な手がかりとして、よく使われます。

図1

人のもつスケールや感覚を基準にする

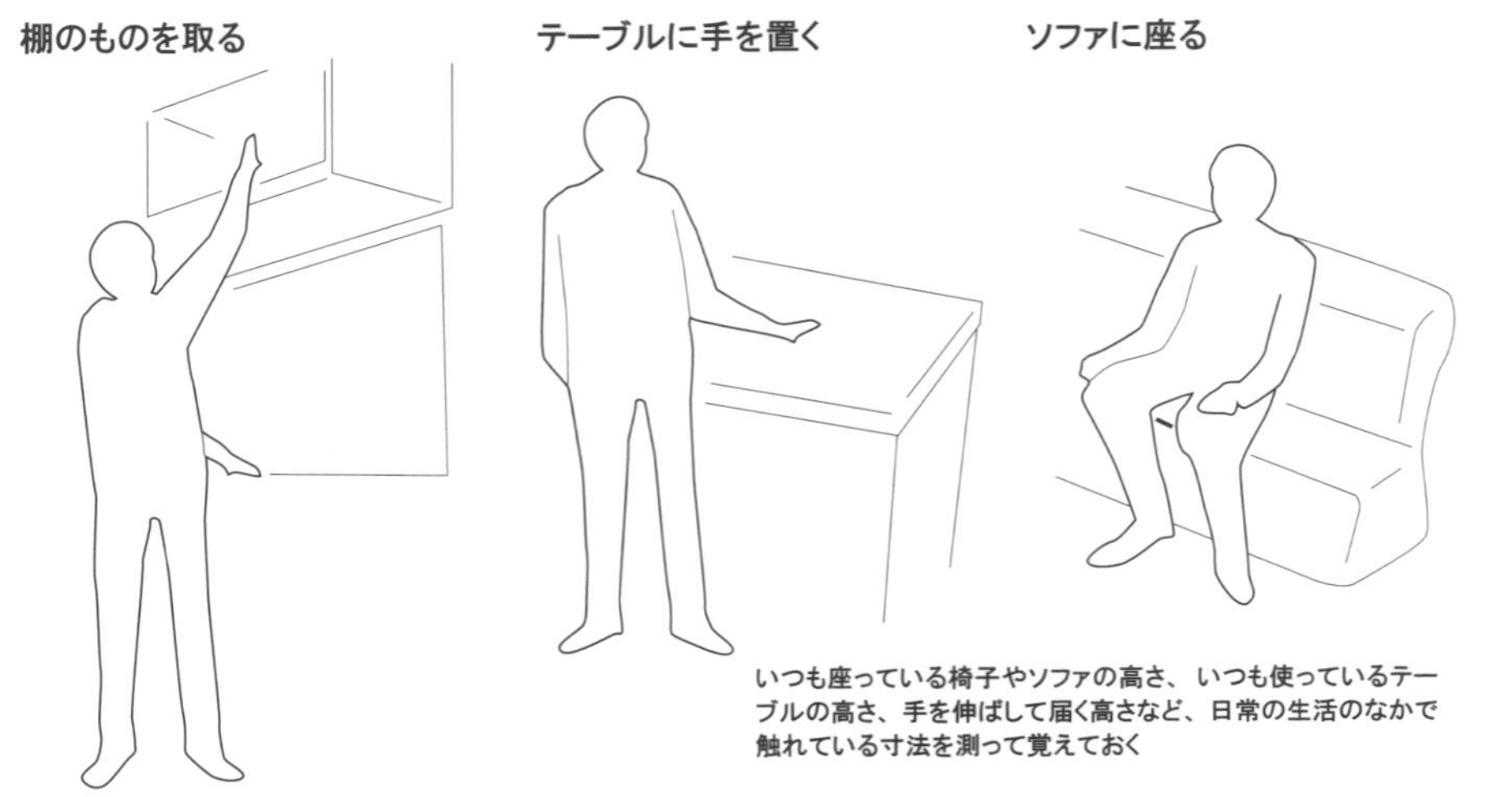

いつも座っている椅子やソファの高さ、いつも使っているテーブルの高さ、手を伸ばして届く高さなど、日常の生活のなかで触れている寸法を測って覚えておく

図2

人体寸法の略算値

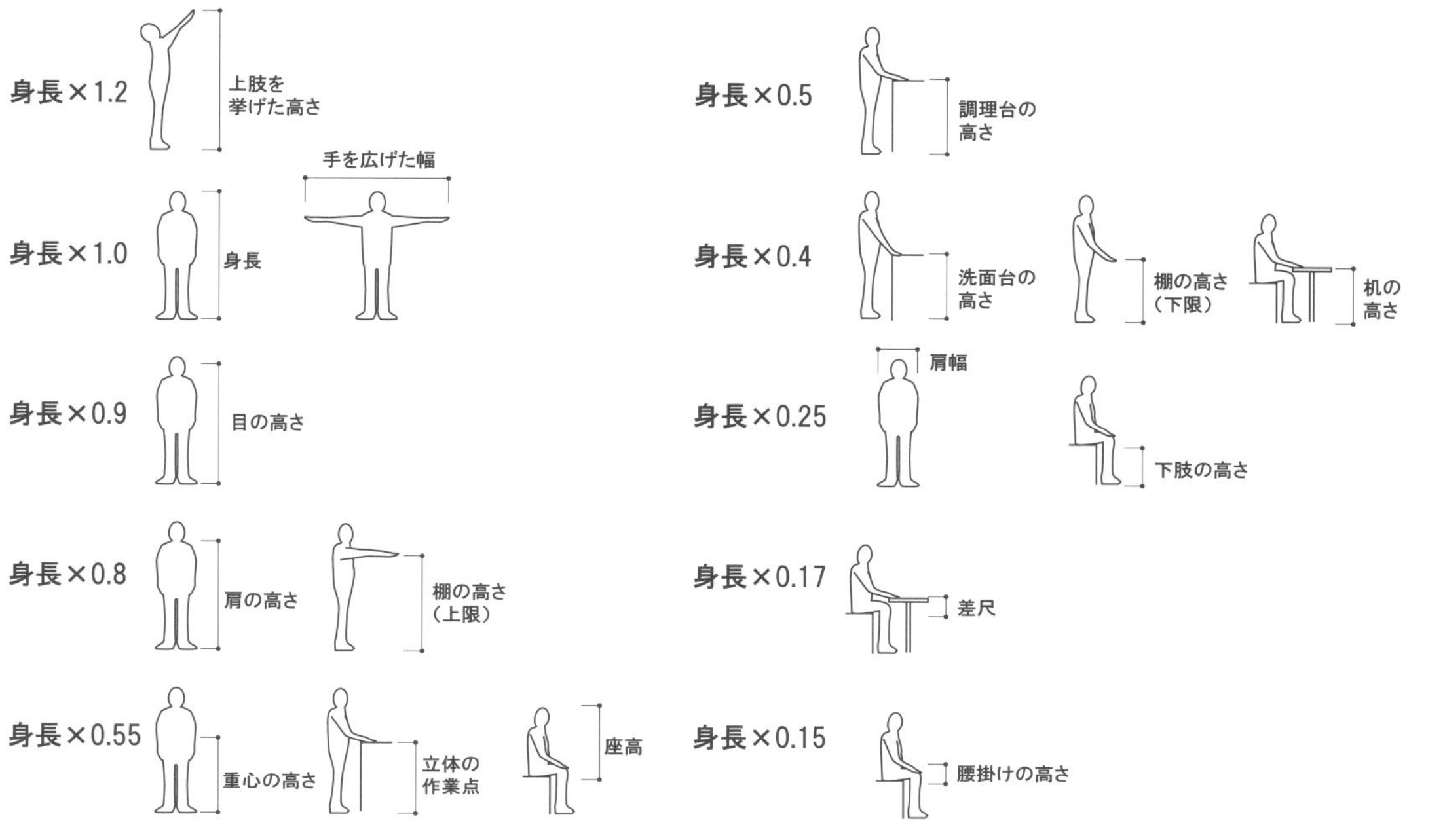

人の身長を1.0として、さまざまな人体寸法の関係を知っておくと、いろいろな設計のなかで応用することができる

図3

人体の骨格図

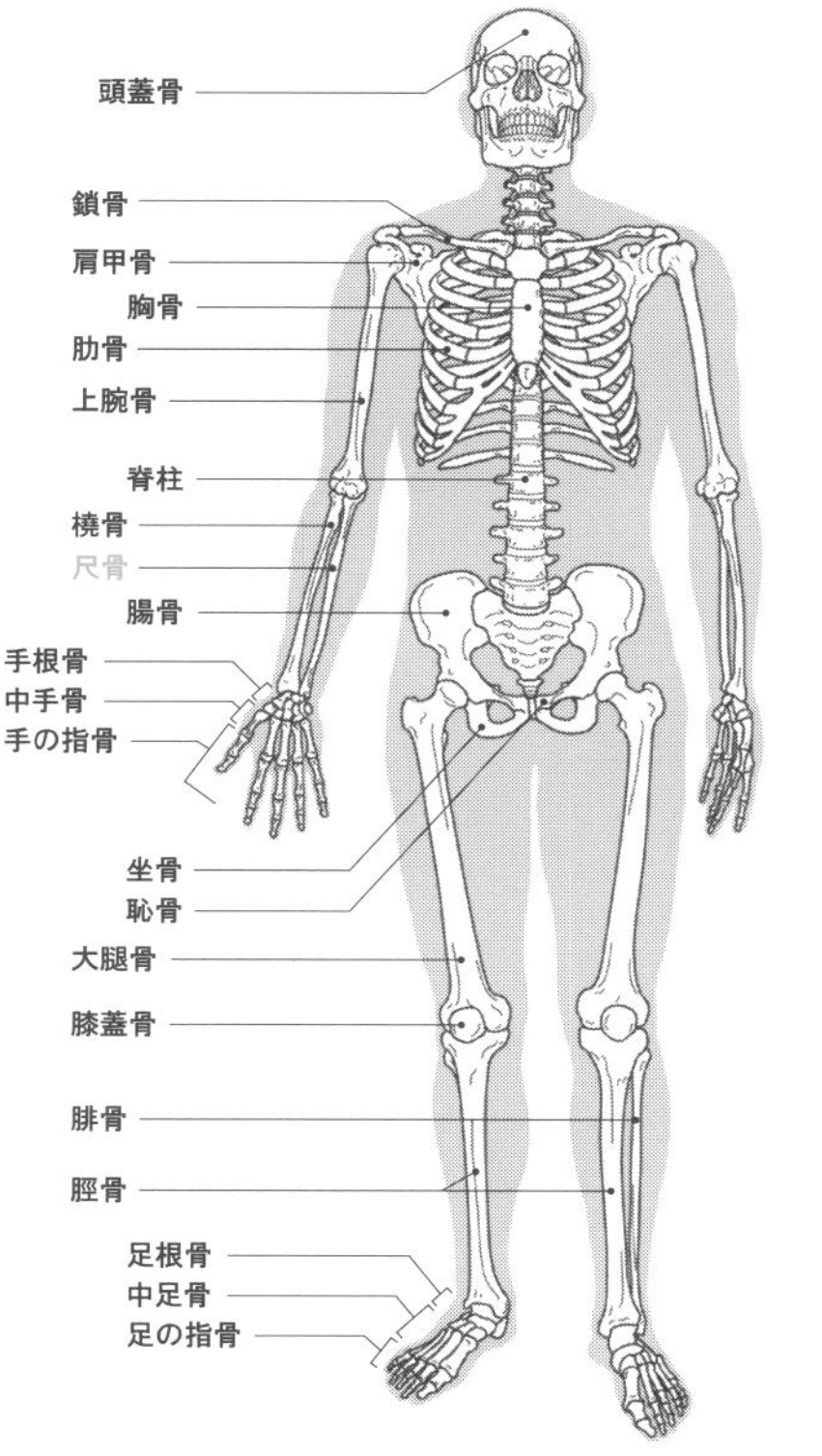

人体の骨格にはそれぞれの部位に特有の名前が付けられている。
肩の鎖骨、胸の肋骨などよく知られた名前があるが、
腕には、寸法単位由来の「尺」の名がついた部位がある

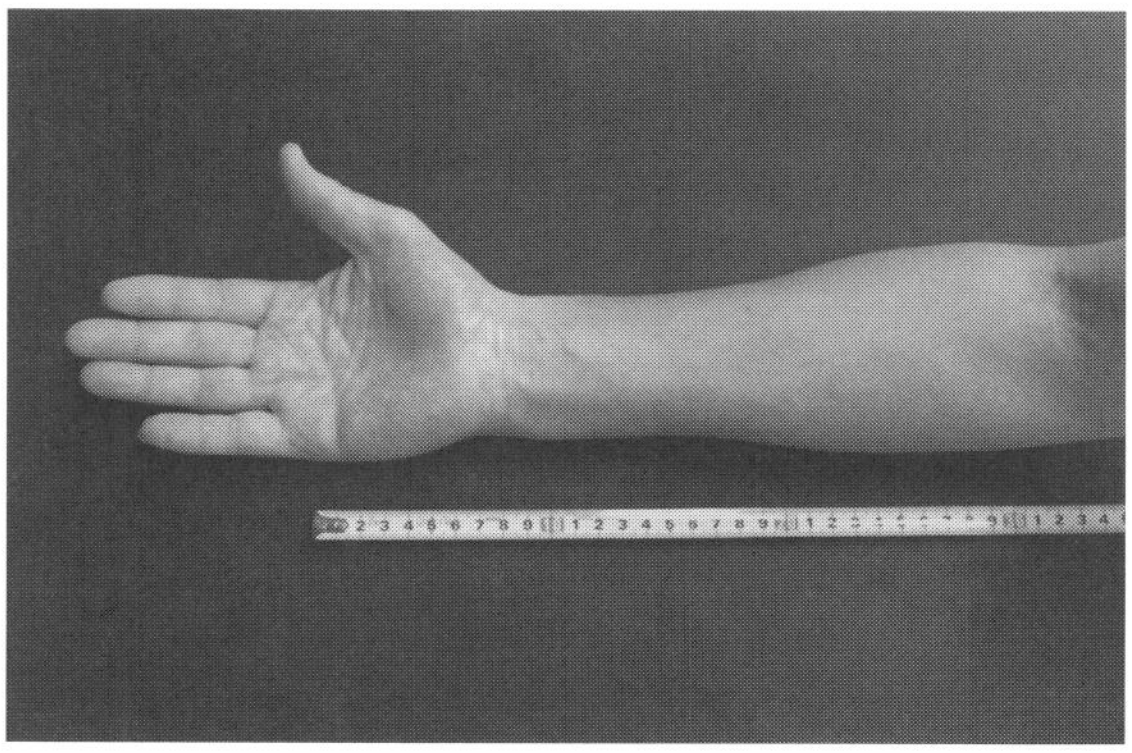

「尺骨」の名のとおり、人の腕の長さはおおよそ30cmである。これを基準に長さを表すと、6尺の内法高さ、10尺の天井高などといわれても見当が付く

079

自分のモジュールをもつ

自分に合う基準寸法をもっておけば納まりを検討しやすい

建築の設計では、基準寸法を決めておいて、その倍数を組み合わせていく方法があります。この基準寸法のことを「モジュール」といいます。伝統的な日本建築で使われる「1間」（関東間で1820㎜）や、最近のハウスメーカーで使われている「1000㎜」などがそれに該当します［図1］。

モジュールを使うと、建物の平面や断面など、いろいろな考えをまとめやすくなります。このモジュールは、すでに多くの人が使っている1間（半間を基準にする人もいます）でも1000㎜でも構いません。ル・コルビュジエの「モデュロール」［図2］のように、自分が使いやすい基準寸法を新たにつくり出してもよいでしょう。いずれにしろ、自分で使うモジュールをもっていると重宝します。

自分なりのモジュールを決める場合は、実際にいろいろなケースで使ってみて、自分にぴったりくる寸法を見つけ出すとよいと思いますが、モデュロールのように、きちんと体系立てられたものでなくても構いません。たとえば、自分が使いやすい幅木の高さを決めておくとか、ドア枠や窓枠の見付け寸法を決めておく、あるいは枠のチリ寸法を決めておく、といったことでもよいのです［図3］。そのほか、自分の感覚に合う天井高、窓の腰高、出入口の内法高や幅、軒や庇の高さなど、これらを決めておくだけでも、いろいろな出会いの部分の納まりを検討するときに考えをまとめやすくなります。

モデュロールは、人が使う空間や道具などの設計において、人体の各部分の寸法を基準にして考えるという古くからの慣習（特にエジプトの「クデー」という寸法体系）に倣っていますが、モデュロールが出来上がったのは、人体寸法と空間や道具などとの関係を考える「人間工学」という学問が生まれる以前のことです。モデュロールの体系は、人体寸法、フィボナッチ数列（どの数も前の2つの数の和になっている数列）、黄金比とに基づいていて、立った人（身長を1830㎜とする）が挙げた片手の指先までの寸法（2260㎜）を基準寸法としています。

ちなみに、東京・上野にある国立西洋美術館の本館はル・コルビュジエの設計で、モデュロールを使って建てられた空間を体験することができます。たとえば、あの有名な、人物が手を伸ばした高さ＝2260㎜を実際に天井の高さとして体験することができます。自分に対してこの寸法はどんな感じを与えてくれたか、一度試してみてください。

図2

ル・コルビュジエのモデュロール

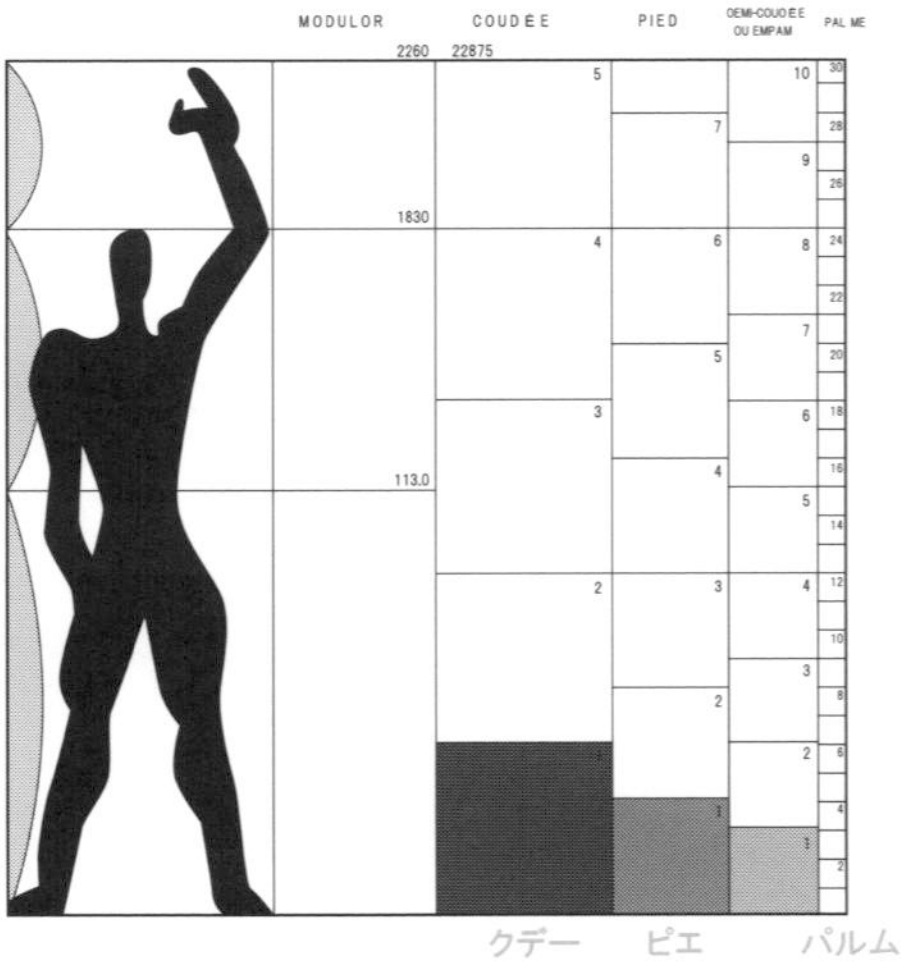

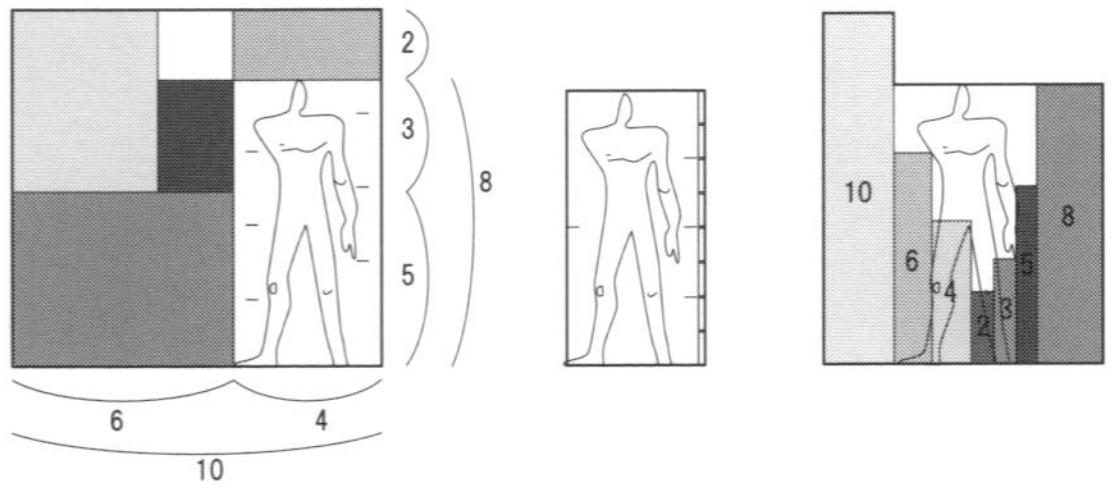

モデュロールは身長1,830㎜の人を基準に、2,260×2,260×2,260の立方体を人間が占める基本的な容積としている。
図では2,260㎜の高さに対して、人のへその位置が1,130㎜、身長が1,830㎜で、へそ：身長：残り＝5：3：2、容積の高さ：身長＝10：8になることを示している。
一方、幅方向では、人の占める割合が4で残りは6としている。
左図では、右半分を使ってエジプトの伝統的な寸法体系「クデー」を表し、モデュロールとの近似性を検証している。これによると、2,260㎜に対し、5クデーが2,287.5㎜と近く、4クデーが1,830㎜で人の身長と同じになる。ちなみに、図の右端の目盛は「パルム」という単位を表し、1クデー＝6パルムという関係にある

図1

モジュールの違うプラン例 [S＝1:100]

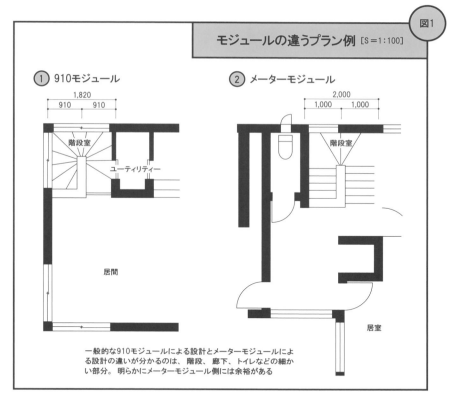

① 910モジュール

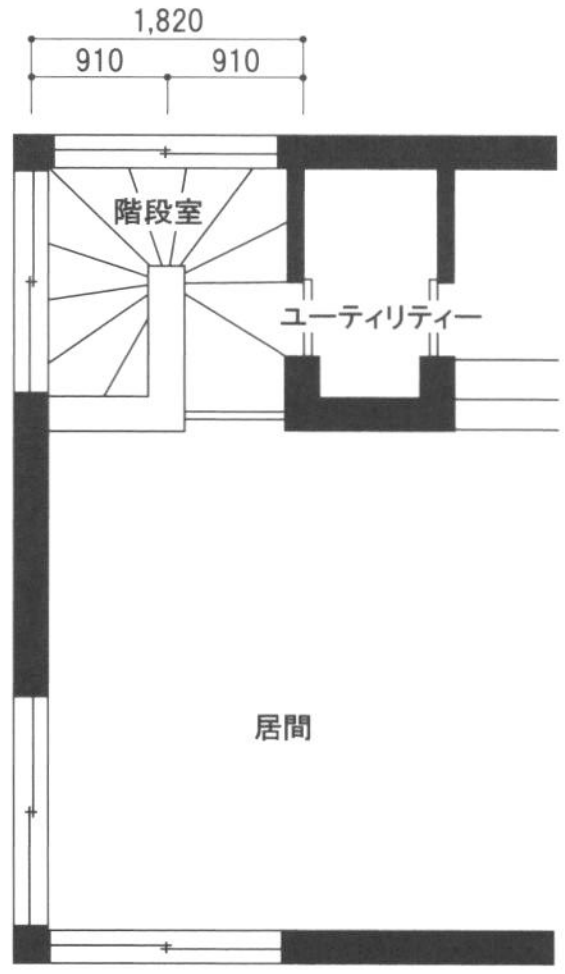

② メーターモジュール

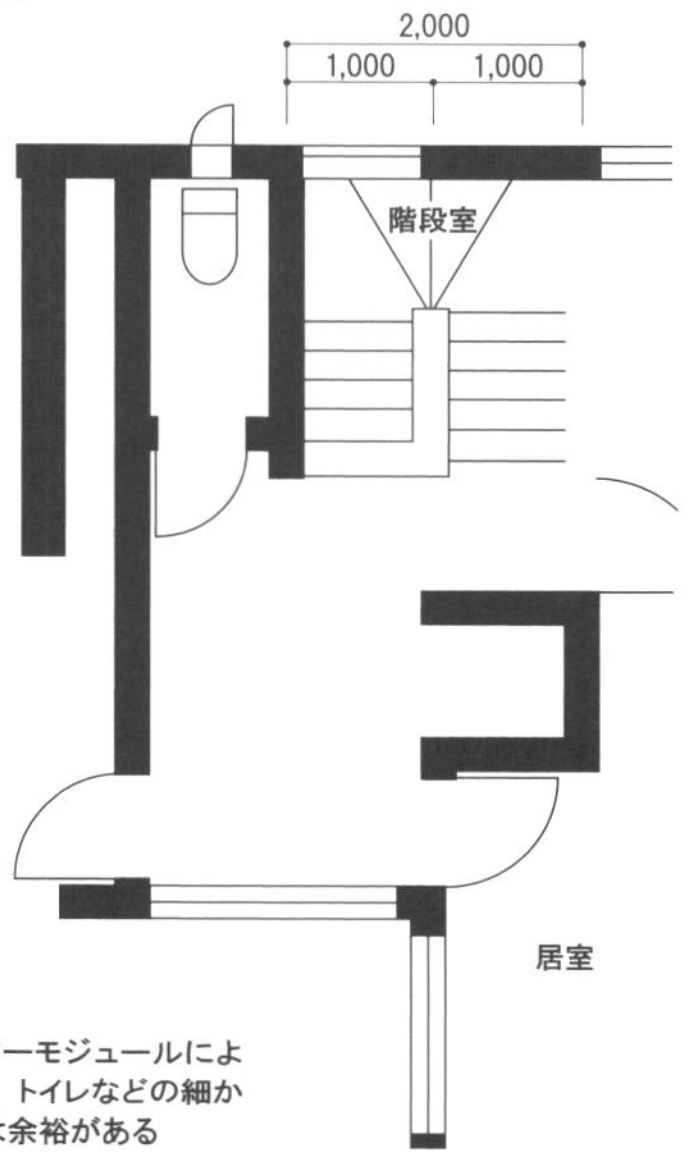

一般的な910モジュールによる設計とメーターモジュールによる設計の違いが分かるのは、階段、廊下、トイレなどの細かい部分。明らかにメーターモジュール側には余裕がある

図3

自分の寸法をもつ [S＝1:5]

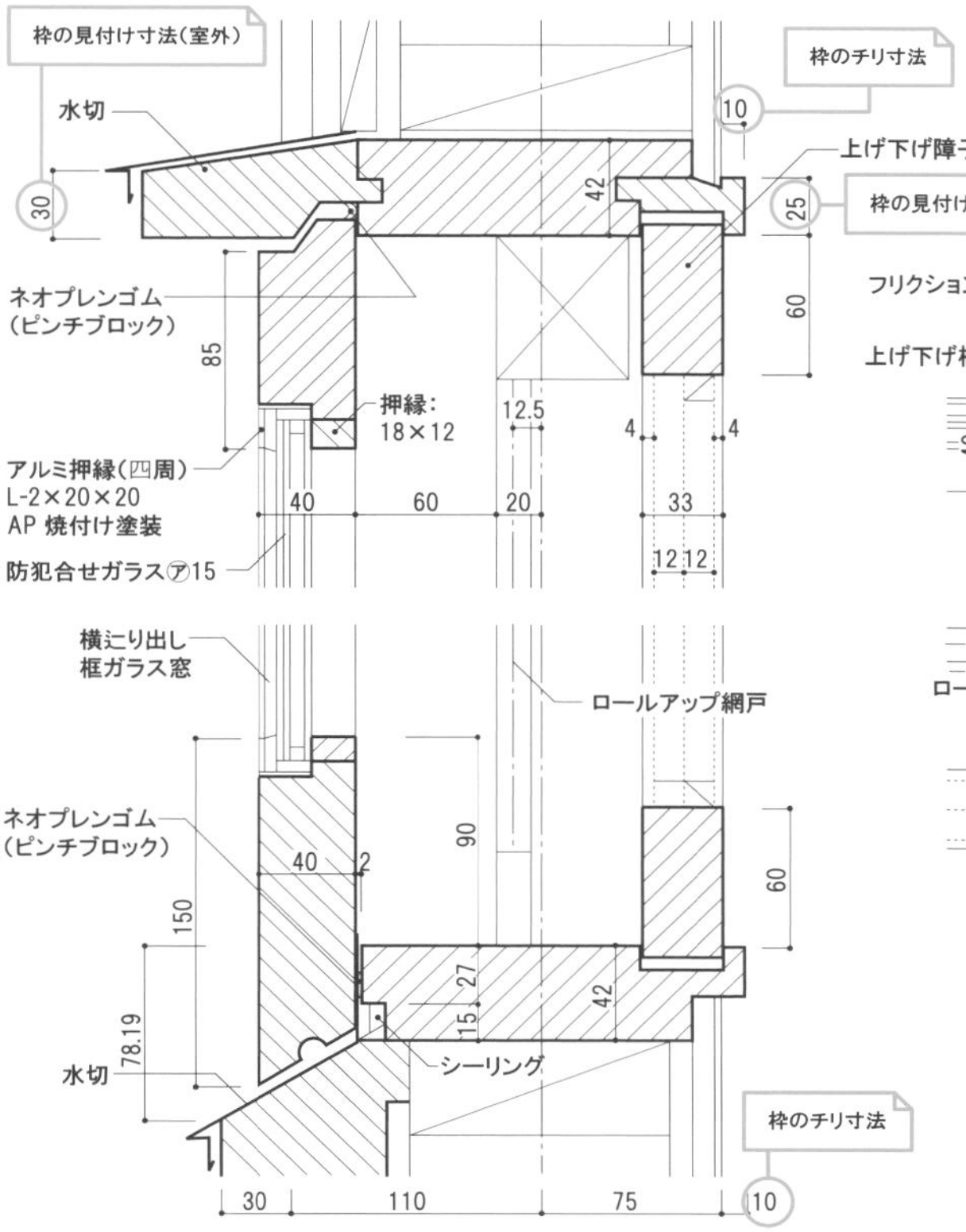

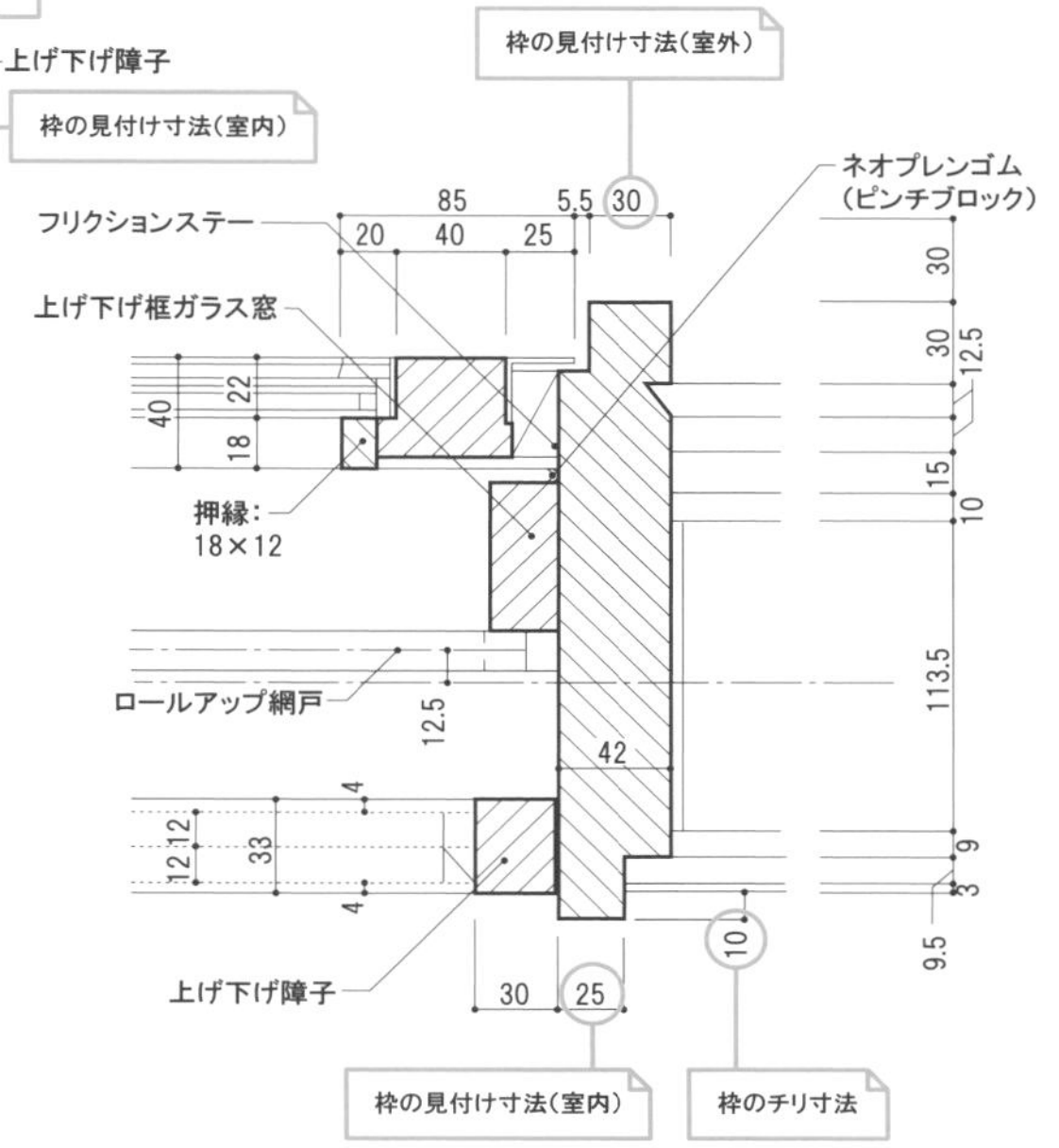

枠の見付け寸法に「こうでなくてはだめ」というしばりはないので、いつも使う自分の寸法を決めておくとよい。規格の板材を使って省コストを図るなら21～23㎜程度の見付けにするとよいが、プロポーションを検討すると、華奢で頼りなく見える雰囲気になる

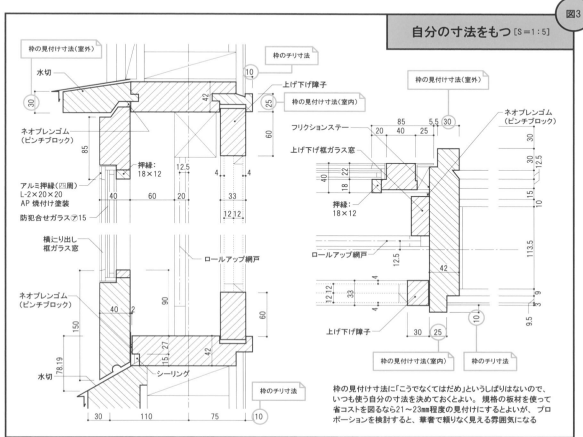

080

原寸で考える

常に原寸に置き換えて考える癖を付ける

建物が実際に出来上がったときの寸法は、もちろん1／1（原寸）です。したがって、設計の検討や作図も原寸で進めることができれば間違いが少なくなるでしょうし、感覚的にも理解しやすくなります。しかし、建物全体を徹底して原寸で検討しようとすると、たとえ2次元の「紙」の上でやるとしても、建物と同じ面積や長さ（あるいは高さ）の用紙と場所が必要になるわけで、これは途方もないスペースとエネルギーを要する作業となり、現実的には無理があります。

　縮尺を使って考えたり、図面を描くという方法は、こうした理由からやむを得ず生み出された手法なのですが、人間というのは悲しいもので、よほど気を付けていないと、そのとき描いているスケールの分しか考えが回りません。たとえば、1／10という縮尺で検討しているときには、そのときに見えている世界が1／10に縮小してしまうのです。原寸では500㎜のものが、目の前の図面上では50㎜で表現されているわけで、現実に見えているスケールがスケールなだけに、どうしても細かいところには注意が行き届かないおそれがあります。たとえば、枠の見付け寸法を22㎜にするか、25㎜にするかということを検討する場合、実際にはかなり大きな違いになるのですが、1／10の縮尺では比較検討することができないので、検討もせずに放置されてしまうという問題が生じてしまいます。

　これを避けるには、今、考えたり描いたりしている部分を、常に原寸に置き換えてみるという習慣を身に付けることです［図］。部分であれば、原寸といえども、A2～A3サイズの用紙に収まるので、使わなくなったコピーの裏紙などを座右に用意しておくとよいでしょう。

　鉄骨の加工場には「原寸場」という、体育館のように広く、グリーンに塗られた床面があります［写真1・2］。筆者はかつて、この床面に加工する鉄骨の原寸図をチョークや色墨で描いて確認・検討していましたが、こうした作業を通して原寸で考える癖を身に付けたものです。

　しかし、この世界もCADで作図することが一般的になってきて様変わりしました。あるとき、久しぶりに原寸場で設計を確認する機会があり、楽しみに出かけたのですが、見せられたのはパソコンの画面。必要なら原寸に拡大するといわれてがっかりしました。同じ原寸といっても、限られた画面のなかで部分的なものを見るのと、床面にフルサイズで描かれた原寸図を見るのとは、決して同じではありません。

写真1

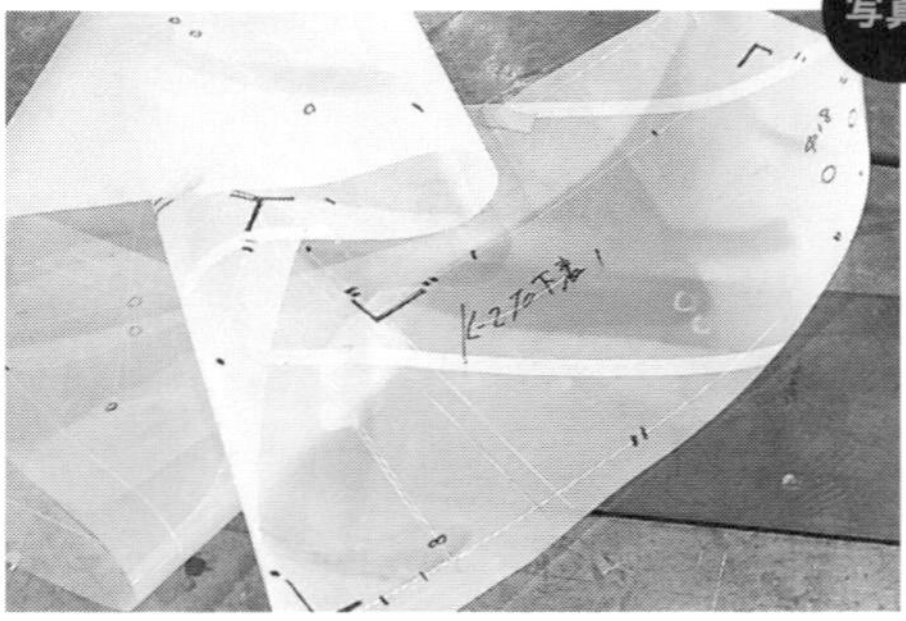

鉄骨の仕口や継手を構成する各パーツは、1つずつ原寸でフィルムに描き写されて加工場に回される

写真2

加工場には「じょうばん」という加工台があり、そこに仕口部分の原寸を描いて、その図をガイドに鉄骨を溶接し、組み立てる

図

原寸で考える際のポイント [原図S＝1：1を1：2に縮小]

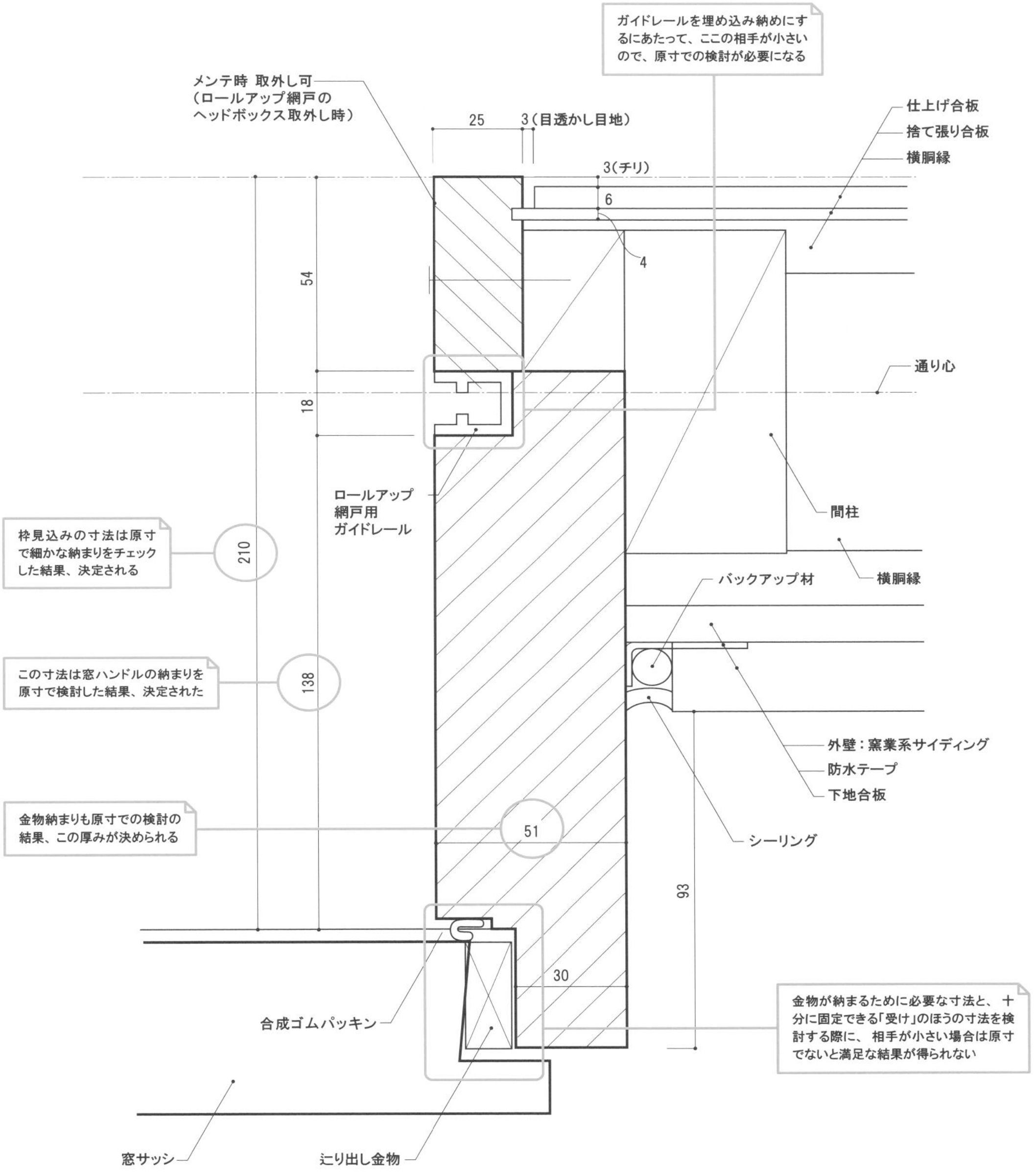

窓枠の例。枠に窓框が被さる納まり方を検討する。そのほかにロールアップタイプの網戸を組み込むため、それに使用する金物を納めるのに必要な寸法やメンテナンスの方法を確認するために原寸で検討する

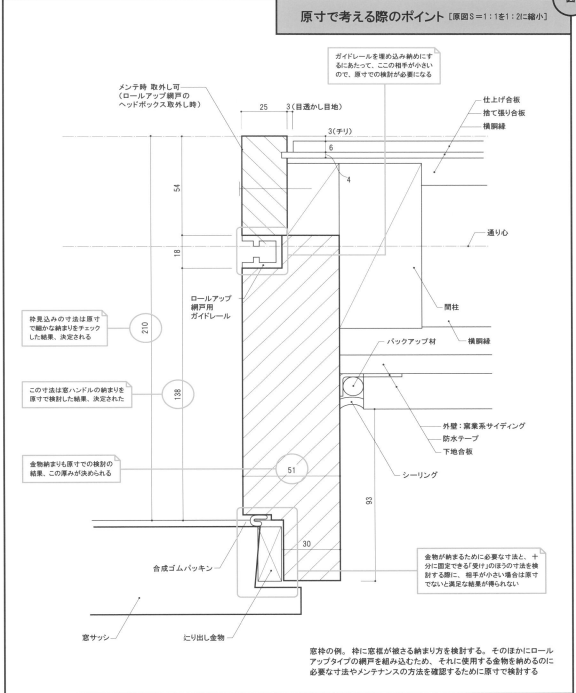

081 「手」で描く

手を動かしてディテールを覚える

ある先輩が「最近の若い人がディテールを描けなくなったのはCADのせいではないか」といっていましたが、それには理由があります。

人がものを覚えるという経験をするときには、「見る」「触る」「聞く」「味わう」「嗅ぐ」など五感を動員します。なかでも、手指を使って覚えるという経験は、その確実性からいってかなり重要なポイントになります。たとえば、文字を覚えるには書き取りをすることに勝る方法はないですし（ワープロが普及して以来、文字の覚えが悪くなったというのはあちらこちらでよく聞く話です）、職人がものづくりを覚えるのも実際に手指を使ってのことになります。また、約束を覚えておくのも、手指を使ってメモをとれば確実性が増します。

設計の世界ではかつて、先輩の描いた図面の上にトレーシングペーパーを載せてトレースするのが新人の仕事であり、それを通してディテールを覚えていったものです。しかし、現在ではCADが普及したことにより、新人の仕事で手指を使うのはマウスのクリックとドラッグという操作に変わってしまったので、ディテールを覚えるチャンスがなくなってしまったのではないか、というのがその先輩の弁です。

図 手描きのポイント［原図S＝1：20を1：80に縮小］

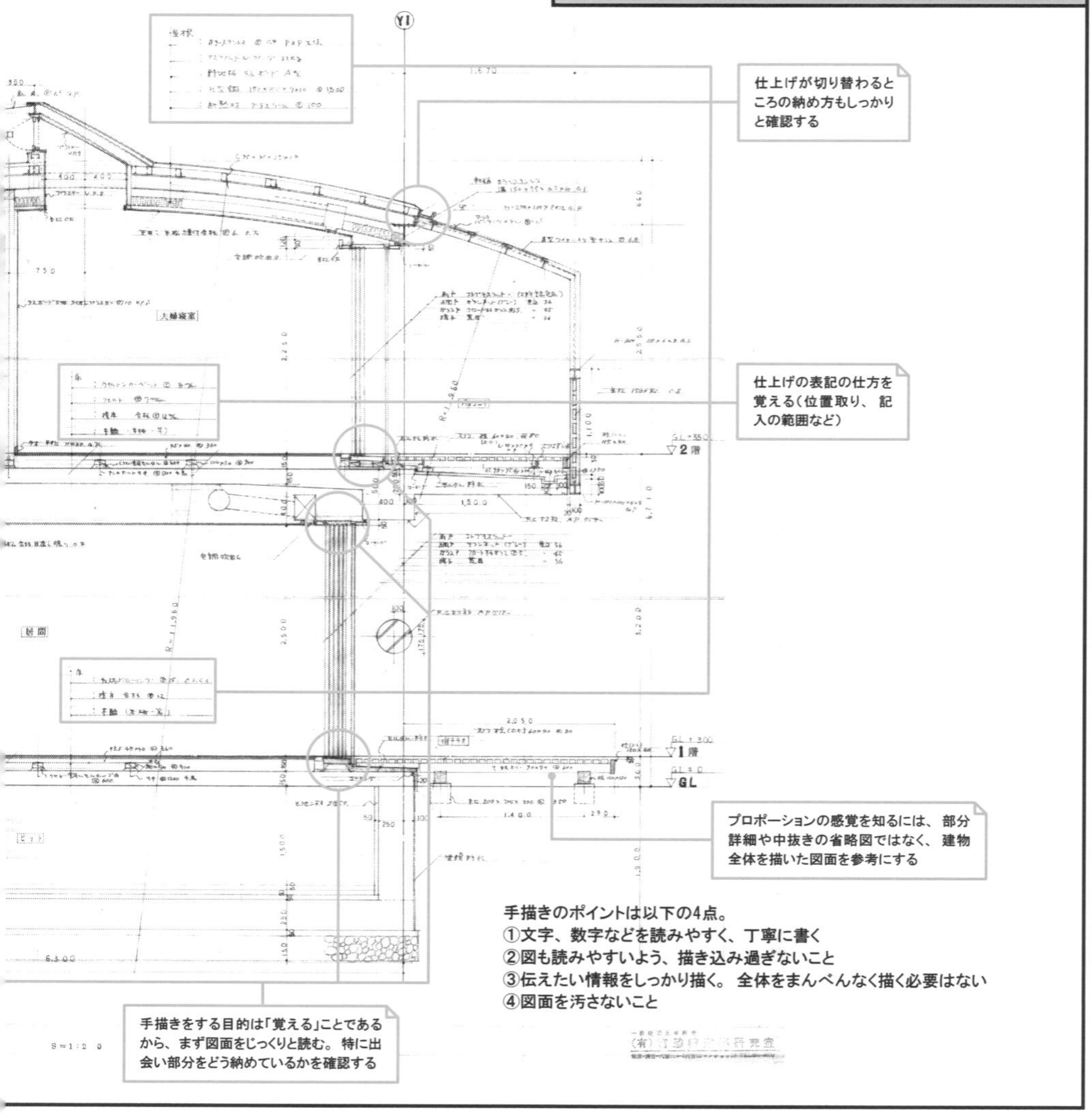

仕上げが切り替わるところの納め方もしっかりと確認する
仕上げの表記の仕方を覚える（位置取り、記入の範囲など）
2階
1階
GL
プロポーションの感覚を知るには、部分詳細や中抜きの省略図ではなく、建物全体を描いた図面を参考にする
手描きをする目的は「覚える」ことであるから、まず図面をじっくりと読む。特に出会い部分をどう納めているかを確認する
手描きのポイントは以下の4点。
①文字、数字などを読みやすく、丁寧に書く
②図も読みやすいよう、描き込み過ぎないこと
③伝えたい情報をしっかり描く。全体をまんべんなく描く必要はない
④図面を汚さないこと

これは、筆者にも頷ける話のように思われます。というのも、CADの場合、一度作成したデータ（図形要素）をコピー&ペーストするなどして再利用することで、図面を描き進めることが可能であるからです。CADを製図道具として使うこと自体には問題はないのですが、手を動かして繰り返し描くことでスケール感覚を身体に叩き込めるチャンスを、新人たちが失っていることに問題がありそうです。

現在はCADによる作図が一般的になっているので、ディテールを覚えようとしたら、意識してトレースをする機会をつくらなければなりません。

トレースをするときは、手本にする図面の縮尺が正しく分かっていることが大切です。トレースしやすい縮尺は1／20か1／10くらいになると思いますが、もしも手本の図面が半端な縮尺であったなら、図面は脇に置いて、数字を読みながら右記の縮尺でトレースし直してみることをお勧めします。1／20とか1／10という縮尺のスケールはセンチ目盛の物差し1つで扱うことができますが、1／40とか1／60といったような縮尺の場合は三角スケールを使わないとできないからです。

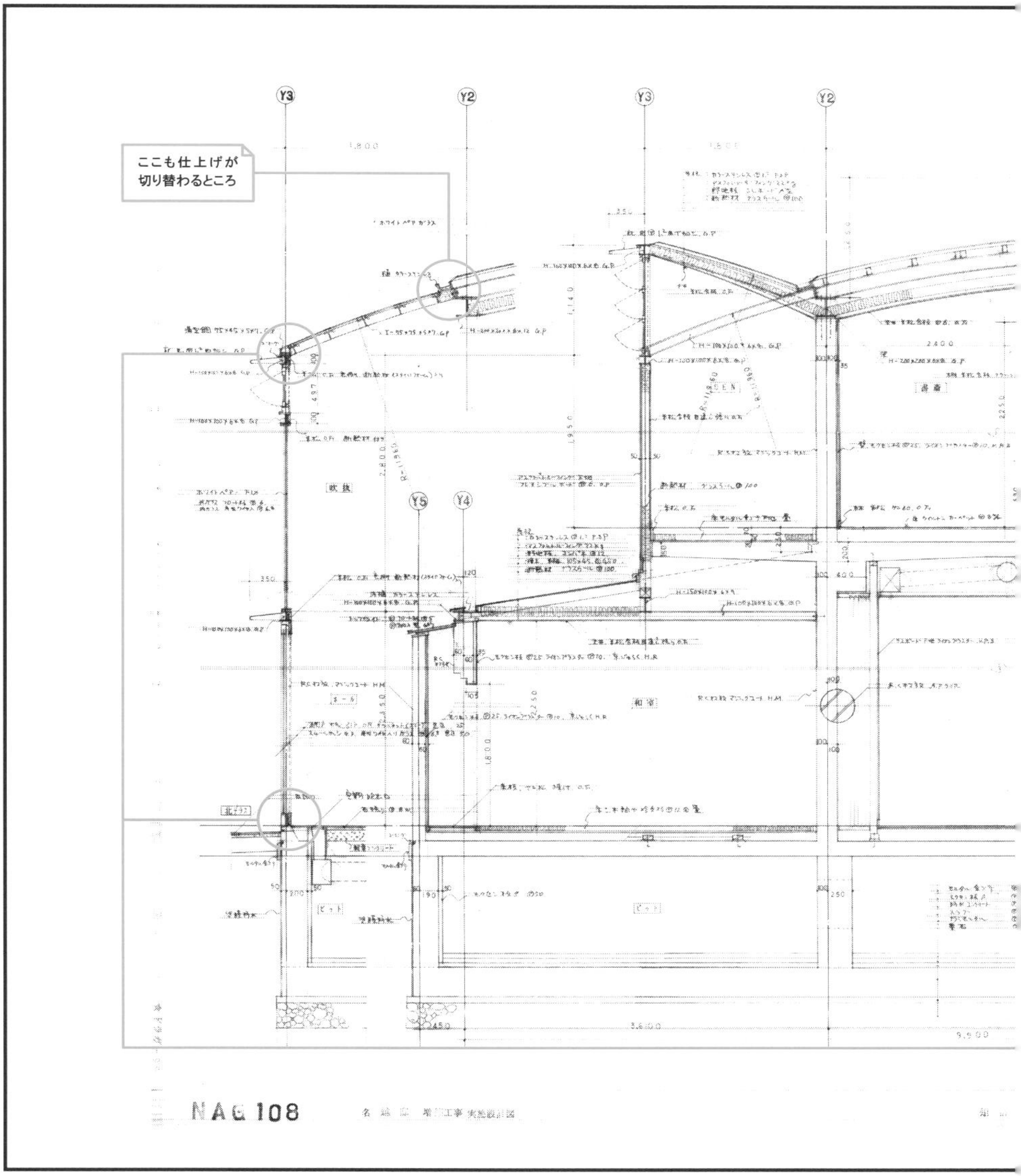

082 コピー／トレースする

模写することでディテールの何たるかを知る

ものづくりは「コピー」から始まるといわれています。よほどの天才でもない限り、ゼロの状態からものごとを発想してつくり出すのは大変なことです。お手本があれば、まずはそれをコピーしてみたうえで、次に自分なりの工夫を加えていく—それがものづくりの原点であるというわけです。

思い起こせば、筆者も設計製図の勉強を始めた頃にまずやったことは、ギリシャ建築のオーダー（列柱）のコピー（模写）であり、吉村順三さんが設計した小住宅の図面をコピーすることでした。

コピーするという作業は、単に描き写すだけのものに思えますが、実はお手本の図面をしっかりと読み解くことをしないと、作業を進めることができません。とりわけ、お手本とは縮尺を変えてコピーする場合には、読み解きができていないと満足に描き写すことすらできないのです。

では、何を読み取ればよいのかというと、まずは書き込まれている文字を読むことです。たとえば、使用されている部材（特に構造材や下地材）の寸法をきちんと読み取ることができれば、図面が描きやすくなります。また、通り心がどのように設定されているかについても、よく理解しておく必要があ

図　コピーするときのポイント

1階平面図

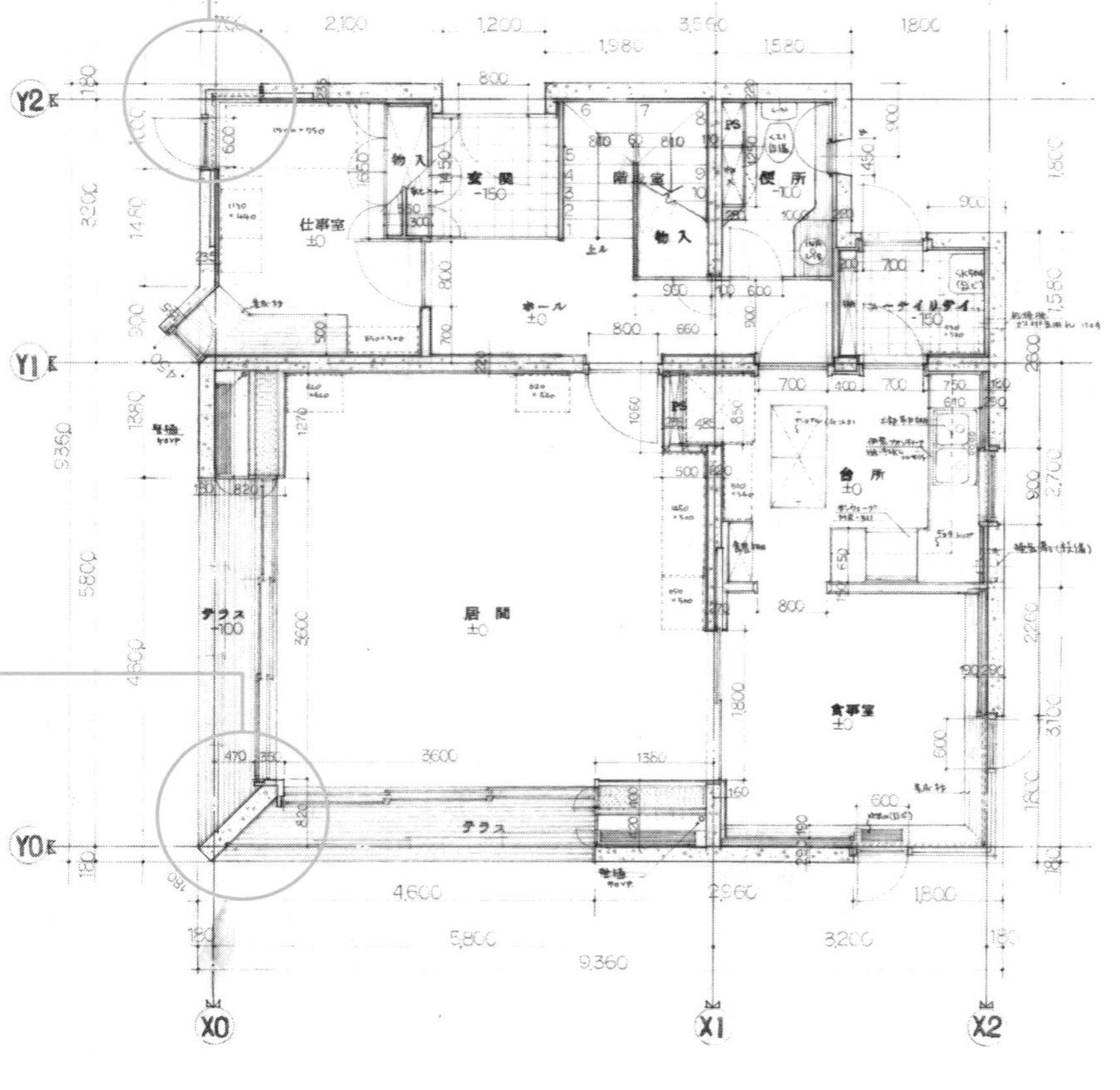

ります。仕上げ面の押さえが通り心からいくつのところにあるかを知る必要があるからです。

その昔、設計事務所で新人の手伝いといえば、それまでにつくられた設計図のなかから、指示された部分納まりを抜き出してコピーし、標準納まり図をつくることでした。そうした作業を通して、経験の少ない若い設計者たちは納まりを覚えていったものです。

コピーするよりも簡単な方法として、168・169頁でも触れた「トレースする」というものがあります。既存の図面の上にトレーシングペーパーを載せ、図面をなぞって、そっくり同じものを描くという方法で、縮尺もそのままです。コピーをするときのように、図面の読み解きをしなくても描くことができますが、それでもこうした作業を繰り返していくうちに、「ディテールとはこういうものだ」ということをだんだんと覚えていったものでした。コピーもトレースも手指を使っているので、一度覚えたらなかなか忘れるものではありません。手・指の感覚がもつセンサー能力の素晴らしさは、機械に勝る職人の手技の凄さをよく見聞きして知るところですが、手や指を通して覚えたことが身体に染み込んでしまうのはだれもが体験できることです。

矩計図

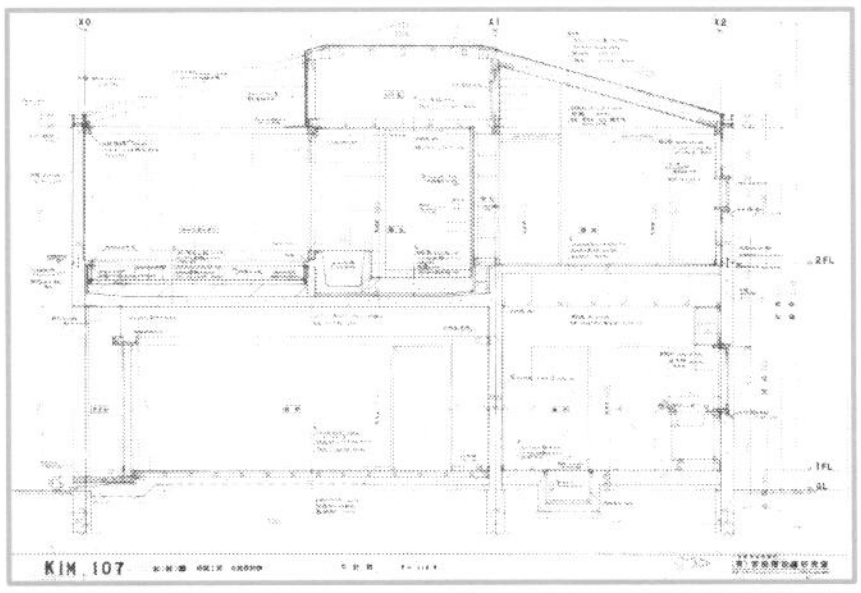

平面図をコピーしようとしているときに、断面に関する情報は余分なものに思われるかもしれないが、矩計図は建築図全体のなかでの情報源としては最上位のものの1つで、コピーしようとしている建物を理解するためには欠かすことができない

仕事室詳細図(原寸図を使用)

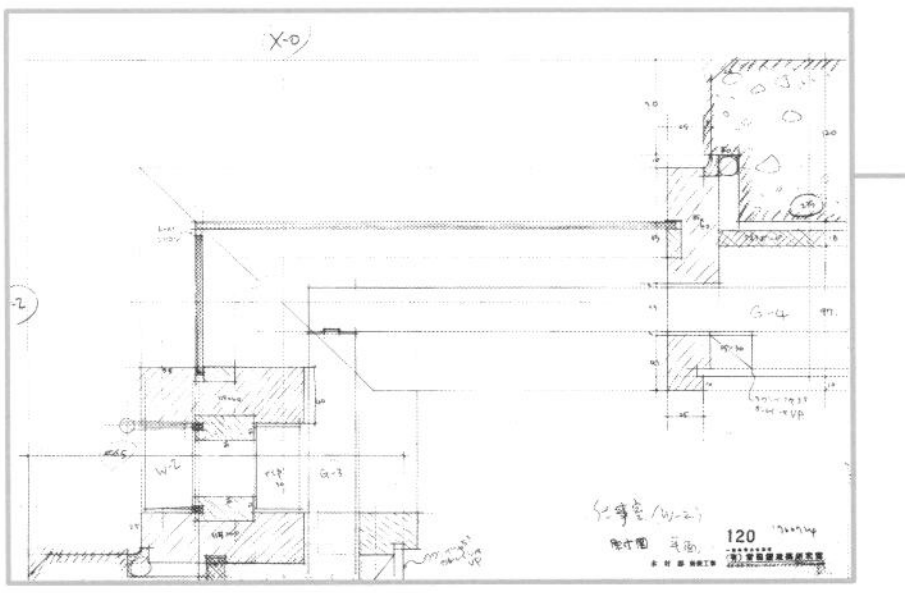

平面図をコピーする際に、作業のポイントとなるものに開口部の枠廻りがある。ここが、あやふやでいいかげんに済ましてしまうと、せっかくの作業の半分が無駄になってしまう。そのため、開口部に関する詳細な資料は可能な限り集めて目を通しておきたい

立面図

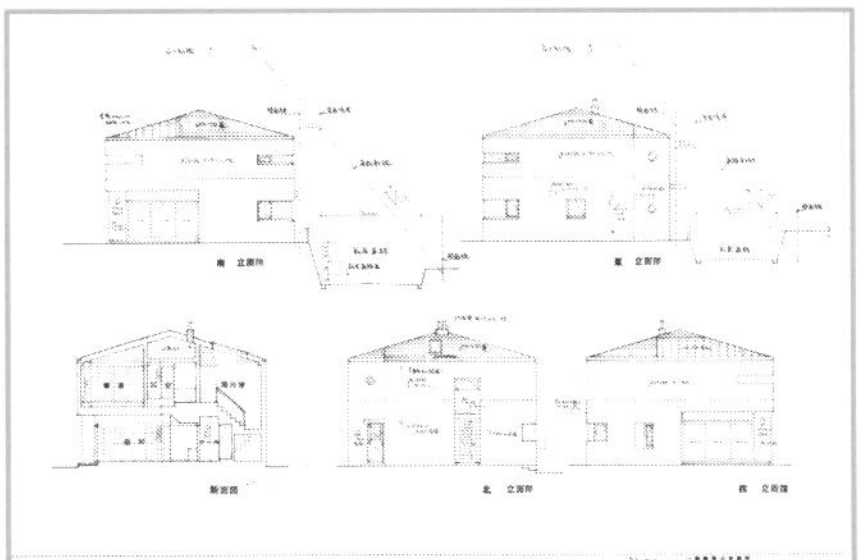

立面図では、開口部が建物のどのような位置にどんな形状であるのかを示している。コピーしようとしている平面図の開口部について、3次元で理解しておくためにはやはり事前に目を通しておきたい資料となる

テラス詳細図(原寸図を使用)

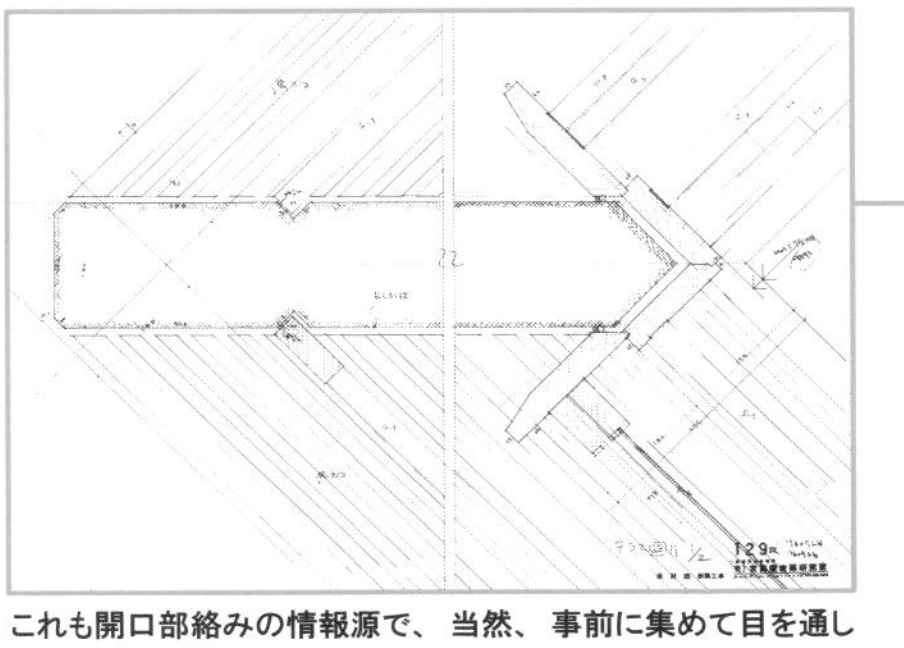

これも開口部絡みの情報源で、当然、事前に集めて目を通しておきたいものだが、このように通常にはない特殊な納め方をしている箇所の情報は、できるだけ詳細なものがほしい

コピーする図面は、まずは平面詳細(1/20)を手掛けるのがよいだろう。詳細図を描きながら原寸もコピーすると、さらに図面を理解する手助けになる。その後は矩計図や立面図などもコピーして建物全体を理解するようにする。図面にトレーシングペーパーを当ててトレースするのも、非常に勉強になるものである

083 縮小図面を原寸に直してコピーする

頭を使いながらコピーすることがディテールを覚える早道

166・167頁で、現実の建物は「原寸」で出来上がるのだから、納まりを検討するのも原寸で考えるようにしたほうがよいと述べましたが、既存の図面をコピー（模写）するときも、可能な限り原寸でコピーするように心がけたほうが勉強になります。

建築の図面には、「平面図」「立面図」「断面図」「矩計図」「展開図」「詳細図」など、さまざまな種類がありますが、通常はどの図面も縮尺で描かれています。建物の種類や使用する用紙のサイズで違いがありますが、たとえば平面図であれば1／100あるいは1／50の縮尺を使うのが一般的で、平面詳細図で1／20か1／10程度、平面の部分詳細図で1／5か1／3、あるいは1／2の縮尺になります。また、矩計図では1／50や1／20の縮尺が一般に使われています。

170・171頁で述べたように、これらの図面を傍らに置いて同じ縮尺でコピーするのはとても勉強になりますが、それをもうひと手間かけて、原寸に直しながらコピーしてみると、設計者が考えていたことや納まり具合などがより明確に見えてきて、得るところが非常に多い作業になります。

図

原寸に直してコピーするときのポイント

元となる図面（1・2階平面図[原図S＝1：50を1：200に縮小]）

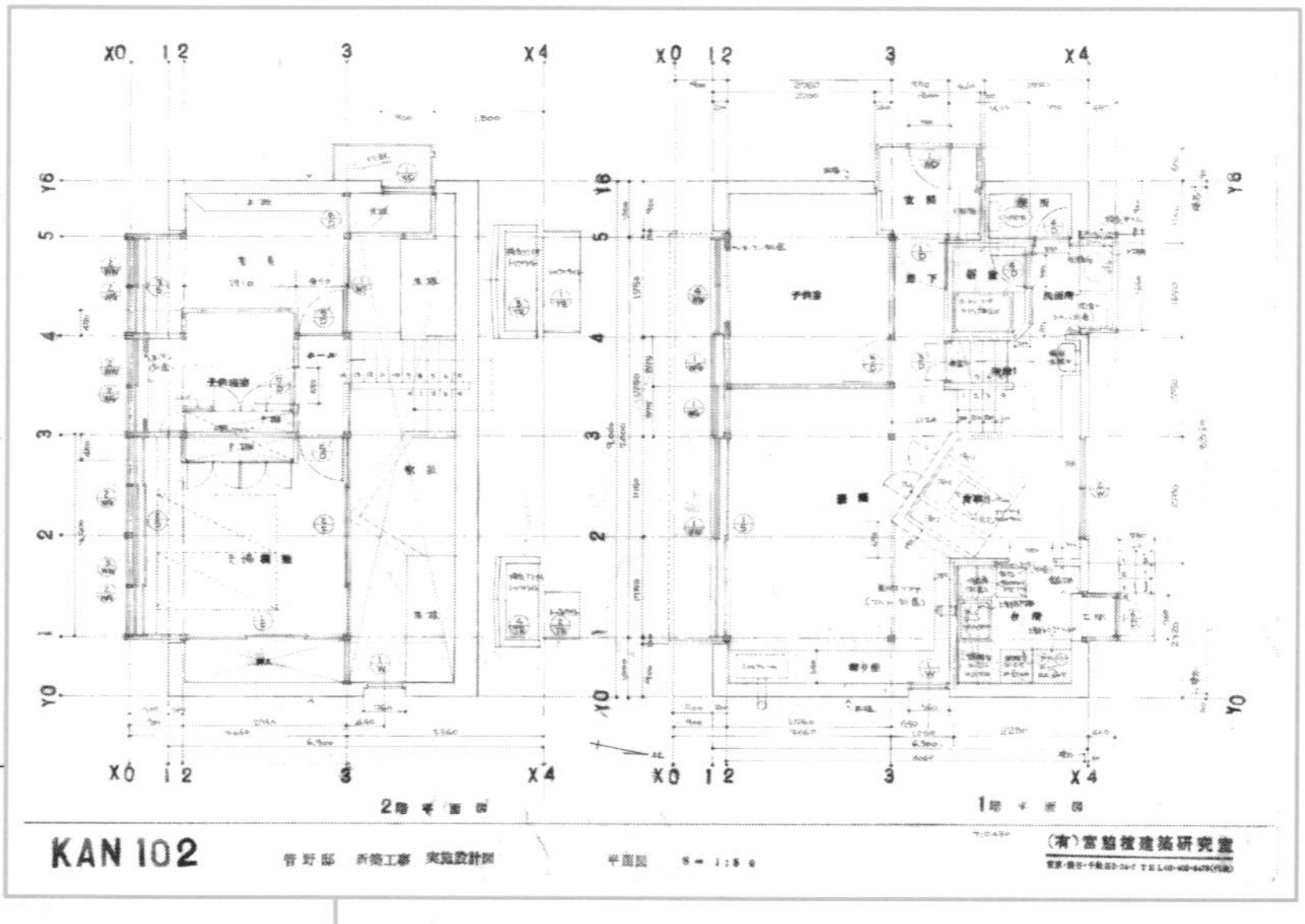

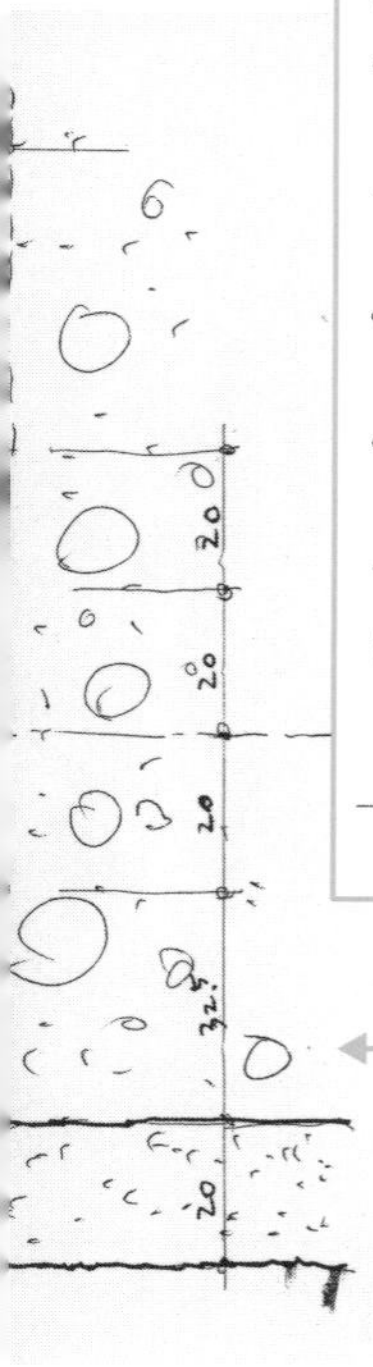

①建物の全体像を把握するために、平面図、立面図、断面図（それぞれ縮尺は1／100または1／50程度）を用意する。今回は平面図の一部を原寸で描いてみることにする

- 原寸図を描こうというのだから、まずできるだけ詳細図（詳しいほど望ましい）を用意して、その設計で使われている基本的な納め方のルールを整理する。図面の種類もできるだけ多く集める
- 集めた資料から原寸図にする部分を選ぶ。どの部位にするか、どの範囲まで描くかなどを決めるのは、集めた資料を見て、興味をひかれたところでよい。描く範囲は手元の用紙のサイズで決めるが、最低でもA4、できればA2くらいは用意したい
- 基準線をどれにするかを決める。通常は通り心を使うと描きやすいが、描く部位によっては、仕上げ面などを基準にしてもよい。資料の図面に寸法の記入がない場合、直接スケールを当てて読み取るか、仕様書や仕上げ表に数字で記入がないか確認する
- 色鉛筆を用意して、構造材と仕上げ材、コンクリートと木材など、対象を色分けして描いてみるのも、構成の仕組みを理解する方法の1つになる
- 描きながら施工順序を考えてみるのも理解の助けになる。特に入り組んだところは、施工道具を持った状態で手が入るか、あるいは作業するスペースが確保できているかなどを考えてみる

このとき、1／100の図面をただ1／1に置き換えただけではスカスカの図面になってしまいます。というのも、1／100の図面に描かれている情報量は限られていて、原寸図に耐えられるだけの内容を含んでいないからです。

原寸に直しながらコピーするときには、平面図であれば1／50で描かれた一般図と1／20程度の平面詳細図、あるいは1／5程度の部分詳細図といった具合に、できるだけ情報量の多い図面を用意するとよいでしょう。その際、もしもコピーしたい部分を描いた詳細図がなかった場合には、類似の部分が描かれた別の詳細図を見て、描こうとしている部分の納まりを類推しながら作業を進めるようにします。

このように、幾種類かの図面を見比べながら、あれこれ考えを巡らせて図面をコピーすることで、納まり（ディテール）とはどのようにできているのかを覚えていくよいチャンスになるのです。この作業は170・171頁の方法とは違って、資料として用意できる図面の種類に限りがあるかもしれません。おそらくコピーしようとする部分の原寸図は存在していないかもしれません。したがって、想像力が必要になります。

1階平面詳細図［原図S＝1：10を1：40に縮小］

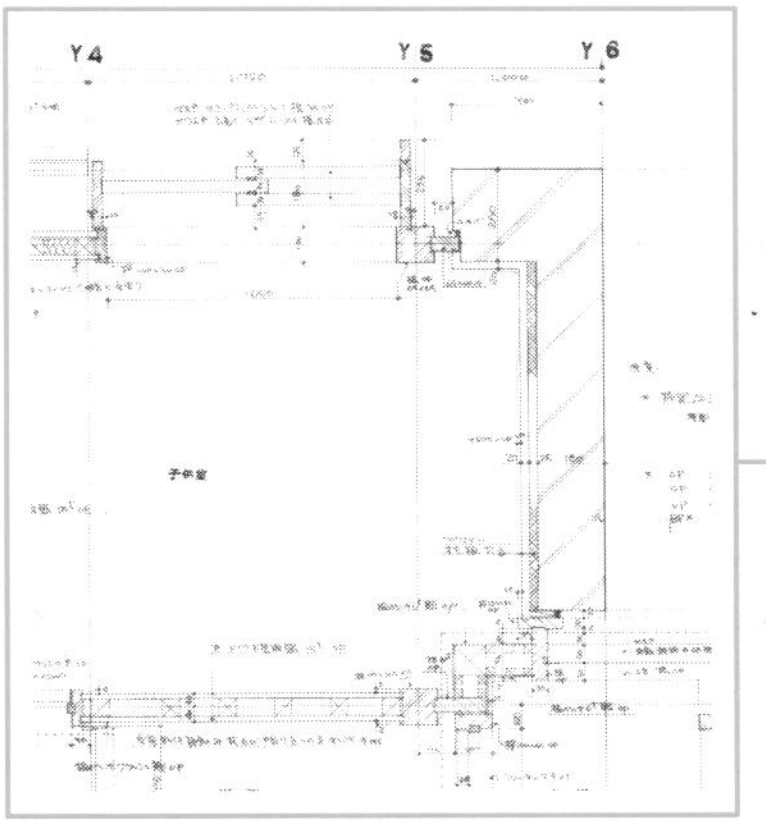

②今回は1階の一部を描くことにして、集めた資料から平面詳細図を用意。検討の結果、木とコンクリート、内と外の要素が絡まる部分を選ぶ

原寸コピー［原図S＝1：1を1：2に縮小］

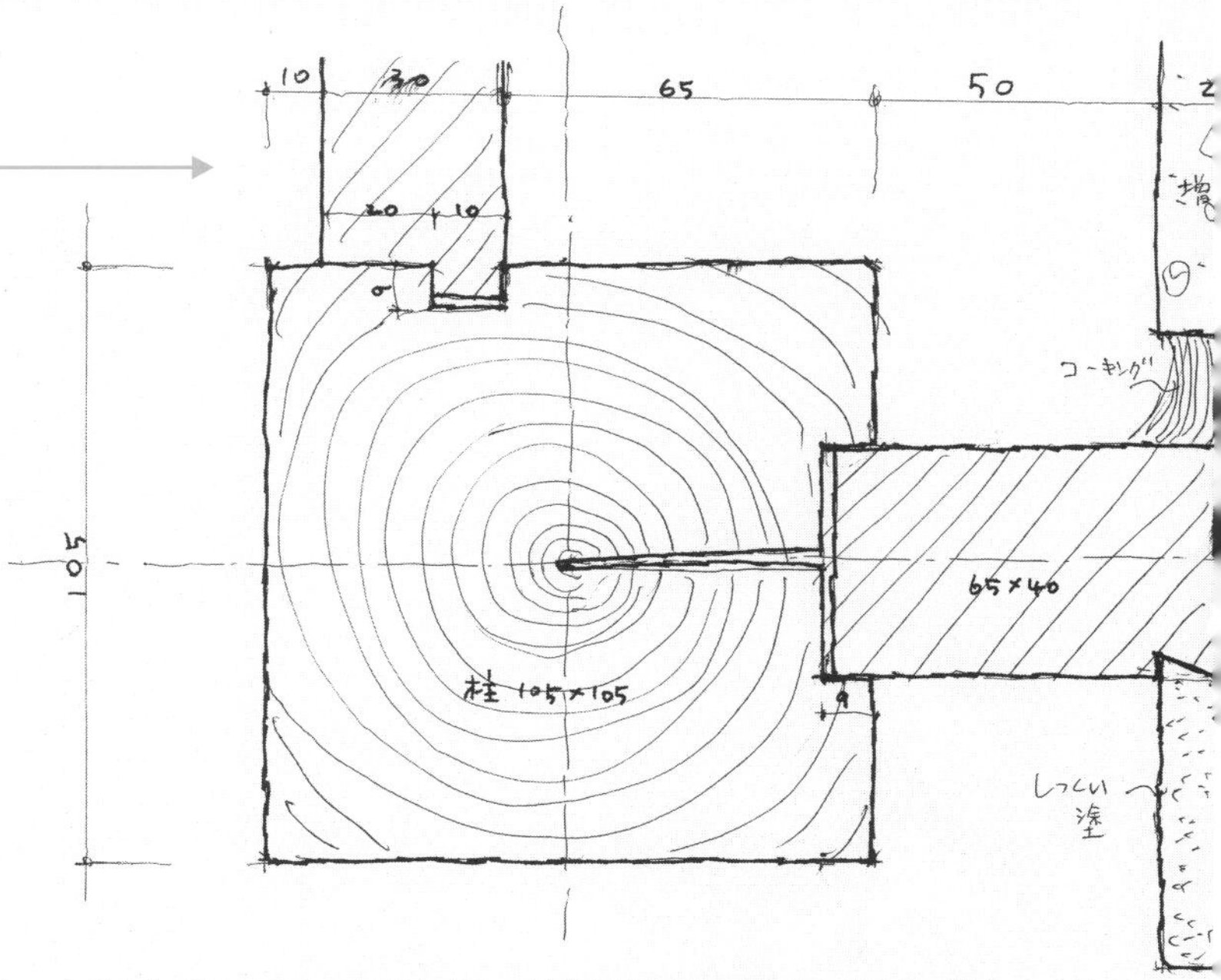

③木造の柱とコンクリートの壁との出会い方（混構造のポイントの1つで、どれくらい近づけるか、どれくらい離すかが検討の対象になる）を確認し、狭い部分での施工性をチェックしてみる（たとえば、シール打ちを施工のいつの時点でどこから行うか、など）

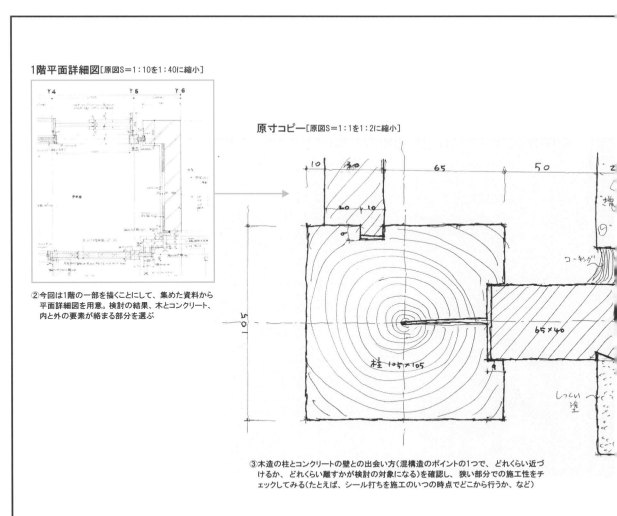

084

参考図書にあたる

自分に合ったディテールかの見極めがポイント

ディテールを勉強しようと思うなら、市販されているディテール標準図集のような出版物をあたってみるのもよいでしょう。このような出版物はディテールを覚えるための教科書になるでしょうし、座右に置いておけば、納まりを検討しているときにヒント集としても使うことができます［写真1〜4］。ただし、〝標準〟図集といっても内容はさまざまで、なかには初心者にとって分かりにくいものもあります。

そもそも建築のディテールというものは、その建築固有の条件があり、そこで求められている要求を満たすためにつくり出されているものです。そして、その条件や要求の内容・レベルは、すべての建築で一律なわけではありません。ですから、あちらこちらから集められてきた図面を「標準図です」と差し出されても、「自分が今、考えている条件に比べてどうなのか」とか、「ひょっとしたらオーバースペックかもしれない」などといったことを検討しながら参照しなくてはならないため、少し建築をかじったレベルの人でないと読み取るのが難しいのです。

ディテール（納まり）に関する出版物は、単行本から月刊の専門誌まで、数多くの種類があります。規模の大きい書店を訪ねると、いろいろなタイプのものを実際に手にとって見ることができるので、自分に合ったものを確認してみることをお勧めします。もしもどれがよいのか迷うようでしたら、先輩や現場経験のある仲間はどのようなものを参照しているのか、使い勝手はどんな具合かなどを相談してみるとよいでしょう。よい参考書かどうかは、実際の現場で照合してみてはじめて分かるものだからです。

ところで、参考図書の事例にはすぐに使えるものが載っている場合と、今ではあまり使われないものが載っている場合とがあります。たとえば現在、一般に使われている工法や材料によるものは、いわば鮮度のよい事例ですぐに使えます。半面、伝統的な納め方のように、基本的な納まりで、知識として知っておく必要があるものの、現代の現場ではあまり一般的でないものは〝使えない〟事例といえます。しかし、納まりを勉強するには、両方とも知っておく必要があります。特に〝使えない事例〟といっても、基本的な考え方は不変で、たとえばシール打ちについて、油性コーキングしかなかった時代には「隠して使え」といわれましたが、その原則は現代にも通用します。

写真1

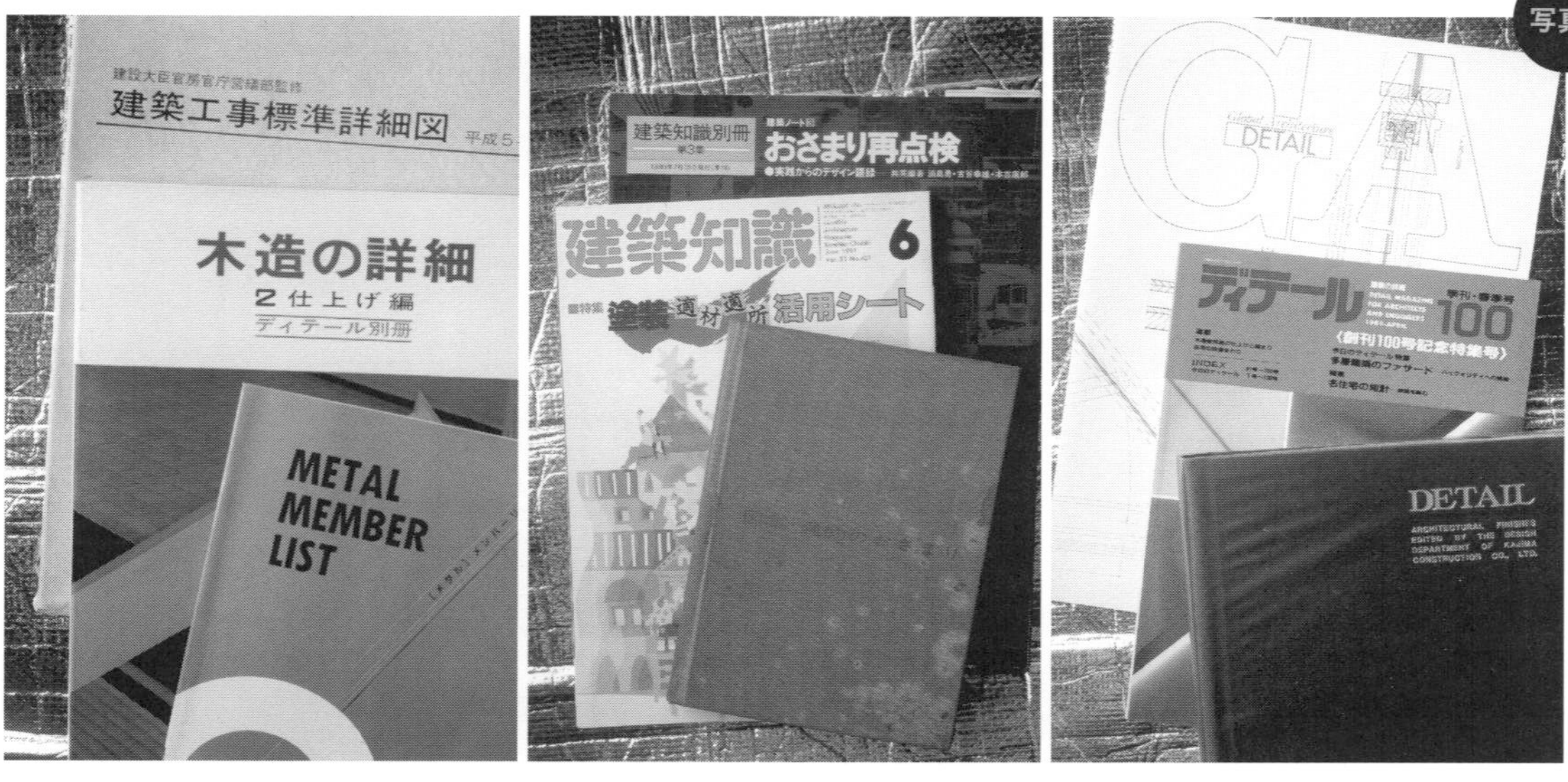

これは参考書の一例。専門誌（特集もの）や単行本など形式はいろいろだが、必要とするときに揃えればよい

写真②～④は、筆者の座右の参考書である。この参考書は、筆者が建築を学び始めたときに購入したものだが、いまだに手元に置いて時々開いている。購入当時は新鮮だった事例も今ではすっかり古びてしまったが、全体としてはベーシックな伝統的納まり例が多く収録されていて、それが現在、参考になっている。いわゆる温故知新というところか。この写真は、屋根の納まりの頁。軒先の納まりを中心にいろいろな屋根葺き材料別に解説がある。木造の伝統的納まりに絡んだ例が豊富にある。「淀」「広小舞」などの独特の用語使いはここで覚えた

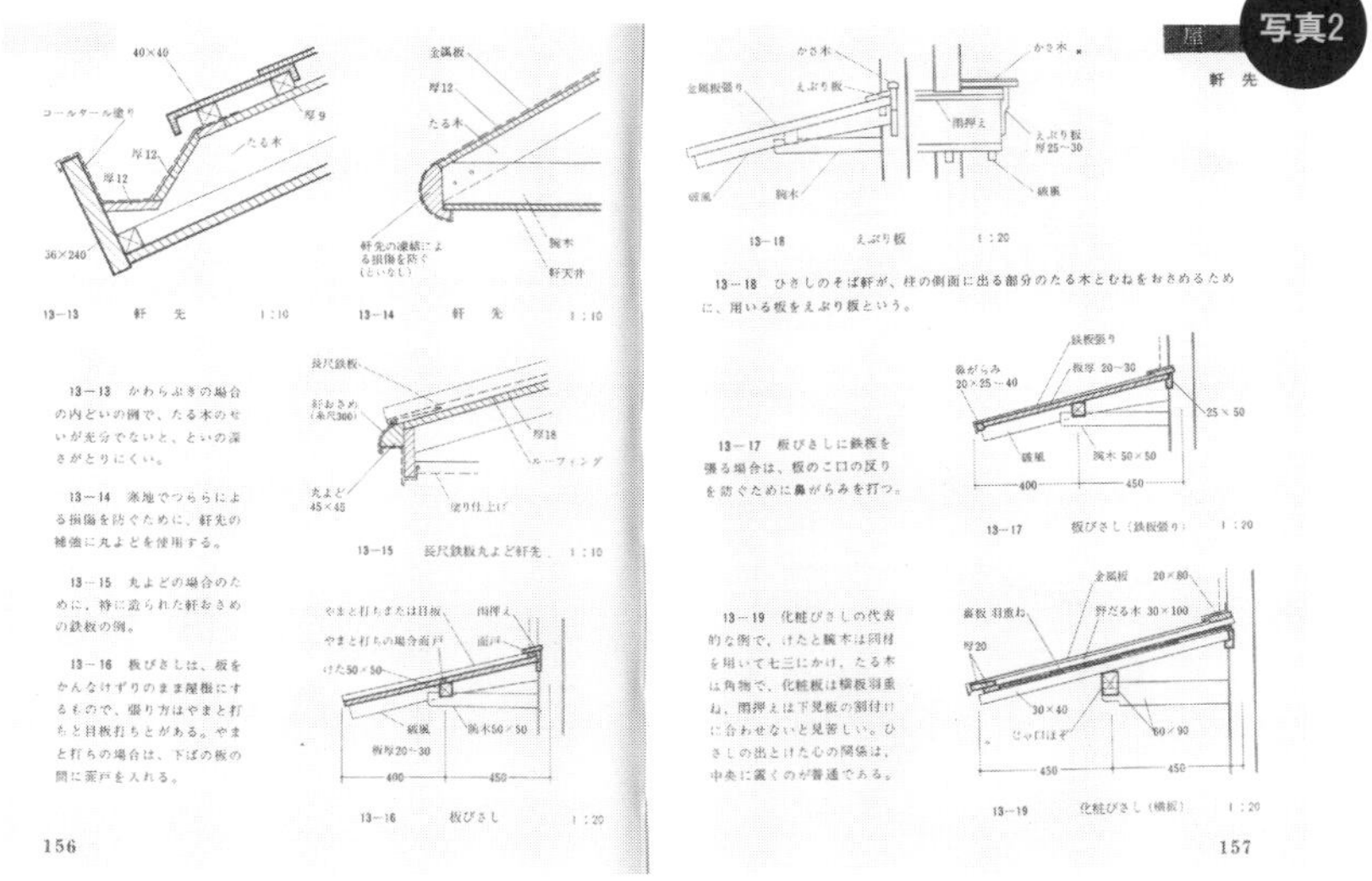

瓦の納まり。瓦の納まりは、日本で建築設計を生業としてやっていくからには必須の知識のはずであるが、学校では教えてもらわなかったし、社会に出てからは、瓦屋根の建物を担当する機会に出会わず、結局はこの参考書で覚えた

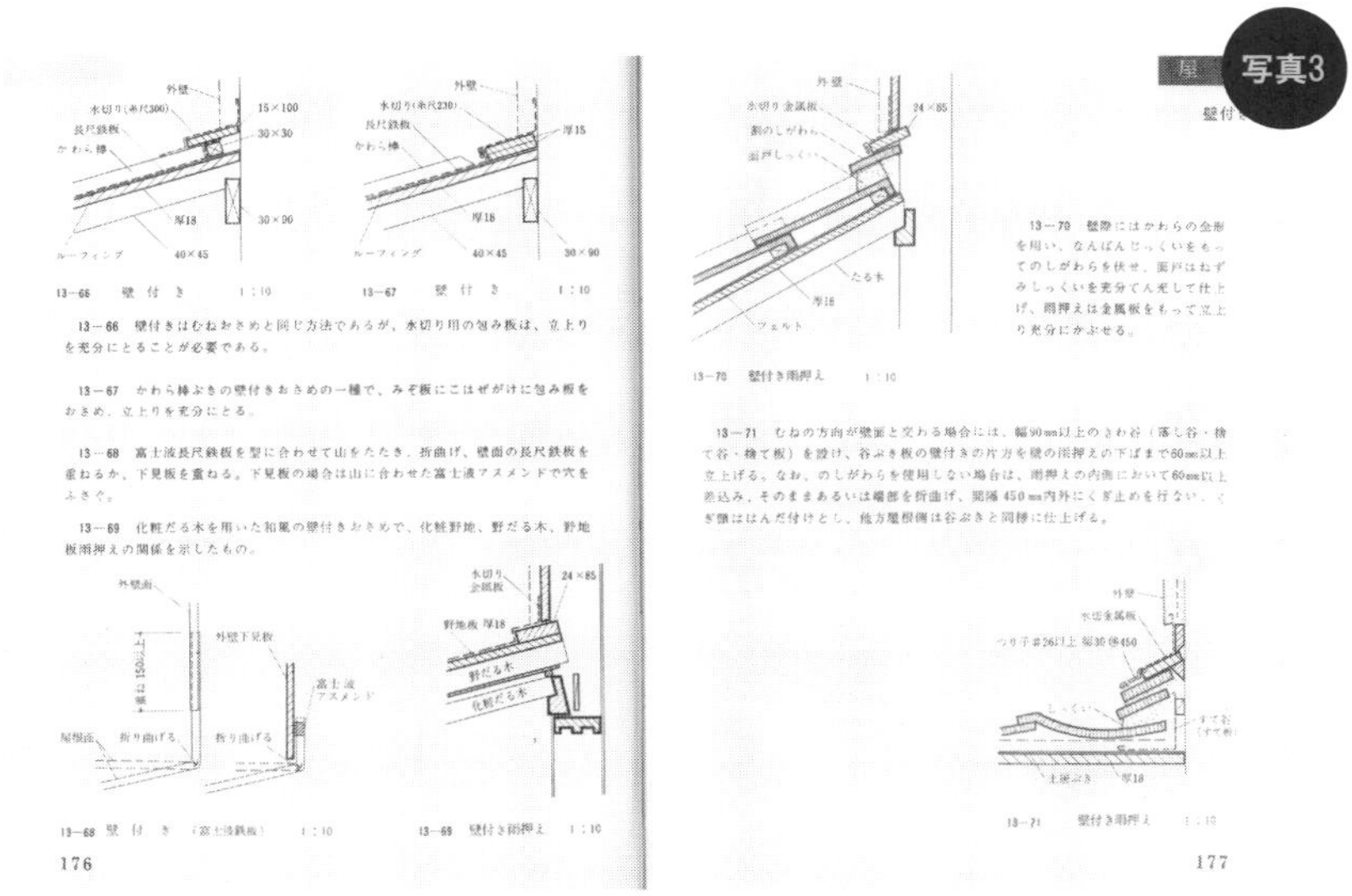

濡れ縁の納まり。これも日本の伝統的建築に関係が深い納まり例になるが、内なるインテリアスペースと、外なるエクステリアスペースとを気持ちよくつないでくれる「中間領域」（グレーゾーン）をつくる知識として知っておきたい納め方である

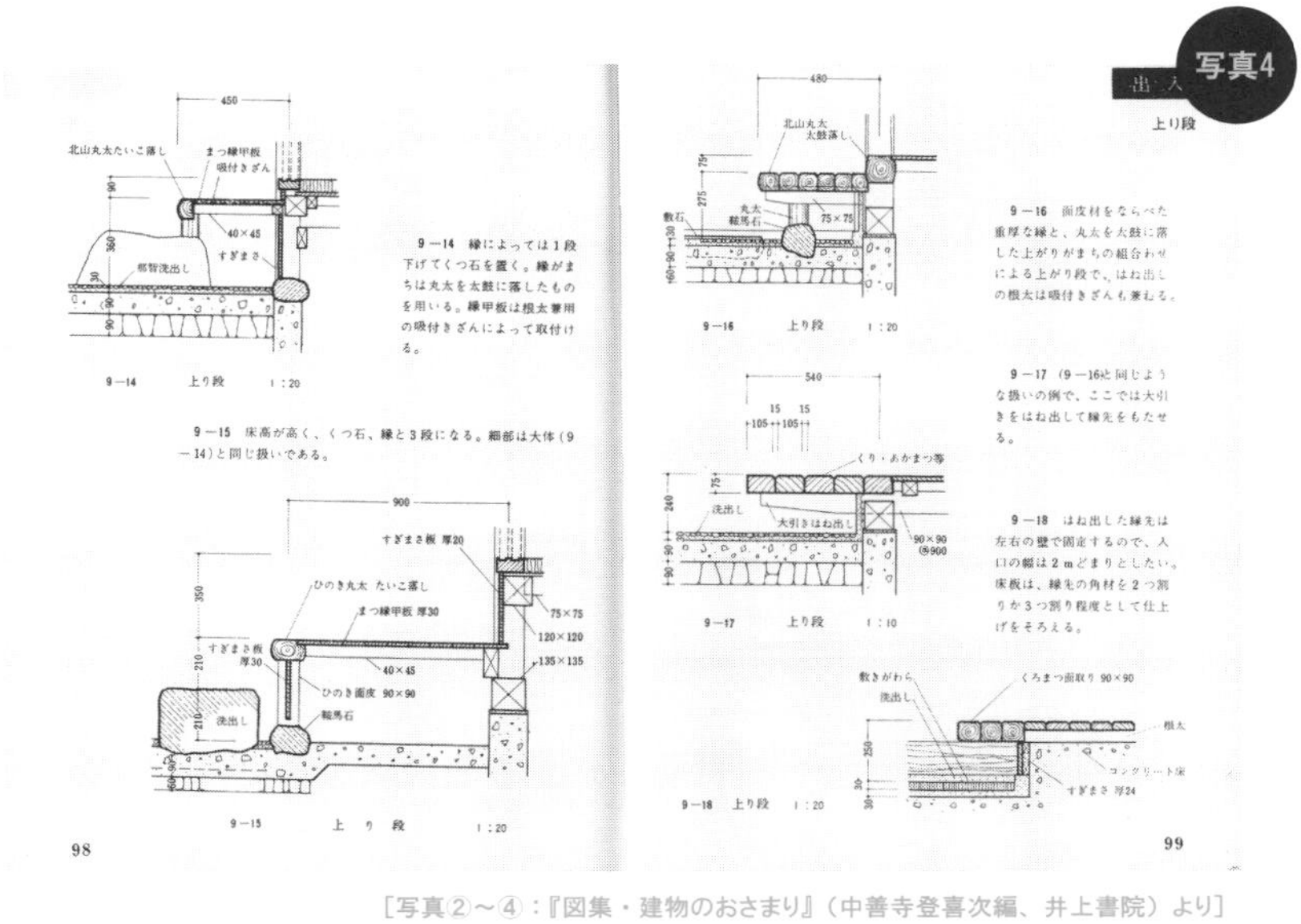

[写真②～④：『図集・建物のおさまり』（中善寺登喜次編、井上書院）より]

085

カタログの施工例を見る

製品と周りの部材との取り合い部分のディテールが分かる

メーカーが発行する建築材料や部材、部品などのカタログを見ると、製品の説明に加えて、その製品を建物に納めたときの施工例が載っていることがあります。施工例の図面は、製品単体の図面と異なり、その製品と出会う周りの情報も併せて描かれているので、ディテールを勉強する人にとっても参考になります［図1］。

たとえば、サッシのカタログに載っている納まり例の図面には、サッシ枠とそれを固定する受け材（まぐさや窓台など）との関係が描かれているので、サッシ枠と受け材との位置関係や離れ寸法の見当が付けられます。また、サッシ枠のどの部分が使われて固定されるのかについても分かるほか、壁仕上げと枠のアングルとの関係やシールを使う位置、あるいはシール断面の大きさなども描かれているので、壁仕上げとサッシ枠との納まりの見当を付けることができます。

設備機器の場合は、取り付けに必要なスペースや、メンテナンスに必要なスペースとその位置についての情報を得ることができる可能性があるので、納まりを検討する際にはとても参考になります。

そのほか、「施工要領書」や「取扱説明書」といった資料も入手できるとよいでしょう。というのも、そこには施工の手順だけでなく、施工にあたっての注意事項や、やってはいけないことなどが記載されているので、製品の納まりを考えたり、製品と出会うほかの部材との納まり加減がとてもよく分かるからです［図2］。

ただし、施工例の図面は、かなり有効な情報源になるのですが、情報の信頼性が高いのはあくまでそのメーカーの製品部分であることに注意が必要です。製品の周りに描かれているほかの建築材料については、メーカーの側からすれば、いわば〝よそもの〟であるため、参考程度に考えて見ていたほうが無難です。たとえば、サッシメーカーの作成した施工例の図面には、サッシの受け材である窓台やまぐさ、あるいは縦枠が描かれていますが、参考になるのは受け材とサッシとの離れ寸法のみで、受け材そのものの断面寸法がよく検討されているという保証はありません。同様に、サッシ枠廻りに納まっている壁仕上げについても、仕上げ材料に見合った納まりが検討されて描かれているという保証はないので、そのつもりで参考にしてください。

図2

施工要領書・取扱説明書の例
［設備機器の例］

ディテールを決定するために必要な情報

本体の取付

I. 本体据付上のご注意
据付場所は次のような場所とし、工事を始める前にお客様とよく打合わせてください。
(1) 温風が室内に十分にゆきわたる場所。
(2) 吸込口、吹出口の周囲に障害物のない場所。
(3) 運転時の製品重量に十分に耐えられる壁面または床面に確実に固定してください。

II. 本体据付工事上のご注意
据付工事に際しては、次の点にご注意ください。
(1) 壁面取付の場合、取付壁面は厚さ7mmの合板と同等以上の強度が必要です。壁面の強度が不足の場合には製品固定用の穴位置に合わせ補強をしてください。またコンクリート壁にはスタープラグをご使用ください。
(2) 製品固定用穴位置は下図の通りです。
(3) ファンコンベクターの両側は50mm以上、上方は300mm以上の寸法をあけてください。
(4) 壁面取付で床面にジュータンなどを敷く場合は床面から製品底面までを約30mmとし床面と製品底面までは最大200mmまでとしてください。

メンテナンスのために最低限確保しなければならない

安全のためにクリアしなければならない条件

図1

カタログの施工例を見るときのポイント

施工上のご注意

●外壁の戸外側への遮音シートの施工は、結露の原因になりますから避けてください。
　戸外側の施工には、調湿・防音・断熱性にすぐれた下地材［ダイケンシージングボードIC］をおすすめします。

各部納まり詳細図

こういった絵は施工状態を理解する手助けになる

■壁への施工例

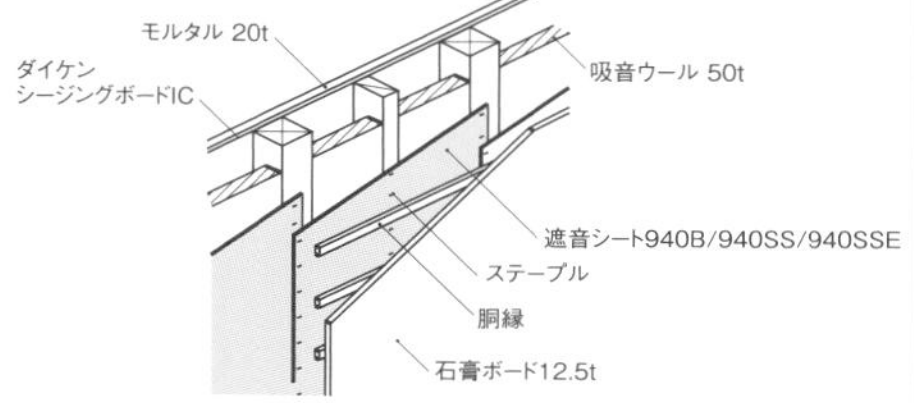

［リフォーム施工例］

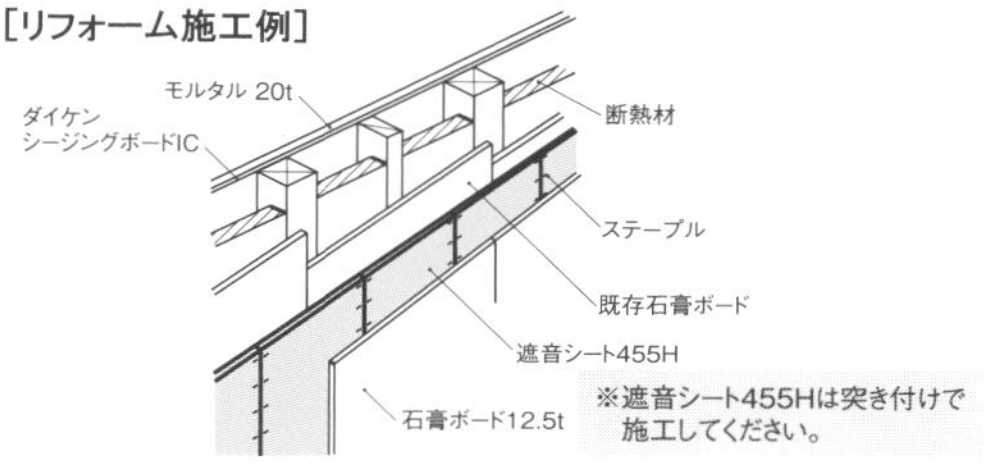

※遮音シート455Hは突き付けで施工してください。

■天井 - 壁の納まり

構成材を知る情報源

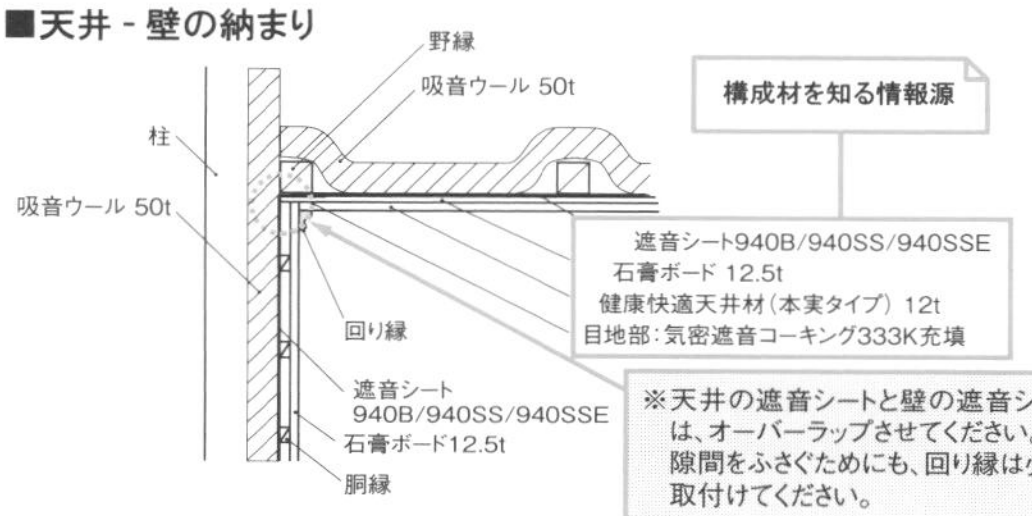

※天井の遮音シートと壁の遮音シートは、オーバーラップさせてください。
隙間をふさぐためにも、回り縁は必ず取付けてください。

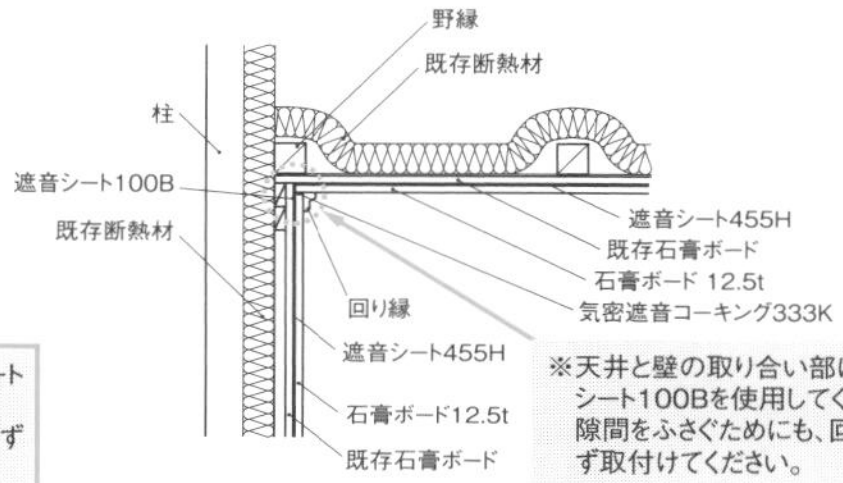

※天井と壁の取り合い部には、遮音シート100Bを使用してください。
隙間をふさぐためにも、回り縁は必ず取付けてください。

■壁 - 床の納まり

※壁の遮音シートと床の遮音マットは、オーバーラップさせてください。
隙間をふさぐためにも、巾木は出巾木としてください。

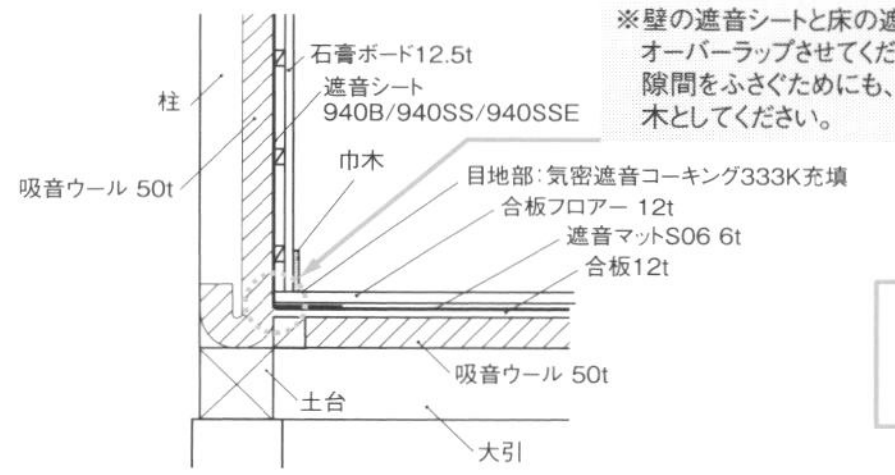

このような注意書きは性能を確保するための参考になる

※天井と壁の取り合い部には、遮音シート100Bを使用してください。
隙間をふさぐためにも、巾木は出巾木としてください。

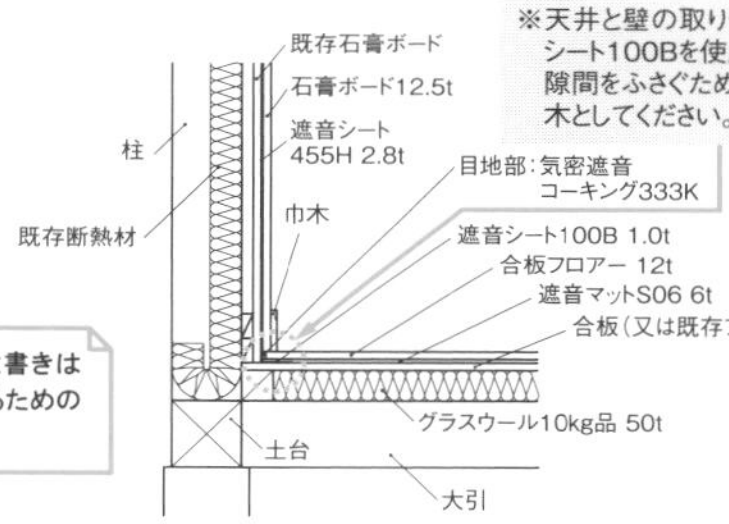

■入隅の納まり

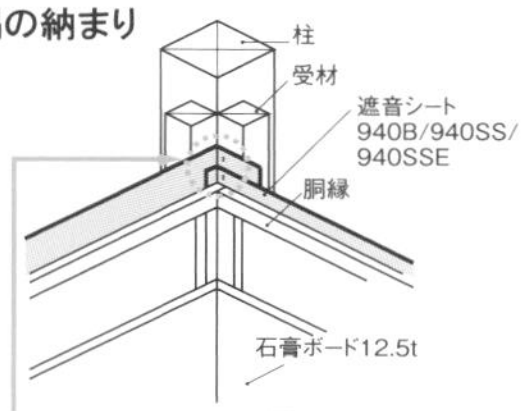

※遮音シートは必ず重ね代をもうけて施工してください。

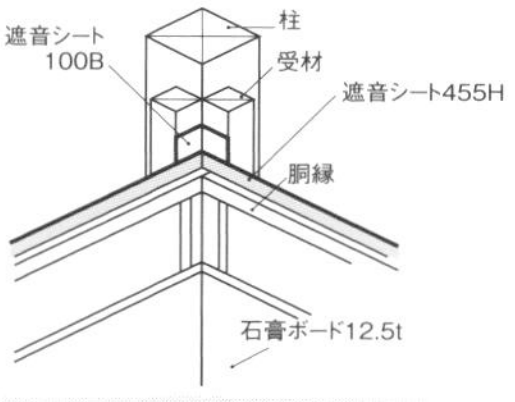

※遮音シート455Hは突き付けで施工してください。
隙間をふさぐために遮音シート100Bを使用してください。

■出隅の納まり

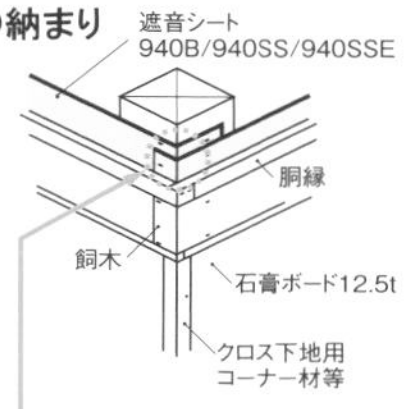

※遮音シートは必ず重ね代をもうけて施工してください。

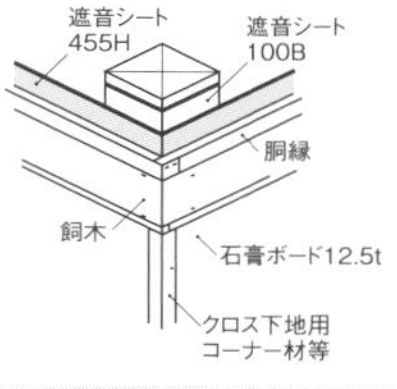

※遮音シート455Hは突き付けで施工してください。
隙間をふさぐために遮音シート100Bを使用してください。

■窓回りの納まり

※隙間は必ず気密遮音コーキング・パテなどで埋めてください。

［共通情報］

遮音性能　（単位：dB）

製品	オクターブ帯域中心周波数（Hz）					
	125	250	500	1000	2000	4000
遮音シート940B	11	12	16	20	26	32
遮音シート940SS/940SSE	8	10	15	19	24	30
遮音シート455H	8	15	22	28	32	40

CHAPTER 07 ─┼─ どうやって覚えるか

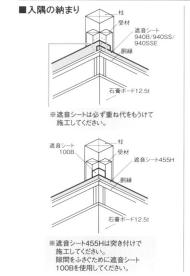

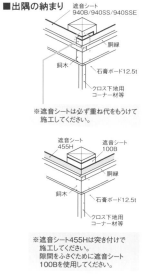

086

材料の規格寸法を知る

規格寸法を知っているかどうかで納まりを検討するときの能率に差が出る

建築の納まり（ディテール）を検討するにあたり、あらかじめ知っておきたい知識の1つとして、主要な建築材料の規格寸法に関する情報が挙げられます。たとえば、鋼材の型材の寸法、ガラスの厚みと製作可能最大寸法［表1・2］、製材された木材の規格寸法、金属板の厚さと縦横寸法など、いろいろな種類の情報がありますが、特殊なものを除いて、汎用性のある部材ほど繰り返し使われます。したがって、こうした規格寸法を覚えているかどうかで、納まりを検討するときの能率に差が出るものと思われます。

ここで気を付けたいのは、規格寸法を使うことが、納まりを考えるときの最優先条件ではないということです。納まりを考えるときの基本的な心構えは、その部分に与えられている条件や要望を満足させる最適の答えを用意してあげることです。無理をしてまで規格部材を使わなければならないということではありません。たとえば、ある部分の納まりを検討しているなかで、規格外の部材を使うことが最適の答えであるとしたら、材料を特別に加工したり、製作したりすることを考えるのが本筋です。

しかし、特注をするということは、それなりにコストと時間がかかることを覚悟しなければなりません。現実的にその余裕がないときにはどうすればよいのでしょうか。そのときには「これが最適の答えだ」と決めた内容をもう一度見直してみてください。求められている性能や機能の条件、対象の部位が置かれている状況や条件、あるいは周辺との関係などを洗い直してみるのです。その結果、特注しなければならないと思っていた部材が、納め方が少し変わることで、既製のサイズのものでも間に合わせることができるかもしれません。あるいは探し求める範囲をもっと広げれば、求めていたサイズのものが思いもよらないところで見つかるかもしれません。

もう1つの考え方は、既製の型材で検討していたものを、折り曲げや溶接などの加工品に置き換えてみることです。どんなところにも通用する方法ではありませんが、いわゆる町工場でつくることになるので、時間やコストの負担もほどほどに済むでしょう。筆者の経験では、簡単で安くできるだろうと考えて、ステンレス板での細工物を町工場に持ち込んだところ、材料費はかかるが、加工が容易で手間代が安くなるといわれ、ステンレスより安くできた真ちゅう物を手にしたことがあります。

表1

ガラスの高さ別・使用可能面積表 ［フロート板ガラスの例、単位 ㎡］

地上高［m］	階数	風圧力［kg／㎡］	ガラス厚 3mm	4mm	5mm	6mm	8mm	10mm	12mm	15mm	19mm
3		100	1.80	2.60	3.60	4.40	8.00	10.00	12.00	17.00	26.00
4		100	1.80	2.60	3.60	4.40	8.00	10.00	12.00	17.00	26.00
5	(1)	107	1.67	2.43	3.35	4.12	7.48	9.35	11.21	15.89	24.30
6		118	1.53	2.20	3.05	3.73	6.78	8.47	10.17	14.41	22.03
7		127	1.42	2.05	2.83	3.46	6.30	7.87	9.45	13.39	20.47
8	(3)	136	1.33	1.91	2.65	3.23	5.88	7.35	8.82	12.50	19.11
9		144	1.25	1.81	2.50	3.06	5.56	6.94	8.33	11.81	18.06
10		152	1.18	1.71	2.37	2.89	5.26	6.58	7.89	11.18	17.11
11		159	1.13	1.64	2.26	2.77	5.03	6.29	7.55	10.69	16.35
12	(4)	166	1.08	1.57	2.17	2.65	4.82	6.02	7.23	10.24	15.66
13		173	1.04	1.50	2.08	2.54	4.62	5.78	6.94	9.83	15.03
14		179	1.00	1.45	2.00	2.47	4.47	5.59	6.70	9.50	14.53
15	(5)	186	0.97	1.40	1.94	2.37	4.30	5.38	6.45	9.14	13.98
16		192	0.94	1.35	1.88	2.29	4.16	5.21	6.25	8.85	13.54
18	(6)	198	0.91	1.31	1.82	2.22	4.04	5.05	6.06	8.59	13.13
20	(7)	203	0.88	1.28	1.76	2.18	3.94	4.93	5.91	8.37	12.81
22		208	0.87	1.25	1.73	2.12	3.85	4.81	5.77	8.17	12.50
24	(8)	213	0.85	1.22	1.69	2.06	3.76	4.69	5.63	7.98	12.21
26		217	0.83	1.20	1.63	2.04	3.67	4.61	5.53	7.83	11.98
28	(9)	221	0.81	1.18	1.63	1.99	3.62	4.52	5.43	7.69	11.76
31	(10)	226	0.80	1.15	1.59	1.95	3.54	4.42	5.31	7.52	11.50

※ 風力係数：0.8、安全率2.5として計算

表2

ガラスの規格寸法例

単板ガラス

種類			標準厚さ[mm]	略号	最大寸法[mm]	重量[kg／㎡]
透明板ガラス	フロート板ガラス		1.9	FL2	914×813 1,219×610	5
			3	FL3	1,829×1,219	7
			4	FL4	1,829×1,219	10
			5	FL5	3,658×2,438	12
			6	FL6	4,572×2,921	15
			8	FL8	7,620×2,921	20
			10	FL10	7,620×2,921	25
			12	FL12	10,160×2,921	30
			15	FL15	10,160×2,921	37
			19	FL19	10,160×2,921	47
摺り板ガラス			1.9	G2	914×813 1,219×610	5
			3	G3	1,829×1,219	7
			5	G5	1,829×1,219 2,134×914	12
型板ガラス	薄型板ガラス		2.2	F2	914×813 1,219×610	5
	厚型板ガラス		4	F4	1,829×1,219	9
			6	F6	2,438×1,829	15
	片面磨水摺田毎		6.8	PGT	2,438×1,829	16
	網入り型板ガラス	クロスワイヤ	6.8	WKC	2,438×1,829	17
		ヒシワイヤ	6.8	WKH	2,438×1,829	17
			6.8	WRH	2,438×1,829	17
			6.8	WSH	2,438×1,829	17
	線入り型板ガラス	プロテックス	6.8	WKT	2,438×1,829	17
網入り・線入り板ガラス	網入り磨き板ガラス	クロスワイヤ	6.8	PCW	3,048×2,438	17
		ヒシワイヤ	6.8	PHW	3,048×2,438	17
			10	PHW10	4,572×2,438	25
	線入り磨き板ガラス	プロテックス	6.8	PTW	3,048×2,438	17
			10	PTW10	4,572×2,438	25
	熱線吸収網入り板ガラス	グレー、ヒシワイヤ	6.8	GPHW	2,438×1,829	17
		ブロンズ、ヒシワイヤ	6.8	BPHW	2,438×1,829	17
	熱線吸収線入り板ガラス	グレー、プロテックス	6.8	GPTW	2,438×1,829	17
		ブロンズ、プロテックス	6.8	BPTW	2,438×1,829	17
	熱線吸収網入り型板ガラス	ブロンズ、ヒシワイヤ	6.8	BWKH	2,438×1,829	17
熱線反射ガラス	サンカットPパール		6	KFC6	2,438×1,829	15
			8	KFC8	7,620×2,438	20
			10	KFC10	7,620×2,438	25
			12	KFC12	7,620×2,438	30
			15	KFC15	7,620×2,438	37
	サンカットPブルー		6	HKFC6	2,438×1,829	15
			8	HKFC8	7,620×2,438	20
			12	HKFC12	7,620×2,438	30
	サンカットPグレー サンカットPブロンズ		6	GKFC6 BKFC6	2,438×1,829	15
			8	GKFC8 BKFC8	7,620×2,438	20
			10	GKFC10 BKFC10	7,620×2,438	25
			12	GKFC12 BKFC12	7,620×2,438	30

複層ガラス

種類		標準厚さ[mm]	構成素板厚[mm]	最大寸法[mm]	重量[kg／㎡]	素材または構成、単板種類 フロート・磨き板 無色	熱線吸収	熱線反射
高性能複層ガラス	ENEX-NS2826(2426)	18・24 18.8・24.8 22・28 20.8・26.8	6＋A＋6 6＋A＋6.8W 8＋A＋8 8＋A＋6.8W など	2,500×2,000 2,400×1,800 3,500×2,500 2,400×1,800	31 33 41 38	○	—	—
	ENEX-NS2849(2449)					○	—	—
	ENEX-CC2645(2145)					○	—	—
	ENEX-CC2334(1634)					○	—	—
	ENEX-CC2124(1424)					○	—	—
	ENEX-AG2444(1944)					○	—	—
	ENEX-AG2132(1432)					○	—	—
	ENEX-AG2122(1422)					○	—	—

087 施工現場を見る

すべての感覚を研ぎ澄ませて現場を見るべし

ディテールを覚える方法として、ここまでさまざまなアプローチの仕方を紹介してきましたが、「現場（実物）を見る」というのもかなり有効な手段になります。昔から「百聞は一見にしかず」というように、施工現場や竣工後の建物などの実物を見て得られる情報量は非常に豊富であり、とても有益なものです。

たとえば図面の場合、詳しく描き込まれた詳細図にはかなり多くの情報が盛り込まれていますが、それでも施工現場で得られる情報量には及びません。なぜなら、現場で目にするものは平面の2次元ではなく立体の3次元であるうえ、大型車からの振動や騒音など、図面には記載されることのない、周辺の環境からの情報もあるからです。しかも、現場では目で見るだけでなく、触ってみたり、においを嗅いでみたり、周囲の音を聞くほか、温度や湿度を感じる、空気の流れを感じる、居心地を感じるなど、人のもっているすべての感覚をフルに使って情報を集めるため、情報量が多くなって当然のことなのです。

したがって、現場に出かけたら、見たいディテールをただ図面と見比べてくればそれでよしというのではなく、そのディテールによって構成されている建築の「空間」全体を身体で感じ取ることが重要です。そして、もしも気持ちのよい空間と感じたら「なぜそうなのか」と考え、何かしっくりとこなかったら「なぜそうなのか」と考え、それを記憶として蓄積していくようにすることが大切なのです。

また、現場が竣工している場合は、そこでは仕上がった表面しか見ることができません。しかし、あらかじめ設計図を入手して下地の仕様などを調べておくことができると、理解（読み取り）の深さがまったく違ってきます。出来上がっている現場を見るときは、可能な限り設計図面を用意するように努力しましょう。

このほか、施工現場を見ることによって得られる情報としては、職人さんの生の声も大変に貴重なものです。特に収穫が大きいのは自分が図面を描いた現場のケースです。図面に一所懸命描き込んだ情報が職人さんたちにどのように伝わったのか、あるいは図面に不備があれば、どのように表現すればよかったのかがよく分かり、次の図面を描くときに大いに参考になります。特に、建築と設備との出会い場面で、設備の施工やメンテナンスにどれだけのスペースを必要とするのかが分かるよい機会になります。

写真

❶木造の土台。仕口の名称と形とを照合し、どんな場面で、どのように使われているかを確認する。❷木造の土台と柱。金物の名称と形とを照合し、使い方を確認。大型の金物の場合、ほかの納まりに干渉しないかを確認する。❸枠組壁工法の床下地。根太のサイズ、間隔を確認。床版の種類、厚みを確認する

施工現場を見るときのポイント

施工現場を見るときのポイントとなる項目はいくつかあるが、以下の5点は特に大切である

①見ようとする建物の図面を用意すること。自分が担当して描いた図面であればなおよい
②2次元に描かれた図面が、現場ではどのような形の3次元になったのか、比較しながらよく見る
③見るところは、木造であれば、構造材の継手や仕口の部分。この部分は自分ではおそらくきちんと描けていないであろうところだけに、よく見ておく。また、図面に指示された材種、寸法どおりに納まっているかチェックするのは当然のこと
④床と壁、壁と天井など、求められる機能や性能が異なる部分の出会うところの納まりをよく見ておく
⑤1つの場所が複数の職人の手でつくられるとき、どのような施工順序でつくられていくのかをよく見ておく

写真

④天井下地。円弧状の天井下地、野縁受け材の円弧加工、厚み、材質を確認する。⑤鉄骨柱脚のアンカーボルト。サイズ、本数のほか、位置や高さを確認する。また、ボルト仮留めのプレートがセットされているかも確認する。⑥LGSの壁・天井下地。形鋼の種類、サイズのほか、位置、高さ、ピッチなどを確認する。⑦鉄筋コンクリート造の型枠工事。コンクリート打設のときにかかる側圧に型枠が耐えられるように準備ができているかを確認する。⑧鉄筋コンクリート造の壁配筋。鉄筋の種類、本数、端部処理、かぶり厚などと設備部品との取り合いを確認する

088 メンテナンスやリフォームを担当する

職人の仕事を見るよいチャンス

建物を使い始めて5年、10年と時間が経過すると、メンテナンスやリフォーム工事が行われるようになります。

メンテナンスやリフォームをする理由やきっかけは、経年変化による材料の劣化であったり、使い勝手の手直しであったり、雨漏りの補修であったりといろいろですが、自分が設計した建物である場合はもちろんのこと、他人が設計した建物であっても、メンテナンスやリフォーム工事を担当することは建物の納まりを覚えるうえでとても有意義なことです。特にクレーム対応の場合には、設計というものを勉強するよい機会になりますから、「ぜひ、やらせてください」と名乗りをあげてもよいくらいです（クレーム対応の担当になるのは貧乏くじを引いたようで、敬遠する人が多いのですが）。

というのも、「どんな材料を」「どのように納めたら」「どのような結果になったか」ということを目の当たりにできる、またとないチャンスであるからです。とりわけ、建物の設計がよい設計であったかどうかの評価は、5年、10年と実際に使い込んでから初めてできるものであって、メンテナンスやリフォーム工事の担当がそのよい機会になるのです。その昔、木製の窓枠が腐ったので交換するという仕事を筆者が担当したときのこと。腐ったのは水勾配のほとんどない下枠で、庇のない雨がかりの状況であるうえ、材種はラワン材といった悪条件が重なっていました。そこで、ヒノキ材を使い、下枠は水勾配をしっかり確保したうえで板金の水切りを被せるという処置をしたのですが、納まりがどういう結果をもたらすかがよく理解できた例でした。

また、出会い部分の納まりをどのように対処したかというのは、表面から見ただけではよく分からないものです。ですから、メンテナンスやリフォーム工事で裏側まで見ることができるのはとても勉強になります。特に、他人が設計を担当した仕事を見るのは、良かれ悪しかれ、今後の設計に大いに参考になるものです。裏側を見るということは職人の仕事ぶりを見せてもらえるチャンスでもあります。たとえばムクの1枚板と長い框材との出会いは、板に反りや割れが出やすく、框と板とに隙間ができるなど、納め方の難しい部分ですが、裏を見ると職人のいろいろな工夫があり、納まりの妙を堪能できます。特に、接着剤や木ビスを使わない一時代前の職人の仕事は、裏側の見えないところで複雑な細工を凝らして、将来、締め直しや解体ができるよう工夫しているので、とても勉強になります。

写真1

リフォームは、既存の仕上げを撤去してみないと、躯体の状態を正確に把握できない。既存建物を軸組の状態にして調査し、施工方法や方針を検討する。写真の例は約90年前の建物であったため、当時の職人の仕事を見ることができた

写真2

リフォーム工事には、工事の進捗に合わせて詳細を決める方法もある。写真の例では、仕上げ工事の途中で施工状態を確認し、最終仕上げの方針を検討している

図

リフォームを担当するときのポイント

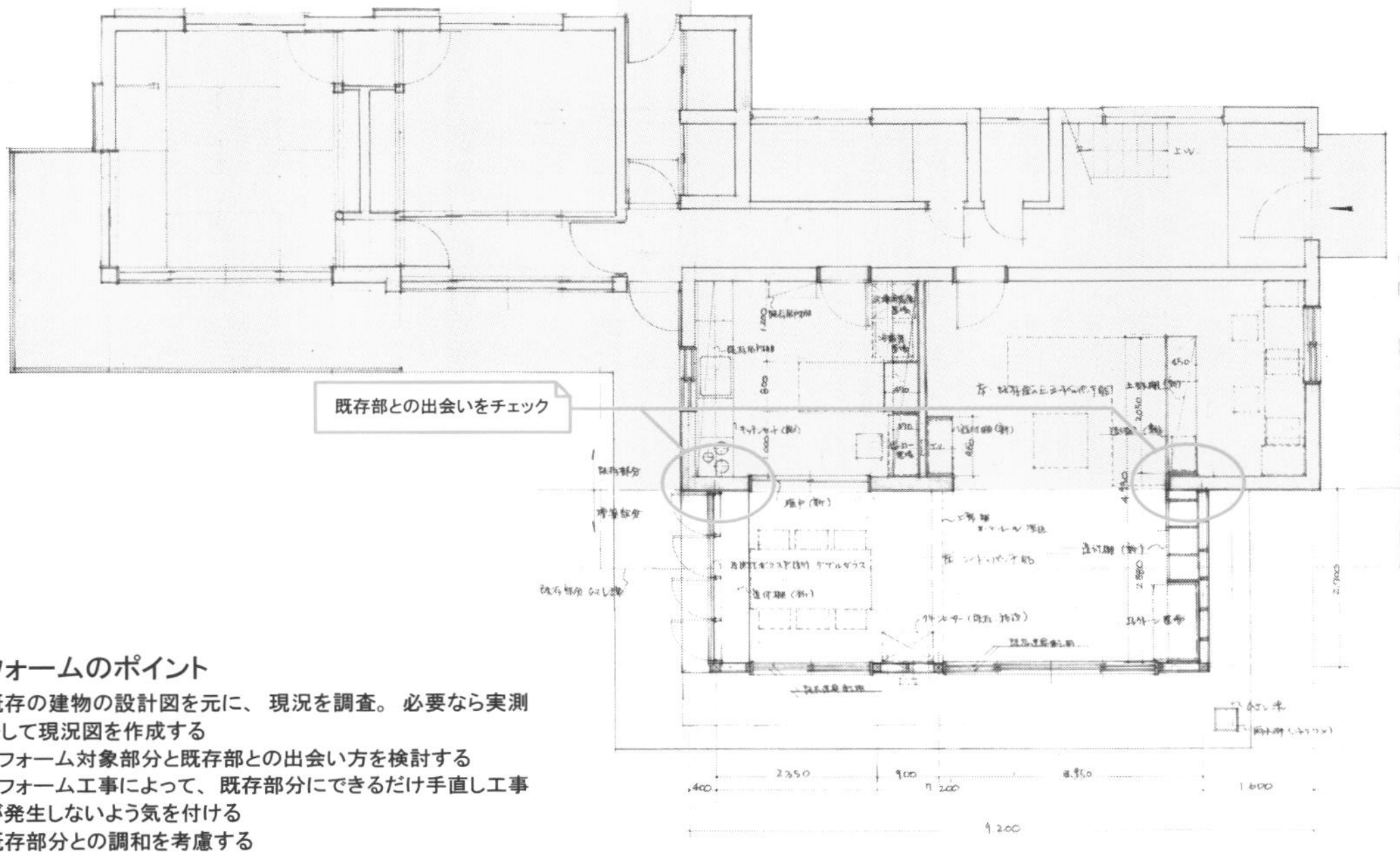

リフォームのポイント

①既存の建物の設計図を元に、現況を調査。必要なら実測をして現況図を作成する
②リフォーム対象部分と既存部との出会い方を検討する
③リフォーム工事によって、既存部分にできるだけ手直し工事が発生しないよう気を付ける
④既存部分との調和を考慮する
⑤空調や電気などの既存設備を増設する場合、許容容量やルートなどをチェックして必要な処置を検討する
⑥建築基準法などとの整合性をチェックする

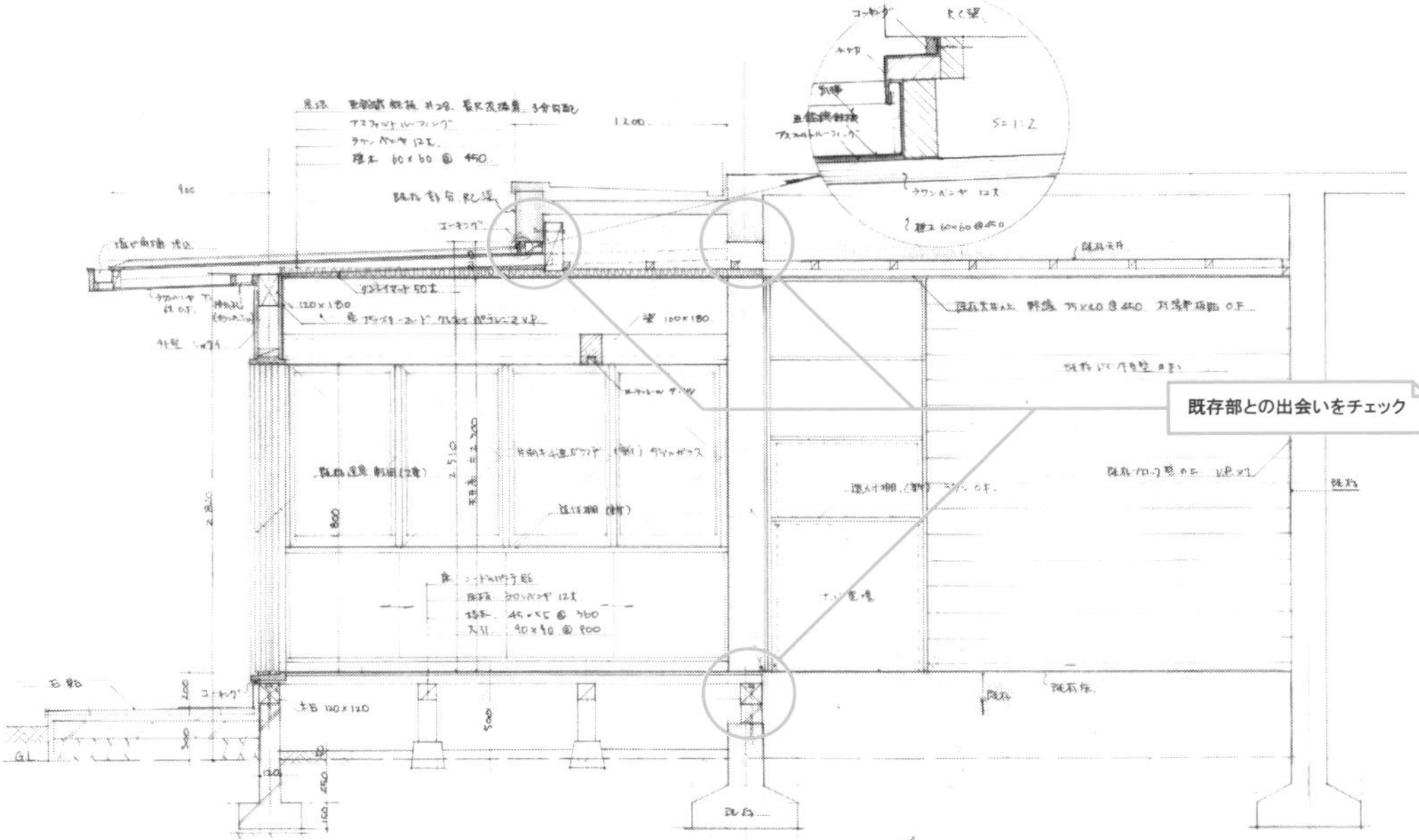

089

先輩はディテールに何を語ったか 7

宮脇檀

Mayumi Miyawaki 1936-1998

うちでディテールを決めるときになにをするかというと、まず先輩諸兄はどうしているかと、いろいろな人の図面を見る。もちろん好きな人の図面を見ますから、吉村さんとか西澤さん、林雅子さんだとか増沢洵さんだとか、そういう人たちの図面をいろいろな手段で、たとえばもらってきたり雑誌で見たりしてあの人たちはこういうときにはこうやっているからこうやったほうがいいんだなということをベースにして、だけどこれらの見付けは好きじゃないとかいうことで、それを直していくというやり方でディテールを決めているわけです。

設計技術を語る1｜新建築社｜1980

これは、「渦が森の家」と題する住宅をテーマに宮脇檀さんが講演を行った席で、「宮脇事務所独自の標準ディテールをどういうふうに考えているか」と質問されたときの答えからの引用です。自分は勤めた経験がほとんどなく、上の人からいろいろな技術を教え込まれた体験がないと説明したうえで、このように語っています。

宮脇さんは、スタンダードディテールというべき汎用性のある納まり例をあらかじめ用意しておいて、それを設計のたびに使い回すというやり方を最も嫌っています。1つの建物ごとにその建物固有の設計条件があって、それに対する答えはその都度ゼロから検討してつくり出していくものだ、という固い信念に基づいているからです。

また、この答えのなかで、吉村順三さんから「本来ドアというものはどうしたらいいだろうかとか、本来枠というものはどうあったらいいだろうかって、そこから考えたほうがいいんだよ」と教えられた話を披露しています。このことは、ディテールの考え方として覚えておきたい大切な心得になります。

ディテールとは基本的に空間の気持良さをつくりだすためのもので、雨漏りしないとか、工事し易いとかのためにつくり出すものでないと信じている。もちろん、雨漏りしない、材が長持ちするように考えるのは当たり前の話で、それを確実に押さえておいて、その建物を使う人間が気持良く使えるよう、住めるよう、見た目にも美しいようにというわけだ。得てして目立ち勝ちになりそうなこうした工夫を、どこまでサラリとしてみせるのかが、巧者というものなのだろうが、なかなかそこに至らなくて。

日本現代建築家シリーズ1 宮脇檀｜別冊新建築｜1980

雑誌『新建築』の別冊『日本現代建築家シリーズ1 宮脇檀』のなかに「作品分析と傾向」と題する章があり、そこの「ディテールを練る」という項に掲載されているのが右の引用の文です。ここで宮脇さんは、ディテールは単に納まりを解決するためにあるのではなく、気持ちのよい空間をつくり出すためにあるのであって、雨漏りをしないとか、材が長持ちするように考えるのは当然のことで、それを美しく、気持ちよく、サラリと納めてみせたい、と述べています。

吉村さんの薫陶を受けた宮脇さんは、口を開けば「気持ちよい空間をつくれ」「ディテールのためのディテールをつくるな」「ディテール馬鹿になるな」といっていました。ディテールを考えるとき、ついつい細かなことばかりに気がいってしまいがちですが、身を引いて、もっと全体から見てその空間のプロポーションを考えて検討しなさい、ということを教えてくれていたのです。

住宅設計の最後の詰めはディテールだ現寸だということで、いわゆるディテール狂いをする傾向はどんな設計者にも共通するもの。けれどディテールというものの魔力があってのめり込み始めるとその中に埋没して全体を見失う傾向がある。いわゆる「ディテール馬鹿」である。また、基本的な材料の納まりや仕掛けの面白さなどというものもそれなりの必然性や魔力があってこれもまたついのめり込ませる理由にもなる。ディテールは確かにそんな部分があってそれなりに重要でないがしろにする訳にはいかないが、住宅のディテールに関していうと一番大事なのは住み手のため、それを使う人間のために考えるという部分だと思う。

建築・NOTE 宮脇檀｜丸善｜1984

宮脇さんは『建築・NOTE』のまえがきでこのように述べています。宮脇さんもディテールというものの魔力に陥りそうになる気持ちを引き締めるため、自身に言い聞かせていると思われるふしがある言葉です。

この『建築・NOTE』は、雑誌『新建築』の連載記事「人間のためのディテール」をまとめたものですが、これをやることで、気になっている建築家のディテールをいろいろと見せてもらうことができる、と宮脇さんは楽しんでいました。

CHAPTER 08

ディテール実践編

090 見えない仕事

さりげない気遣いが大事

「ほら、これやったよ、見て見て！」といった、自己主張ばかりが目立つディテールはよくないと諸先輩方は戒めます。さりげなく納まっていて、かつ役割をしっかり果たしているディテールが理想なのですが、そういう仕事は得てして気付かれず、見えてこないものです。住宅の階段を例に考えてみましょう。

住宅内で起きる事故のうち、その1／3は階段が関係するものだといいます。階段での事故といえば、足を踏み外したり、滑らせたりしての転倒・転落になりますが、このほとんどが階段の勾配がきついことに原因があります。これを防ぐには、手摺を設けるのは当然として、蹴上を小さくし、踏み面を広くすることに尽きるのですが、住宅でできることには限度があります。

建築基準法では、住宅の階段は蹴上が230㎜以下、踏み面は150㎜以上とすることと規定されています［図1］。しかし、この基準ギリギリでつくると、直線の階段ならほぼ1畳分のスペースで納まるものの、勾配が57度ほどになり、はしごに近い状態になってしまいます。最近の住宅では、さすがにこのような階段はあまり見かけなくなりました

図1

建築基準法による階段の規定

① 建築基準法が定める最低基準

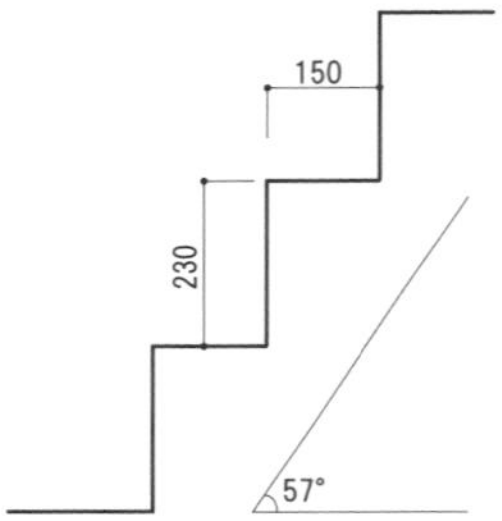

いくら建築基準法が建築物の最低の基準を定めているとはいえ、この基準では厳しい。建築基準法が制定された1950（昭和25）年当時の住宅の一般的な階段の規格が採用されたものと思われる

② 踏み面と蹴上の寸法がほぼ同じ場合

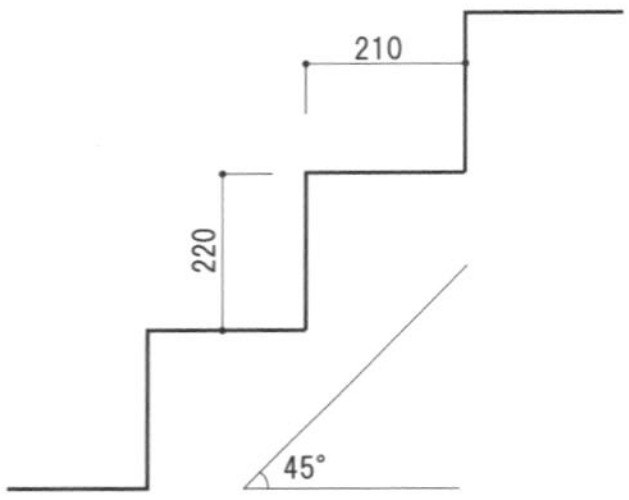

ギリギリこの程度までなら許容できる（吉村順三氏の軽井沢の別荘では45°）。しかし、降りるときには怖いので、段端にノンスリップを取り付けるなどの対策を施して建築主を安心させるべきだ

③ 品確法の等級4・5レベル

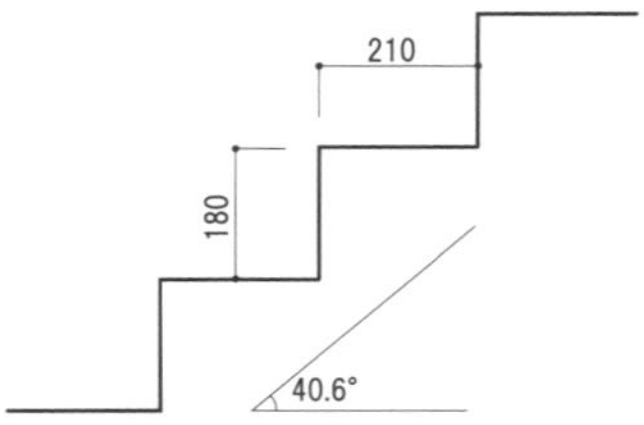

住宅性能表示制度の「階段の安全性（評価項目）」の等級4・5レベルを基準としたい。欲をいえば、もう少し踏み面の寸法がほしいが、そのためには、階段長さが増える分、プランニングでやりくりする労をいとわないことだ

が、それでも計画によっては、蹴上と踏み面の寸法が同じ（勾配が45度）ケースはよくあります。これくらいの勾配でも、降りるときには踏み板の面がよく見えません。したがって、足裏の感覚を頼りに降りることになるのですが、水平に出来ている踏み板なのに、足裏の感覚では前に傾いていて、滑るように感じてしまい、足を踏み外さないかと気を遣うことになります。

これに対し、一般的には段端に滑り止めの溝を入れたり、ノンスリップ金物を取り付けて足裏で引っ掛かりを感じるようにするのですが、要素が増える分だけ、扱い方によっては見えがかりがうるさくなります。

吉村順三さんは、段端を10㎜持ち上げて斜めにすることで、この問題の解決を図っています［図2］。実はこうすると、段端に滑り止めを付けなくとも、滑らないように踏み板がしっかりと支えてくれている感覚が足裏に伝わって安心できるのを、筆者は体験して納得しました。10㎜の傾斜は目ではほとんど判別できませんが、滑らないように気遣ったことを足裏の感覚では気付いているのです。

図2

屋根裏への階段廻り矩計例[S＝1:30]

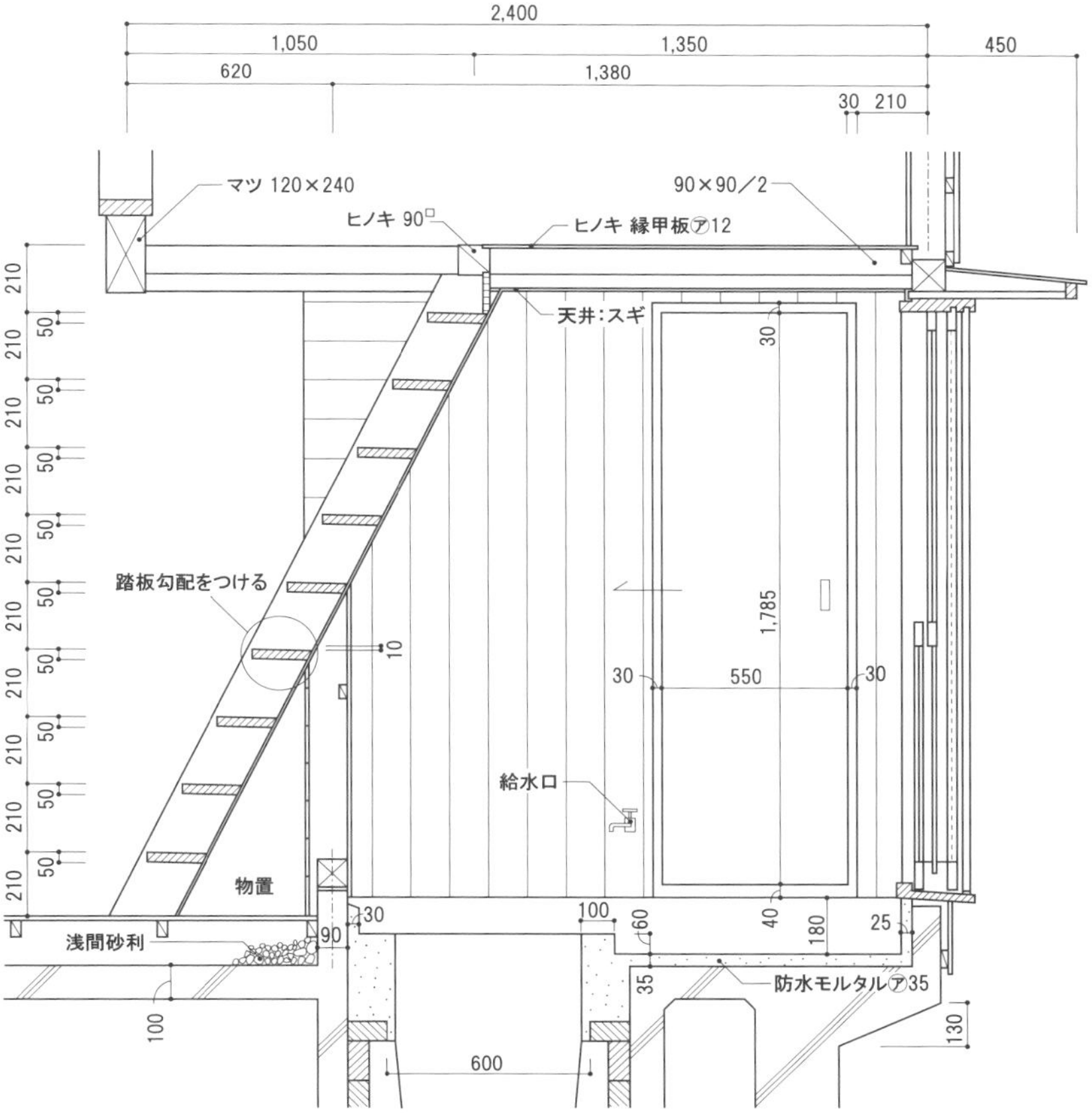

この階段は、段端に滑り止めの加工がないのに、降りるときに不安感がない。図面を見ないと気が付かないのだが、踏み板にわずかな傾きがあって（段端が10㎜高い）、足裏に「引っ掛かり感」を与えるのがその秘密だ

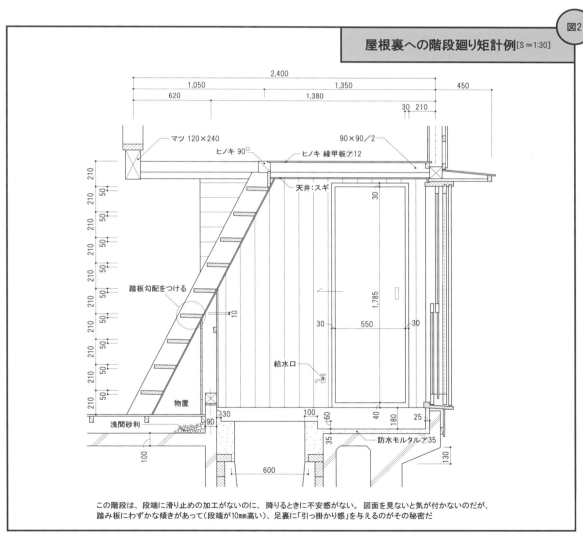

091 厚く見せる

薄い材料でいかに量感を出すか

厚みのない材料を普通に扱えば、そのまま厚みのない見えがかりになります。これに対し、厚みがあるように見せる納まりにして量感を出すことで、安定感や安心感、あるいは重厚感を表現する、という手法があります。

たとえば、天然スレートを模した「カラーベスト」という屋根葺き材があります。標準の納まりは1枚張りなのですが、材の厚さが5.5㎜と薄く、製品精度も高いため、1枚張りでは屋根下地にピタッと張り付いたように見える仕上がりになります。軒先やけらばではスターター（張り始めの定規やガイドになる1枚）を挟んで2枚重ねにしますが、それでも厚さは10㎜そこそこなので、まるでシートを張ったようにしか見えず、量感が出ません。その点、天然スレートは1枚の厚さが7㎜前後と厚いうえ、1枚1枚の厚みにムラがあるので、葺き上がった屋根面の感じには表情や量感があって、存在感があります［図1］。

カラーベストで天然スレート葺きのような量感を出すために、「段積み工法」といって、軒先とけらば部分に10数枚のカラーベストを重ね葺きして厚みを出す方法があります。これは、軒瓦やけらば瓦の折り返した見付け面を見るような効果があり、屋根葺き材の存在感が出てきます。ただし、屋根面全体のペタリ感は解消できません。カラーベストでこれを解決するには、その昔、内井昭蔵さんが「西谷の家 小倉邸」で行ったように、屋根の葺き方を「段葺き屋根」として、段の見付けそれぞれを段積み工法で納めるとよいでしょう［図2］。

薄い材料を重ねて量感を出す納まりには、働き幅を詰めた平袖瓦を重ねてけらば納まりとする方法もあって、これもなかなかきれいなものです。そのほか、薄い材料を折り曲げ、その小口面を見せることで、厚みがあるように見せる手法もあります。

小口面の見せ方といえば、「テーブルの甲板をどんな厚さに見せようか」と考えるのは設計をするときの楽しみの1つです。しかし、いろいろな条件が絡んで、思いどおりの厚みの甲板がいつも使えるとは限りません。もう少し厚く見せたいというときには、小口を斜めに面取りして、見付けの幅を少し広げると、見えがかりのうえで厚みを見せることができます。

写真

薄い材料を重ねることで量感を見せる例。瓦1枚の厚みは決して厚いとはいえないが、密に重ねて小口を見せることで、量感のある豊かな表情をつくることができる。けらばの部分ではその重なりのリズム感が心地よい

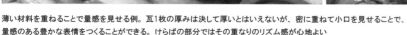

図1

屋根葺き材の見付け面の見え方[軒先]

① カラーベスト

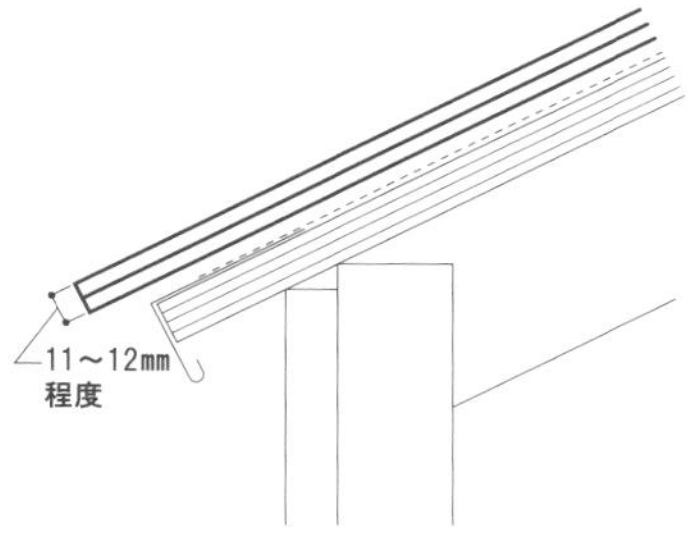

標準納まりでは材料を2枚重ねで使うので、見付け面の厚みは11～12mm程度となる(製品の仕上がり精度が高いので、この厚みにほとんどブレがない)

② 天然スレート

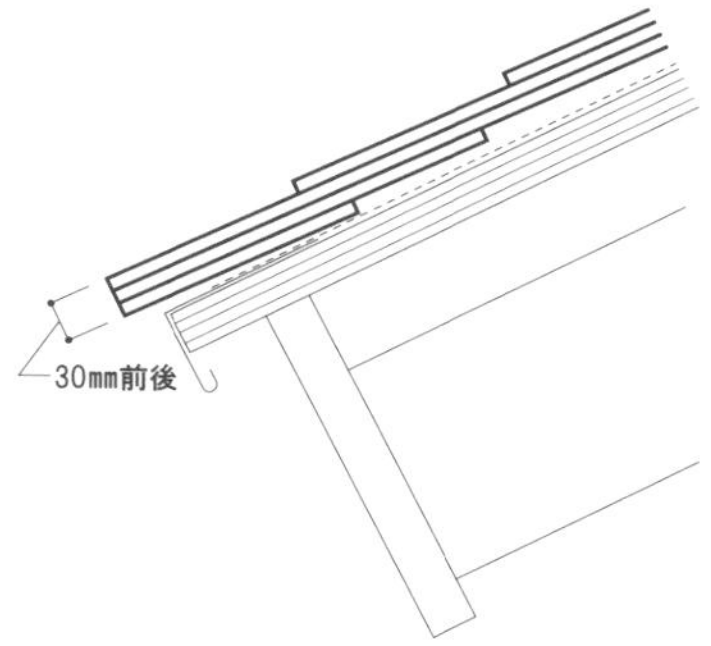

天然スレートの標準納まりでは3枚重ねのスタートになるので、見付け面の厚みはほぼ30mm前後になる(製品は1枚が7mm前後だが、1枚ごとに厚みや平滑性にムラがあるので、3枚重ねると25mm以上にはなる)

③ 瓦(一文字瓦の例)

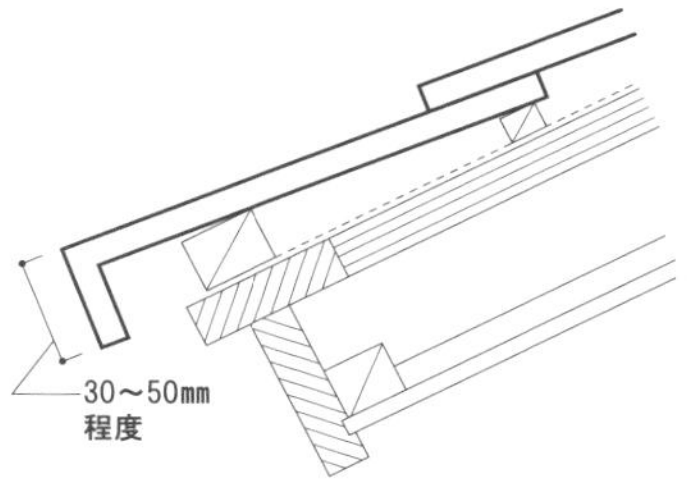

役物の軒瓦は、先端が折れ曲がって水切りが行えるようにできている。これによって見付け面が一直線に通り(一文字の由来)、見えがかりがよくなる。この面の厚みは30～50mm程度になる

図2

段積み工法の例[内井昭蔵「西谷の家 小倉邸」、S＝1：5]

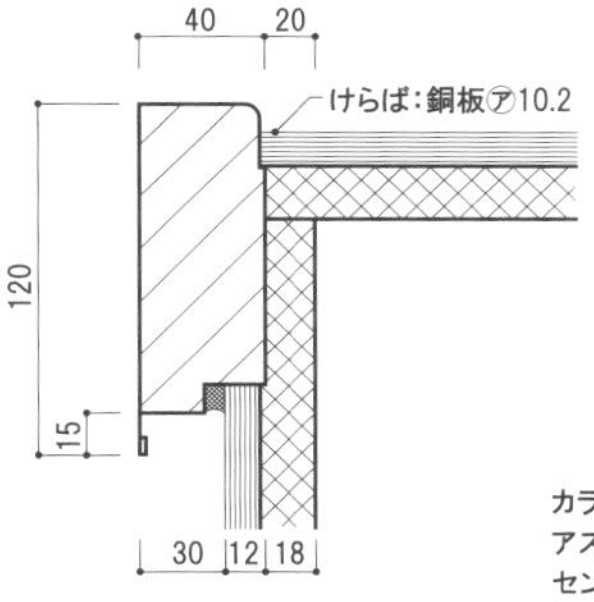

けらばは量感のある銅板包みの仕上げを見せている

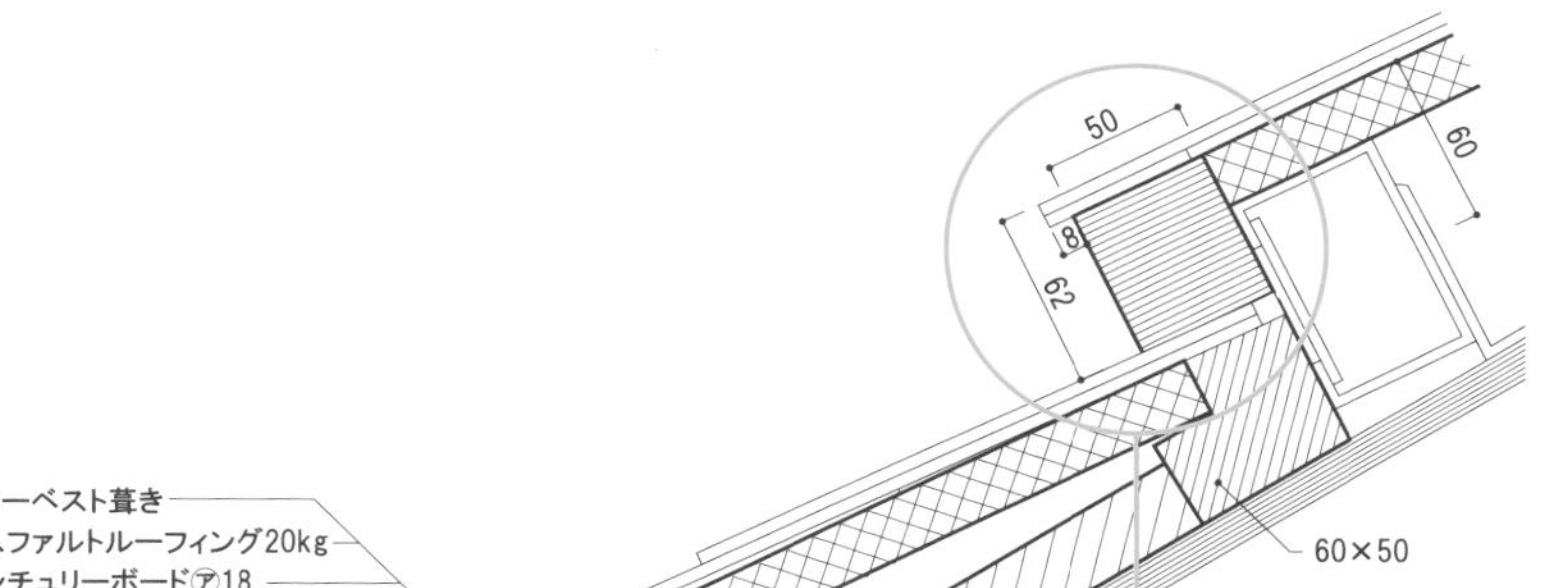
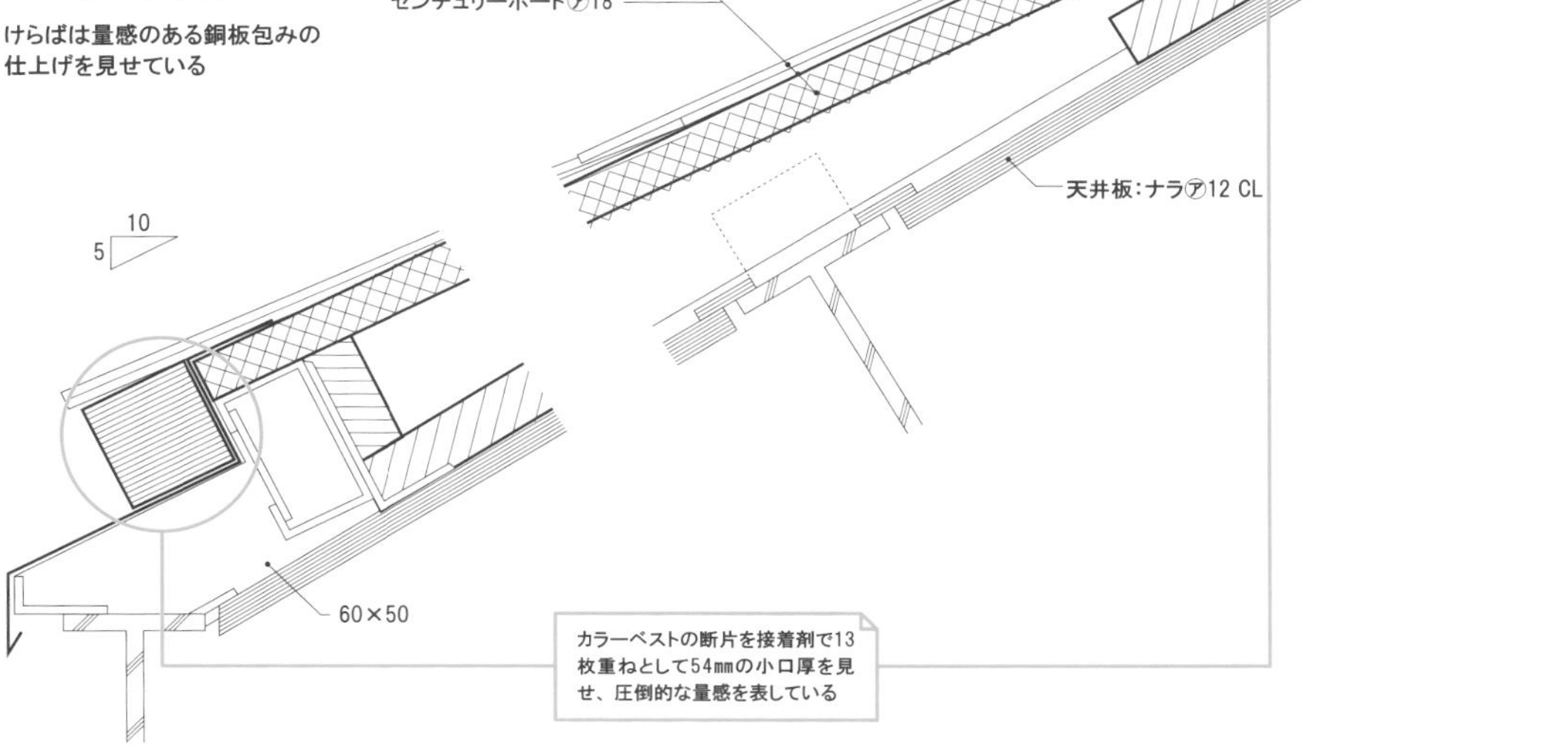

092 薄く見せる

強度を保ちながら軽さを演出する

畳敷きの部屋は、寝転んだり、鍋を囲んでみたり、客を泊めたりするなど、用途を限定しないで柔軟に使うことができて、実に重宝する場所です。

和室として独立させるのではなく、リビングの一角に畳を敷いたスペースを設けて、普段はワンルーム風に使うことがありますが、客が泊まることを考えると、視線を遮る程度の間仕切りがほしくなります。そのために襖のような建具を入れようとすると、敷居や鴨居が必要になります。鴨居を納めるためには天井から小壁を下げることになりますが、それではせっかく視線を遮る程度の軽い間仕切りとしておきたいのに、部屋を仕切るのと同じことになってしまいます。

それならば「鴨居だけを宙に飛ばそう」と考えるのですが、1間半や2間の距離を飛ばそうとすると不都合が生じます。一般的な鴨居材のせいは27～36㎜程度、建具が走る溝の深さが15㎜になるので、途中をどう吊るかにもよりますが、垂れやねじれが出て強度が保てなくなるおそれがあるのです。といって、せいを増して厚みのある面をそのまま見せれば、表情が重くてプロポーションがおかしくなります。やはり鴨居には鴨居らしい見付け寸法を用意したいものです[図1]。これをうまく解決するには、せいのある材に対し、見せたい見付け面を残して大面を取るか、決りで段を付ける方法があります[図2、写真]。

強度を確保するためにせい（厚み）のある材を使うのは、棚板などにも例があります。棚に載せるものや棚板の長さ、棚の支持方法にもよりますが、たとえば本を載せる場合、2辺支持の可動棚で、棚板の長さが900㎜近くになるようだと、板厚は最低30㎜程度はほしくなります。しかし、板厚がそのまま棚の見付けになると、いかにも丈夫そうには見えますが、鈍重な見えがかりでプロポーションとして美しくありません。そのようなときには、見付け面の下端を大きく斜めに面取りし、見付けのせいを薄くするときれいに納まります[図3]。

テーブルの甲板も、脚の間隔が広いのに薄く見えると緊張感があってきれいなものですが、甲板の素材によってはあまり薄くすると反りや割れ、たわみが出たり、脚の固定強度を十分に保てなかったりします。この場合も、甲板の厚みは必要なだけ確保し、小口の見付けを面取りして薄く見せればよいのです。

図1

鴨居の種類と一般的な寸法 [S＝1:5]

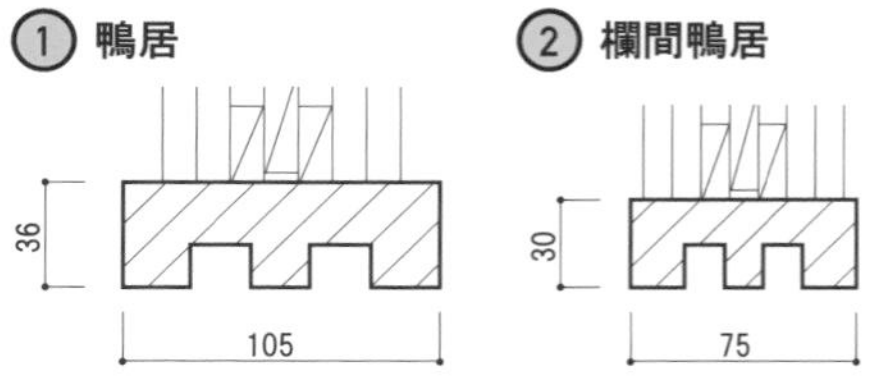

部位	長さ[mm]	断面[mm]
鴨居材	1,820、3,030、3,640、4,550	45×105 45×120 54×120 60×120
欄間鴨居、欄間敷居	1,820、3,030、3,640	45×105

造作材である鴨居の一般的な納め方は、間口の寸法に関係なく、小壁（垂れ壁）に取り付けるので（構造的な負担は小壁とともに考える）、断面寸法は見付け36㎜、見込み105㎜程度にほぼ決まっている。ちなみに、鴨居用材として出回っている規格材の寸法は左記のとおりである

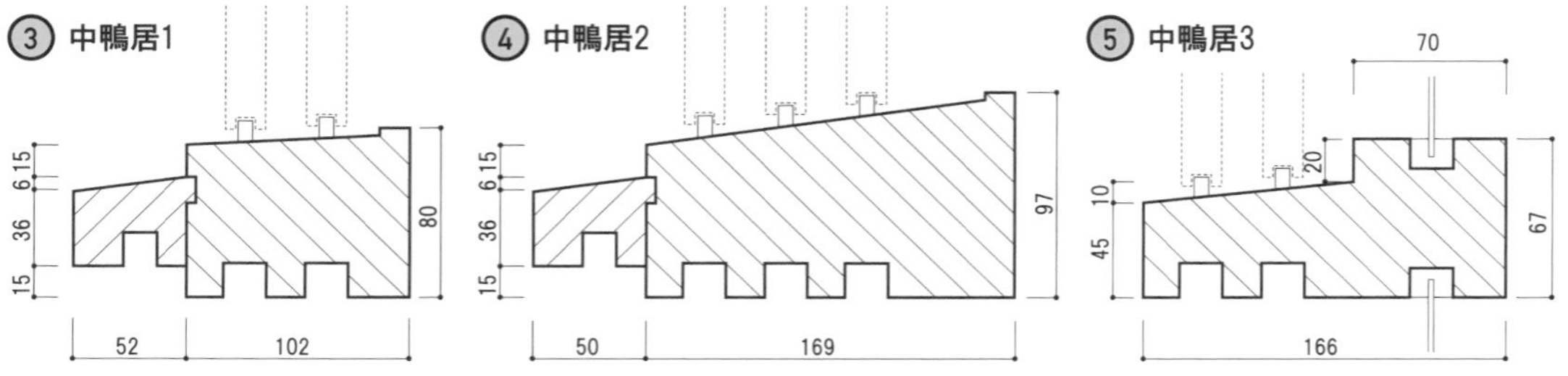

図2

鴨居の強度を保ちながら軽く見せる方法

① 鴨居1[S=1:5]

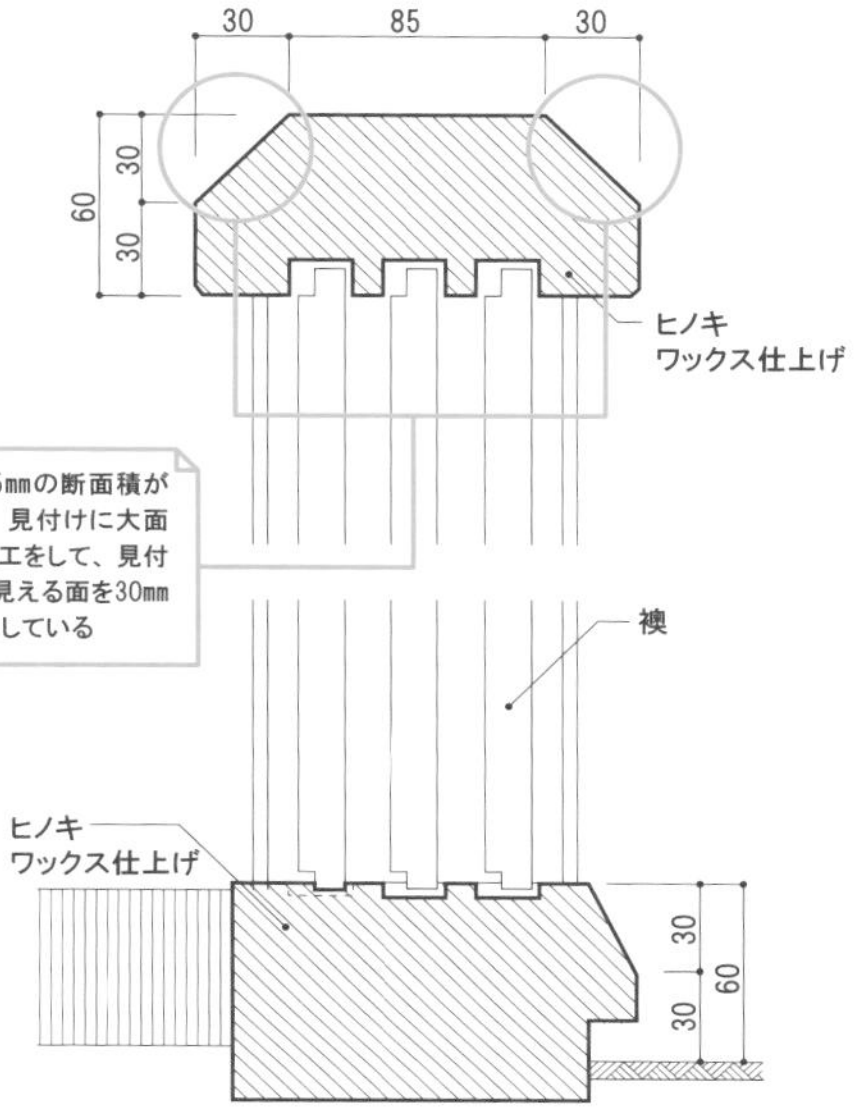
60×145㎜の断面積があるが、見付けに大面取りの加工をして、見付けとして見える面を30㎜のせいにしている

② 鴨居2[S=1:12]

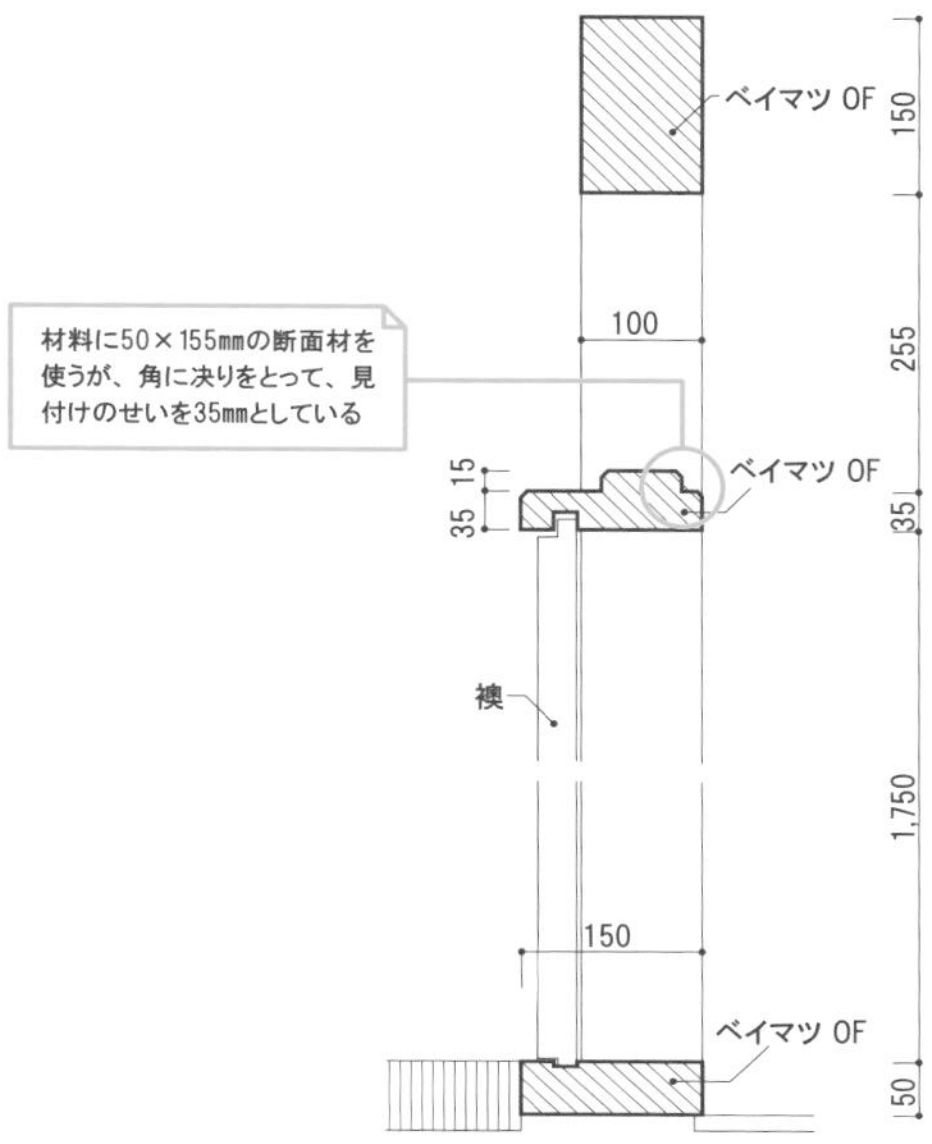

写真

2,730㎜と1,820㎜のＬ字形に鴨居を飛ばしている。Ｌ字形の交点では一応ワイヤーで吊って垂れ下がりを抑えているが、鴨居自体が反ったりねじれたりしたら困るので、自立できるように60×145㎜の大きな断面を使っている

図3

棚板や甲板を薄く見せる方法 [S=1:6]

① 棚板

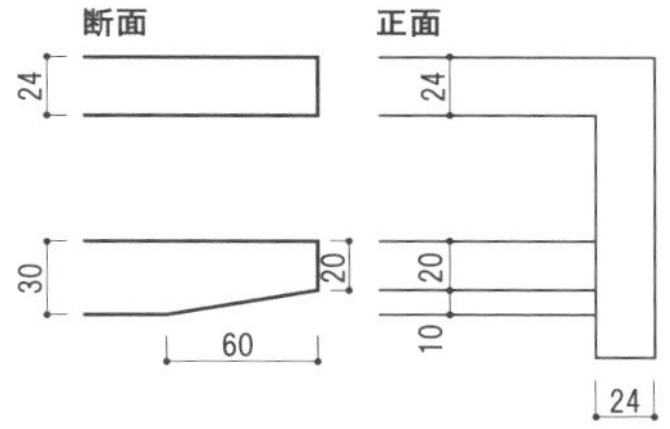

間口900㎜の本棚では、棚板の厚みは30㎜はほしいが、小口にその厚さを見せると軽快さが出ないので、面取りの納めとする

② 甲板

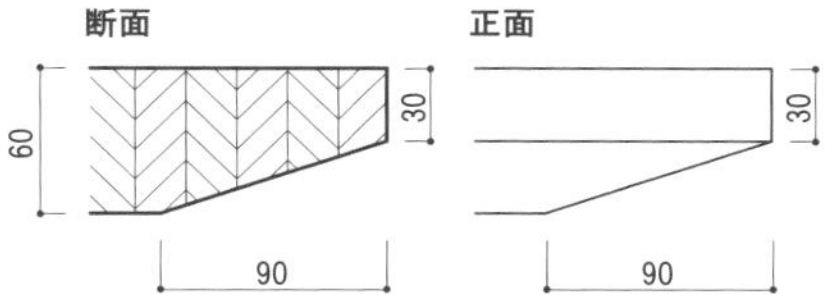

板の強度を保つために60㎜厚の積層板を使うが、そのままの小口を見せると鈍重な感じになり、いかにも重そうに見えるので、下側に面を取る

093 目地を見せる

目地を通すことに気を配る

材料と材料が出会う（継ぎ目になる）ところで「目地をとる」という納め方があります。目地には、①納まりをよくするという施工上の理由によるもの、②目地を見せることを意識した意匠上の理由によるもの、③その両方を含むもの、があります。

施工上の理由でどうしても目地をとらなければならない場合は、ややもすると、その場その場での対応になりがちです。全体を見渡すと目地のとり方がバラバラで、納まりとして見ると中途半端な感じになるおそれがあります。したがって、展開図の段階で常に全体を見渡しながらの検討が必要になります。途切れ途切れにやむを得ず出てくる目地に統一感を与えるために、化粧の通し目地を加えてつなぐことで全体をまとめる、という方法があります。目地を美しく見せるには、目地をきちんと通すことが大切なのです。

ところで、目地の種類には一般的な凹目地のほか、眠り目地や出目地などがありますが、目地のとり方や処理の仕方によって、その表情には大きな違いが出てくるので気を付けてください［図1］。

たとえば、化粧目地は見せることを意識した目地ですが、その1つに目透かし仕立てでつくる目地があります。化粧合板などを張る仕上げのときによく採用されますが、目地の幅や深さ、目地底の仕上げに注意して丁寧に仕上げると、凹状のきれいな目地ができます。このとき、目地は幅を細くし、深さを目地幅より大きくとって陰影を付けると、シャープでキレがよい、はっきりとした印象の目地に見せることができます。

この目地をドア枠と合板張りの壁との間や、テーブルの甲板と脚の間などにとると、枠や甲板などの存在がはっきりと見えるようになります［図2・3］。目透かしの目地をとることで、隣り合うものとつながっている縁が切れるからです。また、壁面にこの目地をとって、のっぺりとした壁に緊張感を与えて表情を引き締めたり、リズム感や方向性を出すこともあります。その場合、間隔の乱れがなく、途中で途切れることなくビシッと通すということに気を配ると、隅々まで神経が行き届いて引き締まった、心地よい空間ができます。とにかく、目地をとるのであったら、半端ではなく徹底的に通してやることです。

図1

目地の種類と特徴

① 凹目地

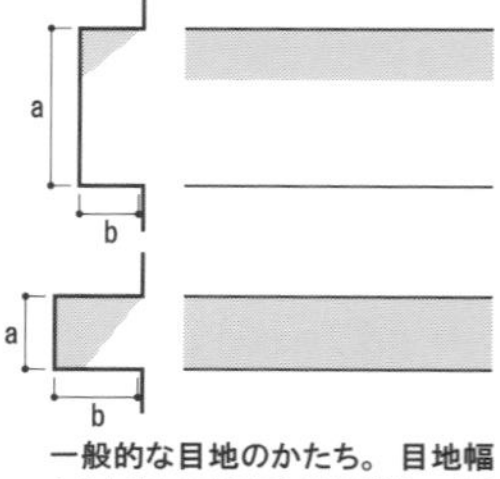

一般的な目地のかたち。目地幅(a)よりも目地深さ(b)が浅い(図上)と、目地の底にも光が届くので、目地の見え方がぼけてくる。目地幅より深さがある(図下)と、目地底が暗くなって目地がくっきり見えてくる。筆者の場合、5.5mm厚の合板張りの仕上げで、目地幅を3〜4mmとしている

② 眠り目地

いわゆる「突き付け」の納まりになる。隣り合う仕上げ材の間で段違いがあると見苦しいので、下地を平滑に調整したり、仕上げ材の厚さを揃えたり、半端な隙間をつくらないよう、突き付け面が直線になるように調整するなど、事前に用意しておかなければならないことがたくさんある

③ 平目地

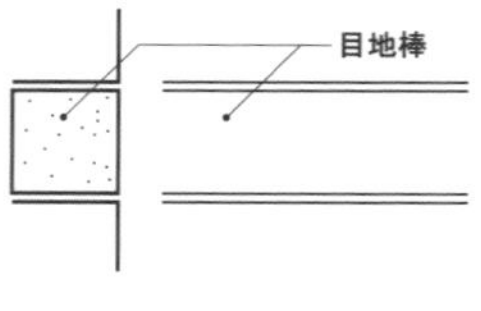

目地と仕上げ材の面が揃い、目地の深さがない納まり(目地と仕上げ材との面揃えは、多少段違いがあってもよい)。目地と仕上げ材の材質や色調を揃えると、全体が一体に見えて、大きな仕上がり面が表現できる。逆に、木質仕上げに金属の目地棒を使うなど、目地棒の材質や色調を変えて、積極的にデザインすることもできる

④ 出目地

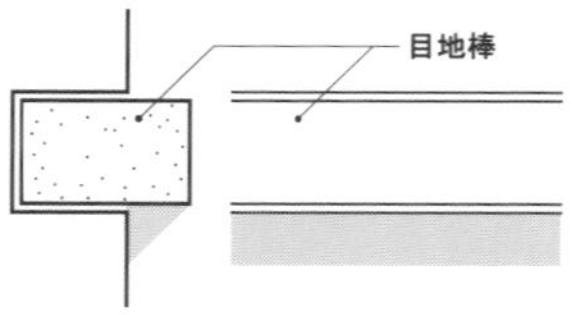

目地材が、仕上げ材の面よりも出っ張っている納まり。目地に陰影が付くので、目地と仕上げ材が同じ材料であろうがなかろうが、とにかく目地が目立つ。したがって、目地棒に仕上げ材と異質のものを使うと、目地のパターンによるデザイン性はさらに効果的になる

図2

ドアと壁面に目地をとる例1［宮脇檀「田中ボックス」］

① 内部建具廻り立面および断面図［S＝1：30］

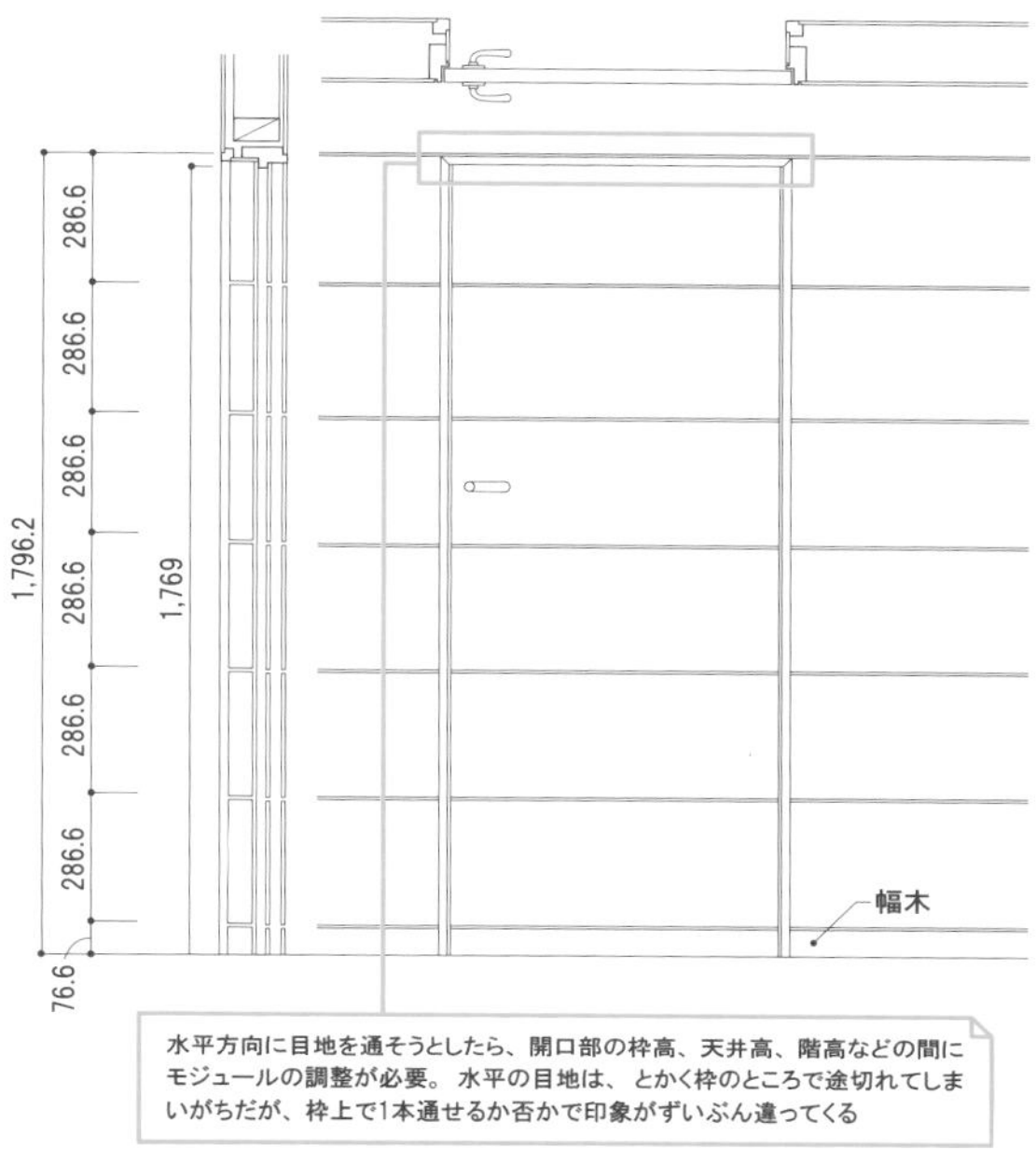

② 上枠廻り部分断面図［S＝1：4］

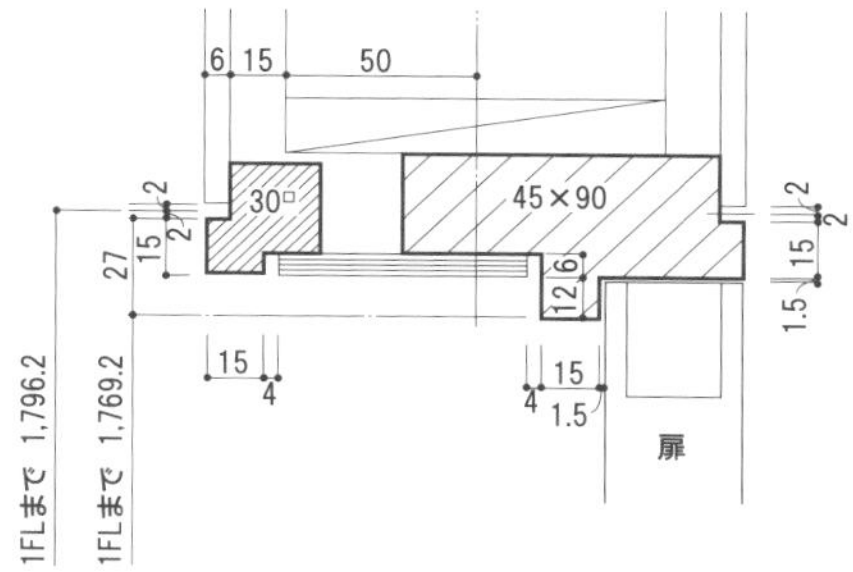

③ 左右枠廻り部分平断面図［S＝1：4］

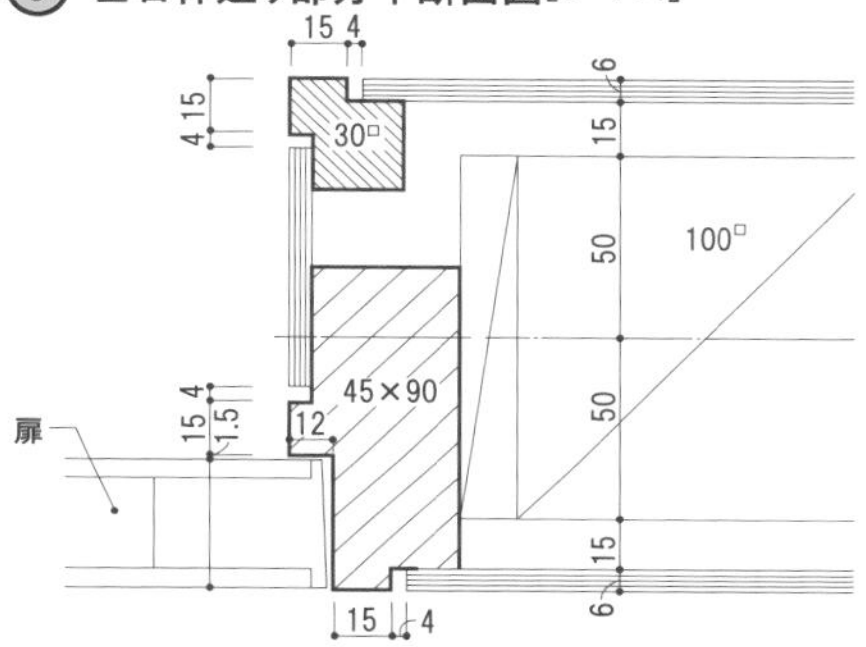

④ 幅木廻り断面図［S＝1：4］

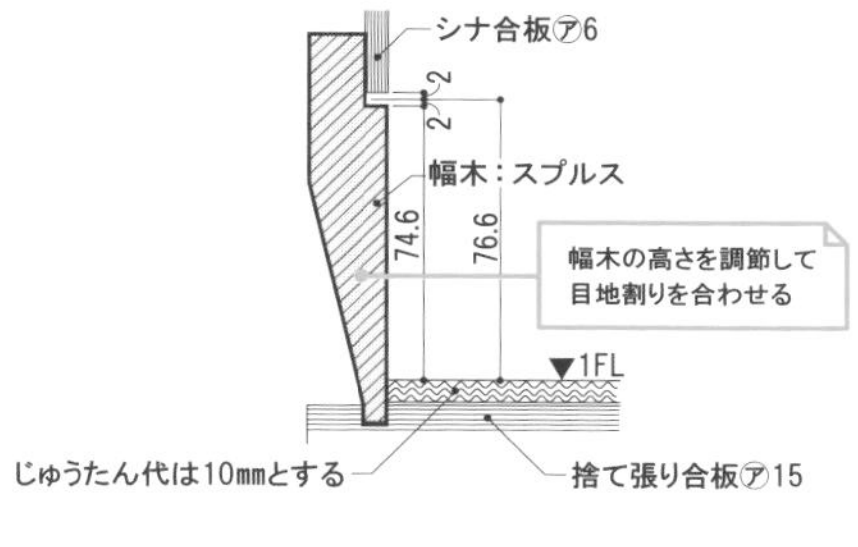

階段の蹴上寸法を目地割りの基準寸法としている。この割り付けで出入口枠の高さを決め、目地が上枠で半端に途切れないように考えている（写真は宮脇檀「松浦邸」）

図3

ドアと壁面に目地をとる例2［宮脇檀「伊藤邸」、S＝1：2］

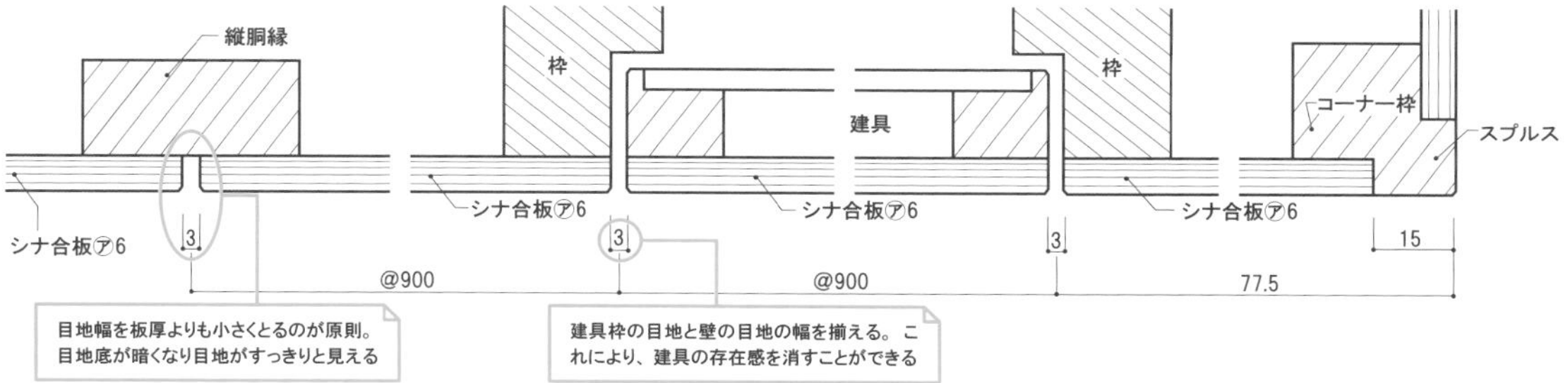

094

引戸を全部しまう

戸袋の設計に注意

日本の伝統的なつくりの家屋では、襖や障子といった、スライドする建具（引戸）を使って部屋を仕切ります。冠婚葬祭など、大勢の人が集まるときには、襖や障子を取り払って2～3部屋を連続して使うこともあります。建具が可動式の間仕切壁として機能しているのです。

さらに外部に面する建具も取り払うと、柱を残しただけの開放的な空間が現れます［写真1］。室内外が一体になり、外の気持ちよさがそっくり部屋のなかに取り込まれて、実に心地よいものです。このとき、ガラス1枚残っても感じは変わってきます。ましてや、全面ガラス張りの温室のようなところから外を眺めるのとは、まったく雰囲気が異なります。

また、建具を全開放することで、心地よさを得られるだけでなく、室内空間をより広く感じさせることができるほか、室外空間をより使いやすくできるというメリットもあります。この手法が特に効果を上げるのは、限られた敷地規模の条件で思うようにリビングのスペースがとれない場合です。庭に広いデッキを用意し、リビングとの間を全開放の開口部にすると、天候のよいときには引戸を全部しまうことで、内外一体になった広いスペースを得ることができます［写真2］。

このような建具の全開放を住宅で実現するのに、建具をその都度外してどこかへしまうという方法では大変です。外の天候の変化を見ながら即座に開放したり、閉じたりすることができるように、建具を収納する場所――すなわち「戸袋」を用意しておくとよいでしょう。

この全解放に応える戸袋は、一般の雨戸の戸袋などとは少し違い、引き込む建具の種類や数が多いので、場合によってはかなりのスペースを必要とします。戸袋のなかに人が入れる大きさになることもあるので、戸袋の位置がプランニングへ影響を及ぼすようになります。したがって、全開放の開口部を計画するときには、開口部の幅に応じて必要な戸袋スペースを計算し、その位置取りも一緒に検討する必要があります。収納する建具の量が多くなるようであれば、戸袋を開口部の左右に振り分けて設けることも検討します［図］。

建具をすべて見せない、全開放仕様に対応する戸袋は、小さな収納部屋を設けるような感覚でまとめてみるとよいでしょう。

写真1

奈良・慈光院書院の例。伝統的な日本建築では、建具を全部取り払うと、柱を残しただけの、透け透けの気持ちよい空間が出現する(Photo by PlusMinus)

写真2

建具を左右の戸袋に全引き込みした状態。デッキとリビングの空間が1つになり、使える広さが一気に倍になる

図

引込み戸の納まり［宮脇檀「伊藤邸」］

① 1階平面図［S=1：200］

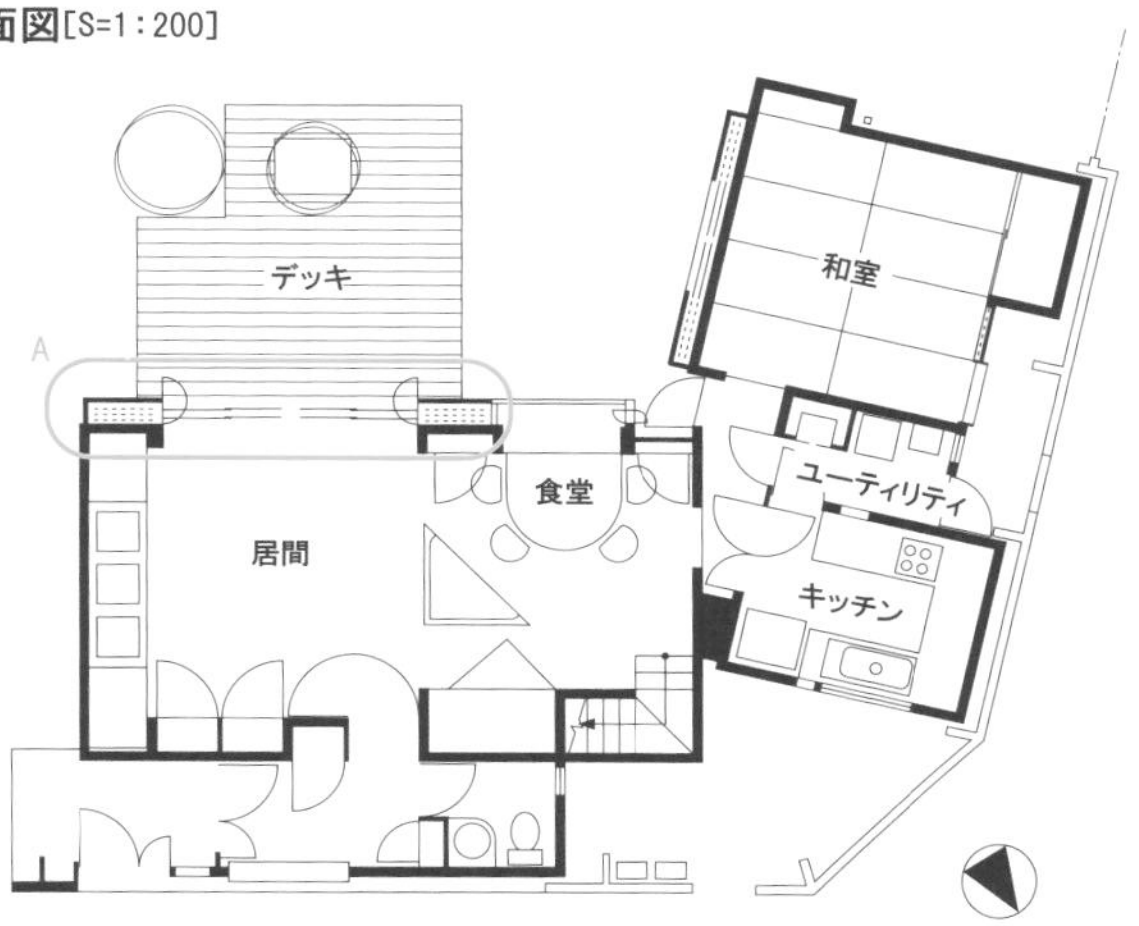

この開口部は幅が3,600㎜あり、建具は内側から障子・ガラス戸・網戸・ガラリ戸（雨戸）で構成されている。左右に建具を引き分けることにしても、全開放するためには、建具1つずつにレールが必要になるので、片側の戸袋に7本の建具が納まり、戸袋の蓋の幅は325㎜になる

② 引込み戸A詳細図

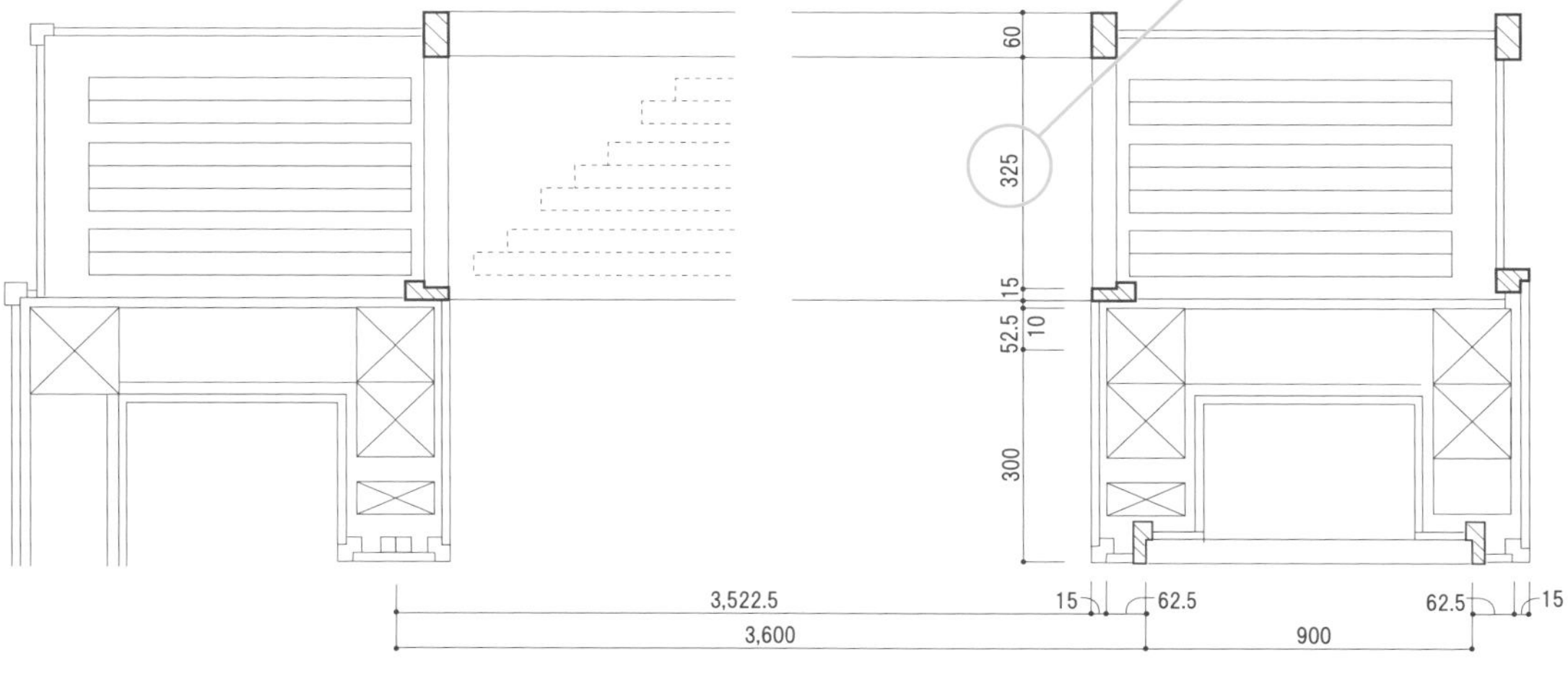

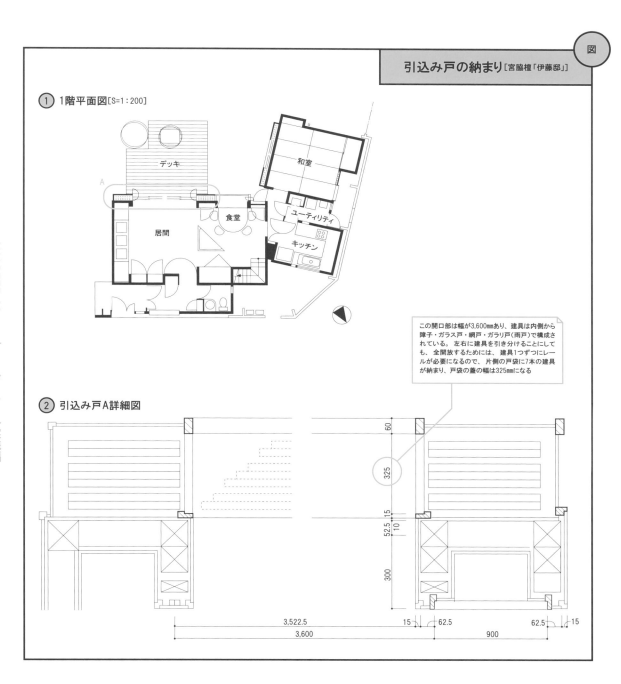

095

二重三重の構え1 床下地

性能アップ・トラブル防止が図れる「足し算」の納まり

窓枠と壁との納まりに、飾り縁などいくつかの部材を付け加えるという方法があります。後から部材を被せることで寸法調整が容易になるうえ、先に納めた部分の隙間を塞げるので施工が楽になるといったメリットがあるのですが、このような納め方は、ともすると検討不足で、後手に回った仕事に見られかねません。部材を付け加える「足し算」の納まりとは、そうした〝おっつけ仕事〟ではなく、部材を付け加えることで性能がよくなるとか、起こりうるトラブルを避けることができる、といったような確かな仕事であるべきです。

たとえば、木造の床組の場合、地面からの湿気の影響を考慮し、床高を450㎜以上確保するように建築基準法で規定されています。ただし、床下にコンクリート版を設置するなど、湿気が上がるのを抑える処置を行えば、それより低くてもよいということになっています［図1］。

1階床を低く設定したいときには、コンクリートで土間をつくって直床仕上げとします。この場合、普通はコンクリート層の下に防湿フィルムを足し、湿気を確実に遮断することを考えます。しかし、この納まりでは、防湿フィルムでコンクリートに含まれる水分の蒸発が遮られて乾きにくいうえ、コンクリート表面が結露を起こした場合も水分の逃げ場がなく、水分が溜まった状態になります。その結果、根太や大引を腐らせ、床が陥没するおそれがあるのです。

同じ足し算をするなら、透水性のある材料を使うのが得策です。これにより、コンクリート打設時の余剰水分を切ることもでき、コンクリートの質を高める効果も期待できます［図2］。

また、最近ではフローリング仕上げでも床暖房を敷設するケースが多くなりました。一般的な床暖房の方式は非蓄熱型なので、床暖房のマットやパネルに断熱材が組み込まれていればそのままでも大丈夫ですが、余裕があればその下に断熱材を付け加えておくとヒートロスを抑えられます。フローリングにムク材を使う場合も、床暖房対応のフローリングを使うほか、できれば熱源のマットやパネルとフローリングとの間に合板（12㎜厚程度）を捨て張りして、フローリング材に極端な温度変化を与えないように注意すると、収縮や反りなどのトラブルを避けられ、フローリングの張り上がりもきれいにできます。

図1 床組の規定

① 建築基準法の規定

② 住宅性能表示制度の評価基準

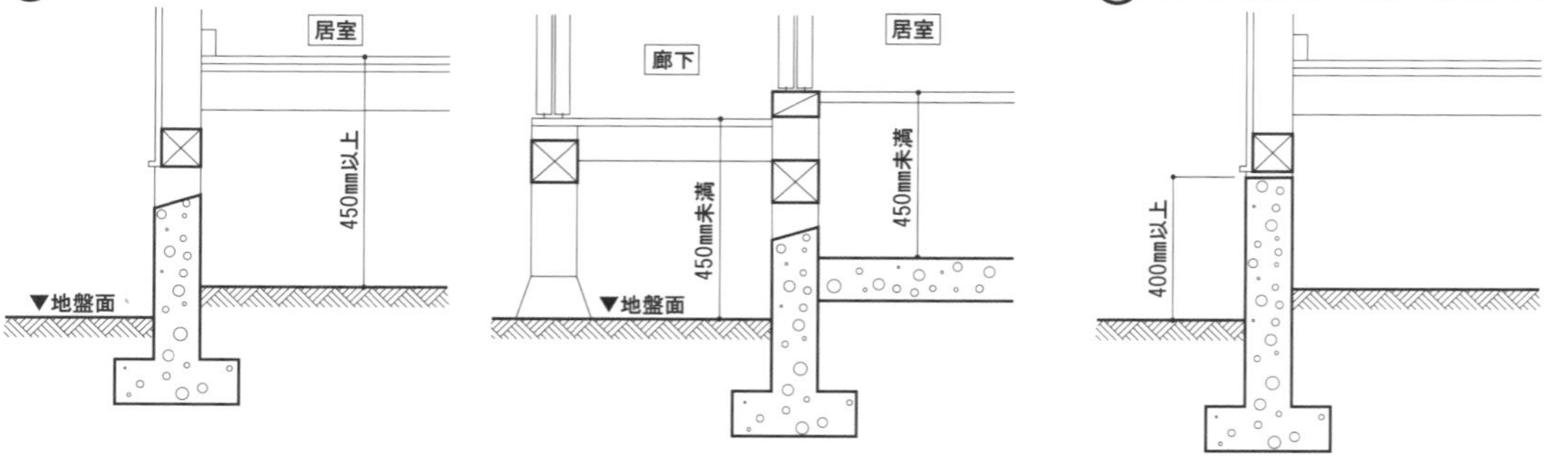

居室の床高は、直下の地面より450㎜以上あることが定められている。これは、地面からの湿気により、部屋にいる人が健康上の悪影響を受けないようにという配慮と、床組を構成する大引や根太などが腐食しないようにという配慮によるものである

居室でない部屋の床高については規定がない。また、直下が地面でなく、コンクリート版などで覆われて防湿の効果ありと認められると450㎜未満でも可となる

住宅性能評価基準では、構造材の劣化軽減の狙いから、地盤面から基礎天端までの高さを400㎜以上と定めているが、これは、外廻りの基礎についてである。雨がかりのない部分については規定されていないほか、床面直下との距離についても規定がない

図2

1階床を低く設定した例

① 防湿フィルムを使用した例（宮脇檀「富士道木工社宅」）[S=1：40]

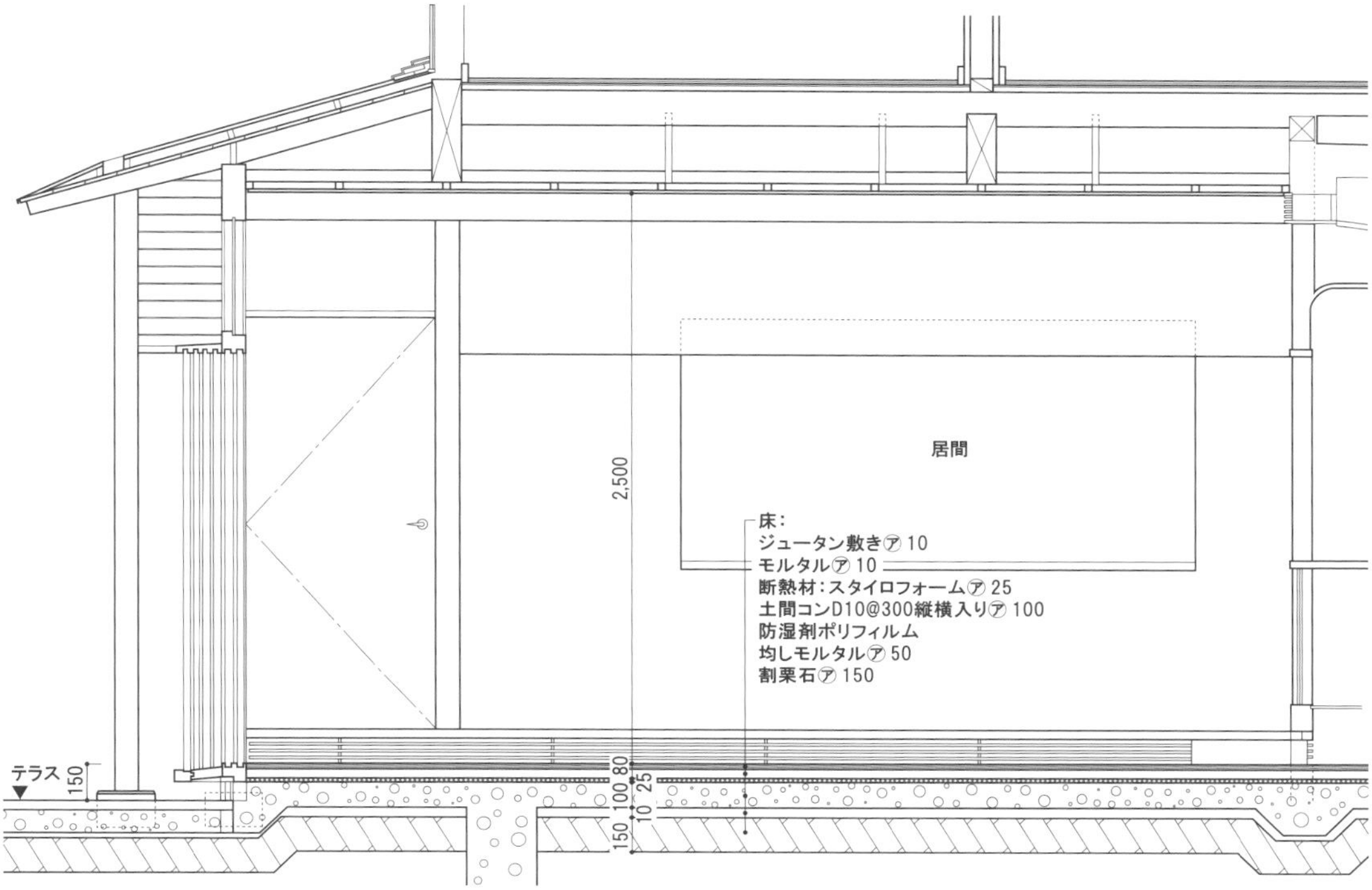

1階の床面が地面に近いと、庭に出入りしやすくなり、内～外のつながりがより緊密になる。そのためには、床下地としてコンクリートスラブを用意するが、地面からの湿気を断つ目的で防湿フィルムの敷き込み、底冷えを防ぐ目的で断熱材の敷き込みなどを併用する

② 木質系セメント板を使用した例（宮脇檀「神宿邸」）[S=1：20]

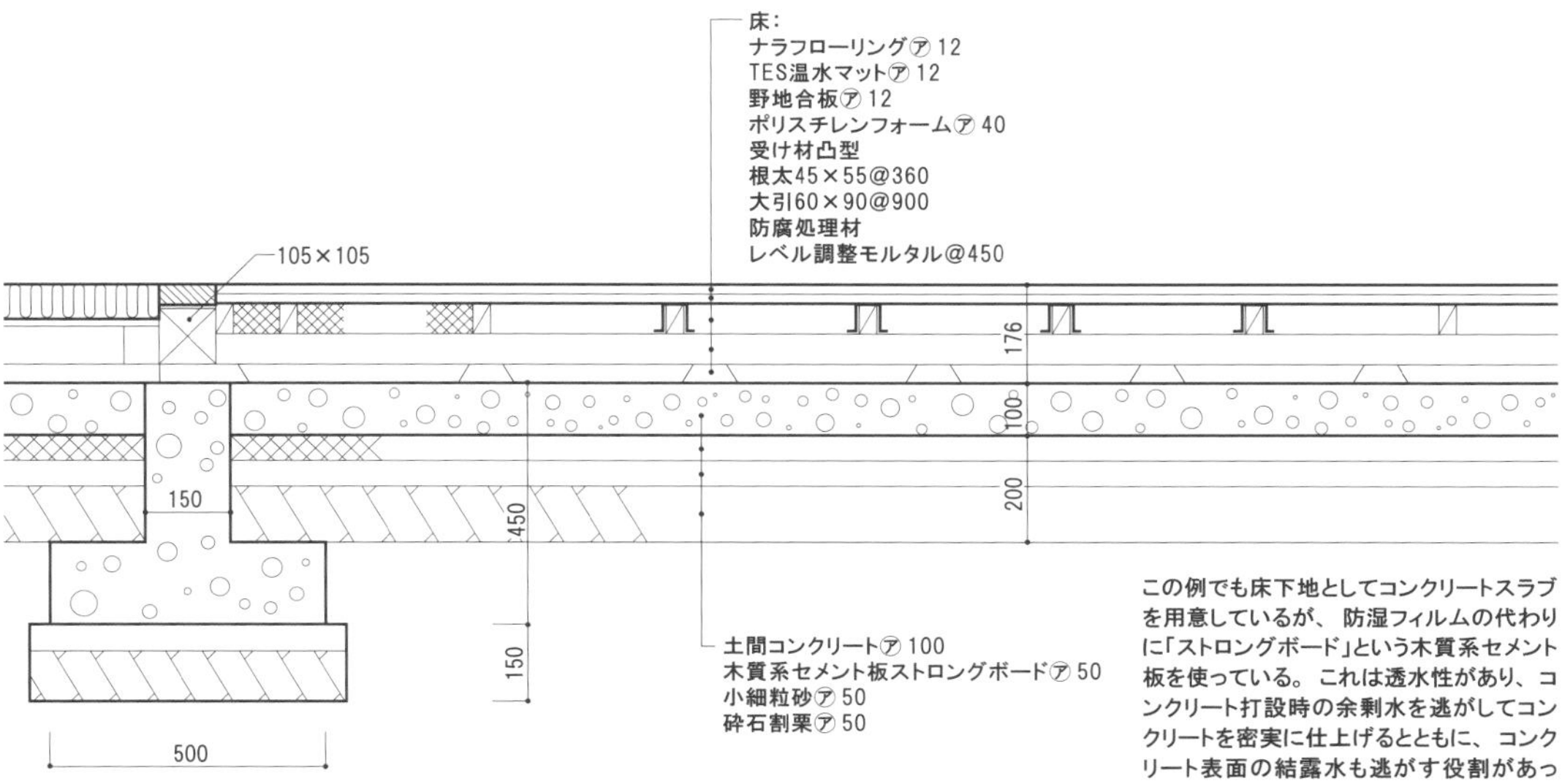

この例でも床下地としてコンクリートスラブを用意しているが、防湿フィルムの代わりに「ストロングボード」という木質系セメント板を使っている。これは透水性があり、コンクリート打設時の余剰水を逃がしてコンクリートを密実に仕上げるとともに、コンクリート表面の結露水も逃がす役割があって、床下の乾燥維持に効果がある。なお、この床は床暖房設備を備えている

096 二重三重の構え2 雨仕舞

雨仕舞は必ず破れるものと想定して防水処理を考える

雨仕舞といえば、まず屋根を思い浮かべますが、雨仕舞は必ず破れるものと思っていたほうがよいでしょう。雨が漏るような屋根を設計することは当然恥ずかしいことで、細心の注意を払って設計・施工を行うべきなのですが、それでも何かの悪条件が重なり、雨仕舞が破れてしまうことがあるのです。また、雨仕舞というとシーリング材を使うことを考えます。最近ではシーリング材の性能もよくなっているので、ついつい全面的に頼ろうとしますが、これも必ず破れます。

したがって、雨仕舞を考えるときの原則は、直接雨を受ける最も外側の仕舞をしっかりとつくったうえで、そこが破れたときを想定し、もう1つ内側でも浸入した雨水をスムーズに排出できるように、2重の構えで考えることです［図1］。雨仕舞をする場所の条件が少し複雑になると、2重の構えでもまだ心配な場合があります。そのときには遠慮なく、3重、4重と雨仕舞を足し算していきましょう。

たとえば、コンクリート造に木造の建物の屋根が取り付く場合があります。地震や風を受けたときにコンクリート造と木造では動き方が違うので、屋根が取り付いた部分も当然ずれ動くことが予想されます。そのため、動いても雨仕舞が破られないように考える必要があります。

まず、屋根葺きの最も外側を板金加工したフラッシングで包み、端部はシーリング材で納めます。大半の雨はこれで抑えられますが、躯体の動きでシーリング材が破られることは十分に考えられます。そこで、その内側に同じく板金加工した金属板を捨て張りして、内側に回った雨水を受けられるようにするのです［図2］。

しかし、躯体の動きによってはこの捨て張りも破られ、さらに内側に雨水が入り込むこともあり得ます。そこで、もう1つ奥まったところにも、入り込んだ雨水を受け止める仕舞を用意します。一般的な住宅では、スペースの関係でこれ以上の雨仕舞を追加するのは難しいでしょうから、躯体の動きに追従できるブチルゴムシートを使い、最後の砦としたいところです。この辺りの考えは、躯体の動きを前提としているエキスパンションジョイントの納まりが参考になります［図3］。

この2重、3重の仕舞に行き着いた雨水は、最終的にはルーフィングの上に導かれ、屋根葺き材の裏を通って軒先で排出されます。

図1 屋根と外壁との出会い例

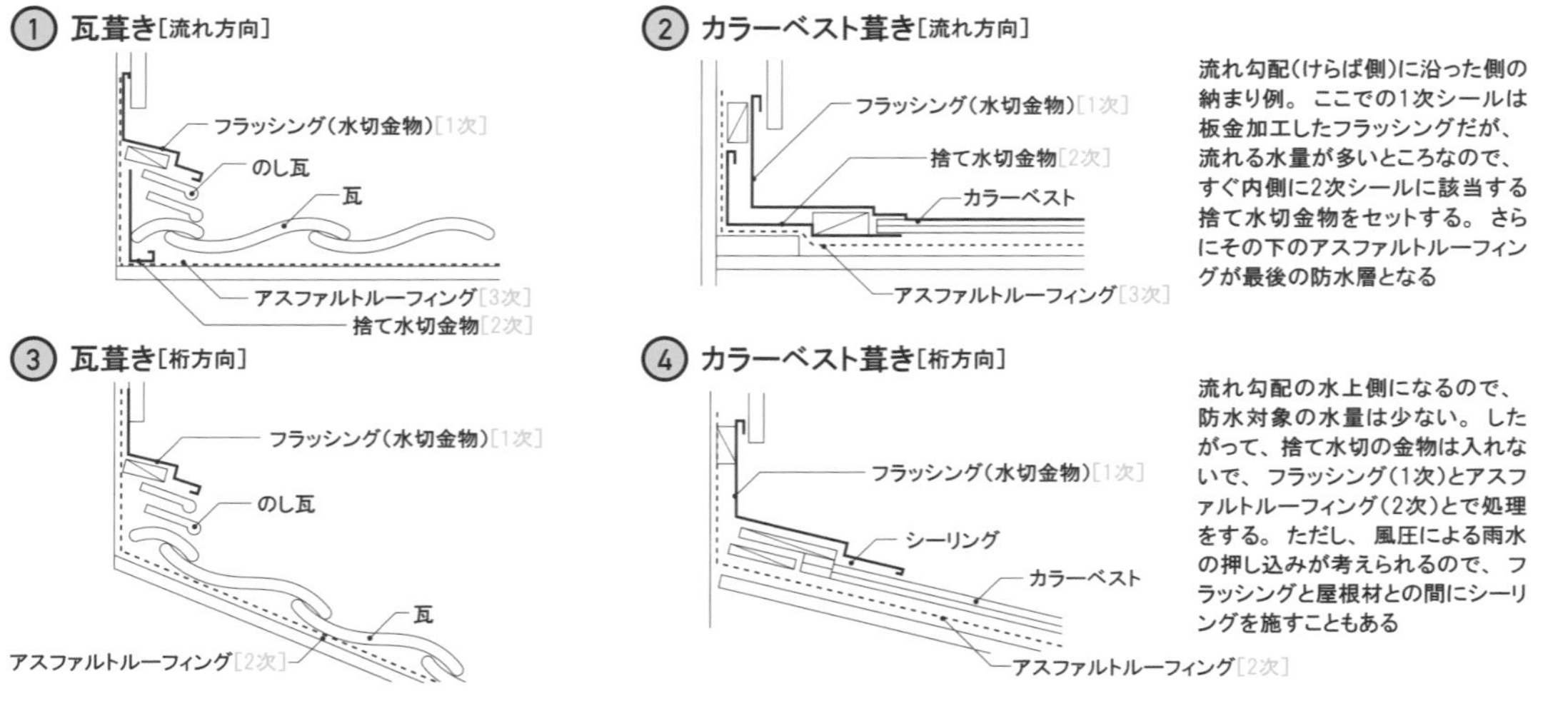

流れ勾配（けらば側）に沿った側の納まり例。ここでの1次シールは板金加工したフラッシングだが、流れる水量が多いところなので、すぐ内側に2次シールに該当する捨て水切金物をセットする。さらにその下のアスファルトルーフィングが最後の防水層となる

流れ勾配の水上側になるので、防水対象の水量は少ない。したがって、捨て水切の金物は入れないで、フラッシング（1次）とアスファルトルーフィング（2次）とで処理をする。ただし、風圧による雨水の押し込みが考えられるので、フラッシングと屋根材との間にシーリングを施すこともある

図2

RC造（壁）と木造（屋根）との出会い例

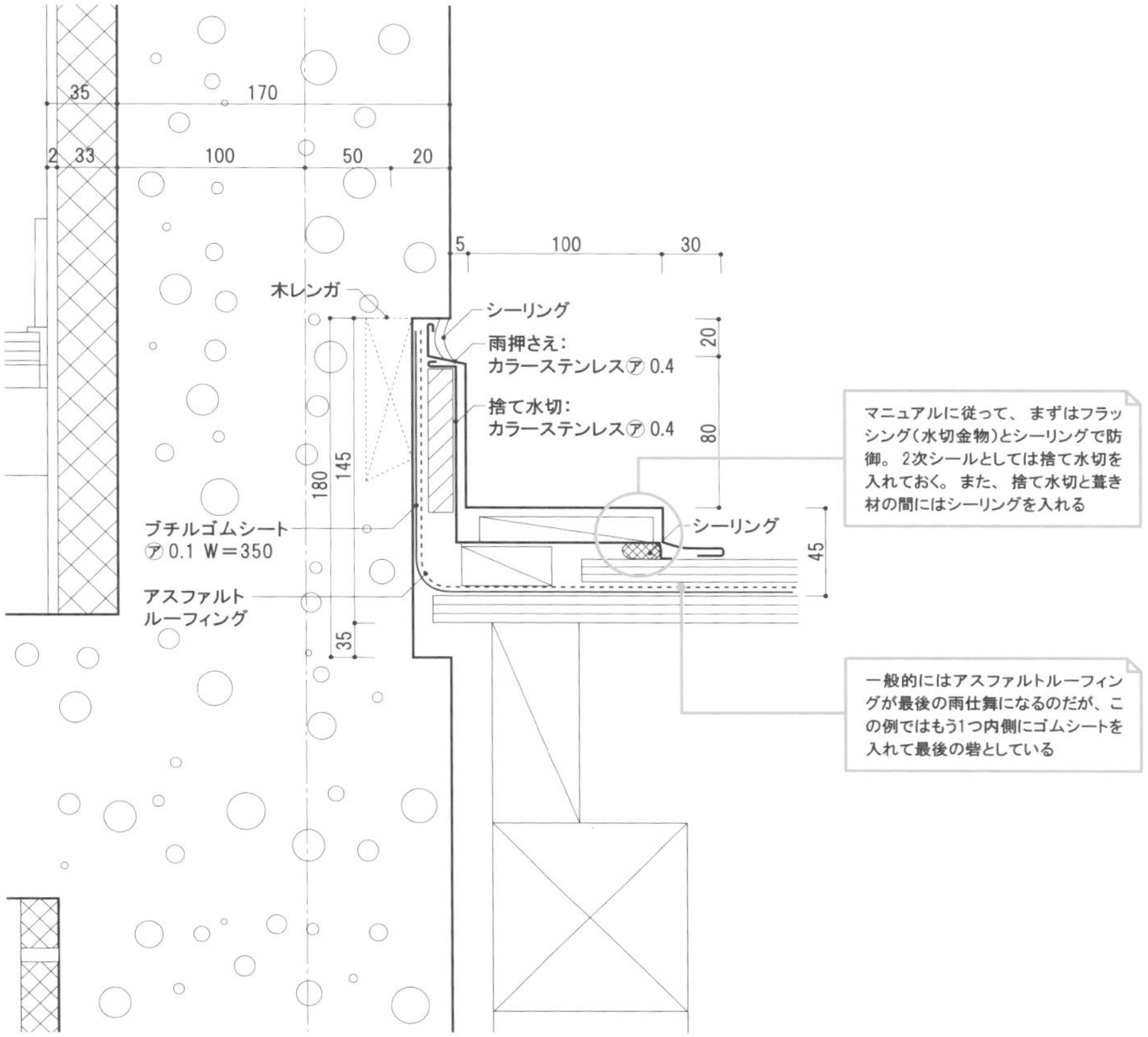

混構造の出会い部分は地震などの外力によって動きのあるところ。1次シールとして板金によるフラッシングを、2次シールに捨て水切を用意し、最後はアスファルトルーフィングとする定石を採用。それに加えて、フラッシングと屋根材の間にシーリングを、コーナー部分にはアスファルトルーフィングの外側にゴムシートを用意し、万一に備えて、二重三重の納まりとしている

図3

エキスパンションジョイントの例［屋根―壁タイプ］

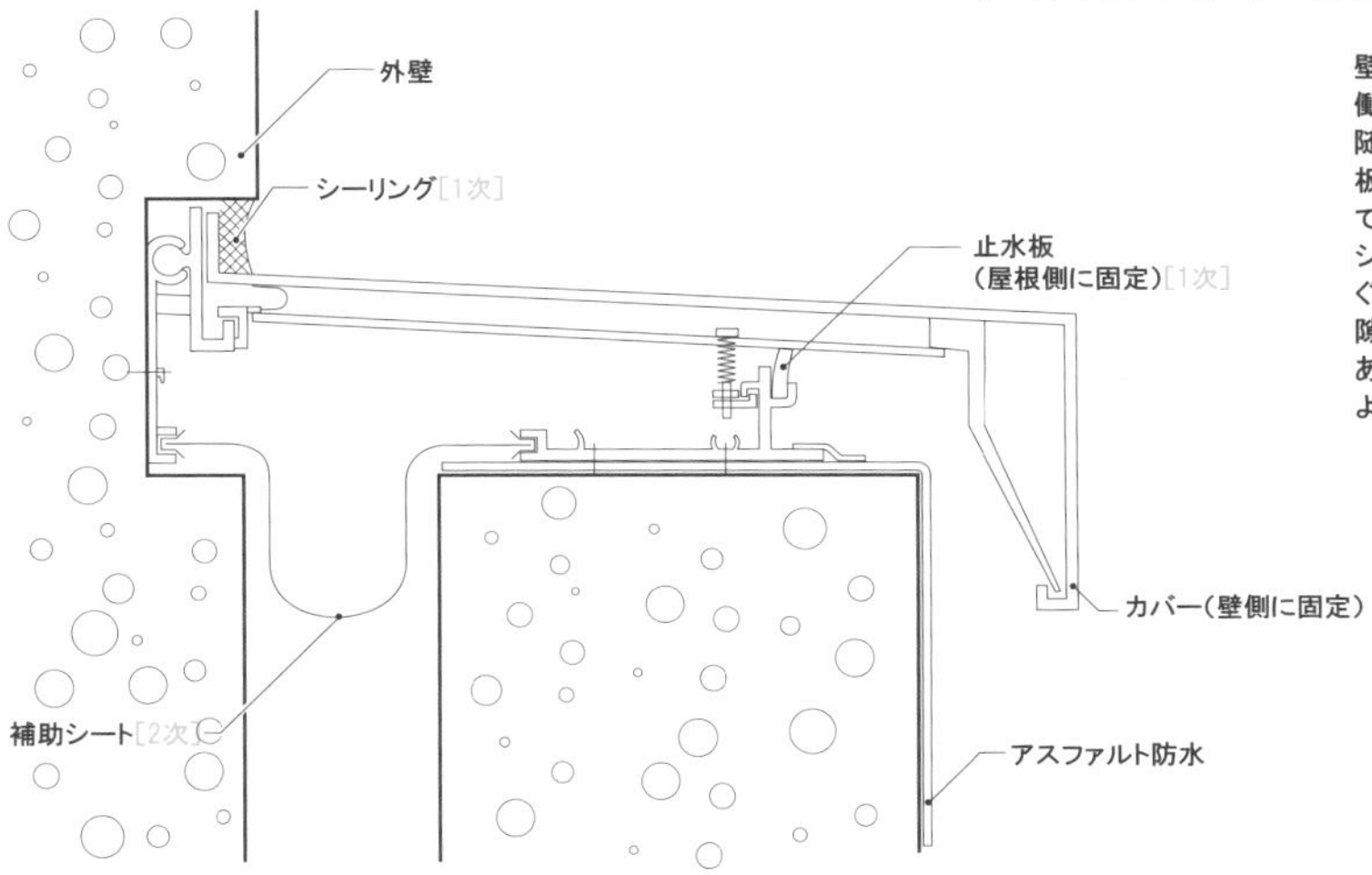

壁側に固定されているカバー材が1次シールの働きをするが、動きは壁側の建物の動きに追随する。屋根側の建物に取り付けられた止水板（軟質塩化ビニル）は、カバー材に接触していて、吹き込みの雨水を防ぐ働きをし、これも1次シールにあたる。それを破って入った雨水を防ぐ2次シールは、外壁の建物と屋根の建物との隙間に渡された補助シート（軟質塩化ビニル）である。これは、2つの建物の動きに追随できるよう、あらかじめ弛みを付けてある

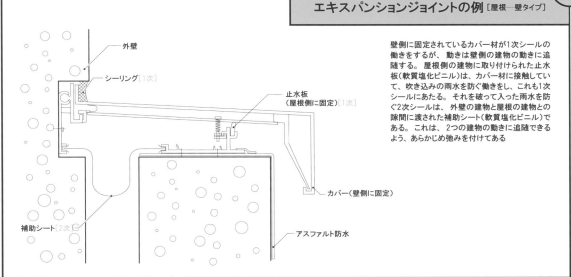

097 二重三重の構え3 屋根下地

ちょっとした足し算が瓦屋根の雨漏りを防ぐ

屋根といえば、瓦、金属板、カラーベストなどの屋根葺き材そのものが実は防水層の役割を担っており、当然のことながら雨仕舞の役目を果たしています。198・199頁で「屋根の雨仕舞は破れるもの」と述べましたが、これらの屋根葺き材を扱うときも、雨仕舞を破られて裏側に雨水が回り込むことを予測しておかなければなりません［図1］。

特に瓦葺きの場合は注意が必要です。現代の瓦は雨が回り込みにくい構造になっていますが、雨の量や風の向き・強さによっては、雨水が裏に回ってしまうことがあります。施工要領書で瓦葺きの屋根勾配がややきつめに設定されたり、葺き長さにも制限があるのは、このように雨が裏に回り込むことを前提に考えているからです。とりわけ風の強い海岸や高台に位置する建物では、横なぐりや吹き上げの降雨によって瓦の裏に雨水が回る確率が高いので、屋根下地のつくり方に工夫が必要です。

現在、一般的に使われている瓦は「引っ掛け桟瓦」というもので、瓦の裏に飛び出た「つば」を下地の桟木に引っ掛ける方法で施工します［図2］。このため、軒の線と平行に、瓦の葺き足に合わせた桟木を打って下地とします。この桟木は屋根勾配に対しては直交しており、瓦の裏に雨水が回ったときには、ルーフィングの上を流れる水を堰となって止めるかたちになります。風の強いところなど瓦の裏に雨水の回る確率が高い場所では、下地の桟木の部分で頻繁に水溜まりができることになり、雨漏りの確率がぐんと高くなってしまいます。

それを避けるために、ルーフィングの上にまず屋根勾配に沿って流し桟を取り付け、その上に軒のラインに平行する引っ掛け桟を打ち付ける納まりがあります［図3］。つまり、流し桟を足し算することで、ルーフィングに密着していた引っ掛け桟がルーフィングから離れるかたちになるため、瓦の裏に回り込んだ雨水がせき止められることなく軒先まで流れて外に排出されるようになり、雨漏りの心配が少なくなるというわけです。

このように、ほんのちょっとした足し算が大きな意味をもってくることもあるのです。とにかく、瓦葺きの屋根は裏に雨水が回りやすいので、ルーフィングも厚みのあるしっかりしたものを選びましょう。

図1 ルーフィングの役割

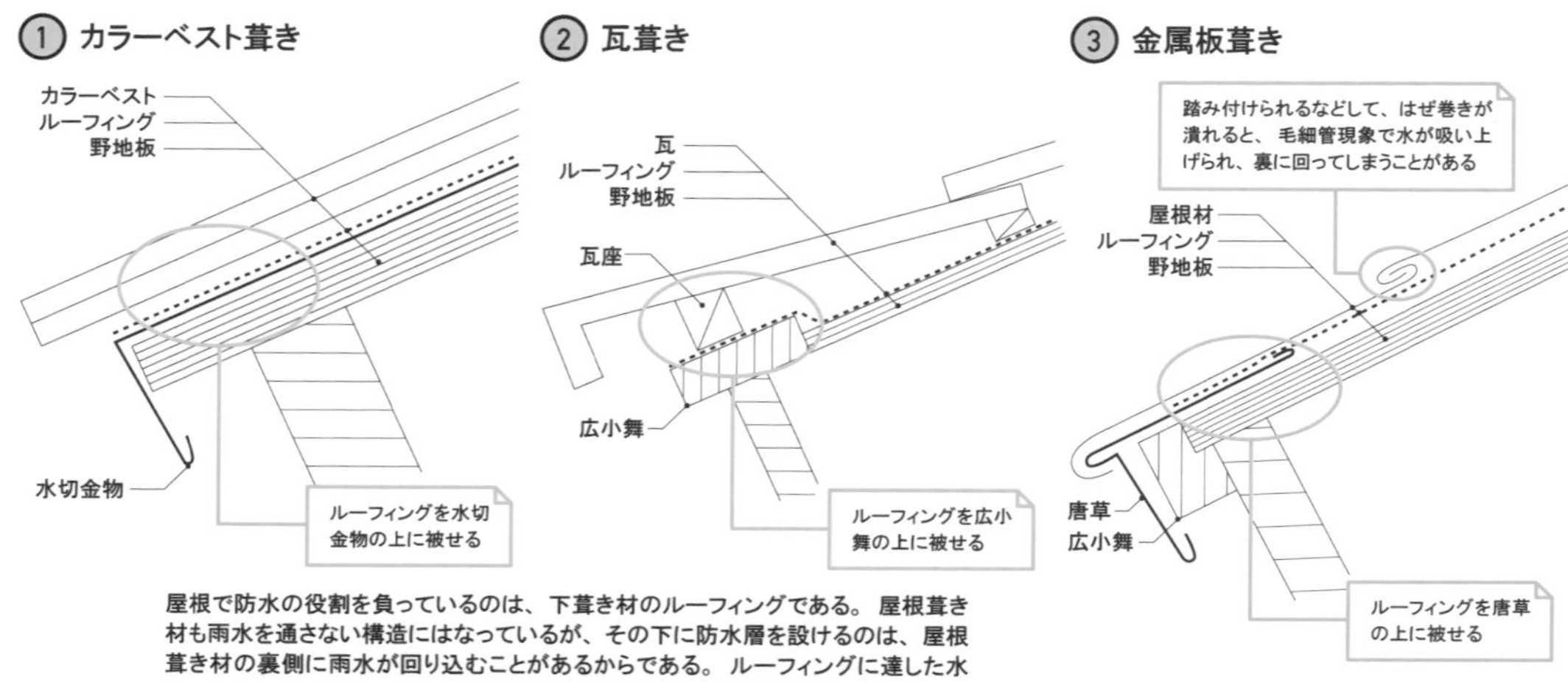

① カラーベスト葺き
カラーベスト
ルーフィング
野地板
水切金物
ルーフィングを水切金物の上に被せる
② 瓦葺き
瓦
ルーフィング
野地板
瓦座
広小舞
ルーフィングを広小舞の上に被せる
③ 金属板葺き
踏み付けられるなどして、はぜ巻きが潰れると、毛細管現象で水が吸い上げられ、裏に回ってしまうことがある
屋根材
ルーフィング
野地板
唐草
広小舞
ルーフィングを唐草の上に被せる

屋根で防水の役割を負っているのは、下葺き材のルーフィングである。屋根葺き材も雨水を通さない構造にはなっているが、その下に防水層を設けるのは、屋根葺き材の裏側に雨水が回り込むことがあるからである。ルーフィングに達した水は、その上を流れて、最終的には軒先で屋根葺き材の下から外に排出される

図2

一般の引っ掛け桟納まり

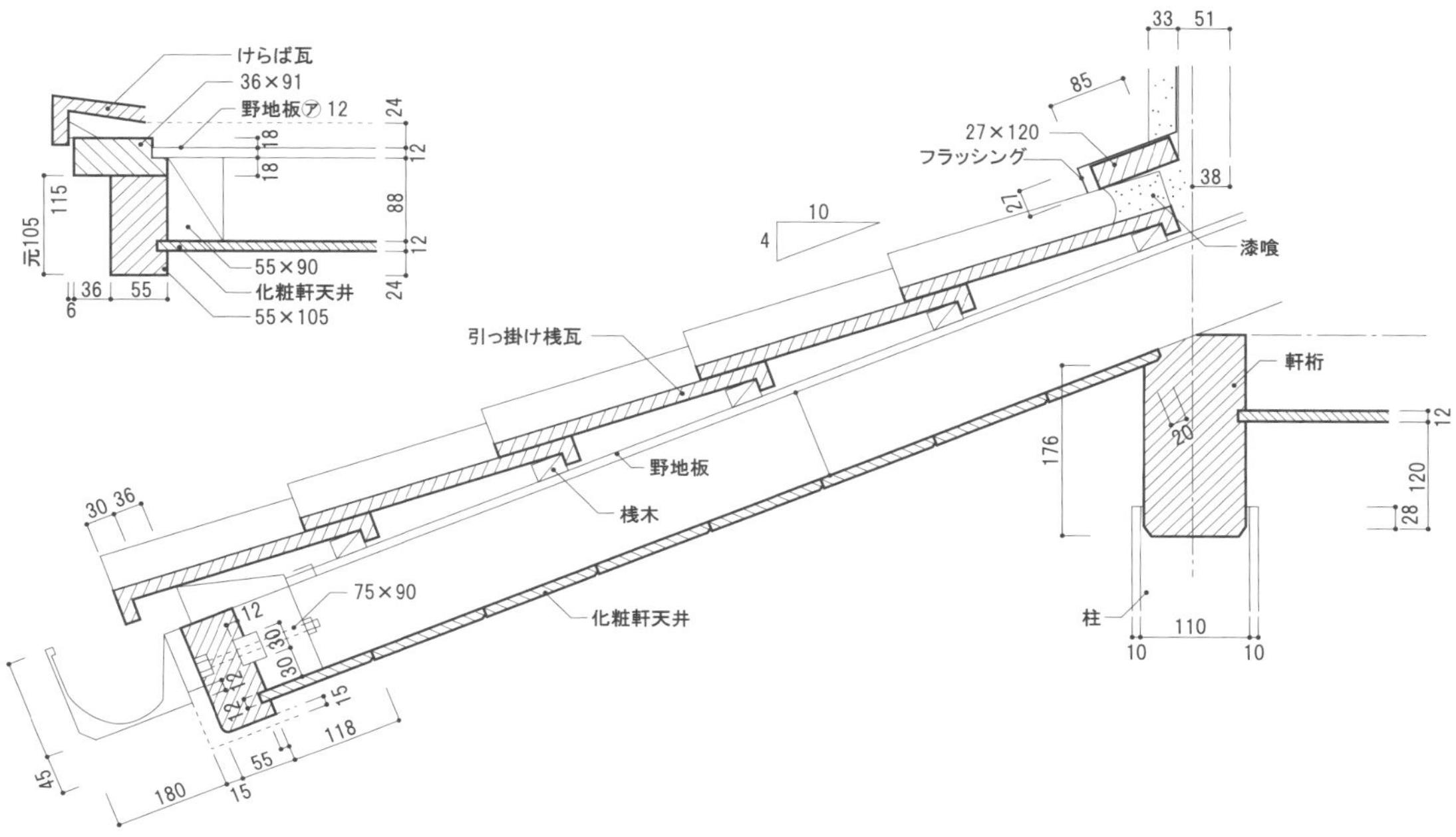

図3

屋根下地の2重の構え

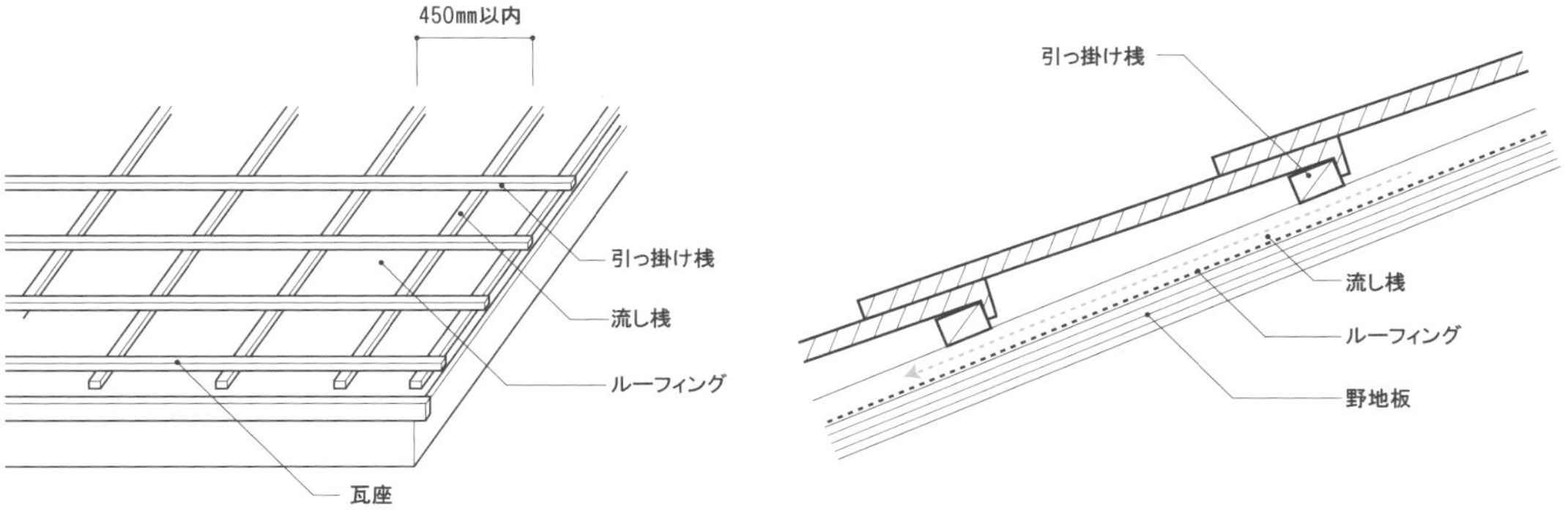

屋根下地のルーフィング張りが終わったら、勾配の流れに沿って桟木を留める(450㎜間隔が目安)。これを「流し桟」という。次に、その桟木に直交するかたちで引っ掛け桟を固定する

引っ掛け桟は流し桟に固定されているので、ルーフィングの面からは流し桟の厚み分だけ間隔がある。そのため、瓦裏に雨水が回り込んでも、途中で邪魔されることなくルーフィングの上を流れて、軒先まで届く

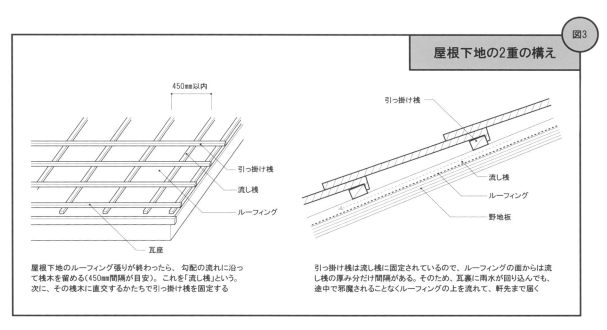

098 下地の捨て張り

下地の面精度と仕上がり面の強度を向上

「基礎が大切」とは、人にも建築にもあてはまることです。仕上げという点から見れば、下地が「基礎」にあたります。下地が精度よく仕上がり、狂いのないことが大切です。特に合板張り仕上げや塗装仕上げ、左官仕上げなど、仕上げ材の厚さが薄い場合は、下地の出来が仕上げの善し悪しに直接的に影響します。

下地材には野縁、胴縁、根太などがありますが、仕上がったら隠れてしまうものという意識があるからか、一般に造作材に比べて乾燥が不十分で、等級の低い材が使われることが多く、下地材の暴れが原因でクラックが発生するなどのトラブルに悩まされることがあります［図1］。以前、良材が手に入りやすかった昭和初期に建てられた家の解体に立ち会ったことがありますが、胴縁に柾目の良材が使われているのを見て、「基本はこれなんだ」とあらためて感じ入りました。

ところで、合板の目透かし張り（敷目張り）仕上げの場合、面精度を上げるためと、目地底に下地の胴縁が見えるので、胴縁の片面は鉋《かんな》仕上げとします。丁寧な仕事をすると、目地底の部分に単板やテープを張ったり、先に塗装仕上げをしたりしますが、なかなか手間のかかる難しい仕事になります。特に、縦・横の胴縁が交差するところを隙間なく仕上げるのは指物の仕事に匹敵する難しさです。ところが、前述のように最近は元々、下地材にそれほどの良材を使っていないので、手間をかけてもそれほど報われないということもあります。

このようなときは、下地材の上に合板の捨て張りを足し算するとうまくいきます［図2］。この捨て張りを加えることで、下地の面精度が出しやすくなり、縦・横の胴縁が交差する部分の納まりの悩みも、目地底の化粧仕上げの苦労も一気に解決します。また、合板を下地にすることで、下地が胴縁という線材から合板という面材に変わるので、仕上げ材の合板張りの施工が楽になり、仕上がりもきれいになります。仕上げ材と捨て張り材との複合で、仕上がり面の強度が上がることもメリットです。

下地の面精度を高め、仕上がり面の強度も確保できるこの捨て張りは、壁の合板張り仕上げだけでなく、床のフローリング仕上げにも有効です。

図1

下地の挙動による仕上げ面のトラブル

① 胴縁材の反り・ねじれによるトラブル

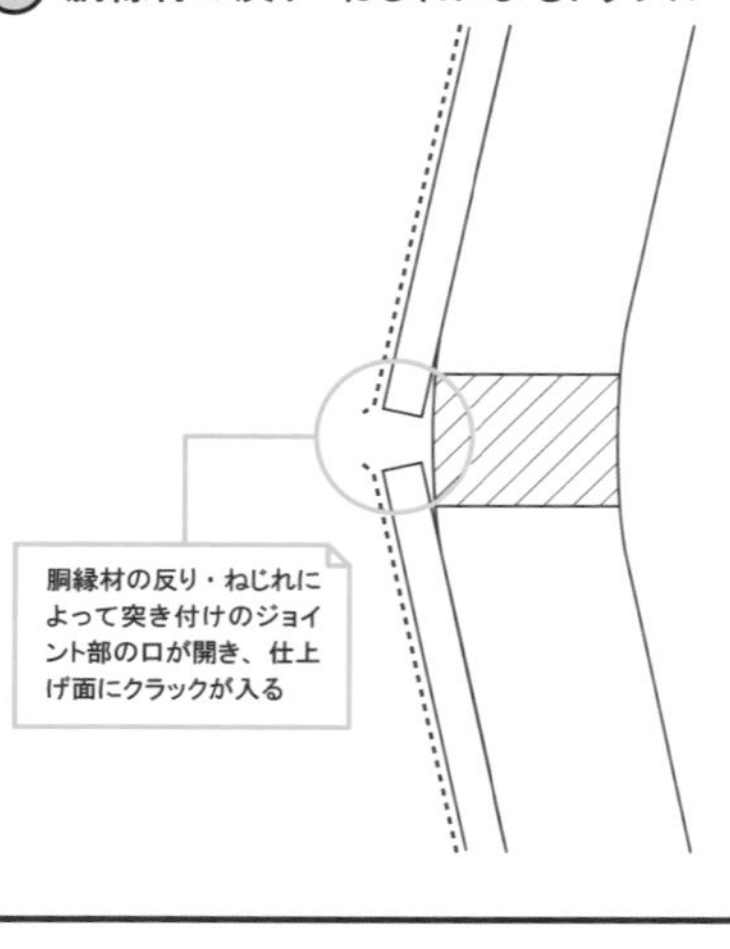
胴縁材の反り・ねじれによって突き付けのジョイント部の口が開き、仕上げ面にクラックが入る

② 胴縁材の乾燥収縮によるトラブル

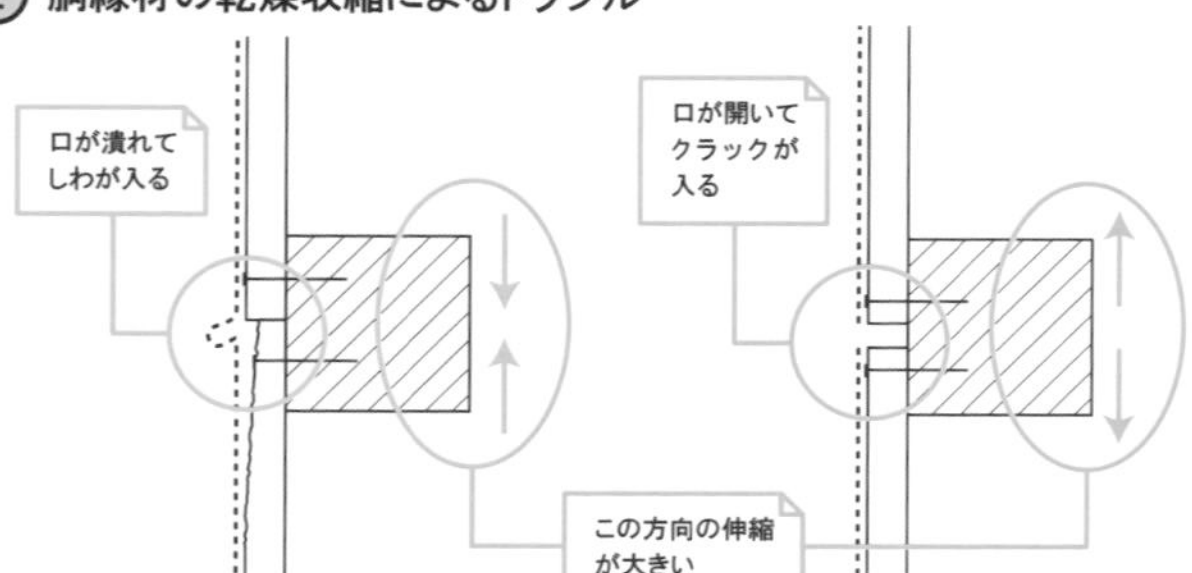
口が潰れてしわが入る
口が開いてクラックが入る
この方向の伸縮が大きい

下地用製材には針葉樹（北洋材が多い）が使われる。JASには針葉樹の下地用製材規格があり、含水率はほかの構造材と同様、15％ないし20％とされているが、もう少し含水率が高い「グリーン材」も流通している。反りや曲がりについても規定があるが、木目の通りが悪いものはよく狂う。1束のなかでバラつきがあるので、使用時によく選別する必要がある

図2

下地の捨て張り

① 平面詳細図[S＝1：50]

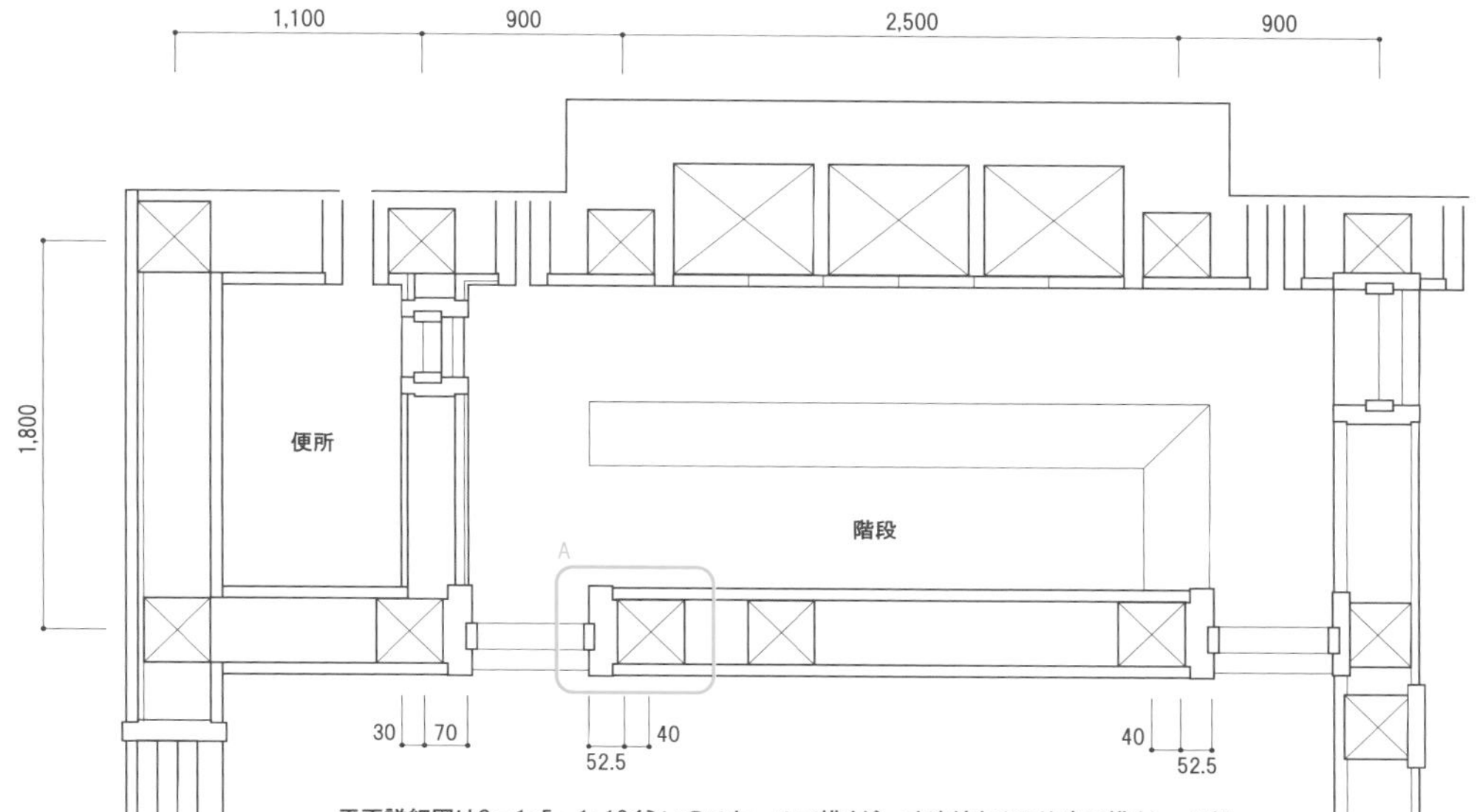

平面詳細図はS＝1：5〜1：10くらいのスケールで描くが、寸法線もその比率で描くと、用紙に全体が納まらなくなる。そこで、寸法線の割り付けはS＝1：20〜1：30くらいで描き、柱・壁など各部位だけ1：5〜1：10で描くので、見かけとは寸づまりの図に見える

② A詳細[S＝1：2]

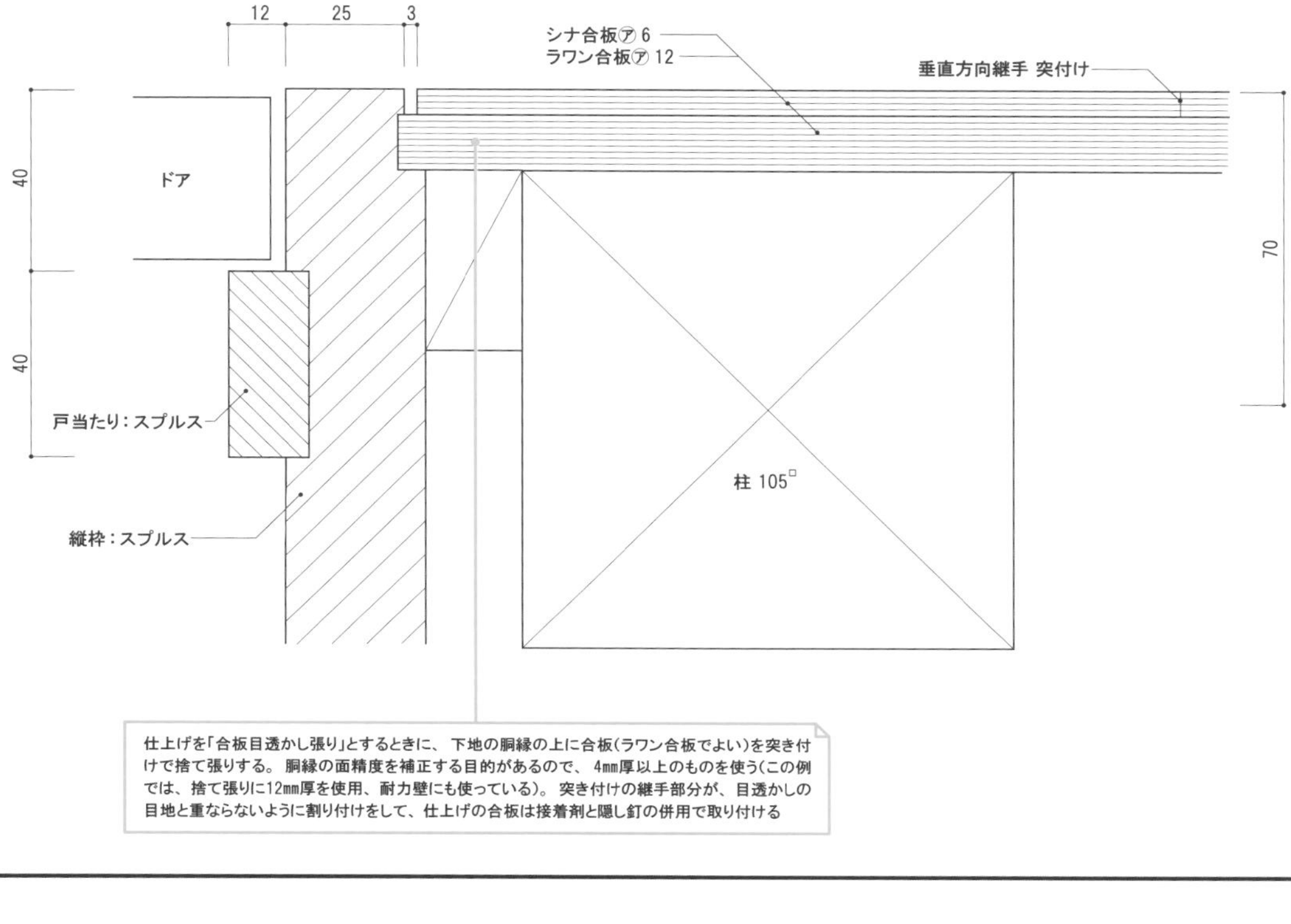

仕上げを「合板目透かし張り」とするときに、下地の胴縁の上に合板(ラワン合板でよい)を突き付けで捨て張りする。胴縁の面精度を補正する目的があるので、4mm厚以上のものを使う(この例では、捨て張りに12mm厚を使用、耐力壁にも使っている)。突き付けの継手部分が、目透かしの目地と重ならないように割り付けをして、仕上げの合板は接着剤と隠し釘の併用で取り付ける

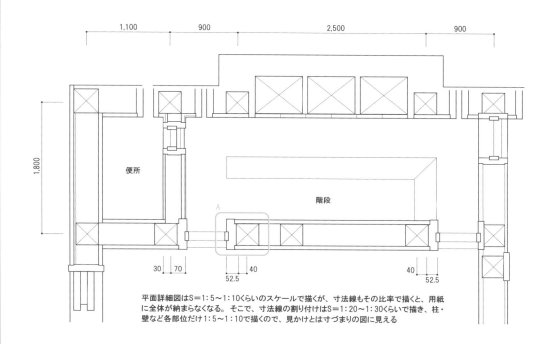

099 縁を切る

視線を切るための工夫

建物に開口部を設ける主な目的には、①部屋に自然光を採り入れる、②風を通すための抜け道とする、③人が通り抜ける出入口とする、などがありますが、部屋から外の風景を楽しむということも目的の1つとして挙げられます。

窓を通して部屋から見える風景は、周囲の環境や窓の位置などの条件によってさまざまです。近くはわが家の庭であったり、隣家の庭、あるいは遠くの海や山であったり、それに混じって隣りや向かいの家々であったりと、いろいろなものが一緒に見えることになります。そして、わが家から隣りの家が見えるということは、隣りからもわが家が見えているということです。

もしも家のなかから外を見たいが、外からは見られたくないというのであれば、町家造りに見られる割り付けの細かい格子を窓にはめるとよいでしょう[図1]。室内からは外が見える半面、外からは室内が見えにくいという偏光ガラスのような効果が得られます。

また、1つの窓から見える風景で、楽しみたい風景と見たくないもの（見られたくないもの）とが混在することがあります。窓を単に採光と通風の装置として使うのであれば、見たくない（見られたくない）ものに対し、不透明な窓ガラスを使って「見る」ということに関して縁を切ってしまえばよいのですが、それでは見たい風景が混在しているときには困ります。

これに対して、吉村順三さんは窓の外に縦ルーバーを付け、ルーバーの羽根の角度を1枚1枚変えることで対処しています[図2]。すなわち、見たくないものの方角では視線を切る位置に、見たいものの方角では視線を通す位置に羽根の角度を設定することで、内と外とがつながる縁をつないだり切ったりしているのです。

この手法は、同じ建物内の居室どうしなどの関係でも応用することができます。たとえば、中庭に面した個室と廊下が直交する位置関係にあって、両方から中庭が見えるようにしたいときには、個室のプライバシーを守るため、廊下の開口部に縦ルーバーを付け、ルーバーの羽根を個室が見える方向の視線を切る角度に設定して覗き込みを防ぐ、というようなことが可能です。

図1

格子の効用

① 縦繁（たてしげ）格子

格子の見付けに対してあきが狭いと、「簾」効果によって内部が見えにくい

② 駒返し

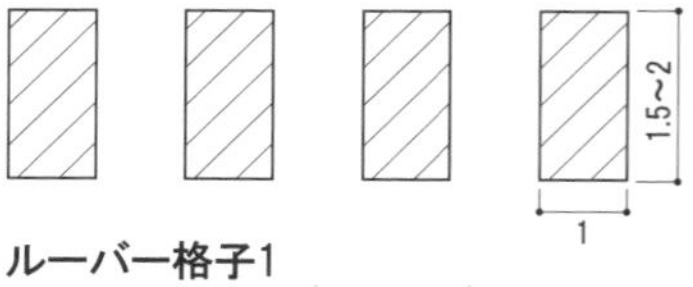

格子の見付けとあきが同寸法のものを「駒返し」といい、きれいに見えるプロポーションの一例である（格子断面1つの縦横比は1：1.5～2くらいが美しい）。格子の見付けが小さくても、駒返しの状態なら内部が見えにくい

③ ルーバー格子1

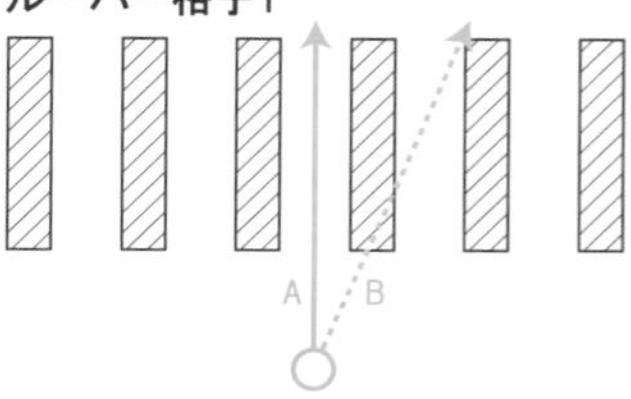

Aの視線は通るが、Bの視線は切れる

④ ルーバー格子2

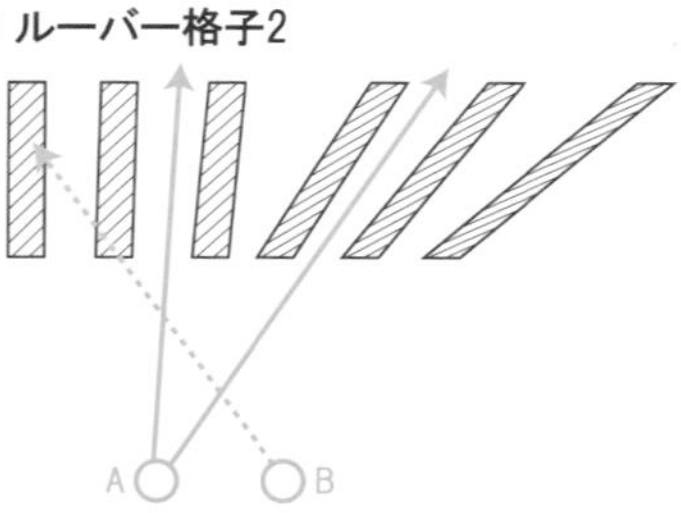

Aのポイントなら全方向に視線が通るが、Bのポイントではすべての視線が切れる

格子はその桟の並べ方、桟の断面寸法の決め方如何で、視線の通し方をさまざまにコントロールできるので、眺望を確保しつつ、プライバシーを守りたいときに、積極的に採用してみたいものである

図2

ルーバーの羽根の角度を変えて縁を切る方法

① 吉村順三「南台町の家」2階平面図

2階の北窓に設けた例。微妙に羽根を傾けた方向には視線を切りたいものがある。これは、その相手側からも覗かれないことを意味する

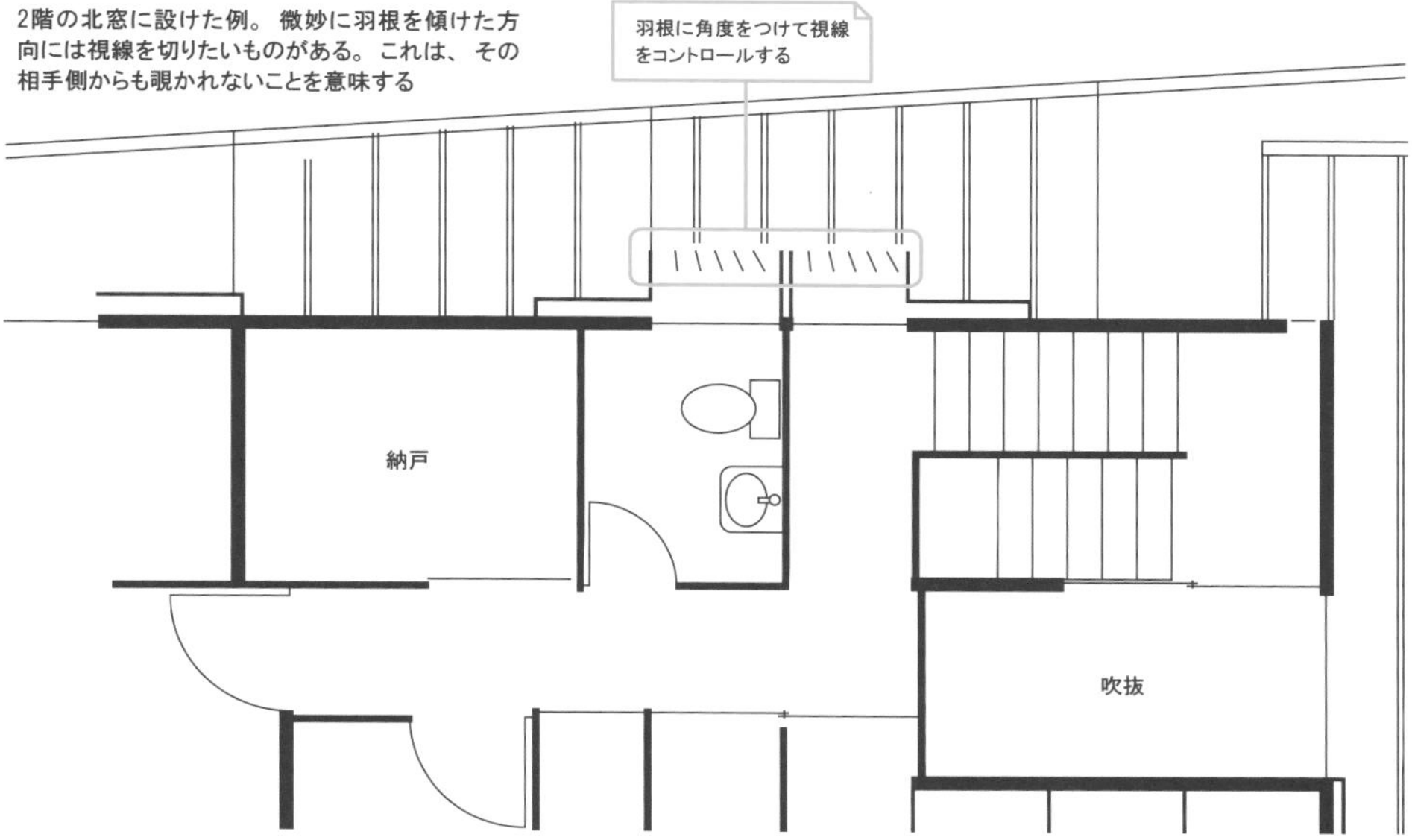

② 山崎健一「箱根の家」1階平面図[S＝1：50]

廊下の採光と眺望を目的とした大きな開口部の例。この開口部に隣接して、同じように眺望を楽しみたい浴室があり、そこのプライバシーを守るために廊下側にルーバーを付け、羽根の角度を調整することで、浴室側への視線を切っている

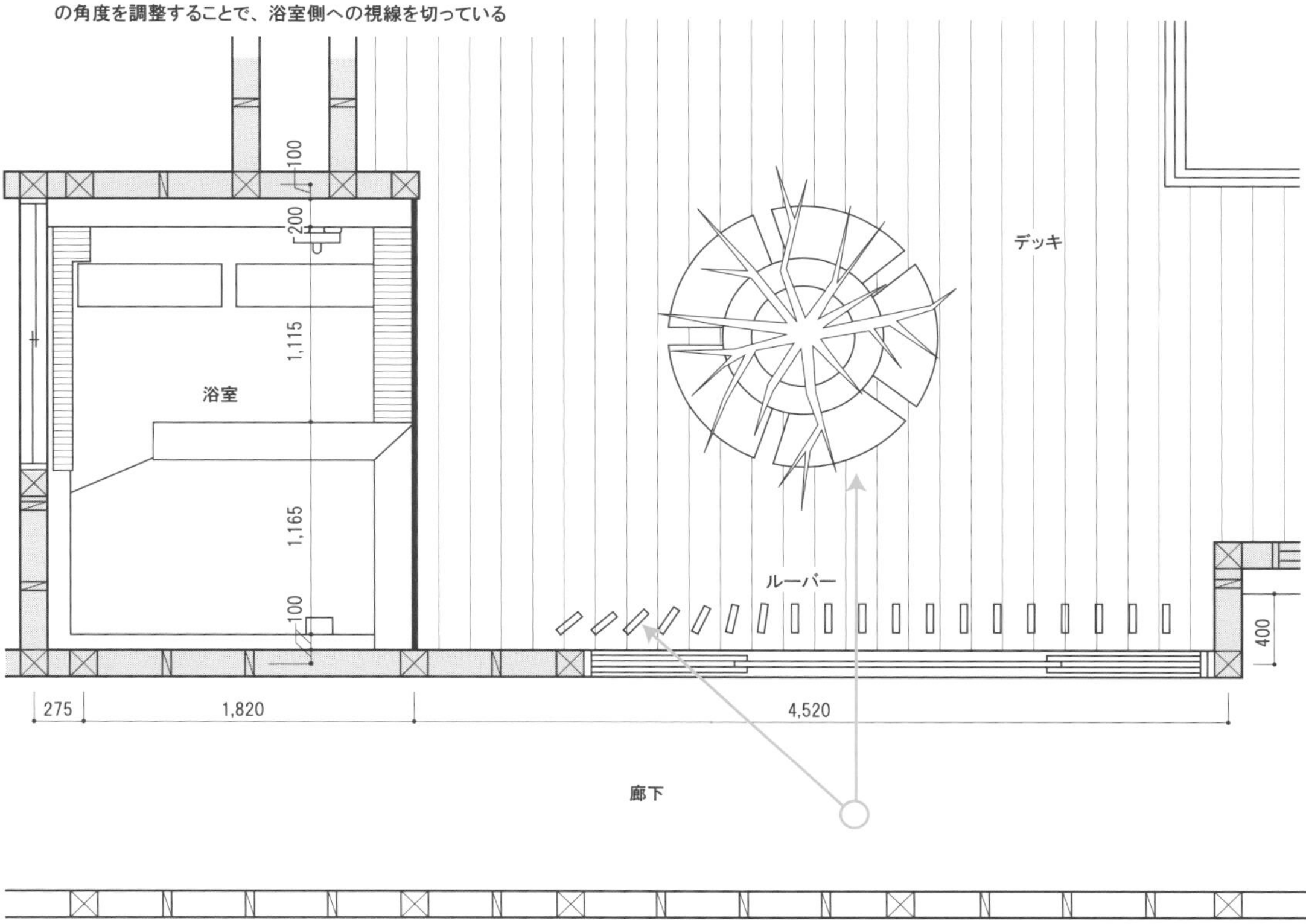

［図2①：『別冊新建築 日本現代建築家シリーズ⑦吉村順三』（新建築社）より］

100

先輩はディテールに何を語ったか 8

金壽根

Kim Swoo Geun 1931-1986

> 韓国の最近の民家を見ますと、ヒューマンスケールから出るような尺度のものはないんですね。李朝の終わりごろから堕落するわけです。李朝が終わって、お金持ちは幾らでも大きいものをつくれるとか、レギュレーションの開放とか、権威建築に対するあこがれとかが、はやり出しまして、高く広く部屋をつくるということが一般的にはやり出すんです。そうすると全部の建築が堕落し始めるわけです。ですから、いま残っている民家は一部を除いて、李朝が持っていた本当のヒューマンスケール、空間の質をだんだんなくして堕落しているわけですね。それが、日本の植民地時代になって最高潮に堕落するわけです。いまはこれ以上堕落しようがないという底にいますから、これからはよくなるんじゃないかと期待していますけれど。やはりヒューマンスケールをなくすと、堕落した建築になってしまうと思いますね。
>
> 現代の建築家 金壽根 ― 鹿島出版会 ― 1979

金壽根さんは韓国の建築家ですが、東京芸術大学と東京大学で建築を学ばれたことで日本の事情にも詳しい方です。ここに引用したのは、『現代の建築家金壽根』に収録されている金さんと西澤文隆さんとの対談での発言です。

西澤さんが、韓国の伝統的な住まいのスケールが人間の身長スレスレのスケールだと話したのを受け、現代はヒューマンスケールの尺度が使われなくなっている、と金さんは嘆いています。

金さんは、自社ビル（空間社屋）の設計でも、伝統を踏まえた尺度を徹底的に使うことで、とても気持ちのよい空間をつくり出しています。『新建築』1968年1月号で吉村順三さんが「天井の高い住まいは成金趣味の家だ」と発言していますが、「身長スレスレ」の尺度でつくられた空間は親しみやすく、気持ちがゆったりとして落ち着くものです。

> そこに吉村順三先生いらっしゃいまして、それをごらんになりまして、その刺繍が細かくなっていないわけです。非常にバサバサッとなっているわけですね。吉村先生がコメントをなさったんですが、韓国にはチャングという鼓がありまして、あれの音のようなシャープな音が、この刺繍の中にはあるというんです。それがぼくにははっきりわからなかったんです。木造の建築だって、刺繍だって、いわゆるわらぶきの家だってバサバサッとしているので、非常に雑で通っていてそのシャープネスというのとほど遠い、それで、聞き直しまして「そのシャープネスとはどういうことですか」と言ったら、先生いわく、「シャープネスは精神がシャープであってピリッという音がするんだ。そのバサバサッとしたものを通して、精神をシャープにしている」と言うんです、それに非常にショックを受けまして、ああこれは非常に適切な韓国の造形に対する見方じゃないかと色々感じさせられました。
>
> 現代の建築家 金壽根 ― 鹿島出版会 ― 1979

> 韓国の建築であれ刺繍であれ、吉村先生がコメントした部分は、ソウルではMOT（モ）という言葉を使いますが、これは漢字でも書けませんが、韓国語だけのユニークな言葉なんです。これを翻訳しますと、非常にスマートであるということと、エレガントであるということと、内容が豊富であるということ、おしゃれであるということに使ったりする、綜合した言葉なんですね。ですから、「彼女はMOT（モ）がある」といったら、顔だけきれいという意味じゃなく、格好も心も全部がすばらしいという表現に使うんです。「椅子がMOT（モ）である」ということは、非常にデザインがいいとか、テクスチュアがいいということと、使い良いということも一緒にいった総合的な言葉なんですね。
>
> 現代の建築家 金壽根 ― 鹿島出版会 ― 1979

これも同じ対談からの引用です。1つ目は、西澤さんが日本と韓国の文化の違いに触れて「韓国のバサッとしている感じというのは、なかなかいいですね」と言ったのを受け、「そのバサッとしている感じには、その深さを読み取れないちょっとしたわながありますね」と応じたうえで、東京・池袋のサンシャインビルで行われた韓国李朝時代の刺繍の展覧会での出来事について語ったものです。

2つ目は、1つ目の引用に続いて韓国語の「MOT（モ）」について説明したものです。この言葉は建築とか造形のなかに大変なポーションをもっているようで、韓国の李博士の定義によると、MOTとは“more than necessary”、日本語でいうと「必要以上のものがある」という意味であるそうです。ですから、必要以上のものがないとMOTとはいいません。たとえば、韓国の伝統的な衣装であるチョゴリを結ぶひもは短くても用が足りますが、実際にはそれ以上に長くて余裕があります。これが衣服に対するMOTなのだそうです。

これは、韓国文化を理解するうえで、重要なヒントになる言葉といえるでしょう。そういえば、とても手間のかかる出目地の納まりを好んで使う韓国の塀を見ると、韓国のディテールの特徴はMOTであるのか、と思い至るのです。

R/B
REFERENCES
BIBLIOGRAPHY

参考・引用文献

現代の建築家｜金壽根｜SD 編集部｜鹿島出版会
ディテール｜建築の仕上｜鹿島建設・設計部｜鹿島出版会
ディテール｜出入口・窓｜鹿島建設・設計部｜鹿島出版会
ディテール｜事務所建築｜鹿島建設・設計部｜鹿島出版会
吉村順三設計図集｜吉村順三｜新建築社
建築家林雅子｜「建築家林雅子」委員会｜新建築社
新建築別冊｜日本現代建築家シリーズ①｜宮脇檀｜新建築社
新建築別冊｜日本現代建築家シリーズ②｜内井昭蔵｜新建築社
新建築別冊｜日本現代建築家シリーズ④｜東孝光｜新建築社
新建築別冊｜日本現代建築家シリーズ⑦｜吉村順三｜新建築社
設計技術を語る［1］｜宮脇檀・吉村順三・安藤忠雄・黒川紀章・林雅子｜新建築社
建築をめぐる回想と思索｜長谷川堯＋大江宏＋村野藤吾＋平山忠治＋山口文象＋吉村順三｜新建築社
宮脇檀対談集｜宮脇檀＋林昌二＋伊藤隆道＋西澤文隆＋東孝光＋石井幹子｜新建築社
現代日本建築家全集｜村野藤吾｜三一書房
吉村順三のディテール｜吉村順三・宮脇檀｜彰国社
西澤文隆のディテール｜西澤文隆・金澤良春｜彰国社
内井昭蔵のディテール｜内井昭蔵｜彰国社
林雅子のディテール｜林雅子｜彰国社
竹中工務店のディテール｜竹中工務店設計部｜彰国社
デザイナーのための内外装材チェックリスト｜彰国社
木造の詳細 1 構造編｜彰国社
木造の詳細 2 仕上げ編｜彰国社
木造の詳細 3 住宅設計編｜彰国社
木造の詳細 4 建具・造作編｜彰国社
混構造住宅｜宮脇檀建築研究室作品集｜建築資料研究社
建築細部詳細｜高須賀晋作品集｜建築資料研究社
木造建築の詳細｜龍雲院白山道場 —高須賀晋—｜建築資料研究社
建築工事標準詳細図｜建設大臣官房官庁営繕部監修｜社団法人公共建築協会編｜建設出版センター
理科年表 2020｜国立天文台｜丸善
建設用資材ハンドブック｜新日本製鐵
建築現場大辞典｜エクスナレッジ
木造住宅設計大辞典｜建築知識編｜エクスナレッジ
おさまり再点検｜浦島勇・古谷幸雄・本吉康郎｜エクスナレッジ
銘木資料集成｜全国銘木青年連合会｜和風建築社
図集・建物のおさまり｜中善寺登喜次｜井上書院
木造住宅営業技術者研修テキスト技術編／営業編｜日本木造住宅産業協会
建築 NOTE｜宮脇檀｜丸善
タイル・建材綜合カタログ 2010｜LIXIL
設計・施工資料 2011｜大建工業
LE MODULOR①②｜翻訳者・吉阪隆正｜美術出版社
竹原義二の住宅建築｜竹原義二｜TOTO 出版

山崎健一｜やまさき・けんいち

1941 年　新潟県生まれ
1966 年　工学院大学建築学科卒業
1966～1969 年　中央工学校建築設計科講師
1969 年　宮脇檀建築研究室入室
1990～1997 年　工学院大学建築学科兼任講師
1998 年　宮脇檀氏の逝去に伴い宮脇檀建築研究室代表に就任
2000 年　山崎・榎本建築研究室開設、代表に就任
2008 年　山崎建築研究室開設

高度ポリテクセンター建設・造形系講師、日本木造住宅産業協会研修講師、住宅生産団体連合会セミナー講師などを歴任。
著書に『宮脇檀の間取り大図鑑』、『宮脇檀の住宅設計』（いずれも小社）、『良質な低コストの住宅傑作選（別冊家庭画報）』、『間取りがよい小住宅を作りたい（別冊家庭画報）』、『住みやすい小住宅傑作選 I（別冊家庭画報）』、『欲しい木の家具 550 点（別冊家庭画報）』（いずれも世界文化社）、『料理を楽しむ厨房づくり』（彰国社）など。

納まりの基本ルール100 最新版

2021 年 1 月 18 日　初版第 1 刷発行
2022 年 3 月 4 日　第 2 刷発行

著者　山崎健一
発行者　澤井聖一
発行所　株式会社エクスナレッジ
〒106-0032 東京都港区六本木 7-2-26
https://www.xknowledge.co.jp/
問合先　編集　Tel：03-3403-1381
Fax：03-3403-1345
e-mail：info@xknowledge.co.jp
販売　Tel：03-3403-1321
Fax：03-3403-1829